Taschenkommentare
des
Betriebs-Beraters

Geschmacksmustergesetz

Kommentar und Handbuch

Begründet von
Dr. Ekkehard Gerstenberg

weitergeführt von
Dr. Michael Buddeberg
Rechtsanwalt in München

3., neubearbeitete und erweiterte Auflage 1996

Verlag Recht und Wirtschaft GmbH
Heidelberg

1. Auflage 1984 · ISBN 3-8005-6957-4
2. Auflage 1988 · ISBN 3-8005-1010-3
3. Auflage 1996 · ISBN 3-8005-1159-2

Die Deutsche Bibliothek – CIP-Einheitsaufnahme

Gerstenberg, Ekkehard:
Geschmacksmustergesetz : Kommentar und Handbuch / begr. von Ekkehard Gerstenberg. Weitergeführt von Michael Buddeberg. – 3., neubearb. und erw. Aufl. – Heidelberg : Verl. Recht und Wirtschaft, 1996

(Taschenkommentare des Betriebs-Beraters)
ISBN 3-8005-1159-2

NE: Buddeberg, Michael [Bearb.]

ISBN 3-8005-1159-2

© 1996 Verlag Recht und Wirtschaft GmbH, Heidelberg

Das Werk einschließlich aller seiner Teile ist urheberrechtlich geschützt. Jede Verwertung außerhalb der engen Grenzen des Urheberrechtsgesetzes ist ohne Zustimmung des Verlages unzulässig und strafbar. Das gilt insbesondere für Vervielfältigungen, Bearbeitungen, Übersetzungen, Mikroverfilmungen und die Einspeicherung und Verarbeitung in elektronischen Systemen.

Satz: Filmsatz Unger & Sommer GmbH, 69469 Weinheim

Druck und Verarbeitung: Wilhelm & Adam, Werbe- und Verlagsdruck GmbH, 63150 Heusenstamm

⊗ Gedruckt auf säurefreiem, alterungsbeständigem Papier, hergestellt aus chlorfrei gebleichtem Zellstoff (TCF)

Printed in Germany

Vorwort zur 1. Auflage

Die Erläuterungen zum Gesetz betreffend das Urheberrecht an Mustern und Modellen – dem Geschmacksmustergesetz – wurden geschrieben für Praktiker, die sich rasch orientieren wollen, sei es über die Schutzmöglichkeiten, die dieses Gesetz überhaupt für neue Erzeugnisse bietet, sei es über einzelne Schutzvoraussetzungen und Formalien für die richtige Anmeldung oder die erfolgreiche Verteidigung eines Geschmacksmusters. Den Anstoß zur Niederschrift gab ein Seminar über aktuelle Fragen des Geschmacksmusterrechts im Rahmen des Patentrechtsforums 1982 vom Institut für Management GmbH, Heidelberg, und vorhergegangene Vorträge über „Neue Rechtsprechung zum Geschmacksmusterrecht". Dabei war dem Verfasser klar geworden, daß es der Rechtsprechung des Bundesgerichtshofes in den letzten zwanzig Jahren gelungen war, ein reformbedürftiges Gesetz, das im Jahre 1876 im wesentlichen für Spitzendeckchen und Textilmuster geschaffen worden war, so auszulegen, daß es für moderne Industrieerzeugnisse anwendbar blieb.

Größter Wert wurde auf Zitate aus der neueren Rechtsprechung gelegt. Wenn irgend möglich, wurden die Leitsätze, die der BGH seinen Entscheidungen richtungsweisend vorangestellt hat, in vollem Wortlaut übernommen und als Auslegungsregeln den Kernfragen des Geschmacksmusterrechts zugeordnet. Diese Darstellungsweise soll es auch Nichtjuristen, denen juristische Fachzeitschriften nicht zur Verfügung stehen, ermöglichen, sich ein genaueres Bild zu machen, als es durch Zitate von Fundstellen möglich ist. In den Rechtsprechungsverzeichnissen im Anhang sind die seit 1952 veröffentlichten Entscheidungen, die der Bundesgerichtshof, das Bayerische Oberste Landesgericht, die Oberlandesgerichte und Landgerichte sowie das Bundespatentgericht zu Fragen des Geschmacksmusterrechts erlassen haben, systematisch zusammengefaßt worden, um auch den Kennern der Materie den Überblick über die Entwicklung der Rechtsprechung zu erleichtern.

München, im Juni 1983 *Ekkehard Gerstenberg*

Vorwort zur 2. Auflage

Nach mehr als hundert Jahren ist das Geschmacksmustergesetz erstmals entscheidend geändert worden. Die Novelle vom 18. Dezember 1986 hat zwar nicht alle Hoffnungen auf eine tiefgreifende Reform des Geschmacksmusterrechts erfüllt, aber sie hat durch die Einführung einer zentralen Registrierungsstelle und der Bildbekanntmachung der eingetragenen Muster oder Modelle einigen Hauptwünschen Rechnung getragen. Auch die Angleichung der Schutzfristen an den international üblichen Turnus von fünf Jahren und der Wegfall der sog. Dimensionsbeschränkung sind wichtige Schritte auf dem Wege zu einem europäischen Geschmacksmustergesetz.

Alle diese Änderungen, insbesondere die völlig neuen Anmeldebestimmungen für Einzel- und Sammelanmeldungen machten nicht nur eine Ergänzung der Anmerkungen, sondern eine Neubearbeitung der zweiten Auflage erforderlich. Dabei wurde größter Wert darauf gelegt, die verschiedenen Anmelde- und Darstellungsmöglichkeiten für Muster oder Modelle wie die Möglichkeiten, Gebühren und Bekanntmachungskosten zu sparen, auch für Nichtjuristen verständlich darzustellen. Entsprechend der Bedeutung des neuen Anmeldesystems wurden die neue Musteranmeldeverordnung und die Musterregisterverordnung im Anhang vorangestellt zusammen mit dem Merkblatt des DPA für Geschmacksmusteranmelder. Auch die Vorschriften des Patentgesetzes und der Zivilprozeßordnung, auf die in §§ 10, 10a und 10b verwiesen wird, wurden ebenso im Anhang aufgenommen wie das Haager Musterabkommen und die Pariser Verbandsübereinkunft, um den Benutzern des Kommentars das Nachschlagen in anderen Werken zu ersparen. Die neueste Rechtsprechung wurde in den Rechtsprechungsverzeichnissen ergänzt und im gesamten Text eingearbeitet.

München, im März 1988 *Ekkehard Gerstenberg*

Vorwort zur 3. Auflage

Der Begründer dieses Kommentar-Handbuchs, Rechtsanwalt Dr. Ekkehard Gerstenberg, ist, plötzlich und unerwartet, während einer Ausbildungsveranstaltung zum Geschmacksmusterrecht im Jahre 1989 verstorben. Mit ihm verlor der deutsche Gewerbliche Rechtsschutz, verloren aber vor allem diejenigen, die sich, sei es als Richter oder Rechtsanwalt, als Designer oder Patentanwalt, mit dem Geschmacksmusterrecht befassen, einen umfassenden Kenner dieses Rechtsgebietes, das er als Anwalt in Verletzungsprozessen, als Autor in zahlreichen Veröffentlichungen und als Lehrer in Vorträgen und Seminaren meisterhaft beherrschte. Es ist für mich Ehre und Verpflichtung, den Kommentar meines verehrten Kollegen in 3. Auflage zu bearbeiten.

Die Vorauflage war kurz nach der zum 1.7.1987 in Kraft getretenen Reform des formellen Geschmacksmusterrechts erschienen. Inzwischen hat sich dieses neue Recht bewährt. Die Vorstellungen des Gesetzgebers, das Geschmacksmuster durch Zentralisierung des Musterregisters beim Deutschen Patentamt und durch Einführung der Bildbekanntmachung der eingetragenen Muster und Modelle im Geschmacksmusterblatt zu einem praktikablen und wirkungsvollen Schutzrecht für das moderne Industriedesign zu machen, haben sich erfüllt, wie etwa die jährlich steigende Anzahl von Anmeldungen deutlich macht (Verdoppelung der Zahl der Anmeldungen von 1988 bis 1993). Inzwischen hat auch die Rechtsprechung, insbesondere die des Bundespatentgerichts, Zweifelsfragen bei der Auslegung der neuen Vorschriften geklärt, erfreulicherweise durchweg im Interesse des Anmelders, dem durch weitgehend freie Wahl der Darstellungsmittel ein Instrument zur Festlegung des Schutzes seines Geschmacksmusters zur Verfügung steht. Auf diese Klarstellung anfänglicher Unsicherheiten bei Anwendung des neuen Rechts wurde bei der Bearbeitung besonderer Wert gelegt.

Eine Erweiterung des Instrumentariums gegen Geschmacksmusterverletzungen, vor allem gegen solche, die als Produktpiraterie gelten können, brachte das Gesetz zur Stärkung des Schutzes des Geistigen Eigentums und der Bekämpfung der Produktpiraterie vom 7.3.1990. Auch diese neuen Möglichkeiten werden aufgezeigt und kommentiert.

Die Einführung zum Kommentarteil wurde erweitert um das wichtige Kapitel des sogenannten „ergänzenden wettbewerbsrechtlichen Lei-

Vorwort zur 3. Auflage

stungsschutzes", ein von der Rechtsprechung entwickeltes Rechtsinstitut, das insbesondere dann zum Tragen kommen kann, wenn es versäumt wurde, erfolgreiche Muster oder Modelle rechtzeitig als Geschmacksmuster anzumelden. Möglichkeiten und Voraussetzungen dieses Schutzes werden aufgezeigt.

Den Rechtsfolgen der Einheit Deutschlands für das Geschmacksmusterrecht ist ebenfalls ein neues Kapitel der Einführung gewidmet. Dieses geht, wenn auch nur kurz, auf den vormaligen Rechtsschutz von Mustern in der ehemaligen DDR ein sowie auf deren Erstreckung und auf die Rechtsfolgen einer Kollision von erstreckten Rechten.

Neu − ebenfalls in der Einführung − ist eine Darstellung der internationalen Hinterlegung von Geschmacksmustern beim Internationalen Büro der Weltorganisation für Geistiges Eigentum in Genf (OMPI). Diese internationale Hinterlegung kann unter bestimmten Umständen preiswerter sein als eine Vielzahl nationaler Anmeldungen, führt aber gleichwohl in den betreffenden Staaten zum gleichen Schutz. Auf mögliche Änderungen durch das in Vorbereitung befindliche Gemeinschaftsmuster der Europäischen Gemeinschaften wird in einem abschließenden Kapitel der Einführung hingewiesen.

Größter Wert wurde auf eine Überarbeitung und Erweiterung des Anhangs gelegt. In diesem Anhang finden sich alle diejenigen Materialien (Verordnungen, Gesetze, Kostenübersichten, Mitteilungen des Patentamts u. v. a. m.), die vom Praktiker regelmäßig sowohl bei Anmeldung eines Geschmacksmusters wie auch bei Ahndung einer Geschmacksmusterverletzung benötigt werden. Dieser reichhaltige Anhang rechtfertigt es, hier nicht nur von einem Kommentar, sondern von einem Kommentar-Handbuch zu sprechen. Für den Benutzer dieses Kommentar-Handbuchs ist eine Lektüre der Vorbemerkungen zum Anhang besonders empfohlen.

München, im Januar 1996   *Michael Buddeberg*

Inhaltsverzeichnis

Abkürzungsverzeichnis 12
Gesetzestext 13

I. Einführung 27

II. Erläuterungen zum Geschmacksmustergesetz 67
§ 1   Ausschließlichkeitsrecht des Urhebers 67
§ 2   Muster von Arbeitnehmern 81
§ 3   Übertragbarkeit 84
§ 4   Freie Benutzung einzelner Motive 91
§ 5   Verbotene Nachbildung 94
§ 6   Keine verbotene Nachbildung 103
§ 7   Anmeldung 106
§ 7a Neuheitsschonfrist 132
§ 7b Prioritätserklärung............................. 139
§ 8   Musterregister und Bekanntmachung 144
§ 8a Grundmuster.................................. 145
§ 8b Aufschieben der Bekanntmachung 148
§ 8c Gebühren.................................... 152
§ 9   Schutzdauer 155
§ 10 Registerverfahren 164
§ 10a Beschwerdeverfahren 170
§ 10b Verfahrenskostenhilfe......................... 173
§ 10c Löschungsverfahren 174
§ 11 Einsicht 180
§ 12 Musterregisterbehörde 189
§ 12a Bearbeitung durch Beamte des gehobenen und mittleren Dienstes 190
§ 13 Vermutung der Urheberschaft und Beweislastumkehr 192
§ 14 Strafvorschrift................................ 194
§ 14a Schadensersatz für verbotene Nachbildungen 195
§ 15 Geschmacksmusterstreitsachen................. 222
§ 16 Inlandsvertreter für ausländische Anmelder 229
§ 17 Inkrafttreten 238

Gesetz zur Änderung des Geschmacksmustergesetzes vom 18. Dezember 1986 238
Art. 5 Überleitungsvorschriften 238
Art. 7 Inkrafttreten................................ 239

Inhaltsverzeichnis

Gesetz zur Stärkung des Schutzes des geistigen Eigentums und zur Bekämpfung der Produktpiraterie vom 7. 3. 1990 240

III. Anhang 241

Vorbemerkungen 243

1. Verordnung über die Anmeldung von Geschmacksmustern und typographischen Schriftzeichen vom 8. Januar 1988 (Musteranmeldeverordnung − MusterAnmV) ... 246
2. Merkblatt für Geschmacksmusteranmelder (Ausgabe 1995) herausgegeben vom Deutschen Patentamt 251
3. Antragsformular für den Antrag auf Eintragung in das Musterregister 266
4. Kostenmerkblatt − Gebühren und Auslagen des Deutschen Patentamts und des Bundespatentamtgerichts, Ausgabe 1995 269
5. Mitteilung Nr. 9/94 des Präsidenten des Deutschen Patentamtes über die Hinterlegung allgemeiner Vollmachten und Angestelltenvollmachten beim Deutschen Patentamt vom 4. 8. 1994 272
6. Mitteilung Nr. 3/88 des Präsidenten des Deutschen Patentamts über die Einreichung der Abschrift der Voranmeldung im Verfahren zur Eintragung von Mustern und Modellen in das Musterregister nach § 7b des Geschmacksmustergesetzes vom 12. 1. 1988 276
7. Verordnung über die Führung des Registers für Geschmacksmuster und typographische Schriftzeichen vom 8. 1. 1988 (Musterregisterverordnung − MusterRegV) 277
8. Einteilung der Warenklassen für Geschmacksmuster (§ 7 VII GeschmMG, § 4 MusterRegV) mit Unterklassen nach § 4 II MusterRegV 283
9. Begründung zum Entwurf eines Gesetzes zur Änderung des Geschmacksmustergesetzes 299
10. Verzeichnis der Patentinformationszentren 336
11. §§ 7−11 GeschmMG, alte Fassung (gilt gemäß Art. 5 des Änderungsgesetzes für alle Muster und Modelle, die vor dem 1. 7. 1988 bei den zuständigen Gerichten und von Ausländern beim Deutschen Patentamt angemeldet worden sind). 338
12. Gesetz betreffend den Schutz von Erfindungen, Mustern und Warenzeichen auf Ausstellungen 341

13. Bekanntmachung über den Schutz von Mustern und Warenzeichen auf Ausstellungen vom 30.11.1994.... 342
14. Regeln für die Ausstellung von Messeprioritätsbescheinigungen durch Patentanwälte 345
15. §§ 98-103, 110 UrhG 347
16. §§ 26, 69, 73 bis 80, 86 bis 109, 123 bis 124, 126 bis 138 PatG.. 351
17. §§ 12, 13, 15 bis 17, 21, 32, 33 ZPO 365
18. §§ 1, 4, 5, 16 bis 19, 26, 28 ErstrG 367
19. Rechtsprechungsverzeichnisse 371
   a) Bundesgerichtshof 371
   b) Bayer. Oberstes Landesgericht 372
   c) Oberlandesgerichte 373
   d) Landgerichte 374
   e) Bundespatentgericht 375
20. Gesetz zum Wiener Abkommen vom 12.6.1973 über den Schutz typographischer Schriftzeichen und ihre internationale Hinterlegung (Schriftzeichengesetz) ... 376
21. Entwurf der Deutschen Vereinigung für Gewerblichen Rechtsschutz und Urheberrecht für ein neues Musterschutzgesetz..................................... 379
22. Pariser Verbandsübereinkunft zum Schutz des gewerblichen Eigentums 385
23. Haager Musterabkommen über die internationale Hinterlegung gewerblicher Muster oder Modelle 413
24. Ausführungsordnung zum Haager Abkommen über die internationale Hinterlegung gewerblicher Muster und Modelle 429

Literaturverzeichnis...................................... 472

Fälleverzeichnis 476

Sachregister 478

Abkürzungsverzeichnis

a. a. O.	am angegebenen Ort
Anm.	Anmerkung
BayObLG	Bayerisches Oberstes Landesgericht
BB	Betriebs-Berater
Begr.	Begründung des Gesetzes zur Änderung des Geschmacksmustergesetzes
BGB	Bürgerliches Gesetzbuch
BGBl	Bundesgesetzblatt
BGH	Bundesgerichtshof
BGHZ	Entscheidungen des Bundesgerichtshofes in Zivilsachen (Amtliche Sammlung)
Bl. f. PMZ	Blatt für Patent-, Muster- und Zeichenwesen
BPatG	Bundespatentgericht
BRAGO	Bundesrechtsanwaltsgebührenordnung
DPA	Deutsches Patentamt
ErstrG	Erstreckungsgesetz
GeschmMG	Geschmacksmustergesetz
GRUR	Gewerblicher Rechtsschutz und Urheberrecht
GRUR Int	Gewerblicher Rechtsschutz und Urheberrecht, Internationaler Teil
HMA	Haager Abkommen über die internationale Hinterlegung gewerblicher Muster und Modelle
LG	Landgericht
MarkenG	Markengesetz
Mitt.	Mitteilungen der deutschen Patentanwälte
MusterAnmV	Musteranmeldeverordnung
MusterRegV	Musterregisterverordnung
NJW	Neue Juristische Wochenschrift
OLG	Oberlandesgericht
PatG	Patentgesetz
PrPG	Produktpirateriegesetz
PVÜ	Pariser Verbandsübereinkunft
Rdz	Randzeichen
UFITA	Archiv für Urheber-, Film-, Funk- und Theaterrecht
UrhG	Urheberrechtsgesetz
WRP	Wettbewerb in Recht und Praxis
WZG	Warenzeichengesetz
ZPO	Zivilprozeßordnung

Gesetz betreffend das Urheberrecht an Mustern und Modellen
(Geschmacksmustergesetz)

Vom 11. Januar 1876 (RGBl. S. 11)
(BGBl. III 442-1)

Durch das Gesetz zur Änderung des Geschmacksmustergesetzes vom 18.12.1986 (BGBl. I 2501), wurden die §§ 7 bis 11, 13, 15 und 16 geändert, die §§ 7a, 7b, 8a bis 8c, 10a bis 10c, 12 und 12a eingefügt und § 6 Nr. 2 a.F. aufgehoben.

Durch das Gesetz zur Stärkung des Schutzes des geistigen Eigentums und zur Bekämpfung der Produktpiraterie (PrPG) vom 7.3.1990 (BGBl. I 422) wurden die §§ 5 Satz 1, 6 Nr. 1, 14 und 14a Abs. 3 geändert.

Durch das Gesetz zur Änderung des Patentgesetzes und anderer Gesetze vom 23.3.1993 (BGBl. I 366) wurde § 12a Abs. 1 Satz 1 und Abs. 3 geändert.

§ 1
Ausschließlichkeitsrecht des Urhebers

(1) Das Recht, ein gewerbliches Muster oder Modell ganz oder teilweise nachzubilden, steht dem Urheber desselben ausschließlich zu.

(2) Als Muster oder Modelle im Sinne dieses Gesetzes werden nur neue und eigentümliche Erzeugnisse angesehen.

§ 2
Muster von Arbeitnehmern

Bei solchen Mustern und Modellen, welche von den in einer inländischen gewerblichen Anstalt beschäftigten Zeichnern, Malern, Bildhauern usw. im Auftrage oder für Rechnung des Eigentümers der gewerblichen Anstalt angefertigt werden, gilt der letztere, wenn durch Vertrag nichts anderes bestimmt ist, als der Urheber der Muster und Modelle.

§ 3
Übertragbarkeit

Das Recht des Urhebers geht auf dessen Erben über. Dieses Recht kann beschränkt oder unbeschränkt durch Vertrag oder durch Verfügung von Todes wegen auf andere übertragen werden.

§ 4
Freie Benutzung einzelner Motive

Die freie Benutzung einzelner Motive eines Musters oder Modells zur Herstellung eines neuen Musters oder Modells ist als Nachbildung nicht anzusehen.

§ 5
Verbotene Nachbildung

Jede Nachbildung eines Musters oder Modells, welche ohne Genehmigung des Berechtigten (§§ 1 bis 3) in der Absicht, dieselbe zu verbreiten, hergestellt wird, sowie die Verbreitung einer solchen Nachbildung sind verboten. Als verbotene Nachbildung ist es auch anzusehen:

1. wenn bei Hervorbringung derselben ein anderes Verfahren angewendet worden ist, als bei dem Originalwerke, oder wenn die Nachbildung für einen anderen Gewerbezweig bestimmt ist als das Original;
2. wenn die Nachbildung in anderen räumlichen Abmessungen oder Farben hergestellt wird als das Original oder wenn sie sich vom Original nur durch solche Abänderungen unterscheidet, welche nur bei Anwendung besonderer Aufmerksamkeit wahrgenommen werden können;
3. wenn die Nachbildung nicht unmittelbar nach dem Originalwerke, sondern mittelbar nach einer Nachbildung desselben geschaffen ist.

§ 6
Keine verbotene Nachbildung

Als verbotene Nachbildung ist nicht anzusehen:

1. die Einzelkopie eines Musters oder Modells, sofern dieselbe im privaten Bereich ohne die Absicht der gewerblichen Verbreitung und Verwertung angefertigt wird;
2. die Aufnahme von Nachbildungen einzelner Muster oder Modelle in ein Schriftstück.

§ 7
Anmeldung

(1) Der Urheber eines Musters oder Modells oder sein Rechtsnachfolger erlangt den Schutz gegen Nachbildung nur, wenn er dieses beim Patentamt zur Eintragung in das Musterregister anmeldet.

(2) Der Schutz gegen Nachbildung wird durch die Anmeldung nicht erlangt, wenn die Veröffentlichung des Musters oder Modells oder die Verbreitung einer Nachbildung gegen die öffentliche Ordnung oder die guten Sitten verstoßen würde; ein solcher Verstoß kann nicht allein aus der Tatsache hergeleitet werden, daß die Verbreitung einer Nachbildung des Musters oder Modells durch Gesetz oder Verwaltungsvorschrift verboten ist.

(3) Die Anmeldung muß enthalten:

1. einen schriftlichen Eintragungsantrag;

2. eine fotografische oder sonstige graphische Darstellung des Musters oder Modells, die diejenigen Merkmale deutlich und vollständig offenbart, für die der Schutz nach diesem Gesetz beansprucht wird.

(4) Wird der Schutz nach diesem Gesetz nur für die Gestaltung der Oberfläche eines Erzeugnisses in Anspruch genommen, so kann das Muster oder Modell statt durch eine fotografische oder sonstige graphische Darstellung durch ein flächenmäßiges Muster des Erzeugnisses selbst oder eines Teils davon dargestellt werden.

(5) Soll der Schutz nach diesem Gesetz sowohl für die räumliche Gestaltung als auch für die Gestaltung der Oberfläche eines Erzeugnisses in Anspruch genommen werden, so kann die Anmeldung eine Darstellung enthalten, die hinsichtlich der räumlichen Gestaltung den Erfordernissen des Absatzes 3 Nr. 2 und hinsichtlich der Oberflächengestaltung den Erfordernissen des Absatzes 4 entspricht.

(6) Legt der Anmelder durch Vorlage einer fotografischen oder sonstigen graphischen Darstellung eines Modells sowie des Modells selbst dar, daß eine fotografische oder sonstige graphische Darstellung des Modells diejenigen Merkmale, für die der Schutz nach diesem Gesetz beansprucht wird, nicht hinreichend deutlich und vollständig offenbaren kann, so kann das Patentamt anstelle der fotografischen oder sonstigen graphischen Darstellung das Modell selbst als Darstellung nach Absatz 3 Nr. 2 zulassen. In diesem Fall ist eine zusätzliche Gebühr nach dem Tarif zu entrichten.

(7) Zur Erläuterung der Darstellung kann eine Beschreibung beigefügt werden.

(8) Der Anmeldung kann ein Verzeichnis beigefügt werden, das die Warenklassen angibt, in die das in der Darstellung wiedergegebene

Muster oder Modell einzuordnen ist. Beabsichtigt der Anmelder, das Muster oder Modell auf Erzeugnisse anderer Warenklassen zu übertragen, so sind auch diese anzugeben.

(9) Mehrere Muster oder Modelle können in einer Sammelanmeldung zusammengefaßt werden. Die Sammelanmeldung darf nicht mehr als 50 Muster oder Modelle umfassen. Sie müssen derselben Warenklasse angehören.

(10) Der Anmelder kann eine Sammelanmeldung teilen. Für jede Teilanmeldung bleiben der Zeitpunkt der ursprünglichen Anmeldung und eine dafür in Anspruch genommene Priorität erhalten. Zu den gezahlten Anmeldegebühren ist eine Gebühr nachzuentrichten, die der Differenz zu der Summe der Mindestgebühren entspricht, die nach dem Tarif für jede Teilanmeldung zu entrichten wäre.

§ 7a
Neuheitsschonfrist

Hat der Anmelder oder sein Rechtsvorgänger innerhalb von sechs Monaten vor dem für den Zeitrang der Anmeldung maßgeblichen Tag ein Erzeugnis der Öffentlichkeit zugänglich gemacht, so bleibt es bei der Beurteilung der Neuheit und Eigentümlichkeit (§ 1 Abs. 2) außer Betracht, wenn er dasselbe Erzeugnis unverändert als Muster oder Modell anmeldet.

§ 7b
Prioritätserklärung

(1) Wer nach einem Staatsvertrag die Priorität einer früheren ausländischen Anmeldung desselben Musters oder Modells in Anspruch nimmt, hat innerhalb von zwei Monaten nach dem Anmeldetag Zeit und Land der früheren Anmeldung anzugeben. Hat der Anmelder Zeit und Land der früheren Anmeldung angegeben, so fordert ihn das Patentamt auf, innerhalb von zwei Monaten nach Zustellung der Aufforderung das Aktenzeichen der früheren Anmeldung anzugeben und eine Abschrift der früheren Anmeldung einzureichen, soweit dies nicht bereits geschehen ist. Innerhalb der Fristen können die Angaben geändert werden.

(2) Werden die Angaben nach Absatz 1 nicht rechtzeitig gemacht oder wird die Abschrift nicht rechtzeitig eingereicht, so gilt die Erklärung über die Inanspruchnahme der Priorität als nicht abgegeben. Das Patentamt stellt dies fest und versagt die Eintragung der Priorität in das Musterregister.

§ 8
Musterregister und Bekanntmachung

(1) Das Musterregister wird vom Patentamt geführt.

(2) Das Patentamt macht die Eintragung der Anmeldung in das Musterregister nebst einer Abbildung der Darstellung sowie jede Verlängerung der Schutzdauer dadurch bekannt, daß es sie im Geschmacksmusterblatt einmal veröffentlicht. In den Fällen des § 7 Abs. 4 bis 6 wird die für die Veröffentlichung erforderliche Abbildung der Darstellung oder des Erzeugnisses selbst durch das Patentamt veranlaßt. Die Bekanntmachung erfolgt ohne Gewähr für die Vollständigkeit der Wiedergabe und die Erkennbarkeit der unter den Schutz nach diesem Gesetz gestellten Merkmale. Die Kosten der Bekanntmachung werden als Auslagen erhoben.

§ 8a
Grundmuster

(1) Hat ein Anmelder im Eintragungsantrag erklärt, daß ein von ihm bezeichnetes Muster oder Modell einer Sammelanmeldung als Grundmuster und weitere Muster und Modelle als dessen Abwandlungen behandelt werden sollen, so trägt das Patentamt diese Erklärung in das Musterregister ein und veröffentlicht in der Bekanntmachung nach § 8 Abs. 2 mit einem Hinweis auf die Eintragung der Erklärung nur die Abbildung des Grundmusters.

(2) Ein Anmelder, der eine Erklärung nach Absatz 1 abgegeben hat, oder sein Rechtsnachfolger kann sich nicht darauf berufen, daß eine Abwandlung auf Grund ihrer abweichenden Merkmale auch im Verhältnis zum Grundmuster neu und eigentümlich sei.

(3) Der Schutz der Abwandlungen endet mit dem Erlöschen des Grundmusters. § 7 Abs. 10 ist auf Anmeldungen nicht anzuwenden, für die eine Erklärung nach Absatz 1 abgegeben wird.

§ 8b
Aufschieben der Bekanntmachung

(1) Mit der Anmeldung kann beantragt werden, die Bekanntmachung einer Abbildung der Darstellung des Musters oder Modells um 18 Monate, gerechnet von dem Tag an, der auf die Anmeldung folgt, aufzuschieben. Wird der Antrag gestellt, so beschränkt sich die Bekanntmachung auf die Eintragung der Anmeldung im Musterregister. Die Schutzdauer endet mit dem Ende der Aufschiebungsfrist.

Gesetzestexte

(2) Der Schutz erstreckt sich auf die Schutzdauer nach § 9 Abs. 1, wenn der Inhaber des Musters oder Modells innerhalb einer Frist von zwölf Monaten nach der Anmeldung die Gebühr nach dem Tarif zahlt. Wird die Gebühr nicht fristgemäß gezahlt, so tritt die Erstreckung ein, wenn die Gebühr mit dem Zuschlag nach dem Tarif entrichtet wird. Nach Ablauf der Frist gibt das Patentamt dem eingetragenen Inhaber des Musters oder Modells Nachricht, daß die Schutzdauer mit Ablauf der Aufschiebungsfrist endet, wenn die Gebühr mit dem nach dem Tarif vorgesehenen Zuschlag nicht innerhalb der Aufschiebungsfrist entrichtet wird.

(3) Wird der Schutz bis zum Ablauf der Schutzdauer nach § 9 Abs. 1 erstreckt, so wird die Bekanntmachung einer Abbildung der Darstellung unter Hinweis auf die Bekanntmachung nach Absatz 1 Satz 2 nachgeholt. § 8 Abs. 2 Satz 3 und 4 ist entsprechend anzuwenden.

§ 8c
Gebühren

(1) Mit der Anmeldung ist eine Anmeldegebühr nach dem Tarif zu zahlen. Wird die Aufschiebung der Bekanntmachung einer Abbildung beantragt, so ist mit der Anmeldegebühr die Gebühr für diesen Antrag nach dem Tarif zu zahlen.

(2) Unterbleibt die Zahlung der Anmeldegebühr oder der Gebühr für den Antrag auf Aufschiebung der Bekanntmachung einer Abbildung, so gibt das Patentamt dem Anmelder Nachricht, daß die Anmeldung als nicht eingereicht gilt, wenn die Gebühr nicht bis zum Ablauf eines Monats nach Zustellung der Nachricht entrichtet wird.

§ 9
Schutzdauer

(1) Der Schutz dauert fünf Jahre, die mit dem Tag beginnen, der auf die Anmeldung folgt.

(2) Die Schutzdauer kann um jeweils fünf Jahre oder ein Mehrfaches davon bis auf höchstens zwanzig Jahre verlängert werden. Die Verlängerung der Schutzdauer wird in das Musterregister eingetragen.

(3) Die Verlängerung wird dadurch bewirkt, daß vor dem Ablauf der Schutzdauer die Gebühr nach dem Tarif entrichtet wird. Wird die Gebühr nicht rechtzeitig gezahlt, so muß der tarifmäßige Zuschlag entrichtet werden. Frühestens zwei Monate nach Ablauf der Schutzdauer gibt

das Patentamt dem Eingetragenen Nachricht, daß die Eintragung des Musters oder Modells im Musterregister wegen Beendigung der Schutzdauer gelöscht wird, wenn die Gebühr mit dem Zuschlag nicht innerhalb von vier Monaten nach Zustellung der Nachricht entrichtet wird.

(4) Das Patentamt kann die Absendung der Nachricht auf Antrag des Eingetragenen hinausschieben, wenn dieser nachweist, daß ihm die Zahlung nach Lage seiner Mittel zur Zeit nicht zuzumuten ist. Es kann die Hinausschiebung davon abhängig machen, daß innerhalb bestimmter Fristen Teilzahlungen geleistet werden. Erfolgt eine Teilzahlung nicht fristgemäß, so benachrichtigt das Patentamt den eingetragenen Inhaber, daß die Eintragung in das Musterregister wegen Beendigung der Schutzdauer gelöscht wird, wenn der Restbetrag nicht innerhalb eines Monats nach Zustellung gezahlt wird.

(5) Ist ein Antrag, die Absendung der Nachricht hinauszuschieben, nicht gestellt worden, so können Gebühr und Zuschlag beim Nachweis, daß die Zahlung nicht zuzumuten ist, noch nach Zustellung der Nachricht gestundet werden, wenn dies innerhalb von vierzehn Tagen nach der Zustellung beantragt und die bisherige Säumnis genügend entschuldigt wird. Die Stundung kann auch unter Auferlegung von Teilzahlungen bewilligt werden. Wird ein gestundeter Betrag nicht rechtzeitig entrichtet, so wiederholt das Patentamt die Nachricht, wobei der gesamte Restbetrag eingefordert wird. Nach Zustellung der zweiten Nachricht ist eine weitere Stundung unzulässig.

(6) Die Nachricht, die auf Antrag hinausgeschoben worden ist (Absatz 4) oder die nach gewährter Stundung erneut zu ergehen hat (Absatz 5), muß spätestens zwei Jahre nach Fälligkeit der Gebühr abgesandt werden. Geleistete Teilzahlungen werden nicht erstattet, wenn wegen Nichtzahlung des Restbetrags die Eintragung in das Musterregister gelöscht wird.

§ 10
Registerverfahren

(1) Das Patentamt entscheidet im Verfahren nach diesem Gesetz durch ein rechtskundiges Mitglied im Sinne des § 26 Abs. 1 Satz 2 des Patentgesetzes. Für die Ausschließung und Ablehnung dieses Mitglieds des Patentamts gelten die §§ 41 bis 44, 45 Abs. 2 Satz 2 und die §§ 47 bis 49 der Zivilprozeßordnung über die Ausschließung und Ablehnung der Gerichtspersonen entsprechend. Über das Ablehnungsgesuch entscheidet, soweit es einer Entscheidung bedarf, ein anderes rechtskundiges Mitglied des Patentamts, das der Präsident des Patentamts allgemein für Entscheidungen dieser Art bestimmt hat.

(2) Das Patentamt bestimmt, welche Warenklassen einzutragen und bekanntzumachen sind. Im übrigen trägt es die eintragungspflichtigen Angaben des Anmelders in das Musterregister ein, ohne dessen Berechtigung zur Anmeldung und die Richtigkeit der in der Anmeldung angegebenen Tatsachen zu prüfen. In den Fällen des § 7 Abs. 2 stellt es fest, daß der Schutz für das angemeldete Muster oder Modell nicht erlangt worden ist, und versagt die Eintragung.

(3) Sind die Erfordernisse, die in diesem Gesetz oder einer nach § 12 Abs. 1 erlassenen Rechtsverordnung für eine ordnungsmäßige Anmeldung zwingend vorgeschrieben sind, nicht erfüllt, so teilt das Patentamt dem Anmelder die Mängel mit und fordert ihn auf, diese innerhalb einer Frist von zwei Monaten nach Zustellung der Nachricht zu beheben. Wird der Mangel innerhalb der Frist behoben, so gilt der Zeitpunkt des Eingangs des Schriftsatzes beim Patentamt als Zeitpunkt der Anmeldung des Musters oder Modells. Das Patentamt stellt diesen Zeitpunkt fest und teilt ihn dem Anmelder mit.

(4) Werden die in Absatz 3 genannten Mängel innerhalb der Frist nicht behoben oder wird die Anmeldegebühr innerhalb der Frist nach § 8c Abs. 2 nicht gezahlt, so gilt die Anmeldung als nicht eingereicht; das Patentamt stellt dies fest und versagt die Eintragung.

(5) § 123 Abs. 1 bis 5 und die §§ 124 und 126 bis 128 des Patentgesetzes sind entsprechend anzuwenden.

§ 10a
Beschwerdeverfahren

(1) Gegen die Beschlüsse des Patentamts im Verfahren nach diesem Gesetz findet die Beschwerde an das Bundespatentgericht statt. Über die Beschwerde entscheidet ein Beschwerdesenat des Patentgerichts in der Besetzung mit drei rechtskundigen Mitgliedern. Für die Beschwerde ist eine Gebühr nach dem Tarif zu zahlen; wird sie nicht innerhalb der Beschwerdefrist gezahlt, so gilt die Beschwerde als nicht erhoben. Die §§ 69, 73 Abs. 2, 4 und 5, § 74 Abs. 1, § 75 Abs. 1, die §§ 76 bis 80 und 86 bis 99, § 123 Abs. 1 bis 5 sowie die §§ 124 und 126 bis 128 des Patentgesetzes sind entsprechend anzuwenden.

(2) Gegen die Beschlüsse des Beschwerdesenats über eine Beschwerde nach Absatz 1 findet die Rechtsbeschwerde an den Bundesgerichtshof statt, wenn der Beschwerdesenat die Rechtsbeschwerde zugelassen hat. § 100 Abs. 2 und 3, die §§ 101 bis 109, § 123 Abs. 1 bis 5 und § 124 des Patentgesetzes sind entsprechend anzuwenden.

§ 10b
Verfahrenskostenhilfe

Im Verfahren nach den §§ 10 und 10a erhält der Anmelder auf Antrag unter entsprechender Anwendung der §§ 114 bis 116 der Zivilprozeßordnung Verfahrenskostenhilfe, wenn hinreichende Aussicht auf Eintragung in das Musterregister besteht. Die Zahlungen sind an die Bundeskasse zu leisten. § 129 Satz 2, § 130 Abs. 2, 3 und 6, die §§ 133, 134 und 135 Abs. 1 Satz 1, Abs. 2 Satz 1 und Abs. 3 sowie die §§ 136 bis 138 des Patentgesetzes sind entsprechend anzuwenden.

§ 10c
Löschungsverfahren

(1) Die Eintragung eines Musters oder Modells ist zu löschen

1. bei Beendigung der Schutzdauer,

2. auf Antrag des eingetragenen Inhabers oder

3. auf Antrag eines Dritten, wenn dieser mit dem Antrag eine öffentliche oder öffentlich beglaubigte Urkunde vorlegt, in der der eingetragene Inhaber auf das Muster oder Modell verzichtet oder seine Einwilligung in die Löschung der Eintragung des Musters oder Modells im Musterregister erklärt.

(2) Die Einwilligung in die Löschung kann von dem eingetragenen Inhaber im Wege der Klage verlangt werden, wenn

1. das eingetragene Muster oder Modell am Tag der Anmeldung nicht schutzfähig war,

2. der Anmelder nicht anmeldeberechtigt war.

(3) In den Fällen des Absatzes 2 Nr. 2 kann das Gericht dem Kläger, der zur Anmeldung des Musters oder Modells berechtigt ist, auf Antrag im Urteil die Befugnis zusprechen, bei erneuter Anmeldung desselben Musters oder Modells die Priorität der Anmeldung durch den Nichtberechtigten in Anspruch zu nehmen.

§ 11
Einsicht

Die Einsicht in das Musterregister steht jedermann frei. Das gleiche gilt für die Darstellung eines Musters oder Modells oder die vom Patentamt über das angemeldete Muster oder Modell geführten Akten,

1. wenn die Abbildung der Darstellung bekanntgemacht worden ist,

Gesetzestexte

2. wenn und soweit der eingetragene Inhaber sich gegenüber dem Patentamt mit der Einsicht einverstanden erklärt hat oder

3. wenn und soweit ein berechtigtes Interesse glaubhaft gemacht wird.

§ 12
Musterregisterbehörde

(1) Der Bundesminister der Justiz regelt die Einrichtung und den Geschäftsgang des Patentamts als Musterregisterbehörde und bestimmt, soweit nicht durch Gesetz Bestimmungen darüber getroffen sind, durch Rechtsverordnung die Erfordernisse der Anmeldung von Mustern oder Modellen, die Form und die sonstigen Erfordernisse der Darstellung des Musters oder Modells, die zulässigen Abmessungen des für die Darstellung der Oberflächengestaltung verwendeten Erzeugnisses oder des Erzeugnisses selbst, den Inhalt und Umfang einer der Darstellung beigefügten Beschreibung, die Einteilung der Warenklassen, die Führung und Gestaltung des Musterregisters, die in das Musterregister einzutragenden Tatsachen sowie die Einzelheiten der Bekanntmachung einschließlich der Herstellung der Abbildung des Musters oder Modells in den Fällen des § 7 Abs. 4 bis 6 durch das Patentamt, die zur Deckung der Bekanntmachungskosten zu erhebenden Auslagen und die Behandlung der zur Darstellung einer Anmeldung beigefügten Erzeugnisse nach Löschung der Eintragung in das Musterregister (§ 10c). Er kann diese Ermächtigung durch Rechtsverordnung auf den Präsidenten des Patentamts übertragen.

(2) Der Bundesminister der Justiz wird ermächtigt, durch Rechtsverordnung zur Deckung der durch eine Inanspruchnahme des Patentamts entstehenden Kosten, soweit nicht durch Gesetz Bestimmungen darüber getroffen sind, die Erhebung von Verwaltungskosten anzuordnen, insbesondere

1. zu bestimmen, daß Gebühren für Bescheinigungen, Beglaubigungen, Akteneinsicht und Auskünfte sowie Auslagen erhoben werden,

2. Bestimmungen über den Kostenschuldner, die Fälligkeit von Kosten, die Kostenvorschußpflicht, Kostenbefreiungen, die Verjährung und das Kostenfestsetzungsverfahren zu treffen.

§ 12a
Bearbeitung durch Beamte des gehobenen und mittleren Dienstes

(1) Der Bundesminister der Justiz wird ermächtigt, durch Rechtsverordnung mit der Wahrnehmung einzelner Geschäfte im Verfahren in

Musterregistersachen, die rechtlich keine Schwierigkeiten bieten, auch Beamte des gehobenen und mittleren Dienstes sowie vergleichbare Angestellte zu betrauen. Ausgeschlossen davon sind jedoch

1. die Feststellungen und die Versagungen nach § 7b Abs. 3 Satz 2 und § 10 Abs. 4 aus Gründen, denen der Anmelder widersprochen hat;

2. die Feststellung und die Versagung der Eintragung nach § 10 Abs. 2 Satz 3;

3. die Löschung nach § 10c Abs. 1 Nr. 3;

4. die von den Angaben des Anmelders (§ 7 Abs. 8) abweichende Entscheidung über die in das Musterregister einzutragenden und bekanntzumachenden Warenklassen;

5. die Abhilfe oder Vorlage der Beschwerde (§ 10a Abs. 1 Satz 4) gegen einen Beschluß im Verfahren nach diesem Gesetz.

(2) Der Bundesminister der Justiz kann die Ermächtigung nach Absatz 1 durch Rechtsverordnung auf den Präsidenten des Patentamts übertragen.

(3) Für die Ausschließung und Ablehnung einer nach Maßgabe des Absatzes 1 betrauten Person ist § 10 Abs. 1 Satz 2 und 3 entsprechend anzuwenden.

§ 13
Vermutung der Urheberschaft

Derjenige, welcher nach Maßgabe des § 7 das Muster oder Modell zur Eintragung in das Musterregister angemeldet hat, gilt bis zum Gegenbeweis als Urheber.

§ 14
Strafvorschrift

(1) Wer entgegen dem Verbot des § 5 die Nachbildung eines Musters oder Modells in der Absicht herstellt, diese zu verbreiten, oder wer eine solche Nachbildung verbreitet, wird mit Freiheitsstrafe bis zu einem Jahr oder mit Geldstrafe bestraft.

(2) Handelt der Täter gewerbsmäßig, so ist die Strafe Freiheitsstrafe bis zu fünf Jahren oder Geldstrafe.

(3) Der Versuch ist strafbar.

(4) In den Fällen des Absatzes 1 wird die Tat nur auf Antrag verfolgt, es sei denn, daß die Strafverfolgungsbehörde wegen des besonderen

öffentlichen Interesses an der Strafverfolgung ein Einschreiten von Amts wegen für geboten hält.

(5) Die Vorschrift des Urheberrechtsgesetzes über die Einziehung (§ 110) ist entsprechend anzuwenden.

(6) Wird auf Strafe erkannt, so ist, wenn der Verletzte es beantragt und ein berechtigtes Interesse daran dartut, anzuordnen, daß die Verurteilung auf Verlangen öffentlich bekanntgemacht wird. Die Art der Bekanntmachung ist im Urteil zu bestimmen.

§ 14a
Schadensersatz für verbotene Nachbildungen

(1) Wer die Rechte des Urhebers an einem Muster oder Modell dadurch verletzt, daß er widerrechtlich eine Nachbildung herstellt oder eine solche Nachbildung verbreitet, kann vom Verletzten auf Beseitigung der Beeinträchtigung, bei Wiederholungsgefahr auf Unterlassung und, wenn dem Verletzer Vorsatz oder Fahrlässigkeit zur Last fällt, auch auf Schadensersatz in Anspruch genommen werden. An Stelle des Schadensersatzes kann der Verletzte die Herausgabe des Gewinns, den der Verletzer durch die Nachbildung oder deren Verbreitung erzielt hat, und Rechnungslegung über diesen Gewinn verlangen. Fällt dem Verletzer nur leichte Fahrlässigkeit zur Last, so kann das Gericht statt des Schadensersatzes eine Entschädigung festsetzen, die in den Grenzen zwischen dem Schaden des Verletzten und dem Vorteil bleibt, der dem Verletzer erwachsen ist.

(2) Ansprüche aus anderen gesetzlichen Vorschriften bleiben unberührt.

(3) Die Vorschriften des Urheberrechtsgesetzes über den Anspruch auf Vernichtung und ähnliche Maßnahmen (§§ 98 bis 101), den Anspruch auf Auskunft hinsichtlich Dritter (§ 101a), die Verjährung (§ 102), die Bekanntmachung des Urteils (§ 103) und über Maßnahmen der Zollbehörde (§ 111a) sind entsprechend anzuwenden.

§ 15
Gerichte für Geschmacksmusterstreitsachen

(1) Für alle Klagen, durch die ein Anspruch aus einem der in diesem Gesetz geregelten Rechtsverhältnisse geltend gemacht wird (Geschmacksmusterstreitsachen), sind die Landgerichte ohne Rücksicht auf den Streitwert ausschließlich zuständig.

(2) Die Landesregierungen werden ermächtigt, durch Rechtsverordnung die Geschmacksmusterstreitsachen für die Bezirke mehrerer Landgerichte einem von ihnen zuzuweisen, sofern dies der sachlichen Förderung oder schnelleren Erledigung der Verfahren dient. Die Landesregierungen können diese Ermächtigung auf die Landesjustizverwaltungen übertragen.

(3) Die Parteien können sich vor dem Gericht für Geschmacksmusterstreitsachen auch durch Rechtsanwälte vertreten lassen, die bei dem Landgericht zugelassen sind, vor das die Klage ohne die Regelung nach Absatz 2 gehören würde. Das Entsprechende gilt für die Vertretung vor dem Berufungsgericht.

(4) Die Mehrkosten, die einer Partei dadurch erwachsen, daß sie sich nach Absatz 3 durch einen nicht beim Prozeßgericht zugelassenen Rechtsanwalt vertreten läßt, sind nicht zu erstatten.

(5) Von den Kosten, die durch die Mitwirkung eines Patentanwalts in einer Geschmacksmusterstreitsache entstehen, sind die Gebühren bis zur Höhe einer vollen Gebühr nach § 11 der Bundesgebührenordnung für Rechtsanwälte und außerdem die notwendigen Auslagen des Patentanwalts zu erstatten.

§ 16
Inlandsvertreter für ausländische Anmelder

Wer im Inland weder Wohnsitz noch Niederlassung hat, kann an einem in diesem Gesetz geregelten Verfahren vor dem Patentamt oder dem Patentgericht nur teilnehmen und die Rechte aus einem nach den Vorschriften dieses Gesetzes geschützten Muster oder Modell nur geltend machen, wenn er im Inland einen Patentanwalt oder einen Rechtsanwalt als Vertreter bestellt hat. Dieser ist im Verfahren vor dem Patentamt und dem Patentgericht und in bürgerlichen Rechtsstreitigkeiten, die das Muster oder Modell betreffen, zur Vertretung befugt; er kann auch Strafanträge stellen. Der Ort, wo der Vertreter seinen Geschäftsraum hat, gilt im Sinne des § 23 der Zivilprozeßordnung als der Ort, wo sich der Vermögensgegenstand befindet; fehlt ein Geschäftsraum, so ist der Ort maßgebend, wo der Vertreter seinen Wohnsitz, und in Ermangelung eines solchen der Ort, wo das Patentamt seinen Sitz hat.

Gesetz zur Änderung des Geschmacksmustergesetzes

vom 18. Dezember 1986

(Auszug)

Artikel 5
Überleitungsvorschriften

Auf Muster oder Modelle, die vor dem in Artikel 7 Abs. 2 vorgesehenen Zeitpunkt bei den zuständigen Gerichten angemeldet worden sind, sind die bis dahin geltenden Vorschriften weiterhin anzuwenden.

Artikel 7
Inkrafttreten

(1) Artikel 1 Nr. 5 und 7 tritt am Tage nach der Verkündung dieses Gesetzes in Kraft.

(2) Im übrigen tritt dieses Gesetz am 1. Juli 1988 in Kraft. Gleichzeitig treten außer Kraft

1. Artikel 4 des Fünften Gesetzes zur Änderung und Überleitung von Vorschriften auf dem Gebiet des gewerblichen Rechtsschutzes vom 18. Juli 1953 (BGBl. I S. 615) in der im Bundesgesetzblatt Teil III, Gliederungsnummer 424-3-4, veröffentlichten bereinigten Fassung, die zuletzt durch Artikel 2 Abs. 8 des Gesetzes vom 15. August 1986 (BGBl. I S. 1446) geändert worden ist.

2. § 82 der Kostenordnung in der im Bundesgesetzblatt Teil III, Gliederungsnummer 361-1, veröffentlichten bereinigten Fassung, die zuletzt durch Artikel 2 des Gesetzes vom 9. Dezember 1986 (BGBl. I S. 2326) geändert worden ist.

I. Einführung

Inhaltsübersicht

1. Rechtsentwicklung 27
2. Begriff und Wesen des Geschmacksmusters 30
3. Schutzgegenstand 31
4. Materielle Schutzvoraussetzungen 33
   a) Neuheit 33
   b) Eigentümlichkeit 35
5. Formelle Schutzvoraussetzungen 37
6. Anmeldung 37
   a) Eintragungsantrag 38
   b) Darstellung 39
7. Beschreibung der Modelle .. 40
8. Sammelanmeldung 41
9. Schonfrist und Prioritäten .. 42
   a) Neuheitsschonfrist 42
   b) Ausstellungspriorität 42
   c) Auslandspriorität 43
10. Sparmöglichkeiten 43
11. Eintragung und Bekanntmachung 44
12. Schutzwirkung 45
13. Schutzumfang 46
14. Schutzdauer 47
15. Werbung mit Hinweisen auf ein Geschmacksmuster .. 49
16. Schutz für „technisch bedingte" Formen? 50
17. Geschmacksmuster und Urheberrecht 52
18. Geschmacksmuster und unlauterer Wettbewerb 55
19. Anmerkungen zum Schutz typographischer Schriftzeichen 58
20. Rechtsfolgen der Einheit Deutschland für das Geschmacksmusterrecht 61
21. Internationale Geschmacksmuster 63
22. Gemeinschaftsmuster der Europäischen Gemeinschaft . 65

1. Rechtsentwicklung

Die Geschichte des Musterrechts in Deutschland ist eng verbunden mit der Geschichte der Textilindustrie. Eine der ersten Verordnungen zum Schutz von Spitzenmustern enthält der Codex Augusteus des sächsischen Kurfürsten Friedrich August betreffend „die Bestrafung ungetreuer Klöppelmägde" vom 4. April 1721. Die Spitzenhändler zu Schneeberg hatten sich damals über die Spitzenklöpplerinnen beklagt, weil „sie die inventierten und ihnen anvertrauten Spitzenmuster an andere brächten, mithin den ersten Inhabern hierdurch den erhofften Nutzen entzögen". Auch die Verordnungen und Zirkularverfügungen, die im 19. Jahrhundert in verschiedenen deutschen Ländern zum Schutz von Mustern erlassen wurden, betreffen durchweg Muster für Leinen-, Damast-, Seiden- und Sammet-Stoffe (zweidimensionale Ge-

I. Einführung

staltungen). Erst in den Denkschriften und Vorschlägen zum Gesetz betreffend das Urheberrecht an Mustern und Modellen von 1876 taucht der Begriff des Modells auf, umschrieben als „ein plastisch ausgearbeiteter Körper, der durch Abformen vervielfältigt wird" (dreidimensionale Gestaltungen). Das Gesetz wurde geschaffen zum Schutz von Mustern **und** Modellen. Gleichwohl waren für die Väter des Geschmacksmustergesetzes Textilmuster aller Art die wichtigsten und häufigsten Schutzgegenstände.

Heute, nach annähernd 120 Jahren, hat sich das Bild eindeutig zugunsten der Modelle verschoben. Von den zu Fragen des Geschmacksmusterrechts ergangenen BGH-Entscheidungen betreffen weniger als 10% Textilmuster. Das Urheberrecht an Modellen, also an dreidimensionalen Modellen, dominiert. So werden ja auch heute modische Stoffe weniger als Meterware vertrieben, sondern überwiegend in Form von fertigen Modell- oder Konfektionskleidern. In unserer modernen Industriegesellschaft spielt das Fertigerzeugnis und seine Produktion die entscheidende Rolle. Dies und die Fülle des Angebots auf allen Warengebieten macht zweierlei deutlich. Einmal die Notwendigkeit bewußter Formgestaltung, denn bei der Fülle des Angebots gleichartiger Produkte greift der Käufer nach demjenigen Artikel, dessen Form oder Design ihm am besten gefällt. Die Form des Produkts wird damit zum Absatzfaktor. Der Satz des berühmten Designers Loewy, den dieser in den 40er Jahren prägte, „Häßlichkeit verkauft sich schlecht", gilt heute mehr den je.

Zum anderen steigt mit dem Absatz auch das Schutzinteresse, denn der Erfolg, den eine bestimmte Form auf dem Markt erringt, lockt stets die Konkurrenz auf den Plan. Auch die sogenannte „Produktpiraterie" — ein Begriff, der etwa Mitte der 80er Jahre geprägt wurde — ist somit eine Folge von Industrialisierung und Massenproduktion. Ein durch Schutzrechte zeitlich begrenztes Monopol ist daher für den Hersteller eine wirtschaftliche Notwendigkeit. Die Entwicklungskosten und Investitionen für die Serienfertigung eines Industrieprodukts — häufig Millionenbeträge — können sich nur innerhalb einer angemessenen Alleinvertriebszeit amortisieren. Die Schutzdauer für das neue Produkt wird zur Grundlage der Kalkulation.

Neben den technischen Schutzrechten (Patent, Gebrauchsmuster) und den Kennzeichenrechten (Marke, Ausstattungsschutz) gewinnen die Schutzrechte, die für den Schutz der ästhetischen Gestaltung — dem Design — in Frage kommen, immer mehr an Bedeutung. Diese Schutzrechte für die äußere Gestaltung von Gegenständen der industriellen

I. Einführung

Formgebung aller Art sind das Geschmacksmuster, das Urheberrecht an Werken der angewandten Kunst, der sogenannte, aus dem früheren Warenzeichenrecht hergeleitete und markenrechtlich orientierte Ausstattungsschutz und ein sogenannter, von der Rechtsprechung entwickelter, ergänzender Leistungsschutz nach dem Gesetz gegen den unlauteren Wettbewerb. Die Rechtsprechung der letzten 40 Jahre macht deutlich, daß das Urheberrecht an Werken der angewandten Kunst ebenso wie der Ausstattungsschutz nur in eher seltenen Ausnahmefällen in Frage kommen. Auch der Schutz gegen die identische oder fast identische oder nachschaffende Übernahme nach dem Gesetz gegen den unlauteren Wettbewerb ist problematisch und für den Unternehmer vor allem schwer kalkulierbar. Dagegen erweist sich das Urheberrecht an Mustern und Modellen, das Geschmacksmuster, nach wie vor als **das Schutzrecht** für Gegenstände der industriellen Formgebung.

Das Gesetz zur Änderung des Geschmacksmustergesetzes vom 18. 12. 1986 ist die erste, grundlegende Reform und Verbesserung des deutschen Geschmacksmusterrechts seit dem Jahre 1876. Zwar hat der Gesetzgeber das materielle Recht nicht geändert mit Ausnahme des – schon lange erwünschten – Wegfalls der sogenannten Dimensionsbeschränkung. Aus dieser Beschränkung ergab sich bisher die Notwendigkeit, ein Muster nur für eine Dimension anzumelden, weil „die Nachbildung von Mustern, welche für Flächenerzeugnisse bestimmt sind, durch plastische Erzeugnisse und umgekehrt" (§ 6 2 GeschmMG a. F.) nicht als „verbotene Nachbildung" angesehen wurde. Umso umfassender sind die Änderungen der Novelle für das gesamte formelle Anmelde- und Registrierungssystem. Die Zentralisierung des Musterregisters beim Deutschen Patentamt anstelle der bisherigen Hinterlegung bei den Amtsgerichten und die Einführung der Bildbekanntmachung der eingetragenen Muster oder Modelle im Geschmacksmusterblatt haben die Geschmacksmuster-Recherche erheblich erleichtert und ermöglichen einen Überblick über den eingetragenen Formenschatz, wie dies bisher bei den weit verstreuten Musterregistern überhaupt nicht möglich war. Die Vorteile für die Anmelder von Mustern oder Modellen wurden abgerundet durch die Einführung einer sechsmonatigen Neuheitsschonfrist und die Vereinfachung der komplizierten und häufig mißverstandenen Vorschriften zur Verlängerung der Schutzfrist (siehe hierzu unten Ziff. 5 – formelle Schutzvoraussetzungen sowie bei §§ 7, 7a und 9 GeschmMG).

Da nach der Überleitungsvorschrift (vgl. Art. 5 des Gesetzes zur Änderung des GeschmMG) auf Muster und Modelle, die vor dem 1. 7. 1988 angemeldet worden sind, die bis dahin geltenden Vorschriften weiter-

I. Einführung

hin anzuwenden sind, gelten für Geschmacksmuster aus Alteintragungen noch die alten Vorschriften. Dies gilt bis längstens 30.6.2003, vor allem für die Verlängerung der Schutzdauer und die Einsicht in das Musterregister.

Eine weitere Verbesserung des Geschmacksmusterrechts, vor allem eine Erweiterung des Instrumentariums, mit dem Geschmacksmusterverletzungen verfolgt werden können, brachte das Gesetz zur Stärkung des Schutzes des geistigen Eigentums und zur Bekämpfung der Produktpiraterie (PrPG) vom 3.7.1990.

2. Begriff und Wesen des Geschmacksmusters

Nach § 1 Abs. 1 GeschmMG steht dem Urheber eines gewerblichen Musters oder Modells das ausschließliche Recht zu, eben dieses Muster oder Modell ganz oder teilweise nachzubilden. Das Geschmacksmuster ist also ein Ausschließlichkeitsrecht; es ist ein Immaterialgüterrecht, aber es war lange Zeit umstritten, ob das Geschmacksmuster als gewerbliches Schutzrecht oder als Urheberrecht anzusehen sei. Tatsache ist, daß das Wort „Geschmacksmuster" im ganzen Geschmacksmustergesetz nicht ein einziges Mal vorkommt. Das Gesetz heißt mit vollem Titel:

„Gesetz betreffend das Urheberrecht an Mustern und Modellen"

Die überwiegenden Stimmen in der Literatur sprechen denn auch vom urheberrechtlichen Charakter des Geschmacksmusters. (Vgl. hierzu die Ausführungen von Furler, a. a. O., S. 27 ff.; sowie Tetzner, Grundfragen des Musterrechts, NJW 1972, 2026/2027)

Aber das Geschmacksmuster ist auch ein gewerbliches Schutzrecht. Hierfür spricht zunächst, daß das Recht **nicht** für das Muster oder Modell an sich gewährt wird, wie z. B. beim Urheberrecht an einem Werk der bildenden Kunst, sondern für die Serienfertigung **nach** dem Muster oder Modell. Das Ur-Modell dient ja nur als Vorlage für die Nachbildung und Vervielfältigung. Es kommt hinzu, daß das Geschmacksmuster, also das Urheberrecht am Muster oder Modell, nicht durch die Gestaltung selbst entsteht, wie dies kraft Gesetzes beim Urheberrecht an Werken der Kunst der Fall ist.

Die Gestaltung eines Musters oder Modells gibt dem Gestalter, dem Urheber, zunächst nur ein beschränktes Anwartschaftsrecht auf das absolute Geschmacksmusterrecht. Dieses „Anwartschaftsrecht erwächst seinerseits durch die Anmeldung und Niederlegung zum absoluten Geschmacksmuster" (s. von Gamm § 7 Rdz 2 mit weiteren Nachweisen).

I. Einführung

In den formellen Erfordernissen ähnelt das Geschmacksmuster den gewerblichen Schutzrechten. Wir folgen von Gamm, der in seinem Kommentar zum Geschmacksmustergesetz die Sondernatur des Geschmacksmusters betont und zu dem Schluß kommt:

„Das Geschmacksmuster ist ein gewerbliches Schutzrecht auf urheberrechtlicher Grundlage" (vgl. von Gamm, Einf. Rdz 8, S. 13).

Gelegentlich wird das Geschmacksmusterrecht auch als „kleines Urheberrecht" bezeichnet. Das klingt etwas salopp, trifft aber den Kern dieses Rechts recht gut.

3. Schutzgegenstand

Schutzgegenstand des Geschmacksmusterrechts sind zweidimensionale Muster und dreidimensionale Modelle, die zur Nachbildung, zur Vervielfältigung, zur Serienfertigung bestimmt sind. Immer geht es dabei um die ästhetisch wahrnehmbare Farb- oder Formgestaltung oder um beides gemeinsam. Der Bundesgerichtshof verwendet in ständiger Rechtsprechung folgende Definition:

„Schutzgegenstand des Geschmacksmusterrechts sind Farb- und Formgestaltungen, die bestimmt und geeignet sind, das geschmackliche Empfinden des Betrachters, insbesondere seinen Formensinn anzusprechen, und die deshalb dem Geschmacksmusterschutz zugänglich sind, wenn sich in ihnen eine eigenpersönliche Leistung verkörpert, die über das Landläufige, Alltägliche, dem Durchschnittskönnen eines Mustergestalters Entsprechende hinausgeht und nicht den Rang eines Kunstwerks zu erreichen braucht" (BGH in GRUR 1958, 510 − „Schlafzimmermodell" und BGH in GRUR 1962, 144 − „Buntstreifensatin", st. Rspr.).

Der **Anwendungsbereich** des Geschmacksmusterrechts ist heute weit größer und breiter als vor hundert Jahren. Der Gesetzgeber im Jahre 1876 hatte in erster Linie an Müsterchen für Häkeldeckchen, Stoffe und Tapeten und an kleine Modelle für Porzellan, Glas- und Holzwaren gedacht. Heute werden ganze Drehbänke, Fahrzeuge und Industrieprodukte aller Art als Geschmacksmuster angemeldet.

Die Form des Produktes ist in der modernen Überflußgesellschaft zum Absatzfaktor geworden. Der Einsatz hochqualifizierter Designer in der Industrie und die Notwendigkeit, mit modernem Design neue Märkte zu erschließen, hat dazu geführt, daß über die traditionellen Bereiche (wie Tapeten, Stoffe, Möbel) hinaus auch modische Erzeugnisse und sämtliche Gebrauchsgegenstände, die unsere Umwelt prägen,

I. Einführung

vom Auto bis zum Elektroschalter und zur Küchenmaschine, in den Kreis der Schutzgegenstände einbezogen werden. Die „Einteilung der Warenklassen für Geschmacksmuster" (s. Anhang Nr. 8) enthält die erstaunlichsten Gegenstände und Anwendungsbereiche.

Bei den Schutzgegenständen des Geschmacksmusterrechts muß es sich nicht immer um Fertigfabrikate, also um die Endstufe eines Produktes handeln. Ausnahmsweise und unter ganz bestimmten Voraussetzungen können auch Zwischenfabrikate Geschmacksmusterschutz genießen, nämlich dann, „wenn sie wirtschaftlich ein verkehrsfähiges, selbständiges Erzeugnis darstellen und wenn sie so gestaltet sind, daß sie bei ihrer bestimmungsmäßigen Verwendung dem Fertigerzeugnis eine ästhetische Wirkung verleihen" (BGH in GRUR 1976, 261 — „Gemäldewand").

Dies gilt entsprechend auch für Teile eines Fertigerzeugnisses (BGH in GRUR 1987, 518 — „Kotflügel").

Der Geschmacksmusterschutz kann sich sowohl auf die gesamte Gestaltung wie auf einzelne Teile beziehen. Es ist ja häufig so, daß ein Modell nur teilweise neu gestaltet wird. In der Entscheidung „Küchenmaschine" heißt es hierzu:

„Daß ein derartiger Teil eines hinterlegten Geschmacksmusters am Musterschutz teilnehmen kann, sofern er für sich allein den Erfordernissen der Neuheit und Eigentümlichkeit genügt, folgt schon daraus, daß auch die teilweise Nachbildung des Geschmacksmusters grundsätzlich verboten ist (§§ 5, 1 Abs. 1 GeschmMG; BGH in GRUR 1962, 258, 260 — „Moped-Modell"; BGH in GRUR 1965, 198/199 r.Sp. — „Küchenmaschine"); s.a. BGH in GRUR 1963, 328 — „Fahrradschutzbleche" und BGH in GRUR 1987, 518 — „Kotflügel" mit Anm. Gerstenberg).

Der Schutz von Teilen eines Modells ist also möglich. Dagegen ist — ebenso wie im Urheberrecht — ein Schutz von reinen Ideen, die noch nicht Gestalt angenommen haben, nicht möglich. Der Gegenstand eines Geschmacksmusters — in gleicher Weise wie eines Urheberrechts — kann stets nur die konkrete Verkörperung eines schöpferischen Gedankens auf ästhetischem Gebiet sein (ständige Rechtsprechung).

„Der Schutz von Ideen, allgemeinen Gedanken oder Lehren ist dem Geschmacksmusterrecht fremd. Vielmehr wird der Inhalt des Schutzrechts durch die im niedergelegten Muster konkret zum Ausdruck kommende gestalterische Leistung bestimmt" (so BGH in GRUR 1979, 705/706 — „Notizklötze").

Ähnlich heißt es in der Entscheidung „Elektroschalter":

„Als Schutzgegenstand eines Geschmacksmusters kommt eine Lehre oder ein allgemeiner Gedanke nicht in Betracht" (BGH in GRUR 1974, 406/409 – „Elektroschalter").

Beispiel: Idee von Briefumschlägen mit Städte-Ansichten auf der Rückseite
Idee der bedruckten Notizklötze
Idee der Rolltreppen als Werbeträger usw.

4. Materielle Schutzvoraussetzungen

Nicht jede Gestaltung ist geeignet für den erstrebten Schutz. Nicht jedes Muster oder Modell kann ein Geschmacksmuster werden.

Das Gesetz macht in § 1 Abs. 2 eine entscheidende Einschränkung:

„Als Muster oder Modell im Sinne dieses Gesetzes werden nur neue und eigentümliche Erzeugnisse angesehen".

Zu beachten ist das Wort „und" zwischen den Eigenschaftswörtern „neu" und „eigentümlich". Hier gibt es kein entweder oder. Ein Muster mag neu sein; wenn die Eigentümlichkeit fehlt, scheidet der Geschmacksmusterschutz aus.

Die Schutzvoraussetzungen für Muster und Modelle sind also

a) Neuheit
und
b) Eigentümlichkeit.

Beide Schutzvoraussetzungen werden zwar bei der Anmeldung nicht geprüft, um so mehr aber im Verletzungsprozeß.

Hinzu kommen die formellen Erfordernisse zur Erlangung des Schutzes und die Möglichkeit, die Priorität einer früheren Auslandsanmeldung in Anspruch zu nehmen. Diese formellen Schutzvoraussetzungen sollen im Zusammenhang mit § 7 GeschmMG behandelt werden, der sich mit der Anmeldung und Darstellung der Modelle befaßt.

a) Neuheit

Die Frage nach dem Begriff der Neuheit war jahrzehntelang die Streitfrage Nr. 1. Im Gesetz steht nur: „neu und eigentümlich".

Der Neuheitsbegriff im Urheberrecht ist ein anderer als der Neuheitsbegriff im Patentrecht. Es gibt die objektive Neuheit der technischen

I. Einführung

Schutzrechte und die subjektive Neuheit des Urheberrechts. Der urheberrechtliche Charakter und der Name des Geschmacksmustergesetzes („Gesetz, betreffend das Urheberrecht an Mustern und Modellen") sprachen für den subjektiven Neuheitsbegriff, die Einordnung des Geschmacksmusters unter die gewerblichen Schutzrechte für den objektiven Neuheitsbegriff.

91 Jahre lang wurde an der Beantwortung der Frage nach dem Neuheitsbegriff im Geschmacksmusterrecht herumgeknobelt. Das Reichsgericht hat sich nie eindeutig geäußert. Zunächst schien sich auch der BGH um die Beantwortung dieser Frage herumzudrücken. Erst nachdem Henssler dem BGH in eindringlichen und temperamentvollen Urteils-Anmerkungen vorwarf, den Musterinhabern Steine statt Brot zu geben, hat der BGH sich zu einer − nun aber auch profunden − Entscheidung durchgerungen.

Der BGH hat den Streit zugunsten der objektiven Neuheit entschieden, allerdings mit einer kleinen Einschränkung auf die

„objektiv-relative" Neuheit.

Diese „Einschränkung auf eine relative Objektivität der Neuheit" bedeutet, daß längst vergessene Muster „aus grauer Vorzeit oder entlegensten Gebieten" der Schutzfähigkeit eines Musters nicht entgegenstehen. „Vielmehr ist maßgebend, was billigerweise vom inländischen Verkehr an Kenntnissen zu erwarten ist."

Die amtlichen Leitsätze der Entscheidung lauten:

„Bei der Beurteilung der Frage, ob ein Muster als „neu" im Sinne des § 1 Abs. 2 GeschmMG anzusehen ist, ist von einem **objektiven** Begriff der Neuheit auszugehen. Danach ist ein Muster neu, wenn die seine Eigentümlichkeit begründenden Gestaltungselemente im Anmeldezeitpunkt den inländischen Fachkreisen weder bekannt sind, noch bei zumutbarer Beachtung der auf den einschlägigen oder benachbarten Gewerbegebieten vorhandenen Gestaltungen bekannt sein konnten." (BGH in GRUR 1969, 90 − „Rüschenhaube").

Den inländischen Fachkreisen kann also z. B. die Beachtung des Marktes in Europa und in den USA zugemutet werden, nicht aber die Kenntnisse ausgefallener Formen aus der Inselwelt von Polynesien.

Ein etwas dehnbarer Begriff ist natürlich die „zumutbare Beachtung der auf einschlägigen oder benachbarten Gewerbegebieten vorhandenen Gestaltungen". Soweit ich sehe, halten die Gerichte eine

„zumutbare Beachtung"

in erster Linie dann für gegeben, wenn gleiche oder ähnliche Muster oder Modelle

auf Fachmessen gezeigt wurden

oder

in Fachzeitschriften abgebildet waren.

Die Veröffentlichung weitgehend übereinstimmender Formen in einer Fachzeitschrift gilt stets als neuheitsschädlich. Dies ist vor allem dann anzunehmen, wenn es sich bei der betreffenden Zeitschrift um das offizielle Mitteilungsblatt der Branchen-Vereinigung handelt.

Für den Verletzungsprozeß ist wichtig zu wissen, daß der Kläger die Neuheit seines Musters oder Modells nicht beweisen muß. Die Neuheit wird gemäß § 13 GeschmMG vermutet. Bis zum Beweis des Gegenteils ist also von der Neuheit auszugehen. Der Beklagte entwickelt daher in aller Regel einen wahren Bienenfleiß, um irgendwo neuheitsschädliche Modelle aufzutreiben und damit die Vermutung der Neuheit zu entkräften.

b) Eigentümlichkeit

Die zweite Voraussetzung für den Schutz ist die Eigentümlichkeit des Musters oder Modells. Das Wort „eigentümlich" erscheint uns heute antiquiert. In dem Entwurf für ein neues Musterschutzgesetz, den der Grüne Verein vorgelegt hat, ist die Formulierung „eigenartig" gewählt worden. Gemeint ist in beiden Fällen dasselbe: Das Muster oder Modell muß sich aus der Masse der rein handwerklichen Durchschnittsformen herausheben.

Wann ist ein Muster oder Modell nun „eigentümlich"? Welcher Maßstab ist hier anzulegen?

Die Grundsätze für die Beurteilung der Eigentümlichkeit hat der BGH in den Entscheidungen „Rüschenhaube" und „Kettenkerze" zusammengefaßt. Danach ist „ein Muster oder Modell eigentümlich im Sinne des § 1 Abs. 2 GeschmMG, wenn es in den für die ästhetische Wirkung maßgebenden Merkmalen als das Ergebnis einer eigenpersönlichen, form- oder farbenschöpferischen Tätigkeit erscheint, die über das Durchschnittskönnen eines mit der Kenntnis des betreffenden Fachgebiets ausgerüsteten Mustergestalters hinausgeht" (BGH in GRUR 1969, 90/95 – „Rüschenhaube"; BGH in GRUR 1977, 547/549 – „Kettenkerze").

I. Einführung

Nun ist natürlich die Frage, wo und wie ist das „Durchschnittskönnen eines mit der Kenntnis des betreffenden Fachgebiets ausgerüsteten Mustergestalters" anzusetzen. Das Durchschnittskönnen eines Mustergestalters erscheint mir persönlich viel zu hoch, denn Mustergestalter sind heutzutage hochqualifizierte, an Hochschulen für Gestaltung ausgebildete Designer. In der Rechtsprechung des Reichsgerichts schwang noch der Gedanke mit, daß die Gestaltungshöhe eines Musters oder Modells „über dem rein Handwerksmäßigen" liegen sollte. Das paßte auch für die Manufaktur-Produkte des 19. Jahrhunderts. Für die Design-Entwürfe in Firmen wie Braun, Interlübke, Rosenthal stimmt einfach der Maßstab nicht, weil die Entwürfe der hier tätigen Designer samt und sonders „über dem Durchschnitt" liegen.

Ein billiges Ergebnis kann daher mit dem Maßstab, den der BGH gegeben hat, nur erreicht werden, wenn man das „Durchschnittskönnen" eines Mustergestalters auf dem betreffenden Gebiet sehr niedrig ansetzt.

Ein entscheidendes Kriterium für die Prüfung der Eigentümlichkeit bleibt immer der sog. freie Formenschatz. Von diesem Formenschatz, also von der Masse der bekannten, freien Formen soll sich ja das Muster oder Modell nicht nur als „neu" sondern auch als „eigentümlich" abheben. Es muß hier „ein Gesamtvergleich mit den vorbestehenden Formgestaltungen vorgenommen werden" (s. von Gamm, Rdz 37 zu § 1 GeschmMG mit weiteren Nachweisen). Etwas sybillinisch sagt der BGH hierzu:

„Welcher schöpferische Gehalt im einzelnen erreicht werden muß, um einen Geschmacksmusterschutz zubilligen zu können, bestimmt sich dabei nach den auf dem betreffenden Gebiet geleisteten geschmacklichen Vorarbeiten in ihrer Gesamtheit und in Verbindung mit den zur Verfügung stehenden freien Formen (BGH in GRUR 1960, 256, 258 – „Chérie"; 1969, 90, 95 – „Rüschenhaube"; BGH in GRUR 1975, 81/83 – „Dreifachkombinationsschalter").

Die Frage, ob ein Muster oder Modell den für den Geschmacksmusterschutz erforderlichen Grad eigenschöpferischer Leistung aufweist, ist eine Rechtsfrage. Zu ihrer Beurteilung bedarf es keiner weiteren tatsächlichen Feststellungen. Das Revisionsgericht kann daher über die Rechtsfrage der Eigentümlichkeit eines Geschmacksmusters von sich aus entscheiden.

I. Einführung

5. Formelle Schutzvoraussetzungen

Das Anwartschaftsrecht des Urhebers einer neuen und eigentümlichen Gestaltung erstarkt erst dann zum Vollrecht, d. h. zum absoluten Geschmacksmusterrecht, wenn der Urheber das Muster oder Modell beim Patentamt angemeldet hat. Der § 7 Abs. 1 GeschmMG bestimmt hierzu:

„Der Urheber eines Musters oder Modells oder sein Rechtsnachfolger erlangt den Schutz gegen Nachbildung nur, wenn er dieses beim Patentamt zur Eintragung in das Musterregister anmeldet."

Vom Schutz, der durch die Anmeldung erlangt wird, sind gem. § 7 Abs. 2 GeschmMG lediglich solche Muster oder Modelle ausgeschlossen, deren Veröffentlichung oder Verbreitung gegen die öffentliche Ordnung oder die guten Sitten verstoßen würde. Auch bei Marken sind Darstellungen, die gegen die öffentliche Ordnung oder gegen die guten Sitten verstoßen, von der Eintragung im Markenregister und von der Veröffentlichung ausgeschlossen, § 8 Abs. 2 Nr. 5 MarkenG. Im Hinblick auf die künftige Bildbekanntmachung mußten daher gesetz- und sittenwidrige Muster oder Modelle vom Schutz ausgeschlossen werden.

Der Vorgang der Anmeldung hat lediglich rechtsvollendende Wirkung. Da Fehler, die bei der Anmeldung von Mustern oder Modellen gemacht werden, später häufig nicht mehr reparabel sind oder zum Rechtsverlust, mindestens jedoch zu einem späteren Anmeldedatum führen, sollte jeder Anmelder eines Geschmacksmusters diesen entscheidenden Voraussetzungen für die Vollendung seines Ausschließlichkeitsrechts besondere Aufmerksamkeit widmen.

6. Anmeldung

Die Anmeldung eines Musters oder Modells hat zu erfolgen „beim Patentamt". Zuständig ist das Deutsche Patentamt, Dienststelle Berlin, wo das Musterregister auch geführt wird. Daneben besteht jedoch die Möglichkeit, Geschmacksmusteranmeldungen auch beim Deutschen Patentamt in München einzureichen.

Form und Inhalt der Anmeldung ergeben sich aus § 7 Abs. 3 GeschmMG i. V. m. der Verordnung über die Anmeldung von Geschmacksmustern und typographischen Schriftzeichen (MusterAnmV – s. Anhang Nr. 1). Das Deutsche Patentamt hat ein „Merkblatt für Geschmacksmusteranmelder" (Anhang Nr. 2) herausgegeben, das –

I. Einführung

ebenso wie die Musteranmeldeverordnung — kostenlos beim Patentamt bestellt werden kann. Die Anmeldung muß enthalten:

1. Einen schriftlichen Eintragungsantrag und
2. eine fotografische oder sonstige graphische Darstellung des Musters oder Modells, die diejenigen Merkmale deutlich und vollständig offenbart, für die der Schutz nach diesem Gesetz beansprucht wird (§ 7 Abs. 3 GeschmMG).

a) Eintragungsantrag

Der Eintragungsantrag **muß** enthalten:

1. Die Erklärung, daß für das Muster oder Modell die Eintragung in das Musterregister beantragt wird;
2. den Namen oder die Bezeichnung des Anmelders und sonstige Angaben (Anschrift), die die Identifizierung des Anmelders ermöglichen;
3. die Unterschrift des Anmelders oder der Anmelder oder eines Vertreters.

Der Eintragungsantrag **soll** enthalten:

Eine kurze und genaue Bezeichnung des Musters oder Modells.

Der Eintragungsantrag **kann** enthalten:

1. Beschreibung
2. Verzeichnis der Warenklassen
3. Beanspruchte Priorität
4. Antrag auf Aufschiebung der Bekanntmachung
5. Antrag auf Bekanntmachung in Farbe
6. Erklärung zu § 7 Abs. 4-6 GeschmMG darüber, was als Darstellung behandelt werden soll
7. Erklärung darüber, welche von mehreren Abbildungen im Geschmacksmusterblatt bekannt gemacht werden soll
8. Erklärung über die gewünschte Schutzdauer
9. Unverbindliche Erklärung über das Interesse an der Vergabe von Lizenzen

Nach dem Wegfall von § 6 Ziffer 2 GeschmMG a. F. (alte Fassung) ist die sog. Dimensionserklärung, also die Angabe, ob das angemeldete Muster für Flächenerzeugnisse oder für dreidimensionale Erzeugnisse bestimmt ist, nicht mehr erforderlich. Auch der Ausweg der Doppelanmeldung, den die Rechtsprechung für solche Fälle eröffnet hatte, muß nicht mehr beschritten werden. Der Schutzbereich eines Geschmacksmusters umfaßt sowohl flächenmäßige wie räumliche Gestaltungen.

b) Darstellung

Anstelle der früher vorgeschriebenen „Niederlegung" eines Exemplars oder einer Abbildung des Musters oder Modells ist nunmehr grundsätzlich die Vorlage einer fotografischen oder sonstigen graphischen Darstellung des Musters oder Modells vorgeschrieben. Durch die Darstellung müssen die gestalterischen Merkmale „deutlich und vollständig offenbart" werden.

Diese im Gesetz erwähnten Erfordernisse der Darstellung, daß nämlich die gestalterischen Merkmale „deutlich und vollständig offenbart werden", haben in den ersten Jahren nach Inkrafttreten des Reformgesetzes für eine erhebliche Verunsicherung gesorgt und die Literatur ebenso wie die Gerichte – hier vornehmlich das Bundespatentgericht – beschäftigt. Es schien so, als sollte hier der Registerbehörde ein Prüfungsrecht auferlegt werden, ob der Gegenstand der Darstellung aufgrund der offenbarten Merkmale einem geschmacksmusterrechtlichen Schutz zugänglich ist. Inzwischen ist in mehreren Entscheidungen des Bundespatentgerichts geklärt, daß die Registerbehörde keine Prüfungsbefugnis bezüglich der Merkmale auf Deutlichkeit und Vollständigkeit hat, somit also keine Schutzumfangsprüfung vornehmen darf, sondern allein prüfen kann, ob die Offenbarung von beanspruchten Merkmalen offensichtlich und unzweideutig verhindert wird (BPatG, GRUR 1989, 751 – „Fahrerhaus"). Die Bestimmung des Anmeldegegenstandes obliegt im Rahmen der Darstellung allein dem Anmelder.

Geschützt wird also nur das, was dargestellt ist. Bleibt die Form der Darstellung hinter dem Beanspruchten zurück, so geht das zu Lasten des Anmelders (BPatG, GRUR 1989, 915 – „Skihandschuhe").

Die vom Gesetzgeber im Singular verwendete Formulierung „eine fotografische oder sonstige graphische Darstellung des Musters oder Modells" bedeutet nicht, daß die Bilddarstellung nur aus einem Foto oder einer Zeichnung bestehen dürfte. Die Darstellung soll vielmehr eine Einheit bilden, auch wenn sie aus mehreren Teilen (z. B. aus Fotos, die ein Modell von verschiedenen Seiten zeigen) besteht. Bei dreidimensio-

I. Einführung

nalen Modellen ist daher darauf zu achten, daß die Ansicht der Modelle von allen Seiten wiedergegeben wird. Es genügt nicht, daß sich der ästhetische Gehalt einer Form – z. B. auf der Rückseite eines Modells – aus der niedergelegten Abbildung nur „erahnen" läßt. Der BGH hat dies ausdrücklich abgelehnt (BGH in GRUR 1977, 602/604 – „Trockenrasierer").

Die Formelemente des abgebildeten Modells müssen jedenfalls so weit aus der Darstellung hervorgehen, daß sich der ästhetische Gesamteindruck hinreichend deutlich ergibt. Bei technischen Zeichnungen ist Vorsicht geboten. Aus ihnen kann man zwar die Proportionen eines Modells entnehmen, möglicherweise aber nicht den ästhetischen Gesamteindruck und etwaige Farbkontraste der Gestaltung.

Von dem Grundsatz der Bilddarstellung hat der Gesetzgeber einige Ausnahmen zugelassen, um im Verletzungsprozeß auch einen Vergleich des Verletzungsgegenstandes mit dem niedergelegten Erzeugnis und nicht nur mit einem Foto oder einer graphischen Zeichnung zu ermöglichen. Diese Ausnahmen vom Grundsatz der Bilddarstellung ergeben sich aus § 7 Abs. 4–6 GeschmMG. So kann statt einer fotografischen oder sonstigen graphischen Darstellung z. B. ein flächenmäßiges Muster des Erzeugnisses selbst oder eines Teils davon eingereicht werden. In besonderen Ausnahmefällen und gegen eine zusätzliche Gebühr kann auch das Modell selbst als Darstellung zugelassen werden (Einzelheiten bei § 7 Abs. 4–6 GeschmMG).

Gerade bei flächenmäßigen Mustern (Stoffe, Tapeten usw.) kann die Möglichkeit genutzt werden, die erforderliche Darstellung durch ein flächenmäßiges Muster des Erzeugnisses selbst einzureichen. Das Originalmuster ist immer die aussagekräftigste Dokumentation über die konkrete Farb- oder Formgestaltung. Liegt das Original vor, so wird jede Diskussion überflüssig, ob die hinterlegten Abbildungen auch tatsächlich die „konkrete, das ästhetische Empfinden ansprechende Form" erkennbar machen, wobei es auf das Anschauungsvermögen eines durchschnittlichen, auf dem betreffenden Gebiet tätigen Modellgestalters ankommt (BGH in GRUR 1967, 375/377 – „Kronleuchter"; BGH in GRUR 1977, 602/604 – „Trockenrasierer").

(Einzelheiten s. § 7 Anm. B I, 3. c und 4)

7. Beschreibung der Modelle

Zur Erläuterung der Darstellung kann gem. § 7 Abs. 7 GeschmMG eine Beschreibung beigefügt werden. Die Beschreibung eines Modells

I. Einführung

kann jedoch eine bildliche Darstellung oder ein flächenmäßiges Muster des Erzeugnisses selbst niemals ersetzen — allenfalls ergänzen (s. BGH in GRUR 1963, 328/329 — „Fahrradschutzbleche").

Grundsätzlich ist daher bei Beschreibungen zu größter Zurückhaltung zu raten. Der Anmelder kann — besonders in der Hektik einer eiligen Anmeldung — niemals voraussehen, auf welche Formelemente es beim Vergleich mit einer späteren Nachbildung ankommen wird. Der Anmelder ist daher in der Gefahr, daß er durch eine Beschreibung den Schutzumfang seines Geschmacksmusters unnötig einengt.

„Da die wörtliche Beschreibung einer bestimmten Gestaltung diese häufig nur annähernd wiederzugeben vermag, deckt sich die Vorstellung des Lesers, der diese Gestaltung nicht gesehen hat, nicht genau mit ihrem wirklichen Aussehen" (BGH in GRUR 1974, 737/738 — „Stehlampe").

Da eine Beschreibung eines Musters oder Modells bei der Anmeldung dem Anmelder eher Nachteile als Vorteile bringen kann, sollte sie besser ganz unterbleiben. Im Zweifel kann ein flächenmäßiges Muster des Erzeugnisses selbst oder ein Teil der Oberflächengestaltung — ergänzt durch weitere Fotos (z. B. bei einer Leuchte im beleuchteten Zustand) — das Modell, seine Gestaltung und damit die Grundlagen seiner Schutzfähigkeit und seines Schutzumfanges besser demonstrieren als die beste Beschreibung.

8. Sammelanmeldung

Mehrere Muster oder Modelle können in einer Sammelanmeldung (früher: Anmeldung „im Paket" oder „Paketinterlegung") angemeldet werden. Voraussetzung für die Zusammenfassung mehrerer Muster oder Modelle in einer Sammelanmeldung ist, daß sämtliche Muster oder Modelle der gleichen Warenklasse angehören. Diese Form der Anmeldung ist für den Anmelder nicht nur rationeller, sondern durch die für eine Sammelanmeldung geltenden niedrigeren Gebühren auch kostengünstiger.

Im Falle einer Sammelanmeldung muß der Eintragungsantrag zusätzlich bestimmte Erklärungen und Angaben enthalten (Einzelheiten s. § 7 Anm. B II. 4. a). Ferner ist zu beachten, daß sämtliche in einer Sammelanmeldung zusammengefaßten flächenmäßigen Muster einschließlich ihrer Verpackung nicht schwerer als 10 kg sein dürfen.

Hat ein Anmelder versehentlich mehr als 50 Muster oder Modelle, die verschiedenen Warenklassen angehören, in einer Sammelanmeldung

I. Einführung

zusammengefaßt, so erhält er gem. § 7 Abs. 10 GeschmMG die Möglichkeit, seine Sammelanmeldung zu teilen, um damit den Zeitpunkt der ursprünglichen Anmeldung für alle angemeldeten Muster zu erhalten.

9. Schonfrist und Prioritäten

a) Neuheitsschonfrist

Die ab 1. Juli 1988 für Geschmacksmusteranmeldungen eingeführte Neuheitsschonfrist von sechs Monaten stellt eine bedeutende Erleichterung für die Anmelder von Muster oder Modellen dar. Nach § 7 Abs. 2 GeschmMG a. F. mußte die Anmeldung und Niederlegung erfolgen, „bevor ein nach dem Muster oder Modell angefertigtes Erzeugnis verbreitet wird". Der Anmelder mußte also streng darauf achten, daß ein neues Modell nicht vor der Anmeldung und Niederlegung verbreitet wird. Dabei umfaßte der Begriff des Verbreitens sowohl das öffentliche Anbieten als auch das Inverkehrbringen. Eine Verbreitungshandlung, die vor der Anmeldung und Niederlegung erfolgt war, konnte also das Entstehen des Schutzrechts verhindern. Nunmehr gibt § 7a GeschmMG den Anmeldern die Möglichkeit, ihre Entwürfe und neuen Erzeugnisse der Öffentlichkeit zugänglich zu machen und die Verkaufsmöglichkeiten zu testen, ohne innerhalb von sechs Monaten vor der Anmeldung Gefahr zu laufen, die Schutzmöglichkeiten zu verwirken.

b) Ausstellungspriorität

Die alte Regel „Erst anmelden – dann verbreiten" wird bei allen Mustern oder Modellen, die vor dem 1. Juli 1988 angemeldet worden sind, im Verletzungsstreit noch zu beachten sein. Eine Ausnahme von dieser Regel war schon immer die sog. Ausstellungspriorität.

Neue Muster und Modelle werden in der Regel auf den einschlägigen Fachmessen erstmals gezeigt und der Öffentlichkeit vorgeführt. Diesem Handelsbrauch entspricht das „Gesetz betreffend den Schutz von Erfindungen, Mustern und Warenzeichen auf Ausstellungen vom 18. März 1904". Dieses Gesetz gewährt den erstmals auf bestimmten Messen ausgestellten Mustern oder Modellen einen zeitweiligen Schutz mit der Wirkung, daß die Schaustellung und anschließende Verbreitung der Entstehung des Musterschutzes nicht entgegensteht, sofern die Anmeldung zur Erlangung dieses Schutzes binnen einer Frist von sechs Monaten nach der Eröffnung der Ausstellung erfolgt.

Die privilegierten Messen bzw. Ausstellungen, hinsichtlich deren eine Ausstellungspriorität in Anspruch genommen werden kann, werden jedes Jahr vom Bundesminister der Justiz bestimmt und im Bundesgesetzblatt I bzw. im Bl.f.PMZ veröffentlicht (siehe Anhang 13).

Die erstmals „zur Schau gestellten" Muster und Modelle können also noch 6 Monate nach der Eröffnung der Ausstellung angemeldet werden. Der Anmelder muß die Tatsache der Ausstellung auf der Messe nicht unbedingt bei der Anmeldung angeben, aber er muß dies gegebenenfalls beweisen. Die Beweisführung kann durch die Bestätigung einschlägiger Messebüros sehr erleichtert werden (s. hierzu das Beispiel für eine Messe-Bestätigung im Anhang Nr. 14).

Mindestens sollten die ausgestellten Muster und Modelle auf dem Messestand des Ausstellers fotografiert werden, nach Möglichkeit mit einem Hinweis auf die betreffende Messe.

Die Ausnahmebestimmung über die Anmeldung von Mustern und Modellen mit der Ausstellungspriorität bietet dem Anmelder die Chance, eine Anmeldung nachzuholen, die in der Hektik der Messevorbereitungen unterblieben ist. Dieser Weg enthält aber auch Gefahren, die in falscher Fristberechnung, voreiligen Abbildungen oder in begrenztem „Zur-Schau-Stellen" liegen können.

Wer solche Risiken vermeiden will, dem kann nur geraten werden, Neuentwicklungen nach Möglichkeit schon vor Beginn einer Messe als Muster oder Modell anzumelden und niederzulegen, denn eine Messe wird nicht nur besucht von Kunden, sondern auch von Herrn „Musterklau".

c) Auslandspriorität

Der Anmelder kann ab 1. Juli 1988 nicht nur die Priorität einer inländischen Messe für seine Anmeldung in Anspruch nehmen, sondern auch die Priorität einer etwaigen früheren Anmeldung des gleichen Musters oder Modells im Ausland (Einzelheiten hierzu s. unter § 7b GeschmMG).

10. Sparmöglichkeiten

Mit dem Gesetz zur Änderung des Geschmacksmustergesetzes wurden – speziell für Anmelder von Sammelanmeldungen – zwei Antragsmöglichkeiten geschaffen, die es dem Anmelder ermöglichen, sowohl Gebühren wie Bekanntmachungskosten zu sparen. Da bei Massenanmeldungen, z.B. bei Stoffmustern häufig eine große Zahl von Varianten entworfen und angemeldet werden, hat der Anmelder die Möglichkeit, ein von ihm bezeichnetes Muster der Sammelanmeldung als

I. Einführung

„Grundmuster" und die Varianten dieses Grundmusters als dessen „Abwandlungen" zu bezeichnen (§ 8a GeschmMG). Aufgrund dieser Erklärung wird dann vom Patentamt nur die Abbildung des Grundmusters im Geschmacksmusterblatt veröffentlicht. Die Kosten für die Bildbekanntmachung sämtlicher Abwandlungen des Grundmusters entfallen.

Der Anmelder kann weiter gem. § 8b GeschmMG beantragen, „die Bekanntmachung einer Abbildung der Darstellung des Musters oder Modells um 18 Monate, gerechnet von dem Tag an, der auf die Anmeldung folgt, aufzuschieben." In diesem Fall wird lediglich die Tatsache der Anmeldung im Geschmacksmusterblatt bekannt gemacht, es wird jedoch keine bildliche Darstellung des angemeldeten Musters oder Modells veröffentlicht.

Dieser Antrag dürfte also ganz besondere Bedeutung haben für modische und sonstige kurzlebige Erzeugnisse, die schon nach einer Saison, spätestens aber nach zwei oder drei Saisons nicht mehr gefragt sind und für die daher lediglich eine kurze Schutzdauer erwünscht ist. Wenn sich einzelne solcher modischen Muster als „Renner" einer Kollektion erweisen, so kann später der Antrag gestellt werden, die Schutzdauer auf die normale Frist von fünf Jahren zu erstrecken (Einzelheiten s. unter § 8b GeschmMG).

Der Aufschub der Bildbekanntmachung ermöglicht es dem Anmelder, zunächst einmal die Akzeptanz der Muster oder Modelle zu testen, um dann nur für diejenigen die volle Schutzdauer eines Geschmacksmusters in Anspruch zu nehmen, die tatsächlich Erfolg versprechen und bei denen der geschmacksmusterrechtliche Schutz den damit verbundenen Aufwand lohnt.

11. Eintragung und Bekanntmachung

Die Eintragung der Anmeldungen im Musterregister erfolgt seit 1. Juli 1988 beim Deutschen Patentamt. Das Musterregister selbst wird seit diesem Zeitpunkt zentral von der Dienststelle Berlin des Deutschen Patentamts geführt. Soweit die Geschmacksmuster vor dem 1. Juli 1988 bei den zuständigen Amtsgerichten angemeldet worden sind, werden die Musterregister bei den jeweiligen Registergerichten weitergeführt.

Alle Anmeldungen seit 1. Juli 1988 werden vom Patentamt mit einer Abbildung der Darstellung des Musters oder Modells im Geschmacksmusterblatt bekannt gemacht (§ 8 Abs. 2 GeschmMG).

I. Einführung

Die Eintragung ins Musterregister selbst hat rein deklaratorische Wirkung. Die Eintragung ist kein Hoheitsakt, sie läßt kein Recht entstehen; mit der Eintragung wird lediglich die Tatsache registriert, daß der Urheber

> an einem bestimmten Tag
> zu bestimmter Stunde
> ein Muster oder Modell

angemeldet und eine Darstellung des Musters eingereicht hat.

Demgemäß ist auch das Datum der Eintragung des angemeldeten Musters im Musterregister völlig uninteressant. Entscheidend bleibt das Datum der Anmeldung (vor dem 1. Juli 1988 das Datum der Anmeldung und Niederlegung). Eine Prüfung der materiellen Schutzvoraussetzungen – Neuheit und Eigentümlichkeit – findet nicht statt. Das Geschmacksmuster ist ja ein sog. ungeprüftes Schutzrecht. Erst in einem etwaigen Verletzungsprozeß stellt sich heraus, ob das Geschmacksmuster auch rechtsbeständig ist.

12. Schutzwirkung

Das Geschmacksmusterrecht ist ein Ausschließlichkeitsrecht.
Hieraus ergibt sich

  a) ein positives Benutzungsrecht

und

  b) ein negatives Verbietungsrecht.

Das Geschmacksmusterrecht entsteht aber – im Gegensatz zum Urheberrecht – nicht allein mit der Gestaltung der Form oder Farbkombination, sondern wird erst mit dem Eingang der Anmeldung (bis zum 30.6.1988 mit der Anmeldung und Niederlegung) des Musters oder Modells bei der zuständigen Behörde zum „Vollrecht".

Das negative Verbietungsrecht ist in den §§ 5, 14 und 14a GeschmMG ausdrücklich geregelt. Vom Urheberpersönlichkeitsrecht sagt der Gesetzestext nichts. Mit Recht hat von Gamm auch dem Mustergestalter ein Urheberpersönlichkeitsrecht zugebilligt, denn – so sagt er – „das Urheberpersönlichkeitsrecht besteht bereits zeitlich vor dem absoluten Geschmacksmusterrecht. Denn Grundlage des Urheberpersönlichkeitsrechts ist die persönliche Bindung des Urhebers an sein Werk. Diese ist aber eine Folge der unmittelbaren Werkschöpfung selbst, so daß mit dieser (und nicht mit ihrer Anmeldung und Niederlegung) das

I. Einführung

Urheberpersönlichkeitsrecht erwächst" (s. Kommentar von Gamm, Rdnr. 5 zu § 5 GeschmMG)

In der Literatur wird heute ganz überwiegend auch für das Geschmacksmusterrecht ein Urheberpersönlichkeitsrecht anerkannt, nachdem der BGH aus Art. 1 Abs. I und Art. 2 Abs. I GG das allgemeine Persönlichkeitsrecht abgeleitet hat. Allerdings weist von Gamm auch darauf hin, daß der Urheberpersönlichkeitsschutz am Geschmacksmuster „sachlich nur einen geringeren Umfang erreichen kann, zumal die im gesamten Persönlichkeitsschutz erforderliche Interessenabwägung einer dem Urheberrecht gleichkommenden Ausdehnung des Urheberpersönlichkeitsrechts am Geschmacksmuster entgegensteht" (s. von Gamm, a. a. O., Rdnr. 9 zu § 5 GeschmMG). Der Mustergestalter hat beispielsweise kein gesetzlich geregeltes Recht auf Namensnennung, wie dies dem Urheber eines Werkes der angewandten Kunst gemäß § 13 UrhG zusteht. Im GRUR-Entwurf für ein neues Musterschutzgesetz heißt es hierzu:

„§ 18. Der Gestalter eines Musters kann beanspruchen, daß die nach seinem Entwurf hergestellten Erzeugnisse oder Werbemittel dafür oder Veröffentlichungen darüber mit einer auf ihn hinweisenden Bezeichnung nach seiner Wahl versehen werden, wenn dies technisch möglich ist, der Gesamteindruck des Erzeugnisses dadurch nicht beeinträchtigt wird und berechtigte Interessen des Herstellers nicht verletzt werden" (s. GRUR 1978, 31).

Derzeit hat ein Mustergestalter nur die Möglichkeit, sich die Nennung seines Namens in Verbindung mit seinem Muster oder Modell, in Prospekten und bei Veröffentlichungen im Verhandlungswege auszubedingen und vertraglich zu sichern.

13. Schutzumfang

Ein Geschmacksmuster wäre nahezu wertlos, wenn sich der Schutz nur auf völlig identische Farb- und Formgestaltungen beziehen würde. Über den unmittelbaren Schutz gegen die identische Nachbildung geschützter Muster und Modelle hinaus gibt es beim Urheberrecht an Mustern und Modellen – wie bei jedem Immaterialgüterrecht – einen mittelbaren Schutz. „Es wird" – so Schramm – „gleichsam ein Defensivraum um den Gegenstand des Schutzrechtes gelegt, so daß der Gegenstand schon in den Vorwerken verteidigt werden kann. Dieser Defensivraum ist der sachliche Schutzumfang" (s. Schramm, Grundlagenforschung auf dem Gebiet des Gewerblichen Rechtsschutzes und Urheberrechts, 1954, S. 156).

I. Einführung

Für die Prüfung der objektiven Nachbildung hat der Gesetzgeber in § 5 GeschmMG ganz klare Auslegungsregeln gegeben. Es heißt hier z. B. entsprechend der Ziffer 2:

„Als verbotene Nachbildung ist es auch anzusehen, wenn die Nachbildung in anderen räumlichen Abmessungen oder Farben hergestellt wird als das Original, oder wenn sie sich vom Original nur durch solche Abänderungen unterscheidet, welche nur bei Anwendung besonderer Aufmerksamkeit wahrgenommen werden können".

Der Gesetzgeber hat also genau definiert, was neben der identischen Nachbildung „auch" unter einer verbotenen Nachbildung zu verstehen ist; und das aus gutem Grund, denn die absolut identische, millimetergenaue, in Form und Farbe übereinstimmende Nachbildung ist selten, ja sie bildet geradezu die Ausnahme von der Regel für Plagiate. So dreist, ihre Nachbildungen nicht etwas anders zu gestalten als das Vorbild, sind nur wenige. Das Vorbild wird ja gerade geleugnet, um so zu tun, als habe man aus eigenem Fundus „geschöpft".

Es ist eine Erfahrungstatsache: Jeder halbwegs geschickte Plagiator sucht seiner Nachbildung ein Tarnmäntelchen umzuhängen. Das typische Plagiat ist das in Einzelheiten geringfügig geänderte und somit „getarnte" Plagiat. Seine Formqualität ist häufig durch eine − angeblich der freien Benutzung zuzurechnende, in Wahrheit aber dem Zweck der Tarnung dienende − krampfhaft gesuchte Veränderung der nachgebildeten Formen und Farben gekennzeichnet, die Architekten und Designer eine „Verschlimmbesserung" nennen.

Die Rechtsprechung hat die gesetzlichen Auslegungsregeln noch verfeinert. Der Grad der Eigentümlichkeit eines Musters oder Modells bestimmt auch den Schutzumfang. Die Regel hierfür hat der BGH in der Entscheidung „Haushaltsschneidemaschine I" formuliert:

„Je größer die dem Geschmacksmuster zugrundeliegende Leistung ist, desto größer ist sein Schutzumfang" (BGH in GRUR 1972, 168/169 v. Sp. − „Haushaltsschneidemaschine I").

14. Schutzdauer

Nach den Überleitungsvorschriften der Novelle in Art. 5 sind auf Muster oder Modelle, die vor dem 1. Juli 1988 bei den zuständigen Gerichten angemeldet worden sind, die bis dahin geltenden Vorschriften weiterhin anzuwenden. Dies gilt sinngemäß auch für die von Ausländern vor dem 1. Juli 1988 beim Deutschen Patentamt angemeldeten Ge-

I. Einführung

schmacksmuster. Man muß also bei den Überlegungen zur Verlängerung der Schutzdauer zunächst einmal fragen: Handelt es sich um ein Muster oder Modell, das vor oder nach dem 1. Juli 1988 angemeldet worden ist?

Für alle Muster oder Modelle, die ab 1. Juli 1988 angemeldet werden, gilt der gleiche Verlängerungsturnus wie bisher schon für internationale Geschmacksmuster, d. h. jeweils fünf Jahre. Die Verlängerung der Schutzdauer ist durch § 9 GeschmMG n. F. wesentlich erleichtert worden. Sie kann ohne Antrag durch Einzahlung der Gebühr bewirkt werden (Einzelheiten s. § 9). Die Höchstdauer des Schutzes beträgt zwanzig Jahre.

Für alle Muster oder Modelle, die vor dem 1. Juli 1988 angemeldet worden sind, liegen die Dinge wesentlich komplizierter.

Die Schutzdauer für ein Geschmacksmuster war in § 8 GeschmMG a. F. scheinbar ganz einfach geregelt, aber eben nur scheinbar. Die Fristen für die Verlängerung des Schutzes (Höchstdauer 15 Jahre) waren Stolpersteine, die nicht wenige Anmelder übersehen haben.

Beispiel:
Ein Anmelder, der zunächst die dreijährige Schutzfrist gewählt hatte, beantragte nach Ablauf der ersten drei Jahre eine Verlängerung des Schutzes um weitere drei Jahre. Die Musterbehörde trug diese Verlängerung der Schutzfrist ohne weiteres in das Musterregister ein, denn der Anmelder war völlig frei in der Wahl der gewünschten Schutzdauer. Aber bei Ablauf der zweiten drei Jahre, also nach einer Schutzdauer von insgesamt sechs Jahren, mußte der Anmelder feststellen, daß nun eine weitere Verlängerung nicht mehr möglich war, weil in § 8 Abs. 3 GeschmMG eine Verlängerung der Schutzdauer nur „bei Ablauf der dreijährigen und der zehnjährigen Schutzfrist" vorgesehen war.

Das Reichsgericht hatte bei Inanspruchnahme einer Erstfrist von fünf Jahren eine Verlängerung auf fünfzehn Jahre zugelassen. Dem ist der BGH in einem Urteil vom 26. Juni 1970 für eine Verlängerung von fünf auf zehn Jahre gefolgt. In der Entscheidung „Blumenwanne" sagt der BGH 1979:

„Es besteht aber kein hinreichender Grund, von dem eindeutigen Wortlaut des § 8 Abs. 3 GeschmMG nunmehr völlig abzuweichen und die Dauer der ersten Verlängerung und die der zweiten Verlängerung auf die Höchstfrist in das Belieben des Schutzrechtsinhabers zu stellen. Bei gesetzlichen Vorschriften über Fristen kann eine von ihrem Wortlaut abweichende Auslegung nur mit besonderer Zurückhaltung und bei zwingenden Gründen vorgenommen werden".

Der amtliche Leitsatz der Entscheidung bringt den Sinn von § 8 GeschmMG klarer zum Ausdruck als der Gesetzestext selbst:

„Eine Verlängerung der Schutzfrist bei Ablauf der zunächst beanspruchten drei Jahre auf die Höchstfrist von fünfzehn Jahren ist nur entweder sogleich bei der ersten Ausübung des Rechts oder aber in der Weise möglich, daß zunächst eine Ausdehnung auf zehn und sodann eine weitere Verlängerung auf die Höchstfrist begehrt wird" (BGH in GRUR 1979, 548 − „Blumenwanne").

Wer Schwierigkeiten bei der Verlängerung der Schutzdauer eines Geschmacksmusters, das vor dem 1. Juli 1988 angemeldet worden ist, vermeiden will, sollte sich die Formel

„drei − zehn − fünfzehn"

merken, wenn er nicht von vorneherein eine Schutzfrist von 15 Jahren beantragt hat. Betrug die Erstfrist drei Jahre − aus Kostengründen oder weil der Anmelder zunächst einmal abwarten wollte, ob das Muster oder Modell am Markt „ankommt" − dann kann auf die volle Schutzdauer von 15 Jahren nur verlängert werden, wenn um 7 Jahre auf 10 Jahre verlängert worden ist. Der Antrag auf Verlängerung der Schutzdauer sollte stets rechtzeitig vor Ablauf der jeweiligen Schutzfrist gestellt werden. Auch hier ist der Wortlaut im Gesetz etwas unklar. Die Formulierung „bei Ablauf der dreijährigen und der zehnjährigen Schutzfrist" heißt im Klartext „vor Ablauf der laufenden Schutzfrist, denn eine Verlängerung der Frist muß stets vor Ablauf der laufenden Frist beantragt werden, mag dies aus dem Wortlaut des Gesetzes auch nicht eindeutig hervorgehen" (OLG Düsseldorf in GRUR 1962, 380/381 − „Schutzfristverlängerung").

15. Werbung mit Hinweisen auf ein Geschmacksmuster

Das Geschmacksmuster ist ein ungeprüftes Schutzrecht, dessen Rechtsbeständigkeit sich erst im Verletzungsprozeß herausstellt. Um so vorsichtiger sollte der Inhaber eines Geschmacksmusters sein, sein Schutzrecht in der Werbung herauszustellen. Hinweise wie

„ges. gesch." = gesetzlich geschützt

oder

„als Muster geschützt"

I. Einführung

sind irreführend und daher nach § 3 UWG unzulässig (vgl. LG München v. 15.9. 1983 — AZ.: 4 HKO 10 658/83 — nicht veröffentlicht).

Nun weiß natürlich der Mitbewerber, der einen solchen Hinweis liest, nicht, woran er ist und was der Hinweis bedeuten soll. Selbst wenn — zulässigerweise — nur der Hinweis erfolgt

„als Geschmacksmuster registriert",

kann die Schutzfrist längst abgelaufen sein. Ohne Kenntnis der Registernummer kann bei einem „Altrecht" noch nicht einmal bei dem für die betreffende Firma zuständigen Amtsgericht nachgeforscht und das Register eingesehen werden. In solchen Fällen gilt in analoger Anwendung von § 55 PatG ein Auskunftsverlangen als begründet.

„Demjenigen, der mit einem solchen Hinweis wirbt oder die Konkurrenten von Nachahmungen abzuhalten sucht (Werbe- und Warnwirkung, BGH in GRUR 1957, 372, 373 — 2 DRP), ist es dagegen ohne weiteres zuzumuten, Auskunft zu erteilen. Zur Verhinderung von Mißbräuchen erscheint ein vereinfachter Auskunftsanspruch durchaus angebracht" (OLG Düsseldorf in GRUR 1976, 34/35 — „Becherhalter").

16. Schutz für „technisch bedingte" Formen?

Bei Gebrauchsgegenständen wie Küchenmaschinen, Fahrzeugen und Elektrogeräten aller Art wird vom Verletzer häufig eingewendet, die für den ästhetischen Gesamteindruck des Modells entscheidenden Formen, Formteile und Proportionen seien „technisch bedingt" und daher von vornherein als Geschmacksmuster nicht schutzfähig. Es ist das Verdienst des BGH, der in diesen Fragen ein großes Feingefühl entwickelt hat, daß uns zur Beantwortung dieser heiklen Fragen heute ein sachgerechter Maßstab zur Verfügung steht. Seit der Entscheidung „Zündaufsatz" ist klargestellt, daß Formelemente, die „auch", ja sogar „im wesentlichen" technisch bedingt sind, nicht gleichzusetzen sind mit „objektiv ausschließlich technisch bedingt" und daß sie daher durchaus für den ästhetischen Gesamteindruck, die Eigentümlichkeit des Modells und damit für den Geschmacksmusterschutz entscheidend sein können. Wie flexibel die Rechtsprechung hier reagiert hat, wird deutlich, wenn man sich klar macht, daß ein Gesetz, das vor über 100 Jahren zum Schutz von Spitzendeckchen und Textilmustern geschaffen wurde, heute so ausgelegt werden kann, wie es für eine zweckbetonte und schmucklos glatte Form eines Schukosteckers oder Elektroföns paßt.

I. Einführung

Natürlich gibt es bei einem Schukostecker Normteile, die der DIN-Norm entsprechen, weil sie genau in die Steckdose passen müssen. Solche Normteile sind „ausschließlich technisch bedingt", nicht aber die Form der Griffe. Strenge geometrische und trigonometrische Formen wirken — auf den ersten Blick — wie selbstverständlich, aber gerade die scheinbar selbstverständliche Form ist oft am schwierigsten zu finden. Ob ein flüchtiger Betrachter die wesentlichen Formmerkmale überhaupt wahrnimmt, bleibt gleichgültig. Seine grundlegenden Auslegungsregeln in bezug auf die Schutzfähigkeit von modernen schmucklosen Formen bei Gegenständen der industriellen Formgebung hat der Bundesgerichtshof in den Entscheidungsgründen im Urteil „Zündaufsatz" zusammengefaßt. Hier heißt es u. a.:

„Für die Geschmacksmusterfähigkeit ist insoweit jedoch nicht auf einen flüchtigen Betrachter abzustellen, und es ist auch nicht erforderlich, daß der Betrachter sich bewußt wird, in welchen Formmerkmalen sich das Erzeugnis von denen anderer Hersteller unterscheidet. Es genügt vielmehr für den Musterschutz, wenn der Formensinn der für ästhetische Gestaltungen einigermaßen Empfänglichen von dem Geschmacksmuster angesprochen wird, mag dies auch mehr oder weniger unbewußt geschehen."

Und weiter:

„Besonders dann, wenn die auf dem Gebiet des Ästhetischen liegende Gestaltung sich unter Verzicht auf außerhalb der Funktion des Erzeugnisses stehende Zutaten oder Schnörkel und im Einklang mit den Bestrebungen industrieller Formgebung in einer besonders harmonisch wirkenden, sachlichen Linienführung erschöpft, wird dem Betrachter oft nicht bewußt werden, woran sich die von dem Erzeugnis als Ganzem ausgehende, das ästhetische Gefühl ansprechende Wirkung knüpft".

Schließlich kann ein Modell auch dann schutzfähig sein, wenn der Betrachter die Form einem technischen Zweck zuordnet. „Das ästhetische Empfinden wird in bezug auf Formmerkmale eines technischen Zwecken dienenden Erzeugnisses keineswegs dadurch ausgeschlossen, daß der Betrachter zugleich erkennt, daß die Form auch einen technischen Zweck erfüllt. Die Harmonie zwischen technischer Funktion und — objektiv nicht notwendig technisch bedingter — Formgebung vermag vielmehr das ästhetische Empfinden sogar in besonderem Maße anzusprechen" (s. BGH in GRUR 1966, 97, 98, 99 — „Zündaufsatz").

I. Einführung

Die Linie der BGH-Rechtsprechung zum Einfluß einer technisch bedingten Form auf die Schutzfähigkeit eines Gegenstandes, die im Urteil „Zündaufsatz" noch geradezu als sensationell empfunden wurde, setzt sich gradlinig fort im Urteil „Dreifachkombinationsschalter" (s. BGH in GRUR 1975, 81/83) bis zur Entscheidung „Haushaltsschneidemaschine II". Hier hat der BGH noch einmal festgestellt:

„Das ästhetische Empfinden wird keineswegs hinsichtlich solcher Formelemente ausgeschlossen, bei denen der Betrachter erkennt, daß sie auch technisch bedingt sind. Die Harmonie zwischen technischer Funktion und nicht objektiv bedingter, demnach nicht ausschließlich notwendiger Formgebung kann vielmehr in besonderem Maße das ästhetische Empfinden ansprechen (vgl. BGH, a. a. O. − „Zündaufsatz")" (s. BGH in GRUR 1981, 271/272 − „Haushaltsschneidemaschine II").

Mit dieser als gesichert zu bezeichnenden Rechtsprechung ist das Geschmacksmusterrecht das gegebene Schutzinstrument für das moderne Industriedesign. Dennoch sind auch die Schutzmöglichkeiten nach dem Urheberrechtsgesetz und nach dem Gesetz gegen den unlauteren Wettbewerb (UWG) zu erörtern.

17. Geschmacksmuster und Urheberrecht

Der Schutz der Muster und Modelle und der Schutz der Werke der angewandten Kunst stehen in der Bundesrepublik Deutschland unter dem Vorzeichen der Koexistenz: Beide Rechte, Geschmacksmusterrecht und Urheberrecht, können nebeneinander bestehen. Der Unterschied zwischen einem Muster oder Modell und einem Werk der angewandten Kunst ist lediglich ein gradueller Unterschied.

Der Unterschied zeigt sich einmal in den verschiedenen Schutzvoraussetzungen, vor allem aber in der Dauer des Schutzes. Die Schutzfrist für Muster und Modelle beträgt äußerst 15 Jahre. Der Schutz des Urheberrechts endet dagegen erst 70 Jahre nach dem Tode des Urhebers. Diese lange Schutzdauer verlockt viele Entwerfer und Hersteller, auf die Möglichkeit des Urheberrechts zu vertrauen. Gelegentlich besteht auch die irrtümliche Vorstellung, daß die Anmeldung eines Modells als Geschmacksmuster, also das „kleine Urheberrecht", die Annahme des „großen Urheberrechts" unmöglich mache. Daher ist es wichtig zu wissen, daß beide Schutzmöglichkeiten − Urheberrecht und Geschmacksmusterrecht − kumulativ zur Anwendung gelangen.

I. Einführung

Schließlich wird auf das Urheberrecht vertraut, weil oder wenn die Anmeldung eines Modells schlicht vergessen worden ist. In den meisten dieser Fälle ist die Hoffnung des Urhebers eine trügerische Hoffnung, die nur in wenigen Ausnahmefällen in Erfüllung geht. Für ein Urheberrecht mit einer derart langen Schutzdauer wie dem Urheberrecht an Werken der angewandten Kunst werden verständlicherweise wesentlich höhere Anforderungen an die schöpferische Leistung des Urhebers gestellt als beim Urheberrecht an Mustern und Modellen. Die lange Schutzdauer (70 Jahre post mortem auctoris) erweist sich somit für die Gerichte als Hemmschwelle für die Anerkennung eines Gebrauchsgegenstandes als Werk der angewandten Kunst.

Gerade weil auf dem Gebiet der ästhetischen Gestaltung neuer Produkte und Geräte für den täglichen Gebrauch ein Geschmacksmuster als „kleines Urheberrecht" angemeldet werden kann, sind die Gerichte bei der Beurteilung der urheberrechtlichen Gestaltungshöhe einer neuen Form besonders kritisch. Im Gegensatz zum Urheberrecht an literarischen und musikalischen Werken sind die Gerichte nicht bereit, knapp über dem Durchschnitt liegende Farb- und Formgestaltungen als sog. „kleine Münze" in den Schutzbereich des „großen Urheberrechts" einzubeziehen. (Vgl. Gerstenberg, Die Urheberrechte an Werken der Kunst, S. 55/57 „Zweierlei Maß für die „kleine Münze"?").

Voraussetzung für den Urheberrechtsschutz ist stets die künstlerische Gestaltungshöhe eines Werkes. Dies gilt auch − und wegen der Möglichkeit des Geschmacksmusterschutzes gerade − für Werke der angewandten Kunst. Zwar kann die Schutzfähigkeit eines Gebrauchsgegenstandes gemäß § 2 Abs. 1 Ziff. 4 UrhG auch dann gegeben sein, „wenn der ästhetische Gehalt in die ihrem Zweck gemäß − in klarer Linienführung ohne schmückendes Beiwerk − gestaltete Gebrauchsform eingegangen ist" (s. BGHZ 22, 209 = GRUR 1957, 291 − Europapost; BGHZ 16, 4 = GRUR 1955, 445 − Zwischenmeister; BGH in GRUR 1958, 562 − Candida-Schrift), im übrigen aber werden an die künstlerische Gestaltungshöhe des Werkes die gleichen Anforderungen gestellt wie an ein Werk der bildenden Künste. Tatsächlich muß man hinnehmen, daß an die Gestaltungshöhe von Werken der angewandten Kunst noch weit höhere Anforderungen gestellt werden als an Werke der bildenden Kunst. Was beansprucht heute nicht alles, Kunst zu sein, und ist wohl auch noch urheberrechtlich geschützt!

Moderne Künstler haben es da einfach, zumal Ästhetik auf dem Gebiet der bildenden Kunst nicht mehr gefragt ist. So äußerte z. B. Joseph Beuys: „Ein Panzer, ein U-Boot oder die Concorde sind viel ästheti-

I. Einführung

scher als alle heute zur Verfügung stehenden Kunstwerke von Picasso bis zu meinem Mist" (zitiert nach „Süddeutsche Zeitung" Nr. 92 vom 19./20. April 1980).

In ständiger Rechtsprechung wird betont, daß die „zwischen Kunstschutz und Geschmacksmusterschutz bestehende Grenze" nicht zu niedrig abgesteckt werden dürfe. Nur in wenigen Ausnahmefällen hat der Bundesgerichtshof einem gut geformten Gebrauchsgegenstand den Rang eines Werkes der angewandten Kunst zuerkannt (z. B. BGH in GRUR 1961, 635 – „Stahlrohrstuhl"; BGH in GRUR 1972, 38 und 375 – „Vasenleuchter"; BGH in GRUR 1974, 740 – „Sessel").

Eine sichere Beurteilung der künstlerischen Gestaltungshöhe ist bei Werken der angewandten Kunst, also bei Gebrauchsgegenständen, nur in seltenen Fällen möglich. Aus den vorhandenen Entscheidungen können lediglich gewisse Anhaltspunkte gewonnen werden. Ob wirklich ein Werk der angewandten Kunst im Sinne von § 2 Abs. 1 Ziff. 4 UrhG vorliegt und ob damit der Schutz des Urheberrechts gegeben ist, steht mit Sicherheit erst fest, wenn eine Entscheidung des Bundesgerichtshofes vorliegt. Der Rat, der jedem Urheber und Hersteller von kunstgewerblichen und/oder gebrauchsgegenständlichen Gegenständen daher gegeben werden muß, lautet: Vorsorglich jedes Muster oder Modell beim Deutschen Patentamt als Geschmacksmuster anmelden. Diesen Rat hat der Bundesgerichtshof in einer neueren Entscheidung betreffend ein Stoffmuster, dessen künstlerische Gestaltungshöhe umstritten war, erneut unterstrichen. Zwar könne auch ein Stoffmuster als Werk der angewandten Kunst urheberrechtlichen Schutz genießen, wenn es sich um eine Schöpfung individueller Prägung handle, deren ästhetischer Gehalt einen solchen Grad erreicht habe, daß nach Auffassung der für Kunst empfänglichen und mit Kunstanschauungen einigermaßen vertrauten Kreise von einer „künstlerischen" Leistung gesprochen werden könne. Textilmuster seien aber stärker dem Zeitgeschmack unterworfen. Deshalb sei ein über die Lebenszeit des Urhebers hinausreichender Kunstwerkschutz in aller Regel nicht gerechtfertigt (BGH in GRUR 1983, 377 – „Brombeer-Muster").

Da der Bundesgerichtshof die Geschmacksmusterfähigkeit des nicht hinterlegten Stoffmusters sogar im Leitsatz seiner Entscheidung ausdrücklich erwähnt hat, heißt dies im Klartext: Auch schöpferische Textilentwerfer sollten nicht ausschließlich auf das Urheberrecht an Werken der angewandten Kunst vertrauen, sondern grundsätzlich alle neuen Entwürfe als Geschmacksmuster anmelden.

18. Geschmacksmuster und unlauterer Wettbewerb

Wenn für einen Gebrauchsgegenstand ein Geschmacksmuster nicht besteht, sei es, daß keines angemeldet wurde oder daß die Schutzdauer abgelaufen ist, so wird beim Auftreten von Nachbildungen häufig versucht, einen Schutz durch die Generalnorm des Gesetzes gegen den unlauteren Wettbewerb, § 1 UWG, zu erlangen. Die Rechtsprechung hat hier mit dem Rechtsinstitut der sogenannten „sklavischen Nachahmung" oder, nach der neueren Diktion des BGH, der „(fast) identischen Nachahmung" eine Möglichkeit geschaffen, die allerdings auch wieder nur in Ausnahmefällen greift. Auch auf diesen Schutz sollte sich ein Mustergestalter daher nicht verlassen, sondern in erster Linie bestrebt sein, seine Muster und Modelle als Geschmacksmuster anzumelden.

Bezeichnend für den Ausnahmecharakter des wettbewerbsrechtlichen Schutzes gegen (fast) identisches Nachmachen ist einmal die These, daß ein wettbewerbsrechtlicher Schutz grundsätzlich nicht in Frage kommt, wenn der für diesen Fall an sich gegebene sondergesetzliche Schutz, hier derjenige, den das Geschmacksmustergesetz bietet, mangels Anmeldung nicht angewandt werden kann bzw. wegen Zeitablaufs nicht mehr gegeben ist. Weiterer Ausgangspunkt ist der wettbewerbsrechtliche Grundsatz der Nachahmungsfreiheit. Diese beiden Thesen machen deutlich, daß der wettbewerbsrechtliche Schutz gegen (fast) identisches Nachmachen qualitativ ein anderer sein muß als der Schutz, den das Geschmacksmustergesetz oder das Urheberrechtsgesetz gewähren. Es ist deshalb auch zumindest unpräzise, von einem ergänzenden wettbewerbsrechtlichen Leistungsschutz zu sprechen, wie das viele tun. Geschützt durch den § 1 UWG wird nicht eine Leistung oder ein Leistungsergebnis des Unternehmers oder Mustergestalters; der § 1 UWG gewährt vielmehr Schutz vor Handlungen Dritter, die gegen die guten Sitten verstoßen, die unlauter sind. Der BGH vertritt daher in ständiger Rechtsprechung die Auffassung, daß die Anlehnung an eine Gestaltungsform ohne Eingriff in ein bestehendes Sonder-Schutzrecht nur dann als Ausnutzung fremder Leistung wettbewerbswidrig ist, wenn über die Nachahmung hinaus unlautere Begleitumstände hinzutreten (BGH, GRUR 1983, 377, 379 – „Brombeermuster").

Wichtigste Voraussetzung dieses wettbewerbsrechtlichen Schutzes gegen Nachbildungen ist nicht, wie beim Geschmacksmustergesetz, das Vorhandensein von Neuheit und Eigentümlichkeit, also einer zum Ausdruck kommenden ästhetisch-gestalterischen Leistung des Mustergestalters, sondern das Vorhandensein einer „gewissen wettbewerb-

I. Einführung

lichen Eigenart" (BGH, a. a. O.). Wettbewerbliche Eigenart hat ein nachgemachtes Erzeugnis dann, wenn seine Ausgestaltung oder jedenfalls bestimmte Merkmale dieses Erzeugnisses geeignet sind, für die interessierten Verkehrskreise auf die betriebliche Herkunft oder auf Besonderheiten, hier vor allem auf die Güte des Erzeugnisses hinzuweisen (BGH, WRP 1976, 371, 372 – „Ovalpuderdose"). Anknüpfungspunkt für den wettbewerblichen Schutz vor Nachbildung ist also weniger die Individualität der Gestaltung als deren Bekanntheit im Verkehr, die einen Hinweis auf Herkunft, Besonderheiten oder Eigenschaften des Erzeugnisses zur Folge hat. Die wettbewerbliche Eigenart hat somit zur Voraussetzung weder die Neuheit noch die Eigentümlichkeit im geschmacksmusterrechtlichen Sinne, wenn auch in aller Regel das Vorhandensein von Gestaltungselementen, die einen geschmacksmusterrechtlichen Schutz begründen würden, auch für die wettbewerbliche Eigenart genügen (BGH, GRUR 1983, 377, 379 – "Brombeermuster"). Andererseits kann bereits eine ästhetisch gefällige und handwerklich gelungene Gestaltung, die die Voraussetzungen der Eigentümlichkeit noch nicht erreicht, durchaus die wettbewerbliche Eigenart vermitteln (BGH, a. a. O.). Die für die wettbewerbliche Eigenart erforderliche Hinweiswirkung auf Herkunft oder Besonderheiten können in diesem Fall auch durch die Bekanntheit im Verkehr begründet sein.

Indizien für die wettbewerbliche Eigenart können auch der Aufwand und die Mühe des Herstellers bis zum Inverkehrbringen des Erzeugnisses sein, seine Vorbereitungs- und Werbekosten. Die daraus resultierende Besonderheit kann zur Zuerkennung der erforderlichen Herkunfts- oder Gütefunktion führen (BGH, WRP 1976, 370 – „Ovalpuderdose").

Nur wenn eine solche wettbewerbliche Eigenart mit Hinweisfunktion zu bejahen ist, besteht die Gefahr einer Irreführung über Herkunft oder Güte, auf der der wettbewerbsrechtliche Schutz gegen Nachbildung beruht. Wegen des wettbewerbsrechtlichen Grundsatzes der Nachahmungsfreiheit ist aber auch diese Irreführungsgefahr für sich grundsätzlich hinzunehmen, sofern nicht weitere besondere Umstände hinzutreten, die in Verbindung mit dieser Irreführungsgefahr das Nachbilden als unlauter und damit wettbewerbswidrig erscheinen lassen.

Ein solcher, die Wettbewerbswidrigkeit begründender Umstand kann die identische oder nahezu übereinstimmende (fast identische) Nachbildung eines erfolgreichen Gegenstandes sein, falls ein ausreichender Spielraum für abweichende Gestaltungen vorhanden ist (BGH, GRUR

1970, 250 Hummel/III). Es verstößt gegen die Regeln des lauteren Wettbewerbs, wenn ein Mitbewerber es trotz der Gefahr einer betrieblichen Herkunftsverwechslung unterläßt, geeignete und zumutbare Maßnahmen zur Verhütung oder Verringerung der Gefahr solcher Herkunftsverwechslungen zu ergreifen (BGH, GRUR 1982, 305 – „Büromöbelprogramm"; BGH, GRUR 1984, 597 – „vitra-Programm"). Eine solche identische oder fast identische Nachahmung trotz bestehenden Gestaltungsspielraums ist daher stets ein starkes Indiz für wettbewerbswidriges Verhalten (BGH, WRP 1976, 370 – „Ovalpuderdose").

Bei technisch bedingten Gestaltungselementen wird der zur Verfügung stehende Gestaltungsspielraum in der Regel kleiner sein als bei bloß ästhetisch wirkenden Merkmalen. Heben sich diese ästhetisch wirkenden Merkmale besonders stark von üblichen Gestaltungen ab, so kann auch vom Wettbewerber gefordert werden, daß durch geeignete und zumutbare Maßnahmen ein deutlicher Abstand gehalten wird.

Ein zum Nachbildungstatbestand hinzutretender, besonderer und wettbewerbsrechtlich relevanter Umstand kann dann gegeben sein, wenn sich die Nachahmung als eine Behinderung des Wettbewerbers auswirkt. Eine solche Behinderung ist etwa dann gegeben, wenn sie den Wettbewerber um die Früchte seiner Arbeit bringt, wenn also der Nachbildende unter Einsparung eigener Entwicklungs- und Entwurfskosten identische oder fast identische Erzeugnisse auf den Markt bringt (BGH, GRUR 1984, 453 – „Hemdblusenkleid"). Der wettbewerbsrechtlich relevante Umstand der Behinderung kann vor allem auch dann erfüllt sein, wenn ein Nachahmer eine Vielzahl von Produkten eines Wettbewerbers nachbildet, er also systematisch ein Produktprogramm kopiert (OLG Düsseldorf, GRUR 1983, 748, „HEWI-Beschlagprogramm").

Ein in der Praxis sehr bedeutsamer wettbewerbsrechtlich relevanter Umstand, der zur Wettbewerbswidrigkeit der Nachbildung führt, ist die sogenannte Rufausbeutung. Das Anhängen an den Prestigewert und den guten Ruf eines fremden Erzeugnisses zur Förderung des Verkaufs einer wesentlich billigeren Nachbildung kann wettbewerbswidrig sein, wenn die Nachbildung in den kennzeichnenden Merkmalen nahezu identisch mit der Vorlage übereinstimmt (VGH, GRUR 1985, 876 „Tschibo/Rolex"). Eine Rufausbeutung in Form des sogenannten Imagetransfers kann auch in der Übernahme eines bekannten Kennzeichnungsmittels oder in der Verwendung eines Produkts mit überragendem Ruf zur Werbung für das eigene Produkt liegen (BGH,

I. Einführung

GRUR 1983, 247 — „Rolls-Royce"; BGH, GRUR 1985, 550 — „Dimpel"). Dieser wettbewerbsrechtliche Schutz der Werbekraft eines Unternehmens und seiner Erzeugnisse hat aber nur noch bedingt mit dem Schutz der Formgebung zu tun und gehört daher nicht direkt zu den das Geschmacksmuster ergänzenden Schutzmöglichkeiten.

Die Anforderungen, die von der Rechtsprechung an die relevanten, wettbewerbsrechtlichen Begleitumstände gestellt werden, und der Grad der Nachbildung stehen in einer Wechselbeziehung. Es ist also eine differenzierte Feststellung erforderlich, ob die fremde Leistung unmittelbar oder (fast) identisch übernommen wurde oder ob sie lediglich als Vorbild benutzt und nachschaffend unter Einsatz eigener Leistung wiederholt wurde. Bei der unmittelbaren Leistungsübernahme sind an das Vorliegen besonderer Umstände, die das Vorgehen wettbewerbswidrig machen, geringe, bei einer nachschaffenden Übernahme, die unter Einsatz einer eigenen Leistung einen weiteren Abstand vom übernommenen Leistungsergebnis einhält, höhere Anforderungen zu stellen (BGH, WRP 1976, 370, 371 — „Ovalpuderdose"; BGH, GRUR 1992, 523, 524 — „Betonsteinelemente").

Zum wettbewerbsrechtlichen Schutz vor Nachbildung ist noch zu beachten, daß er einerseits nur kurz bemessen sein kann, andererseits aber grundsätzlich zeitlich nicht eingeschränkt ist. Die Rechtsprechung hat den wettbewerbsrechtlichen Schutz gegen Nachbildung bei kurzlebigen Modeerzeugnissen, die einem raschen Wandel unterworfen sind, zeitlich stark begrenzt und ihn oft nur für die jeweilige Saison bzw. für die übliche Dauer des Angebots gewährt (BGH, GRUR 1973, 478 — „Modeneuheit"; BGH, GRUR 1984, 453 — „Hemdblusenkleid"). Andererseits kann der wettbewerbsrechtliche Schutz gegen Nachbildungen wegen seiner abweichenden Schutzvoraussetzungen (Schutz gegen unlauteres Handeln Dritter) auch nach Ablauf eines Geschmacksmusters in Anspruch genommen werden. Ein solcher Schutz wird allerdings nur in seltenen Ausnahmefällen gewährt werden können.

19. Anmerkungen zum Schutz typographischer Schriftzeichen

Buchstaben, Ziffern und dergleichen können als Geschmacksmuster angemeldet werden. Daneben gibt es ein besonderes Schriftzeichengesetz, das auf dem Wiener Abkommen vom 12. Juni 1973 über den Schutz typografischer Schriftzeichen beruht, und das den geschmacksmusterrechtlichen Schutz ergänzt und — hinsichtlich der Schutzdauer — erweitert.

I. Einführung

a) Was sind ,,typographische Schriftzeichen''?

,,Typographische Schriftzeichen sind nach der Definition in Artikel 2 Buchst. i des Abkommens die ,,Sätze der Muster'' von

a) Buchstaben und Alphabeten im engeren Sinn mit ihrem Zubehör wie Akzenten und Satzzeichen,

b) Ziffern und anderen figürlichen Zeichen wie konventionellen Zeichen, Symbolen und wissenschaftlichen Zeichen,

c) Ornamenten wie Einfassungen, Fleurons und Vignetten,

die dazu bestimmt sind, als Mittel zu dienen, um Texte durch graphische Techniken aller Art zu setzen. Der Ausdruck ,,typographische Schriftzeichen'' umfaßt nicht Schriftzeichen, deren Form durch rein technische Erfordernisse bedingt ist.'' (siehe Kelbel, Der Schutz typographischer Schriftzeichen in GRUR 1982, 79.)

b) Welche Schutzmöglichkeiten gibt es für ,,typographische Schriftzeichen''?

Typographische Schriftzeichen können in der Bundesrepublik Deutschland als GM angemeldet und eingetragen werden. Daneben gibt es seit dem 8. Juli 1981 ein besonderes Schriftzeichengesetz. Dieses Gesetz basiert auf dem sog. Wiener Abkommen vom 12. Juni 1973 über den Schutz typographischer Schriftzeichen und ihre internationale Hinterlegung.

Das Schriftzeichengesetz bringt für den Schutz von Schriften eine Reihe von sinnvollen Ergänzungen und Vorteilen. Nach dem GM-Gesetz genießt − streng genommen − ein Schriftzeichen, nämlich die dreidimensionale Letter, als Modell den Schutz nur gegen Nachbildung durch Dritte in Form von Matern oder sonstigen drucktechnischen Gegenständen zur Herstellung von Drucktexten.

Reichsgericht und BGH haben im Wege der Auslegung den Musterschutz für Schriftzeichen auf das Ergebnis der Benutzung von Matern und drucktechnischen Erzeugnissen ausgedehnt. Damit ist nicht nur die dreidimensionale Letter als Modell, sondern ,,die im Schriftbild in seiner Gesamtheit in der Fläche in Erscheinung tretende ästhetische Wirkung (vgl. RGZ 61, 178)'' geschützt. Diesen Grundgedanken hat das Schriftzeichengesetz aufgenommen. Nach ihm ist ,,jede Herstellung von Texten unter Benutzung der geschützten Schriftzeichen als Vorbilder − sei es mittelbar durch Herstellung von Matern oder Verwendung von digitalen Speichern, sei es unmittelbar auf fotografischem Wege − eine verbotene Nachbildung.'' (s. Kelbel, a. a. O., S. 81.)

I. Einführung

c) Die Anmeldung von Schriftzeichen nach dem Schriftzeichengesetz vom 8. Juli 1981

In Anlehnung an den GM-Schutz wird nach dem Wiener Abkommen Musterschutz für einen „Satz" typographischer Schriftzeichen gewährt. Das bedeutet eine große Erleichterung für die Anmelder, denn es müssen nicht alle Buchstaben hinterlegt werden, also nicht

26 kleine Buchstaben
26 große Buchstaben
zuzüglich Umlaute und Akzente
die Ziffern 1 – 10
dazu Satzzeichen, Symbole usw.

Die internationale Vereinigung für Typographie, die sog. ATYPI, hat sich hierzu auf den Standpunkt gestellt, „nach Ansicht der Fachkreise genüge es, eine Zusammenstellung derjenigen Buchstaben zu hinterlegen, die komplett alle die Neuheit und Eigentümlichkeit hervorrufenden wesentlichen Merkmale der neuen Schrift enthalten. Nach den Erfahrungen der Fachkreise erfüllten diese Voraussetzungen beispielsweise die Buchstaben des Phantasieworts „Hamburgiensis" (neuerdings auch: „O Hamburgefonstiv")." (s. Kelbel, a. a. O., S. 79 r. Sp.)

Die Anmeldung und Hinterlegung typographischer Schriftzeichen erfolgt zentral beim Deutschen Patentamt. „Mit der Anmeldung beim Deutschen Patentamt ist lediglich eine Abbildung der Schriftzeichen und ein mit diesen hergestellter Text von mindestens drei Zeilen niederzulegen. „Abbildung" bedeutet hier die Abbildung des nach der Definition in Artikel 2 Abs. 1 Nr. 1 des Schriftzeichengesetzes niederzulegenden Satzes der typographischen Schriftzeichen." (s. Kelbel, a. a. O., S. 83 l. Sp.) Die Einzelheiten des Verfahrens ergeben sich aus dem Aufsatz von Kelbel.

Wichtigste Neuerung, die für die Verwertung einer neuen Schrift von großer Bedeutung ist, ist die **Schutzdauer**.

„Nach Artikel 2 Abs. 1 Nr. 4 des Schriftzeichengesetzes beträgt die Gesamtdauer des Schutzes typographischer Schriftzeichen 25 Jahre. Sie beginnt mit der Hinterlegung, die **zunächst** eine Schutzperiode von **10 Jahren** einleitet. Nach Ablauf der 10 Jahre kann die Schutzperiode **um jeweils 5 Jahre** bis zu **längstens 25 Jahren** verlängert werden. Damit ist nicht nur die gesamte Schutzdauer für typographische Schriftzeichen abweichend vom Geschmacksmustergesetz (nach § 8 GeschmMG insgesamt höchstens 15 Jahre) geregelt; auch die einzelnen Schutzabschnitte innerhalb der Gesamtdauer sind anders bemessen. Probleme der Verlängerung des Geschmacksmusters, wie sie im Rahmen des § 8 des Geschmacksmustergesetzes auftreten (vgl. Englert in Mitt. 1980, 221), kann es hier nicht geben." (s. Kelbel, a. a. O., S. 82 r. Sp.)

Zu beachten bleibt folgendes: „Durch die Einreichung des Musters einer neuen Schrift beim Deutschen Patentamt wird kein Geschmacksmusterschutz in vollem Umfang erreicht, sondern nur ein Schutz für die zweckbestimmte Anwendung zum Herstellen von Texten durch graphische Techniken aller Art. Andererseits gewährt der Geschmacksmusterschutz durch Hinterlegung des Musters einer neuen Schrift beim Amtsgericht, der möglich bleibt, keinen Schriftbildschutz mehr. Der Geschmacksmusterschutz bleibt jedoch für alle übrigen Verwendungsarten außerhalb des Setzens von Texten durch graphische Techniken aller Art interessant." (s. Kelbel, a. a. O., S. 83 l. Sp.)

d) **Die Hinterlegung von Schriftzeichen beim Internationalen Büro in Genf**

ist vorgesehen, aber zur Zeit noch nicht möglich, weil das Wiener Abkommen bisher **nur von Frankreich und der Bundesrepublik Deutschland** ratifiziert worden ist und mindestens fünf Staaten das Abkommen ratifiziert haben müssen. Die Gründe für das Zögern der anderen Staaten sind nicht recht ersichtlich. Immerhin haben sich die Mitglieder der ATYPI verpflichtet, den Schutz gegenseitig für 25 Jahre anzuerkennen.

20. Rechtsfolgen der Einheit Deutschlands für das Geschmacksmusterrecht

Mit der Herstellung der Einheit Deutschlands durch den Beitritt der DDR zur Bundesrepublik Deutschland sollte aufgrund der Bestimmungen des Einigungsvertrages vom 31. 8. 1990 auch auf dem Gebiet des gewerblichen Rechtsschutzes eine weitgehende Rechtsangleichung erfolgen. Durch das Gesetz über die Erstreckung von gewerblichen Schutzrechten, kurz Erstreckungsgesetz (ErstrG), wurde ein einheitliches Recht für ganz Deutschland geschaffen. Für Geschmacksmuster und typographische Schriftzeichen bedeutet dies, daß ab dem 3. 10. 1990 nur noch für ganz Deutschland einheitliche Geschmacksmuster und typographische Schriftzeichen angemeldet und eingetragen werden. Für alle diese Schutzrechte gilt einheitlich das Geschmacksmustergesetz.

Der wesentliche Regelungsbereich des Erstreckungsgesetzes betrifft die jeweiligen Altrechte der bisherigen Bundesrepublik Deutschland und

I. Einführung

der früheren DDR und deren Fortgeltung (Erstreckung). Da die frühere DDR den Rechtsschutz für Muster und Modelle gegenüber dem Geschmacksmustergesetz durchaus unterschiedlich ausgestaltet hat, soll vor einer Darstellung der im Erstreckungsgesetz gewählten Lösung auf das DDR-Recht kurz eingegangen werden.

a) Das industrielle Muster in der DDR

Nach der Verordnung über den Rechtsschutz für Muster und Modelle der industriellen Formgestaltung − Verordnung über industrielle Muster − vom 17. 1. 1974 in der Fassung vom 9. 12. 1988 (nebst Durchführungsbestimmungen) konnte Musterschutz erlangt werden in der Form von sogenannten Urheberscheinen oder von Musterpatenten. Während der Urheberschein vorgesehen war für Muster, die in volkseigenen Betrieben oder in anderen sozialistischen Einrichtungen entstanden sind, war das Musterpatent für freie Designer und für ausländische Anmelder gedacht. Der Schutz für beide richtete sich nach einheitlichen Regeln, wobei besonders darauf hinzuweisen ist, daß, in Anlehnung an die technischen Schutzrechte, das Muster eine Sperrwirkung gegenüber jeder in wesentlichen Gestaltungsmerkmalen gleichen Gestaltung entfaltete. Die Besonderheit des Urheberscheines bestand darin, daß er für sämtliche sozialistischen Betriebe ein gesetzliches Nutzungsrecht begründete und für den Urheber einen Anspruch auf moralische Würdigung und materielle Anerkennung.

(Wegen weiterer Einzelheiten in der Ausgestaltung des Schutzes wird auf den Abdruck der Verordnung in der Vorauflage − dort Anlage 20 − verwiesen.)

b) Erstreckung von Altrechten der Bundesrepublik Deutschland

Die in den alten Bundesländern vor dem 3. 10. 1990 eingetragenen Muster und Modelle unterliegen uneingeschränkt dem Grundsatz der Aufrechterhaltung. Ihre Erstreckung auf das Gebiet der früheren DDR bestimmt § 1 I ErstrG. Mit Wirksamwerden der Erstreckung durch Inkrafttreten des ErstrG zum 1. 5. 1992 können daher Ansprüche auch aus Verletzungshandlungen im Gebiet der früheren DDR geltend gemacht werden.

c) Erstreckung von Altrechten der früheren DDR

Auch für industrielle Muster gelten die Grundsätze der Aufrechterhaltung und der Erstreckung. Die industriellen Muster der früheren DDR wurden darüber hinaus umgewandelt und gelten seit Inkrafttreten des ErstrG als Geschmacksmuster im Sinne des GeschmMG, § 16 I ErstrG. Damit ist eine Änderung der Inhalte der vormaligen Rechte verbunden. Die Rechte aus dem Urheberschein erstarken, da die Nutzungsmöglichkeiten durch volkseigene und ähnliche Betriebe entfielen, während der Wegfall der Sperrwirkung zu einer eventuellen Schwächung der Schutzmöglichkeiten führen kann. Ein Weiterbenutzungsrecht an bereits in Benutzung genommenen Gegenständen von Urheberrechtsscheinen, eventuell auch gegen angemessene Vergütung, bestimmt § 18 ErstrG.

d) Erstreckungsfolgen

Von praktischem Interesse sind die Regelungen des ErstrG über das Aufeinandertreffen von erstreckten Schutzrechten. Der Gesetzgeber hat sich für die sogenannte Koexistenzlösung entschieden, d. h. die Schutzrechte bleiben in Kraft auch dann, wenn ihre Schutzbereiche übereinstimmen. Bei der Kollision übereinstimmender Schutzrechte unterschiedlicher Inhaber können ohne Rücksicht auf den Zeitrang Rechte nicht geltend gemacht werden, § 26 I und III ErstrG. Unbilligkeiten dieser Koexistenzlösung soll die Billigkeitsregelung des § 26 II ErstrG beseitigen helfen, wonach zur Vermeidung wesentlicher Beeinträchtigungen Nutzungsbeschränkungen hingenommen werden müssen. Nach § 28 ErstrG erfaßt das erstreckte Schutzrecht im Erstreckungsgebiet jedoch nicht diejenigen Benutzungshandlungen, die dort vorab bereits rechtmäßig erfolgt sind (sogenanntes Weiterbenutzungsrecht). Auch hier hat der Gesetzgeber eine Billigkeitsregel für den Fall wesentlicher Beeinträchtigungen vorgesehen (§ 28 II ErstrG).

Kollisionsfälle können von einer beim Deutschen Patentamt eingerichteten Einigungsstelle geschlichtet oder es kann unmittelbar Klage bei den ordentlichen Gerichten erhoben werden.

21. Internationale Geschmacksmuster

Aufgrund des Haager Musterabkommens über die internationale Hinterlegung gewerblicher Muster und Modelle (Haager Musterabkommen vom 6.11.1925 in der revidierten Fassung vom 28.11.1960 − in Deutschland in Kraft seit dem 1.8.1984 − Anlage 23) kann durch eine einzige, sogenannte internationale Hinterlegung, Geschmacksmusterschutz in verschiedenen Ländern erlangt werden. Die Bedeutung dieser internationalen Musterhinterlegung ist wegen der relativ wenigen Länder, die dem Abkommen beigetreten sind, von nicht allzu großer Be-

I. Einführung

deutung. Von den wichtigeren Industriestaaten gehören dem Abkommen an: Spanien, Deutschland, Frankreich, Schweiz und die Benelux-Staaten.

Die Internationale Hinterlegung hat beim Internationalen Büro der Weltorganisation für geistiges Eigentum (OMPI) 34, chemin des Colombettes, Postfach 18, CH-1211 Genf 20 (Telefon: 022/7 30 91 11) auf einem vorgeschriebenen Formular in englischer oder in französischer Sprache zu erfolgen. Gegenstand der Hinterlegung können nur eines oder mehrere Lichtbilder oder andere grafischen Darstellungen sein. Eine Beschreibung kann hinzugefügt werden. Für jede Warenklasse nach dem Abkommen von Locarno ist ein gesonderter Hinterlegungsantrag erforderlich. Sammelanmeldungen innerhalb einer Warenklasse sind möglich. Eine Veröffentlichung erfolgt im Internationalen Musterblatt. Die Schutzdauer beträgt zunächst 5 Jahre und kann dann um jeweils weitere 5 Jahre verlängert werden. Weitere Einzelheiten sowie die aufzuwendenden Kosten können einem von der OMPI herausgegebenen Merkblatt entnommen werden.

Mit der Internationalen Hinterlegung entsteht nicht ein international einheitliches Recht sondern ein „Bündel" nationaler Rechte, deren jeweiliger Schutz sich nach den Bestimmungen des jeweiligen nationalen Gesetzes richtet. Wenn also die Internationale Hinterlegung auch für Deutschland gilt, kann ein ausländischer Hinterleger vor einem deutschen Gericht Rechtsschutz aus dieser Hinterlegung beanspruchen.

Die Internationale Hinterlegung ersetzt aber nur die formellen Erfordernisse einer deutschen Anmeldung. Die materiellen Schutzvoraussetzungen, die Geschmacksmusterfähigkeit des Gegenstandes sowie seine Neuheit und Eigentümlichkeit sind wie für ein deutsches Geschmacksmuster selbständig zu prüfen.

Das nationale Recht ist schließlich auch für die längstmögliche Schutzdauer maßgebend.

Für den Anmelder kann eine Internationale Hinterlegung dann zweckmäßig und vor allem auch preiswerter als mehrere nationale Anmeldungen sein, wenn die Länder, die mit einer Internationalen Hinterlegung erreicht werden können, mit dem Schutzinteresse des Anmelders zusammenfallen. Gegebenenfalls ist die Internationale Hinterlegung mit nationalen Anmeldungen in denjenigen Staaten zu kombinieren, die nicht dem Haager Abkommen beigetreten sind.

I. Einführung

22. Gemeinschaftsmuster der Europäischen Gemeinschaft

Mit der EG-Doktrin des freien Warenverkehrs sind die in den Mitgliedstaaten bestehenden unterschiedlichen Gesetze über das geistige Eigentum nur schwer vereinbar. Sie wirken in der Praxis als Schranken für den freien Warenverkehr.

Im Bereich der Muster und Modelle bestehen besonders krasse Unterschiede in den einzelnen Mitgliedstaaten. In Griechenland etwa ist der Schutz von Mustern und Modellen unbekannt, und in den anderen EG-Staaten sind Schutzvoraussetzungen und Schutzwirkungen durchweg voneinander abweichend geregelt. Unterschiedliche Neuheitsbegriffe (subjektiv oder objektiv), die urheberrechtliche Ausgestaltung oder die absolute Sperrwirkung der Schutzrechte, sowie die unterschiedliche Schutzdauer von 10 bis zu 50 Jahren seien hier als Beispiele für die stark voneinander abweichenden Regelungen in den einzelnen EG-Staaten genannt.

Die EG (Kommission der Europäischen Gemeinschaften) beabsichtigt daher die rasche Einführung eines Gemeinschaftsmusters und befaßt sich intensiv mit der Konzipierung einer Verordnung über das Gemeinschaftsmuster.

Das durch eine EG-Verordnung geregelte, künftige Gemeinschaftsmuster wird voraussichtlich die folgenden Grundzüge und Besonderheiten aufweisen:

a) Das Gemeinschaftsmuster ist ein einheitliches Muster mit einer einheitlichen Wirkung für die gesamte Europäische Gemeinschaft.

b) Das Gemeinschaftsmuster wird durch ein neu zu errichtendes Musteramt der Europäischen Gemeinschaft registriert und verwaltet.

c) Von besonderer Bedeutung ist die beabsichtigte Zweiteilung des Gemeinschaftsmusters wie folgt:
   aa) Es wird ein sogenanntes nicht eingetragenes Gemeinschaftsmuster mit einer nur kurzen Schutzdauer von voraussichtlich zwei oder drei Jahren geben. Schutz aus diesem nicht eingetragenem Gemeinschaftsmuster wird nur gegen Nachbildung gewährt.
   bb) Das eingetragene Gemeinschaftsmuster mit einer Schutzdauer von zunächst fünf und Verlängerungsmöglichkeiten bis zu insgesamt 25 Jahren gewährt Schutz mit absoluter Sperrwirkung, ähnlich dem Schutz aus einem Patent unter Anerkennung eines Vorbenutzungsrechtes.

d) Die Neuheitsschonfrist wird 12 Monate betragen.

I. Einführung

e) Ein Nichtigkeitsverfahren wird eingeführt.

f) Wie im nationalen deutschen Recht findet bei Anmeldung des Gemeinschaftsmusters lediglich eine formelle Prüfung, somit also keine Amtsprüfung auf die Schutzfähigkeit des Gemeinschaftsmusters statt.

g) Vorschriften über Verletzungsverfahren vor sogenannten Gemeinschaftsmustergerichten, z. B. über besondere Rechtsinstitute, etwa die Nichtigkeitsklage und dergleichen, werden in der EG-Verordnung über das Gemeinschaftsmuster ebenfalls zu finden sein.

Parallel zur EG-Verordnung über das Gemeinschaftsmuster wird von der Kommission der Europäischen Gemeinschaften eine Richtlinie zur Angleichung der Rechtsvorschriften der Mitgliedstaaten über den Rechtschutz von Mustern vorbereitet.

II. Erläuterungen zum Geschmacksmustergesetz

§ 1
Ausschließlichkeitsrecht des Urhebers

(1) Das Recht, ein gewerbliches Muster oder Modell ganz oder teilweise nachzubilden, steht dem Urheber desselben ausschließlich zu.

(2) Als Muster oder Modelle im Sinne dieses Gesetzes werden nur neue und eigentümliche Erzeugnisse angesehen.

Übersicht der Erläuterungen

A. **Allgemeines** 67
1. Der Zweck des Gesetzes 67
2. Zum Schutzgegenstand 68
3. Was kann geschützt werden? . 68
   a) Modellfähige Gestaltungen 68
   b) Nachbildungen von Gegenständen der Natur 71
   c) Einzelne Teile und Elemente 71
   d) Kombinationen 72
   e) Zwischenfabrikate 73
4. Was kann nicht geschützt werden? 73
   a) Naturprodukte 74
   b) Ideen, allgemeine Gedanken und Lehren 74

   c) Stilarten, Motive, Werkstoffe 75
   d) Bauwerke, Gartenanlagen und deren Teile 75
   e) Alle Formen, die ausschließlich technisch bedingt sind 75
5. Wie entsteht das Schutzrecht? 76

B. **Materielle Schutzvoraussetzungen** 76
6. Neuheit 76
7. Eigentümlichkeit 78

A. Allgemeines

1. Der Zweck des Gesetzes

Das Geschmacksmustergesetz regelt die Rechte der Urheber von gewerblichen Mustern und Modellen und ihrer Rechtsnachfolger. Im Gegensatz zu den Schutzrechten für neue, dem Gebrauchszweck dienende technische Gestaltungen (Patent, Gebrauchsmuster) schützt das Geschmacksmuster die ästhetisch wahrnehmbare Farb- und Formgestaltung neuer Erzeugnisse. Das Geschmacksmuster ist ein Schutz-

II. Erläuterungen zum Geschmacksmustergesetz

recht, „das seinem Wesen nach dazu dient, ein durch eigenschöpferische geschmackliche Leistung ausgezeichnetes Erzeugnis deshalb vor Nachahmung durch Dritte zu schützen, weil dem Urheber als Lohn für seine besondere Leistung die gewerbliche Auswertung auf bestimmte Zeit vorbehalten bleiben soll" (s. OLG Frankfurt in GRUR 1957, 619/622 − „Schuhschnalle").

Der Zweck des Gesetzes ist es also, eine Schutzmöglichkeit zu schaffen für ästhetisch wirksame, gewerblich verwertbare neue Muster und Modelle, die eine gewisse eigenschöpferische Leistung darstellen, deren Gestaltung jedoch keine künstlerische Gestaltungshöhe − wie bei Werken der angewandten Kunst − aufzuweisen braucht.

2. Zum Schutzgegenstand

Schutzgegenstand eines Geschmacksmusters sind gewerbliche Muster und Modelle, die nach der Rechtsprechung „bestimmt und geeignet sind, auf den Formen- oder Farbensinn oder auf beide zusammen zu wirken". Unter einem „Muster" ist die flächenhafte Gestaltung (z. B. Tapete) und unter einem Modell die räumliche oder plastische (dreidimensionale) Gestaltung eines gewerblichen Erzeugnisses (z. B. Leuchte) zu verstehen. Ein „gewerbliches Muster" ist ein „gewerblich verwertbares" Muster, also ein Muster, das als Vorlage für die Nachbildung und Vervielfältigung dienen kann.

Die ästhetisch wirksame Gestaltung der Muster und Modelle muß nach der Rechtsprechung „bestimmt und geeignet sein, das geschmackliche Empfinden des Betrachters, insbesondere seinen Formensinn anzusprechen". Die Formulierung „bestimmt und geeignet" macht die Grenzen des Geschmacksmusterrechts deutlich. „Geeignet", den Formensinn eines Betrachters anzusprechen, ist jede Gestaltung. Auch ein Flugkörper, dessen Form ausschließlich nach physikalischen Berechnungen und Versuchen im Windkanal entstanden ist, ist „geeignet", den Formensinn des Betrachters anzusprechen, aber diese rein nach physikalischen Gesetzen und technischen Zweckmäßigkeiten gewählte Form ist nicht „bestimmt" für die − auch − vorhandene ästhetische Wirkung. Erst für die Bemalung eines Düsenjets trifft beides zu: Sie ist „bestimmt und geeignet", das ästhetische Empfinden des Betrachters anzusprechen. In der Rechtsprechung wird betont: „Auch bei einem Geschmacksmuster muß dem Schöpfer des Musters neben der durch den Gebrauchszweck notwendig bedingten Form Raum für eine eigentümliche ästhetische Gestaltung verbleiben, da anderenfalls von einer eigenpersönlichen schöpferischen Leistung auf geschmacklichem Gebiet nicht gesprochen werden kann" (s. BGH in GRUR 1957, 291/294 1. Sp. — „Europapost").

Die ästhetische Wirkung eines Geschmacksmusters ist auf den Augensinn beschränkt. Das „geschmackliche Empfinden" hat mit dem Geschmacks- oder Geruchssinn ebensowenig zu tun wie mit dem „guten Geschmack". Auch ein Muster, das wir als „geschmacklos" empfinden, kann als Geschmacksmuster geschützt werden. Entscheidend ist die optische Wirkung auf den Farben- und Formensinn. Die Wirkung von Mustern und Modellen auf den Tastsinn ist nach geltendem Recht nicht schutzfähig.

In der Rechtsprechung wird der Schutzgegenstand des Geschmacksmusterrechts definiert wie folgt:

„Schutzgegenstand des Geschmacksmusterrechts sind Farb- und Formgestaltungen, die bestimmt und geeignet sind, das geschmackliche Empfinden des Betrachters, insbesondere seinen Formensinn anzusprechen, und die deshalb dem Geschmacksmusterschutz zugänglich sind, wenn sich in ihnen eine eigenpersönliche Leistung verkörpert, die über das Landläufige, Alltägliche, dem Durchschnittskönnen eines Mustergestalters Entsprechende hinausgeht und nicht den Rang eines Kunstwerkes zu erreichen braucht (BGH in GRUR 1958, 510 — Schlafzimmermodell, st. Rspr.)".

Vgl. ferner:

BGH in GRUR 1965, 199 — Küchenmaschine
BGH in GRUR 1962, 144/146 — Buntstreifensatin
BGH in GRUR 1963, 328/329 — Fahrradschutzblech
BGH in GRUR 1966, 97/98 — Zündaufsatz

3. Was kann geschützt werden?

a) Modellfähige Gestaltungen

Alle zwei- und dreidimensionalen Farb- und Formgestaltungen, die als Vorlage für ein gewerbliches Serien-Erzeugnis dienen können, kommen für den Geschmacksmusterschutz in Betracht — vorausgesetzt die materiellen Schutzvoraussetzungen sind gegeben (s. § 1 Abs. 2 GeschmMG sowie unten Ziffer 6/7). Es muß sich stets um eine konkrete Gestaltung handeln, und diese konkrete Gestaltung muß „zur Nachbildung" geeignet sein.

Ein einmaliges, nicht wiederholbares Werk kann nicht Grundlage einer Serienfertigung gleicher Muster oder Modelle sein. Dabei ist es gleich-

II. Erläuterungen zum Geschmacksmustergesetz

gültig, ob es sich um wenige handgefertigte Erzeugnisse handelt, oder um maschinell hergestellte Massenprodukte.

Mit anderen Worten: Die Eignung der Gestaltung zur Serienfertigung, die sog. Modellfähigkeit, ist Voraussetzung für den Schutz von Mustern oder Modellen als Geschmacksmuster. Daher scheiden Natur- und Zufallsprodukte für den Geschmacksmusterschutz ebenso aus wie bloße Ideen, Motive, Stile oder ästhetische Lehren.

Der Anwendungsbereich für den Geschmacksmusterschutz ist außerordentlich breit. Er umfaßt vom Stoffmuster über Einrichtungs- und Gebrauchsgegenstände aller Art sämtliche Erzeugnisse, die unsere Umwelt prägen – vom Kinderspielzeug bis zur Diesel-Lokomotive, ja bis zur Raumfahrt (vgl. die Einteilung der Warenklassen mit Unterklassen nach § 4 MusterRegV – Anhang 8).

Beispiele für schutzfähige Erzeugnisse:

Tapeten	Besteck
Stoffe	Gläser
modische Kleidung	Geschirr
Schmuck	Hausgeräte
Lederwaren	Arbeitsgeräte
Taschen	Elektrogeräte
Leuchten	Fahrzeuge
Möbel	

b) **Nachbildungen von Gegenständen der Natur**

Schutzfähig sind nicht nur neue Phantasieformen oder abstrakte Muster, sondern auch Nachbildungen von Gegenständen der Natur – vorausgesetzt, daß die „von der Natur vorgegebene Linienführung" vom Mustergestalter abstrahiert und zu einer neuen konkreten Formschöpfung weiterentwickelt wird. Zutreffend sah das OLG Frankfurt in der Muschelform eines Badezimmerteppichs das schutzfähige Ergebnis der formschöpferischen Tätigkeit des Mustergestalters, der „in einer gekonnten Zurückführung der von der Natur vorgegebenen Linienführung eine abstrahierende, fließende, sehr elegante Andeutung einer Muschel geschaffen" hatte (vgl. OLG Frankfurt in GRUR 1987, 169/170 – „Badezimmerteppich"; RGZ 135, 391 – „Künstliche Blumen"; LG Düsseldorf in GRUR 1966, 156 – „Bienenkorbspardose" sowie BGH in GRUR 1983, 377 – „Brombeermuster").

c) Einzelne Teile und Elemente

Aus § 1 Abs. 1 in Verbindung mit § 5 GeschmMG ergibt sich, daß auch die teilweise Nachbildung eines Geschmacksmusters unzulässig ist. Hieraus folgt weiter, daß auch einzelne Teile oder Elemente oder Gruppen einzelner Formelemente vom Schutz des Gesetzes erfaßt werden, vorausgesetzt, daß sie auch für sich allein schutzfähig sind. Dieser selbständige Teil- oder Elementeschutz ist seit der BGH-Entscheidung „Moped-Modell" allgemein anerkannt. In dieser Entscheidung heißt es:

„Daß an sich auch einzelne Elemente, Gruppen einzelner Elemente oder Unterkombinationen eines zur Eintragung ins Musterregister angemeldeten Kombinationsmusters am Musterschutz teilnehmen – vorausgesetzt, daß sie auch für sich allein den Erfordernissen der Neuheit und Eigentümlichkeit genügen –, ergibt sich, wie dargelegt, schon aus dem Gesetz selbst, da dieses in § 1 Abs. 1 in Verbindung mit § 5 auch die teilweise Nachbildung eines geschützten Musters oder Modells verbietet" (s. BGH in GRUR 1962, 258/260 – „Moped-Modell" sowie BGH in GRUR 1965, 198/199 r.Sp. oben – „Küchenmaschine" und BGH in GRUR 1966, 97/98 – „Zündaufsatz").

von Gamm hat darauf hingewiesen, daß der Elementeschutz außer der Neuheit und Eigentümlichkeit des Einzelelements, für das der Schutz beansprucht wird, „auch eine gewisse Eigenständigkeit und Geschlossenheit" eben dieses Elements voraussetzt (s. von Gamm, a. a. O. Rdz 34 zu § 5 GeschmMG mit weiteren Nachweisen). Diesen Gedanken hat der BGH übernommen:

„Zur selbständigen Schutzfähigkeit der dafür beanspruchten Elemente gehört aber über Neuheit und Eigentümlichkeit hinaus eine gewisse Eigenständigkeit und Geschlossenheit der Form, die es überhaupt möglich macht, einen von der Gesamtform unabhängigen ästhetischen Gesamteindruck der Unterkombination festzustellen und mit einer entsprechenden angegriffenen Gestaltungsform zu vergleichen" (s. BGH in GRUR 1977, 602/605 – „Trockenrasierer").

Für sich allein schutzfähig ist nur ein „in sich geschlossener Teil", der für sich allein bestimmt und geeignet ist, das ästhetische Empfinden des Betrachters anzusprechen (vgl. BGH in GRUR 1981, 273, 274 1.Sp. – „Leuchtenglas" und BGH in GRUR 1966, 97, 98 r.Sp. – „Zündaufsatz").

Wie der BGH in der Entscheidung „Kotflügel" zu Recht festgestellt hat, ist es für die Frage der Modellfähigkeit der äußeren Form nicht entscheidend, „ob der fragliche Gegenstand dazu bestimmt ist, für sich allein auf den Geschmacksmustersinn zu wirken, oder ob er — was ausreichend ist — im Rahmen eines Gesamtprodukts seine ihm eigene ästhetische Wirkung entfalten soll und kann (vgl. BGH in GRUR 1976, 261 — „Gemäldewand")".

Der Hinweis auf die Entscheidung „Gemäldewand" ist lediglich zu ergänzen: „Die ästhetische Wirkung eines Autokotflügels auf die Gesamtkarosserie entfaltet sich nicht in der Weise eines Zwischenfabrikats (wie z. B. bei der Gemäldewand, die Grund und Unterlage der aufzubringenden Gemälde ist), sondern als — ästhetisch wirksamer und daher für den Gesamteindruck entscheidender — Teil des Gesamtprodukts" (BGH in GRUR 1987, 518/519 l. Sp. — „Kotflügel" mit Anm. Gerstenberg; s. a. OLG Frankfurt in GRUR 1988, 120 — „Mehrzweckschere").

d) Kombinationen

Von wenigen Ausnahmen abgesehen, bestehen Muster und Modelle aus einer Kombination verschiedener Farb- und Formelemente. Sind die einzelnen Elemente schon für sich allein schutzfähig, so ist der Schutz für die Kombination der Elemente zu einer Gesamtgestaltung die selbstverständliche Folge. Aber „auch die Verbindung von an sich bekannten Formelementen zu einem einheitlichen Muster ist schutzfähig, wenn diese Verbindung eine neue und eigentümliche geschmackliche Wirkung ergibt (Furler, a. a. O. § 1 Anm. 87)" (s. BGH in GRUR 1958, 509/510 r. Sp. — „Schlafzimmermodell").

Der Hinweis, daß das Klagemuster „nur" aus bekannten Elementen zusammengesetzt sei, gehört zu den häufigsten Argumenten eines Beklagten im Verletzungsprozeß (vgl. die Anmerkung von Henssler in GRUR 1958, 615). In der Tat ist jede Form, wenn man sie in kleine Stücke zerlegt, in den Einzelteilen vorbekannt. Die Unsicherheit, die bei diesen Fragen früher herrschte, hat der Bundesgerichtshof mit folgendem amtlichen Leitsatz beseitigt: „Die Verbindung von bekannten Formelementen zu einem einheitlichen Muster ist geschmacksmusterfähig, wenn durch die Kombination eine eigentümliche geschmackliche Wirkung hervorgerufen wird" (BGH in GRUR 1958, 613 — „Tonmöbel").

Zu beachten ist allerdings, daß bei der Beurteilung der Frage, „ob durch die Kombination vorbekannter Formelemente und Gestaltungen eine eigene ästhetische Gesamtwirkung erzielt worden ist, die Anforderungen an die für einen Geschmacksmusterschutz hinreichende eigen-

schöpferische Gestaltungshöhe nicht zu niedrig angesetzt werden dürfen" (BGH in GRUR 1975, 81 – „Dreifachkombinationsschalter").
Auch eine Kombination von einzelnen Modellen kann ausnahmsweise in ihrer Gesamtheit geschmacksmusterfähig sein. Dies gilt z. B. für Möbel, die „infolge ihrer Konstruktion und ästhetischen Gestaltung bestimmt sind, als Anbauteile in beliebiger Zusammenstellung gemeinsam verwendet zu werden und wenn sie in ihrer aufeinander abgestimmten Kombination zu Wohneinheiten neu und eigentümlich sind" (s. BGH in GRUR 1975, 383 – „Möbelprogramm"). Für den ästhetischen Gesamteindruck einer solchen Kombination gilt dann der Satz: „Das Ganze ist mehr als die Summe der Teile".

d) Zwischenfabrikate

Gewerbliche Muster und Modelle sind nicht nur Fertigerzeugnisse. Auch Halb- und Zwischenfabrikate können als Geschmacksmuster schutzfähig sein, wenn sie wirtschaftlich eine verkehrsfähige selbständige Sache darstellen und dem Fertigerzeugnis eine ästhetische Wirkung verleihen. „Denn bei der Beurteilung der Frage, ob das Muster bestimmt und geeignet ist, den durch das Auge vermittelten Formensinn anzuregen, ist dieser Verwendungszweck des Musters zu berücksichtigen (RGZ 61, 178, 181; OLG Hamm in MuW 1924, 42 – „Rahmen für Mützenabzeichen"; OLG Frankfurt in GRUR 1957, 619, 621 – „Schuhschnalle"). Vgl. BGH in GRUR 1976, 261, 262 r. Sp. – „Gemäldewand".

Der Verwendungszweck eines Zwischenerzeugnisses kann – wie der Fall „Gemäldewand" zeigt – darin bestehen, dem Fertigerzeugnis eine besondere ästhetische Wirkung zu geben. In solchen, nicht sehr häufigen Fällen gilt der amtliche Leitsatz:

„Auch Zwischenfabrikate können Schutz nach dem Geschmacksmustergesetz genießen, wenn sie wirtschaftlich ein verkehrsfähiges, selbständiges Erzeugnis darstellen und wenn sie so gestaltet sind, daß sie bei ihrer bestimmungsmäßigen Verwendung dem Fertigerzeugnis eine ästhetische Wirkung verleihen" (s. BGH in GRUR 1976, 261 – „Gemäldewand").

4. Was kann nicht geschützt werden?

Voraussetzung für den Geschmacksmusterschutz ist die Eignung des Musters oder Modells zur Serienfertigung. Umgekehrt kann man in der modernen Industriegesellschaft sagen: Alles, was nicht serien-

II. Erläuterungen zum Geschmacksmustergesetz

mäßig produziert werden kann, kann auch nicht Schutzgegenstand für den Musterschutz sein.

a) Naturprodukte

Alle reinen Naturprodukte scheiden für den Geschmacksmusterschutz aus, mag auch der Mensch durch Züchtung und Veredelung die Form dieser Naturprodukte beeinflussen. Auch die schönsten Tulpen- und Orchideenzüchtungen werden vom Schutzgedanken des Gesetzes nicht erfaßt.

Der Mustergestalter kann zwar für sein Muster natürliches Material verwenden (z. B. Holz, Elfenbein, Schildpatt, Steine), aber der Schutz bezieht sich immer auf die Form der Gestaltung, nicht auf das verwendete Naturprodukt selbst.

Eine Nachbildung von Gegenständen der Natur kann jedoch durch ihre konkrete, abstrahierende Formgestaltung dem Geschmacksmusterschutz zugänglich sein (vgl. OLG Frankfurt in GRUR 1987, 169/170 – „Badezimmerteppich" in Muschelform sowie oben unter Ziffer 3b)).

b) Ideen, allgemeine Gedanken und Lehren

„Der Schutz von Ideen, allgemeinen Gedanken oder Lehren ist dem Geschmacksmusterrecht fremd" (Amtlicher Leitsatz s. BGH in GRUR 1979, 705 – „Notizklötze"). Das Gleiche gilt für eine ästhetische Lehre. Eine technische Lehre scheidet ohnehin für den Bereich des Geschmacksmusterschutzes aus, da sie nicht bestimmt ist, auf den Farben- oder Formensinn zu wirken.

„Schutzgegenstand eines Geschmacksmusters ist nicht eine ästhetische Lehre. Vielmehr wird der Inhalt des Schutzrechts durch die im niedergelegten Muster konkret zum Ausdruck kommende Gestaltung bestimmt" (Amtlicher Leitsatz s. BGH in GRUR 1974, 406 – „Elektroschalter").

Beispiele für **nicht** schutzfähige Ideen und Lehren:

Die Idee, einen würfelförmigen Notizblock als Werbeträger zu benutzen
BGH in GRUR 1979, 705 – „Notizklötze"

Die Idee, ein als Zwischenstufe bei der Herstellung von Einzelkerzen anfallendes Erzeugnis als selbständiges neues Endprodukt in den Handel zu bringen
BGH in GRUR 1977, 547 – „Kettenkerze"

Die Idee, auf der Rückseite von Briefumschlägen Städteansichten usw. aufzudrucken.

Die Lehre, bestimmte Elektroschalter und Steckdosen mit quadratischem Rahmen beliebig einzeln und kombiniert zu verwenden
BGH in GRUR 1974, 406, 409 − „Elektroschalter"

c) Stilarten, Motive, Werkstoffe

Der Geschmacksmusterschutz erstreckt sich immer nur auf die konkrete, auf das geschmackliche Empfinden wirkende Form des Musters, nicht aber auf einen dieser Form zugrunde liegenden Stil oder Gedanken (vgl. BGH in GRUR 1965, 198/199 r. Sp. − „Küchenmaschine"). Der Leitsatz des BGH in der Hummel-Entscheidung: „Es wird an der Rechtsprechung des Reichsgerichts festgehalten, daß der Stil, die Manier, die Technik eines Künstlers nicht Gegenstand des Kunstschutzes sein können" (BGHZ 5, 1/4) gilt sinngemäß auch für das Urheberrecht an Mustern und Modellen (vgl. BGH in GRUR 1958, 351/352 − „Deutschlanddecke").

Schließlich darf „der geschmacksmusterrechtliche Schutz weder Motive noch Werkstoffe monopolisieren" (s. BGH in GRUR 1980, 235/236 − „Play-family").

d) Bauwerke, Gartenanlagen und deren Teile

Bauwerke und Gartenanlagen gelten seit jeher als nicht schutzfähig im Sinne des Geschmacksmusterschutzes. Man wird hier jedoch eine Einschränkung machen müssen zugunsten von Fertighäusern und transportablen Gartenpavillons. Wenn die Verwirklichung der neuen und eigentümlichen Gesamtform solcher Bauwerke nicht „Stein auf Stein" erfolgt, sondern in der Fabrikhalle und die Lieferung vom Fließband weg per Tieflader und Kran, dann ist nicht einzusehen, warum ein Fertighaus nicht ein schutzfähiges Modell sein soll − auch wenn es nach seiner Aufstellung fest mit dem Erdboden verbunden wird. Auch der zum dauerhaften und festen Einbau bestimmte Kachelofen oder ein Springbrunnen aus Gußbeton können vom Geschmacksmusterschutz nicht ausgeschlossen werden.

e) Alle Formen, die ausschließlich technisch bedingt sind

Schutzgegenstand eines Geschmacksmusters können nach der Rechtsprechung nur gewerbliche Muster oder Modelle sein, deren Farben und Formen „bestimmt und geeignet sind, auf den Formen- oder Farbensinn oder auf beide zusammen zu wirken" (vgl. oben unter Ziffer 2). Technisch bedingte Formen sind in aller Regel nicht „bestimmt", ästhetisch zu wirken, mögen sie hierzu auch wie z. B. ein Flugzeugpropeller durchaus „geeignet" sein.

Der Schutz nach dem Geschmacksmustergesetz scheidet daher immer dann, aber auch nur dann aus, „soweit es sich um Formgestaltungen handelt, die objektiv **ausschließlich** technisch bedingt sind." (Vgl. BGH in GRUR 1966, 98/99 – „Zündaufsatz"). Zum Schutz für technisch bedingte Formen s. Einführung Ziff. 16.

5. Wie entsteht das Schutzrecht?

Entsprechend seiner urheberrechtlichen Grundlage entsteht das Geschmacksmusterrecht mit der Schöpfung des Musters oder Modells in der Person des Urhebers. Dieses Recht des Urhebers ist jedoch im Hinblick auf die zusätzlichen formellen Schutzvoraussetzungen zunächst nur ein Anwartschaftsrecht, das erst durch die Anmeldung und Niederlegung (s. § 7 GeschmMG) zum Vollrecht erstarkt.

Voraussetzung für die Entstehung des Schutzrechts ist das Vorliegen der materiellen Schutzvoraussetzungen: Das Muster oder Modell muß neu und eigentümlich sein (§ 1 Abs. 2 GeschmMG).

B. Materielle Schutzvoraussetzungen

Nur „neue und eigentümliche Erzeugnisse" können als Muster oder Modelle im Sinne des Gesetzes angesehen werden (§ 1 Abs. 2 GeschmMG). „Die Erfordernisse der Neuheit und Eigentümlichkeit besagen, daß die Leistung des Musterurhebers eine selbständige und ihrem Wesen nach eine schöpferische Leistung sein muß" (s. Ulmer, Urheber- und Verlagsrecht, 2. Aufl. S. 418).

6. Neuheit

Die Grundvoraussetzung für die Schutzfähigkeit eines Musters oder Modells als Geschmacksmuster ist die Neuheit. Das Muster muß im Zeitpunkt der Anmeldung und Niederlegung (s. § 7 GeschmMG) „neu" sein. Die Streitfrage nach dem Begriff der Neuheit für Muster und Modelle hat der Bundesgerichtshof mit der Entscheidung „Rüschenhaube" beendet. Die amtlichen Leitsätze der Entscheidung lauten:

„Bei der Beurteilung der Frage, ob ein Muster als „neu" im Sinne des § 1 Abs. 2 GeschmMG anzusehen ist, ist von einem **objektiven** Begriff

§ 1 Ausschließlichkeitsrecht des Urhebers

der Neuheit auszugehen. Danach ist ein Muster neu, wenn die seine Eigentümlichkeit begründenden Gestaltungselemente im Anmeldezeitpunkt den inländischen Fachkreisen weder bekannt sind noch bei zumutbarer Beachtung der auf den einschlägigen oder benachbarten Gewerbegebieten vorhandenen Gestaltungen bekannt sein konnten" (BGH in GRUR 1969, 90 – „Rüschenhaube").

Genau betrachtet, enthalten die Erwägungen des BGH zur objektiven Neuheit eine kleine Einschränkung auf die „objektiv-relative" Neuheit. Den inländischen Fachkreisen kann auch „bei zumutbarer Beachtung der auf den einschlägigen oder benachbarten Gewerbegebieten vorhandenen Gestaltungen" nicht alles auf der ganzen Welt bekannt sein. Es kommt darauf an, welche Länder und Märkte die inländischen Fachkreise in ihre Beobachtung einbeziehen. Dies kann von Branche zu Branche durchaus verschieden sein.

Entscheidend bleibt, „welche Formgestaltungen bei den inländischen Fachkreisen als bekannt anzusehen sind, denn von deren Durchschnittskönnen und -wissen soll sich das Muster oder Modell durch seine schöpferische Eigenart abheben" (s. BGH in GRUR 1977, 547/550 – „Kettenkerze"). Dagegen steht die fehlende Neuheit eines Gebrauchsmusters der Neuheit des für denselben Gegenstand eingetragenen Geschmacksmusters nicht entgegen (s. OLG Düsseldorf in GRUR 1961, 549 – „Rückblickspiegel").

Zum vorbekannten Formenschatz gehören nur solche Gestaltungen, die bekannt sind oder bekannt sein können, d. h. Gestaltungen, „die so offenbart worden sind, daß dies zur Kenntnisnahme durch einen unbegrenzten Personenkreis führen könnte. Hieran fehlt es bei der versiegelten Hinterlegung eines nicht verwerteten Geschmacksmusters" (BGH in GRUR 1978, 168 – „Haushaltsschneidemaschine I", Leitsatz Nr. 1). Eine Gestaltung, die in der Schublade liegt oder versiegelt hinterlegt und nicht verwertet wurde, ist auch nicht „offenbart" worden.

Eine zeitliche Begrenzung für die bei der Prüfung der Neuheit zu berücksichtigenden Gestaltungen (z. B. 100 Jahre) besteht nicht (vgl. Bericht der deutschen Landesgruppe zur Frage 73 AIPPI-Kongreß Paris 1983, Annuaire 1983/III S. 26).

In der Regel wird den inländischen Fachkreisen die Beachtung einschlägiger Neuheiten zuzumuten sein, die

    a) auf Fachmessen gezeigt wurden

    und

    b) in Fachzeitschriften abgebildet waren.

II. Erläuterungen zum Geschmacksmustergesetz

Die Veröffentlichung eines Musters in einer führenden Fachzeitschrift oder gar in einer Zeitschrift, die das offizielle Mitteilungsblatt der betreffenden Branche darstellt, gilt stets als neuheitsschädlich.

Die Neuheit des Musters ist stets durch einen Einzelvergleich sämtlicher vorbekannter und relevanter Gestaltungen mit dem Gegenstand des Geschmacksmusters zu prüfen (BGH in GRUR 1960, 256 — „Chérie"). Bei diesem Einzelvergleich sind die den ästhetischen Gesamteindruck bestimmenden Merkmale daraufhin zu untersuchen, ob sie sich in einem ganz bestimmten Gegenstand des vorbekannten Formenschatzes wiederfinden (BGH in GRUR 1975, 386 — „Möbelprogramm"). Wird der Gegenstand durch eine Kombination von Merkmalen bestimmt — und das ist die Regel — dann muß sich auch dieselbe Kombination von Merkmalen in einem einzigen Gegenstand des vorbekannten Formenschatzes wiederfinden, damit eine neuheitschädliche Vorwegnahme angenommen werden kann (BGH in GRUR 1975, 81 — „Dreifachkombinationsschalter").

Die Frage nach der Neuheit eines Musters kann nach den Leitsätzen des BGH beantwortet werden wie folgt:

Ein Muster oder Modell ist neu im Sinne von § 1 Abs. 2 GeschmMG, wenn die Gestaltungselemente, die seine Eigentümlichkeit begründen, im Anmeldezeitpunkt den inländischen Fachkreisen weder bekannt waren noch bei zumutbarer Beachtung der auf den einschlägigen oder benachbarten Gewerbegebieten vorhandenen Gestaltungen bekannt sein konnten. Zur Vermutung der Neuheit siehe § 13 GeschmMG.

7. Eigentümlichkeit

Die zweite Grundvoraussetzung für die Schutzfähigkeit eines Erzeugnisses als Geschmacksmuster ist die Eigentümlichkeit des Musters oder Modells. Die altertümliche Formulierung „eigentümlich" besagt dasselbe wie „eigenartig". Gemeint ist eine gewisse eigenschöpferische Leistung des Mustergestalters. Diese eigenschöpferische Leistung braucht keine künstlerische Gestaltungshöhe zu erreichen wie bei Werken der angewandten Kunst, aber das Muster oder Modell muß sich aus der Masse der rein handwerklichen Durchschnittsformen und aus dem zur Verfügung stehenden freien Formenschatz herausheben. „Jede Vorform kann der Eigentümlichkeit des Musters entgegenstehen" (BGH in GRUR 1970, 369/370 — „Gardinenmuster").

Eine Vorform, die der Eigentümlichkeit eines Musters entgegensteht, muß aber auch vorbekannt sein. Das ist bei Mustern, die versiegelt hinterlegt und nicht verwertet worden sind, nicht der Fall. Solange ein versiegelt hinterlegtes Muster nicht produziert oder sonstwie veröffentlicht wird, steht es dem Schutz einer später angemeldeten Gestaltung nicht entgegen:

„Auch die Eigentümlichkeit kann nur an dem vorbekannten Formenschatz gemessen werden, so daß die Gestaltung eines versiegelt hinterlegten und nicht verwerteten Geschmacksmusters der schöpferischen Eigenart eines später angemeldeten, offen hinterlegten Geschmacksmusters nicht entgegensteht" (BGH in GRUR 1978, 168 − „Haushaltsschneidemaschine I").

Auch für die Beurteilung der erforderlichen Eigentümlichkeit hat der BGH in ständiger Rechtsprechung eine Auslegungsregel aufgestellt. Danach „ist ein Muster oder Modell eigentümlich im Sinne des § 1 Abs. 2 GeschmMG, wenn es in den für die ästhetische Wirkung maßgebenden Merkmalen als das Ergebnis einer eigenpersönlichen, form- oder farbenschöpferischen Tätigkeit erscheint, die über das Durchschnittskönnen eines mit der Kenntnis des betreffenden Fachgebiets ausgerüsteten Mustergestalters hinausgeht (BGH in GRUR 1960, 395, 396 − Dekorationsgitter; 1966, 97, 99 − Zündaufsatz).

Ob das Muster den erforderlichen schöpferischen Gehalt aufweist, ist objektiv aufgrund der auf dem betreffenden Gebiet geleisteten geschmacklichen Vorarbeit in **ihrer Gesamtheit** und in Verbindung mit den zur Verfügung stehenden freien Formen zu ermitteln (BGH in GRUR 1960, 256, 258 − Chérie; 1965, 198, 200 − Küchenmaschine). Hierbei sind freilich nur solche bereits vorhandenen Gestaltungselemente zu berücksichtigen, die nach den Ausführungen zum Neuheitsbegriff als in inländischen Fachkreisen bekannt anzusehen sind" (BGH in GRUR 1969, 90/95 − „Rüschenhaube").

Über das „Durchschnittskönnen eines mit der Kenntnis des betreffenden Fachgebiets ausgerüsteten Mustergestalters" läßt sich trefflich streiten. Der durchschnittliche Mustergestalter ist eine rein fiktive Person. In Anbetracht der hohen Leistung moderner Industriedesigner erscheint es angebracht, dieses „Durchschnittskönnen" nicht zu hoch anzusetzen. Anderenfalls besteht die Gefahr, daß der für die Masse der Hersteller wichtige Geschmacksmusterschutz auf wenige Ausnahmefälle beschränkt wird. Der Geschmacksmusterschutz würde dann dem Kunstschutz von Gebrauchsgegenständen angenähert oder gleichkommen, was nicht Sinn und Zweck des Geschmacksmustergesetzes ist.

II. Erläuterungen zum Geschmacksmustergesetz

Bei der Fülle der vorbekannten Formen, des sog. freien Formenschatzes, die der Beklagte im Verletzungsprozeß darzulegen hat, bleibt die Prüfung der erforderlichen Eigentümlichkeit oft eine Frage des richterlichen Fingerspitzengefühls.

„Welcher schöpferische Gehalt im einzelnen erreicht werden muß, um einen Geschmacksmusterschutz zubilligen zu können, bestimmt sich dabei nach den auf dem betreffenden Gebiet geleisteten geschmacklichen Vorarbeiten in ihrer Gesamtheit und in Verbindung mit den zur Verfügung stehenden freien Formen (BGH in GRUR 1960, 256, 258 – Chérie; 1969, 90, 95 – Rüschenhaube)" (BGH in GRUR 1975, 81/83 – „Dreifachkombinationsschalter").

Maßgebend für die Beurteilung der eigentümlichen ästhetischen Gestaltung eines Musters „sind nicht die geschmacklichen Feinheiten, die ein auf gleichem Gebiet arbeitender Fachmann herausfühlt", sondern der ästhetische Eindruck des Musters auf den mit derartigen Gestaltungen einigermaßen vertrauten Durchschnittsbetrachter (vgl. BGH in GRUR 1957, 291/294 1. Sp. – „Europapost").

Bei der Prüfung der Eigentümlichkeit ist auf das hinterlegte Muster abzustellen und nicht auf ein nach dem Muster hergestelltes Erzeugnis, es sei denn die Übereinstimmung der laufenden Produktion mit dem hinterlegten Muster oder Modell ist unstreitig. „Denn maßgebend für die Schutzfähigkeit eines Geschmacksmusters bleibt grundsätzlich die ästhetische Wirkung, die aus dem niedergelegten Muster hervorgeht (vgl. BGH in GRUR 1962, 144 – „Buntstreifensatin")" (vgl. BGH in GRUR 1970, 369/370 – „Gardinenmuster").

Die Frage, ob ein Muster den für den Geschmacksmusterschutz erforderlichen Grad eigenschöpferischer Leistung aufweist, ist eine Rechtsfrage, „für deren Beurteilung es keiner weiteren tatsächlichen Feststellung bedarf" (vgl. BGH in GRUR 1958, 509/510 – „Schlafzimmermodell" sowie BGH in GRUR 1960, 395/396 – „Dekorationsgitter"). Das Revisionsgericht kann daher die Rechtsfrage der Eigentümlichkeit eines Geschmacksmusters von sich aus entscheiden.

§ 2
Muster von Arbeitnehmern

Bei solchen Mustern und Modellen, welche von den in einer inländischen gewerblichen Anstalt beschäftigten Zeichnern, Malern, Bildhauern usw. im Auftrag oder für Rechnung des Eigentümers der gewerblichen Anstalt angefertigt werden, gilt der letztere, wenn durch Vertrag nichts anderes bestimmt ist, als der Urheber der Muster und Modelle.

Übersicht der Erläuterungen

1. Allgemeines 81
2. Auslegungsregel 82
3. Was ist eine „gewerbliche Anstalt"? 83
4. Zum Urheberpersönlichkeitsrecht des Mustergestalters 83

1. Allgemeines

Diese Bestimmung erleichtert die Anmeldung von Mustern und Modellen, die von Angestellten eines gewerblichen Unternehmens geschaffen worden sind, durch den Unternehmer. Für die Anmeldung „gilt" der Unternehmer als der Urheber der Muster und Modelle. Der altertümliche Wortlaut des § 2 GeschmMG ist geprägt vom Geist des 19. Jahrhunderts. Der schöpferische Urheber, der in einer „inländischen gewerblichen Anstalt" beschäftigt ist, und „im Auftrage oder für Rechnung des Eigentümers der gewerblichen Anstalt" Muster oder Modelle schafft, tritt völlig hinter dem Geschäftsherrn zurück. In der Rechtslehre war daher überwiegend angenommen worden, daß ein originärer Rechtserwerb durch den Unternehmer stattfinde.

Ulmer (s. Urheber- und Verlagsrecht 2. Aufl. S. 420) hat darauf hingewiesen, daß die Regel des § 2 GeschmMG im Hinblick auf die urheberrechtliche Grundlage des Geschmacksmusterrechts nur als Vermutung für die Rechtsübertragung angesehen werden kann. v. Gamm (a.a.O., Rdnr. 8 zu § 2 GeschmMG) spricht von einer Auslegungsregel. Das Urheberrecht entsteht immer in der Person des Schöpfers des Werkes, also des Urhebers (§ 7 UrhG). Die Richtigkeit dieser urheberrechtlichen Betrachtungsweise wird deutlich in den Fällen, in denen das Muster oder Modell infolge seiner künstlerischen Gestaltungshöhe als Werk der angewandten Kunst anzusehen ist. Hier kann nicht – betreffend die gleiche Gestaltung – das Urheberrecht am Muster oder Modell unmittelbar auf den Unternehmer übergehen und das Werknutzungsrecht am Werk der angewandten Kunst nur durch eine Rechtsübertragung.

Unabhängig von diesen rechtstheoretischen Erwägungen führt die Bestimmung nicht zu einer Benachteiligung der Rechte der angestellten Musterentwerfer, sondern erleichtert die Anmeldung von Mustern und Modellen, die in einem gewerblichen Unternehmen geschaffen worden sind, durch den Unternehmer bzw. das Unternehmen selbst.

2. Auslegungsregel

Im Gegensatz zu freischaffenden Designern und Künstlern werden angestellte Zeichner, Maler, Bildhauer usw. für ein Unternehmen tätig in Erfüllung ihrer Verpflichtungen aus ihrem Arbeits- oder Dienstverhältnis. Die Nutzung der Muster oder Modelle, die sie während der Tätigkeit als Angestellte – d.h. nicht privat in der Freizeit – geschaffen haben, steht aufgrund des Arbeitsvertrages dem Unternehmer zu. Der angestellte Mustergestalter, der ein Muster „im Auftrag oder für Rechnung" seines Dienstherrn geschaffen hat, hat die Nutzungsrechte an dem von ihm geschaffenen Muster in aller Regel schon durch das bestehende Arbeitsverhältnis ausdrücklich oder stillschweigend auf den Unternehmer übertragen.

Für das Geschmacksmusterrecht, das gewissermaßen in zwei Etappen entsteht (vgl. Anm. 1 zu § 7 GeschmMG), gilt folgendes:

Das in der Person des angestellten Musterschöpfers entstandene Anwartschaftsrecht wird auf den Unternehmer übertragen, damit dieser berechtigt ist, durch Anmeldung und Niederlegung des Musters das volle Ausschließlichkeitsrecht zur Nachbildung des Musters zu erwerben. Durch die Bestimmung des § 2 GeschmMG wird die Vermutung, wonach ein Unternehmer, der Muster oder Modelle anmeldet, die seine Angestellten in seinem Betrieb geschaffen haben, auch der Rechtsinhaber ist, zur **Auslegungsregel.**

Diese Auslegungsregel und die Anmeldung von Mustern und Modellen, die angestellte Mustergestalter geschaffen haben, durch den Unternehmer selbst, ist zweckmäßig und entspricht auch im Hinblick auf die Verwertung und Verteidigung der Musterrechte den Bedürfnissen der Praxis. Im Entwurf der Deutschen Vereinigung für gewerblichen Rechtsschutz und Urheberrecht aus dem Jahre 1977 für ein Musterschutzgesetz ist die sinngemäß gleiche Bestimmung in § 6 formuliert worden wie folgt:

§ 2 Muster von Arbeitnehmern

„Hat jemand (im Auftrag oder) als Arbeitnehmer eines gewerblichen Unternehmens in Erfüllung einer ihm obliegenden Verpflichtung ein Muster geschaffen, so wird vermutet, daß er die Rechte aus diesem Gesetz – zum Zweck des Vertrages entsprechend – dem Unternehmer übertragen hat" (s. Anhang Nr. 21).

3. Was ist eine „gewerbliche Anstalt"?

Unter einer „gewerblichen Anstalt" ist jedes auf Erwerb gerichtete Unternehmen zu verstehen. In erster Linie handelt es sich bei Unternehmen, die Muster und Modelle anmelden, um Herstellungsbetriebe. Aber auch Design-Studios, Zeichenbüros usw., die Entwürfe für gewerbliche Muster zur Verwertung durch Dritte entwickeln, sind als „gewerbliche Anstalt" im Sinne des Gesetzes anzusehen.

Anstalten, die nicht auf geschäftlichen Erwerb ausgerichtet sind, sind keine „gewerbliche Anstalt". Dies gilt auch für Schulen und Akademien, an denen Musterzeichner und Designer ausgebildet werden.

Beispiele: Gewerbeschulen
Hochschulen für Gestaltung
usw.

Es muß sich um eine „inländische" gewerbliche Anstalt handeln, d.h. um ein Unternehmen mit Sitz in der Bundesrepublik Deutschland. Bei Unternehmen mit Hauptsitz im Ausland genügt eine Zweigniederlassung im Inland. Auf die Staatsangehörigkeit des Arbeitnehmers selbst kommt es nicht an; entscheidend – auch für die örtliche Zuständigkeit – bleibt der Sitz des Unternehmens im Inland.

4. Zum Urheberpersönlichkeitsrecht des Mustergestalters

In allen Fällen, in denen ein Muster oder Modell aufgrund seiner künstlerischen Gestaltungshöhe (vgl. § 2 Abs. 2 UrhG) zugleich als ein Werk der angewandten Kunst anzusehen ist, verbleiben dem Urheber, der Werknutzungsrechte übertragen hat (vgl. § 31 ff. UrhG), die Urheberpersönlichkeitsrechte (vgl. §§ 12–14 UrhG). Das wachsende Urheberrechtsbewußtsein und die Vervollkommnung des Urheberrechtsgesetzes (vom 9. September 1965) lassen die Frage auftauchen nach dem Urheberpersönlichkeitsrecht der Urheber von Mustern und Modellen.

Obwohl sich aus dem Gesetzestext selbst nichts herleiten läßt, hat von Gamm sich mit Recht dafür ausgesprochen, daß „sowohl aus dem Gesichtspunkt des allgemeinen Persönlichkeitsrechts wie des Urheberper-

II. Erläuterungen zum Geschmacksmustergesetz

sönlichkeitsrechts auch beim Geschmacksmuster ein Urheberpersönlichkeitsrecht anzuerkennen" ist (vgl. von Gamm a. a. O. Rdz 13 zu § 2 GeschmMG). Das gilt auch für Urheber, die die Muster oder Modelle als Arbeitnehmer geschaffen haben. Der Umfang der Urheberpersönlichkeitsrechte eines Musterschöpfers wird freilich geringer zu bemessen sein als beim Schöpfer eines Werkes der bildenden oder der angewandten Kunst. Die gewerbliche Verwertung eines Modells und die Serienfertigung lassen vielfach Änderungen notwendig erscheinen, denen sich der Urheber nicht widersetzen kann.

Dagegen dürfte dem Mustergestalter ein Anspruch auf Namensnennung in angemessener Form − z. B. im Prospekt − zuzubilligen sein. Bei bekannten Designern wird die Herstellerfirma schon aus Gründen der Werbung von sich aus Wert darauf legen, den Namen des Formgestalters zu nennen. Die Interessen des Urhebers und des Herstellers sind dabei gegeneinander abzuwägen. Richtungweisend für das Urheberpersönlichkeitsrecht des Mustergestalters auf Namensnennung ist der Entwurf für ein Musterschutzgesetz, dessen § 18 lautet:

„Der Gestalter eines Musters kann beanspruchen, daß die nach seinem Entwurf hergestellten Erzeugnisse oder Werbemittel dafür oder Veröffentlichungen darüber mit einer auf ihn hinweisenden Bezeichnung nach seiner Wahl versehen werden, wenn dies technisch möglich ist, der Gesamteindruck des Erzeugnisses dadurch nicht beeinträchtigt wird und berechtigte Interessen des Herstellers nicht verletzt werden" (s. Anhang Nr. 21).

§ 3
Übertragbarkeit

Das Recht des Urhebers geht auf dessen Erben über. Dieses Recht kann beschränkt oder unbeschränkt durch Vertrag oder durch Verfügung von Todes wegen auf andere übertragen werden.

Übersicht der Erläuterungen

1. Grundsatz 85
2. Übergang auf Erben 85
3. Übertragung durch Vertrag... 85
4. Übertragung durch Miturheber 86
5. Unbeschränkte Übertragung.................... 86
6. Beschränkte Übertragung 87
    a) Einfaches Nutzungsrecht .. 87
    b) Inhaltliche Beschränkung.. 87

c) Räumliche Beschränkung . 88
d) Zeitliche Beschränkung... 88
7. Übertragung vor Anmeldung
und Niederlegung.......... 88
8. Übertragung bei Nichtbestehen eines Geschmacksmusters................... 89
9. Übertragung bei Pfändung
und Konkurs.............. 90
10. Übertragung bei gleichzeitig
bestehendem Urheberrecht .. 90

1. Grundsatz

Das Urheberrecht an Mustern und Modellen (Geschmacksmusterrecht) ist — im Gegensatz zum Urheberrecht an Werken der angewandten Kunst — grundsätzlich übertragbar.

2. Übergang auf Erben

Aus § 3 Satz 1 GeschmMG ergibt sich, daß das Recht des Urhebers eines Geschmacksmusters ohne jede Einschränkung vererbt werden kann. Auch die Erben des Urhebers können das Recht ihrerseits weitervererben bis zum Ende der Schutzfrist (vgl. § 9 GeschmMG). Die Erben sind die Rechtsnachfolger des Urhebers betreffend das dem Urheber zustehende Ausschließlichkeitsrecht (§ 1 GeschmMG) und treten in die Rechtsstellung des Urhebers ein. Jede natürliche oder juristische Person, also auch Körperschaften des öffentlichen Rechts, Stiftungen sowie der Fiskus (vgl. § 1936 BGB) können Erben des Urheberrechts an Mustern und Modellen werden. Die Bestimmung der Erben ergibt sich — wie bei jeder Erbfolge — aus dem Bürgerlichen Gesetzbuch oder aus der „Verfügung von Todes wegen", d.h. aus dem Testament (vgl. § 3 Satz 2 GeschmMG) oder aus einem Erbvertrag (vgl. hierzu §§ 1924 ff., §§ 2064 ff. und §§ 2274 ff. BGB).

3. Übertragung durch Vertrag

Anmelder von Geschmacksmustern, die selber keine nach dem Muster gestalteten Erzeugnisse produzieren, haben die Möglichkeit zur wirtschaftlichen Verwertung, indem sie Geschmacksmusterrechte übertragen oder Lizenzen einräumen. Das Geschmacksmusterrecht kann beschränkt oder unbeschränkt durch Vertrag auf andere übertragen werden. Mit der Übertragung geht das Recht unmittelbar auf den Erwerber über. Die Übertragung selbst ist formfrei. Ein schriftlicher Vertrag ist nicht erforderlich (vgl. § 413 BGB in Verbindung mit § 398 BGB), aber — ebenso wie beim Lizenzvertrag — empfehlenswert. Eine Eintragung des Rechtsübergangs, d.h. eine Umschreibung im Musterregister kann erfolgen (vgl. hierzu Anm. 3b zur Kommentierung des § 10 GeschmMG).

4. Übertragung durch Miturheber

In modernen Entwicklungsabteilungen und Design-Studios ist Teamarbeit zur Selbstverständlichkeit geworden. Mehrere Urheber, die ein Muster oder Modell gemeinsam entwickelt haben, ohne daß sich ihre Anteile gesondert verwerten lassen, sind Miturheber des Musters oder Modells (vgl. hierzu auch § 8 UrhG). Die Probleme der Rechtsübertragung bei einer solchen Bruchteils- oder Gesamthandsgemeinschaft von Urhebern sind jedoch nur theoretisch bedeutsam. In der Praxis ergeben sich aus der gemeinsamen Urheberschaft von mehreren Mustergestaltern schon deshalb keine Schwierigkeiten, weil die Geschmacksmusterrechte in aller Regel auf den Unternehmer oder die betreffende Firma übertragen werden und hierfür sogar eine gesetzliche Vermutung besteht (s. § 2 GeschmMG).

Eine solche Regelung ist nicht nur praktikabel, sondern sie entspricht auch den Bedürfnissen der Musterurheber selbst. Mit der Gestaltung des Musters oder Modells allein ist es ja nicht getan. Das Muster muß auch produziert, vermarktet **und** gegen Nachbildungen verteidigt werden. Es liegt daher im wirtschaftlichen Interesse der Urheber, auch der freien Mustergestalter, ihre Urheberrechte auf einen geeigneten Hersteller zu übertragen und zwar gemeinsam. Einer von mehreren Miturhebern darf seine Einwilligung zur Verwertung des gemeinsam geschaffenen Modells nicht wider Treu und Glauben versagen.

5. Unbeschränkte Übertragung

Die Übertragung des Geschmacksmusterrechts durch Vertrag kann beschränkt oder unbeschränkt erfolgen. Im Hinblick auf die praktische Verwertbarkeit von Mustern und Modellen ist die unbeschränkte Übertragung die Norm. Der Erwerber erhält damit ein ausschließliches Nutzungsrecht – selbstverständlich in den Grenzen des Geltungsbereichs des Gesetzes, also in der Bundesrepublik Deutschland. Im Rahmen eines Lizenzvertrages können selbstverständlich auch Nutzungsrechte in anderen Ländern oder eine weltweite Verwertung eingeräumt werden.

Bei der unbeschränkten Übertragung, d.h. der Einräumung ausschließlicher Nutzungsrechte erfolgt ein voller Rechtsübergang. Alle Dritten, also auch der Urheber selbst sind von der Nutzung ausgeschlossen. Allein die sogenannten Urheberpersönlichkeitsrechte verbleiben beim Urheber (vgl. hierzu Einführung Nr. 12).

6. Beschränkte Übertragung

Die beschränkte Übertragung des Geschmacksmusterrechts ist möglich, aber — entsprechend den praktischen Bedürfnissen bei der Verwertung von Mustern und Modellen — nur in Ausnahmefällen üblich. In der Regel wird es sich bei solchen Verträgen nicht um die beschränkte Übertragung des Musterrechts, sondern um die Einräumung von bestimmten, ausdrücklich bezeichneten Nutzungsrechten handeln (vgl. hierzu § 31 UrhG). Ist die einzelne Nutzungsart oder der Umfang der Beschränkung im Vertrag nicht genau bezeichnet, so bestimmt der mit der Einräumung verfolgte Zweck den Umfang des Nutzungsrechts (sog. Zweckübertragungstheorie (vgl. § 31 Abs. 5 UrhG, BGHZ) — vgl. BGHZ 9, 262 ff. — „Schwanenbilder"; OLG München in GRUR 1958, 458 — „Kirchenphoto").

Nach der im Urheberrecht entwickelten Zweckübertragungstheorie hat das Urheberrecht „gleichsam die Tendenz, soweit wie möglich beim Urheber zurückzubleiben" (so Ulmer, Urheber- und Verlagsrecht, 3. Aufl., S. 365). Bei der Auslegung eines Vertrages über eine beschränkte Übertragung des Geschmacksmusterrrechts ist daher davon auszugehen, daß der Umfang des eingeräumten Rechts sich nach dem Zweck richtet, der mit dem Vertrag angestrebt wird. Verträge über eine beschränkte Übertragung von Nutzungsrechten sind nach ständiger Rechtsprechung grundsätzlich eng auszulegen.

a) Einfaches Nutzungsrecht

Der Inhaber eines einfachen Nutzungsrechts kann das Muster oder Modell in der vertraglich bestimmten Weise nutzen (vervielfältigen), aber nur neben dem Urheber selbst bzw. neben dem Inhaber des Geschmacksmusterrechts und gegebenenfalls auch neben anderen Inhabern einfacher Nutzungsrechte. Ein ausschließliches Nutzungsrecht ist daher für den Lizenznehmer vorteilhafter als ein einfaches Nutzungsrecht.

b) Inhaltliche Beschränkung

Theoretisch ist jede inhaltliche Beschränkung bei der Einräumung von Nutzungsrechten denkbar. Praktisch wird sich die Einschränkung nur auf die Begrenzung des Verwendungszwecks (z. B. Stoffmuster für Tapeten) beziehen.

c) Räumliche Beschränkung

Die Übertragung des Musterrechts oder die Einräumung eines Nutzungsrechts kann auf bestimmte Gebiete (Länder, Städte) innerhalb der Bundesrepublik Deutschland beschränkt werden (vgl. den Tatbestand bei BGH in GRUR 1978, 308 – „Speisekartenwerbung").

d) Zeitliche Beschränkung

Wird ein Geschmacksmuster zeitlich beschränkt übertragen (z. B. für die Dauer von vier Jahren), so ist genau zu prüfen, ob auch die Schutzdauer der Dauer der Rechtsübertragung entspricht. Hat das Muster eine längere Schutzdauer, ist eine zeitlich beschränkte Übertragung von Rechten unproblematisch. Beträgt die Schutzdauer im Zeitpunkt der Übertragung nur noch zwei Jahre, so ist die rechtzeitige und richtige Verlängerung der Schutzfrist zu beachten (vgl. hierzu § 9 GeschmMG). Bei einer Übertragung des Musterrechts hat der neue Rechtsinhaber die Verlängerung der Schutzfrist zu beantragen; bei der Einräumung eines Nutzungsrechts bleibt dies Sache des Urhebers bzw. des Lizenzgebers.

7. Übertragung vor Anmeldung und Niederlegung

Mit der Schöpfung des Musters oder Modells entsteht das Geschmacksmusterrecht in der Person des Urhebers, aber zunächst nur in Form eines Anwartschaftrechts, das erst durch die Anmeldung (vor dem 1. Juli 1988 durch Anmeldung und Niederlegung) des Musters (s. § 7 GeschmMG) zum Vollrecht erstarkt. Wird das Geschmacksmusterrecht in diesem Stadium vom Urheber auf einen Dritten übertragen, so tritt der Dritte in die Rechtsposition des Urhebers ein und kann das übertragene Anwartschaftsrecht durch die Anmeldung zum vollen Geschmacksmusterrecht erstarken lassen – immer vorausgesetzt, daß die materiellen Schutzvoraussetzungen (Neuheit und Eigentümlichkeit gemäß § 2 Abs. 2 GeschmMG) vorliegen.

Die Übertragung dieses Anwartschaftsrechts des Urhebers auf Dritte ist also unproblematisch, zumal bei angestellten Mustergestaltern gemäß § 2 GeschmMG eine gesetzliche Vermutung für die Übertragung besteht.

8. Übertragung bei Nichtbestehen eines Geschmacksmusters

Das Geschmacksmusterrecht ist ein sog. ungeprüftes Schutzrecht. Im Musterregister werden die Angaben des Anmelders ohne weiteres registriert. Erst im Verletzungsprozeß stellt sich unter Umständen heraus, daß ein Musterrecht nicht rechtsbeständig ist oder gar nicht entstehen konnte, weil es an den materiellen Schutzvoraussetzungen (Neuheit und Eigentümlichkeit gemäß § 2 Abs. 2 GeschmMG) fehlte oder das Muster schon vor der Prioritätsschonfrist vom Anmelder verbreitet worden war (§ 7a GeschmMG). In solchen Fällen ist ein Scheinrecht übertragen worden. Man spricht dann auch von einer sog. Leerübertragung.

Die Käufer oder Lizenznehmer von Geschmacksmustern gehen also von vornherein das Risiko ein, ein Scheinrecht zu erwerben. Stellt sich später heraus, daß dies der Fall war und tatsächlich nur ein Scheinrecht übertragen wurde, so taucht die Frage auf, ob der Vertrag, mit dem dieses Recht eingeräumt wurde, auf eine unmögliche Leistung gerichtet war und somit gemäß § 306 BGB als nichtig angesehen werden muß. Der Bundesgerichtshof hat dies – gestützt auf die Überlegungen von Furler – mit überzeugenden Gründen verneint.

Ausgangspunkt dieser Überlegungen ist der Grundsatz, „daß auch über Neuheiten, für die kein gesetzliches Sonderschutzrecht besteht, ein Lizenzvertrag geschlossen werden kann, indem dem Lizenznehmer ein vertragliches Ausschließlichkeitsrecht eingeräumt werden kann" (BGH-Urteil vom 13. Februar 1978 – Az: I ZR 21/68). Zwar geht es bei einem nicht rechtsbeständigen Geschmacksmuster nur um ein Scheinrecht, „aber" – und das ist das entscheidende Moment – „im praktisch-wirtschaftlichen Ergebnis schafft der Erwerb dieses Scheinrechts für den Käufer oder Lizenznehmer eine dem Erwerb eines rechtsgültigen Geschmacksmusters ähnliche Lage, insofern, als er das Muster jedenfalls eine gewisse Zeit unangefochten durch den Anmelder und in einer faktischen Monopolstellung ausnutzen kann". Diese „faktische Monopolstellung" verschafft ihrem Inhaber gewisse wirtschaftliche Möglichkeiten und Vorteile, die einen entsprechenden Wert haben.

Welchen Wert die „faktische Monopolstellung" für ihren Inhaber hatte und wie dieser Wert gegenüber dem Verkäufer oder Lizenzgeber zu verrechnen ist, kann nur von Fall zu Fall beurteilt werden. Jedenfalls hat das Nichtbestehen eines Geschmacksmusterrechts „nicht ohne weiteres die Folge, daß der bezahlte Kaufpreis im vollen Umfang zurückzuvergüten ist. Für die Zeit der tatsächlichen Benutzung des

Scheinrechts muß dem Verkäufer ein angemessener Teil des Kaufpreises verbleiben, dessen Höhe unter Heranziehung aller Umstände des Falles unter Berücksichtigung des Gesichtspunktes von Treu und Glauben ermittelt und gegebenenfalls geschätzt werden muß. Dabei ist von dem objektiven Wert der faktischen Benutzung, der eventuell durch einen Sachverständigen ermittelt werden muß, auszugehen" (s. BGH in GRUR 1978, 308/310 – „Speisekartenwerbung").

9. Übertragung bei Pfändung und Konkurs

Das Geschmacksmuster ist wie jedes Immaterialgüterrecht pfändbar (s. § 857 ZPO). Bei einem ordnungsgemäß angemeldeten und hinterlegten Muster ist dies unproblematisch. Die früher umstrittene Pfändung des Anwartschaftsrechts dürfte nach von Gamm (a. a. O. Rdz 60 zu § 3 GeschmMG) mit Einwilligung des Urhebers, also unter den Voraussetzungen der §§ 113 ff. UrhG pfändbar sein, ebenso wenn das Geschmacksmuster sich als urheberrechtsschutzfähig erweist. Neben dem Geschmacksmusterrecht kann der Anspruch des Rechtsinhabers auf Herausgabe des hinterlegten Musters oder Modells gepfändet werden.

Im Konkurs des Gemeinschuldners gehört das Geschmacksmusterrecht wie alle pfändbaren Rechte zur Konkursmasse (§ 1 KO).

10. Übertragung bei gleichzeitig bestehendem Urheberrecht

Gelegentlich kann an einer Gestaltung, die nicht nur neu und eigentümlich ist, sondern auch die erforderliche künstlerische Gestaltungshöhe aufweist, sowohl Geschmacksmuster- wie Urheberrechtsschutz bestehen. In solchen Fällen ist eine wirtschaftliche Betrachtungsweise geboten. Die Übertragung des Geschmacksmusterrechts ist für die Schutzdauer des Geschmacksmusters als gleichzeitige Einräumung eines Nutzungsrechts (am Werk der angewandten Kunst) anzusehen. Im Zweifel wird die Auslegung des Vertrages nach der Zweckübertragungstheorie zu einem billigen Ergebnis führen.

Nach Ablauf der Schutzfrist für das Geschmacksmusterrecht steht die Nutzungsbefugnis an der urheberrechtlich geschützten Gestaltung wieder ausschließlich dem Urheber zu (§ 15 UrhG).

§ 4
Freie Benutzung einzelner Motive

Die freie Benutzung einzelner Motive eines Musters oder Modells zur Herstellung eines neuen Musters oder Modells ist als Nachbildung nicht anzusehen.

Übersicht der Erläuterungen

1. Zum freien Formenschatz 91
2. Was ist freie Benutzung? 92
3. Was sind „einzelne Motive"? . . 92
4. Was ist unfreie Benutzung? . . 93
5. Grundsätze für die Beurteilung einer freien Benutzung 93

1. Zum freien Formenschatz

Jede Generation baut auf den Leistungen und Werken ihrer Vorfahren auf. Auch der genialste und einfallsreichste Mustergestalter entwickelt neue Formen und neue Muster nicht völlig unbeeinflußt und gleichsam im musterleeren Raum. Unsere Umwelt ist voll von Formen aller Art. Von morgens bis abends benutzen wir Haushalts- und Arbeitsgeräte, Möbel, Fahrzeuge und Einrichtungen aller Art, deren verschiedenartige Formen mehr oder weniger bekannt und in unser Formengedächtnis eingegangen sind. Dieser bekannte Formenschatz beeinflußt bewußt oder unbewußt auch die Entwicklung neuer Formen.

Innerhalb der Fülle der bekannten Formen befinden sich − vor allem bei Gegenständen neuer Produktion − Muster und Modelle, die als Geschmacksmuster oder als Werke der angewandten Kunst geschützt sind. Alle übrigen meist älteren, überlieferten Formen, an denen keine Urheberrechte bestehen, sind ungeschützt und können nach Belieben frei verwendet werden. Man spricht hier vom „freien Formenschatz".

Es ist selbstverständlich, „daß die Benutzung des freien Formenschatzes jedem Formgestalter offen stehen muß und ihm auch die Anpassung an neue Geschmacksrichtungen und Stilelemente nicht verbaut werden darf (vgl. BGH in GRUR 1965, 198, 199, 201 − Küchenmaschine; 1962, 258, 260 − Moped-Modell) (s. BGH in GRUR 1975, 82, 83 r. Sp. Mitte − Dreifachkombinationsschalter). Darüber hinaus zeigt die Bestimmung des § 4 GeschmMG − ähnlich wie § 24 im Urheberrechtsgesetz −, daß ein Mustergestalter in gewissem Umfang auch die Formelemente eines geschützten Musters in freier Weise verwenden kann, wenn hierdurch ein neues und eigentümliches Muster entsteht (s. BGH in GRUR 1962, 258, 260 l. Sp. unten − Moped-Modell).

2. Was ist freie Benutzung?

Die freie Benutzung im Sinne von § 4 GeschmMG hat mit der Benutzung des freien Formenschatzes nichts zu tun. Sie setzt ein geschütztes Muster und damit die Kenntnis des geschützten Musters durch den Benutzer voraus. Das bekannte Muster und seine geschützten Formelemente wurden aber bei der freien Benutzung nur als Anregung für die eigene selbständige Schöpfung benutzt. Die „freie Benutzung" steht also zwischen der selbständigen Schöpfung ohne jede Kenntnis des geschützten Musters und der bewußten Nachbildung eines geschützten Vorbildes.

Eine „freie Benutzung" liegt immer dann vor, wenn sich das in Anlehnung an ein vorhandenes geschütztes Muster geschaffene neue Muster „von der Vorlage so weit gelöst hat, daß es als eine völlig selbständige Neuschöpfung anzusehen ist". So die amtliche Begründung zu § 24 UrhG, die sinngemäß auch für § 4 GeschmMG gilt. Die von Ulmer aufgestellte Auslegungsregel, die vom BGH übernommen worden ist, lautet:

„Wo angesichts der Eigenart des neuen Werkes die Züge des geschützten Werkes verblassen, da liegt freie Benutzung vor" (s. Ulmer, Urheber- und Verlagsrecht, 3. Aufl. S. 275).

3. Was sind „einzelne Motive"?

Auf dem Gebiet der ästhetischen Formgestaltung verstehen wir unter einem Motiv eine bestimmte Bild- und Formidee. Das kann nicht gemeint sein, denn bloße Motive sind wie allgemeine Ideen nicht schutzfähig. Geschützt ist immer nur „die konkrete Verkörperung eines schöpferischen Gedankens auf ästhetischem Gebiet, also die im Muster oder Modell zum Ausdruck gebrachte konkrete Form (vgl. oben Ziff. 4c zu § 1 sowie BGH in GRUR 1979, 705, 706, 1.Sp. − Notizklötze; BGH in GRUR 1965, 198, 199 − Küchenmaschine; BGH in GRUR 1974, 406, 409 − Elektroschalter; BGH in GRUR 1977, 547, 550 − Kettenkerzen).

Unter dem Begriff „einzelne Motive" in § 4 GeschmMG sind daher einzelne Formelemente, und zwar geschützte Formelemente zu verstehen, denn ungeschützte Formelemente aus dem freien Formenschatz stehen ohnehin jedem Gestalter zur Verfügung.

4. Was ist unfreie Benutzung?

Das Gegenteil der freien Benutzung ist die getreue Nachbildung eines geschützten Musters. Sie wird besonders deutlich, wenn das Vorbild für das eigene Muster nicht als Vorlage, sondern als „Unterlage" gedient hat, d. h. wenn der Plagiator lediglich abgepaust oder „abgekupfert" hat. Im Wettbewerbsrecht spricht man in solchen Fällen von „sklavischer Nachbildung".

Auch ein Tarnmäntelchen, das der Nachbilder den übernommenen Formelementen gern umhängt, läßt die Züge des geschützten Musters nur selten verblassen. Dies gilt besonders dann, wenn in der Nachbildung die gleichen oder – bei Verschiebung des Maßstabes – die maßstäblich gleichen räumlichen Abmessungen eines Musters übernommen worden sind. Vgl. hierzu den amtlichen Leitsatz zur BGH-Entscheidung „Chérie":

„Wenn für ein Erzeugnis nicht nur eigentümliche Formelemente, sondern auch die räumlichen Abmessungen eines geschützten Musters übernommen worden sind, so kann hierdurch die übereinstimmende Wirkung der eigentümlichen Elemente in solchem Grade gesteigert werden, daß es besonders augenfälliger, grundlegender Abweichungen bedarf, um eine verbotene Nachbildung auszuschließen. Hierfür reicht es regelmäßig nicht aus, daß unter Beibehaltung der eigentümlichen Elemente einzelne Verzierungen verändert werden" (BGH in GRUR 1960, 256 – „Chérie").

5. Grundsätze für die Beurteilung einer freien Benutzung

Bei der Prüfung, ob eine freie Benutzung vorliegt oder nicht, erfolgt ein Vergleich der beiden Muster auf dem Hintergrund des freien Formenschatzes. Je ausgeprägter die Eigenart und Formqualität des geschützten Musters ist, desto weiter wird auch sein Schutzumfang zu bemessen sein (vgl. Gerstenberg, Zum Schutzumfang eines Geschmacksmusters in GRUR 1981, 15 und Eichmann, Der Schutzumfang von Geschmacksmustern, in GRUR 1982, 651).

Beim Vergleich der Muster ist von den übereinstimmenden Formelementen und nicht von abweichenden Teilen auszugehen. Stets entscheidet der ästhetische Gesamteindruck (vgl. BGH in GRUR 1981, 273/274/275 – Leuchtenglas). Die Auslegungsregel, die der BGH hierzu aufgestellt hat, lautet:

„Maßgeblich ist der Gesamteindruck; dabei ist von den übereinstimmenden Merkmalen auszugehen und nicht von den unterschiedlichen;

II. Erläuterungen zum Geschmacksmustergesetz

der Blick hat sich also zugunsten des Geschmacksmusterrechts auf die zwischen geschütztem Modell und angegriffenem Modell bestehenden Gemeinsamkeiten hinsichtlich der maßgeblichen Merkmale zu richten (vgl. BGH „Küchenmaschine", a. a. O., S. 201)" (s. BGH in GRUR 1980, 235/237 1. Sp. Mitte — „Play Family").

Nur wenn die Eigenart des neuen Musters so stark ausgeprägt ist, daß die Züge des geschützten Musters verblassen, wird eine freie Benutzung zu bejahen sein. Die Frage, ob trotz Anlehnung an ein vorhandenes geschütztes Muster eine „freie Benutzung" vorliegt, kann daher immer nur von Fall zu Fall und nach gründlicher Analyse der verwendeten, geschützten Formelemente beantwortet werden. Richtungweisend ist der Leitsatz der BGH-Entscheidung „Mecki I":

„Bei der Frage, ob ein Werk der bildenden Kunst eine unzulässige Nachbildung darstellt oder ob es in freier Benutzung des Vorbildes (§ 16 KUG) geschaffen worden ist, darf im Interesse ausreichenden Urheberrechtsschutzes kein zu milder Maßstab angelegt werden. Je auffallender die Eigenart des Vorbildes schon seinem Gegenstand nach ist, desto zurückhaltender wird man bei der Bewertung des nachgeschaffenen Werkes als einer selbständigen eigentümlichen Schöpfung sein müssen" (s. amtlicher Leitsatz BGH in GRUR 1958, 500 — „Mecki I").

Sinngemäß kann dieser Leitsatz auch für die Abgrenzung zwischen freier Benutzung und unfreier Nachbildung im Geschmacksmusterrecht gelten. Ebenso wie auf dem Gebiet des Urheberrechts an Werken der bildenden und angewandten Kunst darf auf dem Gebiet des Urheberrechts an Mustern oder Modellen kein zu milder Maßstab angelegt werden.

§ 5
Verbotene Nachbildung

Jede Nachbildung eines Musters oder Modells, welche ohne Genehmigung des Berechtigten (§§ 1 bis 3) in der Absicht, dieselbe zu verbreiten, hergestellt wird, sowie die Verbreitung einer solchen Nachbildung sind verboten. Als verbotene Nachbildung ist es auch anzusehen:

1. wenn bei Hervorbringung derselben ein anderes Verfahren angewendet worden ist als bei dem Originalwerk, oder wenn die Nachbildung für einen anderen Gewerbszweig bestimmt ist als das Original;

2. wenn die Nachbildung in anderen räumlichen Abmessungen oder Farben hergestellt wird als das Original, oder wenn sie sich vom Original nur durch solche Abänderungen unterscheidet, welche nur bei Anwendung besonderer Aufmerksamkeit wahrgenommen werden können;
3. wenn die Nachbildung nicht unmittelbar nach dem Originalwerk, sondern mittelbar nach einer Nachbildung desselben geschaffen ist.

Übersicht der Erläuterungen

1. Zum Begriff „Verbotene Nachbildung" 95
2. Objektive Nachbildung (Übereinstimmung).......... 96
3. Merkmalsanalysen 98
4. Subjektive Nachbildung...... 99
5. Zum Schutzumfang 101
6. Nachbildung mittels anderer Verfahren oder für andere Branchen.................. 102
7. Nachbildung mit Abänderungen 102
8. Mittelbare Nachbildung 103

1. Zum Begriff „Verbotene Nachbildung"

Das positive Benutzungsrecht, das dem Urheber gewerblicher Muster oder Modelle ausschließlich zusteht (§ 1 GeschmMG), wird ergänzt durch das negative Verbietungsrecht des Berechtigten gemäß § 5 GeschmMG. Das Wort „Nachbildung" setzt begrifflich ein Vorbild voraus. Eine selbständig entstandene Form wird vom Urheberrecht an Mustern und Modellen nicht erfaßt, da dem Geschmacksmusterrecht die sog. Sperrwirkung der technischen Schutzrechte fehlt. „Der Begriff der Nachbildung entspricht dem urheberrechtlichen Begriff der Vervielfältigung: Nachbildung liegt nur vor, wenn das geschützte Muster oder ein nach ihm gefertigtes Erzeugnis als Vorbild gedient hat" (Ulmer a. a. O., 2. Aufl. S. 421).

Verboten ist nicht jede Nachbildung schlechthin (vgl. § 6 GeschmMG), sondern nur jede Nachbildung, „welche ohne Genehmigung des Berechtigten in der Absicht, dieselbe zu verbreiten, hergestellt wird, sowie die Verbreitung einer solchen Nachbildung". Die Betonung und praktische Bedeutung der Bestimmung liegt auf dem „Verbreiten", da hierdurch auch der Vertrieb von Vervielfältigungsstücken im Inland erfaßt wird, die im Ausland erlaubterweise hergestellt worden sind, weil dort ein Schutzrecht fehlte.

Der Begriff des Verbreitens umfaßt sowohl das öffentliche Anbieten als auch das Inverkehrbringen der Nachbildung. Eine große Serie von

Nachbildungen ist für den Tatbestand des Verbreitens nicht erforderlich, auch das Angebot oder die Lieferung einzelner Vervielfältigungsstücke reicht aus. Schon die Absicht zur Verbreitung ist ein ausdrückliches Tatbestandsmerkmal und ermöglicht dem Berechtigten, der rechtzeitig davon erfährt, der geplanten Verbreitung mit einer vorbeugenden Unterlassungsklage zu begegnen.

Auch die teilweise Nachbildung eines geschützten Musters oder Modells ist grundsätzlich verboten. Es muß sich freilich um einen „in sich geschlossenen Teil" handeln, der „eine gewisse Eigenständigkeit und Geschlossenheit der Form" aufweist (vgl. hierzu BGH in GRUR 1977, 602/605 — „Trockenrasierer"; BGH in GRUR 1965, 198/199 r. Sp. — „Küchenmaschine"; BGH in GRUR 1962, 258/260 — „Moped-Modell"; BGH in GRUR 1963, 640/641 — „Plastikkorb" sowie BGH in GRUR 1981, 273/274 1. Sp. — „Leuchtenglas"; BGH in GRUR 1987, 518/519 l. Sp. — „Kotflügel" mit Anm. Gerstenberg; OLG Frankfurt in GRUR 1988, 120 — „Mehrzweckschere").

2. Objektive Nachbildung (Übereinstimmung)

Bei der Prüfung der Frage, ob eine verbotene Nachbildung vorliegt, wird zuerst die objektive Nachbildung und danach die subjektive Nachbildung geprüft. Die Prüfung der objektiven Nachbildung umfaßt die Feststellung der vorliegenden Formen, den Vergleich dieser Formen und die Beantwortung der Frage, ob und in welchem Umfang die schutzfähigen Form- und Gestaltungselemente von zwei streitbefangenen Mustern oder Modellen übereinstimmen. Ist schon die objektive Übereinstimmung zu verneinen, so erübrigt sich die Prüfung der subjektiven Nachbildung.

Zum Begriff und zum Maßstab für die Beurteilung einer Nachbildung hat der Bundesgerichtshof in ständiger Rechtsprechung immer griffigere Definitionen entwickelt. Grundsätzlich werden die zu beurteilenden Modelle — das Vorbild und die mögliche Nachbildung — zunächst nebeneinander gestellt, um durch den Vergleich der Formen beider Modelle etwaige Übereinstimmungen objektiv feststellen zu können. Bei der Prüfung der objektiven Nachbildung „kommt es nicht auf den Eindruck eines flüchtigen Betrachters an; die erforderliche Gesamtschau setzt ein Nebeneinander der zu beurteilenden Modelle oder Muster voraus, um das Entscheidende im ästhetischen Bereich zu erkennen, wenn es auch gleichwohl auf solche Unterschiede nicht ankommt, die nur bei Anwendung besonderer Aufmerksamkeit wahrgenommen werden können (BGH in GRUR 1965, 198, 201 — Küchenmaschine; GRUR 1961, 640, 641 – Straßenleuchte)" (s. BGH in GRUR 1980, 235/237 r. Sp. – „Play-family").

Bei der Prüfung der objektiven Nachbildung kommt es auf die Übereinstimmung der Nachbildung mit den schutzfähigen Formelementen des geschützten Musters an. „Eine Nachbildung im Sinne des § 5 GeschmMG liegt vor, wenn die für den ästhetischen Gesamteindruck des niedergelegten Musters wesentlichen, d. h. die seine Neuheit und Eigentümlichkeit begründenden Gestaltungsmerkmale ganz oder teilweise übernommen sind, wobei von den Übereinstimmungen und nicht von den Abweichungen auszugehen ist (BGH in GRUR 1967, 375, 377 zu III – Kronleuchter)" (s. BGH in GRUR 1976, 261/263 1. Sp. – „Gemäldewand").

Noch ausführlicher definiert der BGH in einer neueren Entscheidung. Danach kann ein Muster oder Modell nur dann als „verbotene Nachbildung" angesehen werden, „wenn es objektiv hinreichende Übereinstimmungen gerade in bezug auf denjenigen Zusammenklang von konkreten, ästhetischen Merkmalen aufweist, der den schutzfähigen Inhalt des hinterlegten Modells darstellt; die Übereinstimmung wird nicht durch solche Abweichungen ausgeschlossen, die nur bei Anwendung besonderer Aufmerksamkeit wahrgenommen werden können; maßgeblich ist der Gesamteindruck; dabei ist von den übereinstimmenden Merkmalen auszugehen und nicht von den unterschiedlichen; der Blick hat sich also zugunsten des Geschmacksmusterrechts auf die zwischen geschütztem Modell und angegriffenem Modell bestehenden Gemeinsamkeiten hinsichtlich der maßgeblichen Merkmale zu richten (vgl. BGH „Küchenmaschine", a. a. O., S. 201)" (s. BGH in GRUR 1980, 235/237 – „Play-family").

Stimmt das Verletzungsmodell mit dem Klagemodell in den räumlichen Abmessungen oder im Verhältnis der Proportionen überein, so ist dies stets ein Indiz für eine verbotene Nachbildung. Vgl. hierzu die amtlichen Leitsätze des „Chérie"-Urteils.

a) „Wenn für ein Erzeugnis nicht nur eigentümliche Formelemente, sondern auch die räumlichen Abmessungen eines geschützten Musters übernommen worden sind, so kann hierdurch die übereinstimmende Wirkung der eigentümlichen Elemente in solchem Grade gesteigert werden, daß es besonders augenfälliger, grundlegender Abweichungen bedarf, um eine verbotene Nachbildung auszuschließen. Hierfür reicht es regelmäßig nicht aus, daß unter Beibehaltung der eigentümlichen Elemente einzelne Verzierungen verändert werden.

b) Die Übereinstimmung der räumlichen Abmessungen kann auch für die Frage des Verschuldens des Nachbildners von Bedeutung sein". (BGH in GRUR 1960, 256 — „Chérie")

Für die Beurteilung der Frage, ob eine verbotene Nachbildung im Sinne des Geschmacksmusterrechts vorliegt, ist das wettbewerbsrechtliche Tatbestandsmerkmal der Verwechslungsgefahr nicht erforderlich. „Wird sie aber bejaht, so ist damit die Übereinstimmung des Erzeugnisses auch unter dem Gesichtspunkt des Musterrechts in überzeugender Weise dargetan und zugleich bereits ein starkes Anzeichen für den Tatbestand der unerlaubten Nachbildung gewonnen" (BGH in GRUR 1961, 640/642 r. Sp. — „Straßenleuchte").

Für die Prüfung der objektiven Nachbildung ist festzuhalten:

a) Der Vergleich umfaßt die schutzfähigen Gestaltungsmerkmale.
b) Es ist von übereinstimmenden Merkmalen auszugehen und nicht von unterschiedlichen.
c) Maßgeblich ist der Gesamteindruck.

Auslegungsregel

„Bei einer wesentlichen Übereinstimmung des geschützten Musters mit der als Verletzung beanstandeten Form ist prima facie eine Nachbildung anzunehmen" (BGH in GRUR 1958, 509/511 — „Schlafzimmermodell").

3. Merkmalsanalyse

Hilfreich und in komplizierten Fällen unerläßlich ist der Vergleich von Geschmacksmuster und Nachbildung anhand einer Merkmalsbeschreibung oder auch Merkmalsanalyse. Lange existierten in der Rechtslehre unterschiedliche Auffassungen über die Art und Weise der Bewertung des Musters und der behaupteten Nachbildung nach ästhetischen Gesichtspunkten. Während aus den Reihen der Designer einer spontanen Antwort aufgrund sinnlich-optischer Anschauung der Vorzug gegeben wurde, da sich die Frage einer Nachbildung regelmäßig einer abstrakt-begrifflichen Untersuchungsmethode, etwa durch Vergleiche mit geometrischen Grundgebilden allgemeinster Art entziehe, vertraten Rechtslehrer die Auffassung, daß die schutzbegründenden Merkmale aufzuzeigen und zu beschreiben seien (BGH in GRUR 1965, 198/200 — „Küchenmaschine"). Der BGH schloß sich in der zitierten Entscheidung der Auffassung der Rechtslehrer an: „Nach Auffassung des erkennenden Senats ist die letztere Auffassung im Ausgangspunkt die rechtlich allein mögliche; dabei ist jedoch nicht die Schwierigkeit zu verkennen, ästhetisch wirkende Formen überhaupt mit den Mitteln der Sprache auszudrücken und namentlich auch, diese meist ineinander übergehenden Formen körperlich gegeneinander abzugrenzen und ihr Verhältnis zueinander sprachlich zu beschreiben ... Allerdings muß, um der Rechtssicherheit willen, soweit wie möglich versucht werden, Übereinstimmungen und Unterschiede nicht bloß gefühlsmäßig, sondern durch konkrete Beschreibung zu erfassen" (BGH, a. a. O.).

Diese Merkmalsbeschreibung zwingt weiter dazu, die einzelnen Merkmale in ihrer ästhetischen Wirkung auf den Gesamteindruck zu gewichten, denn die einzelnen Merkmale können selbstverständlich in ästhetischer Hinsicht unterschiedliche Bedeutung haben. Es gibt Merkmale, die als gestalterisches Hauptmotiv erscheinen und andere, die lediglich nebensächliche Einzelheiten betreffen (BGH GRUR 1975, 81 – „Dreifach-Kombinationsschalter"). Diese Gewichtung macht aus der Merkmalsbeschreibung eine Merkmalsanalyse.

Die neuere Rechtsprechung des BGH kennt zahlreiche Beispiele für die Arbeitsweise bei Feststellung der Eigentümlichkeit und insbesondere bei der Untersuchung der Nachbildung durch eine detaillierte Merkmalsbeschreibung. Richtungweisend sind hier neben den bereits zitierten Entscheidungen „Küchenmaschine" und „Dreifach-Kombinationsschalter" noch die Entscheidungen „Messergriff" (BGH GRUR 1988, 369) und „Haushaltsschneidemaschine I" (GRUR 1978, 168).

4. Subjektive Nachbildung

Eine verbotene Nachbildung liegt erst dann vor, wenn zur objektiven Übereinstimmung der schutzfähigen Gestaltungsmerkmale und Formelemente der Tatbestand der subjektiven Nachbildung hinzukommt. Wer nachbildet, muß das Vorbild bewußt gesehen oder unbewußt in sein Formengedächtnis aufgenommen haben. In aller Regel ist dem Nachbildner das geschützte Muster oder Modell mindestens durch Abbildungen, meist aber durch das Erzeugnis selbst bestens bekannt. Natürlich leugnen die meisten Nachbildner, das Vorbild je gesehen zu haben. In allen Fällen, in denen das offensichtliche Vorbild auf großen Messen gezeigt, in der Presse und in Fachzeitschriften abgebildet, ja bereits zum Verkaufsschlager geworden ist, wird das angebliche Nichtwissen des Gestalters der Nachbildung unglaubwürdig. Es entspricht inzwischen gesicherter Rechtsprechung, „daß der Tatbestand der Nachbildung auch dann erfüllt ist, wenn dem Gestalter des späteren Modells das geschützte Modell im Augenblick des Nachschaffens zwar nicht bewußt

II. Erläuterungen zum Geschmacksmustergesetz

vorschwebt, wenn er es aber durch eine ihm möglicherweise selbst nicht mehr gegenwärtige frühere Wahrnehmung oder Beschreibung, die nicht einmal mit der Kenntnis der Herkunft des Modells verbunden zu sein braucht, in sein Formengedächtnis aufgenommen hatte und wenn er alsdann bei seiner eigenen Gestaltung unbewußt beeinflußt worden ist. Diese Annahme setzt allerdings regelmäßig voraus, daß das geschützte Erzeugnis schon auf dem Markt war, als mit dem Entwurf des angegriffenen Erzeugnisses begonnen wurde" (s. BGH in GRUR 1981, 273/276 — „Leuchtenglas"; BGH in GRUR 1961, 640/643 — „Straßenleuchte"; BGH in GRUR 1974, 406/410 — „Elektroschalter").

Bei einer objektiv festgestellten „wesentlichen Übereinstimmung des geschützten Musters mit der als Verletzung angegriffenen Gestaltungsform spricht der Beweis des ersten Anscheins für eine Nachbildung (BGH in GRUR 1958, 97 — „Gartensessel")" (s. BGH in GRUR 1965, 198/201 — „Küchenmaschine" — sowie OLG Hamm in GRUR 1979, 240/242 — „Küchenschütte").

Dieser Anscheinsbeweis kann nur erschüttert werden durch den eindeutigen Nachweis dafür, „daß der Schöpfer der jüngeren Form das geschützte Muster weder selbst gekannt hat, noch ihm diese Kenntnis durch Beschreibungen oder Anregungen Dritter, die das geschützte Muster gekannt haben, vermittelt worden ist" (s. BGH in GRUR 1981, 269/272 — „Haushaltsschneidemaschine II").

Eine subjektive Nachbildung scheidet dagegen von vornherein aus, wenn Erzeugnisse, die nach dem geschützten Muster hergestellt worden sind, „nicht in den Verkehr gelangt sind und dem Gestalter der angegriffenen Erzeugnisse daher weder bewußt noch unbewußt als Vorbild vorgeschwebt haben können" (BGH in GRUR 1974, 406/410 — „Elektroschalter"). Die Möglichkeit der subjektiven Nachbildung scheidet insbesondere in den Fällen aus, in denen das angebliche Vorbild versiegelt hinterlegt und noch nicht verwertet worden ist (vgl. hierzu BGH in GRUR 1978, 168 — „Haushaltsschneidemaschine I").

In allen Fällen, in denen im Zeitpunkt der Gestaltung eines objektiv übereinstimmenden Musters noch keine Erzeugnisse nach dem geschützten Muster gefertigt und in den Verkehr gelangt waren, „ist der unter Beweis gestellten Behauptung über eine selbständige Gestaltung des angegriffenen Musters nachzugehen" (BGH in GRUR 1981, 273/276 — „Leuchtenglas").

5. Zum Schutzumfang

Wie jedes Immaterialgüterrecht gewährt auch das Geschmacksmuster dem geschützten Gegenstand einen gewissen Schutzumfang. Wenn der Schutz sich nur auf den völlig identischen Gestaltungsbereich erstrecken würde, hieße das, der Freibeuterei an Mustern und Modellen Tür und Tor zu öffnen. Mit einer geringfügigen Änderung, die zu einer – gewissermaßen getarnten – Variante der geschützten Formelemente führt, könnte sich ein geschickter Nachbildner aus dem Schutzbereich des Geschmacksmusters herausmogeln.

Der Gesetzgeber hat daher in § 5 Ziff. 1 – 3 GeschmMG beispielhaft definiert, was neben der identischen Nachbildung „auch" als verbotene Nachbildung anzusehen ist. Der Grad der Eigentümlichkeit eines Musters oder Modells bestimmt auch seinen Schutzumfang. Diesen Grad der schöpferischen Gestaltungsleistung zu bemessen und danach den Schutzumfang zu bestimmen, gehört zu den schwierigsten Aufgaben eines Gerichts im Verletzungsstreit. (Im einzelnen wird zum Problem des Schutzumfanges verwiesen auf: Gerstenberg, Zum Schutzumfang eines Geschmacksmusters in GRUR 1981, 15 ff. und Eichmann, Der Schutzumfang von Geschmacksmustern in GRUR 1982, 651 ff.).

Der BGH hat in seiner Rechtsprechung folgende **Auslegungsregel** aufgestellt:

„Je größer die dem Geschmacksmuster zugrundeliegende Leistung ist, desto größer ist sein Schutzumfang".

In der gleichen Entscheidung heißt es zur Bemessung des Schutzumfanges weiter:

„Dabei ist der Schutzumfang durch einen Gesamtvergleich mit den vorbestehenden Formgestaltungen abzustecken (im Gegensatz zu dem Einzelvergleich mit Entgegenhaltungen im Rahmen der Neuheitsprüfung; vgl. von Gamm, Geschmacksmustergesetz § 1 Nr. 30 und 37)" (BGH in GRUR 1978, 168/169 r.Sp. – „Haushaltsschneidemaschine I").

Stets ist zu fragen: Wie groß war der Schritt des Urhebers in gestalterisches Neuland? Ist die schöpferische Eigenart eines Musters oder Modells auch – oder gerade – unter vielen gleichartigen Formen zu bejahen? Alle diese Fragen können nur von Fall zu Fall beurteilt und beantwortet werden. Hierfür gibt es kein feststehendes Bewertungsschema, allenfalls einige Indizien, wie sie uns auch bei der Beurteilung von Werken der angewandten Kunst begegnen. Für eine besondere schöp-

II. Erläuterungen zum Geschmacksmustergesetz

ferische Leistung und damit für einen besonders großen Schutzumfang können z. B. sprechen:

Auszeichnungen und Preise
Aufnahme in die Sonderschau „Gute Industrieform"
auf der Hannover-Messe
Aufnahme in ein Museum für Gestaltung
Interesse des Rates für Formgebung
Abbildung des Musters in Fachbüchern und Lexika
Langjähriger Erfolg auf dem Markt.

Dagegen ist der Umsatz mit einem Modell kein brauchbarer Maßstab. Hier können ein günstiger Preis und ein geschicktes Marketing einem Modell mit geringer oder ohne jede schöpferische Leistung zu einem größeren Absatz-Erfolg verhelfen. Entscheidend bleibt immer der Grad der schöpferischen Leistung, die sich in der betreffenden Gestaltung offenbart.

6. Nachbildung mittels anderer Verfahren (§ 5 Ziff. 1 GeschmMG) oder für andere Branchen

Ein anderes Herstellungsverfahren oder eine neue Technik bei der Herstellung der Nachbildung führen aus dem Schutzbereich des Geschmacksmusters nicht heraus. Wer ein Stickmuster auf Einwickelpapier druckt oder ein Tapetenmuster für Jerseystoffe verwendet, begeht eine verbotene Nachbildung. Die Verwendung eines anderen Materials (z. B. Kunststoff statt Holz oder Schaumstoff statt Schwammgummi) führt in aller Regel nicht zu einer neuen schöpferischen Gestaltung (vgl. OLG Hamburg in GRUR 1957, 142 − „Tiermodelle aus Schwammgummi").

Nur ausnahmsweise kann die sog. Stoffvertauschung zu einem neuen und eigentümlichen Muster führen, wenn durch die Verwendung des neuen Stoffes eine neue ästhetische Wirkung erzielt wird.

7. Nachbildung mit Abänderungen (§ 5 Ziff. 2 GeschmMG)

Diese Bestimmung erweist sich immer wieder als die wichtigste Hilfe bei der Verteidigung eines Geschmacksmusters gegen anders proportionierte oder sonstwie geringfügig geänderte und somit „getarnte" Nachbildungen. Entscheidend bleibt die ästhetische Gesamtwirkung, „während unbedeutende Veränderungen, insbesondere Abweichungen, die nur bei Anwendung besonderer Sorgfalt wahrgenommen werden können (§ 5 Ziff. 2 GeschmMG), außer Betracht bleiben können" (s. BGH in GRUR 1958, 97/98 – „Gartensessel" und BGH in GRUR 1966, 681/684 – „Laternenflasche").

8. Mittelbare Nachbildung (§ 5 Ziff. 3 GeschmMG)

Daß eine verbotene Nachbildung auch vorliegt, wenn dem Nachbildner nicht das Originalmuster, sondern nur eine Nachbildung desselben vorgelegen hat, erscheint uns heute selbstverständlich. Auch eine Abbildung genügt als Vorlage. Die Rechtsprechung ist hier bei der Eingrenzung des subjektiven Bereichs der Nachbildung noch viel weiter gegangen (vgl. hierzu oben Ziff. 4 „Subjektive Nachbildung").

§ 6
Keine verbotene Nachbildung

Als verbotene Nachbildung ist nicht anzusehen:

1. **die Einzelkopie eines Musters oder Modells, sofern dieselbe im privaten Bereich ohne die Absicht der gewerblichen Verbreitung und Verwertung angefertigt wird;**
2. **die Aufnahme von Nachbildungen einzelner Muster oder Modelle in ein Schriftwerk.**

Übersicht der Erläuterungen

1. Einzelkopie zulässig 103
2. Keine Dimensionsbeschränkung mehr 104
3. Nachbildung in Schriftwerken 104

1. Einzelkopie zulässig

Nach der historischen Entwicklung des Musterschutzes ist unter der Einzelkopie eines Musters oder Modells eine manuell hergestellte einzelne Nachbildung zu verstehen. Das Musterrecht ist insoweit wesentlich strenger als das Urheberrechtsgesetz (vgl. §§ 53 und 54 UrhG). Die in Handarbeit hergestellte Einzelkopie gilt auch nur dann als zulässig, „sofern sie ohne die Absicht der gewerbsmäßigen Verbreitung und Verwertung angefertigt wird". Das Verbot der gewerbsmäßigen Verbreitung ermöglicht immerhin das private Verschenken der Einzelkopie.

II. Erläuterungen zum Geschmacksmustergesetz

2. Keine Dimensionsbeschränkung mehr

Die Beschränkung des Schutzes für Muster oder Modelle auf eine Dimension (Flächenmuster oder räumliche Gestaltung) ist weggefallen. Der frühere Absatz 2, wonach die Nachbildung von Mustern, welche für Flächenerzeugnisse bestimmt sind, durch plastische Erzeugnisse, und umgekehrt nicht als „verbotene Nachbildung" anzusehen war, ist durch die Novelle gestrichen worden. Mit dem Wegfall dieser unsinnigen und unverständlichen Bestimmung, die in der Literatur einhellig abgelehnt wurde, ist auch die vom BGH in der Entscheidung „Doppelanmeldung" eröffnete Möglichkeit, ein und dasselbe Muster in getrennten, jeweils selbständigen Anmeldungen einmal als Flächenmuster und zum anderen als plastisches Modell zur Eintragung im Musterregister anzumelden, überflüssig geworden (vgl. BGH in GRUR 1973, 214 − „Doppelanmeldung").

Im Verletzungsprozeß wird in Zukunft zu berücksichtigen sein, daß die Nachbildung von Mustern, die für Flächenerzeugnisse angemeldet und eingetragen worden sind, auch an der Oberfläche von dreidimensionalen Modellen nicht zulässig ist und umgekehrt. Dies gilt auch für Muster oder Modelle, die vor dem 1. Juli 1988 angemeldet worden sind.

3. Nachbildung in Schriftwerken

In sehr pauschaler Weise ermöglicht § 6 Ziff. 2 GeschmMG die Aufnahme „von Nachbildungen einzelner Muster oder Modelle in ein Schriftwerk", praktisch also die Abbildung von Mustern. Die Beschränkung auf einzelne Muster oder Modelle und die Formulierung „in ein Schriftwerk" läßt darauf schließen, daß nur die Aufnahme als Illustration zum Text, in Anzeigen oder als beispielhaftes Bildzitat zulässig ist, nicht aber die Abbildung in einem reinen Bildband über modernes Design, was die Urheber von Mustern und Modellen jedoch in aller Regel gern gestatten. Im übrigen gilt: Das Abbilden von dreidimensionalen Modellen ist kein „Nachbilden".

Wenn man mit von Gamm dem Musterurheber ein Urheberpersönlichkeitsrecht zubilligt und damit das Recht auf Namensnennung, wenn sein Muster abgebildet wird, dann muß man auch fordern, daß der Name des Mustergestalters bereits auf dem Erzeugnis selbst, mindestens aber auf der Verpackung und dem beiliegenden Prospekt vermerkt ist. Mit anderen Worten: Der Musterurheber muß seinen Wunsch, genannt zu werden, auch erkennbar zum Ausdruck bringen.

Wie sollte sonst der Fotograf oder derjenige, der das Muster abbildet, auf den Gedanken kommen, daß der Urheber überhaupt wünscht, genannt zu werden?

Vorbemerkung zu §§ 7-9

Zu den Zielen des Gesetzes zur Änderung des Geschmacksmustergesetzes vom 18. Dezember 1986 zählen in erster Linie:
1. Die Zentralisierung des Musterregisters beim Deutschen Patentamt.
2. Die Bildbekanntmachung der im Musterregister eingetragenen Muster und Modelle.
3. Die Ordnung der Registereintragungen und Bekanntmachungen nach Warenklassen.
4. Die Einführung einer Neuheitsschonfrist von 6 Monaten vor der Anmeldung und der Möglichkeit, die Bildbekanntmachung von Mustern oder Modellen um 18 Monate aufzuschieben.
5. Die Vereinfachung der komplizierten und häufig mißverstandenen Vorschriften zur Verlängerung des Musterschutzes und Angleichung der Schutzperiode an die international übliche Periode von jeweils 5 Jahren.

Vgl. hierzu auch die Zielsetzung und die Begründung des Regierungsentwurfs im Anhang 9.

Entsprechend dieser Zielsetzung wurden die alten §§ 7-9 durch die

§§ 7, 7a und 7b
§§ 8, 8a, 8b und 8c
sowie § 9

ersetzt. Die neuen, auf den ersten Blick nicht gerade einfachen Anmeldevorschriften erfordern vom Anmelder (ab 1. Juli 1988) besondere Aufmerksamkeit, um die für ihn und seine Bedürfnisse praktikabelste und kostengünstigste Anmeldemöglichkeit wahrzunehmen. Andererseits bietet aber die neue Regelung entscheidende Vorteile, die das bisherige Anmelde- und Bekanntmachungssystem vermissen ließ: Eine zentrale Registrierungsstelle der angemeldeten und der in ihrer Schutzdauer verlängerten Muster oder Modelle sowie die Bildbekanntmachung ermöglichen in Zukunft eine rasche und umfassende Übersicht über die eingetragenen Muster und Modelle.

II. Erläuterungen zum Geschmacksmustergesetz

§ 7
Anmeldung

(1) Der Urheber eines Musters oder Modells oder sein Rechtsnachfolger erlangt den Schutz gegen Nachbildung nur, wenn er dieses beim Patentamt zur Eintragung in das Musterregister anmeldet.

(2) Der Schutz gegen Nachbildung wird durch die Anmeldung nicht erlangt, wenn die Veröffentlichung des Musters oder Modells oder die Verbreitung einer Nachbildung gegen die öffentliche Ordnung oder die guten Sitten verstoßen würde; ein solcher Verstoß kann nicht allein aus der Tatsache hergeleitet werden, daß die Verbreitung einer Nachbildung des Musters oder Modells durch Gesetz oder Verwaltungsvorschrift verboten ist.

(3) Die Anmeldung muß enthalten:

1. einen schriftlichen Eintragungsantrag;
2. eine fotografische oder sonstige graphische Darstellung des Musters oder Modells, die diejenigen Merkmale deutlich und vollständig offenbart, für die der Schutz nach diesem Gesetz beansprucht wird.

(4) Wird der Schutz nach diesem Gesetz nur für die Gestaltung der Oberfläche eines Erzeugnisses in Anspruch genommen, so kann das Muster oder Modell statt durch eine fotografische oder sonstige graphische Darstellung durch ein flächenmäßiges Muster des Erzeugnisses selbst oder eines Teils davon dargestellt werden.

(5) Soll der Schutz nach diesem Gesetz sowohl für die räumliche Gestaltung als auch für die Gestaltung der Oberfläche eines Erzeugnisses in Anspruch genommen werden, so kann die Anmeldung eine Darstellung enthalten, die hinsichtlich der räumlichen Gestaltung den Erfordernissen des Absatzes 3 Nr. 2 und hinsichtlich der Oberflächengestaltung den Erfordernissen des Absatzes 4 entspricht.

(6) Legt der Anmelder durch Vorlage einer fotografischen oder sonstigen graphischen Darstellung eines Modells sowie des Modells selbst dar, daß eine fotografische oder sonstige graphische Darstellung des Modells diejenigen Merkmale, für die der Schutz nach diesem Gesetz beansprucht wird, nicht hinreichend deutlich und vollständig offenbaren kann, so kann das Patentamt anstelle der fotografischen oder sonstigen graphischen Darstellung das Modell selbst als Darstellung nach Absatz 3 Nr. 2 zulassen. In diesem Fall ist eine zusätzliche Gebühr nach dem Tarif zu entrichten.

§ 7 Anmeldung

(7) Zur Erläuterung der Darstellung kann eine Beschreibung beigefügt werden.

(8) Der Anmeldung kann ein Verzeichnis beigefügt werden, das die Warenklassen angibt, in die das in der Darstellung wiedergegebene Muster oder Modell einzuordnen ist. Beabsichtigt der Anmelder, das Muster oder Modell auf Erzeugnisse anderer Warenklassen zu übertragen, so sind auch diese anzugeben.

(9) Mehrere Muster oder Modelle können in einer Sammelanmeldung zusammengefaßt werden. Die Sammelanmeldung darf nicht mehr als 50 Muster oder Modelle umfassen. Sie müssen derselben Warenklasse angehören.

(10) Der Anmelder kann eine Sammelanmeldung teilen. Für jede Teilanmeldung bleiben der Zeitpunkt der ursprünglichen Anmeldung und eine dafür in Anspruch genommene Priorität erhalten. Zu den gezahlten Anmeldegebühren ist eine Gebühr nachzuentrichten, die der Differenz zu der Summe der Mindestgebühren entspricht, die nach dem Tarif für jede Teilanmeldung zu entrichten wäre.

Übersicht der Erläuterungen

A. Allgemeines 108
1. Grundsätzliches 108
2. Welche Gestaltungen sind für den Geschmacksmusterschutz geeignet? 109
3. Welche Gestaltungen sind vom Geschmacksmusterschutz ausgeschlossen? 110

B. Formelle Schutzvoraussetzungen 111
I. Anmeldung................ 111
 1. Anmelder 111
 2. Zuständige Behörde 112
 3. Eintragungsantrag 112
  a) Der Eintragungsantrag **muß** enthalten......... 112
  b) Der Eintragungsantrag **soll** enthalten 113
  c) Der Eintragungsantrag **kann** enthalten 113
   aa) Beschreibung 113
   bb) Verzeichnis der Warenklassen 115
   cc) Beanspruchte Priorität 116
   dd) Antrag auf Aufschiebung der Bekanntmachung.......... 116
   ee) Antrag auf Bekanntmachung in Farbe .. 116
   ff) Erklärung zu § 7 Abs. 4–6 GeschmMG darüber, was als Darstellung behandelt werden soll 117
   gg) Erklärung darüber, welche von mehreren Abbildungen im Geschmacksmusterblatt bekannt gemacht werden soll 117
   hh) Erklärung über die gewünschte Schutzdauer 118

II. Erläuterungen zum Geschmacksmustergesetz

    ii) Erklärung über
        das Interesse an
        der Vergabe von
        Lizenzen 118
   d) Beispiel für einen
      Eintragungsantrag 119
   e) Vollmacht 120
4. Darstellung des Musters
   oder Modells 122
   a) Fotografische oder sonstige graphische Darstellung 122
   b) Darstellung durch ein flächenmäßiges Muster . 124
   c) Kombination der Darstellung von räumlicher Gestaltung und Gestaltung der Oberfläche ... 126
   d) Ausnahme: Darstellung durch das Modell selbst 126

II. Sammelanmeldung 127
1. Umfang und Gleichartigkeit 128
2. Grundmuster und Abwandlungen 128
3. Aufschieben der Bekanntmachung 129
4. Eintragungsantrag bei Sammelanmeldung 129
   a) Der Eintragungsantrag **muß** zusätzlich enthalten 129
   b) Der Eintragungsantrag **soll** zusätzlich enthalten 130
5. Beispiel für Eintragungsantrag bei Sammelanmeldung 130
6. Teilen einer Sammelanmeldung 131

A. Allgemeines

1. Grundsätzliches

Mit der Schöpfung des Musters oder Modells entsteht zunächst − anders als bei Werken der bildenden Künste, der Baukunst und der angewandten Kunst − ein Anwartschaftsrecht in der Person des Urhebers. Dieses Anwartschaftsrecht erstarkt durch den rechtsgestaltenden Akt der Anmeldung zur Eintragung in das Musterregister gem. § 7 Abs. 1 GeschmMG zum vollen Geschmacksmusterrecht − selbstverständlich unter der Voraussetzung, daß die materiellen Schutzvoraussetzungen Neuheit und Eigentümlichkeit (s. § 1 Abs. 2 GeschmMG) − gegeben sind. Im Hinblick auf die Bildbekanntmachung sind lediglich gesetz- und sittenwidrige Modelle vom Geschmacksmusterschutz ausgeschlossen.

Der Schutz wird gem. § 7 Abs. 1 GeschmMG erlangt durch

    Anmeldung

des Musters oder Modells zur Eintragung in das Musterregister. Die Anmeldung hat zu erfolgen beim

    Patentamt.

§ 7 Anmeldung

Dieser Vorgang der Anmeldung des Musters oder Modells bei der zuständigen Behörde hat rechtsvollendende Wirkung. Die Eintragung im Register selbst läßt kein Recht entstehen. Demgemäß ist auch nicht das Datum des Tages der Eintragung im Musterregister, sondern das Datum des Tages entscheidend, an dem die Anmeldung (bei Anmeldungen vor dem 1. Juli 1988 Anmeldung und Niederlegung) bei der Behörde eingegangen ist. Mit der Eintragung der eintragungspflichtigen Angaben des Anmelders im Musterregister (vgl. § 10 Abs. 2 GeschmMG sowie § 2 MusterRegV – Anhang Nr. 7) wird lediglich die Tatsache registriert, daß der Anmelder

> an einem bestimmten Tag
> zu einer bestimmten Stunde
> ein Muster oder Modell angemeldet
> und eine z. B. fotografische Darstellung des Musters eingereicht hat.

2. Welche Gestaltungen sind für den Geschmacksmusterschutz geeignet?

Der Schutzgegenstand des Geschmacksmusterrechts ist in der Rechtsprechung definiert worden wie folgt:

„Schutzgegenstand des Geschmacksmusterrechts sind Farb- und Formgestaltungen, die bestimmt und geeignet sind, das geschmackliche Empfinden des Betrachters, insbesondere seinen Formensinn anzusprechen, und die deshalb dem Geschmacksmusterschutz zugänglich sind, wenn sich in ihnen eine eigenpersönliche Leistung verkörpert, die über das Landläufige, Alltägliche, dem Durchschnittskönnen eines Mustergestalters Entprechende hinausgeht und nicht den Rang eines Kunstwerkes zu erreichen braucht (BGH in GRUR in 1958, 510 – ‚Schlafzimmermodell‘, st. Rspr.)".

Hieraus läßt sich der Grundsatz ableiten:

Alle zwei- und dreidimensionalen Farb- und Formgestaltungen, die als Vorlage für ein gewerbliches Serien-Erzeugnis dienen können, kommen für den Geschmacksmusterschutz in Betracht – vorausgesetzt, die materiellen Schutzvoraussetzungen, d. h. Neuheit und Eigentümlichkeit, (s. § 1 Abs. 2 GeschmMG) sind gegeben.

Einzelheiten s. § 1 GeschmMG Anm. 3 a–d.

Auch Gestaltungen, die deutlich eine hohe künstlerische Gestaltungshöhe aufweisen und sich als Vorlage zur gewerblichen Serienfertigung eignen, können als Muster oder Modelle angemeldet werden, denn der Urheberrechtsschutz schließt den Geschmacksmusterrechtsschutz nicht aus und umgekehrt (vgl. hierzu in der Einleitung Kapitel 17 „Geschmacksmuster und Urheberrecht"). Auch weiß man bei künstlerischen Gestaltungen mit Sicherheit erst dann, daß der Schutz des Urheberrechts an Werken der angewandten Kunst (§ 2 Abs. 1 Nr. 4 UrhG) anerkannt wird, wenn der Bundesgerichtshof dies bestätigt hat.

3. Welche Gestaltungen sind vom Geschmacksmusterschutz ausgeschlossen?

Die Einführung der Bildbekanntmachung angemeldeter Muster oder Modelle hat zu einer gewissen Einschränkung der schutzfähigen Gestaltungen geführt. Gesetz- und sittenwidrige Muster oder Modelle sind gem. § 7 Abs. 2 GeschmMG vom Schutz ausgeschlossen. Ähnliche Regelungen sind aus dem Patentgesetz (§ 2 Abs. 1 Nr. 1 PatG) und dem Markengesetz (§ 8 Abs. 2 Nr. 5 MarkenG) bekannt.

Für Geschmacksmuster war es bisher in der Literatur umstritten, ob sittenwidrige Muster oder Modelle als schutzfähig angesehen werden können. Kohler und — ihm folgend — Hubmann hatten die Schutzwidrigkeit eines sittenwidrigen Musters verneint. Diese Auffassung erschien nach früherem Musterrecht fraglich, denn das Geschmacksmusterrecht folgt urheberrechtlichen Grundsätzen, wonach die Sittenwidrigkeit eines Werkes seine Urheberrechtsfähigkeit nicht beeinflussen kann. Jedenfalls schied aber eine Prüfung auf Sittenwidrigkeit schon deshalb aus, weil bei einer Hinterlegung in versiegelter Form niemand feststellen konnte, ob das Muster sittenwidrig war oder nicht (vgl. LG Lübeck in GRUR 1974, 739 sowie Gerstenberg, Neue Rechtsprechung zum Geschmacksmusterrecht in GRUR 1981, 567/573).

Durch den Wegfall der versiegelten Hinterlegung und die obligatorische Bildbekanntmachung wird deutlich, daß ein Schutz gegen Nachbildung nicht gewährt werden kann, „wenn die Veröffentlichung des Musters oder Modells oder die Verbreitung einer Nachbildung gegen die öffentliche Ordnung oder die guten Sitten verstoßen würde" (§ 7 Abs. 2 Satz 1 GeschmMG). Ähnlich wie im Patentgesetz erfolgte die Einschränkung, daß ein solcher Verstoß nicht allein aus der Tatsache hergeleitet werden kann, daß die Verbreitung einer Nachbildung des Musters oder Modells durch Gesetz oder Verwaltungsvorschrift verboten ist.

Im übrigen ist die Spruchpraxis des Patentamts und des Bundespatentgerichts (§§ 10 und 10a GeschmMG) zu dieser Vorschrift abzuwarten.

B. Formelle Schutzvoraussetzungen

Wer für sein Muster oder Modell den Schutz als Geschmacksmuster erlangen will, **muß** dieses zur Eintragung in das Musterregister anmelden und zwar beim

Patentamt (§ 7 Abs. 1 GeschmMG).

Die Anmeldung selbst **muß** enthalten:

1. einen schriftlichen Eintragungsantrag

   und

2. eine fotografische oder sonstige graphische Darstellung des Musters oder Modells (vollständiger Wortlaut s. § 7 Abs. 3 GeschmMG).

Ein schriftlicher Eintragungsantrag **und** das Einreichen einer Darstellung des Musters oder Modells sind die unverzichtbaren formellen Voraussetzungen für das Entstehen des Geschmacksmusterschutzes.

I. Anmeldung

1. Anmelder

Berechtigt zur Anmeldung eines Musters oder Modells ist

    der Urheber

oder

    sein Rechtsnachfolger (§ 7 Abs. 1 GeschmMG)

und

    – bei angestellten Urhebern auch –
    der Unternehmer (§ 2 GeschmMG).

Die zur Anmeldung von Muster oder Modell Berechtigten können sich durch Bevollmächtigte (Rechtsanwälte, Patentanwälte), die mit dem Eintragungsantrag eine entsprechende Vollmacht vorzulegen haben, vertreten lassen. (Zur Vollmacht s. unten Anm. 3e)

Zur Übertragung des Geschmacksmusterrechts vor der Anmeldung s. § 3 GeschmMG Anm. 7.

Die Anmeldung durch einen Nichtberechtigten ist nichtig (s. LG Düsseldorf in GRUR 1966, 156 – „Bienenkorbspardose"). Ein dennoch eingetragenes Muster ist löschungsreif, (10c Abs. 2 Nr. 2 GeschmMG). Der Gesetzgeber hat für diesen Fall für den Berechtigten die Möglichkeit geschaffen, „bei erneuter Anmeldung desselben Musters oder Mo-

II. Erläuterungen zum Geschmacksmustergesetz

dells die Priorität der Anmeldung durch den Nichtberechtigten in Anspruch zu nehmen" (§ 10c Abs. 3 GeschmMG).

2. Zuständige Behörde

Die Anmeldung eines Musters oder Modells zur Eintragung in das Musterregister hat zu erfolgen

„beim Patentamt"
(§ 7 Abs. 1 GeschmMG).

Zuständig ist das

Deutsche Patentamt
Dienststelle Berlin
Gitschiner Str. 97–103
10969 Berlin

Daneben besteht jedoch die Möglichkeit, Geschmacksmusteranmeldungen auch beim

Deutschen Patentamt
Zweibrückenstraße 12
80331 München

einzureichen.

3. Eintragungsantrag

Die Anmeldung **muß** einen schriftlichen Eintragungsantrag in deutscher Sprache enthalten **und** eine fotografische oder sonstige graphische Darstellung des Musters oder Modells (s. unten Anm. 4).

Ein Eintragungsantrag in fernschriftlicher oder telegrafischer Form genügt nicht, da er die Darstellung des Musters oder Modells nicht enthalten kann. Auch per Telefax wird ein Eintragungsantrag nur ausnahmsweise ausreichend sein und zwar dann, wenn die gleichzeitig übermittelte graphische Darstellung des Musters oder Modells „diejenigen Merkmale deutlich und vollständig offenbart, für die der Schutz nach diesem Gesetz beansprucht wird" (vgl. § 7 Abs. 3 Nr. 2 GeschmMG sowie unter Anm. 4).

a) Der Eintragungsantrag **muß** enthalten:

(1) Die Erklärung, daß für das Muster oder Modell die Eintragung in das Musterregister beantragt wird;

(2) den Namen oder die Bezeichnung des Anmelders und sonstige Angaben (Anschrift), die die Identifizierung des Anmelders ermöglichen. Entgegen dem Wortlaut von § 3 Abs. 1 Ziff. 2 der MusterAnmV kann bei der Identifizierbarkeit des Anmelders eines Geschmacksmusters auf sämtliche in den Anmeldeunterlagen enthaltenen Angaben zurückgegriffen werden, falls diese eine sichere Feststellung der Identität erlauben; im Hinblick auf die konstitutive Wirkung der Geschmacksmusteranmeldung genügt die vage Möglichkeit einer Identifizierung allein durch Rückfrage beim Inlandsvertreter eines ausländischen Anmelders jedoch nicht den gesetzlichen Anforderungen (BPatG, Mitt. 1992, 186);

(3) die Unterschrift des Anmelders oder der Anmelder oder eines Vertreters.
(§ 3 Abs. 1 MusterAnmV − s. Anhang Nr. 1)

b) Der Eintragungsantrag **soll** enthalten:

Eine kurze und genaue Bezeichnung des Musters oder Modells.
(§ 3 Abs. 2 MusterAnmV − s. Anhang Nr. 1)

Marken, Phantasiebezeichnungen oder nicht verkehrsübliche Begriffe sind unzulässig. Im Falle einer Sammelanmeldung soll die Bezeichnung sämtliche in dieser Anmeldung enthaltene Muster oder Modele kurz und prägnant zusammenfassen (z.B. „4 Sätze von Tapetenmustern") (Merkblatt Ziffer III, 6 s. Anhang Nr. 2).

c) Der Eintragungsantrag **kann** enthalten:

aa) Beschreibung

Gem. § 7 Abs. 7 GeschmMG ist es dem Anmelder freigestellt, seiner Anmeldung „zur Erläuterung der Darstellung" eine Beschreibung beizufügen. Sie soll „aus nicht mehr als 100 Wörtern, im Falle einer Sammelanmeldung aus nicht mehr als 200 Wörtern bestehen" (§ 8 MusterAnmV). Auf Antrag des Anmelders wird die Beschreibung im Geschmacksmusterblatt veröffentlicht − z.B. die Beschreibung der Farben bei einer Schwarz-Weiß-Abbildung (s. § 8 Abs. 1 Nr. 3 MusterRegV − Anhang Nr. 7).

Durch die Beschreibung kann jedoch lediglich die bildliche Darstellung (s. unten Anm. 4ff) erläutert werden; die Beschreibung selbst hat keinerlei schutzbegründende Wirkung. „Die Vorschrift folgt damit dem bereits seit jeher geltenden Grundsatz des Geschmacksmusterrechts, daß sich die angemeldete Gestaltung in einem einzigen und ein-

II. Erläuterungen zum Geschmacksmustergesetz

maligen Muster oder Modell konkretisieren muß. Dieser Grundsatz dient der Rechtssicherheit, die nicht mehr bestehen würde, wenn bei mangelnder Übereinstimmung zweier Unterlagen — hier die Darstellung und der Beschreibung — nicht eindeutig festgelegt würde, welche Unterlagen den Vorrang für die Konkretisierung der schutzbegründenden Merkmale hat" (Begr. BT-Drucks. 10/5346 s. Anhang Nr. 9).

Der BGH hat zur Bedeutung einer Beschreibung verschiedentlich Stellung genommen wie folgt:

„Maßgebend für die Schutzfähigkeit eines Geschmacksmusters ist allein die ästhetische Wirkung, die aus dem niedergelegten Muster erkennbar ist, gleichgültig, ob ein Originalstück oder eine Abbildung niedergelegt ist. Angaben in einer der Musteranmeldung beigefügten Beschreibung können den Schutz nicht begründen" (s. BGH in GRUR 1962, 144 — „Buntstreifensatin").

Unter Bezug auf diese Entscheidung sagt der BGH ein Jahr später: „Zwar ist die für die Schutzfähigkeit eines Musters entscheidende geschmackliche Wirkung grundsätzlich dem niedergelegten Muster, nicht dagegen Angaben in einer beigefügten Beschreibung zu entnehmen (RG in GRUR 1938, 343; OLG Hamm in GRUR 1939, 65/66; BGH in GRUR 1962, 144 — Buntstreifensatin. Jedoch kann die Anmeldung das Geschmacksmusterrecht einengen oder begrenzen" (s. BGH in GRUR 1963, 328/329 — „Fahrradschutzbleche").

Wenn ein Modell, das in Form einer fotografischen Darstellung angemeldet worden ist, verschiedene ästhetische Wirkungen entstehen lassen kann (z.B. eine Leuchte in unbeleuchtetem und in beleuchtetem Zustand), dann stellt sich die Frage, ob für die Beurteilung des Schutzgegenstandes eine in der Anmeldung enthaltene Beschreibung herangezogen werden kann. Grundsätzlich gilt auch hier, „daß sich die für den ästhetischen Eindruck wesentlichen Gestaltungsmerkmale vielfach einer genauen Wiedergabe durch Worte entziehen (BGH in GRUR 1967, 375, 378 — Kronleuchter)".

Aus einer sprachlichen Beschreibung lassen sich ästhetische Gestaltungsmerkmale niemals eindeutig entnehmen. „Da die wörtliche Beschreibung einer bestimmten Gestaltung diese häufig nur annähernd wiederzugeben vermag, deckt sich die Vorstellung des Lesers, der diese Gestaltung nicht gesehen hat, nicht genau mit ihrem wirklichen Aussehen". Da sich der Schutz immer nur aus der Darstellung selbst ergeben kann, ist eine Erweiterung des Schutzgegenstandes durch eine beigefügte Beschreibung nicht möglich. Dagegen kann eine Beschränkung

§ 7 Anmeldung

des Schutzgegenstandes erfolgen, „wenn sich der Beschreibung in der Anmeldung eindeutig entnehmen läßt, daß das beanspruchte Geschmacksmusterrecht auf eine bestimmte geschmackliche Wirkung beschränkt sein soll (BGH in GRUR 1962, 146 „Buntstreifensatin"; 1963, 328, 329 zu Fahrradschutzbleche). Dabei wird aber regelmäßig auch in diesem Fall vorausgesetzt, daß die bestimmte geschmackliche Wirkung aus dem niedergelegten Muster oder dessen Abbildung erkennbar ist" (s. BGH in GRUR 1974, 737/738 − „Stehlampe").

Wenn also die geschmackliche Wirkung eines Modells − z. B. einer Leuchte − mit eingeschalteten Glühbirnen eine wesentlich andere ist als in unbeleuchtetem Zustand, so bleibt der Anmelderin nichts anderes übrig, als Fotos − möglichst Farbfotos − vorzulegen, die das Modell mit und ohne Beleuchtung zeigen.

Aus der BGH-Rechtsprechung ergibt sich der **Grundsatz**: Eine Beschreibung kann die Schutzfähigkeit eines Musters oder Modells nicht begründen, sie kann den Schutzbereich allenfalls einengen.

Was aus der Darstellung eines Musters oder Modells nicht ersichtlich ist, läßt sich auch durch die beste Beschreibung nicht hineininterpretieren. Der Anmelder sollte sich daher nicht den Kopf zerbrechen über die Formulierung einer Beschreibung, sondern lieber alle Mühe darauf verwenden, eine objektgetreue und konturenscharfe Abbildung (fotografische oder graphische Darstellung) anzufertigen oder anfertigen zu lassen, aus der die ästhetischen Gestaltungsmerkmale des Musters oder Modells deutlich und vollständig erkennbar werden. Gegebenenfalls sind auch mehrere Abbildungen desselben Musters erforderlich um die wesentlichen Merkmale deutlich und vollständig zu offenbaren.

bb) Verzeichnis der Warenklassen

Die Angabe der Warenklasse, in die das angemeldete Muster oder Modell einzuordnen ist, ist dem Anmelder gem. Absatz 8 freigestellt, im Vordruck für den Eintragungsantrag aber ausdrücklich vorgesehen. Die Bezeichnung der Warenklasse ergibt sich aus der Einteilung der Warenklassen gemäß der Anlage zu § 4 MusterRegV (s. Anhang Nr. 7). Wenn die Absicht oder auch nur die Möglichkeit besteht, das Muster oder Modell auch bei Erzeugnissen anderer Warenklassen zu verwenden, ist es empfehlenswert, ein Verzeichnis der Warenklassen beizufügen.

Beispiel: Ein Muster für Porzellan soll ebenfalls verwendet werden für Ziergegenstände, Tischdecken, Kleiderstoffe in Bahnen, T-Shirts, Grillhandschuhe, Pappbecher, Papierservietten und

II. Erläuterungen zum Geschmacksmustergesetz

Geschenkpapier. Hier wären außer der Warenklasse 07 und der entsprechenden Unterklasse noch die Klassen 02, 05, 09, 11, 19 und 20 zu nennen.

„Da die Klassifizierung nur Ordnungsfunktion haben soll, knüpft das Gesetz an fehlerhafte oder unvollständige Angaben für den Anmelder oder seinen Rechtsnachfolger keine unmittelbaren Rechtsfolgen. Mittelbar können sich jedoch für den Rechtsinhaber insofern Nachteile aus einer falschen Klassenangabe ergeben, als sie den Einwand von Verletzern begünstigt, das Muster oder Modell nicht gekannt zu haben" (Kelbel in GRUR 1987, 147).

Insgesamt soll mit der Angabe von Warenklassen die Recherchemöglichkeit verbessert werden. Macht der Anmelder fehlerhafte oder überhaupt keine Angaben zur Einordnung des Musters oder Modells in eine oder mehrere Warenklassen, so bestimmt das Patentamt gem. § 10 Abs. 2 GeschmMG, welche Warenklassen einzutragen sind.

cc) Beanspruchte Priorität

Ein Anmelder, der − entsprechend einem bestehenden Staatsvertrag − den Zeitrang einer eigenen früheren Anmeldung des gleichen Musters oder Modells im Ausland für seine Anmeldung in Anspruch nehmen will, kann innerhalb von sechs Monaten seit der Anmeldung im Ausland die Priorität dieser Erstanmeldung beanspruchen. Siehe hierzu § 7b GeschmMG. Das gleiche gilt für die sog. Ausstellungspriorität (s. hierzu unter § 7a GeschmMG).

dd) Antrag auf Aufschiebung der Bekanntmachung

Für die Anmeldung von modischen und erfahrungsgemäß meist kurzlebigen Mustern bietet der Antrag auf Aufschiebung der Bekanntmachung gem. § 8b Abs. 1 GeschmMG die Möglichkeit zu erheblichen Einsparungen bei einer Schutzdauer von immerhin 18 Monaten. Die Anmeldegebühr ist geringer und die Kosten für die Bildbekanntmachung entfallen dann überhaupt oder werden erst später oder nur für einzelne „Renner" einer großen Kollektion fällig, für die gem. § 8b Abs. 2 GeschmMG die weitere Gebühr für die Erstreckung des Schutzes auf die normale Schutzperiode von fünf Jahren gezahlt wird (vgl. § 8a Abs. 2 und 3 GeschmMG).

ee) Antrag auf Bekanntmachung in Farbe

Die Bilddarstellung des angemeldeten Musters oder Modells wird durch eine einmalige Veröffentlichung im Geschmacksmusterblatt bekannt gemacht. Aus Kostengründen erfolgt die Abbildung grundsätzlich in schwarz-weiß. Wenn es um eine besondere Farbgestaltung des Musters geht und der Anmelder die höheren Kosten für eine farbige Veröffentlichung nicht scheut, kann er den Antrag stellen, die Darstellung des Musters oder Modells in Farbe zu veröffentlichen.

„Nach den ausländischen und internationalen Erfahrungen wird von der Farbabbildung bei Sammelanmeldungen nur äußerst selten Gebrauch gemacht. In den meisten Fällen reicht eine Beschreibung der Farben in der Veröffentlichung aus, um dem Betrachter den allgemeinen Eindruck von dem Muster oder Modell zu vermitteln, den er für seine Entscheidung benötigt, ob er Einsicht in die der Anmeldung beigefügte − farbige − Darstellung nehmen will" (Kelbel in GRUR 1987, 146).

ff) Erklärung zu § 7 Abs. 4−6 GeschmMG darüber, was als Darstellung behandelt werden soll

Die gestalterischen Merkmale des angemeldeten Musters oder Modells müssen grundsätzlich durch eine fotografische oder sonstige graphische Darstellung offenbart werden (§ 7 Abs. 3 Nr. 2 GeschmMG). Wenn es besonders auf die Oberflächengestaltung eines flächenmäßigen Musters oder einer räumlichen Gestaltung ankommt, so kann statt einer fotografischen oder sonstigen Darstellung ein flächenmäßiges Muster des Erzeugnisses selbst oder eines Teils davon eingereicht werden (§ 7 Abs. 4 und 5 GeschmMG).

In besonderen Ausnahmefällen und gegen eine zusätzliche Gebühr kann das Patentamt anstelle der fotografischen oder sonstigen graphischen Darstellung das Modell selbst als Darstellung gem. § 7 Abs. 3 Nr. 2 GeschmMG zulassen. (Siehe hierzu § 7 Abs. 6 GeschmMG und unten Anm. 4d).

gg) Erklärung darüber, welche von mehreren Abbildungen im Geschmacksmusterblatt bekannt gemacht werden soll

Die fotografische oder sonstige graphische Darstellung eines Musters oder Modells kann aus mehreren Abbildungen bestehen, die − insbesondere bei räumlichen Gestaltungen − das Modell von verschiedenen Seiten zeigen (vgl. hierzu unten Anm. 4a). Der Anmelder kann jedoch erklären, welche der eingereichten Abbildungen für die Bekanntmachung im Geschmacksmusterblatt verwendet werden soll. Das Patentamt wird die Erklärung des Anmelders zu beachten haben, wenn die vorgeschlagene Abbildung die gestalterischen Merkmale des angemeldeten Musters oder Modells wiedergibt. Nur wenn Erkennbarkeit und Unterscheidbarkeit von Merkmalen offensichtlich nicht gegeben sind kann das Patentamt die Auswahl des Anmelders rügen (vgl. BPatG Bl.f.PMZ 1989, 357 – „Pflasterstein").

Die vom Anmelder für die Bekanntmachung bestimmte Abbildung muß in besonderer Form eingereicht werden: „Besteht die Darstellung aus mehreren graphischen oder fotografischen Wiedergaben des Musters oder Modells, so muß die vom Anmelder für die Veröffentlichung im Geschmacksmusterblatt bestimmte Abbildung einseitig auf gesondertem Blatt oder gesondertem Lichtbild vorgelegt werden. Das Blatt muß aus weißem Papier oder weißer Folie bestehen. Es darf nicht dicker als 1 mm sein und das Format DIN A4 nicht überschreiten. Es muß eine quadratische oder rechteckige Form haben und darf nicht gefaltet sein." (§ 5 Abs. 3 MusterAnmV).

hh) Erklärung über die gewünschte Schutzdauer

Die erste Schutzperiode dauert fünf Jahre (s. § 4 Abs. 1 GeschmMG). Der Anmelder ist jedoch nicht gehindert, durch Einzahlung entsprechender Gebühren von vornherein die höchste Schutzdauer von zwanzig Jahren für sein Muster oder Modell zu beanspruchen (s. § 9 Anm. A 1). Die Kosten für die Bekanntmachung des Musters oder Modells bei der Verlängerung der Schutzdauer nach fünf, zehn und fünfzehn Jahren können auf diese Weise eingespart werden.

ii) Erklärung über das Interesse an der Vergabe von Lizenzen

Gewissermaßen als kostenlosen Service für den Anmelder von Mustern oder Modellen hat das Patentamt in § 2 Abs. 1 Nr. 17 der Musterregisterverordnung die Möglichkeit vorgesehen, eine unverbindliche Erklärung des Anmelders einzutragen über sein Interesse an der Vergabe von Lizenzen. Eine solche Erklärung dient der Information und ist zweifellos geeignet, die wirtschaftliche Verwertung geschützter Muster oder Modelle im Wege der Lizenzvergabe zu erleichtern. Die Erklärung selbst ist unverbindlich und verpflichtet den Anmelder nicht, Lizenzen zu vergeben.

„Die Erklärung wird im Fall der Eintragung des Geschmacksmusters im Musterregister vermerkt und im Geschmacksmusterblatt veröffentlicht. Sie kann gegenüber dem Patentamt und Dritten jederzeit widerrufen werden" (s. Merkblatt f. Geschmacksmusteranmelder, Anhang Nr. 2)

§ 7 Anmeldung

d) Beispiel für einen Eintragungsantrag

Nach dem Merkblatt für Geschmacksmusteranmelder (s. Anhang Nr. 2) soll der vom Patentamt vorgesehene Antragsvordruck, der als Dreifach-Satz im Fachhandel erhältlich ist, verwendet werden. Dies ist sicher zweckmäßig, scheitert aber in vielen Orten daran, daß der Vordruck nicht vorrätig und nur schwer und zeitraubend zu beschaffen ist. Für solche Fälle kann das Beispiel für den Anmelder vielleicht eine kleine Hilfe sein.

An das	oder	An das
Deutsche Patentamt		Deutsche Patentamt
Dienststelle Berlin		Musterregister
Gitschiner Str. 97–103		Zweibrückenstr. 12
10969 Berlin		80331 München

Antrag
auf Eintragung in das Musterregister

In Sachen
Firma XY
in Z

lege ich meine Vollmacht für die Anmelderin vor und

beantrage

das nachfolgend bezeichnete Muster/Modell für die Anmelderin im Musterregister für Geschmacksmuster einzutragen:

Bezeichnung	Fabrik-Nummer	
Warenklasse		
Elektrische Haushalts Kaffeemaschine	101/1988	31

Gleichzeitig lege ich folgende

Darstellung

des Modells vor:

1. Drei Fotos des Modells (Ansicht der vorderen Bedienungsseite), aufgeklebt auf weißem Papier (DIN A5 oder 4) und bezeichnet mit Ziffer 1.

2. Je ein Foto des Modells von hinten und den beiden Seitenansichten, sowie von oben (bezeichnet mit Ziffer 2-5).

3. (Gegebenenfalls) ein flächenmäßiges Muster für die Oberflächengestaltung des Wasserbehälters.

Der Schutz wird sowohl für die räumliche Gestaltung des Modells als auch für die Gestaltung der Oberfläche des Wasserbehälters in Anspruch genommen.

Die Anmeldegebühr füge ich in Kostenmarken (oder als Verrechnungsscheck) bei.

Für das Modell wird folgende Priorität in Anspruch genommen: Anmeldung am .... in Frankreich unter dem Aktenzeichen ....

Eine beglaubigte Abschrift der früheren Anmeldung (bzw. der Messebestätigung) füge ich bei. Ferner erkläre ich namens der Anmelderin:

1. Als Darstellung der räumlichen Gestaltung des Modells bitte ich das Foto Nr. 1 bekannt zu machen.

2. Die Anmelderin ist unverbindlich an der Vergabe von Lizenzen interessiert.

3. Alle Sendungen des Deutschen Patentamts bitte ich an meine obige Adresse zu richten.

Unterschrift (!)

Rechtsanwalt

Anlagen: 1 Vollmacht, 7 Fotos, 1 Muster der Oberflächengestaltung, 1 Abschrift der Voranmeldung

e) Vollmacht

Hat ein Anmelder für die Durchführung der Anmeldung und die Vertretung im Eintragungsverfahren einen Patentanwalt oder Rechtsanwalt beauftragt, so hat der Bevollmächtigte dem Patentamt eine schriftliche Vollmacht einzureichen. In mehreren Eintragungsverfahren ist jeweils eine gesonderte Einzelvollmacht vorzulegen.

Für Vertreter, die ständig für den gleichen Auftraggeber in Geschmacksmusterangelegenheiten tätig sind, kann zur Erleichterung des Vertretungsnachweises eine „Allgemeine Vollmacht" beim Patentamt eingereicht werden. Mit dieser „Allgemeinen Vollmacht" kann der Beauftragte zum Vertreter bestellt werden

entweder — ganz allgemein —

in allen Angelegenheiten, die zum Geschäftskreis des Deutschen Patentamts gehören,

oder — speziell in Geschmacksmusterangelegenheiten —

in allen Geschmacksmusterangelegenheiten, die zum Geschäftskreis des Deutschen Patentamts gehören,

und gleichzeitig — für ausländische Anmelder im Hinblick auf § 16 GeschmMG —

in sämtlichen Geschmacksmusterangelegenheiten gem. § 16 GeschmMG.

Der Text für eine „Allgemeine Vollmacht", der verbindlich ist, wurde vom Präsidenten des Deutschen Patentamts in seiner Mitteilung Nr. 9/94 vom 4. August 1994 bekannt gemacht (Anhang Nr. 5).

Eine notarielle Beglaubigung der „Allgemeinen Vollmacht" bzw. der Zeichnungsberechtigung des Vollmachtgebers ist seit dem 1. Oktober 1986 nicht mehr erforderlich. Die Vorlage des Vollmachtsoriginals genügt. Ist der Vollmachtgeber keine unter ihrem bürgerlichen Namen handelnde Einzelperson, sondern z.B. Geschäftsführer oder alleinzeichnungsberechtigter Prokurist einer GmbH oder Vorstand einer Aktiengesellschaft, so muß die Zeichnungsberechtigung des Unterzeichners durch die Angabe seiner Stellung in der Firma, die die Vollmacht erteilt, schlüssig dargetan werden — z.B. durch Vorlage eines unbeglaubigten Handelsregisterauszuges.

Bei Zweifeln an der Zeichnungsberechtigung behält sich das Deutsche Patentamt vor, den Nachweis der Zeichnungsberechtigung in notariell beglaubigter Form zu fordern. Bei ausländischen Firmen ist in Zweifelsfällen die Vertretungsbefugnis des Vollmachtgebers in urkundlicher Form nachzuweisen einschließlich der Legalisation bzw. der Echtheitsbescheinigung, der sog. Apostille. (Einzelheiten s. Mitteilung Nr. 9/94 des Präsidenten des Deutschen Patentamts vom 4. August 1994 (Anhang Nr. 5).

Die „Allgemeine Vollmacht" wird vom Patentamt unter Vergabe einer Nummer registriert. Der Bevollmächtigte kann sich bei neuen Anträgen oder Eingaben jeweils auf die Registriernummer der hinterlegten „Allgemeinen Vollmacht" beziehen.

II. Erläuterungen zum Geschmacksmustergesetz

4. Darstellung des Musters oder Modells

Zusammen mit dem Eintragungsantrag **muß** eine Darstellung des Musters oder Modells eingereicht werden, die als Vorlage für die Bildbekanntmachung im Geschmacksmusterblatt dienen kann. Das Fehlen einer Darstellung macht die Anmeldung unwirksam. Wird die Darstellung nachgereicht, kann erst der Tag des Eingangs der Darstellung als rechtswirksamer Anmeldetag anerkannt werden.

Im Hinblick auf die Bildbekanntmachung ist grundsätzlich eine fotografische oder sonstige graphische Darstellung des Musters oder Modells einzureichen. Die Darstellung kann jedoch aus einer Mehrzahl von Fotos oder graphischen Zeichnungen bestehen und − in Ausnahmefällen (gem. § 7 Abs. 4−6 GeschmMG) − auch aus einem flächenmäßigen Muster oder einem dreidimensionalen Modell. „Der im Singular verwendete Begriff ‚Darstellung' soll klarstellen, daß das Muster oder Modell mit allen seinen wesentlichen Merkmalen in einer einzigen, einheitlichen und nicht aufteilbaren Urkunde für jedermann erkennbar gemacht werden muß" (Begr. Anhang Nr. 9).

Nur die Gestaltungsmerkmale, die aus der Darstellung hervorgehen, haben schutzbegründende Wirkung. Es liegt daher im Interesse des Anmelders, nur solche Fotos oder Zeichnungen als Darstellung vorzulegen, die das Muster oder Modell deutlich und konturenscharf wiedergeben.

a) Fotografische oder sonstige graphische Darstellung

Gem. § 7 Abs. 3 GeschmMG muß grundsätzlich zusammen mit dem Eintragungsantrag eine fotografische oder sonstige graphische Darstellung des Musters oder Modells eingereicht werden. Damit ist die Abbildung an die Stelle der „Niederlegung" eines Exemplars des Musters oder Modells selbst und der nur alternativ zulässigen Niederlegung einer Abbildung getreten.

Die Darstellung muß diejenigen Gestaltungsmerkmale des Musters oder Modells, für die der Schutz beansprucht wird, „deutlich und vollständig" offenbaren. Der Anmelder sollte daher die Anforderungen genau beachten, die sich aus § 5 MusterAnmV (s. Anhang Nr. 1) ergeben wie folgt:

§ 5
Darstellung; Abbildung

(1) Die Darstellung (§ 7 Abs. 3 Nr. 2 Geschmacksmustergesetz) soll das zum Schutz angemeldete Muster oder Modell ohne Beiwerk zei-

gen. Es soll vor einem einheitlichen neutralen Hintergrund abgebildet sein. Die Darstellung muß diejenigen Merkmale deutlich und vollständig offenbaren, für die der Schutz nach dem Geschmacksmustergesetz beansprucht wird.

(2) Die Darstellung muß den gezeigten Gegenstand dauerhaft wiedergeben und für den Foto-Offset-Druck, die Mikroverfilmung einschließlich der Herstellung konturenscharfer Rückvergrößerungen und die elektronische Bildspeicherung und -wiedergabe geeignet sein. Diapositive und Negative sind nicht zulässig.

(3) Die Darstellung ist in drei übereinstimmenden Stücken einzureichen. Sie kann auch aus mehreren graphischen oder fotografischen Wiedergaben bestehen, die jeweils nicht kleiner als 4x4 cm sein dürfen. Die vom Anmelder für die Veröffentlichung im Geschmacksmusterblatt bestimmte Abbildung muß einseitig auf gesondertem Blatt oder gesondertem Lichtbild vorgelegt werden. Das Blatt muß aus weißem Papier oder weißer Folie bestehen. Es darf nicht dicker als 1 mm sein und das Format DIN A 4 nicht überschreiten. Es muß eine quadratische oder rechteckige Form haben und darf nicht gefaltet sein.

(4) Die graphische Darstellung des Musters oder Modells muß in gleichmäßig schwarzen, nicht verwischbaren und scharf begrenzten Linien ausgeführt sein. Sie kann Schraffuren und Schattierungen zur Wiedergabe plastischer Einzelheiten enthalten. Schriftliche Erläuterungen oder Maßangaben auf oder unmittelbar neben der Wiedergabe des Gegenstandes sollen unterbleiben; die Einhaltung der in § 7 Abs. 3 Nr. 2 des Geschmacksmustergesetzes festgelegten Anforderungen ist in jedem Falle sicherzustellen.

(5) Auf den Text, der mit den typographischen Schriftzeichen hergestellt wird (Artikel 2 Abs. 1 Nr. 5 Satz 2 Schriftzeichengesetz), sind die vorstehenden Vorschriften entsprechend anzuwenden.

Vgl. hierzu auch die Hinweise im Merkblatt für Geschmacksmusteranmelder (Anhang Nr. 2).

Der im Jahre 1988 verkündeten Fassung von § 5 der MusterAnmV war zu entnehmen, daß die Vorschrift über das Fehlen von Beiwerk bzw. die Darstellung vor einem einheitlich neutralen Hintergrund zwingend vorgeschriebene Anmeldeerfordernisse im Sinne von § 10 III GeschmMG sind. In mehreren Entscheidungen hat das BPatG hierzu Stellung bezogen und sich richtigerweise auf den Standpunkt gestellt, daß die MusterAnmV aufgrund ihrer Entstehungsgeschichte nicht das Ziel verfolgt, neue Mindesterfordernisse vorzuschreiben und zusätz-

II. Erläuterungen zum Geschmacksmustergesetz

liche Voraussetzungen für die Rechtswirksamkeit von Geschmacksmusteranmeldungen aufzustellen. Hinsichtlich der sich aus § 7 III 2 GeschmMG ergebenden Anforderungen, wonach die fotografische oder sonstige grafische Darstellung die Merkmale deutlich und vollständig offenbaren soll, hat das Patentamt lediglich eine formelle Prüfung anzustellen, die nur dann zu einer Beanstandung führen kann, wenn offensichtlich Offenbarungsmängel gegeben sind. Beiwerksfreiheit und die Darstellung des Musters vor einem einheitlich neutralen Hintergrund sind keine zwingend vorgeschriebenen Erfordernisse im Sinne von § 10 III 1 GeschmMG (BPatG, GRUR 1989, 750 – „Fahrerhaus"; GRUR 1989, 751 – „Kugelspiel"; Bl.f.PMZ 1989, 357 – „Pflasterstein").

In einer weiteren Entscheidung des BPatG (Mitt 1990, 155 – „Prioritätsverschiebung") werden neben Positiv-Papierabzügen auch andere Lichtbilder (wie Polaroid-Aufnahmen), die sich als dauerhaft erweisen, als zulässig und damit prioritätsbegründend angesehen.

Die MusterAnmV wurde daraufhin vom Gesetzgeber geändert.

Als ausdrücklich für den Foto-Offset-Druck, die Mikroverfilmung einschließlich der Herstellung konturenscharfer Rückvergrößerungen und für die elektronische Bildspeicherung und -wiedergabe ungeeignet werden die Diapositive und -negative in § 5 II MusterAnmV ausdrücklich erwähnt. Erfahrungsgemäß ungeeignet sind ferner

> gerasterte oder durch elektrostatische Verfahren hergestellte Druckwerke, soweit es sich nicht ausschließlich um Strichgraphiken handelt.
>
> Vorlagen, die im vorgelegten Exemplar Retuschen enthalten, die mit Tinte oder Korrekturflüssigkeit ausgeführt worden sind, und
>
> Vorlagen, die durch Fernkopiereinrichtungen hergestellt worden sind.

b) Darstellung durch ein flächenmäßiges Muster

Die Vertreter der Textil-, Tapeten- und Papierindustrie hatten übereinstimmend darauf hingewiesen, „daß der Aufwand zur Herstellung von Darstellungen in manchen Bereichen im Zeitpunkt der Anmeldung unvertretbar groß würde und daß es oft schwierig ist, besondere Effekte, insbesondere Farbeffekte, einer Oberflächengestaltung durch ein Foto oder eine Zeichnung mit der für den Musterschutz erforderlichen Genauigkeit wiederzugeben" (Begr. s. Anhang Nr. 9).

In der Tat ist es wesentlich einfacher und kostengünstiger, von einer Tapetenrolle oder einem Stoffballen ein kleines Muster abzuschneiden und im Original einzureichen, als von diesem Musterstück, bei dem es nur um die Gestaltung der Oberfläche geht, drei Farbfotos anzufertigen. Dies gilt insbesondere dann, wenn es sich um modische, rasch wechselnde Dessins handelt. In solchen Fällen wird der Anmelder gem. § 8b GeschmMG den Antrag stellen, die Bekanntmachung einer Abbildung der Darstellung des Musters aufzuschieben, weil er in aller Regel an einer längeren Schutzdauer als 18 Monate nicht interessiert ist. Die Vorlage einer fotografischen Darstellung kann also bei kurzlebigen Mustern unterbleiben.

Die Bekanntmachung umfaßt dann lediglich die Eintragung der Anmeldung im Musterregister ohne eine Abbildung (§ 8b Abs. 1 Satz 2 GeschmMG).

Die Bekanntmachung einer Abbildung der Darstellung muß gegebenenfalls nachgeholt werden, wenn der Anmelder für einzelne „Renner" seiner Kollektion die Erstreckung des Schutzes auf die normale Schutzdauer von zunächst 5 Jahren beantragt hat (vgl. hierzu § 8b Abs. 2 und 3 sowie § 9 Abs. 1 GeschmMG). In diesem Fall wird die Herstellung der Abbildung der Darstellung durch das Patentamt veranlaßt.

Erzeugnisse, bei denen es ausschließlich auf die Gestaltung der Oberfläche ankommt, können durch ein flächenmäßiges Muster dargestellt werden. Hierfür eignen sich z.B. Ausschnitte aus Stoffbahnen und Tapetenrollen, Teilausschnitte von Strickwaren und Teppichen, Lederstücke, flache Keramik-, Kunststoff- und Blechplatten wie z.B. Kacheln, flache Untersetzer, Email-Bleche usw. Alle diese Erzeugnisse können durch ein flächenmäßiges Muster oder eines Teils davon dargestellt werden. Das einzureichende flächenmäßige Muster muß gem. § 6 Abs. 1 MusterAnmV (Anhang Nr. 1) folgende Voraussetzungen erfüllen:

(1) Für jedes Muster darf nur eine Darstellung des Erzeugnisses durch ein flächenmäßiges Muster eingereicht werden.

(2) Das Muster darf nicht größer als $50 \times 100 \times 2{,}5$ cm oder $75 \times 100 \times 1{,}5$ cm sein. Es muß auf das Format DIN A4 zusammenlegbar sein.

(3) Das flächenmäßige Muster oder sämtliche in einer Sammelanmeldung zusammengefaßten flächenmäßigen Muster dürfen einschließlich Verpackung nicht schwerer als 10 kg sein.

„Auf die Kombination von Oberflächengestaltungen, die nur als Einheit unter Schutz gestellt werden sollen, ist Absatz 1 entsprechend anzuwenden" (§ 6 Abs. 2 MusterAnmV).

Erfüllt das eingereichte flächenmäßige Muster diese Voraussetzungen nicht, „so teilt das Patentamt dem Anmelder die Mängel mit und fordert ihn auf, diese innerhalb einer Frist von zwei Monaten nach Zustellung der Nachricht zu beheben" (s. hierzu § 10 Abs. 3 GeschmMG).

„Kann das Muster leicht beschädigt werden, so soll es unter Hinweis hierauf in fester Verpackung eingereicht werden" (Merkblatt s. Anhang Nr. 2).

c) Kombination der Darstellung von räumlicher Gestaltung und Gestaltung der Oberfläche

Wenn neben der Raumform eines dreidimensionalen Modells auch die Oberflächengestaltung geschützt werden soll, kann die Raumform durch ein Foto (oder mehrere Fotos) und die Oberflächengestaltung durch ein flächenmäßiges Muster des Erzeugnisses selbst dargestellt werden (§ 7 Abs. 5 GeschmMG). Die Darstellung des flächenmäßigen Musters hat in der gleichen Form zu erfolgen, wie sie oben unter Anm. b beschrieben worden ist. (Vgl. auch das Beispiel für einen Eintragungsantrag Anm. I, 3d).

d) Ausnahme: Darstellung durch das Modell selbst

Die Vorschrift, Muster oder Modelle in Bildform (fotografisch oder graphisch) darzustellen, hat ihren Grund nicht nur in der Bildbekanntmachung und der hierfür erforderlichen Vorlage. Die Zentralisierung des Musterregisters beim Deutschen Patentamt würde für die zusätzliche Aufbewahrung von Tausenden von Modellen ein kaum lösbares Raumproblem und nicht unerhebliche Verwaltungskosten entstehen lassen. Für die meisten Muster oder Modelle ist eine bildliche Darstellung oder die Darstellung durch ein flächenmäßiges Muster des Erzeugnisses selbst und − falls erforderlich − die Kombination der fotografischen oder sonstigen graphischen Darstellung mit einem flächenmäßigen Muster des Erzeugnisses selbst eine mögliche und ausreichende Form der Darstellung.

§ 7 Anmeldung

Der Gesetzgeber hat jedoch „für theoretisch denkbare seltene Ausnahmefälle, in denen eine bildliche oder mit einem flächenmäßigen Erzeugnis kombinierte Darstellung die Schutzmerkmale nicht hinreichend deutlich und vollständig offenbaren kann, dem Patentamt gestattet, nach seinem Ermessen die Darstellung durch das Modell selbst zuzulassen" (Kelbel in GRUR 1987, 144). Ob ein solcher Ausnahmefall vorliegt, entscheidet das Patentamt nach freiem Ermessen. Im Hinblick auf den Grundsatz der fotografischen oder sonstigen graphischen Darstellung von Mustern oder Modellen ist mit einer restriktiven Praxis des Patentamts bei derartigen Ausnahmeanträgen zu rechnen. Die Rechtsprechung hierzu im Rahmen des patentamtlichen Beschwerdeverfahrens (§ 10a GeschmMG) bleibt abzuwarten.

Wenn der Antragsteller von der Möglichkeit Gebrauch machen will, die § 7 Abs. 6 GeschmMG für Ausnahmefälle (!) bietet, muß er den schriftlichen Antrag stellen, anstelle der fotografischen oder sonstigen graphischen Darstellung das Modell selbst als Darstellung nach Absatz 3 Nr. 2 zuzulassen. Ferner ist es erforderlich, daß

1. das Modell in einem Exemplar mit der Anmeldung eingereicht wird,
2. zugleich eine Darstellung des Modells nach § 5 eingereicht wird,
3. das Modell nicht größer als 50 × 40 × 40 cm ist,
4. das Modell einschließlich Verpackung nicht schwerer als 10 kg ist.

(MusterAnmV, § 7 Abs. 1 − Anhang Nr. 1)

Läßt das Patentamt die Darstellung durch das Modell zu, so ist in der von ihm gesetzten Frist eine zusätzliche Gebühr (DM 400,00) zu entrichten (§ 7 Abs. 6 Satz 2 GeschmMG). Die für die Veröffentlichung erforderliche Abbildung des Erzeugnisses selbst wird durch das Patentamt veranlaßt (§ 8 Abs. 2 Satz 2 GeschmMG).

II. Sammelanmeldung

Der gelegentlich mißverstandene Ausdruck der „Pakethinterlegung" für die gleichzeitige Anmeldung und Niederlegung von mehreren Mustern oder Modellen ist durch den besser verständlichen Begriff „Sammelanmeldung" ersetzt worden. Mehrere Muster oder Modelle, die der gleichen Warenklasse angehören, können in einer Sammelanmeldung zusammengefaßt werden. Der Vorteil für den Anmelder liegt dabei nicht nur in der rationelleren Form der Anmeldung, sondern auch in den für die Muster oder Modelle einer Sammelanmeldung geltenden niedrigeren Gebühren (vgl. hierzu bei § 8c GeschmMG). Der Anmel-

II. Erläuterungen zum Geschmacksmustergesetz

der, der mehrere Muster in einer Sammelanmeldung anmeldet, erhält also gewissermaßen einen Mengenrabatt.

1. Umfang und Gleichartigkeit

Die Zahl der in einer Sammelanmeldung zusammengefaßten Muster oder Modelle ist auf 50 Stück begrenzt (§ 7 Abs. 8 Satz 2 GeschmMG). Ein Anmelder kann jedoch beliebig viele Sammelanmeldungen gleichzeitig einreichen.

Im Interesse einer besseren Übersicht − auch bei Recherchen − müssen alle Muster oder Modelle einer Sammelanmeldung derselben Warenklasse angehören (§ 7 Abs. 9 Satz 2 GeschmMG). Dies entspricht auch der Vorschrift in Art. 5 Abs. 4 des Haager Musterabkommens von 1960 und erleichtert somit eine spätere internationale Registrierung bei OMPI in Genf.

2. Grundmuster und Abwandlungen

In vielen Branchen ist es üblich, zu einem neuen Muster oder Modell von vornherein eine Reihe von Varianten zu entwickeln − z. B. bei einem Gardinenstoff mit einem neuen Dessin wird dieses Dessin in verschiedenen Farben, also in Abwandlungen hergestellt. Über die Neuheit und Eigentümlichkeit der Farbvarianten im Verhältnis zum Grundmuster kann man streiten. Diese Zweifelsfragen entfallen, wenn der Anmelder im Eintragungsantrag zu einer Sammelanmeldung gem. § 8a Abs. 1 GeschmMG erklärt, daß ein von ihm bezeichnetes Muster oder Modell als Grundmuster und die folgenden Muster oder Modelle als dessen Abwandlungen behandelt werden sollen (vgl. hierzu die Anmerkung 2 zu § 8a GeschmMG).

Wird diese Erklärung abgegeben, so veröffentlicht das Patentamt nur die Abbildung des Grundmusters und weist in der Bekanntmachung auf die Erklärung des Anmelders hin. Der Anmelder kann also mit dieser Erklärung zugleich die Kosten für die Bekanntmachung der Abwandlungen sparen, wenn er nicht gleich − wie dies bei modischen Mustern zweckmäßig ist − gem. § 8b Abs. 1 GeschmMG den Antrag stellt, die Bekanntmachung von Abbildungen der Muster oder Modelle um 18 Monate aufzuschieben (s. hierzu unten unter Anm. 3 sowie bei § 8b GeschmMG).

§ 7 Anmeldung

3. Aufschieben der Bekanntmachung

Wenn es sich bei den anzumeldenden Mustern um hochmodische Dessins handelt, die erfahrungsgemäß nur über eine oder zwei Saisons aktuell sind, kann der Anmelder die gesamten Kosten für die Bildveröffentlichung der Darstellungen sparen, wenn er gem. § 8b Abs. 1 GeschmMG den Antrag stellt, die Bekanntmachung von Abbildungen der Muster oder Modelle um 18 Monate aufzuschieben, und wenn er anschließend auf eine Erstreckung des Schutzes verzichtet.

Einen ähnlichen Spareffekt kann der Anmelder erzielen, der eine größere Anzahl von Mustern oder Modellen zuerst einmal auf ihre Marktgängigkeit hin testen will. Der Antrag, die Bekanntmachung zunächst aufzuschieben, gibt ihm die Möglichkeit, nur für die wirklichen „Renner" seiner neuen Kollektion die Erstreckung des Schutzes zu beantragen und nur für dieses Muster oder Modell die vollen Gebühren und die Kosten für die Veröffentlichung der Abbildung der Darstellung im Geschmacksmusterblatt aufzuwenden. Die weiteren Gebühren und Kosten für die Bildbekanntmachung der „Nieten" entfallen (siehe hierzu unten Anm. 1 zu § 8b GeschmMG). Bei einer Sammelanmeldung erstreckt sich der Antrag, die Bekanntmachung der Abbildungen aufzuschieben, auf alle in der Sammelanmeldung zusammengefaßten Muster oder Modelle (§ 4 Abs. 3 MusterAnmV).

4. Eintragungsantrag bei Sammelanmeldung

Bei der Anmeldung von mehreren Mustern oder Modellen, die in einer Sammelanmeldung zusammengefaßt werden, sind eine Reihe von zusätzlichen Vorschriften zu beachten.

a) Der Eintragungsantrag **muß** zusätzlich enthalten:

1. Die Erklärung, daß für mehrere Muster oder Modelle die Eintragung in das Musterregister beantragt wird;
2. eine fortlaufende Numerierung der in der Anmeldung zusammengefaßten Muster oder Modelle oder deren Fabrik- oder Geschäftsnummer;
3. Angaben, die eine Zuordnung der eingereichten Darstellungen zu den angemeldeten Mustern oder Modellen sicherstellen;
4. soweit Muster oder Modelle als Grundmuster oder als deren Abwandlung behandelt werden sollen (§ 8a Abs. 1 GeschmMG), die genaue Bezeichnung unter Verwendung der Angaben nach Nummer 2.

(§ 4 Abs. 1 MusterAnmV)

II. Erläuterungen zum Geschmacksmustergesetz

Ferner ist zu beachten, daß sämtliche in einer Sammelanmeldung zusammengefaßten flächenmäßigen Muster einschließlich ihrer Verpackung nicht schwerer als 10 kg sein dürfen (§ 6 Abs. 1 Nr. 3 MusterAnmV).

b) Der Eintragungsantrag **soll** zusätzlich enthalten:

1. Die Zahl der in der Anmeldung zusammengefaßten Muster oder Modelle;
2. eine kurze und genaue, sämtliche Muster oder Modelle erfassende Bezeichnung.

Auch hier stellt sich wieder die Frage, ob sich aus § 4 MusterAnmV zwingende Erfordernisse ergeben, bei deren Verstoß es über § 10 Abs. 3 GeschmMG zu einer Prioritätsverschiebung kommen kann. Entscheidungen hierzu liegen bis heute nicht vor. Allerdings hat das BPatG zur Sammelanmeldung entschieden, daß die Einhaltung der gesetzlich zulässigen Anzahl von 50 Mustern nicht zu den „zwingenden" Erfordernissen des § 10 Abs. 3 GeschmMG gehört (BPatG Bl.f.PMZ 1993, 27 – „Sammelanmeldung"). Mit einer anmelderfreundlichen und daher milden Auslegung des § 4 MusterAnmV kann daher gerechnet werden.

5. Beispiel für Eintragungsantrag bei Sammelanmeldung

An das Deutsche Patentamt Dienststelle Berlin Gitschiner Str. 97–103 10969 Berlin	oder	An das Deutsche Patentamt Musterregister Zweibrückenstr. 12 80331 München

Antrag
auf Eintrag in das Musterregister
(Sammelanmeldung)

In Sachen
Firma XY
in Z

lege ich meine Vollmacht für die Anmelderin vor und

beantrage

die nachfolgend bezeichneten Stoffmuster für die Anmelderin im Musterregister für Geschmacksmuster einzutragen:

Lfd. Nummer	Bezeichnung	Fabrik-Nr.	Warenklasse
1	Kleiderstoff farbig bedruckt	88306	05
2	,,	88307	05
3	,,	88308	05
4	,,	88309	05
5	,,	88310	05
6	,,	88311	05
7	,,	88312	05
8	,,	88313	05
9	,,	88314	05
10	,,	88315	05
11	,,	88316	05
12	,,	88317	05

Die Sammelanmeldung umfaßt insgesamt 12 (zwölf) Muster. Das Muster Nr. 1 (Fabrik-Nr. 88306) ist ein Grundmuster − die Muster Nr. 2−6 (Fabrik-Nr. 88307−88311) sind Abwandlungen dieses Grundmusters.

Gleichzeitig stelle ich namens der Anmelderin gem. § 8b Abs. 1 GeschmMG den

Antrag,

die Bekanntmachung der Abbildungen der Darstellung der Muster um 18 Monate aufzuschieben.

Die Anmeldegebühr und die Gebühr für den Antrag auf Aufschiebung der Bekanntmachung der Abbildungen füge ich in Kostenmarken (oder per Verrechnungsscheck) bei.

Alle Sendungen des Deutschen Patentamts bitte ich an meine obige Adresse zu richten.

Unterschrift (!)
Rechtsanwalt

Anlage: 1 Vollmacht

6. Teilen einer Sammelanmeldung

Der letzte Absatz der Anmeldebestimmungen des § 7 GeschmMG stellt gewissermaßen eine „Notbremse" dar, um eine fehlerhafte Sammelanmeldung in zwei oder mehrere ordnungsgemäße Anmeldungen umzuwandeln. Der Anmelder einer Sammelanmeldung, in der z. B. 70 Muster statt der zulässigen 50 Muster oder Modelle enthalten sind, oder Muster, die verschiedenen Warenklassen angehören (s. oben unter Anm. 1), erhält über § 7 Abs. 10 GeschmMG die Möglichkeit, die zu umfangreiche Sammelanmeldung noch nachträglich zu teilen und damit die Versagung der Eintragung und den Prioritätsverlust bei erneuter Anmeldung zu verhindern. Auch die Teilung führt nicht zu einem Prioritätsverlust (BPatG in Bl.f.PMZ 1993, 27 „Sammelanmeldung").

Nachdem das Patentamt dem Anmelder die Mängel mitgeteilt hat (§ 10 Abs. 3 GeschmMG), kann der Anmelder erklären, daß er die Sammelanmeldung entsprechend teilt. Für jede Teilanmeldung bleibt der Zeitpunkt der ursprünglichen Anmeldung und eine dafür in Anspruch genommene Priorität erhalten (§ 7 Abs. 10 Satz 2 GeschmMG). Der Anmelder muß lediglich zu den bereits bezahlten Anmeldegebühren eine Gebühr nachentrichten, „die nach dem Tarif für jede Teilanmeldung zu entrichten wäre" (§ 7 Abs. 10 Satz 3 GeschmMG). Zum Inhalt der Teilungserklärung s. § 9 MusterAnmV (Anhang Nr. 1).

§ 7a
Neuheitsschonfrist

Hat der Anmelder oder sein Rechtsvorgänger innerhalb von sechs Monaten vor dem für den Zeitrang der Anmeldung maßgeblichen Tag ein Erzeugnis der Öffentlichkeit zugänglich gemacht, so bleibt es bei der Beurteilung der Neuheit und Eigentümlichkeit (§ 1 Abs. 2) außer Betracht, wenn er dasselbe Erzeugnis unverändert als Muster oder Modell anmeldet.

Übersicht der Erläuterungen

I. Allgemeines 133
  1. Rechtsentwicklung....... 133
  2. Sinn und Zweck 134
II. Die neue Regelung 135
  1. Dauer der Neuheitsschonfrist 135
  2. Der Öffentlichkeit zugänglich............. 135
  3. Wirkung der Neuheitsschonfrist 135
  4. Keine Anwendung bei Altanmeldungen 136
  5. Personen- und Sachidentität................ 136
III. Ausstellungspriorität 137

I. Allgemeines

1. Rechtsentwicklung

Gemäß § 1 GeschmMG werden nur neue und eigentümliche Erzeugnisse als Muster oder Modell im Sinne des Gesetzes angesehen. Dieses Grundprinzip des Geschmacksmusterschutzes war bisher in § 7 Abs. 2 GeschmMG a. F. auch für die Anmeldung noch einmal ausdrücklich fixiert worden. Bei Anmeldungen, die vor dem 1. Juli 1988 durchgeführt worden sind, muß die Anmeldung erfolgt sein, „bevor ein nach dem Muster oder Modell gefertigtes Erzeugnis verbreitet wird."

Dieses Verbot jeglicher Vorverbreitung und die strenge Auslegung des Begriffes „Verbreiten" durch die Gerichte hatte nicht selten zu Schwierigkeiten geführt, denn es kann im Geschäftsleben nicht ausbleiben, daß Neuheiten schon vor der Anmeldung als Geschmacksmuster einzelnen Kunden angeboten werden, und zwar ohne gleich eine strenge Geheimhaltung zu vereinbaren (vgl. hierzu Pietzcker-Schultz-Süchting, Kritische Bemerkungen zur Auslegung des § 7 Abs. 2 des GeschmMG in GRUR 1980, 592). Solche Vorgänge führten aber nach der Rechtsprechung zur sog. Vorverbreitung bereits dazu, daß das angemeldete und niedergelegte Muster oder Modell, weil bereits „verbreitet", als nicht mehr „neu" und daher als nicht schutzfähig angesehen wurde. Für die Beurteilung der Tatsache der Verbreitung war es unerheblich, ob der Urheber des Musters selbst oder ein Dritter die Verbreitung vorgenommen hatte.

Entscheidend war − und ist bei allen Geschmacksmustern, die vor dem 1. Juli 1988 angemeldet worden sind (!) − allein, ob ein nach dem Muster gebildetes konkretes Erzeugnis einem Dritten, der an der Herstellung nicht beteiligt war, ohne Auferlegung einer Geheimhaltungspflicht zugänglich gemacht worden ist (s. BGH in GRUR 1958, 351/352 − „Deutschlanddecke").

Eine Serienfertigung nach dem Muster oder Modell war für die sog. Vorverbreitung nicht erforderlich − ein einziges Exemplar konnte im Rahmen des „Anbietens zum Erwerb" genügen, um den Tatbestand des Verbreitens zu erfüllen. „Für ein Anbieten zum Erwerb und damit für ein Verbreiten ist weder erforderlich, daß bereits weitere Vervielfältigungsstücke hergestellt worden sind, noch daß das Ausstellungsstück selbst für den Verkauf bestimmt ist. Das dem Inverkehrbringen vorgelagerte Anbieten ist − wie für die Ausstellungsstücke einer Verkaufsmesse typisch − gerade nicht mit einer Übergabe des Ausstellungsstückes verbunden, sondern stellt ein Angebot zum Kauf noch herzu-

stellender oder bereits gefertigter Vervielfältigungsstücke dar"
(s. BGH in GRUR 1982, 371/373 − „Scandinavia").

Auch die Vorverbreitung im Ausland hinderte die Entstehung des Schutzes im Inland. „Die vor der Hinterlegung eines gewerblichen Musters ... erfolgte Verbreitung eines nach dem Muster gefertigten Erzeugnisses hindert die Entstehung des inländischen Geschmacksmusterschutzes auch dann, wenn die Verbreitung im Ausland stattgefunden hat" (s. BGH in GRUR 1967, 533 − „Myoplastic").

Da schon eine einzige voreilige Vertriebshandlung die ganzen Mühen und Kosten für die Entwicklung und Anmeldung neuer Muster und Modelle zunichte machen konnte, mußte jeder Anmelder von Geschmacksmustern genau darauf achten, daß der zweite Schritt nicht vor dem ersten erfolgte, er mußte also sein Muster oder Modell immer zuerst anmelden und niederlegen und dann erst anbieten und verbreiten.

2. Sinn und Zweck

Die frühere Regel für Geschmacksmusteranmelder − erst anmelden − dann verbreiten − ist nunmehr für alle Anmeldungen ab 1. Juli 1988 für einen Zeitraum von sechs Monaten vor der Anmeldung beim Patentamt überflüssig geworden. Durch § 7a GeschmMG werden auch Geschmacksmuster den technischen Schutzrechten hinsichtlich einer Neuheitsschonfrist gleichgestellt. „Sachlich spricht für die Zubilligung der Neuheitsschonfrist die zweistufige Entstehung des Rechts, nämlich − abweichend vom Urheberrecht − nicht bereits mit der Werkschöpfung, sondern erst mit der Anmeldung und Niederlegung des (schutzfähigen) Musters" (von Gamm, Entwicklungen und Reformvorschläge zum Geschmacksmusterrecht in GRUR 1985, 889/891 l. Sp.).

Die Einführung einer Neuheitsschonfrist für Geschmacksmuster wird in der Begründung zum Regierungsentwurf (s. Anhang Nr. 9) begründet wie folgt:

„Die Neuheitsschonfrist von sechs Monaten soll insbesondere den Urheber einer größeren Anzahl von Mustern oder Modellen in die Lage versetzen, durch eine die Neuheit und Eigentümlichkeit nicht beseitigende Veröffentlichung vor der Geschmacksmusteranmeldung diejenigen Muster oder Modelle zu ermitteln, die dem ästhetischen Empfinden der Abnehmerkreise besonders entsprechen. Durch diese Aussonderung soll der Musterschöpfer im Interesse einer Senkung der Anmeldungskosten die Anmeldung auf die ausgewählten Stücke beschränken können."

II. Die neue Regelung
1. Dauer der Neuheitsschonfrist

Die Dauer der Neuheitsschonfrist beträgt sechs Monate „vor dem für den Zeitraum der Anmeldung maßgeblichen Tag" (§ 7a GeschmMG). Der Tag des Eingangs der Anmeldung des Musters oder Modells beim Deutschen Patentamt bestimmt den Zeitrang. Von diesem Tag an sind sechs Monate zurückzurechnen. Zur Fristberechnung selbst s. §§ 187, 188 BGB.

2. Der Öffentlichkeit zugänglich

Der Öffentlichkeit zugänglich gemacht wird ein Muster oder Modell durch alle Beschreibungs- oder Benutzungshandlungen, die einem unbegrenzten Personenkreis die Möglichkeit geben, das Muster oder Modell zur Kenntnis zu nehmen. Ob dies durch Ausstellungen auf Messen oder in Schaufenstern, durch Angebote, Anzeigen oder Verteilung von Prospekten erfolgt, ist gleichgültig.

Auslegungsregel des BGH im Patentrecht:

„Eine Druckschrift oder ein ihr gleichzustellendes Vervielfältigungsstück ist öffentlich, wenn einem über einen engen Kreis von bestimmten Interessenten hinausgehenden großen Empfängerkreis bekanntgegeben ist, daß sie zur Verteilung bereitgehalten werden" (BGH in GRUR 1971, 214, Leitsatz 1 — „customer prints").

Ob ein Angebot an einen einzelnen Interessenten überhaupt als eine der Öffentlichkeit zugängliche Benutzung anzusehen ist, „wenn eine Geheimhaltung weder vereinbart noch zu erwarten und eine Weitergabe der erlangten Kenntnis nach der Erfahrung des Lebens wahrscheinlich war, kann nur nach den besonderen Umständen des jeweiligen Falls beurteilt werden" (Tatfrage — so Benkard, Patentgesetz, 8. Aufl., Rdnr. 140 zu § 139 PatG). Die Formulierung in der Begründung zur Novelle, wonach die Neuheitsschonfrist dem Anmelder ermöglichen soll, das Interesse seiner Abnehmer zu testen, läßt diese Frage offen. Neuheitsschädlich kann das Anbieten innerhalb der Sechs-Monats-Frist in keinem Fall sein.

3. Wirkung der Neuheitsschonfrist

Dank der Neuheitsschonfrist des § 7a GeschmMG sind Entwerfer und Hersteller von Mustern oder Modellen in der Lage, schon vor der Anmeldung – innerhalb eines Zeitraumes von sechs Monaten – ihre Entwürfe und Neuentwicklungen öffentlich anzubieten oder in der Werbung bekanntzumachen, ohne befürchten zu müssen, daß ihnen diese eigene Benutzungshandlung als neuheitsschädlich entgegengehalten wird. Die bisher vor der Anmeldung erforderlichen Maßnahmen zur Geheimhaltung neuer Muster sind innerhalb von sechs Monaten vor dem Anmeldetag überflüssig geworden. Im Ergebnis bedeutet die Neuheitsschonfrist keine Verlängerung der Schutzdauer, aber einen verlängerten Schutz insofern, als öffentliche Vertriebshandlungen, die während der Schonfrist erfolgt sind, nicht mehr als neuheitsschädlich gelten. Die Neuheitsschonfrist für Geschmacksmuster stellt daher eine wesentliche Erleichterung für alle Anmelder von Mustern oder Modellen dar.

4. Keine Anwendung bei Altanmeldungen

Die Neuheitsschonfrist gilt nur für Anmeldungen von Mustern oder Modellen, die ab 1. Juli 1988 erfolgen. Bei älteren Mustern oder Modellen kann eine Vorverbreitung das Entstehen des Schutzes verhindert haben. Im Verletzungsprozeß ist also die Frage der Vorbenutzung und Vorverbreitung von Geschmacksmustern, die vor dem 1. Juli 1988 angemeldet worden sind, auch weiterhin zu beachten.

5. Personen- und Sachidentität

Die Neuheitsschonfrist setzt Personenidentität und Sachidentität voraus, d. h. der Gegenstand der späteren Anmeldung muß vom Anmelder selbst oder von seinem Rechtsvorgänger der Öffentlichkeit zugänglich gemacht worden sein, und es muß sich bei dem vorveröffentlichten und bei dem angemeldeten Muster oder Modell um ein identisches Erzeugnis handeln. Wird eine Abwandlung eines der Öffentlichkeit zugänglich gemachten Musters oder Modells als Geschmacksmuster angemeldet, so kann sich der Anmelder nicht auf § 7a GeschmMG berufen, wenn ihm später das der Öffentlichkeit zugänglich gemachte Erzeugnis als neuheitsschädlich entgegengehalten wird.

Die Neuheitsschonfrist bietet aber auch gewisse Gefahren dahingehend, daß sich ein Dritter die Gestaltung des Musters oder Modells aneignet und selbst als Geschmacksmuster anmeldet. Der Grundsatz der Personenidentität bedeutet, daß die Anmeldung durch Dritte der späteren Anmeldung des Mustergestalters oder seines Rechtsnachfolgers neuheitsschädlich entgegengehalten werden kann, denn der Schutz beginnt trotz der Neuheitsschonfrist nicht rückwirkend mit dem Zugänglichmachen für die Öffentlichkeit, sondern auch bei Inanspruchnahme der Neuheitsschonfrist stets mit dem auf die Anmeldung folgenden Tag (§ 9 I GeschmMG). Die Verhinderung eines solchen Mißbrauchs, der Schutz gegen eine sogenannte widerrechtliche Entnahme, wird Aufgabe der Rechtsprechung und der Auslegung des § 7a GeschmMG in entsprechender Anwendung der diesbezüglichen Vorschriften des Patentgesetzes sein (vgl. BGH GRUR 1969, 271 – „Zugseilführung").

III. Ausstellungspriorität

Von der Regel „Erst anmelden – dann verbreiten" gab es schon vor dem 1. Juli 1988 eine Ausnahme: Muster und Modelle, die erstmals auf einer Ausstellung oder Messe „zur Schau gestellt" worden sind, können vom Aussteller oder dessen Rechtsnachfolger „binnen einer Frist von sechs Monaten nach der Eröffnung der Ausstellung" angemeldet werden, und zwar mit der Priorität des ersten Ausstellungstages, der sog. Ausstellungspriorität (vgl. hierzu das Gesetz betreffend den Schutz von Erfindungen, Mustern und Warenzeichen auf Ausstellungen vom 18. März 1904 im Anhang Nr. 12).

Der Vorteil, den der Ausstellungsschutz mit der Möglichkeit der nachträglichen Anmeldung von Mustern und Modellen mit der Priorität des ersten Messetages bietet, liegt darin, daß die Aussteller sich bis zur Messe voll auf die Entwicklung ihrer Messe-Neuheiten und die Vorbereitung zur Messe konzentrieren können. Auch zeigt sich häufig, daß von einer größeren Zahl von Neuheiten ein Teil bei den Abnehmern keinen Anklang findet, der dann auch nicht angemeldet werden muß.

Ein Anmelder, der seine Muster oder Modelle erst nach der ersten Präsentation auf einer Messe mit der Priorität dieser Messe anmelden will, sollte folgendes beachten:

1. Die Ausstellung von Mustern oder Modellen auf einer privilegierten Messe gilt nicht als Vorverbreitung. Die Anmeldung kann also noch binnen sechs Monaten nach dem ersten Messetag erfolgen. Das Geschmacksmusterrecht entsteht jedoch nicht rückwirkend, sondern erst im Zeitpunkt der Anmeldung und Niederlegung.

2. Bei der Anmeldung muß der Anmelder die Tatsache der vorher erfolgten erstmaligen Ausstellung auf einer Messe nicht angeben, aber er muß diese Tatsache gegebenenfalls beweisen. Zur Beweissicherung der Tatsache, daß neue Muster auf einer Messe zur Schau gestellt worden sind, dienen Bestätigungen einschlägiger Messebüros

oder Fotos vom Messestand. Um Zweifel auszuschalten, sollten größere Modelle auch einzeln fotografiert werden mit einem Hinweis auf die betreffende Messe oder Ausstellung.

3. Nicht jede Ausstellung oder Messe ist eine sog. privilegierte Ausstellung. Der Anmelder muß sich durch Einsicht im Bundesgesetzblatt oder im „Blatt für Patent-, Muster- und Zeichenwesen" vergewissern, ob die von ihm bestückte Messe den Ausstellungsschutz gewährleistet. Ein Muster oder Modell, das auf einer nicht privilegierten Messe „zur Schau gestellt" worden ist, gilt als „verbreitet" (s. BGH in GRUR 1982, 371/373 — „Scandinavia").

4. Nicht bis zum letzten Tag warten! Die Frist für die Anmeldung mit einer Messepriorität beginnt am Eröffnungstage der Messe. Wer die Frist vom letzten Messetag an berechnet und am letzten Tag der Sechsmonatsfrist anmeldet, bleibt schutzlos.

5. Das Versenden von Einladungen an Kunden zum Messebesuch mit dem Hinweis: „Wir zeigen Ihnen attraktive Neuheiten" und der Abbildung eines Modells gilt bereits als „Verbreiten" im Sinne des Gesetzes (vgl. BGH in GRUR 1982, 371/373 — „Scandinavia").

6. Der Ausstellungsschutz greift nur ein, wenn das Muster oder Modell öffentlich „zur Schau gestellt" worden ist. Es genügt nicht, daß ein Aussteller ein Modell nur einzelnen ausgewählten Kunden zeigt, für die Masse der Messebesucher jedoch den Karton verschlossen hält.

„Das Gesetz betreffend den Schutz von Erfindungen, Mustern und Warenzeichen auf Ausstellungen vom 18. März 1904 gewährt zeitweiligen Schutz nur solchen Mustern und Modellen, die auf der Ausstellung der Allgemeinheit der Ausstellungsbesucher zugänglich gemacht worden sind" (s. BGH in GRUR 1977, 796 — „Pinguin").

Ein Muster, das nicht „der Allgemeinheit der Messebesucher zugänglich ausgestellt" ist, ist nicht öffentlich „zur Schau gestellt". Nur diese Ausnahmesituation der Schaustellung rechtfertigt die Vergünstigung des besonderen Schutzes durch das Gesetz zum Schutz der Ausstellungen. Diese Auslegung ist streng, sie dient aber — wie der Bundesgerichtshof ausgeführt hat — „der Rechtssicherheit und der Schaffung klarer Verhältnisse".

7. Die für den Ausstellungsschutz erforderliche Schaustellung muß nicht durch den Anmelder selber erfolgt sein, sie kann auch durch einen Lizenznehmer erfolgen. In jedem Fall muß aber das Muster

oder Modell im Rahmen einer öffentlichen Präsentation auf der Ausstellung öffentlich zur Schau gestellt und nicht lediglich anläßlich der Ausstellung durch verschiedene Aussteller benutzt worden sein, ohne daß die Schaustellung erkennbar wird.

„Der Schutz nach dem Gesetz vom 18. März 1904 setzt voraus, daß der Gegenstand durch die Ausstellung weiteren Kreisen bekanntgemacht wird. Es genügt nicht, wenn bei Gelegenheit der Ausstellung ein Hersteller seine Erzeugnisse an möglicherweise interessierte Aussteller übergibt, diese Erzeugnisse aber nicht auf der Ausstellung öffentlich zur Schau gestellt werden" (BGH in GRUR 1983, 31 – „Klarsichtbecher", Leitsatz 2).

§ 7 b
Prioritätserklärung

(1) Wer nach einem Staatsvertrag die Priorität einer früheren ausländischen Anmeldung desselben Musters oder Modells in Anspruch nimmt, hat innerhalb von zwei Monaten nach dem Anmeldetag Zeit und Land der früheren Anmeldung anzugeben. Hat der Anmelder Zeit und Land der früheren Anmeldung angegeben, so fordert ihn das Patentamt auf, innerhalb von zwei Monaten nach Zustellung der Aufforderung das Aktenzeichen der früheren Anmeldung anzugeben und eine Abschrift der früheren Anmeldung einzureichen, soweit dies nicht bereits geschehen ist. Innerhalb der Fristen können die Angaben geändert werden.

(2) Werden die Angaben nach Absatz 1 nicht rechtzeitig gemacht oder wird die Abschrift nicht rechtzeitig eingereicht, so gilt die Erklärung über die Inanspruchnahme der Priorität als nicht abgegeben. Das Patentamt stellt dies fest und versagt die Eintragung der Priorität in das Musterregister.

Übersicht der Erläuterungen

I. Allgemeines 140
  1. Rechtsentwicklung 140
  2. Sinn und Zweck 140
II. Voraussetzungen 141
  1. Staatsvertrag 141
  2. Zeit und Land der früheren Anmeldung 141
  3. Aktenzeichen und Abschrift der früheren Anmeldung 141
III. Folgen verspäteter oder unvollständiger Angaben 143
IV. Prioritätsbelege 144

II. Erläuterungen zum Geschmacksmustergesetz

I. Allgemeines
1. Rechtsentwicklung

Nach Art. 4 der Pariser Verbandsübereinkunft — Stockholmer Fassung — (PVÜ) genießt derjenige, der in einem der Verbandsländer die Anmeldung für ein Erfindungspatent, ein Gebrauchsmuster, ein gewerbliches Muster oder Modell oder eine Fabrik- oder Handelsmarke vorschriftsmäßig hinterlegt hat, oder sein Rechtsnachfolger für die Hinterlegung in den anderen Ländern während bestimmter Fristen ein Prioritätsrecht.

Wegen des urheberrechtlichen Charakters des Geschmacksmusterrechts war es lange Zeit umstritten, ob Geschmacksmustern bei der Inanspruchnahme ausländischer Prioritäten die gleiche Rechtsposition wie den technischen Schutzrechten zugebilligt werden könne. Mit seinem Beschluß vom 4. 10. 1984 hatte der BGH dies bejaht: „Für die Beanspruchung der Priorität einer ausländischen Geschmacksmusteranmeldung nach Art. 4 Pariser Verbandsübereinkunft gilt die Fristenregelung des § 41 PatG n. F." (BGH in GRUR 1985, 127 — „Prioritätserklärung mit Anm. v. Schaegger und Jauss). Da der BGH seine Entscheidung auf Vorschriften gestützt hatte, die durch Art. 7 Abs. 2 des Gesetzes zur Änderung des Geschmacksmustergesetzes vom 18. Dezember 1986 aufgehoben worden sind, wurde es erforderlich, die Prioritätserklärung für Geschmacksmuster neu zu regeln.

2. Sinn und Zweck

Der Anmelder eines Musters oder Modells, der vor seiner inländischen Anmeldung für das gleiche Erzeugnis bereits im Ausland ein Geschmacksmuster angemeldet hatte, kann — das Bestehen eines entsprechenden Staatsvertrages vorausgesetzt — die Priorität seiner Auslandsanmeldung für die inländische Nachanmeldung in Anspruch nehmen und damit seiner Nachanmeldung den Rang der ersten Anmeldung sichern. Die Nachanmeldung erhält durch die Priorität den Vorrang vor allen anderen Anmeldungen, die in den Zeitraum zwischen der ersten Anmeldung und der Nachanmeldung fallen (RG in Bl. 20, 108/109 sowie Benkard, Patentgesetz 8. Aufl. Einleitung VI, Rdnr. 20).

Die entscheidende Wirkung des Prioritätsrechts besteht in der Rangsicherung der Nachanmeldung. „Das durch eine erste Anmeldung in einem Verbandsland begründete Prioritätsrecht gemäß Art. 4b PVÜ bewirkt eine Rangsicherung. Es hat zur Folge, daß bei der Neuheitsprüfung alle in der Zeit zwischen der ersten Hinterlegung (vorangegangenen ausländischen Anmeldung oder Voranmeldung) und der rechtzeitigen Nachanmeldung eingetretenen, sonst neuheitsschädlichen Tatsachen außer Betracht bleiben (vgl. BGH in GRUR 1966, 309/310 — „Flächentransistor"; GRUR 1971, 214/215 1.Sp. — „customer prints"). Ebenso wie die Neuheitsschonfrist führt die Inanspruchnahme einer früheren Priorität nicht zu einer längeren Schutzdauer, wohl aber bewirkt das Prioritätsrecht eine bessere Rangfolge der eigenen Anmeldung gegenüber Anmeldungen von Dritten vom Zeitpunkt der ersten Anmeldung ab.

II. Voraussetzungen
1. Staatsvertrag

Zu den Staatsverträgen im Sinne von § 7b GeschmMG zählen in erster Linie die Pariser Verbandsübereinkunft zum Schutze des gewerblichen Eigentums (PVÜ, s. Anhang Nr. 22), theoretisch auch zweiseitige Staatsverträge zwischen der Bundesrepublik Deutschland und anderen Staaten, die jedoch derzeit nicht bestehen.

2. Zeit und Land der früheren Anmeldung

Ein Anmelder, der die Priorität einer früheren ausländischen Anmeldung desselben Musters oder Modells in Anspruch nehmen will, **muß** innerhalb von zwei Monaten nach dem Anmeldetag

Zeit und Land

der früheren ausländischen Anmeldung angeben. Diese Zwei-Monats-Frist „nach dem Anmeldetag" beginnt am Tage, der auf die Anmeldung folgt. Für die Berechnung der Frist gelten die §§ 187–193 BGB. Fällt der letzte Tag der Frist auf einen Sonnabend, einen Sonntag oder auf einen Feiertag, so endet die Frist mit dem Ablauf des auf diesen Tag folgenden Werktages (§ 193 BGB), nach einem Wochenende also am Montag, 24.00 Uhr.

Da der Prioritätsanspruch ohne diese fristgemäßen Angaben nicht anerkannt werden kann (vgl. BGH in GRUR 1985, 127 — Prioritätserklärung), ist es zweckmäßig, die erforderlichen Angaben nach Möglichkeit zusammen **mit** der Anmeldung zu machen.

3. Aktenzeichen und Abschrift der früheren Anmeldung

Zusammen mit den Angaben von Zeit und Land der früheren Anmeldung sollten auch, wenn irgend möglich, die weiteren erforderlichen Angaben und Unterlagen eingereicht werden, nämlich

II. Erläuterungen zum Geschmacksmustergesetz

a) Mitteilung des Aktenzeichens
   und
b) Abschrift der früheren Anmeldung.

Es genügt, eine einfache Abschrift oder Fotokopie der früheren ausländischen Anmeldung (Voranmeldung) einzureichen. Eine Übersetzung der Abschrift der Voranmeldung oder des Prioritätsbelegs muß nur auf Anforderung des Patentamts eingereicht werden (vgl. Mitteilung Nr. 3/88 des Präsidenten des Deutschen Patentamts vom 12. Januar 1988 in Bl.f.PMZ 1988, 26, s. Anhang Nr. 6). Die Abschrift der früheren Anmeldung braucht deren Erteilungsantrag nicht zu enthalten (BPatG, Bl.f.PMZ 1992, 470 – „Matte").

Wichtig ist die Vollständigkeit der Abschrift der Voranmeldung. Zur Abschrift der früheren Anmeldung gehört auch eine Abbildung des Musters oder Modells der früheren Anmeldung. Die schlichte Formulierung „Abschrift" darf nicht darüber hinwegtäuschen, daß die Abbildung (Foto, Zeichnung oder gut erkennbare Ablichtung) „zwingend zur Vollständigkeit der Abschrift der Voranmeldung gehört und innerhalb der Frist von zwei Monaten dem DPA vorzulegen ist, wenn sie Bestandteil der ausländischen Anmeldung war" (vgl. Reimer, Patentgesetz und Gebrauchsmustergesetz 3. Aufl, § 27 PatG Rdnr. 16). (BGH in GRUR 1979, 626/627 r. Sp. – „Elektrostatisches Ladungsbild" mit Anm. Klaka).

Gerade bei ästhetisch wirksamen Gestaltungen, wie bei Geschmacksmustern, muß die Identität des angemeldeten Musters oder Modells geprüft werden. „Diese Prüfung wäre unvollständig oder erschwert, wenn zur ausländischen Anmeldung eine Zeichnung gehört, diese aber zu der Nachanmeldung nicht eingereicht wird" (BGH in GRUR 1979, 627). Diese im Patenrecht entwickelten Grundsätze gelten für die Prioritätsprüfung bei Mustern oder Modellen in ganz besonderem Maße.

Anmeldern, die die Priorität einer früheren ausländischen Anmeldung desselben Musters oder Modells in Anspruch nehmen wollen, ist zu raten, alle erforderlichen Angaben und Unterlagen gleich **mit** der Anmeldung einzureichen, d. h.

> Zeit,
> Land und
> Aktenzeichen

der früheren Anmeldung anzugeben

> sowie

eine vollständige Abschrift der früheren Anmeldung **mit** der Abbildung des früher angemeldeten Musters oder Modells einzureichen.

Hat der Anmelder zwar Zeit und Land der früheren Anmeldung angegeben, aber nicht das Aktenzeichen der früheren Anmeldung, und/oder hat er keine vollständige Abschrift der früheren Anmeldung eingereicht, wird er vom Patentamt aufgefordert, dies „innerhalb von zwei Monaten nach Zustellung der Aufforderung" nachzuholen (§ 7b Abs. 1 S. 2 GeschmMG). Innerhalb der Fristen können die Angaben geändert werden (§ 7b Abs. 1 S. 3 GeschmMG).

III. Folgen verspäteter oder unvollständiger Angaben

Werden die vorgeschriebenen Angaben über die frühere Anmeldung überhaupt nicht, nicht vollständig oder nicht fristgemäß eingereicht, so wird der Anspruch des Anmelders auf ein Prioritätsrecht verwirkt (BGH in GRUR 1973, 139 − „Prioritätsverluste" und 1979, 627). Die Erklärung über die Inanspruchnahme der Priorität gilt „als nicht abgegeben" (§ 7b Abs. 2 S. 1 GeschmMG). Das Patentamt stellt dies fest und versagt die Eintragung der Priorität der früheren Anmeldung in das Musterregister (§ 7b Abs. 2 S. 2 GeschmMG). Es bleibt dann bei der Priorität des inländischen Anmeldetages.

Nach neuerer Rechtsprechung des Bundesgerichtshofs ist bei Versäumung der Frist des § 7b GeschmMG eine Wiedereinsetzung möglich, wenn der Anmelder die Frist ohne Verschulden versäumt hat.

„Gegen die Versäumung der Frist zur Angabe von Zeit und Land der Geschmacksmuster-Voranmeldung (PatG § 41 Satz 1 analog; vgl. BGH in Bl.f.PMZ 1985, 55) findet die Wiedereinsetzung statt (Aufgabe von BPatGE 25, 208 = Bl.f.PMZ 1983, 344 − Leitsatz 6)."

(BPatG in GRUR 1986, 312 − „Geschmacksmuster-Voranmeldung")

Aber Vorsicht! Für Patentanwälte und Rechtsanwälte gelten nicht die gleichen milderen Wiedereinsetzungsregeln wie für rechtsunkundige Anmelder: „Eine Wiedereinsetzung wegen Fristversäumung kann nicht gewährt werden, wenn ein Patentanwalt seine Verpflichtung, eine Eingabe zur Wahrung einer Frist, deren Versäumnis einen nicht unerheblichen Rechtsnachteil zur Folge haben kann, auf Vollständigkeit und Richtigkeit zu überprüfen, nicht nachkommt" (BGH in GRUR 1979, 626 − „Elektrostatisches Ladungsbild" 3. Leitsatz mit kritischer Anm. von Klaka).

II. Erläuterungen zum Geschmacksmustergesetz

IV. Prioritätsbelege

Das Patentamt stellt auf Antrag Urkunden aus, die im Falle einer ausländischen Nachanmeldung und der Inanspruchnahme der deutschen Priorität als Nachweis der inländischen Anmeldung gelten. Zweckmäßigerweise werden Überstücke der Anmeldung zusammen mit dem Antrag eingereicht; es können aber auch Ablichtungen der eingereichten Unterlagen beantragt werden.

§ 8
Musterregister und Bekanntmachung

(1) Das Musterregister wird vom Patentamt geführt.

(2) Das Patentamt macht die Eintragung der Anmeldung in das Musterregister nebst einer Abbildung der Darstellung sowie jede Verlängerung der Schutzdauer dadurch bekannt, daß es sie im Geschmacksmusterblatt einmal veröffentlicht. In den Fällen des § 7 Abs. 4 bis 6 wird die für die Veröffentlichung erforderliche Abbildung der Darstellung oder des Erzeugnisses selbst durch das Patentamt veranlaßt. Die Bekanntmachung erfolgt ohne Gewähr für die Vollständigkeit der Wiedergabe und die Erkennbarkeit der unter den Schutz nach diesem Gesetz gestellten Merkmale. Die Kosten der Bekanntmachung werden als Auslagen erhoben.

Der § 8 GeschmMG enthält das Kernstück der Novelle zum Geschmacksmustergesetz, nämlich

1. Die Zentralisierung des Musterregisters beim Patentamt

    und

2. Die Bildbekanntmachung der Muster und Modelle bei der Anmeldung

    und

3. Die Bekanntmachung jeder Verlängerung.

Beide Vorschriften bedeuten einen totalen Wandel im Anmelde- und Registerverfahren für Geschmacksmuster. Die Verlagerung der zuständigen Registerstelle von den einzelnen Amtsgerichten auf das Deutsche Patentamt bedeuten gleichzeitig eine Verlagerung des Verfahrens von den Justizbehörden der Länder auf eine zentrale Bundesbehörde.

Die Veröffentlichung der Abbildungen der Darstellung oder des Erzeugnisses selbst in einem neu zu schaffenden Geschmacksmusterblatt erfolgt in Anlehnung an internationale Vorbilder (vgl. Kelbel in GRUR 1987, 145) und wird in Zukunft einen umfassenden Überblick über den gesamten Bestand an registrierten Geschmacksmustern ermöglichen und damit die Recherchen nach vorhandenen Mustern oder Modellen erleichtern.

Die Kosten der Bildbekanntmachung, die als Auslagen erhoben werden, liegen derzeit für eine einzelne Darstellung bei DM 63,50 bis DM 65,-, bei Sammelanmeldungen zwischen DM 55,- und DM 60,- für alle weiteren Darstellungen und ca. DM 160,- für farbige Darstellungen.

§ 8a
Grundmuster

(1) Hat ein Anmelder im Eintragungsantrag erklärt, daß ein von ihm bezeichnetes Muster oder Modell einer Sammelanmeldung als Grundmuster und weitere Muster oder Modelle als dessen Abwandlungen behandelt werden sollen, so trägt das Patentamt diese Erklärung in das Musterregister ein und veröffentlicht in der Bekanntmachung nach § 8 Abs. 2 mit einem Hinweis auf die Eintragung der Erklärung nur die Abbildung des Grundmusters.

(2) Ein Anmelder, der eine Erklärung nach Absatz 1 abgegeben hat, oder sein Rechtsnachfolger kann sich nicht darauf berufen, daß eine Abwandlung auf Grund ihrer abweichenden Merkmale auch im Verhältnis zum Grundmuster neu und eigentümlich sei.

(3) Der Schutz der Abwandlungen endet mit dem Erlöschen des Grundmusters. § 7 Abs. 10 ist auf Anmeldungen nicht anzuwenden, für die eine Erklärung nach Absatz 1 abgegeben wird.

Übersicht der Erläuterungen

1. Sinn und Zweck 145
2. Grundmuster und Abwandlungen 146
3. Folgen der Erklärung 146

1. Sinn und Zweck

Bei der Ausgestaltung der Sammelanmeldung war es das Ziel des Gesetzgebers, „für Anmelder größerer Mengen von Geschmacksmustern eine Kostenentlastung zu ermöglichen" (Kelbel in GRUR 1987, 146).

II. Erläuterungen zum Geschmacksmustergesetz

Dies geschieht nicht nur generell durch eine Gebührensenkung für Sammelanmeldungen während der ersten Schutzperiode von fünf Jahren — wie dies nach bisher geltendem Recht für die ersten drei Schutzjahre der Fall war —, sondern durch zwei neue Verfahrensvorschriften, aus denen sich für clevere Massenanmelder höchst interessante Sparmöglichkeiten bei den Bekanntmachungskosten ergeben, nämlich

a) die Erklärung, einzelne Muster oder Modelle einer Sammelanmeldung als Grundmuster zu behandeln (§ 8a Abs. 1 GeschmMG)

und

b) der Antrag, die Bekanntmachung einer Abbildung der Darstellung der Muster oder Modelle um 18 Monate aufzuschieben (§ 8b Abs. 1 GeschmMG).

2. Grundmuster und Abwandlungen

Modische Erzeugnisse, insbesondere Stoffmuster, Tapeten und bedruckte Papierwaren, werden in aller Regel nicht als Einzelmuster, sondern reihenweise in vielen Farb- und Strukturvarianten entworfen. Wenn eine Kollektion modischer Kleider- oder Gardinenstoffe z. B. 200 Muster umfaßt, dann befinden sich hierunter vielleicht 25–30, die neu und eigentümlich im Sinne von § 1 Abs. 2 GeschmMG sind und als „Grundmuster" bezeichnet werden können. Die übrigen Muster sind Farb- oder Strukturvarianten ohne wesentliche schöpferische Gestaltungsmerkmale, also lediglich „Abwandlungen" der „Grundmuster".

In diesen Fällen hat der Anmelder gem. § 8a Abs. 1 GeschmMG die Möglichkeit, in seinem Eintragungsantrag zu erklären, daß die in seiner Sammelanmeldung enthaltenen wesentlichen und eigenschöpferischen Muster als „Grundmuster" und die Muster, die lediglich Farb- und Strukturvarianten dieser Dessins darstellen, als „Abwandlungen der Grundmuster behandelt werden sollen" (§ 8a Abs. 1 GeschmMG).

3. Folgen der Erklärung

Das Patentamt trägt die Erklärung des Anmelders, daß bestimmte Muster oder Modelle als Grundmuster behandelt werden sollen, im Musterregister ein und veröffentlicht im Geschmacksmusterblatt **nur die Abbildung des Grundmusters** mit dem Hinweis auf die Erklärung des Anmelders. Dies hat zur Folge, daß der Anmelder **nur die Bekanntmachungskosten** für das (oder die) Grundmuster zu bezahlen hat, während für die meist zahlreichen Abwandlungen die Kosten für die Bildbekanntmachung entfallen. Die Erklärung des Anmelders über die Grundmuster und ihre Abwandlungen, die natürlich nummernmäßig genau gekennzeichnet sein müssen, um die Zuordnung der Abwandlungen zu den einzelnen Grundmustern zu gewährleisten, kann also zu erheblichen Einsparungen für den Anmelder führen.

Gleichzeitig macht der Anmelder mit seiner Erklärung deutlich, daß den Abwandlungen gegenüber den Grundmustern kein eigener Schutzbereich zukommt. Weder der Anmelder noch sein Rechtsnachfolger kann sich darauf berufen, „daß eine Abwandlung aufgrund ihrer abweichenden Merkmale auch im Verhältnis zum Grundmuster neu und eigentümlich sei" (§ 8a Abs. 2 GeschmMG).

Abwandlungen eines Grundmusters hängen in ihrer Schutzfähigkeit und ihrem Schutzumfang vom Rechtsbestand des Grundmusters ab. Die logische Folge dieser Abhängigkeit ist die, daß die Bestimmung zur Teilung einer Sammelanmeldung gem. § 7 Abs. 10 GeschmMG auf Grundmuster und Abwandlungen nicht anzuwenden ist (§ 8a Abs. 3 Satz 2 GeschmMG). Diese Vorschrift wird allerdings dahin auszulegen sein, daß Grundmuster und die mit ihm **zusammengehörigen** Abwandlungen nicht durch eine Teilung der Sammelanmeldung auseinandergerissen werden dürfen. Andererseits sollten aber einzelne Grundmuster zusammen mit den jeweils dazugehörigen Abwandlungen geteilt werden können. Wenn sich z.B. in einer Sammelanmeldung 6 Grundmuster mit jeweils 11 Abwandlungen befinden, die alle genau numeriert und zuzuordnen sind, dann ist m.E. nicht einzusehen, weshalb der Anmelder in diesem Fall nicht berechtigt sein sollte, etwa folgende Teilung vorzunehmen:

Sammelanmeldung A

    besteht aus den Grundmustern 1, 13, 25 und 37 sowie

aus den Abwandlungen

        2–12 (zu Grundmuster 1)
        14–24 (zu Grundmuster 13)
        26–36 (zu Grundmuster 25)
        38–48 (zu Grundmuster 37)

insgesamt 48 Muster bestehend
aus   4 Grundmustern und
          44 Abwandlungen

II. Erläuterungen zum Geschmacksmustergesetz

Sammelanmeldung B
besteht aus den Grundmustern 49 und 61 sowie
aus den Abwandlungen
50–60 und 62–73

	insgesamt	24 Muster bestehend
aus	2 Grundmustern und	
	22 Abwandlungen.	

Die Zusammengehörigkeit der Abwandlungen zum Grundmuster hat letztlich auch zur Folge, daß der Schutz der Abwandlungen mit dem Schutz des Grundmusters erlischt (§ 8a Abs. 3 Satz 1 GeschmMG).

§ 8 b
Aufschieben der Bekanntmachung

(1) Mit der Anmeldung kann beantragt werden, die Bekanntmachung einer Abbildung der Darstellung des Musters oder Modells um 18 Monate, gerechnet von dem Tag an, der auf die Anmeldung folgt, aufzuschieben. Wird der Antrag gestellt, so beschränkt sich die Bekanntmachung auf die Eintragung der Anmeldung im Musterregister. Die Schutzdauer endet mit dem Ende der Aufschiebungsfrist.

(2) Der Schutz erstreckt sich auf die Schutzdauer nach § 9 Abs. 1, wenn der Inhaber des Musters oder Modells innerhalb einer Frist von zwölf Monaten nach der Anmeldung die Gebühr nach dem Tarif zahlt. Wird die Gebühr nicht fristgemäß gezahlt, so tritt die Erstreckung ein, wenn die Gebühr mit dem Zuschlag nach dem Tarif entrichtet wird. Nach Ablauf der Frist gibt das Patentamt dem eingetragenen Inhaber des Musters oder Modells Nachricht, daß die Schutzdauer mit Ablauf der Aufschiebungsfrist endet, wenn die Gebühr mit dem nach dem Tarif vorgesehenen Zuschlag nicht innerhalb der Aufschiebungsfrist entrichtet wird.

(3) Wird der Schutz bis zum Ablauf der Schutzdauer nach § 9 Abs. 1 erstreckt, so wird die Bekanntmachung einer Abbildung der Darstellung unter Hinweis auf die Bekanntmachung nach Absatz 1 Satz 2 nachgeholt. § 8 Abs. 2 Satz 3 und 4 ist entsprechend anzuwenden.

§ 8b Aufschieben der Bekanntmachung

Übersicht der Erläuterungen

1. Sinn und Zweck 149
2. Aufschieben der Bekanntmachung 149
3. Folgen des Antrages 150
   a) Vorläufige Schutzdauer ... 150
   b) Bei Erstreckung der Schutzdauer 150
   c) Ohne Erstreckung der Schutzdauer 151

1. Sinn und Zweck

Der Antrag, die Bekanntmachung einer Abbildung der Darstellung des Musters oder Modells um 18 Monate, gerechnet von dem Tag an, der auf die Anmeldung folgt, aufzuschieben, ist die zweite Möglichkeit, Kosten zu sparen, die der Gesetzgeber für Anmelder zahlreicher Muster oder Modelle, also in erster Linie für Sammelanmeldungen geschaffen hat. (Vgl. hierzu § 8a GeschmMG Anm. 1) Zugleich ersetzt der Antrag auf Aufschiebung der Bildbekanntmachung die frühere Möglichkeit der versiegelten Hinterlegung, die seit dem Inkrafttreten der Novelle nicht mehr besteht.

Massenanmelder von modischen Mustern mit einer erfahrungsgemäß kurzen Verwertungsdauer (vgl. hierzu auch BGH in GRUR 1973, 478 – „Modeneuheit"; BGH in GRUR 1984, 453 – „Hemdblusenkleid") haben mit dem Antrag nach § 8b Abs. 1 GeschmMG die Möglichkeit, die **gesamten Bekanntmachungskosten** für die Bildveröffentlichung der Muster im Geschmacksmusterblatt einzusparen – vorausgesetzt, sie können sich mit einer Schutzdauer von 18 Monaten begnügen.

Aber auch Anmelder, die zunächst einmal testen wollen, welche Muster oder Modelle überhaupt vom Markt angenommen werden, können ohne großen Kostenaufwand viele Neuheiten anmelden, um nach den ersten Verkaufs- und Messeerfahrungen nur die Schutzdauer derjenigen Muster oder Modelle verlängern zu lassen, die Anklang gefunden haben und wirklich „gehen".

2. Aufschieben der Bekanntmachung

Der Anmelder kann mit der Anmeldung den Antrag stellen, die Bekanntmachung einer Abbildung der Darstellung des Musters oder Modells um 18 Monate, gerechnet von dem Tage an, der auf die Anmeldung folgt, aufzuschieben. Wichtig ist, daß der Antrag „mit der Anmeldung" gestellt wird. Andernfalls würde das Patentamt gem. § 10 Abs. 3 GeschmMG dem Anmelder mitteilen, daß die für eine normale

II. Erläuterungen zum Geschmacksmustergesetz

Anmeldung zwingend vorgeschriebenen Darstellungen der angemeldeten Muster oder Modelle fehlen und zur Behebung des Mangels eine Frist setzen. Wird der Antrag gestellt, die Bekanntmachung aufzuschieben, so ist zusätzlich zu der Anmeldegebühr die Gebühr für diesen Antrag nach dem Tarif zu zahlen (derzeit DM 15,00).

3. Folgen des Antrages

„Wird der Antrag gestellt, so beschränkt sich die Bekanntmachung auf die Eintragung der Anmeldung im Musterregister" (§ 8b Abs. 1 Satz 2 GeschmMG). Es liegt auf der Hand, daß die Kosten für diese Art der Bekanntmachung, die aus wenigen Zeilen im Geschmacksmusterblatt besteht, wesentlich geringer sind als die Kosten für die Bildbekanntmachung der Darstellung. Dies gilt in besonderem Maße dann, wenn die Veröffentlichung farbig erfolgen soll und wenn es sich um zahlreiche Muster oder Modelle aus einer oder mehreren Sammelanmeldungen handelt.

a) Vorläufige Schutzdauer

„Die Schutzdauer endet mit dem Ende der Aufschiebungsfrist" (§ 8b Abs. 1 Satz 3 GeschmMG), also nach 18 Monaten.

Da während dieser Zeit nur die Tatsache der Eintragung des oder der Muster oder Modelle bekanntgemacht wird, aber keine Veröffentlichung der Abbildungen erfolgt und der Schutz gem. § 5 GeschmMG nur gegen die Nachbildung eines Musters oder Modells gewährt wird, sollte der Anmelder, der den Antrag nach § 8b GeschmMG gestellt hat, seine Muster nicht in der Schublade liegen lassen. Im Verletzungsstreit würde es an der Voraussetzung der Nachbildung fehlen, wenn der Kläger seine Muster nicht auf den Markt gebracht hat.

Da Hersteller von kurzlebigen modischen Mustern, für die der Antrag auf Aufschiebung der Bildbekanntmachung in erster Linie geschaffen wurde, ihre Muster jedoch in aller Regel auf Messen vorführen und auf Musterkarten verbreiten, spielt dieser theoretische Nachteil der fehlenden Bildbekanntmachung in der Praxis keine Rolle.

b) Bei Erstreckung der Schutzdauer

Zahlt der Inhaber des Musters oder Modells innerhalb einer Frist von zwölf Monaten die zusätzliche Gebühr gem. § 8b Abs. 2 Satz 1 GeschmMG (DM 100,- pro Einzelmuster und DM 10,- für jedes Muster einer Sammelanmeldung), so erstreckt sich der Schutz auf eine

Schutzperiode von insgesamt fünf Jahren, die mit dem Tage beginnt, der auf die Anmeldung folgt. Wird die zusätzliche Gebühr nicht fristgemäß (binnen zwölf Monaten seit der Anmeldung) bezahlt, so erhält der eingetragene Inhaber des Musters oder Modells vom Patentamt die Nachricht, daß die Schutzfrist mit dem Ablauf der Aufschiebungsfrist endet, wenn die Gebühr mit dem nach dem Tarif vorgesehenen Zuschlag nicht bis zum Ablauf eines Monats nach der Zustellung der Nachricht entrichtet wird (§ 8b Abs. 2 Satz 3 i. V. m. § 8c Abs. 2 GeschmMG).

Der eingetragene Inhaber eines Musters oder Modells, der den Antrag gestellt hat, die Bekanntmachung aufzuschieben, kann also auch diese Nachricht und die Nachfrist für die Zahlung der Gebühr abwarten. Dann allerdings werden mehrere Zahlungen fällig, denn die Bekanntmachung einer Abbildung der Darstellung wird unter Hinweis auf die erste Bekanntmachung ohne Abbildung nachgeholt (§ 8b Abs. 3 GeschmMG) und die für diese Veröffentlichung erforderliche Abbildung eines flächenmäßigen Musters oder des Modells selbst wird durch das Patentamt veranlaßt (§ 8 Abs. 2 Satz 2 GeschmMG).

Bei einer Erstreckung der Schutzdauer sind also zu zahlen:

aa) Die Gebühr für die Erstreckung der Schutzdauer — bei nicht fristgemäßer Zahlung mit dem Zuschlag nach dem Tarif (20%);

bb) die Kosten der Bildbekanntmachung;

cc) wenn die Darstellung durch ein flächenmäßiges Muster oder durch das Modell selbst erfolgt ist, die Kosten der Abbildung, die für die Veröffentlichung im Geschmacksmusterblatt erforderlich ist.

Diese Summierung von Gebühren und Bekanntmachungskosten zeigt, daß sich die Verlängerung der Schutzdauer voraussichtlich nur für einzelne ausgewählte Muster einer Sammelanmeldung lohnt. Anmelder einzelner Muster oder Modelle tun besser daran, die Anmeldung zusammen mit einer fotografischen Darstellung ihres Musters oder Modells für eine Schutzfrist von zunächst fünf Jahren einzureichen.

c) Ohne Erstreckung der Schutzdauer

Zahlt der Inhaber des Musters oder Modells die Gebühr für die Erstreckung der Schutzfrist nicht binnen 12 Monaten und läßt er auch die Nachricht des Patentamts (s. oben unter Anm. b) und die Nachfrist verstreichen, ohne zu zahlen, so endet die Schutzfrist mit dem Ablauf der Aufschiebungsfrist (§ 8b Abs. 2 Satz 3 GeschmMG). Für modi-

II. Erläuterungen zum Geschmacksmustergesetz

sche Erzeugnisse mit einer kurzen Verwertungszeit ergibt sich somit ein äußerst kostengünstiger Schutz für die Dauer von 18 Monaten, oder − zusammen mit der sechsmonatigen Neuheitsschonfrist − ein Schutz bis zu zwei Jahren.

§ 8c
Gebühren

(1) Mit der Anmeldung ist eine Anmeldegebühr nach dem Tarif zu zahlen. Wird die Aufschiebung der Bekanntmachung einer Abbildung beantragt, so ist mit der Anmeldegebühr die Gebühr für diesen Antrag nach dem Tarif zu zahlen.

(2) Unterbleibt die Zahlung der Anmeldegebühr oder der Gebühr für den Antrag auf Aufschiebung der Bekanntmachung einer Abbildung, so gibt das Patentamt dem Anmelder Nachricht, daß die Anmeldung als nicht eingereicht gilt, wenn die Gebühr nicht bis zum Ablauf eines Monats nach Zustellung der Nachricht entrichtet wird.

Mit der Reform des Geschmacksmusterrechts durch das Gesetz vom 16.6.1986 (BGBl. I 1446) und der damit verbundenen Einführung ganz neuer Gebührentatbestände, z. B. dem Aufschub der Bildbekanntmachung, ergab sich auch eine Neuordnung der Gebühren. In das Gebührenverzeichnis zum Gesetz über die Gebühren des Patentamts und des Patentgerichts vom 18.8.1976 (BGBl. I 2188) wurde ein neuer Abschnitt „Musterregistersachen" eingefügt und auch sonst Änderungen vorgenommen. Vergleiche hierzu den Abdruck der relevanten Gebühren im Anhang 4 − Auszug aus dem Kostenmerkblatt des Patentamts.

Übersicht der Erläuterungen

1. Gebühren, die mit der Anmeldung zu zahlen sind 153
   a) Anmeldegebühr 153
   b) u. U. Gebühr für Aufschiebung der Bildbekanntmachung 153

2. Nachfrist für Zahlung 153
3. Beispiele für Gebühren 154
   a) Einzelanmeldung 154
   b) Sammelanmeldung 154

§ 8c Gebühren

1. Gebühren, die mit der Anmeldung zu zahlen sind
(nach Kostenmerkblatt des Deutschen Patentamtes, Ausgabe 1995)

Mit der Anmeldung ist zu zahlen

a) eine Anmeldegebühr. Die Anmeldegebühr beträgt bei Anmeldung eines einzelnen Musters oder Modells für eine Schutzdauer von 5 Jahren   DM 100,00

und

bei Anmeldung einer Sammelanmeldung für eine Schutzdauer von 5 Jahren für jedes Muster oder Modell   DM 10,00
mindestens jedoch   DM 100,00

b) Für den Fall, daß beantragt wird, die Bildbekanntmachung aufzuschieben,

bei Anmeldung eines einzelnen Musters oder Modells für eine Schutzdauer von 18 Monaten   DM 40,00

bei Anmeldung einer Sammelanmeldung für eine Schutzdauer von 18 Monaten für jedes einzelne Muster oder Modell   DM 4,00
mindestens jedoch   DM 40,00

und

zusätzlich zu den Anmeldegebühren eine Gebühr für den Antrag auf Aufschiebung in Höhe von   DM 15,00

Zu den Anmeldegebühren kommen die Kosten für die Bildbekanntmachung hinzu, die als Auslagen erhoben werden (§ 8 Abs. 2 Satz 4 GeschmMG).

2. Nachfrist für Zahlung

Wird die Anmeldegebühr oder die Gebühr für den Antrag, die Bildbekanntmachung aufzuschieben, nicht mit der Anmeldung gezahlt, gewährt das Patentamt dem Anmelder eine Nachfrist von einem Monat. Nach Ablauf dieser Frist gilt die Anmeldung als nicht eingereicht (§ 8c Abs. 2 GeschmMG).

II. Erläuterungen zum Geschmacksmustergesetz

3. Beispiele für Gebühren

a) Einzelanmeldung

Anmeldegebühr	DM 100,00
Schutzdauer 5 Jahre; Aufwand ohne Bekanntmachungskosten pro Jahr	DM 20,00

b) Sammelanmeldung

Sammelanmeldung mit Antrag auf Aufschiebung der Bildbekanntmachung für 50 Muster

aa) Anmeldegebühr Schutzdauer 18 Monate 50 Muster je DM 4,00	DM 200,00
bb) Gebühr für Aufschiebung der Bekanntmachung	DM 15,00
	DM 215,00
Aufwand je Muster für 18 Monate	DM 4,30

Welche Gebührenvorteile der Antrag auf Aufschiebung der Bildbekanntmachung für modische Muster bei Sammelanmeldungen bietet, wird aus folgenden Beispielen deutlich:

Die Anmeldegebühr für eine Sammelanmeldung mit 50 Mustern beträgt	DM 500,00
Die erste Verlängerungsgebühr – Schutzdauer 10 Jahre – beträgt für 50 Muster	DM 7.500,00
Die zweite Verlängerungsgebühr – Schutzdauer 15 Jahre – beträgt für 50 Muster	DM 10.000,00
Die dritte Verlängerungsgebühr – Schutzdauer 20 Jahre – beträgt für 50 Muster	DM 15.000,00
Die vollen Gebühren für 50 Muster mit einer Schutzdauer von 20 Jahren betragen also – ohne Verspätungszuschläge und Bekanntmachungskosten	DM 33.000,00

§ 9
Schutzdauer

(1) Der Schutz dauert fünf Jahre, die mit dem Tag beginnen, der auf die Anmeldung folgt.

(2) Die Schutzdauer kann um jeweils fünf Jahre oder ein Mehrfaches davon bis auf höchstens zwanzig Jahre verlängert werden. Die Verlängerung der Schutzdauer wird in das Musterregister eingetragen.

(3) Die Verlängerung wird dadurch bewirkt, daß vor dem Ablauf der Schutzdauer die Gebühr nach dem Tarif entrichtet wird. Wird die Gebühr nicht rechtzeitig gezahlt, so muß der tarifmäßige Zuschlag entrichtet werden. Frühestens zwei Monate nach Ablauf der Schutzdauer gibt das Patentamt dem Eingetragenen Nachricht, daß die Eintragung des Musters oder Modells im Musterregister wegen Beendigung der Schutzdauer gelöscht wird, wenn die Gebühr mit dem Zuschlag nicht innerhalb von vier Monaten nach Zustellung der Nachricht entrichtet wird.

(4) Das Patentamt kann die Absendung der Nachricht auf Antrag des Eingetragenen hinausschieben, wenn dieser nachweist, daß ihm die Zahlung nach Lage seiner Mittel zur Zeit nicht zuzumuten ist. Es kann die Hinausschiebung davon abhängig machen, daß innerhalb bestimmter Fristen Teilzahlungen geleistet werden. Erfolgt eine Teilzahlung nicht fristgemäß, so benachrichtigt das Patentamt den eingetragenen Inhaber, daß die Eintragung in das Musterregister wegen Beendigung der Schutzdauer gelöscht wird, wenn der Restbetrag nicht innerhalb eines Monats nach Zustellung gezahlt wird.

(5) Ist ein Antrag, die Absendung der Nachricht hinauszuschieben, nicht gestellt worden, so können Gebühr und Zuschlag beim Nachweis, daß die Zahlung nicht zuzumuten ist, noch nach Zustellung der Nachricht gestundet werden, wenn dies innerhalb von vierzehn Tagen nach der Zustellung beantragt und die bisherige Säumnis genügend entschuldigt wird. Die Stundung kann auch unter Auferlegung von Teilzahlungen bewilligt werden. Wird ein gestundeter Betrag nicht rechtzeitig entrichtet, so wiederholt das Patentamt die Nachricht, wobei der gesamte Restbetrag eingefordert wird. Nach Zustellung der zweiten Nachricht ist eine weitere Stundung unzulässig.

(6) Die Nachricht, die auf Antrag hinausgeschoben worden ist (Absatz 4) oder die nach gewährter Stundung erneut zu ergehen hat (Absatz 5),

II. Erläuterungen zum Geschmacksmustergesetz

muß spätestens zwei Jahre nach Fälligkeit der Gebühr abgesandt werden. Geleistete Teilzahlungen werden nicht erstattet, wenn wegen Nichtzahlung des Restbetrags die Eintragung in das Musterregister gelöscht wird.

Übersicht der Erläuterungen

Vorbemerkung 156
A. Die Neuregelung – für Anmeldungen ab 1.Juli 1988 ... 157
 1. Die erste Schutzperiode ... 157
 2. Verlängerung der Schutzdauer 158
 3. Benachrichtigung durch das Patentamt 158
 4. Hinausschieben der Benachrichtigung 159
 5. Weitere Stundung 159
 6. Praktische Hinweise für die Verlängerung der Schutzdauer 160
B. Die alte Regelung – für Anmeldungen vor dem 1.Juli 1988 161
 I. § 8 GeschmMG a.F. (alte Fassung) 161

II. Erläuterungen zur alten Regelung 162
 1. Allgemeines 162
 2. Die Rechtsprechung des Bundesgerichtshofs 162
 3. Auslegungsregel 162
 4. Wann muß der Verlängerungsantrag gestellt werden? 163
 5. Form des Verlängerungsantrages . 163
 6. Gebühren 164
 7. Wiedereinsetzung in den vorigen Stand 164

Vorbemerkung

Die frühere, nur schwer verständliche Regelung zur Schutzdauer von Geschmacksmustern hat häufig zu Mißverständnissen Anlaß gegeben. Anmelder und Inhaber von Geschmacksmustern mußten immer wieder feststellen, daß die Schutzfrist nicht mehr verlängert werden konnte, weil sie eine Schutzdauer gewählt hatten, die nicht dem Turnus entsprach, der im Gesetz für die Verlängerung der Schutzfrist vorgesehen war. Bundesgerichtshof und Bundespatentgericht hatten sich – wie vorher schon das Reichsgericht – mehrfach mit Fällen zu befassen, in denen die Inhaber von Geschmacksmustern über die unglückliche Formulierung des alten § 8 GeschmMG gestolpert waren (vgl. RG in RGZ 154, 321; BGH in GRUR 1979, 548 – „Blumenwanne"; BPatG in GRUR 1972, 613 – „Membranpumpe" sowie die Zusammenstellung in der ersten Auflage Anm. 2 und 3 zu § 8 GeschmMG a.F.). Zum Glück der Anmelder von Geschmacksmustern ab 1. Juli

1988 ist diese Rechtsprechung durch das Änderungsgesetz nur noch von rechtshistorischem Interesse.

An die Stelle der komplizierten und häufig mißverstandenen alten Vorschriften für die Wahl der ersten Schutzdauer und die Verlängerung der Schutzfrist von Geschmacksmustern sind nunmehr klare, verständliche und in der Durchführung urheberfreundliche Verlängerungsregeln getreten. Die einzelnen Schutzperioden wurden dem internationalen Standard angeglichen und betragen jeweils fünf Jahre. Die Höchstdauer des Schutzes wurde von fünfzehn auf zwanzig Jahre verlängert. Damit steht für neue ästhetisch wirksame Farb- und Formgestaltungen ein Schutzrecht von gleicher Dauer zur Verfügung wie für technische Neuerungen nach dem Patentgesetz (vgl. § 16 PatG).

Über der Freude über die Neuregelung darf aber nicht vergessen werden, daß auf Muster oder Modelle, die vor dem 1. Juli 1988 angemeldet worden sind, die bis dahin geltenden Vorschriften weiter anzuwenden sind (Art. 5 Gesetz zur Änderung des Geschmacksmustergesetzes). Für diese alten Muster oder Modelle wird daher die alte Regelung unter Anm. B erläutert.

A. Die Neuregelung – für Anmeldungen ab 1. Juli 1988

1. Die erste Schutzperiode

Mit der Anmeldung (§ 7 Abs. 1 GeschmMG) und der Zahlung der Anmeldegebühr (§ 8c GeschmMG) erwirbt der Anmelder für sein Muster oder Modell den Schutz als Geschmacksmuster zunächst für die Dauer von fünf Jahren, „die mit dem Tag beginnen, der auf die Anmeldung folgt" (s. Absatz 1). Der Anmelder ist jedoch nicht gehindert, für das angemeldete Muster oder Modell von vornherein eine Schutzdauer von zehn, fünfzehn oder zwanzig Jahren anzustreben, indem er alle Gebühren einzahlt, die die Verlängerung bewirken (s. § 16 MusterAnmV). Wenn der Anmelder zusammen mit der Anmeldegebühr die Gebühren für die gewünschten weiteren Schutzjahre nach dem Tarif (s. Seite 137) entrichtet, wird die gesamte Schutzdauer im Musterregister vermerkt und bei der Bekanntmachung im Geschmacksmusterblatt mitgeteilt. Zahlt der Anmelder schon im Zeitpunkt der Anmeldung die Gebühren für alle möglichen zwanzig Schutzjahre, so spart er die Kosten für die Bekanntmachung bei der ersten, zweiten und dritten turnusmäßigen Verlängerung der Schutzdauer. Er braucht sich um die Verlängerung der Schutzdauer nicht mehr zu kümmern. Andererseits trägt er das

Risiko, daß er die eingezahlten Gebühren nicht zurückerhält, „falls die Eintragung des Musters oder Modells nach § 10c Abs. 1 Nr. 2 und 3 GeschmMG gelöscht wird" (§ 16 MusterAnmV).

Für die Masse der Muster und Modelle und insbesondere für alle Muster in modisch orientierten Branchen reicht die erste Schutzfrist von fünf Jahren erfahrungsgemäß aus.

2. Verlängerung der Schutzdauer

Die Verlängerung der Schutzdauer „kann um jeweils fünf Jahre oder ein Mehrfaches davon" erfolgen und zwar bis zur Höchstschutzdauer von zwanzig Jahren. Die Schutzperiode beträgt jeweils fünf Jahre. Die Formulierung „oder ein Mehrfaches davon" besagt, daß die Verlängerung der Schutzdauer nach Ablauf der ersten fünf Jahre auch um zehn oder fünfzehn Jahre erfolgen kann, wenn der Inhaber des Geschmacksmusters die entsprechenden Gebühren für die gewünschten weiteren Schutzjahre nach dem Tarif (s. Anhang 4) entrichtet.

Die Verlängerung der Schutzdauer wird allein durch die Zahlung der Verlängerungsgebühr bewirkt. Ein schriftlicher Verlängerungsantrag ist nicht erforderlich. Die Gebühr nach dem Tarif (s. Anhang 4) muß vor dem Ablauf der bestehenden Schutzfrist entrichtet werden.

3. Benachrichtigung durch das Patentamt

Wird die Gebühr nicht rechtzeitig entrichtet, so entsteht dem Inhaber des Geschmacksmusters kein Rechtsnachteil, sondern lediglich etwas höhere Kosten. „Wird die Gebühr nicht rechtzeitig gezahlt, so muß der tarifmäßige Zuschlag entrichtet werden" (§ 9 Abs. 3 Satz 2 GeschmMG). Der Zuschlag für die verspätete Zahlung der Verlängerungsgebühren beträgt 10% der Gebühr für die nächsten fünf Schutzjahre (s. Tarif Seite 137). Das Patentamt gibt dem Eintragenden „frühestens zwei Monate nach Ablauf der Schutzdauer" Nachricht, daß die Eintragung des Musters oder Modells im Musterregister gelöscht wird, wenn die Gebühr **mit** dem Zuschlag nicht innerhalb einer Frist von vier Monaten seit Zustellung der Nachricht über die Fälligkeit der Gebühr entrichtet wird.

Der Inhaber eines Geschmacksmusters hat also mindestens sechs Monate nach Ablauf der jeweiligen Schutzfrist noch Gelegenheit, die Verlängerung der Schutzdauer zu bewirken.

4. Hinausschieben der Benachrichtigung

Die Urheberfreundlichkeit der neuen Bestimmungen zur Verlängerung der Schutzdauer ist in Anlehnung an andere Gesetze auf dem Gebiet des gewerblichen Rechtsschutzes (vgl. § 17 Abs. 4 bis 6 PatG; § 14 Abs. 3 bis 5 Gebr.MG und § 47 Abs. 3 MarkenG) noch weiter ausgedehnt worden. Gemäß Absatz 4 und 5 erhalten Anmelder von Geschmacksmustern, denen die Zahlung der Gebühren nach Lage ihrer Mittel zur Zeit nicht zuzumuten ist, nunmehr sogar besondere Stundungsmöglichkeiten. Um dies zu erreichen, kann der Eingetragene einen Antrag stellen, die Benachrichtigung über die Nachfrist zur Gebührenzahlung hinauszuschieben. Nach der Begründung des Regierungsentwurfes soll diese Vorschrift insbesondere Massenanmeldern aus der mittelständischen Industrie zugute kommen, die infolge der saisonbedingten Muster und Modelle mit Gebühren belastet werden, die in ihrer Summe recht hoch sein können (Begr. zu § 9 Nr. 4).

Die Benachrichtigung kann bis zu zwei Jahren hinausgeschoben werden, denn gem. Absatz 6 muß die Nachricht, die auf Antrag hinausgeschoben wird, spätestens zwei Jahre nach Fälligkeit der Gebühren abgesandt werden. Da die Zahlung innerhalb von vier Monaten nach Zustellung der Nachricht eingehen muß, wenn keine Löschung erfolgen soll, kann der Antrag eine Zahlungsfrist bis zu 28 Monaten bewirken. Das Patentamt kann die beantragte Hinausschiebung der Benachrichtigung „davon abhängig machen, daß innerhalb bestimmter Fristen Teilzahlungen geleistet werden" (Absatz 4 Satz 2). Wenn eine Teilzahlung nicht fristgemäß erfolgt, wird der Eingetragene noch einmal benachrichtigt unter Androhung der Löschung der Eintragung im Musterregister, „wenn der Restbetrag nicht innerhalb eines Monats nach Zustellung gezahlt wird" (Absatz 4 Satz 3).

5. Weitere Stundung

Auch dann, wenn der Eingetragene keinen Antrag gestellt hatte, die Absendung der Nachricht über die Zahlungsfrist hinauszuschieben, kann er noch eine Stundung der Gebühr nebst Zuschlag erreichen. In diesem Fall muß er die Stundung innerhalb von vierzehn Tagen nach Zustellung der Nachricht beantragen und seine bisherige Säumnis genügend entschuldigen (Absatz 5 Satz 1). Auch in diesem Fall kann das Patentamt die Stundung bewilligen mit der Auflage von Teilzahlungen (Absatz 5 Satz 2). Die Nachricht über die Zahlungsfrist für die Teilzahlungen unter Androhung der Löschung, die nach gewährter Stundung erneut zu ergehen hat, muß spätestens zwei Jahre nach Fälligkeit der Gebühr vom Patentamt abgesandt werden (Absatz 6 Satz 1).

Erfolgt immer noch keine Zahlung der gewährten Teilzahlungen, so wiederholt das Patentamt seine Nachricht an den (noch) Eingetragenen und fordert gleichzeitig den gesamten Restbetrag ein. Danach ist eine weitere Stundung unzulässig (Absatz 5 Satz 3 und 4).

Geleistete Teilzahlungen werden nicht erstattet, wenn der Restbetrag nicht bezahlt und daraufhin die Eintragung im Musterregister gelöscht wird (Absatz 6 Satz 2).

6. Praktische Hinweise für die Verlängerung der Schutzdauer

Die Neuregelung bietet dem Anmelder und Inhaber eines Geschmacksmusters verschiedene Möglichkeiten für die Verlängerung der Schutzdauer. Er kann entweder

a) jeweils vor Ablauf der laufenden Schutzperiode die Gebühren für die nächste Schutzperiode von fünf Jahren bezahlen,

(Dies ist der Normalfall für alle Inhaber von Geschmacksmustern, die den Schutz für ihr Muster oder Modell für eine überschaubare Zeit verlängern wollen.)

oder

b) vor Ablauf einer Schutzperiode die Gebühren für alle weiteren noch möglichen Schutzjahre (zehn oder fünfzehn Jahre) bezahlen,

(Wenn sich ein Muster oder Modell in den ersten Schutzjahren zu einem ausgesprochenen „Renner" auf dem Markt entwickelt hat, kann der Inhaber des Geschmacksmusters diese Möglichkeit wählen.)

oder

c) nach der Anmeldung alle Gebühren bis zur Höchstdauer des Schutzes von zwanzig Jahren sofort bezahlen,

(Diese Möglichkeit sollte nur gewählt werden, wenn der Anmelder fest mit einem längeren Markterfolg für sein Muster oder Modell und daher mit dem Bedarf einer längeren Schutzdauer rechnen kann. Die sofortige Zahlung aller Gebühren erspart dem Anmelder die Kosten für die Bildbekanntmachung bei nachträglichen Verlängerungen, birgt aber anderseits auch ein Risiko in sich, da einbezahlte Verlängerungsgebühren bei Löschung des Geschmacksmusters nicht erstattet werden.)

oder

d) abwarten, bis er vom Patentamt eine Nachricht über die fälligen Verlängerungsgebühren erhält.

(Diese Möglichkeit, die dem Eingetragenen eine eigene Fristenkontrolle erspart, kostet ihn lediglich einen Zuschlag von 10% zu den fälligen Verlängerungsgebühren.)

Zu der Möglichkeit, die Nachricht des Patentamts über die fälligen Verlängerungsgebühren hinauszuschieben, und die weiteren Stundungsmöglichkeiten siehe oben Anm. 2d und e.

B. Die alte Regelung – für Anmeldungen vor dem 1. Juli 1988

Wegen des Zeitablaufs und der maximalen Schutzdauer der vor dem 1.7.1988 angemeldeten bzw. hinterlegten Geschmacksmuster von 15 Jahren verliert die alte Regelung des § 8 GeschmMG a.F. zunehmend an Bedeutung. Die Kommentierung dieser problematischen Vorschrift ist daher gegenüber der Vorauflage kürzer gehalten. Für zusätzliches Informationsbedürfnis wird auf die Vorauflage verwiesen.

I. § 8 GeschmMG a.F. (alte Fassung)

Für alle Geschmacksmuster, die vor dem Inkrafttreten des neuen Gesetzestextes angemeldet worden sind, gilt noch die alte Fassung des § 8 GeschmMG:

§ 8
Dauer des Schutzes

1. Der Schutz des gegenwärtigen Gesetzes gegen Nachbildung wird dem Urheber des Musters oder Modells nach seiner Wahl ein bis drei Jahre lang, vom Tage der Anmeldung (§ 7) ab, gewährt.

2. Der Urheber ist berechtigt, gegen Zahlung der im § 12 Abs. 3 bestimmten Gebühr, eine Ausdehnung der Schutzfrist bis auf höchstens fünfzehn Jahre zu verlangen. Die Verlängerung der Schutzfrist wird in dem Musterregister eingetragen.

3. Der Urheber kann das ihm nach Absatz 2 zustehende Recht außer bei der Anmeldung auch bei Ablauf der dreijährigen und der zehnjährigen Schutzfrist ausüben.

II. Erläuterungen zur alten Regelung

1. Allgemeines

Der Text von § 8 GeschmMG a. F. hat häufig zu Mißverständnissen Anlaß gegeben. Anmelder und Inhaber von Geschmacksmustern, die den Absatz 3 nicht beachten, müssen immer wieder feststellen, daß die Schutzfrist nicht mehr verlängert werden kann, weil sie eine Schutzdauer gewählt haben, die nicht dem Turnus entspricht, der im Gesetz für die Verlängerung der Schutzfrist vorgesehen ist.

Die völlige Freiheit, die der Gesetzgeber den Anmeldern bei der Wahl der Schutzdauer in § 8 Abs. 1 und 2 GeschmMG a. F. eingeräumt hat, ermöglicht jede gewünschte Schutzfrist im Rahmen der Höchstfrist von fünfzehn Jahren. Wer aber die Höchstfrist erreichen will, muß dies entweder gleich bei der Anmeldung beantragen, oder er muß vor Ablauf der ersten drei Jahre eine Verlängerung der Schutzfrist auf zehn Jahre und vor Ablauf des zehnten Jahres eine Verlängerung auf fünfzehn Jahre beantragen (§ 8 Abs. 3 GeschmMG a. F.) Wohlgemerkt: Der Antrag muß stets vor Ablauf der laufenden Schutzfrist und nicht – wie im Gesetzestext zu lesen – „bei Ablauf" gestellt werden.

Werden diese Stufen nicht eingehalten, ist die Ausschöpfung der vollen Schutzdauer von 15 Jahren nicht möglich. Der nach altem Recht möglichen, ganz individuellen Wahl einer bestimmten Schutzdauer, beispielsweise von acht Jahren, stand also der Verlust der Verlängerungsmöglichkeit auf die volle Schutzdauer gegenüber.

2. Die Rechtsprechung des Bundesgerichtshofs

Der Bundesgerichtshof hat diese komplizierte und zu Fehlauslegungen verführende Regelung in der Entscheidung „Blumenwanne" (GRUR 1979, 548) bestätigt und die wenig glückliche Formulierung des Gesetzes in Leitsatz und Entscheidungsgründen erläutert:

„Eine Verlängerung der Schutzfrist bei Ablauf der zunächst beanspruchten drei Jahre auf die Höchstfrist von 15 Jahren ist nur entweder sogleich bei der ersten Ausübung des Rechts oder aber in der

Weise möglich, daß zunächst eine Ausdehnung auf zehn und sodann eine weitere Ausdehnung auf die Höchstfrist begehrt wird."

3. Auslegungsregel

Für die Verlängerung von Geschmacksmustern, die vor dem 1.7.1988 angemeldet bzw. hinterlegt wurden, gelten also die folgenden Regeln:

a) Wer die Schutzfrist eines Geschmacksmusters, das vor dem 1.7.1988 angemeldet worden ist, verlängern will, muß die Formel

„3 − 10 − 15"

beachten.

Grundsätzlich kann die Schutzdauer „bei Ablauf der 3jährigen und der 10jährigen Schutzfrist" verlängert werden.

b) Nach Ablauf der 3jährigen Erstfrist kann die Schutzdauer wahlweise um 7 Jahre (10jährige Schutzfrist) oder um 12 Jahre (15jährige Schutzfrist) verlängert werden.

c) Nach Ablauf der zehnjährigen Schutzfrist kann die Schutzdauer um weitere fünf Jahre bis zur vollen 15jährigen Schutzfrist verlängert werden.

4. Wann muß der Verlängerungsantrag gestellt werden?

Der Antrag auf Verlängerung der Schutzfrist muß „bei Ablauf der 3jährigen und der 10jährigen Schutzfrist" gestellt werden. „Bei Ablauf" heißt = **vor Ablauf** der laufenden Schutzfrist. „Denn eine Verlängerung der Frist muß stets **vor Ablauf** der laufenden Frist beantragt werden, mag dies aus dem Wortlaut des Gesetzes auch nicht eindeutig hervorgehen (OLG Düsseldorf in GRUR 1962, 380/381 − „Schutzfristverlängerung").

Da der Antrag vor Ablauf der Frist beim zuständigen Registergericht oder − bei ausländischen Anmeldern − beim Deutschen Patentamt eingegangen sein muß, ist eine rechtzeitige Antragstellung zu empfehlen.

5. Form des Verlängerungsantrages

Der Antrag auf Verlängerung der Schutzfrist kann mündlich oder schriftlich bei der zuständigen Behörde gestellt werden. Ein rechtzeitiger schriftlicher Antrag ist zu empfehlen.

II. Erläuterungen zum Geschmacksmustergesetz

Der Antrag auf Verlängerung der Schutzfrist eines Geschmacksmusters kann — im Gegensatz zur Anmeldung und Niederlegung — auch telegrafisch oder mit Telefax gestellt werden.

„Das Telegramm/Fernschreiben — sinngemäß gilt dies selbstverständlich auch für ein Telefax — muß die Registernummer, den gewünschten Verlängerungszeitraum, den Namen des Inhabers oder Vertreters enthalten. Danach ist eine schriftliche Bestätigung des Telegramms erforderlich" (DPA Auskunftsstelle vom 1.4.1981).

6. Gebühren

Der Antrag auf Verlängerung der Schutzfrist nach altem Recht ist nicht abhängig von der Einzahlung einer Gebühr. Die Einzahlung der Verlängerungsgebühren kann vielmehr später — nach Mitteilung der Höhe dieser Gebühren durch den Registerbeamten — erfolgen.

7. Wiedereinsetzung in den vorigen Stand

Nach Ablauf der Schutzfrist ist keine Verlängerung mehr möglich. Für den verspäteten Antrag auf Verlängerung der Schutzfrist ist nur bei unverschuldeter Versäumnis, d.h. unter ganz besonderen Voraussetzungen, eine Wiedereinsetzung in den vorigen Stand möglich.

In allen Fällen der Fristversäumnis ist es ratsam, unverzüglich nach der Feststellung der Fristversäumnis anwaltlichen Rat einzuholen.

§ 10
Registerverfahren

(1) Das Patentamt entscheidet im Verfahren nach diesem Gesetz durch ein rechtskundiges Mitglied im Sinne des § 26 Abs. 1 Satz 2 des Patentgesetzes. Für die Ausschließung und Ablehnung dieses Mitglieds des Patentamts gelten die §§ 41 bis 44, 45 Abs. 2 Satz 2 und die §§ 47 bis 49 der Zivilprozeßordnung über die Ausschließung und Ablehnung der Gerichtspersonen entsprechend. Über das Ablehnungsgesuch entscheidet, soweit es einer Entscheidung bedarf, ein anderes rechtskundiges Mitglied des Patentamts, das der Präsident des Patentamts allgemein für Entscheidungen dieser Art bestimmt hat.

(2) Das Patentamt bestimmt, welche Warenklassen einzutragen und bekanntzumachen sind. Im übrigen trägt es die eintragungspflichtigen

§ 10 Registerverfahren

Angaben des Anmelders in das Musterregister ein, ohne dessen Berechtigung zur Anmeldung und die Richtigkeit der in der Anmeldung angegebenen Tatsachen zu prüfen. In den Fällen des § 7 Abs. 2 stellt es fest, daß der Schutz für das angemeldete Muster oder Modell nicht erlangt worden ist, und versagt die Eintragung.

(3) Sind die Erfordernisse, die in diesem Gesetz oder einer nach § 12 Abs. 1 erlassenen Rechtsverordnung für eine ordnungsmäßige Anmeldung zwingend vorgeschrieben sind, nicht erfüllt, so teilt das Patentamt dem Anmelder die Mängel mit und fordert ihn auf, diese innerhalb einer Frist von zwei Monaten nach Zustellung der Nachricht zu beheben. Wird der Mangel innerhalb der Frist behoben, so gilt der Zeitpunkt des Eingangs des Schriftsatzes beim Patentamt als Zeitpunkt der Anmeldung des Musters oder Modells. Das Patentamt stellt diesen Zeitpunkt fest und teilt ihn dem Anmelder mit.

(4) Werden die in Absatz 3 genannten Mängel innerhalb der Frist nicht behoben, oder wird die Anmeldegebühr innerhalb der Frist nach § 8c Abs. 2 nicht gezahlt, so gilt die Anmeldung als nicht eingereicht; das Patentamt stellt dies fest und versagt die Eintragung.

(5) § 123 Abs. 1 bis 5 und die §§ 124 und 126 bis 128 des Patentgesetzes sind entsprechend anzuwenden.

Übersicht der Erläuterungen

Vorbemerkung 165
1. Wer ist entscheidungsbefugt? . 166
2. Was wird geprüft? 166
3. Was wird nicht geprüft? 167
4. Ausnahme: Offensichtlicher Mißbrauch 168
5. Aufforderung zur Beseitigung der Mängel 169
    a) Die Mängel werden behoben 170
    b) Die Mängel werden nicht behoben 170
6. Sonstige Vorschriften 170

Vorbemerkung

Durch das Gesetz zur Änderung des Geschmacksmustergesetzes vom 18. Dezember 1986 ist das Registerverfahren ab 1. Juli 1988 dem Patentamt übertragen worden. Die Registergerichte haben lediglich die bis zum 30. Juni 1988 erfolgten Anmeldungen und Eintragungen weiterhin zu bearbeiten mit Ausnahme der Anmeldungen von Ausländern, für die schon bisher das Deutsche Patentamt zuständig war. Der § 10 GeschmMG regelt nunmehr das Registerverfahren für alle Anmeldungen und Eintragungen ab 1. Juli 1988.

II. Erläuterungen zum Geschmacksmustergesetz

1. Wer ist entscheidungsbefugt?

Das Patentamt entscheidet in Musterregistersachen grundsätzlich „durch ein rechtskundiges Mitglied", d. h. durch einen Beamten des höheren Dienstes, der die Befähigung zum Richteramt nach dem Deutschen Richtergesetz besitzt. Ausnahmen ergeben sich aus der Rechtsverordnung des Präsidenten des Patentamts zu § 12a Abs. 1 und 2 GeschmMG, wonach auch Beamte des gehobenen und mittleren Dienstes mit der Wahrnehmung einzelner Geschäfte im Verfahren um Musterregistersachen, die rechtlich keine Schwierigkeiten bieten, betraut werden können.

Rechtskundige Beamte des höheren Dienstes haben gem. § 12a Abs. 1 Nr. 1-5 GeschmMG zu entscheiden über

a) die Eintragung oder Versagung der Eintragung einer Priorität (§ 7b Abs. 3 Satz 2);

b) die Feststellung, daß mitgeteilte Mängel der Anmeldung nicht behoben worden sind, und die Versagung der Eintragung aus Gründen, denen der Anmelder widersprochen hat (§ 10 Abs. 4);

c) die Feststellung, daß die Veröffentlichung des Musters oder Modells oder die Verbreitung einer Nachbildung gegen die öffentliche Ordnung oder die guten Sitten verstoßen würde, und die Versagung der Eintragung nach § 10 Abs. 2 Satz 3;

d) die Löschung der Eintragung eines Musters oder Modells auf Antrag eines Dritten (§ 10c Abs. 1 Nr. 3);

e) die in das Musterregister einzutragenden und bekanntzumachenden Warenklassen, wenn die Entscheidung hierüber von den Angaben des Anmelders abweicht;

f) die Abhilfe und Vorlage der Beschwerde (§ 10a Abs. 1 Satz 4) gegen einen Beschluß im Verfahren nach dem Geschmacksmustergesetz.

Für die Ausschließung oder Ablehnung der entscheidungsbefugten Mitglieder des Patentamts gelten die einschlägigen Vorschriften der Zivilprozeßordnung entsprechend (§§ 41 ff. ZPO).

2. Was wird geprüft?

Geprüft werden zunächst die formellen Eintragungserfordernisse, die durch das Gesetz oder die Musteranmeldeverordnung (s. Anhang Nr. 1) zwingend vorgeschrieben sind. Gemäß § 3 MusterAnmV **muß** der Eintragungsantrag enthalten:

(1) die Erklärung, daß für das Muster oder Modell die Eintragung in das Musterregister beantragt wird;

(2) den Namen oder die Bezeichnung des Anmelders und sonstige Angaben (Anschrift), die die Identifizierung des Anmelders ermöglichen;

(3) die Unterschrift des Anmelders oder der Anmelder oder eines Vertreters.

Bei Sammelanmeldungen muß der Eintragungsantrag auch die Erklärungen und Angaben enthalten, die sich aus § 4 MusterAnmV ergeben (vgl. § 7 Anm. B II 4a).

Ferner wird geprüft,

a) ob der Vertreter eine ordnungsgemäße Vollmacht vorgelegt hat;

b) ob die Veröffentlichung des Musters oder Modells die Verbreitung einer Nachbildung gegen die öffentliche Ordnung oder die guten Sitten verstoßen würde (§ 7 Abs. 2);

c) ob die Darstellung des zum Schutz angemeldeten Musters oder Modells den Erfordernissen der §§ 5-7 MusterAnmV entspricht;

(Diese Prüfungsbefugnis wurde nach Inkrafttreten des Reformgesetzes durch die Rspr. des BPatG eingeschränkt — siehe hierzu die Kommentierung zu § 7 GeschmMG, Anm B I 4).

d) ob der Anmelder das angemeldete Muster oder Modell in die richtige Warenklasse eingeordnet hat;

e) die Angaben und Unterlagen, wenn die Priorität einer ausländischen Anmeldung desselben Musters oder Modells in Anspruch genommen wird und

f) ob die Anmeldegebühr nach dem Tarif bezahlt worden ist.

Schließlich wird geprüft, ob der Anmelder Mängel der Anmeldung, die ihm vom Patentamt mitgeteilt worden sind, innerhalb der gesetzten Frist behoben hat.

3. Was wird nicht geprüft?

Nicht geprüft wird, ob der Anmelder zu seiner Anmeldung berechtigt ist und ob die in der Anmeldung angegebenen Tatsachen richtig sind (§ 10 Abs. 2 Satz 2). Seine Aktivlegitimation wird unterstellt. Dabei ist es auch gleichgültig, ob der Anmelder selbst der Urheber des angemeldeten Musters oder Modells ist oder der Rechtsnachfolger (§ 3

II. Erläuterungen zum Geschmacksmustergesetz

GeschmMG) oder der Arbeitgeber des Urhebers (§ 2 GeschmMG). Nicht geprüft wird die Frage der Neuheit, der Eigentümlichkeit und der möglichen Vorverbreitung des Musters vor der Anmeldung.

Das Patentamt hat also weder über die materiellen Voraussetzungen noch über den guten Geschmack des Anmelders zu befinden. Trotzdem dürfte die Eintragung der „Musteridee" eines phantasievollen Pop-Artisten, der sich selbst als „Modell eines lebenden Menschen" angemeldet und in Form eines Fotos niedergelegt hatte, als offensichtliche Eulenspiegelei zu weit gehen. Das Patentamt, das in jedem Fall die Formalien der Anmeldung und Niederlegung als Voraussetzung der Eintragung zu prüfen hat, kann in derart eindeutigen Fällen auch die Geschmacksmusterfähigkeit des angemeldeten Musters oder Modells verneinen und die Anmeldung zurückweisen (vgl. hierzu unten unter Ziffer 4: Offensichtlicher Mißbrauch).

Nicht vom Patentamt geprüft wird insbesondere auch, ob die Darstellung den Gegenstand des Geschmacksmusters ausreichend offenbart. Diese Frage war im Hinblick auf bestimmte in der MusterAnmV enthaltene „zwingende Erfordernisse" nach Inkrafttreten des Reformgesetzes zunächst streitig. Das BPatG hat dann in mehreren Entscheidungen festgestellt, daß eine solche Prüfung den Rahmen des dem Patentamt obliegenden Registrierverfahrens überschreiten und im übrigen auch im Widerspruch zu dem mit der Gesetzesänderung erstrebten Ziel einer Vereinfachung des Verwaltungsverfahrens stehen würde (BPatG, GRUR 1989, 751 – „Kugelspiel"). Geschützt wird nur, was dargestellt ist. Bleibt die Form der Darstellung hinter dem Beanspruchten zurück, so geht das zu Lasten des Anmelders (BPatG, GRUR 1989, 915 – „Skihandschuh"). Die Grenze ist – auch nach dieser neueren Rechtsprechung des BPatG – der offensichtliche Offenbarungsmangel (BPatG, a.a.O.).

4. Ausnahme: Offensichtlicher Mißbrauch

Grundsätzlich erfolgt keine Prüfung darauf, ob das angemeldete Muster oder Modell seiner Natur nach geschmacksmusterfähig ist (vgl. BPatGerE 1, 223, 224 – „Buntgefärbte Teigwaren"). Was als Muster oder Modell angemeldet und niedergelegt wird, ist in aller Regel einzutragen. Bei offensichtlichem Irrtum des Anmelders über Begriff und Wesen des Geschmacksmusters, d.h. in offensichtlichen Fällen der Geschmacksmusterunfähigkeit kann das Patentamt „beratend wirken" (so Furler im Hinblick auf das Registergericht, a.a.O. Rdz 8 zu § 10 GeschmMG).

Die Frage, ob in jedem Fall eine Eintragung erfolgen muß oder ob in extremen Fällen auch eine Zurückweisung der Anmeldung erfolgen kann, ist in der Literatur nicht einheitlich beanwortet worden. Aus der Definition des BGH zum Schutzgegenstand, „Schutzgegenstand des Geschmacksmusterrechts sind Farb- und Formgestaltungen, die bestimmt und geeignet sind, das geschmackliche Empfinden des Betrachters, insbesondere seinen Formensinn anzusprechen, und die deshalb dem Geschmacksmusterschutz zugänglich sind" und der Zweckbestimmung der Muster und Modelle zur Serienfertigung ergibt sich, daß z. B. Duftwasser, Pflanzen und Tierzüchtungen oder gar das „Modell eines lebenden Menschen" nicht geschmacksmusterfähig sein können. Es ist daher dem Bundespatentgericht zuzustimmen, das sich in seiner Entscheidung „Buntgefärbte Teigwaren" einer vermittelnden Ansicht angeschlossen hat. Hiernach ist ein angemeldetes Muster, das nach seiner Natur nicht geschmacksmusterfähig ist, von der Eintragung auszuschließen, „aber nur dann, wenn dies ohne nähere Prüfung klar ist". Bei den angemeldeten, buntgefärbten Teigwaren in Form von Konfetti-Sternchen führte diese Überlegung zur Eintragung (BPatGerE 1, 224 − „Buntgefärbte Teigwaren").

Die häufig zitierte Entscheidung des OLG Frankfurt zur mangelnden Schutzfähigkeit eingebauter Raumdekorationen erscheint heute im Hinblick auf die inzwischen üblichen Lokal-Ketten (z. B. Wiener Wald, MacDonalds, Churasco usw.), Fertighäuser und Spieltürme zu eng gefaßt (OLG Frankfurt in GRUR 1955, 210/211 − „Ausstattung einer Gaststätte"). Kochrezepte gelten allgemein als schutzunfähig, jedoch können auch Rezepte oder Verfahrensvorschriften „durch ihre besondere ästhetisch-schöpferische, körperliche Festlegung" geschmacksmusterfähig sein (so von Gamm, Geschmacksmustergesetz, 1. Auflage, 1966, Rdz 2 zu § 10 GeschmMG).

In den wenigen Fällen, in denen ohne nähere Prüfung klar ist, daß das angemeldete Muster seiner Natur nach nicht geschmacksmusterfähig ist und seine Eintragung daher einen Mißbrauch des Musterregisters darstellen würde, erscheint die Eintragung allerdings unzumutbar (BPatGerE 1, 223 − „Buntgefärbte Teigwaren").

5. Aufforderung zur Beseitigung der Mängel

Das Patentamt teilt dem Anmelder etwaige Mängel seiner Anmeldung mit und fordert ihn auf, diese innerhalb einer Frist von zwei Monaten nach Zustellung der Nachricht zu beheben (§ 10 Abs. 3 Satz 1).

II. Erläuterungen zum Geschmacksmustergesetz

a) Die Mängel werden behoben

Werden die Mängel fristgemäß behoben, so erfolgt die Eintragung der Anmeldung in das Musterregister. Dabei gilt der Zeitpunkt des Eingangs des Schriftsatzes, mit dem die Mängel behoben werden, als Zeitpunkt der Anmeldung des Musters oder Modells (§ 10 Abs. 3 Satz 2).

b) Die Mängel werden nicht behoben

Werden die Mängel innerhalb der gesetzten Frist (zwei Monate) nicht behoben, so ergeben sich die Rechtsfolgen aus § 10 Abs. 4. Die Anmeldung gilt als nicht eingereicht. Das Patentamt stellt dies fest und versagt die Eintragung.

6. Sonstige Vorschriften

Nach § 10 Abs. 5 sind im Musterregisterverfahren einige Vorschriften des Patentgesetzes entsprechend anzuwenden. Hierbei handelt es sich um folgende Bestimmungen:

§ 123 PatG Wiedereinsetzung in den vorigen Stand bei entschuldbarer Fristversäumnis
§ 124 PatG Wahrheitspflicht der Beteiligten
§ 126 PatG Die Amtssprache in deutsch
§ 127 PatG Zustellungen im Verfahren vor dem Patentamt
§ 128 PatG Rechtshilfe durch die Gerichte

(§§ 123–128 PatG s. Anhang Nr. 16)

§ 10a
Beschwerdeverfahren

(1) Gegen die Beschlüsse des Patentamts im Verfahren nach diesem Gesetz findet die Beschwerde an das Bundespatentgericht statt. Über die Beschwerde entscheidet ein Beschwerdesenat des Patentgerichts in der Besetzung mit drei rechtskundigen Mitgliedern. Für die Beschwerde ist eine Gebühr nach dem Tarif zu zahlen; wird sie nicht innerhalb der Beschwerdefrist gezahlt, so gilt die Beschwerde als nicht erhoben. Die §§ 69, 73 Abs. 2, 4 und 5, § 74 Abs. 1, § 75 Abs. 1, die §§ 76 bis 80 und 86 bis 99, § 123 Abs. 1 bis 5 sowie die §§ 124 und 126 bis 128 des Patentgesetzes sind entsprechend anzuwenden.

§ 10a Beschwerdeverfahren

(2) Gegen die Beschlüsse des Beschwerdesenats über eine Beschwerde nach Absatz 1 findet die Rechtsbeschwerde an den Bundesgerichtshof statt, wenn der Beschwerdesenat die Rechtsbeschwerde zugelassen hat. § 100 Abs. 2 und 3, die §§ 101 bis 109, § 123 Abs. 1 bis 5 und § 124 des Patentgesetzes sind entsprechend anzuwenden.

Übersicht der Erläuterungen

1. Beschwerde an das Bundespatentgericht 171
2. Rechtsbeschwerde an den Bundesgerichtshof 172
3. Beschwerde gegen Entscheidungen der Registergerichte (bei Anmeldungen vor dem 1. Juli 1988) 172

1. Beschwerde an das Bundespatentgericht

Gegen die Beschlüsse des Patentamts (z. B. im Anmelde-, Verlängerungs- oder Löschungsverfahren sowie bei der Einsicht in die Musterakten) findet die Beschwerde an das Bundespatentgericht statt. Das Beschwerdeverfahren entspricht gem. § 10a Abs. 1 Satz 4 GeschmMG dem Verfahren nach dem Patentgesetz (vgl. die im Anhang unter Nr. 16 abgedruckten §§ des Patentgesetzes).

Die Beschwerdefrist beträgt einen Monat, d. h. die Beschwerde ist innerhalb eines Monats nach Zustellung des Beschlusses schriftlich einzulegen und zwar beim Patentamt (§ 73 Abs. 2 PatG sowie Röhl, Die Einlegung der Beschwerde zum Bundespatentgericht in Mitt. 1966, 83). Mit der Beschwerde ist eine Gebühr nach dem Tarif zu zahlen. Die Gebühr beträgt bei Beschwerden, die die Entscheidung des Patentamts über ein einzelnes Muster oder Modell betreffen, DM 200,00, bei Beschwerden, die eine Sammelanmeldung betreffen, DM 350,00. Wird die Beschwerdegebühr nicht innerhalb der Beschwerdefrist gezahlt, so gilt die Beschwerde als nicht erhoben (Abs. 1 Satz 3).

Die Beschwerde ist beim Patentamt einzulegen, weil „die Stelle, deren Beschluß angefochten wird", der Beschwerde abzuhelfen hat, wenn sie sie für begründet erachtet (§ 73 Abs. 4 PatG). Die Beschwerde hat aufschiebende Wirkung (§ 75 Abs. 1 PatG). Eine mündliche Verhandlung findet nur statt, wenn einer der Beteiligten sie beantragt oder wenn vor dem Patentgericht Beweis erhoben wird (§ 78 PatG). Das Bundespatentgericht entscheidet über eine Beschwerde in der Besetzung mit drei rechtskundigen Richtern durch Beschluß (Abs. 1 Satz 2 i. V. mit § 79 Abs. 1 PatG). Die Verfahrensvorschriften – z. B. über die Wiedereinsetzung in den vorigen Stand (§ 123 PatG) usw. – ergeben sich aus dem Patentgesetz (s. Anhang Nr. 16).

II. Erläuterungen zum Geschmacksmustergesetz

2. Rechtsbeschwerde an den Bundesgerichtshof

Die Rechtsbeschwerde gegen die Beschlüsse des Bundespatentgerichts ist eine sog. Zulassungsbeschwerde, d. h. sie ist nur statthaft, wenn der Beschwerdesenat die Rechtsbeschwerde in seinem Beschluß ausdrücklich zugelassen hat. Die Rechtsbeschwerde ist gem. § 100 Abs. 2 PatG zuzulassen, wenn

1. eine Rechtsfrage von grundsätzlicher Bedeutung zu entscheiden ist oder

2. die Fortbildung des Rechts oder die Sicherung einer einheitlichen Rechtsprechung eine Entscheidung des Bundesgerichtshofs erfordert.

Einer Zulassung zur Einlegung der Rechtsbeschwerde gegen Beschlüsse des Beschwerdesenats bedarf es nicht, wenn bestimmte Mängel des Verfahrens vorliegen und ein solcher Mangel gerügt wird (vgl. hierzu § 100 Abs. 3 PatG − Anhang Nr. 16).

Die Rechtsbeschwerde ist innerhalb eines Monats nach Zustellung des Beschlusses des Bundespatentgerichts beim Bundesgerichtshof schriftlich einzureichen und innerhalb einer weiteren Monatsfrist zu begründen. Zu den Einzelheiten der Begründung und des Verfahrens vor dem Bundesgerichtshof verweist § 10a Abs. 2 GeschmMG auf § 100 Abs. 2 und 3, sowie auf die §§ 101 bis 109, 123 Abs. 1 bis 5 und § 124 PatG (s. Anhang Nr. 16).

3. Beschwerde gegen Entscheidungen der Registergerichte
(bei Anmeldungen vor dem 1. Juli 1988)

Gegen die Entscheidungen der Rechtspfleger ist ausschließlich die an keine Frist gebundene Erinnerung gegeben (§ 11 RPflG). Der Rechtspfleger kann der Erinnerung abhelfen. Tut er dies nicht, entscheidet der Amtsrichter (Registerrichter), wenn er die Erinnerung für zulässig und begründet erachtet, oder wenn gegen die Entscheidung − vorausgesetzt, er hätte sie erlassen − ein Rechtsmittel nicht gegeben wäre. Andernfalls entscheidet nach Vorlage der Erinnerung durch den Amtsrichter das Landgericht (Kammer für Handelssachen) über die Erinnerung, die dann als (unbefristete) Beschwerde gegen die Entscheidung des Rechtspflegers gilt. Über die ebenfalls unbefristete Beschwerde gegen die Entscheidung des Landgerichts entscheidet das Oberlandesgericht (in Bayern das Bayerische Oberste Landesgericht) gem. § 27 FGG i. V. m §§ 550, 551, 561, 563 ZPO.

§ 10 b
Verfahrenskostenhilfe

Im Verfahren nach den §§ 10 und 10a erhält der Anmelder auf Antrag unter entsprechender Anwendung der §§ 114 bis 116 der Zivilprozeßordnung Verfahrenskostenhilfe, wenn hinreichende Aussicht auf Eintragung in das Musterregister besteht. Die Zahlungen sind an die Bundeskasse zu leisten. § 129 Satz 2, § 130 Abs. 2, 3 und 6, die §§ 133, 134 und 135 Abs. 1 Satz 1, Abs. 2 Satz 1 und Abs. 3 sowie die §§ 136 bis 138 des Patentgesetzes sind entsprechend anzuwenden.

Der § 10b verweist auf die §§ 114 bis 116 der Zivilprozeßordnung (s. Anhang Nr. 15) sowie auf die Bestimmungen des Patentgesetzes zur Verfahrenskostenhilfe (s. Anhang Nr. 16). Hiernach können Deutsche und Ausländer, letztere unter erschwerten Voraussetzungen, Verfahrenskostenhilfe erhalten.

Nach den Vorschriften des Geschmacksmustergesetzes gelten z.B. die Anmeldungen als „nicht eingereicht" (§ 8c Abs. 2) und die Beschwerde als „nicht erhoben" (§ 10a Abs. 1), wenn die hierfür vorgesehene Gebühr nicht fristgemäß gezahlt wird. In diesen Fällen bewirkt die Bewilligung der Verfahrenskostenhilfe, daß bei den Gebühren, die Gegenstand der Verfahrenskostenhilfe sind, die für den Fall der Nichtzahlung vorgesehenen Rechtsfolgen nicht eintreten (§ 130 Abs. 2 Satz 1 PatG). Der Antragsteller, dem Prozeßkostenhilfe für einen bestimmten Verfahrensabschnitt gewährt wird, kann die fälligen Gebühren − entsprechend seinen wirtschaftlichen Möglichkeiten und ohne eine Frist zu versäumen − in Raten zahlen.

Voraussetzungen für die Bewilligung von Verfahrenskostenhilfe sind:

1. Es muß hinreichende Aussicht auf Eintragung in das Musterregister bestehen und

2. mangelnde wirtschaftliche Leistungsfähigkeit des Antragstellers.

In Anbetracht der verhältnismäßig geringen Gebühren, die bei der Anmeldung von Geschmacksmustern anfallen, dürfte die Bewilligung von Verfahrenskostenhilfe nur in seltenen Fällen in Frage kommen. Die Vorschrift ist daher in erster Linie für minderbemittelte Anmelder im Beschwerdeverfahren und vor allem im Verfahren der Rechtsbeschwerde an den Bundesgerichtshof von Bedeutung.

§ 10c
Löschungsverfahren

(1) Die Eintragung eines Musters oder Modells ist zu löschen

1. **bei Beendigung der Schutzdauer,**
2. **auf Antrag des eingetragenen Inhabers oder**
3. **auf Antrag eines Dritten, wenn dieser mit dem Antrag eine öffentliche oder öffentlich beglaubigte Urkunde vorlegt, in der der eingetragene Inhaber auf das Muster oder Modell verzichtet oder seine Einwilligung in die Löschung der Eintragung des Musters oder Modells im Musterregister erklärt.**

(2) Die Einwilligung in die Löschung kann von dem eingetragenen Inhaber im Wege der Klage verlangt werden, wenn

1. **das eingetragene Muster oder Modell am Tag der Anmeldung nicht schutzfähig war,**
2. **der Anmelder nicht anmeldeberechtigt war.**

(3) In den Fällen des Absatzes 2 Nr. 2 kann das Gericht dem Kläger, der zur Anmeldung des Musters oder Modells berechtigt ist, auf Antrag im Urteil die Befugnis zusprechen, bei erneuter Anmeldung desselben Musters oder Modells die Priorität der Anmeldung durch den Nichtberechtigten in Anspruch zu nehmen.

Übersicht der Erläuterungen

1. Sinn und Zweck 174
2. Löschung von Amts wegen ... 176
3. Löschung auf Antrag 176
   a) Antrag des Inhabers 176
   b) Antrag auf Umschreibung . 176
   c) Antrag eines Dritten 177
4. Löschungsklage 178
5. Priorität bei erneuter Anmeldung durch den Berechtigten . 178
6. Keine Löschung bei Alteintragungen 179

1. Sinn und Zweck

Die Möglichkeit, ein Muster oder Modell zu löschen bzw. löschen zu lassen, ist erst durch das Geschmacksmusterreformgesetz vom 18.12.1986 in das Gesetz aufgenommen worden. Eine Löschung der Eintragung im Musterregister war vor dem Gesetz zur Änderung des Geschmacksmustergesetzes nicht möglich, weil mit der Eintragung lediglich der tatsächliche Vorgang der Anmeldung und Niederlegung eines Musters durch einen bestimmten Anmelder registriert wurde. Da Eintragungen im Musterregister keine rechtsbegründende, sondern lediglich eine deklaratorische Wirkung haben, war im alten Recht die Löschung der Eintragungen im Musterregister nicht vorgesehen. Die Unmöglichkeit, ein Geschmacksmuster, das sich als nicht rechtsbeständig erwiesen hatte, im Musterregister löschen zu lassen, war jedoch schon lange als unbefriedigend empfunden worden (vgl. Gerstenberg, Geschmacksmustergesetz 1. Auflage, S. 111). Die bestehenden „Leereintragungen" machten das Musterregister ebenso unrichtig wie die Unmöglichkeit, den Rechtsnachfolger eines Anmelders eintragen zu lassen.

In der Begründung zum Änderungsgesetz heißt es hierzu:

„1. Der Musterschutz entsteht außerhalb jeder Mitwirkung einer staatlichen Erteilungsbehörde durch den rechtsgestaltenden Akt der Anmeldung durch den Urheber. Auch der Fortbestand des mit der Anmeldung entstandenen Musterschutzes hängt allein von dem rechtsgestaltenden Willen des Inhabers des Geschmacksmusters ab. Der Gesetzgeber hat deshalb folgerichtig dem Musterregister nur die Bedeutung einer Beurkundung der rechtsgestaltenden Willenserklärungen des Anmelders beigemessen. Aus dieser Sicht war die beurkundete Willenserklärung des Anmelders nicht falsch und daher auch nicht zu löschen, wenn etwa mangels Schutzvoraussetzungen oder mangels Anmeldeberechtigung das Schutzrecht überhaupt nicht entstanden oder wenn es später erloschen ist.

In der Praxis hat sich jedoch der Ausschluß jeder Möglichkeit, das Nichtentstehen des Musterschutzes oder seinen späteren Wegfall im Musterregister zu vermerken, als schwerwiegender Nachteil erwiesen. Die u. a. auch hierdurch bedingte mangelnde Aussagekraft des Musterregisters ist neben anderen Gründen eine Ursache dafür, daß hinterlegte Geschmacksmuster zunehmend systematisch nachgeahmt werden.

2. Durch die Einführung der Löschung der Eintragung soll der Charakter des Musterregisters als Beurkundung der Willenserklärungen des Anmelders nicht geändert werden. Die Löschung soll deshalb − abgesehen von der Löschung von Amts wegen (§ 10c Abs. 1 Nr. 1) − nur auf Antrag des Musterinhabers vorgenommen werden und nur den Charakter einer Beurkundung des Verzichts auf den Musterschutz erhalten. Für den Fall, daß dieser Antrag nicht freiwillig gestellt wird, soll jedermann die Möglichkeit erhal-

ten, den Antrag durch die Vorlage eines auf die Einwilligung in die Löschung erkennenden rechtskräftigen Urteils zu ersetzen. Der im Entwurf vorgesehene Anspruch auf Einwilligung in die Löschung soll an die Stelle des schon seit jeher zulässigen negativen Feststellungsanspruches treten."
(s. Begründung zum Regierungsentwurf BT-Drucksache 10/5346 — Anhang Nr. 9)

2. Löschung von Amts wegen

Bei Beendigung der Schutzdauer ist die Eintragung eines Musters oder Modells zu löschen (§ 10c Abs. 1 Ziff. 1 GeschmMG). Die Löschung erfolgt durch das Patentamt von Amts wegen, wenn kein Antrag auf Verlängerung der Schutzdauer gestellt worden ist oder die Höchstfrist für den Schutz (zwanzig Jahre, vgl. § 9 Abs. 2 GeschmMG) erreicht ist. Die Eintragung eines Musters oder Modells „wird durch die Eintragung eines Vermerks im Musterregister gelöscht" (§ 6 MusterRegV).

3. Löschung auf Antrag

Die Eintragung eines Musters oder Modells ist ferner zu löschen auf Antrag des eingetragenen Inhabers oder — unter bestimmten Voraussetzungen — auf Antrag eines Dritten. Der Antrag auf Löschung der Eintragung im Musterregister ist schriftlich einzureichen (vgl. § 6 MusterRegV). Die Löschung durch das Patentamt ist gebührenfrei.

a) Antrag des Inhabers

Der Inhaber eines Geschmacksmusters kann schon vor Ablauf der Schutzfrist — aus welchen Gründen auch immer — einen Antrag auf Löschung der Eintragung stellen. In der Regel wird der Inhaber von einem Dritten zu diesem Antrag gezwungen werden, denn es ist für den Inhaber des Schutzrechts, der hierauf verzichten will, viel leichter, einfach abzuwarten, bis die Schutzdauer für sein Geschmacksmuster abgelaufen ist.

b) Antrag auf Umschreibung

Wesentlich häufiger als der Antrag eines Inhabers auf Löschung der Eintragung sind in der Praxis Anträge auf Umschreibung, wenn das Muster oder Modell übertragen worden ist oder sonst ein Inhaberwechsel stattgefunden hat. Ein solcher Antrag ist im Interesse der Richtigkeit und Aussagekraft des Musterregisters zweckmäßig. Zwar hat der Gesetzgeber diese Möglichkeit offengelassen: „Das Gesetz schreibt eine Umschreibung nicht zwingend vor, sondern stellt sie dem Musterinhaber oder seinem Rechtsnachfolger anheim" (Kelbel, „Die Novelle zum Geschmacksmustergesetz" in GRUR 1987, 141/147), aber in der Musterregisterverordnung heißt es hierzu:

„(1) Änderungen des Namens, der Firma oder sonstiger Bezeichnungen und der Anschrift des Anmelders oder Inhabers oder des Vertreters sind dem Patentamt unverzüglich mitzuteilen. Das Patentamt vermerkt diese Änderungen im Musterregister.

(2) Dem Antrag auf Eintragung der Änderung in der Person des Anmelders oder Inhabers sind schriftliche Nachweise beizufügen. Mit dem Antrag ist eine Gebühr nach dem Tarif zu entrichten; wird sie nicht enrichtet, so gilt der Antrag als nicht gestellt" (§ 5 Abs. 1 und 2 MusterRegV).

Im Gegensatz zur Löschung einer Eintragung, die gebührenfrei erfolgt, ist für die Umschreibung des Inhabers eines Geschmacksmusters im Musterregister eine Gebühr nach dem Tarif (Gebührenverzeichnis Nr. 143 100, DM 60,-) zu bezahlen.

c) Antrag eines Dritten

Jeder Dritte hat nunmehr gem. Abs. 1 Nr. 3 die Möglichkeit, einen Antrag auf Löschung der Eintragung zu stellen. Voraussetzung für den Erfolg des Antrags ist der Nachweis, daß „der eingetragene Inhaber auf das Muster oder Modell verzichtet oder seine Einwilligung in die Löschung der Eintragung des Musters oder Modells im Musterregister erklärt." Dieser Nachweis muß geführt werden durch Vorlage einer öffentlichen oder öffentlich beglaubigten Urkunde (vgl. §§ 415, 416 ZPO), also z. B. durch ein rechtskräftiges Urteil oder eine vom Inhaber des Musters oder Modells unterzeichnete Erklärung, deren Unterschrift notariell beglaubigt ist.

Über den Antrag eines Dritten auf Löschung entscheidet das Patentamt durch ein rechtskundiges Mitglied im Sinne des § 26 Abs. 1 Satz 2 des Patentgesetzes (§ 10 Abs. 1 Satz 1 GeschmMG), also durch einen Beamten des höheren Dienstes. Für die Entscheidung über den Löschungsantrag eines Dritten sind Beamte des gehobenen und mittleren Dienstes ausdrücklich ausgeschlossen (§ 12a Abs. 1 Nr. 3 GeschmMG).

II. Erläuterungen zum Geschmacksmustergesetz

4. Löschungsklage

Weigert sich der Inhaber eines Geschmacksmusters, in die Löschung der Eintragung einzuwilligen, so kann der Dritte die Einwilligung in die Löschung im Wege der Klage verlangen unter folgenden Voraussetzungen:

a) Das eingetragene Muster oder Modell war am Tag der Anmeldung nicht schutzfähig (Absatz 2 Nr. 1). Dies dürfte der häufigste Grund für ein Löschungsbegehren durch Dritte sein. Da bei der Anmeldung keine Prüfung auf die materiellen Schutzvoraussetzungen (Neuheit und Eigentümlichkeit) erfolgt, stellt sich erst später – meist im Verletzungsstreit – heraus, daß es nicht schutzfähig war. Die Klage auf Einwilligung in die Löschung ersetzt also die bisher in diesen Fällen übliche negative Feststellungsklage.

b) Der Anmelder war nicht anmeldeberechtigt (Absatz 2 Nr. 2). Neue Muster oder Modelle entstehen nicht immer im abgeschlossenen Atelier eines einzelnen Designers, sondern häufig in Entwurfsabteilungen großer Firmen. Betriebsspionage und Anmeldungen durch unberechtigte Dritte sind dabei nicht auszuschließen. Stellt sich später heraus, daß der Anmelder nicht berechtigt war, das Muster oder Modell anzumelden, so kann die Löschung im Wege der Klage verlangt werden.

5. Priorität bei erneuter Anmeldung durch den Berechtigten

Hat ein Nichtberechtigter das Muster oder Modell angemeldet, so soll der Berechtigte durch die Löschung nicht schlechter gestellt werden, als wenn er selber die Anmeldung vorgenommen hätte. Da eine Übertragung des Geschmacksmusters im Gegensatz zur Übertragung eines Patents (vgl. § 8 PatG Patentvindikation) nach geltendem Recht nicht möglich ist, weil bei einer Anmeldung durch einen Nichtberechtigten kein übertragbares Recht entsteht, hat der Gesetzgeber in Absatz 3 die Möglichkeit geschaffen, dem Berechtigten die Befugnis zuzusprechen, „bei erneuter Anmeldung desselben Musters oder Modells die Priorität der Anmeldung durch den Nichtberechtigten in Anspruch zu nehmen" (Absatz 3).

Diese Befugnis muß im Rahmen einer Löschungsklage vom Berechtigten beantragt und gegebenenfalls vom Gericht im Urteil zugesprochen werden. In der Begründung heißt es hierzu:

"Das geltende Recht kennt eine Übertragung des durch einen Nichtberechtigten angemeldeten Geschmacksmusters auf den Berechtigten nicht, weil der rechtsgestaltende Akt der Anmeldung nur vom Berechtigten vorgenommen werden kann und die Anmeldung durch den Nichtberechtigten kein übertragbares Recht entstehen läßt. Der Entwurf will hieran nichts ändern und es dabei belassen, daß der Berechtigte, der im gerichtlichen Verfahren die Löschung der Anmeldung durch den Nichtberechtigten erwirkt hat, den rechtsgestaltenden Akt der Anmeldung wirksam wiederholen muß. Um jedoch zu vermeiden, daß der Berechtigte durch die nachgeholte Anmeldung einen Prioritätsverlust erleidet, sieht Absatz 3 vor, daß das Gericht im Löschungsprozeß gegen den nichtberechtigten Inhaber dem Berechtigten auf Antrag die Befugnis zusprechen kann, die Priorität der Anmeldung durch den Nichtberechtigten bei einer erneuten Anmeldung für sich in Anspruch zu nehmen. Durch diese Regelung soll erreicht werden, daß dem Berechtigten, der von dieser Befugnis Gebrauch macht, eine zwischenzeitliche Veröffentlichung oder Verbreitung des unwirksam angemeldeten Musters oder Modells nicht als neuheitsschädlich entgegengehalten werden kann (s. Begr. zum Regierungsentwurf, BT-Drucksache 10/5346 zu § 10c Abs. 3 — Anhang Nr. 9).

6. Keine Löschung bei Alteintragungen

Auf alle Muster oder Modelle, die vor dem 1. Juli 1988 angemeldet worden sind, sind gemäß Art. 5 des Gesetzes zur Änderung des Geschmacksmustergesetzes die bis dahin geltenden Vorschriften weiterhin anzuwenden. Die Eintragungen dieser Muster oder Modelle können nicht gelöscht werden, da eine Löschung der Eintragung im Geschmacksmustergesetz alter Fassung nicht vorgesehen war. Löschungsreife Alteintragungen bleiben also im Musterregister der Amtsgerichte und bei ausländischen Musterinhabern im Musterregister des Patentamtes als sog. "Leereintragung" bestehen.

II. Erläuterungen zum Geschmacksmustergesetz

§ 11
Einsicht

Die Einsicht in das Musterregister steht jedermann frei. Das gleiche gilt für die Darstellung eines Musters oder Modells oder die vom Patentamt über das angemeldete Muster oder Modell geführten Akten,

1. **wenn die Abbildung der Darstellung bekanntgemacht worden ist,**
2. **wenn und soweit der eingetragene Inhaber sich gegenüber dem Patentamt mit der Einsicht einverstanden erklärt hat oder**
3. **wenn und soweit ein berechtigtes Interesse glaubhaft gemacht wird.**

Übersicht der Erläuterungen

A. Allgemeines 180
B. **Einsicht beim Patentamt** (für Anmeldungen ab 1. Juli 1988) 181
   1. Einsicht in das Musterregister 181
   2. Einsicht in die Darstellung und in die Musterakten ... 182
      a) Nach Bekanntmachung der Darstellung........ 182
      b) Vor Bekanntmachung der Darstellung........ 183
         aa) Mit Einverständnis des Inhabers....... 183
         bb) Bei berechtigtem Interesse 183
   3. Auskünfte und Registerauszüge 184
      a) Auskunft aus dem Musterregister 184
      b) Auskunft aus dem Namensverzeichnis..... 185
   4. Hinweis auf Informationszentren des Patentamtes... 185
C. **Einsicht bei den Registergerichten** (für Anmeldungen vor dem 1. Juli 1988) 185
   1. Einsicht in das Musterregister 186
      a) Allgemeines........... 186
      b) Durchführung der Einsicht 187
   2. Einsicht in offen hinterlegte Muster oder Modelle 187
   3. Einsicht in versiegelt hinterlegte Muster oder Modelle................. 187
   4. Einsicht in Geschmacksmusterakten 188
   5. Beglaubigte Auszüge und Ablichtungen 188

A. Allgemeines

Vom 1. Juli 1988 an wird das Musterregister zentral beim Deutschen Patentamt, Dienststelle Berlin geführt. Dies gilt jedoch nur für Neuanmeldungen. Für alle Geschmacksmuster, die bis zum 30. Juni 1988 angemeldet worden sind, werden die Musterregister, die niedergelegten Muster oder Modelle sowie die Musterakten weiterhin von den Registergerichten geführt und aufbewahrt. Auf alle diese „Altanmeldungen", d. h. „auf Muster oder Modelle, die vor dem in Artikel 7 Abs. 2 vorgesehenen Zeitpunkt (1. Juli 1988) bei den zuständigen Gerichten angemeldet worden sind, sind die bis dahin geltenden Vorschriften anzuwenden" (Art. 5 des Gesetzes zur Änderung des Geschmacksmustergesetzes).

Da Geschmacksmuster, die bis zum 30. Juni 1988 angemeldet worden sind, bei voller Ausschöpfung der für Altanmeldungen maßgeblichen Schutzfrist von fünfzehn Jahren bis zum Jahre 2003 im Musterregister des zuständigen Registergerichts registriert bleiben, ist bei der Einsicht in Musterregister und Musterakten zu unterscheiden zwischen den Mustern oder Modellen, die ab 1. Juli 1988 **beim Patentamt** angemeldet werden (Neuanmeldungen), und solchen Mustern oder Modellen, die vor dem 1. Juli 1988 **bei den zuständigen Gerichten** angemeldet worden sind (Altanmeldungen).

Für die Einsicht in das Musterregister über Muster von ausländischen Anmeldern, die Muster oder Modelle schon bisher beim Patentamt angemeldet haben, bleibt das Patentamt auch weiterhin zuständig.

B. Einsicht beim Patentamt

Der § 11 GeschmMG n. F. gilt für alle Muster oder Modelle, die ab 1. Juli 1988 angemeldet werden. Geschmacksmuster von ausländischen Anmeldern, die schon bisher beim Deutschen Patentamt anzumelden waren, können selbstverständlich weiterhin beim Patentamt eingesehen werden, aber nach den Vorschriften, die für alle Anmeldungen vor dem 1. Juli 1988 gelten. Siehe hierzu unten unter C 1.

1. Einsicht in das Musterregister

Das Musterregister ist — wie jedes andere Register auch (z. B. Handelsregister, Vereinsregister, Warenzeichenrolle) — öffentlich. Jedermann kann während der üblichen Dienststunden in das Musterregister Einsicht nehmen.

Ein berechtigtes Interesse — wie es bei der Akteneinsicht in der Regel vorliegen muß (vgl. § 34 FGG) — ist nicht erforderlich. Wer Einsicht nehmen will, hat weder einen Antrag zu stellen noch eine Vollmacht vorzulegen. Die Einsicht in das Musterregister ist gebührenfrei.

II. Erläuterungen zum Geschmacksmustergesetz

2. Einsicht in die Darstellung und in die Musterakten

Eine Information über ein Geschmacksmuster ist unvollständig, wenn sie lediglich die Angabe enthält, wer ein bestimmtes Muster oder Modell an welchem Tage angemeldet hat. Sie wird erst vollständig, wenn man die optische Wirkung der angemeldeten Farb- und Formgestaltung erkennen kann. Auch die beste Beschreibung kann den Augenschein nicht ersetzen. Dem Muster oder Modell selbst und seiner bildlichen Darstellung kommt der entscheidende Informationswert über ein Geschmacksmuster zu.

Zwar werden die Abbildungen der Darstellung angemeldeter Muster oder Modelle im Geschmacksmusterblatt auch optisch einen Eindruck der eingetragenen Muster ermöglichen, trotzdem wird es immer wieder Fälle geben, in denen die verkleinerte Abbildung die Einzelheiten von Form und Farbe nicht genau erkennen läßt. In solchen Fällen besteht das Bedürfnis, die mit der Anmeldung eingereichte Darstellung und gegebenenfalls das flächenmäßige Muster des Erzeugnisses oder – in den Ausnahmefällen des § 7 Abs. 6 GeschmMG – das Modell selbst in Augenschein zu nehmen. Das gleiche gilt für die Musterakten, da die Darstellungen sowie die im Original eingereichten flächenmäßigen Muster und gegebenenfalls auch die Beschreibungen (§ 7 Abs. 7 GeschmMG) der Muster oder Modelle in den Musterakten aufbewahrt werden.

Je nachdem, ob die Abbildung der Darstellung des Musters oder Modells schon bekannt gemacht worden ist oder nicht (z. B. wenn der Anmelder beantragt hat, die Bekanntmachung aufzuschieben (§ 8b Abs. 1 GeschmMG)), ist die Einsicht in die Darstellung und die Musterakten ohne weiteres oder nur unter bestimmten Voraussetzungen möglich. Die Einsicht selbst hat „bei der mit der Führung des Musterregisters beauftragten Stelle des Patentamts" (§ 11 MRV) zu erfolgen, d. h. beim Deutschen Patentamt, Dienststelle Berlin, Gitschiner Str. 97, 10958 Berlin.

a) Nach Bekanntmachung der Darstellung

Sobald die Darstellung eines Musters oder Modells bekannt gemacht worden ist, steht auch die Einsicht in die Darstellung selbst und in die Musterakten jedermann uneingeschränkt offen (§ 11 Abs. 1 Ziff. 1 GeschmMG). Ein Interesse des Anmelders an der Geheimhaltung der Darstellung seines Musters oder Modells oder des von ihm eingereichten flächenmäßigen Musters oder der Oberfläche des Erzeugnisses (§ 7 Abs. 4 und 5 GeschmMG) ist nach erfolgter Bildbekanntmachung nicht gegeben.

§ 11 Einsicht

b) Vor Bekanntmachung der Darstellung

Solange die Darstellung eines Musters oder Modells noch nicht bekannt gemacht worden ist — insbesondere dann, wenn der Anmelder den Antrag gestellt hat, die Bekanntmachung einer Abbildung der Darstellung des Musters oder Modells um 18 Monate aufzuschieben (§ 8b Abs. 1 GeschmMG) — „muß in gewissem Umfang ein Interesse des Geschmacksmusteranmelders an der Geheimhaltung anerkannt werden" (Kelbel in GRUR 1987, 141/147). Der Gesetzgeber hat daher die Einsicht in die **Darstellung** und **in die Musterakten** von Mustern oder Modellen, die noch nicht bildlich bekannt gemacht wurden bzw. deren Bildbekanntmachung aufgeschoben wurde, von bestimmten Voraussetzungen abhängig gemacht. Voraussetzung ist entweder das Einverständnis des Inhabers des eingetragenen Geschmacksmusters oder das Vorliegen berechtigter Interessen auf Seiten dessen, der Einsicht nehmen will.

In die Eintragung solcher Muster oder Modelle **in das Musterregister** kann dagegen ohne jede Einschränkung Einsicht genommen werden, zumal die Eintragung dieser Anmeldungen im Musterregister ebenfalls bekannt gemacht wird (§ 8b Abs. 1 GeschmMG), wenn auch ohne Abbildung der Darstellung des Musters oder Modells.

aa) Mit Einverständnis des Inhabers

Der einfachste Weg, die Einsicht in die Darstellung und in die Musterakten eines Musters oder Modells zu erlangen, dessen Darstellung noch nicht bekannt gemacht worden ist, ist der, den eingetragenen Inhaber zu bitten, sich schriftlich gegenüber dem Patentamt mit der Einsicht einverstanden zu erklären.

Gibt der Inhaber des Musters oder Modells diese Erklärung ab, so kann die Einsicht erfolgen (§ 11 Abs. 1 Ziff. 2 GeschmMG). Es ist dann zweckmäßig, wenn der Antragsteller einen schriftlichen Antrag auf Einsicht in die Darstellung und in die Musterakten stellt und hierbei die (im Geschmacksmusterblatt bekannt gemachte) Register-Nummer und den Namen des Inhabers angibt sowie dessen Einverständniserklärung beifügt. Vertreter des Antragstellers haben eine Vollmacht vorzulegen.

bb) Bei berechtigtem Interesse

Ohne die Zustimmung des eingetragenen Inhabers eines Geschmacksmusters wird die Einsicht in die Darstellung des Musters oder Modells und/oder in die Registerakten nur gewährt, wenn der Antragsteller ein berechtigtes Interesse an der Einsicht glaubhaft machen kann. Das

II. Erläuterungen zum Geschmacksmustergesetz

Vorliegen von berechtigtem Interesse wird dann zu bejahen sein, wenn die Kenntnis der Darstellung eines Musters oder Modells für den Antragsteller zur Wahrung eigener Rechte oder wirtschaftlicher Interessen von Bedeutung sein kann.

Der Antragsteller hat sein berechtigtes Interesse glaubhaft zu machen, wobei es genügt, daß dem Patentamt die Überzeugung der überwiegenden Wahrscheinlichkeit verschafft wird (Stdg. Definition der Glaubhaftmachung in der Rspr.). Im übrigen gelten die von der Rechtsprechung zur Akteneinsicht entwickelten Grundsätze (vgl. BGH in GRUR 1964, 548 − „Akteneinsicht I" bis zu BGH in GRUR 1973, 491 − „Akteneinsicht XIII" und BPatG in GRUR 1981, 584 − „Akteneinsichtsinteresse"). (Vg. hierzu auch unten Anm. C4).

3. Auskünfte und Registerauszüge

Wer das Musterregister selber einsieht, kann sich selbstverständlich Notizen machen oder einen Registerauszug anfertigen lassen. Im Hinblick auf die zentrale Registerführung ab 1. Juli 1988 beim Patentamt in Berlin wird die Einsicht in die Darstellung des Musters selbst und in die Musterakten nur dann zweckmäßig sein, wenn es um Einzelheiten der Farb- und Formgestaltung von flächenmäßigen Mustern oder von einem ausnahmsweise im Original dargestellten Modell (§ 7 Abs. 4-6 GeschmMG) geht. Soweit aus der Bekanntmachung im Geschmacksmusterblatt nicht alles Wissenswerte entnommen werden kann, ist es ratsam, zunächst eine Auskunft beim Patentamt (Dienststelle Berlin) einzuholen.

Da neben dem Musterregister (vgl. hierzu § 2 MusterRegV s. Anhang Nr. 7) ab 1. Juli 1988 auch ein Namensverzeichnis (§ 3 MusterRegV) beim Patentamt geführt wird, ist bei einem Antrag auf Auskunft zu unterscheiden, ob sich die Auskunft auf das Musterregister oder nur auf das Namensregister beziehen soll.

a) Auskunft aus dem Musterregister

In der Musterregisterverordnung ist hierzu bestimmt worden:

„Das Patentamt erteilt Auskünfte aus dem Musterregister. Auf Antrag wird die Auskunft schriftlich als Auszug aus dem Musterregister erteilt."
(§ 7 Abs. 1 MusterRegV)

Es ist nicht Vorschrift, aber zweckmäßig, den Antrag schriftlich zu stellen.

b) Auskunft aus dem Namensverzeichnis

Das Namensverzeichnis ist gewissermaßen ein verkürztes oder komprimiertes Register. Es gibt Auskunft darüber, ob für einen bestimmten Urheber bzw. für eine bestimmte Firma ein Muster oder Modell angemeldet worden ist, und enthält darüber hinaus noch die Angabe der einschlägigen Warenklassen, der Bezeichnung und des Aktenzeichens der Anmeldung sowie den Tag der Anmeldung und der Bekanntmachung der Anmeldung und der Fundstelle im Geschmacksmusterblatt (vgl. § 3 MusterRegV).

Auf schriftlichen Antrag erteilt das Patentamt Auskunft aus dem Namensverzeichnis. Der Antrag, in dem der Name, der Wohnsitz oder Sitz des eingetragenen Inhabers anzugeben ist, kann auf einzelne Warenklassen und auf einen Zeitraum beschränkt werden, in dem die Anmeldungen eingereicht worden sind (§ 7 Abs. 2 MusterRegV).

Der Auszug aus dem Namensverzeichnis gibt also bei erforderlichen Recherchen einen ersten Überblick, ob in einem bestimmten Zeitraum von einem namentlich bekannten Konkurrenten überhaupt Muster oder Modelle angemeldet worden sind und wenn ja, wo diese Anmeldungen im Geschmacksmusterblatt und im Musterregister zu finden sind. Die Gebühr für die schriftliche Auskunft aus dem Namensverzeichnis beträgt DM 30,- (Nr. 101 410 des Gebührenverzeichnisses – Anhang Nr. 4).

4. Hinweis auf Informationszentren des Patentamtes

Wer – etwa nach Auskunft aus dem Personenverzeichnis – Einsicht in das Geschmacksmusterblatt nehmen möchte, kann das nicht nur beim Deutschen Patentamt in München oder in Berlin tun. Das Deutsche Patentamt hat vielmehr in zahlreichen deutschen Städten sogenannte Patentinformationszentren eingerichtet, in denen zumeist das Geschmacksmusterblatt aufliegt und eingesehen werden kann. Ein aktuelles Verzeichnis dieser Informationszentren findet sich im Anhang Nr. 10.

C. Einsicht bei den Registergerichten
(für Anmeldungen vor dem 1. Juli 1988)

Die Musterregister, die vor dem 1. Juli 1988 bei den bis dahin zuständigen Registergerichten geführt worden sind, bleiben bei diesen Gerichten bestehen und können dort auch weiterhin eingesehen werden. Nach Art. 5 des Gesetzes zur Änderung des Geschmacksmustergesetzes sind

II. Erläuterungen zum Geschmacksmustergesetz

auf Muster oder Modelle, die vor dem in Art. 7 Abs. 2 vorgesehenen Zeitpunkt (1. Juli 1988) bei den zuständigen Gerichten angemeldet worden sind, die bis dahin geltenden Vorschriften weiterhin anzuwenden. Sinngemäß gilt dies auch für Muster oder Modelle, die von Ausländern vor dem 1. Juli 1988 beim Patentamt angemeldet worden sind.

1. Einsicht in das Musterregister

a) Allgemeines

Die Bekanntmachung eingetragener Muster oder Modelle im Bundesanzeiger (vgl. § 9 Abs. 6 GeschmMG a. F.) erfolgte vor dem 1. Juli 1988 lediglich mit dem Hinweis auf die Art des hinterlegten Objektes (z. B. Muster einer Tapete, Modell einer Deckenleuchte, Trinkglasserie, Armsessel und dergleichen), aber ohne jede Abbildung. Wer sich also über das Aussehen dieser Objekte informieren will, z. B. über die von der Konkurrenz vorgenommenen Anmeldungen und hinterlegten Muster oder Modelle, kann dies nur durch Einsicht in das Musterregister und in die bei dem betreffenden Registergericht offen aufbewahrten, d. h. nicht versiegelt hinterlegten Muster und Modelle tun. Hierzu dient die Öffentlichkeit des Musterregisters, die in § 11 GeschmMG (alter und neuer Fassung) verankert ist.

Wer sich über den bundesweiten Stand der Geschmacksmustereintragungen vor dem 1. Juli 1988 einen Überblick verschaffen will, hat es trotz der Öffentlichkeit der Musterregister schwer. Aus diesem Grund hatten einzelne Branchen bereits versucht, wenigstens auf ihrem Fachgebiet durch die Schaffung bestimmter Einrichtungen einen raschen Überblick zu ermöglichen, um Fehlinvestitionen bei der Form- und Werkzeugbeschaffung für neue Modelle möglichst zu vermeiden. So hat z. B. die Besteckindustrie in Solingen eine Sammlung sämtlicher Besteckformen angelegt. (Dieses Besteckarchiv besteht beim Industrieverband Schneidwaren und Bestecke in Solingen. Der Besucher kann sich hier über die Form und die Bezeichnung der geschützten Modelle informieren. Ein ähnliches Archiv wurde vom Industrieverband in Japan errichtet.) Ein vollständiger Überblick über die hinterlegten Muster oder Modelle aller Branchen ist aber nur bei einer zentralen Hinterlegungsstelle möglich. Hier zeigt sich der Vorteil der neuen Regelung mit einer einzigen Hinterlegungsstelle und der Bildbekanntmachung im Geschmacksmusterblatt.

Für alle Anmeldungen vor dem 1. Juli 1988 ist eine Geschmacksmuster-Recherche nur durch gezielte Nachforschungen bei den einzelnen

§ 11 Einsicht

Registergerichten im örtlichen Bereich der für die betreffenden Erzeugnisse bekannten Herstellerfirmen möglich.

b) Durchführung der Einsicht

Aufgrund der Öffentlichkeit des Musterregisters kann jedermann während der üblichen Dienststunden in das Musterregister Einsicht nehmen. Ein berechtigtes Interesse — wie es bei der Akteneinsicht in der Regel vorliegen muß (vgl. § 34 FGG) — ist nicht erforderlich. Wer Einsicht nehmen will, hat weder einen Antrag zu stellen noch eine Vollmacht vorzulegen. Die Einsicht in das Musterregister ist gebührenfrei (§ 90 KostenO).

Da jedermann Einsicht nehmen darf, kann sich auch jedermann über den Inhalt des Musterregisters Notizen machen oder einen Auszug bestellen (s. hierzu unten unter Ziff. 5).

2. Einsicht in offen hinterlegte Muster oder Modelle

Für alle offen hinterlegten Muster oder Modelle — gleich ob einzeln oder „im Paket" hinterlegt — gilt das Gleiche wie für die Einsicht in das Musterregister. Von offen hinterlegten Mustern oder Modellen können Zeichnungen oder Ablichtungen angefertigt werden. In aller Regel stehen heute Fotokopierapparate für solche Zwecke in den Registergerichten zur Verfügung. Bei farbigen Mustern und dreidimensionalen Modellen kann der Interessent die Muster oder Modelle selber fotografieren.

Eine Versendung der offen hinterlegten Muster oder Modelle oder gar des Musterregisters selbst zum Zwecke der Einsichtnahme durch Dritte erfolgt nicht. Ein solches Verfahren würde dem Sinn eines öffentlichen Registers, in dem das registrierte Material präsent sein muß, widersprechen (vgl. OLG Karlsruhe in GRUR 1964, 273). Dagegen kann die Versendung der Geschmacksmusterakten und der offen hinterlegten Muster und Modelle auf Ersuchen eines Gerichts im Verletzungsstreit jederzeit im Wege der Rechtshilfe erfolgen (Art. 35 GG, § 2 FGG, § 156 GVG). Bezüglich der Versendung versiegelt hinterlegter Muster und Modelle vgl. unten unter Ziff. 5.

3. Einsicht in versiegelt hinterlegte Muster oder Modelle

Da nach § 9 Abs. 5 GeschmMG a. F. die Eröffnung von versiegelt niedergelegten Mustern spätestens nach Ablauf von 3 Jahren, von der Anmeldung an gerechnet, von Amts wegen zu erfolgen hatte, ist die

II. Erläuterungen zum Geschmacksmustergesetz

Ausnahmevorschrift, wonach in Streitfällen auch ein versiegelt hinterlegtes Muster oder Modell geöffnet werden kann (§ 11 Satz 2 GeschmMG a. F.) obsolet.

4. Einsicht in Geschmacksmusterakten

Ob auch die Akten, die zu den einzelnen Geschmacksmusteranmeldungen geführt werden, von jedermann eingesehen werden können, ist im Gesetz nicht ausdrücklich geregelt. Dies ist jedoch anzunehmen, denn diese Akten enthalten praktisch nicht mehr als das, was ohnehin aus dem Musterregister hervorgeht, sowie gegebenenfalls die Muster selbst oder die Abbildung der Modelle (so auch Furler, Rdz 1 zu § 11 GeschmMG a. F.; a. A. von Gamm, Rdz. 3 zu § 11 a. F.).

Falls das Registergericht im Einzelfall Bedenken gegen die Akteneinsicht hat, kann von jedem, der ein berechtigtes Interesse geltend macht, gemäß § 34 FGG ein Antrag auf Gewährung von Einsicht in die Akten gestellt werden. Für derartige Anträge gelten die hierzu von der Rechtsprechung entwickelten allgemeinen Grundsätze (vgl. BGH in GRUR 1964, 548 ff. – „Akteneinsicht I" bis hin zu BGH in GRUR 1973, 491 – „Akteneinsicht XIII" und BPatG in GRUR 1981, 584 – „Akteneinsichtsinteresse", die jedoch ausnahmslos keine Akteneinsicht in Geschmacksmustersachen betreffen). Das Registergericht hat bei seiner Entscheidung über den Antrag das „berechtigte Interesse" des Antragstellers gegen das „schutzwürdige Interesse" des Musteranmelders abzuwägen.

5. Beglaubigte Auszüge und Ablichtungen

Ebenso wie die persönliche Einsichtnahme im Musterregister für jeden Dritten möglich ist, kann sich auch jedermann ohne weiteres beglaubigte Auszüge aus dem Musterregister erteilen lassen. Nach heute überwiegender Auffassung können auch Ablichtungen offen hinterlegter Modelle angefertigt und versandt werden. Für die Anfertigung von Fotos von dreidimensionalen Modellen dürften die technischen Einrichtungen der Registergerichte und des Deutschen Patentamts allerdings in der Regel nicht ausreichen.

Der Antrag auf Erteilung von Auszügen kann formlos gestellt werden. Der Nachweis eines rechtlichen oder berechtigten Interesses ist nicht erforderlich.

§ 12
Musterregisterbehörde

(1) Der Bundesminister der Justiz regelt die Einrichtung und den Geschäftsgang des Patentamts als Musterregisterbehörde und bestimmt, soweit nicht durch Gesetz Bestimmungen darüber getroffen sind, durch Rechtsverordnung die Erfordernisse der Anmeldung von Mustern oder Modellen, die Form und die sonstigen Erfordernisse der Darstellung des Musters oder Modells, die zulässigen Abmessungen des für die Darstellung der Oberflächengestaltung verwendeten Erzeugnisses oder des Erzeugnisses selbst, den Inhalt und Umfang einer der Darstellung beigefügten Beschreibung, die Einteilung der Warenklassen, die Führung und Gestaltung des Musterregisters, die in das Musterregister einzutragenden Tatsachen sowie die Einzelheiten der Bekanntmachung einschließlich der Herstellung der Abbildung des Musters oder Modells in den Fällen des § 7 Abs. 4 bis 6 durch das Patentamt, die zur Deckung der Bekanntmachungskosten zu erhebenden Auslagen und die Behandlung der zur Darstellung einer Anmeldung beigefügten Erzeugnisse nach Löschung der Eintragung in das Musterregister (§ 10c). Er kann diese Ermächtigung durch Rechtsverordnung auf den Präsidenten des Patentamts übertragen.

(2) Der Bundesminister der Justiz wird ermächtigt, durch Rechtsverordnung zur Deckung der durch eine Inanspruchnahme des Patentamts entstehenden Kosten, soweit nicht durch Gesetz Bestimmungen darüber getroffen sind, die Erhebung von Verwaltungskosten anzuordnen, insbesondere

1. zu bestimmen, daß Gebühren für Bescheinigungn, Beglaubigungen, Akteneinsicht und Auskünfte sowie Auslagen erhoben werden,

2. Bestimmungen über den Kostenschuldner, die Fälligkeit von Kosten, die Kostenvorschußpflicht, Kostenbefreiungen, die Verjährung und das Kostenfestsetzungsverfahren zu treffen.

Der Text des § 12, der in erster Linie die Einrichtung und den Geschäftsgang des Patentamts als Musterregisterbehörde betrifft, bedarf für die Anmelde- und Prozeßpraxis keiner Kommentierung. Die in § 12 Abs. 1 Satz 2 GeschmMG vorgesehene Ermächtigung des Präsidenten des Patentamts, durch Rechtsverordnung die Erfordernisse der Anmeldung von Mustern oder Modellen, die Form der Darstellung, der Einteilung der Warenklassen usw. zu bestimmen, ist erfolgt durch Art. 1 Nr. 7 der Verordnung vom 2. November 1987 (BGBl. I, S. 2349).

II. Erläuterungen zum Geschmacksmustergesetz

Aufgrund dieser Ermächtigung hat der Präsident des Deutschen Patentamts

1. die Verordnung über die Anmeldung von Geschmacksmustern und typographischen Schriftzeichen (Musteranmeldeverordnung – MusterAnmv) vom 8. Januar 1988 (Anhang Nr. 1) und
2. die Verordnung über die Führung des Registers für Geschmacksmuster und typographische Schriftzeichen (Musterregisterverordnung – MusterRegV) vom 8. Januar 1988 erlassen (Anhang Nr. 7).

§ 12a
Bearbeitung durch Beamte des gehobenen und mittleren Dienstes

(1) Der Bundesminister der Justiz wird ermächtigt, durch Rechtsverordnung mit der Wahrnehmung einzelner Geschäfte im Verfahren in Musterregistersachen, die rechtlich keine Schwierigkeiten bieten, auch Beamte des gehobenen und mittleren Dienstes zu betrauen. Ausgeschlossen davon sind jedoch

1. **die Feststellungen und die Versagungen nach § 7b Abs. 3 Satz 2 und § 10 Abs. 4 aus Gründen, denen der Anmelder widersprochen hat;**
2. **die Feststellung und die Versagung der Eintragung nach § 10 Abs. 2 Satz 3;**
3. **die Löschung nach § 10c Abs. 1 Nr. 3;**
4. **die von den Angaben des Anmelders (§ 7 Abs. 8) abweichende Entscheidung über die in das Musterregister einzutragenden und bekanntzumachenden Warenklassen;**
5. **die Abhilfe oder Vorlage der Beschwerde (§ 10a Abs. 1 Satz 4) gegen einen Beschluß im Verfahren nach diesem Gesetz.**

(2) Der Bundesminister der Justiz kann die Ermächtigung nach Absatz 1 durch Rechtsverordnung auf den Präsidenten des Patentamts übertragen.

(3) Für die Ausschließung und Ablehnung eines Beamten des gehobenen oder mittleren Dienstes ist § 10 Abs. 1 Satz 2 und 3 entsprechend anzuwenden.

§ 12a Bearbeitung durch Beamte des gehobenen und mittleren Dienstes

1. Die Ermächtigung, die der Gesetzgeber gem. Absatz 1 dem Bundesminister der Justiz erteilt hat, ist gem. Absatz 2 durch Verordnung vom 2. November 1987 (BGBl. I, S. 2349) auf den Präsidenten des Deutschen Patentamts übertragen worden. Es entspricht der langjährigen Praxis des Patentamts, daß auch Beamte des gehobenen und mittleren Dienstes mit der Wahrnehmung einzelner Geschäfte im Verfahren in Musterregistersachen, die rechtlich keine Schwierigkeiten bieten, betraut werden können, obwohl das Patentamt in Musterregistersachen gem. § 10 GeschmMG grundsätzlich „durch ein rechtskundiges Mitglied", d. h. durch einen Beamten des höheren Dienstes, der die Befähigung zum Richteramt nach dem Deutschen Richtergesetz besitzt, entscheidet.

2. Von der Ausnahmeregelung, wonach auch Beamte des gehobenen und mittleren Dienstes Musterregistersachen bearbeiten können, sind jedoch gem. Absatz 1 Nr. 1–5 eine Reihe von besonders wichtigen Entscheidungen ausgeschlossen. Danach haben ausschließlich rechtskundige Beamte des höheren Dienstes zu entscheiden über

   (1) die Eintragung oder Versagung der Eintragung einer Priorität (§ 7b Abs. 3 Satz 2);

   (2) die Feststellung, daß mitgeteilte Mängel der Anmeldung nicht behoben worden sind, und die Versagung der Eintragung aus Gründen, denen der Anmelder widersprochen hat (§ 10 Abs. 4);

   (3) die Feststellung, daß die Veröffentlichung des Musters oder Modells oder die Verbreitung einer Nachbildung gegen die öffentliche Ordnung oder die guten Sitten verstoßen würde (§ 7 Abs. 2 GeschmMG) und die Versagung der Eintragung nach § 10 Abs. 2 Satz 3;

   (4) die Löschung der Eintragung eines Musters oder Modells auf Antrag eines Dritten (§ 10c Abs. 1 Nr. 3);

   (5) die in das Musterregister einzutragenden und bekanntzumachenden Warenklassen, wenn die Entscheidung hierüber von den Angaben des Anmelders abweicht.

   (6) die Abhilfe oder Vorlage der Beschwerde (§ 10a Abs. 1 Satz 4) gegen einen Beschluß im Verfahren nach diesem Gesetz.

   Bei der Prüfung der Formalien eines Beschlusses des Patentamtes sind diese Bestimmungen besonders zu beachten.

§ 13
Vermutung der Urheberschaft und Beweislastumkehr

Derjenige, welcher nach Maßgabe des § 7 das Muster oder Modell zur Eintragung in das Musterregister angemeldet hat, gilt bis zum Gegenbeweis als Urheber.

Übersicht der Erläuterungen

1. Voraussetzung der Vermutung 192
2. Vermutung der Urheberschaft 192
3. Vermutung der Neuheit 193
4. Vermutung der Eigentümlichkeit? 193
5. Beweislastumkehr 193

1. Voraussetzung der Vermutung

Im Gegensatz zu urheberrechtlich geschützten Werken ist es bei Mustern und Modellen nicht üblich, daß der Urheber seine Gestaltung signiert. Die Vermutung der Urheberschaft, die sich bei Werken der Literatur, der Musik und der bildenden Künste aus dem Namen oder der Signatur des Urhebers ergibt (§ 10 UrhG), folgt bei Mustern und Modellen aus der Anmeldung der Gestaltung als Geschmacksmuster.

Die gesetzliche Vermutung des § 13 GeschmMG hat zur Voraussetzung, daß das Muster oder Modell „zur Eintragung in das Musterregister angemeldet" worden ist. Die Eintragung selber ist nicht erforderlich (vgl. § 7 Anm. 1). Die Anmeldung hat rechtsvollendende Wirkung. Der Eintragungsschein oder der Registerauszug aus dem Musterregister dienen als Beweismittel für die erfolgte Anmeldung eines Musters oder Modells.

Da nach dem Sinn des Gesetzes unterstellt wird, daß ein Urheber nur neue Gestaltungen als Geschmacksmuster anmeldet, ergeben sich aus § 13 GeschmMG praktisch zwei Vermutungen:

a) die Vermutung der Urheberschaft
b) die Vermutung der Neuheit.

2. Vermutung der Urheberschaft

Die Formulierung „gilt bis zum Gegenbeweis als Urheber" enthält als unmittelbare Aussage nur die Vermutung, daß derjenige, der das Muster oder Modell angemeldet hat, auch der Schöpfer des Musters ist. Da der Unternehmer, der Muster von Arbeitnehmern anmeldet, nach dem Wortlaut des § 2 GeschmMG „als der Urheber der Muster und Modelle gilt", hatte der Gesetzgeber von 1876 keine Schwierigkeiten, die Vermutung aus der Anmeldung auf den Urheber allein abzustellen.

Sinngemäß sprechen wir heute besser davon, daß derjenige, welcher ein Muster oder Modell beim Musterregister angemeldet hat, bis zum Gegenbeweis als der hierfür Berechtigte gilt.

3. Vermutung der Neuheit

Die Rechtsprechung hat die gesetzliche Vermutung der Urheberschaft gemäß § 13 GeschmMG ausgedehnt auf das geschützte Muster oder Modell selbst und die Schutzvoraussetzung Nr. 1 für jedes Geschmacksmuster, d. h. auf seine Neuheit (vgl. § 1 Anm. 6). Zugunsten des Anmelders eines Musters wird also vermutet, daß das angemeldete Muster im Zeitpunkt der Anmeldung neu war. „Gemäß § 13 GeschmMG ist die Neuheit des Musters zu vermuten, und der Gegner des Musterinhabers muß den Mangel der Neuheit beweisen (s. BGH in GRUR 1966, 681/683 – „Laternenflasche" sowie BGH in GRUR 1969, 90/91 1. Sp. – „Rüschenhaube").

4. Vermutung der Eigentümlichkeit?

Ob und wieweit die Vermutung des § 13 GeschmMG auch die Eigentümlichkeit eines Musters umfaßt – wie Furler und einige Instanzgerichte angenommen hatten – war lange Zeit umstritten. Diese weitere Vermutung, die auf der ersten Vermutung der Urheberschaft basiert, kann sich naturgemäß nur darauf beziehen, daß der Urheber das Muster selber geschaffen hat, nicht aber auf den eigentlichen Kern der Eigentümlichkeit, d. h. auf die Gestaltungshöhe. „Ob aber das Muster, von dessen Neuheit bis zum Beweis des Gegenteils auszugehen ist, den für einen Geschmacksmusterschutz erforderlichen Grad eigenschöpferischer Leistung aufweist, bleibt stets gesondert zu prüfen" (s. BGH in GRUR 1958, 509/510 – „Schlafzimmermodell"). Einige Jahre später hat der BGH diese Ansicht noch genauer begründet, denn es „kann einem Muster, bei dem die Neuheitsvermutung des § 13 GeschmMG nicht ausgeräumt worden ist, die weitere gesetzliche Voraussetzung für die Schutzfähigkeit – die Eigentümlichkeit – fehlen, weil es keine besondere persönliche Leistung erkennen läßt, sondern sich völlig im Rahmen des schlichten Durchschnittskönnens eines jeden Muster-

II. Erläuterungen zum Geschmacksmustergesetz

gestalters bewegt (BGH in GRUR 1958, 510 − Schlafzimmer; GRUR 1958, 98 − Gartensessel; GRUR 1958, 406 − Teppichmuster; GRUR 1962, 144/145 − „Buntstreifensatin").

Die Vermutung der Eigentümlichkeit läßt sich daher aus § 13 GeschmMG nicht herleiten, zumal es sich bei der Frage der Eigentümlichkeit eines Musters oder Modells um eine Rechtsfrage handelt, über die stets gesondert entschieden werden muß.

5. Beweislastumkehr

Die praktische Bedeutung der Bestimmung liegt in der Beweislastumkehr. Gemäß § 13 GeschmMG spricht die Vermutung

> für die Urheberschaft des Anmelders
>
> und
>
> für die Neuheit des Musters.

Hieraus folgt im Verletzungsprozeß: Der Beklagte muß beweisen, daß das Muster

> entweder nicht vom Berechtigten angemeldet worden ist,
> oder im Zeitpunkt der Anmeldung nicht neu war
> bzw. vor der Anmeldung bereits verbreitet worden ist − sofern nicht die Ausnahmeregelungen über die Neuheitsschonfrist oder die Ausstellungspriorität eingreifen.

§ 14
Strafvorschrift

(1) Wer entgegen § 5 ohne Genehmigung des Berechtigten die Nachbildung eines Musters oder Modells in der Absicht herstellt, diese zu verbreiten, oder wer eine solche Nachbildung verbreitet, wird mit Freiheitsstrafe bis zu drei Jahren oder mit Geldstrafe bestraft.

(2) Handelt der Täter gewerbsmäßig, so ist die Strafe Freiheitsstrafe bis zu fünf Jahren oder Geldstrafe.

(3) Der Versuch ist strafbar.

(4) In den Fällen des Absatzes 1 wird die Tat nur auf Antrag verfolgt, es sei denn, daß die Strafverfolgungsbehörde wegen des besonderen

öffentlichen Interesses an der Strafverfolgung ein Einschreiten von Amts wegen für geboten hält.

(5) Die Vorschrift des Urheberrechtsgesetzes über die Einziehung (§ 110) ist entsprechend anzuwenden.

(6) Wird auf Strafe erkannt, so ist, wenn der Verletzte es beantragt und ein berechtigtes Interesse daran dartut, anzuordnen, daß die Verurteilung auf Verlangen öffentlich bekanntgemacht wird. Die Art der Bekanntmachung ist im Urteil zu bestimmen.

Die Strafvorschrift für Geschmacksmusterverletzungen im GeschmMG wurde durch das Gesetz zur Stärkung des Schutzes des geistigen Eigentums und zur Bekämpfung der Produktpiraterie (PrPG) vom 7.3.1990 neu gefaßt. Durch die gegenüber dem früheren Rechtszustand erweiterte Strafvorschrift soll nach der Begründung des Gesetzgebers eine wirkungsvollere Verfolgung und Ahndung von vorsätzlichen Rechtsverletzungen ermöglicht werden. Neu gegenüber dem schon immer gegebenen Grundtatbestand sind

— gewerbsmäßiges Handeln als Qualifizierungstatbestand mit erweitertem Strafrahmen,
— die Strafbarkeit des Versuchs,
— die Möglichkeit der Strafverfolgung von Amts wegen und
— die Befugnis zur Einziehung.

Gleichwohl spielt die Strafverfolgung von Nachbildungen von Mustern und Modellen gegenüber dem Rechtsschutz vor den ordentlichen Gerichten nach wie vor nur eine untergeordnete Rolle.

§ 14a
Schadensersatz für verbotene Nachbildungen

1. Wer die Rechte des Urhebers an einem Muster oder Modell dadurch verletzt, daß er widerrechtlich eine Nachbildung herstellt oder eine solche Nachbildung verbreitet, kann vom Verletzten auf Beseitigung der Beeinträchtigung, bei Wiederholungsgefahr auf Unterlassung und, wenn dem Verletzer Vorsatz oder Fahrlässigkeit zur Last fällt, auch auf Schadensersatz in Anspruch genommen werden. An Stelle des Schadensersatzes kann der Verletzte die Herausgabe des Gewinns, den der Verletzte durch die Nachbildung oder deren Ver-

II. Erläuterungen zum Geschmacksmustergesetz

breitung erzielt hat, und Rechnungslegung über diesen Gewinn verlangen. Fällt dem Verletzer nur leichte Fahrlässigkeit zur Last, so kann das Gericht statt des Schadensersatzes eine Entschädigung festsetzen, die in den Grenzen zwischen dem Schaden des Verletzten und dem Vorteil bleibt, der dem Verletzer erwachsen ist.

2. Ansprüche aus anderen gesetzlichen Vorschriften bleiben unberührt.

3. Die Vorschriften des Urheberrechtsgesetzes über den Anspruch auf Vernichtung und ähnliche Maßnahmen (§§ 98 bis 101), den Anspruch auf Auskunft hinsichtlich Dritter (§ 101a), die Verjährung (§ 102), die Bekanntmachung des Urteils (§ 103) und über Maßnahmen der Zollbehörde (§ 111a) sind entsprechend anzuwenden.

Übersicht der Erläuterungen

A. Allgemeines 197
B. Ansprüche des Verletzten.... 197
  1. Beseitigung der Beeinträchtigung 198
  2. Unterlassung 198
  3. Schadensersatz.......... 200
  4. Herausgabe des Gewinns . 201
  5. Auskunft und Rechnungslegung 202
  6. Entschädigung bei leichter Fahrlässigkeit 204
  7. Bereicherungsanspruch ... 204
  8. Anspruch auf Vernichtung 205
    a) Die zur rechtswidrigen Verbreitung bestimmten Vervielfältigungsstücke 205
    b) Die zur rechtswidrigen Herstellung bestimmten Vorrichtungen 205
  9. Anspruch auf Überlassung 205
  10. Abfindung des Verletzten in Geld 206
  11. Bekanntmachung des Urteils 207

  12. Grenzbeschlagnahme durch Zollbehörden 207
  13. Erstattung von Kosten für die Mitwirkung von Patentanwälten...... 208
  14. Streitwert 208
  15. Verjährung 209
  16. Verwirkung............. 209
C. Zum Verletzungsprozeß 210
  I. Hinweise für den Verletzten. 210
    1. Allgemeines 210
    2. Wer ist klageberechtigt? .. 210
    3. Verwarnung 211
    4. Gerichtsstand 211
    5. Klageantrag 212
    6. Einstweilige Verfügung ... 213
    7. Formelle Schutzvoraussetzungen 214
    8. Beschreibung und Vergleich der Formmerkmale 214
    9. Unberechtigte Verwarnung und negative Feststellungsklage 215
  II. Die möglichen Einwendungen des Verletzers 217
  III. Die Reihenfolge der Prüfung und Auslegungsregeln . 217
    1. Schutzfähigkeit 217

2. Formelle Schutzvoraussetzungen 218	4. Objektive Nachbildung oder freie Benutzung 219
3. Die materiellen Schutzvoraussetzungen 218	5. Subjektive Nachbildung .. 220
a) Neuheit.............. 218	6. Schutzumfang 221
b) Eigentümlichkeit 219	7. Ansprüche des Verletzten 221

A. Allgemeines

Der § 14a GeschmMG ist durch das Einführungsgesetz zum Strafgesetzbuch vom 2. März 1974 in das Gesetz eingefügt worden, und zwar mit Wirkung vom 1.1.1975. Hierdurch ist die „entsprechende Anwendung" der §§ 18 bis 36 und 38 des Gesetzes vom 11. Juni 1870 (!) betreffend das Urheberrecht an Schriftwerken, Abbildungen, musikalischen Kompositionen und dramatischen Werken, die in der alten Fassung des § 14 GeschmMG vorgesehen war, endlich überflüssig geworden. Das negative Verbietungsrecht, das dem Berechtigten aus dem Geschmacksmusterschutz erwächst, ist nunmehr im Gesetz selbst geregelt worden. Zusätzlich wird auf Sanktionen verwiesen, die sich im Urheberrechtsgesetz finden. Das Gesetz zur Stärkung des Schutzes des geistigen Eigentums und zur Bekämpfung der Produktpiraterie (PrPG) vom 7.3.1990 hat den Katalog der Sanktionen im Urheberrechtsgesetz erweitert und somit auch den § 14a Abs. 3 des GeschmMG neu gefaßt.

In der nachfolgenden Kommentierung werden die zivilrechtlichen Ansprüche des Berechtigten aus dem Geschmacksmuster gegenüber dem Verletzer behandelt sowie deren Durchsetzung im Verletzungsprozeß.

B. Die Ansprüche des Verletzten

Voraussetzung für alle Ansprüche des (in seinen Rechten) Verletzten ist die widerrechtliche Herstellung oder Verbreitung einer Nachbildung des geschützten Musters oder Modells durch einen Dritten, den Verletzer. Unter der widerrechtlichen Herstellung einer Nachbildung ist die Herstellung „in der Absicht, dieselbe zu verbreiten" (s. § 5 Abs. 1 GeschmMG) zu verstehen. Schuldhaftes Verhalten des Verletzers ist für den Beseitigungs- und Unterlassungsanspruch des Verletzten nicht erforderlich. Auch wer gutgläubig eine Nachbildung verbreitet (z.B. ein Händler), verletzt durch die Verbreitung die Rechte des Urhebers. Einen Schadensersatzanspruch kann der Verletzte dagegen nur geltend machen, „wenn dem Verletzer Vorsatz oder Fahrlässigkeit zur Last fällt".

II. Erläuterungen zum Geschmacksmustergesetz

1. Beseitigung der Beeinträchtigung

Ein Verletzter, dessen Rechte an einem Muster oder Modell beeinträchtigt worden sind, kann grundsätzlich verlangen, daß die bestehende Beeinträchtigung beseitigt wird. Wie dies im einzelnen zu geschehen hat (z. B. durch Vernichtung rechtswidrig hergestellter Vervielfältigungsstücke, Berichtigung im Katalog, Mitteilung an Kunden, Urteilsbekanntmachung), richtet sich nach den Umständen des Einzelfalles. Der Beseitigungsanspruch, der nur eine objektiv rechtswidrige Verletzung, aber kein schuldhaftes Verhalten des Verletzers voraussetzt, wurde aus § 97 UrhG in das Geschmacksmuster übernommen. Auf dem Gebiet des Urheberrechts an Werken der Literatur, der Musik, der bildenden Künste und der Architektur kommt der Anspruch auf Beseitigung von Beeinträchtigungen durch Änderungen oder Entstellungen der Werke bei der Vervielfältigung oder Aufführung, unterlassene Namensnennung oder sonstige Beeinträchtigungen, „die geeignet sind, die berechtigten geistigen oder persönlichen Interessen des Urhebers an seinem Werk zu gefährden" (§§ 13 und 14 UrhG), eine erhebliche Bedeutung zu. In der Praxis der Rechtsverteidigung von Mustern und Modellen spielt der Beseitigungsanspruch neben dem Unterlassungsanspruch nur eine untergeordnete Rolle.

2. Unterlassung

Der Hauptanspruch des Verletzten ist der Anspruch auf Unterlassung. Der Verletzer hat es zu unterlassen, weiterhin widerrechtlich Nachbildungen des geschützten Musters oder Modells herzustellen und/oder zu vertreiben. Der Verletzte denkt vielfach nur an die Höhe des erhofften Schadensersatzbetrages und neigt daher dazu, nur den ihm erwachsenen Schaden geltend zu machen. Das ist ein prozeßtaktischer Fehler, der nicht selten auch Auswirkungen auf die Höhe des Schadensersatzes hat. Der Grund hierfür ist folgender: Der Unterlassungsanspruch setzt — ebenso wie der Beseitigungsanspruch — kein Verschulden des Verletzers voraus, sondern nur eine objektive Rechtsverletzung. Ist der Verletzer aber erst einmal zur Unterlassung und zur Feststellung seiner Schadensersatzpflicht dem Grunde nach rechtskräftig verurteilt worden, so wird über die Höhe des zu zahlenden Schadensersatzbetrages viel eher ein weiteres Urteil oder ein vernünftiger Vergleich herbeizuführen sein.

Während sich der Anspruch auf Beseitigung gegen eine bereits bestehende und andauernde Beeinträchtigung richtet, soll der Unterlassungsanspruch alle zukünftigen Rechtsverletzungen verhindern. Der

Unterlassungsanspruch wirkt also in die Zukunft und setzt daher die Wiederholungsgefahr voraus. Die Gefahr der Wiederholung ist immer dann gegeben, wenn bereits eine Verletzungshandlung begangen worden ist und der Verletzer bestreitet, das Musterrecht verletzt zu haben.

In aller Regel entfällt die Wiederholungsgefahr und damit auch der Unterlassungsanspruch des Verletzten erst dann, wenn der Verletzer sich unter Übernahme einer angemessenen Vertragsstrafe zur Unterlassung verpflichtet. Durch das bloße Versprechen, die Verletzungshandlung künftig nicht mehr zu begehen, d.h. die Nachbildungen nicht mehr herzustellen und/oder zu verbreiten, wird die Wiederholungsgefahr nicht beseitigt. Dies gilt insbesondere dann, wenn der Verletzer in einem bereits anhängigen Rechtsstreit einen Antrag auf Abweisung der Klage stellt mit der Begründung, „daß die beanstandete Handlung berechtigt sei".

Hält der Verletzer zwar den Antrag auf Abweisung der Klage nicht aufrecht, sondern erklärt er den Rechtsstreit für erledigt, so gilt folgendes:

„Grundsätzlich wird die Gefahr der Wiederholung bereits durch die begangene Zuwiderhandlung begründet, und regelmäßig wird sie nur durch die Abgabe eines gesicherten Unterlassungsversprechens ausgeräumt; der Umstand, daß Herstellung und Vertrieb des beanstandeten Geräts inzwischen durch die eines anderen Geräts abgelöst worden sind, beseitigt die Wiederholungsgefahr ebenfalls regelmäßig nicht (BGH LM Nr. 8 zu § 1 UWG; BGH in GRUR 1961, 356 – Pressedienst). Ganz allgemein sind an die Beseitigung der Wiederholungsgefahr strengste Anforderungen zu stellen (BGH in GRUR 1957, 347 – Underberg; 1959, 374 – Ernst Abbe)" (s. BGH in GRUR 1965, 198/202 1. Sp. – „Küchenmaschine").

Grundsätzlich ist die Gefahr der Wiederholung gegeben, solange sich der Verletzer weigert, eine Unterlassungserklärung abzugeben, die mit einer angemessenen Vertragsstrafe bewehrt ist.

An Stelle des Unterlassungsanspruchs bei Wiederholungsgefahr kann schon bei drohender Gefahr der Verletzung ein vorbeugender Unterlassungsanspruch gegeben sein. Die sog. vorbeugende Unterlassungsklage, die in der Rechtsprechung entwickelt worden ist, kann z.B. erhoben werden, wenn beim Aufbau einer Messe das erste Exemplar einer Nachbildung auftaucht, ein im Ausland ungeschütztes Muster für den Vertrieb im Inland angeboten wird oder wenn der Musterinhaber erfährt, daß ein Dritter ein identisches Muster für sich selbst als

Geschmacksmuster angemeldet und niedergelegt hat. Der Berechtigte, der eine Verletzung seiner Rechte auf sich zukommen sieht, muß in solchen Fällen nicht warten, bis die ersten Nachbildungen seines Musters auf dem Markt verbreitet worden sind, sondern kann die geplante oder vorbereitete Verletzung schon im Keim ersticken.

Der Unterlassungsantrag muß auf die konkrete Verletzungsform der Nachbildung gerichtet sein und sollte daher, wenn irgend möglich, auch eine oder mehrere Abbildungen enthalten (zum Klageantrag im einzelnen s. unten Ziff. C., I., 5 − „Klageantrag").

3. Schadensersatz

Der zweite Hauptanspruch des Verletzten ist der Anspruch auf Ersatz des entstandenen Schadens. Er kann geltend gemacht werden, „wenn dem Verletzer Vorsatz oder Fahrlässigkeit zur Last fällt". Vorsätzlich handelt ein Verletzer, der die „Verletzungshandlung in Kenntnis aller Tatumstände" (so von Gamm a. a. O. Rdnr. 29 zu § 14a GeschmMG) will oder aber die Rechtsverletzung bewußt mit in Kauf nimmt (bedingter Vorsatz). In den Rechtsfolgen besteht zwischen dem unbedingten und dem bedingten Vorsatz kein Unterschied (s. BGH in GRUR 1958, 613/614 − „Tonmöbel"). Da der Wille eines Verletzers schwer beweisbar ist, konzentriert sich die Beweisführung in der Praxis auf die Fahrlässigkeit.

„Fahrlässig handelt, wer die im Verkehr erforderliche Sorgfalt außer acht läßt" (§ 276 Abs. 1 Satz 2 BGB). Wie die „im Verkehr erforderliche Sorgfalt" jeweils zu bemessen ist, ergibt sich aus den Tatumständen des Einzelfalles. An die Sorgfalts- und Prüfungspflicht eines Herstellers sind grundsätzlich höhere Anforderungen zu stellen als an die Sorgfaltspflicht eines Händlers. Bei Großhändlern und Fachkreisen kann eine größere Marktkenntnis unterstellt werden als bei Einzelhändlern (s. BGH in GRUR 1958, 510/511 − „Schlafzimmermodell"). Im Zweifel können und müssen sich Fachleute durch Rückfrage beim zuständigen Amtsgericht oder sonstige Recherchen Klarheit verschaffen.

Insbesondere dann, wenn der Nachbildner das Vorbild gekannt und gewußt hat, daß es als Geschmacksmuster hinterlegt und formell in Kraft war, handelt er regelmäßig fahrlässig, wenn er die für den ästhetischen Eindruck maßgebenden Gestaltungselemente in ihren Wesenszügen übernimmt. Der Irrtum des Nachbildners, er habe genügend Abstand von dem Geschmacksmuster gehalten, schließt unter den gegebenen Umständen die Fahrlässigkeit nicht aus (vgl. BGH in GRUR 1965, 202 — „Küchenmaschine") (s. BGH in GRUR 1981, 262/272 — „Haushaltsschneidemaschine II") (vgl. hierzu auch die Kommentierung zur subjektiven Nachbildung, §5 Anm. 4).

Bei der Berechnung seines Schadens kann der Verletzte zwischen drei Möglichkeiten wählen. Er kann entweder den ihm entgangenen Gewinn oder eine angemessene Vergütung oder die Herausgabe des vom Verletzer erzielten Gewinns verlangen (s. BGH in GRUR 1963, 640/642 — „Plastikkorb").

Zur Berechnung einer Schadensersatzforderung wegen Geschmacksmusterverletzung auf Lizenzbasis hat der Bundesgerichtshof einige wesentliche Richtlinien aufgestellt:

1. Die Höhe der Lizenzgebühr richtet sich nicht nur nach der üblichen Lizenzgebühr, sondern „auch nach dem Verkehrswert des verletzten Ausschlußrechts und nach der Nähe der Nachbildung".

2. Ist der Musterinhaber bei seinen Abnehmern durch das Verhalten des Verletzers in Mißkredit gebracht worden, so kann er neben der Lizenzgebühr „Schadensersatz wegen des angerichteten Marktverwirrungs- und Diskreditierungsschadens verlangen".

3. Bei der Bemessung der Lizenzgebühr ist nicht nur die Nähe der ästhetischen Wirkung, sondern auch die Nähe der vom Verletzer gewählten Bezeichnung und die hiervon ausgehende Beeinträchtigung zu berücksichtigen (s. BGH in GRUR 1975, 85 — „Clarissa").

4. Herausgabe des Gewinns

Die Vorteile, die in der Wahlmöglichkeit zur Schadensberechnung liegen, werden deutlich, wenn man sich klar macht, daß eine Geschmacksmusterverletzung keineswegs immer zu einem Absatzrückgang beim Verletzten führen muß. Der Anspruch auf „die Herausgabe des Gewinns, den der Verletzer durch die Nachbildung oder deren Verbreitung erzielt hat", ist häufig vorteilhafter für den Verletzten als der Anspruch auf den ihm entgangenen Gewinn oder auf eine angemessene Lizenzgebühr. Dieser Anspruch, den die Rechtsprechung schon früher zugebilligt hat (s. BGH in GRUR 1963, 640/642 — „Plastikkorb" mit weiteren Nachweisen), ist nunmehr in § 14a Abs. 1 Satz 2 GeschmMG ausdrücklich normiert worden. Um diesen Anspruch beziffern zu können, benötigt der Verletzte entsprechende Auskünfte des Verletzers und Rechnungslegung über dessen Gewinn.

II. Erläuterungen zum Geschmacksmustergesetz

5. Auskunft und Rechnungslegung

Der Verletzte kann seinen Schadensersatzanspruch in aller Regel erst beziffern, wenn der Verletzer ihm über den Umfang der Verletzungshandlungen Auskunft erteilt und über die hierbei erzielten Gewinne Rechnung gelegt hat. Der Anspruch auf Rechnungslegung über den Gewinn des Verletzers wird in § 14a Abs. 1 Satz 2 GeschmMG ausdrücklich normiert. Der Anspruch ist zur Vorbereitung des Schadensersatzanspruches in jedem Fall gegeben, da der Verletzte auch den ihm selbst entgangenen Gewinn oder die angemessene Vergütung (Lizenz) nur zu beziffern vermag, wenn er z. B. die Zahl der rechtswidrig vervielfältigten und verbreiteten Muster und Modelle sowie Art und Umfang der vom Verletzer hierfür betriebenen Werbung genau kennt. Rechtsgrundlage für diesen Anspruch sind die in den §§ 666, 681 und 687 Abs. 2 in Verbindung mit § 242 BGB zum Ausdruck kommenden Rechtsnormen.

Der Verletzte klagt in der Regel auf Erteilung einer Auskunft darüber, welche Stückzahlen des Verletzungsgegenstandes in welcher Zeit, an welchen Abnehmer und zu welchen Preisen vertrieben worden sind (s. BGH in GRUR 1966, 100 1. Sp. — „Zündaufsatz"). Dabei ist dem Verletzer einzuräumen, daß er die Namen seiner Abnehmer nur einem vom Verletzer zu benennenden, zur Verschwiegenheit verpflichteten Buchprüfer bekanntzugeben hat. Diese Einschränkung ist erforderlich, weil die Kenntnis der Abnehmer des Verletzers dem Verletzten Einblicke in die Geschäftsgeheimnisse des Verletzers vermitteln würde, die zur Berechnung des Schadens nicht erforderlich sind. Zur Berechnung eines Marktverwirrungsschadens kann auch die Auskunft über den Umfang der vom Verletzer für den Verletzungsgegenstand betriebenen Werbung erforderlich sein (zum Klageantrag im einzelnen s. unten Ziffer C., I.5).

Hat der Kläger seinen Auskunftsanspruch nicht von sich aus mit einem sog. Wirtschaftsprüfervorbehalt eingeschränkt, so kann der Beklagte dies unter Darlegung aller Umstände ohne einen Antrag im formellen Sinne beantragen.

„Der Auskunftsanspruch als Hilfsanspruch zur Vorbereitung der Bezifferung des Schadensersatzanspruchs kann durch Aufnahme eines Wirtschaftsprüfervorbehalts eingeschränkt werden, wenn dies nach Abwägung der beiderseitigen Interessen (§ 242 BGB) gerechtfertigt ist; dazu bedarf es keines Antrags im formellen Sinne; wohl aber hat die Partei, die eine solche Beschränkung erstrebt, die Darlegungs- und erforderlichenfalls auch die Beweislast für alle dafür sprechenden Umstände" (BGH in DB 1981, 1458 — Wirtschaftsprüfervorbehalt).

Wenn mit Wahrscheinlichkeit zu erwarten ist, daß dem Verletzten durch die Nachbildung ein Schaden entstanden ist, und der Kläger zur Berechnung dieses Schadens der Angaben bedarf, die er mit dem Antrag auf Auskunftserteilung und Rechnungslegung gefordert hat, ist dieser Anspruch begründet (s. OLG Hamm in GRUR 1979, 241/242 — „Küchenschütte").

Wenn dem Verletzten die zunächst erteilten Auskünfte zur Berechnung des für seinen Schadensersatzanspruch besonders günstigen Anspruchs auf Herausgabe des Verletzergewinns nicht ausreichen, so ist er auch durch ein bereits vorliegendes rechtskräftiges Urteil nicht gehindert, weitere Angaben zu verlangen und diesen Auskunftsanspruch erneut einzuklagen. Der amtliche Leitsatz des BGH lautet:

„Bei der Verletzung gewerblicher oder urheberrechtlicher Ausschließlichkeitsrechte ist der Verletzte durch ein rechtskräftiges Urteil auf Auskunftserteilung, das eine Berechnung des Schadens nach der entgangenen Lizenzgebühr ermöglicht, in der Regel nicht gehindert, zusätzliche Angaben über solche Umstände zu verlangen, die er benötigt, um seinen Anspruch auf Herausgabe des Verletzergewinns zu beziffern" (siehe BGH in GRUR 1974, 53 — „Nebelscheinwerfer"). Dies hat seinen Grund darin, daß der Verletzte sogar noch während des Verfahrens beliebig zwischen den drei Berechnungsarten wählen kann, bis der von ihm nach einer der drei Berechnungsarten ermittelte Anspruch erfüllt ist (BGH GRUR, a.a.O., S. 54).

Das Gesetz zur Stärkung des Schutzes des geistigen Eigentums und zur Bekämpfung der Produktpiraterie (PrPG) vom 7.3.1990 hat den Auskunftsanspruch des Verletzten erweitert. Gemäß § 101a UrhG, der über § 14a Abs. 3 GeschmMG auch bei Geschmacksmusterverletzungen anwendbar ist, kann Auskunft auch über die Herkunft und den Vertriebsweg von Verletzungsgegenständen verlangt werden. Insbesondere kann sich das Auskunftsbegehren auf die Namen und Anschriften von Herstellern, Lieferanten und anderen Vorbesitzern erstrecken. Damit wird dem Verletzer ermöglicht, den wahren Verursacher der Geschmacksmusterverletzung aufzuspüren, der sonst oft im Dunkeln bliebe. In Fällen offensichtlicher Rechtsverletzung, also etwa bei identischer Nachbildung des Musters oder Modells, kann dieser Anspruch auf Drittauskunft im Wege der Einstweiligen Verfügung durchgesetzt werden.

II. Erläuterungen zum Geschmacksmustergesetz

6. Entschädigung bei leichter Fahrlässigkeit

Der Anspruch des Verletzten auf Herausgabe des Verletzergewinns trifft den Verletzer besonders hart. Das ist jedoch in allen Fällen vorsätzlicher oder grob fahrlässiger Verletzung von Musterrechten die gerechte Folge der widerrechtlichen Nachbildung. Für den Fall einer nur leichten Fahrlässigkeit des Verletzers hat der Gesetzgeber die Möglichkeit dafür geschaffen, daß das Gericht statt des Schadensersatzes eine Entschädigung festsetzen kann, „die in den Grenzen zwischen dem Schaden des Verletzten und dem Vorteil bleibt, der dem Verletzer erwachsen ist". Mit dieser Bestimmung haben die Gerichte − wie schon früher bei Patent- und Gebrauchsmusterverletzungen − die Möglichkeit erhalten, in Fällen von nur leichter Fahrlässigkeit des Verletzers unter Abwägung aller Umstände dem Verletzten eine Entschädigung zuzusprechen, die mehr den Charakter einer Buße trägt und dem Verletzten dennoch einen gewissen Betrag sichert (vgl. Beckensträter, Die Festsetzung der Entschädigung bei leicht fahrlässigen Patent- und Gebrauchsmusterverletzungen in GRUR 1963, 231 ff.).

7. Bereicherungsanspruch

Aus § 14a Abs. 2 GeschmMG ergibt sich, daß ein Verletzter seine Ansprüche gegen einen Verletzer auch aus anderen gesetzlichen Vorschriften herleiten kann. Der Verletzte kann also auch einen Bereicherungsanspruch gemäß § 812ff. BGB geltend machen. Der Vorteil liegt darin, daß der Anspruch auf Herausgabe einer ungerechtfertigten Bereicherung kein Verschulden des Bereicherten voraussetzt.

Es gibt Fälle, in denen sich ein Verwerter genau über die Rechtslage erkundigt, aber eine unrichtige Auskunft erhalten hat. Dem Verletzer kann in diesem Fall kein Vorsatz von Fahrlässigkeit nachgewiesen werden, und der Anspruch auf Schadensersatz würde am Fehlen dieser Voraussetzung scheitern. Der Bereicherungsanspruch sichert also dem Verletzten beim Ausfall von Schadensersatzansprüchen eine angemessene Vergütung für die Benutzung des geschützten Werkes. Der Bereicherte hat dem Verletzten herauszugeben, was er an Aufwendungen erspart hat, die er bei rechtmäßiger Benutzung und vorheriger Einräumung eines entsprechenden Nutzungsrechts hätte zahlen müssen. Schon vor der Neufassung des § 14a GeschmMG war der Bereicherungsanspruch bei Geschmacksmusterverletzungen anerkannt (s. BGH in GRUR 1963, 640/642 − „Plastikkorb"). Der Anspruch erlangt jedoch nur selten praktische Bedeutung.

8. Anspruch auf Vernichtung

Wenn ein Verletzer, der widerrechtlich Nachbildungen eines geschützten Musters oder Modells hergestellt und verbreitet hat, rechtskräftig zur Unterlassung verurteilt worden ist, dann sind die bei ihm noch lagernden Vervielfältigungsstücke und gegebenenfalls auch die zur Herstellung verwendeten besonderen Formen praktisch wertlos, es sei denn, daß er aus wirtschaftlichen Überlegungen eine Aufbrauchfrist für den Vertrieb der bereits gefertigten Nachbildungen erhält. Der Verletzte kann jedoch – z. B. bei umsatzstarken Artikeln oder bei noch längerer Schutzfrist – seinem Unterlassungsanspruch noch durch den „Anspruch auf Vernichtung und ähnliche Maßnahmen" gemäß § 98 UrhG Nachdruck verleihen. Dieser Anspruch kann umfassen:

a) Die zur rechtswidrigen Verbreitung bestimmten Vervielfältigungsstücke, § 98 UrhG

Nachbildungen, die rechtswidrig hergestellt sind, haftet die Rechtswidrigkeit ihrer Entstehung „als ein Makel an, der sie der Vernichtung aussetzt" (so Ulmer a. a. O., 3. Aufl., S. 552). Mit anderen Worten: Der Anspruch des Verletzten auf Vernichtung ist gegen alle Nachbildungen gegeben, die rechtswidrig hergestellt worden sind, rechtswidrig verbreitet werden oder zur rechtswidrigen Verbreitung bestimmt sind. Ob die zur rechtswidrigen Verbreitung bestimmten Nachbildungen auch unrechtmäßig hergestellt worden sind, spielt für den Vernichtungsanspruch keine Rolle. Der Vernichtungsanspruch gegen Händler, die die Nachbildungen nicht selber hergestellt haben, stellt jedoch eine unverhältnismäßige Härte dar, die nur in ganz besonders gelagerten Ausnahmefällen gerechtfertigt sein dürfte.

b) Die zur rechtswidrigen Herstellung bestimmten Vorrichtungen, § 99 UrhG

Der Anspruch soll verhindern, daß nach der Vernichtung der unrechtmäßig hergestellten Nachbildungsstücke die gleichen Vorrichtungen erneut für eine rechtswidrige Vervielfältigung benutzt werden. Um dies zu erreichen, müssen die Vorrichtungen für die rechtswidrige Herstellung von Nachbildungen unbrauchbar gemacht werden. Für andere Vervielfältigungen kann die Vorrichtung erhalten bleiben.

9. Anspruch auf Überlassung

Der Verletzte hat die Wahl, ob er die Vernichtung der rechtswidrig hergestellten und verbreiteten Nachbildungsstücke und der zur rechtswid-

II. Erläuterungen zum Geschmacksmustergesetz

rigen Herstellung bestimmten Vorrichtung verlangen will oder die Überlassung dieser Gegenstände gegen eine angemessene Vergütung. Ist der Verletzte der Inhaber eines ausschließlichen Nutzungsrechts, so kann sein wirtschaftliches Interesse an der Übernahme der rechtswidrig hergestellten Nachbildungsstücke bzw. der Herstellungsvorrichtungen hierzu größer sein als sein Interesse an der Vernichtung von Dingen, die er selber nutzbringend verwerten kann. Übt der Verletzte sein Wahlrecht im Sinne der §§ 98, 99 UrhG aus, so darf die angemessene Vergütung die Herstellungskosten der zu überlassenden Nachbildungsstücke und Vorrichtungen nicht übersteigen.

10. Abfindung des Verletzten in Geld

Eine weitere Möglichkeit, dem Verletzten an Stelle der Vernichtung oder Überlassung der Nachbildungen und Vorrichtungen zu deren Vervielfältigung eine Entschädigung in Geld zuzusprechen, wenn dem Verletzer weder Vorsatz noch Fahrlässigkeit zur Last fällt, bietet § 101 UrhG. Die Bestimmung entspricht dem Grundsatz der Interessenabwägung. Sie ist ausdrücklich als Ausnahme bezeichnet und an bestimmte Voraussetzungen gebunden worden.

Die Voraussetzungen dafür, daß Ansprüche des Verletzten durch eine Geldentschädigung abgewendet werden können, sind folgende:

a) Der Anspruch des Verletzten muß sich gegen eine Person richten, der weder Vorsatz noch Fahrlässigkeit zur Last fällt.
b) Der Person, gegen die sich die Ansprüche richten, würde bei Erfüllung der Ansprüche ein unverhältnismäßig großer Schaden entstehen.
c) Dem Verletzten muß die Abfindung in Geld zuzumuten sein.

Aus diesen Voraussetzungen ergibt sich: Wer schuldhaft gehandelt hat, kann nicht in den Genuß der Ausnahmeregelung von § 101 UrhG kommen.

Als Entschädigung ist eine angemessene Vergütung zu zahlen. Angemessen ist die Vergütung dann, wenn sie auch bei einer vertraglichen Übertragung des oder der betreffenden Nutzungsrechte bezahlt worden wäre.

Zahlt der schuldlose Verletzer die angemessene Entschädigung, so gilt die Einwilligung des Verletzten zur Verwertung kraft Gesetzes „im üblichen Umfang als erteilt".

11. Bekanntmachung des Urteils

Die öffentliche Bekanntmachung eines rechtskräftigen Urteils gemäß § 103 UrhG ist ein außerordentlich wirksames Mittel zur Verringerung und Neutralisierung der oft unübersehbaren Folgen einer Geschmacksmusterverletzung. Andererseits darf die Bekanntmachung des Urteils nicht zu einer kleinlichen Rache des Verletzten ausarten. Die Bestimmung bezweckt keine Demütigung des Verletzers. Nur wenn ein berechtigtes Interesse des Antragstellers eindeutig gegeben ist, sollte der obsiegenden Partei die Befugnis zugesprochen werden, das Urteil auf Kosten der unterliegenden Partei öffentlich bekanntzumachen; dann aber auch in einer Art und Weise, die der Schwere der Verletzung und der hierdurch entstandenen Verwirrung der Öffentlichkeit entspricht. Liegt nur eine geringfügige Verletzung vor, oder geht es nur um einen Feststellungsantrag, so erscheint das berechtigte Interesse des Antragstellers fraglich.

Es ist Sache des Verletzers, sein für die öffentliche Bekanntmachung des Urteils erforderliches berechtigtes Interesse darzutun (s. OLG Hamm in GRUR 1979, 240/242 – „Küchenschütte"). Wird die Bekanntmachung zugesprochen, so werden im Urteil gemäß Abs. 2 „Art und Umfang der Bekanntmachung" bestimmt. Dabei sind nicht nur die Publikationsorgane (Zeitungen, Zeitschriften usw.), sondern auch Inhalt, Größe und Häufigkeit der Bekanntmachung genau zu fixieren. Die Bekanntmachung des Urteils kann erfolgen, solange der Verletzungsstreit noch aktuell ist. Daher erlischt die Befugnis zur Bekanntmachung sechs Monate nach Eintritt der Rechtskraft. Wegen der sehr erheblichen Kosten, die durch eine Bekanntmachung in Zeitungen und Zeitschriften mit hohen Auflagen entstehen, empfiehlt sich der Antrag, die unterliegende Partei zur Vorauszahlung der Bekanntmachungskosten zu verurteilen.

12. Grenzbeschlagnahme durch Zollbehörden

Durch das Gesetz zur Stärkung des Schutzes des geistigen Eigentums und zur Bekämpfung der Produktpiraterie (PrPG) vom 7.3.1990 wurde ein wirkungsvolles Instrument zur Bekämpfung grenzüberschreitender Verletzungstatbestände, der § 111a UrhG, geschaffen, der über § 14a Abs. 3 GeschmMG auch für Geschmacksmusterverletzungen angewandt werden kann. Bei offensichtlicher Rechtsverletzung – insbesondere also bei sogenannten Produktpiraterieverfällen, meist identische Nachbildungen, beispielsweise fernöstliche Billigkopien geschützter und erfolgreicher Produkte — kann auf Antrag die Zollbehörde bei der Einfuhr oder Ausfuhr gegen eine Sicherheitsleistung des Antragstellers eine Beschlagnahme vornehmen. Diese Beschlagnahme im Rahmen eines Verwaltungsverfahrens führt entweder zur Einziehung der beschlagnahmten Gegenstände oder, falls der Betroffene Widerspruch einlegt, zu einer gerichtlichen Entscheidung, in der Regel im Wege der Einstweiligen Verfügung, über den weiteren Verbleib der beschlagnahmten Gegenstände.

13. Erstattung von Kosten für die Mitwirkung von Patentanwälten

Die Erstattung von Kosten für Patentanwälte, die in einer Geschmacksmusterstreitsache mitwirken, ist nunmehr in § 15 Abs. 5 GeschmMG ausdrücklich geregelt. (Vgl. hierzu § 15 Anm. 5).

14. Streitwert

In der Klageschrift hat der klagende Verletzte sein Interesse an der begehrten Unterlassung usw., den sog. Streitwert, anzugeben. Da der Unterlassungsanspruch aus einem Schutzrecht immer in die Zukunft wirkt, ist dieser Wert von größerer Bedeutung als die Höhe des bereits entstandenen Schadens. „Maßgebend für den Streitwert der auf Unterlassung, Rechnungslegung und Feststellung der Schadensersatzpflicht gerichteten Geschmacksmusterverletzungsklage ist ebenso wie im Fall einer entsprechenden Klage auf Verletzung eines technischen Schutzrechts das Interesse, welches der Inhaber des Geschmacksmusters daran hat, daß die Beklagte die Verletzung unterläßt, über die bisherigen Verletzungshandlungen Rechnung legt und wegen des beanstandeten Verhaltens Schadensersatz leistet" (s. OLG Karlsruhe in GRUR 1966, 691 — „Zur Frage der Streitwertberechnung im Geschmacksmusterverletzungsstreit").

Als Anhaltspunkte für die Bemessung des Streitwertes kommen in erster Linie der bisherige Umsatz und die Umsatzerwartung des Verletzten in Betracht, daneben aber auch

— die Laufzeit des Schutzrechtes,
— der mutmaßliche Umsatz des Verletzers,
— der Umfang der Werbung des Verletzers,
— Größe und wirtschaftliche Bedeutung des Verletzers und
— die Vertriebsart des Verletzers.

Der Verletzte sollte bedenken, daß von der Höhe des Streitwerts der Rechtsmittelweg abhängt. Zwar sind nunmehr gem. § 15 Abs. 1 GeschmMG in Geschmacksmusterstreitsachen die Landgerichte ohne Rücksicht auf den Streitwert ausschließlich zuständig, aber bei einem Streitwert von bis zu DM 60.000,- endet der Prozeß in der Regel in der Berufungsinstanz beim Oberlandesgericht. Die Revision muß bei Streitwerten bis zu DM 60.000,- ausdrücklich zugelassen werden, was nur geschieht, wenn

1. die Rechtssache grundsätzliche Bedeutung hat oder
2. das Urteil von einer Entscheidung des Bundesgerichtshofes oder des Gemeinsamen Senats der obersten Gerichtshöfe des Bundes abweicht und auf dieser Abweichung beruht (vgl. § 546 ZPO).

Da der Verletzte nur bei einem Streitwert von mehr als DM 60.000,- Aussicht hat, den Rechtsstreit bis zum Bundesgerichtshof führen zu können, ist es ratsam, den Streitwert höher als DM 60.000,- anzusetzen.

15. Verjährung

Die regelmäßige Verjährungsfrist beträgt 30 Jahre (§ 192 BGB). Nur der Anspruch auf Schadensersatz nach § 14a GeschmMG verjährt gemäß § 102 UrhG in drei Jahren „von dem Zeitpunkt an, in welchem der Verletzte von dem Schaden und der Person des Ersatzpflichtigen Kenntnis erlangt, ohne Rücksicht auf diese Kenntnis in dreißig Jahren von der Begehung der Handlung an". Die Ansprüche auf Vernichtung und Überlassung (s. oben unter Ziff. 8 und 9) unterliegen nicht dieser kurzen Verjährung. Für die Verjährung von Ansprüchen nach § 14a GeschmMG in Verbindung mit §§ 98 – 103 UrhG gilt daher folgendes:

Anspruch auf	**Verjährung**
a) Beseitigung	30 Jahre ab Verletzung
b) Unterlassung	30 Jahre ab Verletzung
c) Schadensersatz	3 Jahre seit Kenntnis des Schadens **und** der Person des Ersatzpflichtigen
d) Vernichtung, Überlassung	keine Verjährung

16. Verwirkung

Der Lehre von der Verwirkung eines Anspruchs „liegt der Gedanke zugrunde, daß die Rechtsausübung unzulässig ist, wenn sie infolge verspäteter Geltendmachung wider Treu und Glauben verstößt" (so Ulmer a. a. O., S. 546). Einem Verletzten, der jahrelang untätig zusieht, wie seine Musterrechte verletzt werden, kann der Verletzer den Verwirkungseinwand entgegensetzen (vgl. Klaka, Zur Verwirkung im gewerblichen Rechtsschutz in GRUR 1970, 265 ff.). Die praktische Bedeutung der Verwirkung eines Anspruchs liegt auf dem Gebiet der Kennzeichnungsrechte. Auf dem Gebiet des Geschmacksmusterrechts ist keine Entscheidung bekannt, in der der Verwirkungseinwand eine Rolle gespielt hätte.

C. Zum Verletzungsprozeß

I. Hinweise für den Verletzten

1. Allgemeines

Das Urheberrecht an Mustern und Modellen ist ein sog. ungeprüftes Schutzrecht. Erst im Verletzungsfall werden die Schutzvoraussetzungen und der Schutzumfang vom Gericht geprüft, erst dann stellt sich heraus, ob das Schutzrecht der Nachprüfung standhält, d. h. ob es rechtsbeständig ist. Abgesehen also von der abschreckenden optischen Wirkung, die dem Hinweis auf die Eintragung im Musterregister innewohnt, hat das Geschmacksmuster im Verletzungsprozeß seine eigentliche Bewährungsprobe zu bestehen.

2. Wer ist klageberechtigt?

Für alle Ansprüche aus dem Musterrecht ist der Urheber bzw. sein Rechtsnachfolger, praktisch also der Inhaber des Geschmacksmusters klageberechtigt oder „aktiv legitimiert". Neben dem Inhaber des Geschmacksmusterrechts, der seine Inhaberschaft durch die Eintragung im Musterregister bzw. durch die erfolgte Rechtsübertragung nachweisen muß, ist auch der Inhaber eines ausschließlichen Nutzungsrechts für eine Klage aktiv legitimiert. Eine einfache Lizenz bzw. ein einfaches Nutzungsrecht (vgl. § 3 Anm. 6a) berechtigt den Lizenznehmer nicht zu einer Unterlassungsklage. Der Lizenzgeber ist in solchen Fällen verpflichtet, gegen einen Verletzer selber vorzugehen. „Schreitet der Lizenzgeber gegen Verletzer nicht ein, dann kann sein Bestehen auf Lizenzzahlungen unter dem Gesichtspunkt der Unzumutbarkeit gegen Treu und Glauben verstoßen" (vgl. BGH in GRUR 1965, 591 − „Wellplatten" sowie BGH in Schulze BGHZ 61).

Umgekehrt ist der für eine Verletzung des Geschmacksmusterrechts Verantwortliche im Verletzungsprozeß passiv legitimiert. Verletzer ist nicht nur derjenige, der widerrechtlich eine Nachbildung herstellt, sondern auch der Verbreiter dieser Nachbildung, also der Händler.

3. Verwarnung

Wie im Wettbewerbsrecht und im gewerblichen Rechtsschutz üblich, geht der Klage eine Verwarnung voraus (sog. Schutzrechtsverwarnung). Mit dem Verwarnungsschreiben teilt der Verletzte dem Verletzer mit, daß er über ein Geschmacksmuster an der betreffenden Gestaltung (z. B. eingetragen im Musterregister des Amtsgerichts in X — bzw. ab 1. Juli 1988 im Musterregister des Deutschen Patentamts — unter dem Aktenzeichen MR ...) verfügt und daß er in dem vom Verletzer hergestellten und/oder verbreiteten Erzeugnis eine Nachbildung seines Musters oder Modells sieht. Es folgt die Aufforderung zur unverzüglichen Beseitigung der Beeinträchtigung und — binnen einer bestimmten Frist — zur Abgabe einer mit einer angemessenen Vertragsstrafe bewehrten Unterlassungserklärung für die Zukunft, gegebenenfalls das weitere Verlangen nach Auskunftserteilung, Schadensersatz usw. und der Androhung, gegebenenfalls gerichtlich vorzugehen.

Eine solche Verwarnung oder Abmahnung erfolgt, um dem Verletzer die Möglichkeit zu geben, den Unterlassungsanspruch des Musterinhabers anzuerkennen, vor allem aber deshalb, weil der Verletzer spätestens seit dem Zugang des Verwarnungsschreibens die Nachbildung nicht mehr gutgläubig vervielfältigen und/oder verbreiten kann, was für den zeitlichen Beginn des Schadensersatzanspruches von Bedeutung ist.

Gibt der verwarnte Verletzer keine oder keine ausreichende Erklärung ab, so steht es dem Verletzten frei, gerichtliche Hilfe zur Durchsetzung seiner Forderungen in Anspruch zu nehmen (s. auch Ziff. 8 „Unberechtigte Verwarnung").

Auch dann, wenn der Verletzer im gerichtlichen Verfahren den Unterlassungsanspruch sofort anerkennt, fallen ihm die Kosten zur Last, denn er hat, indem er auf die Abmahnung nicht reagierte, Veranlassung zur Klage gegeben, § 93 ZPO (ständige Rechtsprechung).

4. Gerichtsstand

Für eine Klage gegen den Verletzer eines Geschmacksmusters gilt der Gerichtsstand der unerlaubten Handlung gemäß § 32 ZPO. Danach ist für eine Klage das Gericht zuständig, in dessen Bezirk die Handlung begangen ist. Der Verletzte muß also nicht am Ort der Niederlassung des Verletzers klagen (§ 21 ZPO), sondern er kann seine Klage bei jedem Gericht erheben, in dessen Gerichtsbezirk eine Verletzungshandlung stattgefunden hat. Verletzt sind die Rechte an einem Geschmacksmuster überall dort, wo eine Nachbildung angeboten, vertrieben oder in den Verkehr gebracht wird. Bei bundesweitem Vertrieb oder beim Angebot einer Nachbildung in einer Zeitschrift kann sich der Verletzte praktisch den Gerichtsstand aussuchen.

Im Hinblick auf die unterschiedlichen Erfahrungen der Gerichte mit Geschmacksmusterstreitsachen bietet die Möglichkeit, die Klage bei einem Gericht mit besonders erfahrenen Richtern anhängig zu machen, dem Verletzten entscheidende Vorteile. Zuständig für alle Klagen in Geschmacksmusterstreitsachen sind gemäß § 15 Abs. 1 GeschmMG ohne Rücksicht auf den Streitwert die Landgerichte. Bei der Prüfung der örtlichen Zuständigkeit ist ferner zu beachten, daß die meisten Landesregierungen die Geschmacksmusterstreitsachen aufgrund der Ermächtigung des § 15 Abs. 2 GeschmMG für die Bezirke mehrerer Landgerichte einem bestimmten Landgericht zugewiesen haben (vgl. hierzu § 15 Anm. 3).

Beispiel: Sitz des Verletzers oder Ort der Verletzungshandlung ist Augsburg. Zuständig für die Klage ist nicht das Landgericht Augsburg, sondern das Landgericht München I (VO über die Zuständigkeit der Landgerichte in Geschmacksmusterstreitsachen Bayer. GVBl. Nr. 10/1987, Seite 126).

5. Klageantrag

Kern des Klageantrags ist die konkrete Verletzungsform. Der Unterlassungsantrag muß die Form der Nachbildung möglichst deutlich machen und sollte daher nicht nur eine detaillierte Beschreibung der schutzbegründenden Merkmale des nachgebildeten Musters oder Modells enthalten, sondern auch ein oder mehrere Fotos.

Beispiel für einen Klageantrag

I. Die Beklagte wird verurteilt, es bei Meidung eines Ordnungsgeldes bis zu DM 500.000,— oder Ordnungshaft bis zu sechs Monaten, letztere zu vollziehen an ihrem Inhaber, für jeden Einzelfall der Zuwiderhandlung zu unterlassen,

eine Einkaufstasche aus Rayon-Material in den Farben Schwarz und/oder Blau, Vorderseite als Vortasche ausgebildet und teilweise gesteppt, mit goldfarbenen Metallhenkeln und goldfarbenen Metallecken sowie einem aufgenähten Etikett mit der Aufschrift „Le Sac" entsprechend den nachfolgenden Abbildungen herzustellen und/oder anzubieten und zu vertreiben:

(Hier Fotos einkleben!)

II. Die Beklagte wird verurteilt, der Klägerin durch Vorlage eines nach Daten und Lieferungen geordneten Verzeichnisses und unter Angabe der dabei erzielten Preise Auskunft darüber zu erteilen, in welchem Umfang die Beklagte die in Ziffer I) des Klageantrags bezeichnete Handlung begangen hat. Dabei hat die Beklagte einem zur Verschwiegenheit verpflichteten Wirtschaftsprüfer ein Verzeichnis zu übergeben, das neben den Stückzahlen, Lieferzeiten und Erlösen auch die Namen der einzelnen Abnehmer enthält. Die Beklagte hat den Wirtschaftsprüfer zu ermächtigen, der Klägerin darüber Auskunft zu erteilen, ob bestimmte, von der Klägerin einzeln zu benennende Liefervorgänge in dem Verzeichnis enthalten sind, das dem Wirtschaftsprüfer vorliegt.

III. Es wird festgestellt, daß die Beklagte verpflichtet ist, der Klägerin denjenigen Schaden zu ersetzen, der dieser durch die unter Ziffer I) gekennzeichneten Handlungen entstanden ist oder noch entstehen wird.

IV. Die Beklagte hat die Kosten des Rechtsstreits zu tragen.

6. Einstweilige Verfügung

Der Erlaß einer einstweiligen Verfügung gegen ein Verletzungsmuster ist möglich, hat aber wie alle Ansprüche, die auf ein Schutzrecht gestützt sind, Ausnahmecharakter. Dies gilt insbesondere für ein ungeprüftes Schutzrecht wie ein Geschmacksmuster.

Nur in ganz seltenen Fällen, in denen die Schutzrechts- und Verletzungslage eindeutig oder durch ein vorausgegangenes Verfahren gegen einen anderen Verletzer bereits geklärt ist, sollte in Geschmacksmusterstreitsachen ein Antrag auf Erlaß einer einstweiligen Verfügung gestellt werden. „Beim Erlaß einstweiliger Verfügungen in Geschmacksmustersachen ebenso wie in Patent- und Gebrauchsmustersachen ist grundsätzlich Vorsicht geboten, weil die Schutzfähigkeit des sachlich ungeprüften Geschmacksmusters im Eilverfahren nicht ohne weiteres festzustellen ist und der Angegriffene vielfach kaum in der Lage ist,

II. Erläuterungen zum Geschmacksmustergesetz

kurzfristig Material über den vorbekannten Formenschatz beizubringen, durch das die Neuheit oder Eigentümlichkeit des verteidigten Musters in Frage gestellt werden könnte" (s. LG Düsseldorf in GRUR 1966, 689 — „Hemdenstoffmuster").

„Der Erlaß einer einstweiligen Verfügung wegen Geschmacksmusterverletzung setzt voraus, daß der Antragsgegner hinreichend Gelegenheit hatte, das für die Beurteilung der Schutzfähigkeit des Musters erhebliche vorbekannte Formengut zu ermitteln. Eine Entscheidung ohne vorherige mündliche Verhandlung kommt regelmäßig nicht in Betracht" (LG Düsseldorf in Mitt. 1988, 14 — „Polohemd").

7. Formelle Schutzvoraussetzungen

Das Vorliegen der formellen Schutzvoraussetzungen — Anmeldung (für Muster oder Modelle, die vor dem 1. Juli 1988 angemeldet worden sind, Anmeldung und Niederlegung s. § 7 GeschmMG a. F.) — beweist der Kläger am einfachsten durch Vorlage des Eintragungsscheins oder eines beglaubigten Auszugs aus dem Musterregister bzw. durch Vorlage der Geschmacksmusterurkunde des Patentamtes. Da aus diesen Urkunden das Aussehen des Musters oder Modells nicht ersichtlich ist, kann der verletzte Musterinhaber dem Registergericht auch ein Foto des Klagegeschmacksmusters vorlegen und sich auf der Rückseite bestätigen lassen, daß das umseitig abgebildete Muster mit dem dann und dann angemeldeten und unter dem Aktenzeichen MR eingetragenen Muster identisch ist.

Im Zweifel können die Registerakten vom Prozeßgericht zur Klärung dieser Fragen beigezogen werden.

8. Beschreibung und Vergleich der Formmerkmale

In der Klagebegründung sollte der Verletzte die wesentlichen Formmerkmale seines Musters oder Modells und die der Nachbildung möglichst ausführlich beschreiben, um in einem anschließenden Vergleich der Formmerkmale beider Modelle die Übereinstimmung und die hieraus ersichtliche objektive Nachbildung darzutun. Auch hierbei und speziell beim Vergleich der Muster oder Modelle sind Fotos außerordentlich hilfreich. Sie können die Beschreibung der Form jedoch nicht völlig ersetzen, denn auch das Gericht muß sich in den Urteilsgründen über die zu beurteilenden Formen äußern. Eine genaue und anschauliche Beschreibung erleichtert also auch dem Gericht die Urteilsbegründung.

Trotz aller Schwierigkeiten, die „ästhetisch wirkenden Formen überhaupt mit den Mitteln der Sprache auszudrücken und namentlich auch, diese meist ineinander übergehenden Formen körperlich gegeneinander abzugrenzen und ihr Verhältnis zueinander sprachlich zu beschreiben", muß „um der Rechtssicherheit willen so weit wie möglich versucht werden, Übereinstimmungen und Unterschiede nicht bloß gefühlsmäßig, sondern durch konkrete Beschreibung zu erfassen". Der Kläger muß sich also bemühen, „diejenigen konkreten Formen aufzuzeigen und zu beschreiben, in denen die ästhetische Wertung ihre Grundlage hat, auf denen daher der rechtliche Schutz beruht und in deren Nachbildung − Neuheit und Eigentümlichkeit dieser Formelemente vorausgesetzt − allein eine Rechtsverletzung gefunden werden kann" (s. BHG in GRUR 1965, 198/200 i.Sp. − „Küchenmaschine"; vgl. hierzu auch die Anm. 3 zu § 5 GeschmMG „Merkmalsanalyse").

Stets kommt es nicht auf einzelne Abweichungen an, sondern auf den Gesamteindruck.

9. Unberechtigte Verwarnung und negative Feststellungsklage

Wer einen möglichen Verletzer verwarnt, ohne vorher die Neuheit und Eigentümlichkeit seines eigenen Musters selber genau zu prüfen oder ohne sicher zu sein, daß sein Muster vor der Anmeldung nicht bereits verbreitet worden ist, geht das Risiko ein, eine unberechtigte Verwarnung auszusprechen. Eine unbegründete und daher unberechtigte Verwarnung stellt nach ständiger Rechtsprechung einen Eingriff in den eingerichteten und ausgeübten Gewerbebetrieb des Verwarnten dar (vgl. BGH in GRUR 1974, 290 − „maschenfester Strumpf"; BGH in GRUR 1976, 715 − „Spritzgußmaschine" und BGH in GRUR 1979 − „Brombeerleuchte"). Der Inhaber eines Geschmacksmusters, der einen scheinbaren Verletzer allzu forsch verwarnt hat, muß in diesem Fall mit einer negativen Feststellungsklage durch den Verwarnten rechnen (vgl. BGH in GRUR 1963, 97/101 − „Kaugummikugeln").

Ein Geschmacksmuster ist − ebenso wie ein Gebrauchsmuster − ein sog. ungeprüftes Schutzrecht. Bei einer Verwarnung aus einem Geschmacksmuster ist also Vorsicht geboten. Ein Verwarner handelt jedoch nicht schuldhaft, „wenn er sich durch eine gewissenhafte Prüfung und aufgrund vernünftiger und billiger Überlegungen die Überzeugung verschafft hat, sein Schutzrecht werde rechtsbeständig sein" (s. BGH in GRUR 1974, 290 − „maschenfester Strumpf").

II. Erläuterungen zum Geschmacksmustergesetz

Verwarnungen, die an die Abnehmer des Herstellers des vermeintlichen Verletzungsmusters gerichtet werden, sind geeignet, den Hersteller selber noch härter zu treffen. Sie erfordern eine noch sorgfältigere Prüfung der Schutzrechtslage und können, wenn sie sich als unberechtigt erweisen, wie ein Bumerang auf den Verwarner zurückfallen. Grundsätzlich gilt hier der amtliche Leitsatz der BGH-Entscheidung „Brombeerleuchte":

„An die Sorgfaltspflichten dessen, der aus von ihm beanspruchten Geschmacksmuster- und Urheberrechten Verwarnungen aussprechen will, sind strenge Anforderungen zu stellen. Das gilt in erhöhtem Maß für nicht an den Hersteller des beanstandeten Gegenstandes, sondern an dessen Abnehmer gerichtete Verwarnungen" (s. BGH in GRUR 1979, 332).

Im Zweifel sollte der Inhaber eines Geschmacksmusters zuerst gründlich recherchieren und ein Rechtsgutachten einholen, ehe er einen – vielleicht sogar umsatzstarken – möglichen Verletzer verwarnt.

Umgekehrt sollte auch ein Verwarnter, der glaubt, zu Unrecht verwarnt worden zu sein, den Schutzrechtsinhaber zunächst auf neuheitsschädliches Material aufmerksam machen und zur Überprüfung und Rücknahme der Verwarnung auffordern. Anderenfalls können die Kosten der negativen Feststellungsklage ihn selber treffen.

„Hat sich der Inhaber eines Geschmacksmusters der Rechtsbeständigkeit dieses Musters gerühmt und Unterlassungsansprüche angekündigt, so kann der Verwarnte grundsätzlich ohne vorherige eigene Verwarnung auf (negative) Feststellung klagen, wonach der Geschmacksmusterinhaber nicht berechtigt sei, seine Verwarnungen aufrechtzuerhalten. Der Verwarnte muß jedoch (bei Meidung seiner Kostenlast nach § 93 ZPO) den Schutzrechtsinhaber vor Erhebung der negativen Feststellungsklage seinerseits verwarnen, wenn die Parteien vorprozessual längere Zeit über die Rechtsbeständigkeit des Geschmacksmusters gestritten haben und der Verwarnte das entscheidende (dem Geschmacksmusterinhaber noch unbekannte) neuheitsschädliche Material ausfindig gemacht hat.

Sind die Kosten gemäß § 93 ZPO dem obsiegenden Kläger aufzuerlegen, so hat der Beklagte auch nicht die (hypothetischen) Kosten einer vorprozessualen Verwarnung zu tragen (gegen Pastor, Wettbewerbsprozeß, 1968, S. 391)" (OLG Frankfurt in GRUR 1972, 670 – „Zwiebelflasche").

Die Verpflichtung des Verwarnten, den Schutzrechtsinhaber vor Erhebung einer negativen Feststellungsklage seinerseits zu verwarnen, besteht aber nicht, „wenn neuheitsschädliches Material zahlreich vorhanden und dem Schutzrechtsinhaber bekannt war und nunmehr nur noch zusätzlich ein einschlägiges Design-Patent ausfindig gemacht worden ist und mit der negativen Feststellungsklage vorgelegt wird (OLG Frankfurt in GRUR 1984, 758 — „Geschmacksmuster-Verwarnung").

II. Die möglichen Einwendungen des Verletzers

Im Verletzungsprozeß stehen dem Verletzer — wie jedem Beklagten — alle Einwendungen und Einreden aus dem materiellen Recht und dem Prozeßrecht zur Verfügung. In der Praxis beziehen sich die häufigsten Einwendungen des Verletzers auf die materiellrechtlichen Schutzvoraussetzungen des Klagegeschmacksmusters — Neuheit und Eigentümlichkeit — sowie auf die Frage der Vorverbreitung (§ 7 Abs. 2 GeschmMG) und der nicht rechtzeitigen oder fehlerhaften Verlängerung der Schutzfrist. Im einzelnen sind u. a. folgende Einwendungen möglich:

1. Mangelnde Aktivlegitimation des Klägers
   (fehlende Berechtigung zur Anmeldung, fehlende Identität zwischen Kläger und Anmelder)
2. mangelnde Zuständigkeit
   a) der Registerbehörde bei der Anmeldung
   b) des Prozeßgerichts für die Klage
3. Unvollständige oder verspätete Anmeldung
4. Fehlerhafter Antrag auf Verlängerung des Schutzes oder Ablauf der Schutzfrist
5. Mangelnde Neuheit
6. Mangelnde Eigentümlichkeit
7. Freie Benutzung
8. Verjährung
9. Verwirkung

III. Die Reihenfolge der Prüfung und Auslegungsregeln

1. Schutzfähigkeit

Schutzfähig im Sinne des Geschmacksmustergesetzes sind alle konkreten zwei- und dreidimensionalen Farb- und Formgestaltungen, die nach der Rechtsprechung des BGH „bestimmt und geeignet sind, das

II. Erläuterungen zum Geschmacksmustergesetz

geschmackliche Empfinden des Betrachters, insbesondere seinen Formensinn anzusprechen". Die Farb- und Formgestaltung muß als Vorlage für ein gewerbliches Serienerzeugnis dienen können.

Naturprodukte, Ideen, Stilarten und Werkstoffe sowie alle Formen, die ausschließlich technisch bedingt sind, scheiden für den Geschmacksmusterschutz aus.

Auslegungsregel

Ein Muster oder Modell ist schutzfähig im Sinne des Geschmacksmustergesetzes, wenn seine ästhetisch wirksame Gestaltung bestimmt und geeignet ist, auf den Formen- oder Farbensinn oder auf beide zusammen zu wirken, wenn seine Formelemente nicht ausschließlich technisch bedingt sind und wenn es sich als Vorlage für die Nachbildung im Sinne von Serienerzeugnissen eignet.

2. Formelle Schutzvoraussetzungen

Die formellen Schutzvoraussetzungen (Anmeldung und − vor dem 1. Juli 1988 − Anmeldung und Niederlegung durch den Urheber oder den Berechtigten) werden „bis zum Gegenbeweis" als vorliegend vermutet gemäß § 13 GeschmMG.
Voraussetzung: Der Kläger beweist die Tatsache der Anmeldung und Niederlegung (durch Vorlage des Eintragungsscheins oder eines Auszugs aus dem Musterregister oder der Geschmacksmusterurkunde).

Einen Fehler in der Anmeldung (z. B. unzuständige Registerbehörde vgl. § 7 Abs. 1 und § 8 Abs. 1) oder verspätete Anmeldung (vgl. § 7a) hat der Beklagte zu beweisen.

3. Die materiellen Schutzvoraussetzungen

(Neuheit und Eigentümlichkeit)

a) Neuheit

Für die Neuheit eines Klagegeschmacksmusters besteht nach ständiger Rechtsprechung zu § 13 GeschmMG eine tatsächliche Vermutung. Den Mangel der Neuheit hat der Beklagte zu beweisen (vgl. § 1 GeschmMG Anm. 6).

Auslegungsregel des BGH

Ein Muster oder Modell ist neu im Sinne von § 1 Abs. 2 GeschmMG, wenn die Gestaltungselemente, die seine Eigentümlichkeit begründen, im Anmeldezeitpunkt den inländischen Fachkreisen weder bekannt waren noch bei zumutbarer Beachtung der auf den einschlägigen oder benachbarten Gewerbegebieten vorhandenen Gestaltungen bekannt sein konnten (vgl. BGH in GRUR 1969, 90 – „Rüschenhaube").

b) Eigentümlichkeit

Es muß stets geprüft werden, ob das Klagegeschmacksmuster den erforderlichen Grad eigenschöpferischer Leistung aufweist (vgl. § 1 GeschmMG Rdz 7).

Auslegungsregel des BGH

Ein Muster oder Modell ist „eigentümlich im Sinne des § 1 Abs. 2 GeschmMG, wenn es in den für die ästhetische Wirkung maßgebenden Merkmalen als das Ergebnis einer eigenpersönlichen, form- oder farbenschöpferischen Tätigkeit erscheint, die über das Durchschnittskönnen eines mit der Kenntnis des betreffenden Fachgebiets ausgerüsteten Mustergestalters hinausgeht. Ob das Muster den erforderlichen schöpferischen Gehalt aufweist, ist objektiv aufgrund der auf dem betreffenden Gebiet geleisteten geschmacklichen Vorarbeit in ihrer Gesamtheit und in Verbindung mit den zur Verfügung stehenden freien Formen zu ermitteln. Hierbei sind freilich nur solche bereits vorhandenen Gestaltungselemente zu berücksichtigen, die nach den Ausführungen zum Neuheitsbegriff als in inländischen Fachkreisen bekannt anzusehen sind" (s. BGH in GRUR 1969, 90/95 – „Rüschenhaube" mit weiteren Nachweisen).

4. Objektive Nachbildung oder freie Benutzung

Zur Prüfung der objektiven Nachbildung werden die zu beurteilenden Muster oder Modelle nebeneinandergestellt, um festzustellen, ob und in welchem Umfang das Verletzungsmuster mit den schutzfähigen Form- und Gestaltungselementen des Klagegeschmacksmusters übereinstimmt. Prioritätsältere Gestaltungen müssen klar erkennbar und beweisbar sein. „Eine Vorwegnahme der Neuheit und Eigentümlichkeit eines Geschmacksmusters kann nicht angenommen werden, wenn sich das Ansehen einer von dem Beklagten behaupteten prioritätsälteren Gestaltung eines Dritten allein aus Zeugenaussagen entnehmen läßt, die wiederum nicht alle Teilmerkmale und insbesondere nicht den Gesamteindruck der älteren Gestaltungsform wiedergeben und erkennen lassen" (OLG Düsseldorf in GRUR 1985, 545 – „Schlüsselanhänger").

II. Erläuterungen zum Geschmacksmustergesetz

Auch hindert die Eintragung eines Warenzeichens die spätere Entstehung des Geschmacksmusterschutzes nicht, wenn das Muster nicht dem Bildzeichen nachgebildet worden ist (OLG Karlsruhe in GRUR 1986, 313 – „Uhrengehäuse"). Die Prüfung erfolgt nach folgendem Maßstab (vgl. § 5 GeschmMG Rdz 2):

a) Der Vergleich umfaßt die schutzfähigen Gestaltungsmerkmale.
b) Es ist von übereinstimmenden Merkmalen auszugehen und nicht von unterschiedlichen.
c) Maßgeblich ist der Gesamteindruck.

Auslegungsregel des BGH

„Bei einer wesentlichen Übereinstimmung des geschützten Musters mit der als Verletzung beanstandeten Form ist prima facie eine Nachbildung anzunehmen" (BGH in GRUR 1958, 509/511 – „Schlafzimmermodell").

5. Subjektive Nachbildung

Die subjektive Nachbildung wird nur geprüft, wenn die Frage nach der objektiven Nachbildung zu bejahen ist. Bei wesentlicher Übereinstimmung der beiden streitbefangenen Muster oder Modelle spricht der Beweis des ersten Anscheins dafür, daß dem Gestalter des Verletzungsmusters das Klagegeschmacksmuster bei der Gestaltung bekannt war. Der Beklagte hat die Unkenntnis des Mustergestalters zu beweisen (vgl. § 5 GeschmMG Anm. 6).

Auslegungsregeln des BGH

a) Bei wesentlicher Übereinstimmung des geschützten Musters mit der als Verletzung angegriffenen Gestaltungsform spricht der Beweis des ersten Anscheins für eine Nachbildung (s. BGH in GRUR 1965, 198/201 r. Sp. – „Küchenmaschine").
b) Der Tatbestand der Nachbildung ist auch dann erfüllt, wenn dem Gestalter des späteren Modells das geschützte Modell im Augenblick des Nachschaffens zwar nicht bewußt vorschwebt, „wenn er es aber durch eine ihm möglicherweise selbst nicht mehr gegenwärtige frühere Wahrnehmung oder Beschreibung, die nicht einmal mit der Kenntnis der Herkunft des Modells verbunden zu sein braucht, in sein Formengedächtnis aufgenommen hatte und wenn er alsdann

bei seiner eigenen Gestaltung unbewußt beeinflußt worden ist" (s. BGH in GRUR 1981, 273/276 — „Leuchtenglas").

c) Zur Erschütterung des Anscheinsbeweises, der für eine Nachbildung spricht, ist „der eindeutige Nachweis erforderlich, daß der Schöpfer der jüngeren Form das geschützte Muster weder selbst gekannt hat, noch ihm diese Kenntnis durch Beschreibung oder Anregung Dritter, die das geschützte Muster gekannt haben, vermittelt worden ist" (s. BGH in GRUR 1981, 269/272 — „Haushaltsschneidemaschine II").

6. Schutzumfang

Je größer der Schritt des Urhebers in gestalterisches Neuland war, desto größer ist auch der Schutzumfang für das von ihm gestaltete Muster oder Modell. Zu den Anhaltspunkten, die für einen besonders großen Schutzumfang sprechen können, siehe § 5 Anm. 4.

Auslegungsregel des BGH

„Je größer die dem Geschmacksmuster zugrundeliegende Leistung ist, desto größer ist sein Schutzumfang" (s. BGH in GRUR 1978, 168/169 — „Haushaltsschneidemaschine I").

7. Ansprüche des Verletzten

z. B. Unterlassung
  Auskunft und Rechnungslegung
  Feststellung der Schadensersatzpflicht dem Grunde nach
  Vernichtung der zur rechtswidrigen Herstellung bestimmten Formen
  usw.

Die Reihenfolge für die Prüfung der Ansprüche ergibt sich aus dem Klageantrag. Die Ansprüche auf Beseitigung und/oder Unterlassung rangieren grundsätzlich vor allen anderen Ansprüchen des Verletzten.

§ 15
Geschmacksmusterstreitsachen

(1) Für alle Klagen, durch die ein Anspruch aus einem der in diesem Gesetz geregelten Rechtsverhältnisse geltend gemacht wird (Geschmacksmusterstreitsachen), sind die Landgerichte ohne Rücksicht auf den Streitwert ausschließlich zuständig.

(2) Die Landesregierungen werden ermächtigt, durch Rechtsverordnung die Geschmacksmusterstreitsachen für die Bezirke mehrerer Landgerichte einem von ihnen zuzuweisen, sofern dies der sachlichen Förderung oder schnelleren Erledigung der Verfahren dient. Die Landesregierungen können diese Ermächtigung auf die Landesjustizverwaltungen übertragen.

(3) Die Parteien können sich vor dem Gericht für Geschmacksmusterstreitsachen auch durch Rechtsanwälte vertreten lassen, die bei dem Landgericht zugelassen sind, vor das die Klage ohne die Regelung nach Absatz 2 gehören würde. Das Entsprechende gilt für die Vertretung vor dem Berufungsgericht.

(4) Die Mehrkosten, die einer Partei dadurch erwachsen, daß sie sich nach Absatz 3 durch einen nicht beim Prozeßgericht zugelassenen Rechtsanwalt vertreten läßt, sind nicht zu erstatten.

(5) Von den Kosten, die durch die Mitwirkung eines Patentanwalts in einer Geschmacksmusterstreitsache entstehen, sind die Gebühren bis zur Höhe einer vollen Gebühr nach § 11 der Bundesgebührenordnung für Rechtsanwälte und außerdem die notwendigen Auslagen des Patentanwalts zu erstatten.

Übersicht der Erläuterungen

1. Sinn und Zweck 222
2. Geschmacksmusterstreitsachen 223
3. Gerichtsstand 224
   a) Sachliche Zuständigkeit ... 224
   b) Örtliche Zuständigkeit 225
   c) Verordnungen der Landesregierungen 225
   d) Zivilkammern für Geschmacksmusterstreitsachen 227
4. Prozeßvertreter in Geschmacksmusterstreitsachen .. 228
5. Kosten für die Mitwirkung von Patentanwälten 228
6. Inkrafttreten 229

1. Sinn und Zweck

Streitigkeiten über die Verletzung von Geschmacksmusterrechten und die Ansprüche, die sich hieraus ergeben (vgl. § 14a Anm. B 1–14 sowie

§ 10c Abs. 1 Ziff. 2) beinhalten Spezialfragen, mit denen nicht alle Richter vertraut sein können. Aus dieser Erkenntnis heraus hat sich in den letzten Jahren und Jahrzehnten die Tendenz entwickelt, Klagen in Geschmacksmusterstreitsachen nur an solchen Gerichten zu erheben, die mit besonders sachkundigen und erfahrenen Richtern besetzt sind. Hierfür erschienen insbesondere solche Landgerichte geeignet, an denen sich eine Spezialkammer für Patent- und Urheberrechtsstreitsachen (vgl. § 143 PatG und § 105 UrhG) befindet, zumal diese Gerichte häufig auch über Grenzfragen zwischen dem Geschmacksmusterrecht, dem sog. „kleinen Urheberrecht" an Mustern und Modellen und dem Urheberrecht an Werken der angewandten Kunst zu entscheiden haben.

Die Gründe, die zu dieser Entwicklung geführt haben, werden in der Begründung des Regierungsentwurfs zusammengefaßt wie folgt:

„Die Bearbeitung dieser Streitsachen ist deshalb besonders schwierig, weil die Entscheidung fast immer von den Vorfragen der Schutzfähigkeit des Musters oder Modells und der Berechtigung des Anmelders abhängt. Bei der Entscheidung über diese Fragen kann das Gericht nicht – wie in Patentstreitsachen – auf die Vorgänge eines Erteilungsverfahrens zurückgreifen, weil die Schutzfähigkeit und die Anmeldeberechtigung im Registrierungsverfahren nicht geprüft werden sollen (vgl. Art. 1 Nr. 3, § 10 Abs. 2 Satz 2 des Entwurfs). Die Beurteilung des Schutzumfangs und die Abgrenzung gegenüber dem Stand an vorbekannten Formgebungen entbehren bei den dem Gebiet der Ästhetik angehörenden Streitfragen der technischen Exaktheit und unterliegen in weitem Umfang einer Wertung durch das Gericht. Die im Rahmen dieser Wertung notwendige Abgrenzung des Individuell-Schöpferischen vom Nichtschöpferischen erfordert besondere richterliche Sachkunde und Erfahrung, die die Zusammenfassung beim Landgericht rechtfertigt."

Die angestrebte Konzentration der Prozesse in Geschmacksmusterstreitsachen entspricht also nicht nur einem Wunsch der betroffenen Wirtschaftskreise und der auf diesem Gebiet tätigen Anwälte, sondern folgt einer Entwicklung, die sich in der Praxis als zweckmäßig und vorteilhaft erwiesen hat.

2. Geschmacksmusterstreitsachen

Unter Geschmacksmusterstreitsachen versteht man alle zivilrechtlichen Streitsachen vor den ordentlichen Gerichten, denen Ansprüche

II. Erläuterungen zum Geschmacksmustergesetz

aus einem Geschmacksmuster oder gegen ein Geschmacksmuster zugrunde liegen. Es handelt sich also nicht um Verfahrensstreitigkeiten aus dem Anmelde- oder Verlängerungsverfahren, d. h. um Ansprüche der Anmelder oder Inhaber von Geschmacksmustern gegen das Patentamt, über die das Bundespatentgericht zu entscheiden hat (vgl. § 10a), sondern um Streitsachen zwischen zwei Parteien.

Folgende Ansprüche können sich aus der Verletzung der Geschmacksmusterrechte ergeben (vgl. § 14a):

1. Beseitigung der Beeinträchtigung
2. Unterlassung
3. Schadensersatz
4. Herausgabe des Gewinns
5. Auskunft und Rechtslegung
6. Entschädigung bei leichter Fahrlässigkeit
7. Bereicherungsanspruch
8. Anspruch auf Vernichtung
   a) der zur rechtswidrigen Verbreitung bestimmten Vervielfältigungsstücke
   b) der zur rechtswidrigen Herstellung von Vervielfältigungsstücken benutzten oder bestimmten Vorrichtungen
9. Anspruch auf Überlassung
10. Abfindung des Verletzten in Geld
11. Bekanntmachung des Urteils
12. Erstattung von Prozeßkosten (vgl. aber § 15 Abs. 4)
13. Erstattung von Kosten für die Mitwirkung von Patentanwälten (vgl. § 15 Abs. 5)
    und seit dem GeschmMReformG:
14. Einwilligung in die Löschung

3. Gerichtsstand

Die sachliche und örtliche Zuständigkeit der Gerichte und damit der Gerichtsstand für eine Klage ergibt sich generell aus §§ 1 und 12ff. ZPO i. V. m. dem Gerichtsverfassungsgesetz. Für Geschmacksmusterstreitsachen ermöglicht § 15 GeschmMG die Konzentration der Zuständigkeit auf einzelne Landgerichte.

a) Sachliche Zuständigkeit

Gemäß Absatz 1 sind nunmehr für Geschmacksmusterstreitsachen in erster Instanz die Landgerichte ohne Rücksicht auf den Streitwert ausschließlich zuständig. Dies entspricht der gängigen Praxis, denn die sachliche Zuständigkeit der Amtsgerichte in bürgerlichen Rechtsstreitigkeiten endet bei einem Gegenstandswert von zehntausend Deutsche Mark (vgl. § 23 Abs. 1 Ziff. 1 GVG), d.h. bei einem Wert, der in Geschmacksmusterstreitsachen in aller Regel überschritten wird.

Innerhalb der Landgerichte ist eine Kammer für Handelssachen zuständig für Rechtsstreitigkeiten, „in denen durch die Klage ein Anspruch geltend gemacht wird aus den Rechtsverhältnissen, die sich auf den Schutz der Warenbezeichnungen, Muster und Modelle beziehen" (§ 95 Abs. 1 Nr. 4c GVG). An dieser Regelung hat der Gesetzgeber festgehalten unter Hinweis darauf, daß „die in Geschmacksmusterstreitsachen häufig geltend gemachten Neben- oder Hilfsansprüche aus dem Warenzeichengesetz oder dem Gesetz gegen unlauteren Wettbewerb ebenfalls der Kammer für Handelssachen zugewiesen sind (§ 95 Abs. 1 Nr. 4c und 5 GVG)" (vgl. Begründung des Reg.Entwurfs zu § 15 Ziff. 1). Unabhängig hiervon besteht jedoch nach wie vor die Möglichkeit, die Klage bei einer für Patent- und Urheberrechtsstreitsachen zuständigen Zivilkammer zu erheben (siehe hierzu unten unter c).

b) Örtliche Zuständigkeit

Die örtliche Zuständigkeit des Gerichts für eine Klage ergibt sich aus dem Wohnsitz des Beklagten (§ 13 ZPO) oder dem Ort der Niederlassung eines Gewerbe- oder Geschäftsbetriebes (§ 21 ZPO). Für eine Klage gegen den Verletzer eines Geschmacksmusters gibt es aber daneben auch den besonderen Gerichtsstand der unerlaubten Handlung gem. § 32 ZPO.

Danach ist für eine Klage das Gericht zuständig, in dessen Bezirk die Handlung begangen ist. Der Verletzte muß also nicht am Ort der Niederlassung des Verletzers klagen (§ 21 ZPO), sondern er kann seine Klage bei jedem Gericht erheben, in dessen Gerichtsbezirk eine Verletzungshandlung stattgefunden hat. Verletzt sind die Rechte an einem Geschmacksmuster überall dort, wo eine Nachbildung angeboten, vertrieben oder in den Verkehr gebracht wird. Bei bundesweitem Vertrieb oder beim Angebot einer Nachbildung in einer überregional verbreiteten Zeitschrift kann sich der Verletzte praktisch den Gerichtsstand aussuchen.

c) Verordnungen der Landesregierungen

Durch Absatz 2 sind die Landesregierungen ermächtigt worden, „Geschmacksmusterstreitsachen für die Bezirke mehrerer Landge-

II. Erläuterungen zum Geschmacksmustergesetz

richte einem von ihnen zuzuweisen, sofern dies der sachlichen Förderung oder der schnelleren Erledigung der Verfahren dient." Es steht außer Frage, daß die Konzentration der möglichen Gerichtsstände für Geschmacksmusterstreitsachen bei einzelnen Landgerichten der sachlichen Förderung der Verfahren ebenso dient wie dies bei Patent- und Urheberrechtsstreitsachen der Fall ist.

Nach dem Stand vom März 1995 haben folgende Landesregierungen von der Ermächtigung Gebrauch gemacht:

1. Baden-Württemberg:
(Verordnung vom 18.1.1988, GBl. S. 67)

Zuständig für die Geschmacksmusterstreitsachen des OLG-Bezirks Karlsruhe ist das Landgericht Mannheim, des OLG-Bezirks Stuttgart das Landgericht Stuttgart.

2. Bayern:
(§ 21 der Verordnung vom 2.2.1988, GVBl. S. 6, geändert durch Verordnung vom 12.1.1988, GVBl. S. 1 und vom 14.11.1990, GVBl. S. 507)

Zuständig für die Geschmacksmusterstreitsachen des OLG-Bezirks München ist das LG München I und der OLG-Bezirke Nürnberg und Bamberg das Landgericht Nürnberg-Fürth.

3. Hessen:
(Verordnung vom 27.8.1987, GVBl. I, S. 163)

Zuständig für die Geschmacksmusterstreitsachen ist das Landgericht Frankfurt.

4. Mecklenburg-Vorpommern:
(Verordnung vom 28.3.1994, GVOBl. S. 514)

Zuständig für Geschmacksmusterstreitsachen des OLG-Bezirks Rostock ist das Landgericht Rostock.

5. Niedersachsen:
(Verordnung vom 18.3.1988, GVBl. S. 39, geändert durch Verordnung vom 21.6.1991, GVBl. S. 217)

Zuständig für Geschmacksmusterstreitsachen ist das Landgericht Braunschweig.

6. Nordrhein-Westfalen:
(Verordnung vom 5.1.1995, GVNW S. 38)

Zuständig für Geschmacksmusterstreitsachen des OLG-Bezirks Düsseldorf ist das Landgericht Düsseldorf, für die Landgerichtsbezirke Bielefeld, Detmold und Paderborn das Landgericht Bielefeld, für die Landgerichtsbezirke Bochum, Dortmund und Essen das Landgericht Bochum, für die Landgerichtsbezirke Arnsberg, Hagen und Siegen das Landgericht Hagen und für den OLG-Bezirk Köln das Landgericht Köln.

7. Rheinland-Pfalz:
(§ 11 der Landesverordnung vom 22.11.1985, GVBl. S. 267, geändert durch Landesverordnung vom 13.4.1987, GVBl. S. 134)

Zuständig für Geschmacksmusterstreitsachen für die OLG-Bezirke Koblenz und Zweibrücken ist das Landgericht Frankenthal (Pfalz).

d) Zivilkammern für Geschmacksmusterstreitsachen

Im Hinblick auf die unterschiedlichen Erfahrungen der Gerichte mit Geschmacksmusterstreitsachen bietet die Möglichkeit, die Klage an einem Gericht anhängig zu machen, das mit besonders erfahrenen Richtern besetzt ist, dem Verletzten entscheidende Vorteile. Zwar sind Geschmacksmusterstreitsachen gem. § 95 Abs. 1 Nr. 4c GVG Handelssachen, für die die Kammern für Handelssachen zuständig sind, die Klage kann jedoch auch − im Rahmen der örtlichen Zuständigkeit − bei einer Zivilkammer erhoben werden, die nach der Geschäftsverteilung für Patent- und Urheberrechtsstreitsachen zuständig ist.

Sofern der Beklagte keinen Verweisungsantrag (§ 98 Abs. 1 GVG) stellt, kann die angerufene Zivilkammer über den Klageantrag entscheiden. Da die Handelsrichter nicht immer über Erfahrungen auf dem Gebiet der Urheberrechte an Mustern und Modellen sowie an Werken der angewandten Kunst verfügen und überdies ständig wechseln, bietet die Verhandlung vor einer Spezialkammer für Patent- und Urheberrechtsstreitsachen die beste Gewähr für eine sachgerechte Beurteilung der vielfach komplizierten Fragen, die sich aus dem Geschmacksmusterrecht ergeben, wie Neuheit, Eigentümlichkeit, Schutzumfang, Teileschutz, objektive und subjektive Nachbildung usw.

II. Erläuterungen zum Geschmacksmustergesetz

4. Prozeßvertreter in Geschmacksmusterstreitsachen

Vor den Landgerichten müssen sich die Parteien durch Rechtsanwälte vertreten lassen, die an dem jeweiligen Landgericht zugelassen sind (§ 78 ZPO, sog. Anwaltszwang). Rechtsanwälte, die an einem Landgericht, bei dem die Klage erhoben worden ist, nicht zugelassen sind, können dort nicht auftreten. Von dieser Regel macht Absatz 3 in Analogie zu § 143 Abs. 3 PatG, § 27 Abs. 3 GebrMG und § 140 Abs. 3 MarkenG eine Ausnahme. An den für Geschmacksmusterstreitsachen ausdrücklich für zuständig erklärten Landgerichten können sich die Parteien auch durch Rechtsanwälte vertreten lassen, „die bei dem Landgericht zugelassen sind, vor das die Klage ohne die Regelung nach Absatz 2 gehören würde".

Eine örtlich völlig freie Wahl des anwaltschaftlichen Vertreters ist also nicht möglich. Es ist jedoch zulässig, daß bekannte Spezialisten auf Seiten einer Partei und auf deren Kosten an einem Rechtsstreit mitwirken, ohne selbst am angerufenen Gericht zugelassen zu sein. Das gleiche gilt für die Vertretung vor den Oberlandesgerichten. Der unterliegenden Partei dürfen in jedem Fall nicht mehr Kosten entstehen, als ihr bei der Vertretung durch einen Rechtsanwalt entstehen würden, der am Prozeßgericht zugelassen ist. Dies wird durch Abs. 4 ausdrücklich klargestellt.

5. Kosten für die Mitwirkung von Patentanwälten

Gemäß § 91 ZPO hat ein zur Unterlassung verurteilter Verletzer − wie jede unterliegende Partei − „die Kosten des Rechtsstreits zu tragen, insbesondere die dem Gegner erwachsenden Kosten zu erstatten, soweit sie zur zweckentsprechenden Rechtsverfolgung oder Rechtsverteidigung notwendig waren". Bis zum Geschmacksmusterreformgesetz vom 18.12.1986 war streitig, ob zu diesen erstattungsfähigen Kosten im Verletzungsprozeß die Kosten von mitwirkenden Patentanwälten gehören. Wegen der besonderen Kenntnisse und Erfahrungen von Patentanwälten auch auf dem Spezialgebiet des Geschmacksmusterrechts wurde die Notwendigkeit der Mitwirkung und damit die Erstattungsfähigkeit bis zur Höhe einer vollen Gebühr in entsprechender Anwendung ausdrücklicher Vorschriften des Patentgesetzes, des Gebrauchsmustergesetzes und des Warenzeichengesetzes vielfach bejaht (OLG Düsseldorf in GRUR 1980, 136 − „Geschmacksmusterstreitsache" mit weiteren Nachweisen, und − für ein Verfügungsverfahren − OLG Köln in Mitt. 1980, 138 − „Kostenfestsetzung").

Der Gesetzgeber ist den Überlegungen in den genannten Entscheidungen gefolgt und hat die Erstattungsfähigkeit der Kosten, die durch die Mitwirkung eines Patentanwaltes in einer Geschmacksmusterstreitsache entstehen, in § 15 Abs. 5 GeschmMG verankert. Allerdings ist die Erstattungsfähigkeit dieser Kosten — ebenso wie in Patent-, Gebrauchsmuster- und Markensachen — auf eine volle Gebühr nach § 11 BRAGO zuzüglich der notwendigen Auslagen und der Mehrwertsteuer — diese aber nur, sofern sie vom Erstattungsberechtigten nicht als Vorsteuer nur einen durchlaufenden Posten darstellt — je Instanz beschränkt. Die weiteren Kosten des mitwirkenden Patentanwalts hat auch die obsiegende Partei selbst zu tragen.

6. Inkrafttreten

Der § 15 GeschmMG ist aufgrund der Überleitungsvorschriften (Art. 5 Gesetz zur Änderung des Geschmacksmustergesetzes) bereits am 25. Dezember 1986 in Kraft getreten. Die Vorschrift betrifft also alle Geschmacksmuster, ganz gleich, ob sie vor oder nach dem 1. Juli 1988 angemeldet worden sind.

§ 16
Inlandsvertreter für ausländische Anmelder

Wer im Inland weder Wohnsitz noch Niederlassung hat, kann an einem in diesem Gesetz geregelten Verfahren vor dem Patentamt oder dem Patentgericht nur teilnehmen und die Rechte aus einem nach den Vorschriften dieses Gesetzes geschützten Muster oder Modell nur geltend machen, wenn er im Inland einen Patentanwalt oder einen Rechtsanwalt als Vertreter bestellt hat. Dieser ist im Verfahren vor dem Patentamt und dem Patentgericht und in bürgerlichen Rechtsstreitigkeiten, die das Muster oder Modell betreffen, zur Vertretung befugt; er kann auch Strafanträge stellen. Der Ort, wo der Vertreter seinen Geschäftsraum hat, gilt im Sinne des § 23 der Zivilprozeßordnung als der Ort, wo sich der Vermögensgegenstand befindet; fehlt ein Geschäftsraum, so ist der Ort maßgebend, wo der Vertreter seinen Wohnsitz, und in Ermangelung eines solchen der Ort, wo das Patentamt seinen Sitz hat.

II. Erläuterungen zum Geschmacksmustergesetz

Übersicht der Erläuterungen

1. Zur Rechtsentwicklung 230
2. Sinn und Zweck 231
3. Notwendigkeit eines Inlandsvertreters 231
4. Als Vertreter zugelassene Personen 233
5. Bestellung des Vertreters 233
   a) Einzelvollmacht 233
   b) Allgemeine Vollmacht..... 233
6. Befugnis des Vertreters 234
   a) Vor dem Patentamt und dem Bundespatentgericht .. 234
   b) Vor den ordentlichen Gerichten 235
   c) Stellen von Strafanträgen .. 236
7. Folgen bei Fehlen eines Inlandsvertreters 236
   a) Bei Anmeldungen 236
   b) Bei eingetragenen Geschmacksmustern 236
8. Gerichtsstand 237
9. Inkrafttreten 237

1. Zur Rechtsentwicklung

Mit dem Geschmacksmusterreformgesetz vom 18.12.1986 wurde durch § 16 GeschmMG n.F. ein Vertreterzwang für ausländische Urheber eingeführt. Grundlage dieser Vorschrift ist, daß auch ausländische Urheber in den Genuß eines deutschen Geschmacksmusters kommen können. Das war nicht immer so. Zwar war es immer eine Selbstverständlichkeit, daß der Schutz eines Gesetzes sich nur auf den Bereich des Staates beziehen kann, in dem das Gesetz Gültigkeit besitzt. Die Väter des GeschmMG wollten jedoch mehr: Der Schutz sollte sich nur auf „die im Inland gefertigten Erzeugnisse" beziehen. Damit sollte – in der Zeit des Merkantilismus und der aufblühenden deutschen Industrie (nach 1870/71) – der Geschmacksmusterschutz ausschließlich der inländischen Wirtschaft zugute kommen. Obwohl auch im § 16 GeschmMG a.F. wie im ganzen Gesetz vom Urheber die Rede ist, dachte der Gesetzgeber weniger an Designer und Mustergestalter als an Produzenten und speziell an inländische Produzenten, die geschützt werden sollten.

Durch die Pariser Verbandsübereinkunft vom 20.März 1883 und das Haager Musterabkommen vom 6.November 1925 ist die – aus heutiger Sicht unverständliche – Einschränkung des Schutzes auf „im Inland gefertigte Erzeugnisse" praktisch außer Kraft gesetzt worden. Artikel 5 quinquies PVÜ, der in der Lissaboner Fassung der PVÜ vom 31.Oktober 1958 eingefügt worden ist, lautet:

„Die gewerblichen Muster und Modelle werden in allen Verbandsländern geschützt." (s. Anhang Nr. 21)

(Vgl. hierzu auch Bundespatentgericht „Zu den Voraussetzungen, unter denen ausländische Staatsangehörige im Inland Geschmacksmuster erlangen können (hier: Taiwan)" in GRUR 1983, 369 – „Zahnbürste")

2. Sinn und Zweck

Die Vorschrift des § 16 GeschmMG n. F., einen Inlandsvertreter zu bestellen, entspricht sinngemäß und teilweise wörtlich den Bestimmungen in § 25 PatG, § 28 GebrMG und § 96 MarkenG. Sie gilt für alle physischen und juristischen Personen, die „im Inland weder Wohnsitz noch Niederlassung haben", ohne Rücksicht auf die Staatsangehörigkeit. Auch deutsche Staatsangehörige unterliegen dem Vertreterzwang, wenn sie im Inland weder Wohnsitz noch Niederlassung haben, denn „die Vorschrift betrifft nicht den Ausländer, sondern den ‚Auswärtigen'" (Schäfers in Benkard, Patentgesetz 8. Aufl. Rdnr. 4 zu § 25 PatG). Umgekehrt war bis zum Inkrafttreten des § 16 GeschmMG n. F. „für die Anmeldung und Hinterlegung des Geschmacksmusters eines Ausländers mit Wohnsitz innerhalb der Bundesrepublik Deutschland das Amtsgericht des Wohnsitzes zuständig" (BundesPatG in Bl. 1985, S. 358).

Sinn und Zweck der Vorschrift ist es, den inländischen Behörden und Gerichten (Patentamt, Bundespatentgericht, ordentliche Gerichte) sowie den inländischen Beteiligten oder Verfahrensgegnern den Verkehr mit dem auswärtigen Beteiligten (Anmelder oder Inhaber eines Geschmacksmusters) zu erleichtern (vgl. BGH in GRUR 1969, 437/438 l. Sp. – „Inlandsvertreter"). Gemäß Artikel 7 des Gesetzes zur Änderung des Geschmacksmustergesetzes ist die Vorschrift bereits einen Tag nach Verkündung des Änderungsgesetzes (25. Dezember 1986; vgl. Bundesgesetzblatt Teil I, S. 2501 vom 24. Dezember 1986) in Kraft getreten.

3. Notwendigkeit eines Inlandsvertreters

Die Bestellung eines Inlandsvertreters ist für alle, die im Inland weder Wohnsitz noch Niederlassung haben, zwingend vorgeschrieben. Jeder Kaufmann muß gem. § 29 HGB eine Handelsniederlassung haben, woraus sich der Gerichtsstand der Niederlassung ergibt (§ 21 ZPO) und wo ihn Mitteilungen erreichen können (vgl. auch §§ 13 und 105 HGB). Das Bestehen einer „Niederlassung" im Sinne von § 16 GeschmMG n. F. erfordert einen selbständigen und dauernden Geschäftsbetrieb (so schon RG in GRUR 1937, 813 in bezug auf die Bestimmung im Warenzeichengesetz). Wer als Ausländer eine solche Niederlassung im Inland besitzt, benötigt keinen Inlandsvertreter im Sinne von § 16 GeschmMG. Auch beim Bestehen einer Zweigniederlassung im Inland besteht für eine ausländische Anmelderin kein Vertreterzwang, „aber eine deutsche GmbH kann als selbständige juristische Person selbst dann nicht als Zweigniederlassung einer ausländischen Aktiengesellschaft gelten, wenn beide Gesellschaften demselben Konzern angehören" (RPA VI. Beschwerdesenat in Mitt. 35, 198). Ob diese enge Auffassung auch für eine GmbH gilt, die mit dem Zusatz „Deutsche" den Namen der ausländischen Mutter trägt und deren Geschäftsanteile sich zu 100% in den Händen der ausländischen Muttergesellschaft befinden, erscheint zweifelhaft.

Die Bestellung eines inländischen Patentanwalts oder Rechtsanwalts als Vertreter bildet somit eine Verfahrensvoraussetzung für jeden Auswärtigen, der an einem im Geschmacksmustergesetz geregelten Verfahren vor dem Patentamt und dem Bundespatentgericht teilnehmen oder Rechte aus einem im Inland geschützten Geschmacksmuster geltend machen will. In einem Beschluß, der allerdings die Auslegung der früheren Fassung des Patentgesetzes zum Inlandsvertreter (§ 16 PatG a. F.) betraf, hat der BGH ausgeführt:

„Diese Regelung findet ihren Grund darin, daß die Bestellung eines Inlandsvertreters im Interesse der inländischen Behörden und Verfahrensgegner, insbesondere zwecks Erleichterung des geschäftlichen Verkehrs mit dem im Ausland Wohnhaften, notwendig erscheint (RGZ 41, 92, 95; RGSt 6, 10; RPA in Mitt. 1935, 198), während eine Beschränkung der Verhandlungsfähigkeit − abgesehen davon, daß der Beteiligte die Verfahrensverhandlungen des Inlandsvertreters gegen sich gelten lassen muß − nicht beabsichtigt ist (RGSt 6, 10; RG in Bl. f. PMZ 1899, 239)" (BGH in GRUR 1969, 437/438 1.Sp. − „Inlandsvertreter").

Es entspricht einhelliger Auffassung, daß der ausländische Beteiligte neben seinem Inlandsvertreter auch selber Erklärungen abgeben und Handlungen vornehmen kann. Er kann sich in der mündlichen Verhandlung vor dem Bundespatentgericht sowohl selber als auch „durch eine andere von ihm unmittelbar bevollmächtigte Person, die nicht Rechtsanwalt oder Patentanwalt zu sein braucht, vertreten" lassen (BPatG in BPatGerE 4, 160/161).

Die Bestellung eines Inlandsvertreters (vgl. unten Ziffer 5) stellt zwar gem. § 16 GeschmMG eine Verfahrensvoraussetzung dar, der ausländische Verfahrensbeteiligte kann jedoch neben seinem Inlandsvertreter weitere Verfahrens- oder Prozeßvertreter bevollmächtigen. In der Praxis ist aber der Inlandsvertreter schon aufgrund seines Berufes in aller Regel zugleich der Verfahrensbevollmächtigte des ausländischen Anmelders oder Inhabers von Geschmacksmustern.

4. Als Vertreter zugelassene Personen

Zum Vertreter können ausschließlich Personen bestellt werden, die durch ihren Beruf und ihren Wohnsitz für diese Aufgabe qualifiziert sind, nämlich entweder

    Patentanwälte,

die gem. §§ 1 ff. PatAnwG eingetragen sind, oder

    Rechtsanwälte,

die gem. § 6 ff. BRAO bei einem inländischen Gericht zugelassen sind, jeweils mit Wohnsitz im Inland.

5. Bestellung des Vertreters

Der Inlandsvertreter ist nicht gesetzlicher Vertreter, sondern gesetzlicher Bevollmächtigter (so von Gamm, Warenzeichengesetz Rdnr. 14 zu § 35 WZG) des Musteranmelders oder -inhabers. Seine Legitimation muß dem Patentamt urkundlich nachgewiesen werden. Dies geschieht durch Einreichen einer schriftlichen Vollmacht (§ 18 DPAVO) in Form einer speziellen Einzelvollmacht oder durch Vorlage einer Allgemeinen Vollmacht.

a) Einzelvollmacht

Ausreichend und zweckmäßig ist eine Vollmacht, in der der Vollmachtgeber den Inlandsvertreter für eine bestimmte Anmeldung oder Eintragung ausdrücklich „gemäß § 16 GeschmMG" zur Vertretung bevollmächtigt.

b) Allgemeine Vollmacht

Es ist zulässig, einen Beauftragten, der ständig für den gleichen Auftraggeber in sämtlichen Geschmacksmusterangelegenheiten tätig sein soll, durch eine „Allgemeine Vollmacht" gem. § 16 GeschmMG zum Vertreter zu bestellen. Die Texte für eine „Allgemeine Vollmacht", deren Fassungen ab dem 1. Juli 1988 verbindlich sind, hat der Präsident des Deutschen Patentamts in seiner Mitteilung Nr. 9/94 vom 4. August 1994 bekannt gemacht (s. Anhang Nr. 5).

Eine notarielle Beglaubigung der „Allgemeinen Vollmacht" bzw. der Zeichnungsberechtigung des Vollmachtgebers ist seit dem 1. Oktober 1986 nicht mehr erforderlich. Die Vorlage des Vollmachtsoriginals genügt. Ist der Vollmachtgeber keine unter ihrem bürgerlichen Namen handelnde Einzelperson, sondern z. B. Geschäftsführer oder alleinzeichnungsberechtigter Prokurist einer GmbH oder Vorstand einer Aktiengesellschaft, so muß die Zeichnungsberechtigung des Unterzeichners durch die Angabe seiner Stellung in der Firma, die die Vollmacht erteilt, schlüssig dargetan werden — z. B. durch Vorlage eines unbeglaubigten Handelsregisterauszuges.

Bei Zweifeln an der Zeichnungsberechtigung behält sich das Deutsche Patentamt vor, den Nachweis der Zeichnungsberechtigung in notariell beglaubigter Form zu fordern. Bei ausländischen Firmen ist in Zweifelsfällen die Vertretungsbefugnis des Vollmachtgebers in urkundlicher Form nachzuweisen einschließlich der Legalisation bzw. der Echtheitsbescheinigung, der sog. Apostille (Einzelheiten s. Mitteilung Nr. 9/94 des Präsidenten des Deutschen Patentamts vom 4. August 1994 — Anhang Nr. 5).

6. Befugnis des Vertreters

a) Vor dem Patentamt und dem Bundespatentgericht

Die Vertretungsmacht des Inlandsvertreters, der „gemäß § 16 GeschmMG" bestellt worden ist, ist auf die „Vertretung" des Anmelders oder Inhabers von Geschmacksmustern vor dem Patentamt, dem Bundespatentgericht und in bürgerlichen Rechtsstreitigkeiten, die das Muster oder Modell betreffen, beschränkt. Der Vertreter ist in erster Linie der inländische Zustellungsbevollmächtigte des ausländischen (auswärtigen) Urhebers bzw. der ausländischen Firma, weil dies den geschäftlichen Verkehr mit den im Ausland wohnhaften Berechtigten erleichtern soll (vgl. RPA Mittl. 35, 198/199 sowie BGH in GRUR 1969, 437/438 — „Inlandsvertreter").

Die Vollmacht für den Inlandsvertreter kann jedoch über den gesetzlich vorgesehenen Mindestumfang hinaus erweitert werden (RGZ 42, 97). Es ist üblich und zweckmäßig, daß der zum Vertreter bestellte Patentanwalt oder Rechtsanwalt — mit entsprechend erweiterter Vollmacht — für den vertretenen Anmelder oder Inhaber eines Geschmacksmusters nicht nur „zur Vertretung" des ausländischen Berechtigten, sondern auch zur Durchführung der Anmeldung und weiteren Vertretung des Musterrechtsinhabers tätig wird. Erforderlich ist dies jedoch nicht. Der Vertretene kann vielmehr selber oder durch einen anderen Bevollmächtigten tätig werden, wenn er daneben einen Vertreter gem. § 16 GeschmMG bestellt hat. Eine Vollmacht „in Sachen Geschmacksmusteranmeldung gem. § 16 GeschmMG" ist also dahin auszulegen, daß sich die Vollmacht nicht nur auf die Anmeldung des Musters oder Modells, sondern auch auf das eingetragene Geschmacksmuster beziehen soll (vgl. BPatGerE 1, 25).

b) Vor den ordentlichen Gerichten

Ein ausländischer (auswärtiger) Musterinhaber kann Rechte aus seinem Geschmacksmuster nur geltend machen, wenn er einen Inlandsvertreter bestellt hat. Nur dann kann er z.B. auf Unterlassung, Auskunft und Schadensersatz (s. § 14a GeschmMG) klagen. Der Musterinhaber kann über seinen Inlandsvertreter klagen, muß dies aber nicht tun. Er kann ebenso in eigenem Namen unter Hinweis auf den bestellten Vertreter Klage erheben bzw. erheben lassen (Anwaltszwang).

Der Inlandsvertreter ist in bürgerlichen Rechtsstreitigkeiten in erster Linie der Zustellungsbevollmächtigte des ausländischen Musterinhabers. Ob er daneben auch als Prozeßbevollmächtigter tätig sein kann, hängt von seiner Zulassung bei den ordentlichen Gerichten ab. Bei Verfahren in bürgerlichen Rechtsstreitigkeiten, die das Muster oder Modell betreffen, ist daher zu beachten, daß Patentanwälte, die zum Inlandsvertreter bestellt wurden, nicht als Prozeßbevollmächtigte bei den ordentlichen Gerichten zugelassen sind. In Geschmacksmusterstreitsachen, die gem. § 15 Abs. 1 GeschmMG ohne Rücksicht auf den Streitwert vor den Landgerichten anhängig gemacht werden müssen, hat der Vertretene wegen des vor den Landgerichten herrschenden Anwaltszwanges (§ 78 ZPO) gegebenenfalls neben dem Inlandsvertreter einen Rechtsanwalt als Prozeßbevollmächtigten zu bestellen. Dieser muß entweder bei dem zuständigen Gericht für Geschmacksmusterstreitsachen (§ 15 Abs. 2) oder bei dem Landgericht zugelassen sein, vor das die Klage ohne die Regelung in § 15 Abs. 2 GeschmMG gehören würde (§ 15 Abs. 3 GeschmMG). Neben dem Prozeßbevollmächtigten wirken in der Regel Patentanwälte wegen ihrer besonderen Erfahrung auf diesem Gebiet an einer Geschmacksmusterstreitsache mit. Zur Kostenerstattung für mitwirkende Patentanwälte siehe § 15 Abs. 5 GeschmMG.

c) Stellen von Strafanträgen

Die Befugnis des Inlandsvertreters, Strafanträge zu stellen, war bisher nur von theoretischer Bedeutung. Durch das Zunehmen der Marken- und Musterpiraterie in den letzten Jahren besteht jedoch das Bedürfnis, die Verfolgung von Produktpiraten und ihrer Helfershelfer auch durch strafrechtliche Maßnahmen zu erleichtern.

7. Folgen bei Fehlen eines Inlandsvertreters

a) Bei Anmeldungen

Bestellt der ausländische Anmelder — auch nach einer Aufforderung durch das Patentamt — keinen Inlandsvertreter, so ist die Anmeldung zurückzuweisen (vgl. RPA Mitt. 35, 198/199).

b) Bei eingetragenen Geschmacksmustern

Fehlt ein Inlandsvertreter — z. B. weil die Vollmacht widerrufen wurde, weil der Vertreter das Mandat niedergelegt hat oder weil sie mit dem Tode des Vertreters erloschen ist —, so verliert das bereits eingetragene Geschmacksmuster seine Rechtswirksamkeit nicht. Der Musterinhaber kann jedoch vor Bestellung eines neuen Vertreters keine Rechte daraus herleiten.

Im Verletzungsprozeß gilt folgendes:

aa) Aktivprozesse

Klagt der Musterinhaber, ohne einen Inlandsvertreter bestellt zu haben, so ist die Klage gem. § 16 GeschmMG abzuweisen, obwohl die Verletzungshandlung objektiv widerrechtlich ist. Die Verletzungshandlung kann solange nicht verfolgt werden, bis ein Inlandsvertreter bestellt worden ist (vgl. oben Anm. 5 b).

bb) Passivprozesse

Wird der Musterinhaber verklagt, während ein Inlandsvertreter fehlt, so ist in Analogie zu von Gamm (Warenzeichenrecht Rdnr. 14 zu § 35 WZG) zu unterscheiden, ob der Beklagte sich ausschließlich auf sein Geschmacksmusterrecht stützt oder auch auf andere Gründe:

„Im Prozeß vertreten ist der verklagte Musterinhaber durch seinen zugelassenen Rechtsanwalt, Versäumnisurteil kann daher nicht ergehen. Sachlich stattgegeben werden kann der Klage — aufgrund des Fehlens eines Inlandsvertreters — nur insoweit, als sich der Beklagte zur Verteidigung auf sein Geschmacksmusterrecht stützt. Das Fehlen des Inlandsvertreters nimmt ihm nur die Berufung auf dieses Muster oder Modell, nicht aber eine Rechtsverteidigung aus sonstigen Gründen (etwa Vertrag, unerlaubte Handlung, Firmenrecht, Ausstattung)."

Im übrigen kann die fehlende Bestellung eines Inlandsvertreters jederzeit nachgeholt werden. Der neue Vertreter kann dann die bisherige Prozeßführung genehmigen.

8. Gerichtsstand

Zweck der Bestimmung in § 16 Satz 3 GeschmMG ist es, eine Klage gegen den ausländischen Musterinhaber im Inland zu ermöglichen. Es handelt sich jedoch nicht um einen ausschließlichen Gerichtsstand, vielmehr kann bei Verletzungsklagen stets auch der besondere Gerichtsstand der unerlaubten Handlung gewählt werden (§ 32 ZPO).

Für alle zivilrechtlichen Klagen, die das Muster oder Modell eines ausländischen Musterinhabers betreffen, gilt nach § 16 GeschmMG der Ort als Gerichtsstand, an dem der Inlandsvertreter seinen Geschäftsraum hat. Alternativ, aber nacheinander können folgende Orte für den Gerichtsstand des beklagten Musterinhabers maßgebend sein:

a) Der Ort, an dem der Vertreter seinen Geschäftsraum hat – bei Patentanwälten und Rechtsanwälten der Sitz der Kanzlei.

b) Der Ort, an dem der Vertreter seinen Wohnsitz hat.

c) Der Ort, an dem das Patentamt seinen Sitz hat, also das Landgericht München I oder das Landgericht Berlin.

Im Hinblick auf § 15 Abs. 2 GeschmMG ist weiter zu prüfen, ob sich an dem Ort, an dem der Vertreter seinen Geschäftsraum oder seinen Wohnsitz hat, ein Landgericht für Geschmacksmusterstreitsachen befindet. Ist dies der Fall, so ist dieses Gericht für eine Klage gegen den Musterinhaber zuständig, andernfalls das Landgericht, dem die Landesregierung Geschmacksmusterstreitsachen zugewiesen hat (s. § 15 Anm. 3b und c).

9. Inkrafttreten

Da § 16 GeschmMG gemäß Art. 7 Gesetz zur Änderung des Geschmacksmustergesetzes bereits am 25. Dezember 1986 in Kraft getreten ist, gilt die Vorschrift des Inlandsvertreters auch für ausländische Anmelder oder ausländische Inhaber von Geschmacksmustern, die

II. Erläuterungen zum Geschmacksmustergesetz

ihre Muster oder Modelle schon vor dem 1. Juli 1988 beim Deutschen Patentamt angemeldet hatten. Dies bedeutet z. B., daß ein ausländischer Anmelder ebenso wie ein ausländischer Inhaber eines alten Geschmacksmusters, der die Schutzfrist verlängern oder einen Unterlassungsanspruch geltend machen will, einen Inlandsvertreter bestellen muß (vgl. Mitt. Nr. 6/87 d. Präsidenten d. DPA über das Erfordernis eines Inlandsvertreters bei ausländischen Geschmacksmusteranmeldungen in Bl. f. PMZ 1987, 33).

§ 17
Inkrafttreten

Das gegenwärtige Gesetz tritt mit dem 1. April 1876 in Kraft. Es findet Anwendung auf alle Muster und Modelle, welche nach dem Inkrafttreten desselben angefertigt worden sind.

1. Diese Bestimmung betrifft das Geschmacksmustergesetz alter Fassung. Der Zeitpunkt des Inkrafttretens der neuen Bestimmungen (§§ 7 bis 13, 15 und 16) ergibt sich aus Art. 7 Abs. 1 und 2 des Gesetzes zur Änderung des Geschmacksmustergesetzes vom 18. 12. 1986. Die durch das GeschmMÄndG vom 18. 12. 1986 geänderten Bestimmungen traten danach am 1. 7. 1988 in Kraft.

2. Das Gesetz zur Stärkung des Schutzes des geistigen Eigentums und zur Bekämpfung der Produktpiraterie (PrPG) vom 7. 3. 1990 (BGBl. 1990, Teil I, S. 422 ff.) hat in Art. 3 die §§ 5 Satz 1, 6 Nr. 1, 14 und 14a Abs. 3 neu gefaßt ebenso wie die dort zitierten Vorschriften des Urheberrechtsgesetzes (Art. 2 PrPG). Gemäß Art. 14 PrPG trat dieses am 1. 7. 1990 in Kraft.

Gesetz zur Änderung des Geschmacksmustergesetzes vom 18. Dezember 1986
(Auszug)

Artikel 5
Überleitungsvorschriften

Auf Muster oder Modelle, die vor dem in Artikel 7 Abs. 2 vorgesehenen Zeitpunkt bei den zuständigen Gerichten angemeldet worden sind, sind die bis dahin geltenden Vorschriften weiterhin anzuwenden.

Der Gesetzgeber hat für die Überleitungsvorschriften einen etwas verklausulierten Text gewählt, der überdies durch ein Redaktionsversehen ergänzungsbedürftig ist.

Im Klartext bedeutet dieser Artikel folgendes:

Auf Muster oder Modelle, die vor dem 1. Juli 1988 von Inländern bei den zuständigen Gerichten und von Ausländern (Auswärtigen) beim Patentamt angemeldet worden sind, sind die bis dahin geltenden Vorschriften weiterhin anzuwenden. Die Überleitungsvorschrift gilt selbstverständlich auch für die Muster oder Modelle, die von Ausländern vor dem 1. Juli 1988 beim Deutschen Patentamt in München angemeldet worden sind, weil alle Geschmacksmuster − egal, ob der Inhaber ein Inländer oder ein Ausländer ist − z. B. bei der Verlängerung der Schutzfrist gleich behandelt werden müssen. (Vgl. zu den Überleitungsvorschriften auch die Kontroverse zwischen dem Bundesrat und der Bundesregierung in BT-Drucksache 10/5346 − Anhang Nr. 9).

In der Praxis bedeutet die Überleitungsvorschrift, daß die §§ 7 bis 11 GeschmG a. F. für alle Muster oder Modelle, die vor dem 1. Juli 1988 angemeldet worden sind, weiter gelten. Dies gilt insbesondere bei der Verlängerung der Schutzdauer nach dem alten Turnus des § 8 GeschmG a. F.. In der Kommentierung zur Schutzdauer bei § 9 GeschmG n. F. wurde dies berücksichtigt. Im übrigen wird auf den Text der §§ 7 bis 11 GeschmG a. F. im Anhang Nr. 11 verwiesen.

Artikel 7
Inkrafttreten

(1) Artikel 1 Nr. 5 und 7 tritt am Tage nach der Verkündung dieses Gesetzes in Kraft.

(2) Im übrigen tritt dieses Gesetz am 1. Juli 1988 in Kraft. Gleichzeitig treten außer Kraft

1. **Artikel 4 des Fünften Gesetzes zur Änderung und Überleitung von Vorschriften auf dem Gebiet des gewerblichen Rechtsschutzes vom 18. Juli 1953 (BGBl. I S. 615) in der im Bundesgesetzblatt Teil III, Gliederungsnummer 424-3-4, veröffentlichten bereinigten Fassung, die zuletzt durch Artikel 2 Abs. 8 des Gesetzes vom 15. August 1986 (BGBl. I S. 1446) geändert worden ist.**

2. **§ 82 der Kostenordnung in der im Bundesgesetzblatt Teil III, Gliederungsnummer 361-1, veröffentlichten bereinigten Fassung, die zu-**

II. Erläuterungen zum Geschmacksmustergesetz

letzt durch Artikel 2 des Gesetzes vom 9. Dezember 1986 (BGBl. I S. 2326) geändert worden ist.

1. Das Gesetz zur Änderung des Geschmacksmustergesetzes vom 18. Dezember 1986 ist im Bundesgesetzblatt vom 24. Dezember 1986 verkündet worden (BGBl. 1986 Teil I, S. 2501 ff.). Die §§ 12 und 12a GeschmMG sowie die §§ 15 (Gerichte für Geschmacksmusterstreitsachen) und 16 (Inlandsvertreter für Ausländer) sind am Tage nach der Verkündung des Gesetzes, also am 25. Dezember 1986 in Kraft getreten.

2. Die §§ 7 bis 11 GeschmMG n. F., d. h. die neuen Bestimmungen für

   Anmeldung und
   Darstellung von Mustern oder Modellen
   Neuheitsschonfrist
   Auslandspriorität
   Bildbekanntmachung
   Schutzdauer usw.

   traten am 1. Juli 1988 in Kraft.

3. Gleichzeitig (1. Juli 1988) traten gemäß Absatz 2 einige Bestimmungen außer Kraft, die durch das Änderungsgesetz überholt sind.

Gesetz zur Stärkung des Schutzes des geistigen Eigentums und zur Bekämpfung der Produktpiraterie (PrPG) vom 7.3.1990

(Auszug)

Art. 14

Dieses Gesetz tritt am 1.7.1990 in Kraft.

1. Das Gesetz zur Stärkung des Schutzes des geistigen Eigentums und zur Bekämpfung der Produktpiraterie vom 7.3.1990 ist im Bundesgesetzblatt (BGBl. 1990 Teil I, S. 422 ff.) verkündet worden.

2. Die durch dieses Gesetz geänderten Vorschriften:
   - § 5 Satz 1 — verbotene Nachbildung
   - § 6 Nr. 1 — keine verbotene Nachbildung
   - § 14 — Strafvorschrift, Einziehung
   - § 14a — Verweisung auf Vorschriften des Urheberrechtsgesetzes

   traten danach am 1.7.1990 in Kraft.

III. Anhang

Inhaltsübersicht

1. Verordnung über die Anmeldung von Geschmacksmustern und typographischen Schriftzeichen vom 8.1.1988 (Musteranmeldeverordnung – MusterAnmV) 246
2. Merkblatt für Geschmacksmusteranmelder (Ausgabe 1995) herausgegeben vom Deutschen Patentamt 251
3. Antragsformular für den Antrag auf Eintragung in das Musterregister 266
4. Kostenmerkblatt – Gebühren und Auslagen des Deutschen Patentamts und des Bundespatentgerichts, Ausgabe 1995 269
5. Mitteilung Nr. 9/94 des Präsidenten des Deutschen Patentamtes über die Hinterlegung Allgemeiner Vollmachten und Angestellten-Vollmachten beim Deutschen Patentamt vom 4.8.1994 272
6. Mitteilung Nr. 3/88 des Präsidenten des Deutschen Patentamts über die Einreichung der Abschrift der Voranmeldung im Verfahren zur Eintragung von Mustern und Modellen in das Musterregister nach § 7b des Geschmacksmustergesetzes vom 12.1.1988 276
7. Verordnung über die Führung des Registers für Geschmacksmuster und typographische Schriftzeichen vom 8.1.1988 (Musterregisterverordnung – MusterRegV) 277
8. Einteilung der Warenklassen für Geschmacksmuster (§ 7 VII GeschmMG, § 4 MusterRegV) mit Unterklassen nach § 4 II MusterRegV 283
9. Begründung zum Entwurf eines Gesetzes zur Änderung des Geschmacksmustergesetzes 299
10. Verzeichnis der Patentinformationszentren 336
11. §§ 7 bis 11 GeschmMG, alte Fassung (gilt gemäß Art. 5 des Änderungsgesetzes für alle Muster und Modelle, die vor dem 1.7.1988 bei den zuständigen Gerichten und von Ausländern beim Deutschen Patentamt angemeldet worden sind). 338
12. Gesetz betreffend den Schutz von Erfindungen, Mustern und Warenzeichen auf Ausstellungen 341
13. Bekanntmachung über den Schutz von Mustern und Warenzeichen auf Ausstellungen vom 30.11.1994 342
14. Regeln für die Ausstellung von Messeprioritätsbescheinigungen durch Patentanwälte 345
15. §§ 98 bis 103, 110 UrhG 347
16. §§ 26, 69, 73 bis 80, 86 bis 109, 123 bis 124, 126 bis 138 PatG 351
17. §§ 12, 13, 15 bis 17, 21, 32, 33 ZPO 365
18. §§ 1, 4, 5, 16 bis 19, 26, 28 ErstrG 367

III. Anhang

19. Rechtsprechungsverzeichnisse 371
    a) Bundesgerichtshof 371
    b) Bayer. Oberstes Landesgericht 372
    c) Oberlandesgerichte.. 373
    d) Landgerichte 374
    e) Bundespatentgericht....................................... 375
20. Gesetz zum Wiener Abkommen vom 12.6.1973 über den Schutz typographischer Schriftzeichen und ihre internationale Hinterlegung (Schriftzeichengesetz) 376
21. Entwurf der Deutschen Vereinigung für Gewerblichen Rechtschutz und Urheberrecht für ein neues Musterschutzgesetz 379
22. Pariser Verbandsübereinkunft zum Schutz des gewerblichen Eigentums... 385
23. Haager Musterabkommen über die internationale Hinterlegung gewerblicher Muster oder Modelle 413
24. Ausführungsordnung zum Haager Abkommen über die internationale Hinterlegung gewerblicher Muster und Modelle 429

Vorbemerkungen

Wer mit dem Geschmacksmusterrecht zu tun hat, sei es als Anwalt, als Designer oder als Unternehmer und sei es durch die Anmeldung von Mustern oder Modellen oder wegen der Verletzung geschmacksmusterrechtlich geschützter Erzeugnisse durch Dritte, wird sich nur selten allein mit dem Gesetzestext und seiner mehr oder weniger ausführlichen Kommentierung begnügen können. Das Geschmacksmustergesetz wird durch eine Vielzahl von Vorschriften, Regeln und Veröffentlichungen begleitet, die Fragen beantworten oder beantworten können, auf die das Gesetz keine Antwort gibt. Dieses Kommentar-Handbuch hat sich daher von Anfang an die Aufgabe gesetzt, dem Anwender auch diese ergänzenden Materialien möglichst umfassend zur Verfügung zu stellen.

Im Anhang finden sich zunächst die Musteranmeldeverordnung (**Anhang 1**), durch die die Anmeldebestimmungen im Gesetz präzisiert werden. Das Merkblatt für Geschmacksmusteranmelder (**Anhang 2**) enthält für den Musteranmelder eine Fülle von nützlichen Hinweisen und vor allem eine genaue Anleitung, wie das für die Anmeldung vorgeschriebene Formblatt (**Anhang 3**) auszufüllen ist. Anschließend sind abgedruckt die für den Geschmacksmusteranmelder und Geschmacksmusterinhaber wichtigen Auszüge aus dem Kostenmerkblatt des Deutschen Patentamts (**Anhang 4**).

Die Mitteilungen des Präsidenten des Deutschen Patentamts über die Hinterlegung von Vollmachten nebst dem Abdruck der Texte dieser Vollmachten sind von Bedeutung für diejenigen, die selbst nicht anmelden wollen oder können, also beispielsweise für ausländische Anmelder (**Anhang 5**).

Der **Anhang 6** enthält wichtige Mitteilungen des Präsidenten des Deutschen Patentamts über Formalien bei der Inanspruchnahme der Priorität einer ausländischen Anmeldung.

Die Musterregisterverordnung (**Anhang 7**) wendet sich in erster Linie an den Registerbeamten, aber auch hier finden sich, vor allem in Verbindung mit der Musteranmeldeverordnung, wichtige Hinweise, wie eine Anmeldung zu tätigen und vor allem wie eine Mustereintragung bzw. eine Veröffentlichung im Geschmacksmusterblatt zu lesen ist.

Die Einteilung der Warenklassen für Geschmacksmuster (**Anhang 8**) ist ein eindrucksvolles Zeugnis dafür, für welche Erzeugnisse Geschmacksmusterschutz gewährt werden kann. Die Einteilung ist von praktischer Bedeutung vor allem für das Auffinden von Geschmacksmustern im Geschmacksmusterblatt.

Die im **Anhang 9** in vollem Umfang abgedruckte Begründung des Gesetzes zur Änderung des Geschmacksmustergesetzes (Geschmacksmusterreformgesetz) ist eine wertvolle Ergänzung des Kommentarteils. Die Motive des Gesetzgebers sind bei Anwendung und Auslegung des Gesetzes ein häufig unentbehrliches Hilfsmittel.

Vorbemerkungen

Eines der Ziele des Geschmacksmusterreformgesetzes war es, durch Schaffung des Geschmacksmusterblattes eine Recherche nach vorhandenen Geschmacksmustern zu erleichtern. Da nicht jeder Anmelder zugleich Bezieher des Geschmacksmusterblattes ist, wurde die Möglichkeit geschaffen, dieses in zahlreichen Städten einzusehen. In **Anhang 10** sind diejenigen Patentinformationszentren samt Adresse vermerkt, wo das Geschmacksmusterblatt aufliegt und eingesehen werden kann.

Für Muster, die vor dem Inkrafttreten des Änderungsgesetzes am 1. 7. 1987 angemeldet bzw. hinterlegt wurden, gelten noch die Vorschriften der alten Fassung des GeschmMG, die im **Anhang 11** abgedruckt sind.

Die nicht im Gesetz geregelte sogenannte Ausstellungspriorität ergibt sich aus dem Gesetz betreffend den Schutz von Erfindungen, Mustern und Warenzeichen auf Ausstellungen **(Anhang 12)**, ergänzt hier um die aktuelle Bekanntmachung sogenannter „privilegierter Ausstellungen" **(Anhang 13)**. Diese Bekanntmachung wird laufend ergänzt. Ergänzende Bekanntmachungen werden veröffentlicht im Bl.f.PMZ. Es folgen Regeln für die Ausstellung von Messeprioritätsbescheinigungen durch Patentanwälte **(Anhang 14)**.

Auszüge aus dem Urheberrechtsgesetz **(Anhang 15)** ergänzen vor allem die Vorschriften des Geschmacksmustergesetzes über die Möglichkeiten des Vorgehens gegen Geschmacksmusterverletzer. Vorschriften des Patentgesetzes **(Anhang 16)** befassen sich mit der Verfahrensordnung des Bundespatentgerichts, insbesondere dem Beschwerdeverfahren und dem Rechtsbeschwerdeverfahren vor dem BGH. Für den Gerichtsstand in Geschmacksmusterstreitsachen sind die abgedruckten Vorschriften der Zivilprozeßordnung **(Anhang 17)** von Bedeutung. Dort finden sich auch die Vorschriften über die Verfahrenskostenhilfe, auf die § 10b GeschmMG verweist.

Die wichtigsten Vorschriften des Erstreckungsgesetzes über Aufrechterhaltung, Erstreckung und Kollision von Mustern der Bundesrepublik Deutschland und der früheren DDR finden sich im **Anhang 18**.

In den Rechtsprechungsverzeichnissen **(Anhang 19)** sind die wichtigen Entscheidungen zum Geschmacksmusterrecht und einige wenige zum Urheberrecht und zum Recht des unlauteren Wettbewerbs des BGH, des BPatG und der Instanzgerichte abgedruckt.

Sondervorschriften existieren über den Schutz typographischer Schriftzeichen. Das Gesetz zum Wiener Abkommen findet sich im **Anhang 20** zusammen mit Hinweisen auf weitere Materialien.

Seit mehr als 60 Jahren wird immer wieder über eine Reform auch des materiellen Geschmacksmusterrechts gesprochen. Der derzeitige Stand der Überlegungen ergibt sich aus dem Entwurf der Deutschen Vereinigung für Gewerblichen Rechtschutz und Urheberrecht für ein neues Musterschutzgesetz aus dem Jahre 1977, das im **Anhang 21** abgedruckt ist.

Schließlich sind in den Anhängen 21 bis 23 die wichtigen internationalen Rechtsquellen für die internationale Hinterlegung von Mustern oder Modellen abgedruckt, nämlich die Pariser Verbandsübereinkunft **(Anhang 22)**, das Haager Abkommen **(Anhang 23)** und die Ausführungsordnung zum Haager Abkommen **(Anhang 24)**.

III. Anhang 1

Anhang 1

1. Verordnung
über die Anmeldung von Geschmacksmustern
und typographischen Schriftzeichen
(Musteranmeldeverordnung – MusterAnmV)

vom 8. Januar 1988
geändert durch die erste Verordnung zur Änderung der
Musteranmeldeverordnung vom 13. August 1993 (BGBl I S. 1506)

Auf Grund des durch Artikel 1 Nr. 5 des Gesetzes vom 18. Dezember 1986 (BGBl. I S. 2501) eingefügten § 12 Abs. 1 Satz 1 des Geschmacksmustergesetzes und des Artikels 2 Abs. 2 Satz 1 des Schriftzeichengesetzes vom 6. Juli 1981 (BGBl. II S. 382), jeweils in Verbindung mit § 20 der Verordnung über das Deutsche Patentamt vom 5. September 1968 (BGBl. I S. 997), der durch Artikel 1 Nr. 7 der Verordnung vom 2. November 1987 (BGBl. I S. 2349) neu gefaßt worden ist, wird verordnet:

§ 1
Anwendungsbereich

Für die Anmeldung von Mustern, einschließlich der typographischen Schriftzeichen, oder Modellen gelten ergänzend zu den Bestimmungen des Geschmacksmustergesetzes und des Schriftzeichengesetzes die nachfolgenden Vorschriften.

§ 2
Anmeldung

Die Anmeldung von Mustern oder Modellen (§ 7 Abs. 3 Geschmacksmustergesetz; Artikel 2 Abs. 1 Nr. 5 Satz 2 Schriftzeichengesetz) besteht aus

1. dem Eintragungsantrag (§§ 3 und 4).

2. der Darstellung des Musters oder Modells (§§ 5 bis 7) oder der Abbildung der typographischen Schriftzeichen und dem mit den Schriftzeichen hergestellten Text von mindestens drei Zeilen (§ 5 Abs. 5).

§ 3
Eintragungsantrag

(1) Der Eintragungsantrag muß enthalten:

1. die Erklärung, daß für das Muster oder Modell die Eintragung in das Musterregister beantragt wird;

2. den Namen oder die Bezeichnung des Anmelders und sonstige Angaben (Anschrift), die die Identifizierung des Anmelders ermöglichen;
3. die Unterschrift des Anmelders oder der Anmelder oder eines Vertreters.

(2) Der Eintragungsantrag soll eine kurze und genaue Bezeichnung des Musters oder Modells enthalten.

§ 4
Eintragungsantrag bei Sammelanmeldung

(1) Der Eintragungsantrag für eine Sammelanmeldung von Mustern oder Modellen (§ 7 Abs. 9 Geschmacksmustergesetz) muß ferner enthalten:

1. die Erklärung, daß für mehrere Muster oder Modelle die Eintragung in das Musterregister beantragt wird;
2. eine fortlaufende Numerierung der in der Anmeldung zusammengefaßten Muster oder Modelle oder deren Fabrik- oder Geschäftsnummern;
3. Angaben, die eine Zuordnung der eingereichten Darstellungen zu den angemeldeten Mustern oder Modellen sicherstellen;
4. soweit Muster oder Modelle als Grundmuster oder als deren Abwandlung behandelt werden sollen (§ 8a Abs. 1 Geschmacksmustergesetz), ihre entsprechende Bezeichnung unter Verwendung der Angaben nach Nummer 2.

(2) Der Eintragungsantrag für eine Sammelanmeldung soll ferner enthalten:

1. die Zahl der in der Anmeldung zusammengefaßten Muster oder Modelle;
2. eine kurze und genaue, sämtliche Muster oder Modelle erfassende Bezeichnung.

(3) Wird mit der Anmeldung beantragt, die Bekanntmachung der Abbildung aufzuschieben (§ 8b Abs. 1 Geschmacksmustergesetz), so erstreckt sich dieser Antrag bei einer Sammelanmeldung auf alle in der Sammelanmeldung zusammengefaßten Muster oder Modelle.

§ 5
Darstellung; Abbildung

(1) Die Darstellung (§ 7 Abs. 3 Nr. 2 Geschmacksmustergesetz) soll das zum Schutz angemeldete Muster oder Modell ohne Beiwerk zeigen. Es soll vor einem einheitlichen neutralen Hintergrund abgebildet sein. Die Darstellung muß diejenigen Merkmale deutlich und vollständig offenbaren, für die der Schutz nach dem Geschmacksmustergesetz beansprucht wird.

(2) Die Darstellung muß den gezeigten Gegenstand dauerhaft wiedergeben und für den Foto-Offset-Druck, die Mikroverfilmung einschließlich der Herstellung konturenscharfer Rückvergrößerungen und die elektronische Bildspeicherung und -wiedergabe geeignet sein. Diapositive und Negative sind nicht zulässig.

III. Anhang 1

(3) Die Darstellung ist in drei übereinstimmenden Stücken einzureichen. Sie kann auch aus mehreren graphischen oder fotografischen Wiedergaben bestehen, die jeweils nicht kleiner als 4×4 cm sein dürfen. Die vom Anmelder für die Veröffentlichung im Geschmacksmusterblatt bestimmte Abbildung muß einseitig auf gesondertem Blatt oder gesondertem Lichtbild vorgelegt werden. Das Blatt muß aus weißem Papier oder weißer Folie bestehen. Es darf nicht dicker als 1 mm sein und das Format DIN A4 nicht überschreiten. Es muß eine quadratische oder rechteckige Form haben und darf nicht gefaltet sein.

(4) Die graphische Darstellung des Musters oder Modells muß in gleichmäßig schwarzen, nicht verwischbaren und scharf begrenzten Linien ausgeführt sein. Sie kann Schraffuren und Schattierungen zur Wiedergabe plastischer Einzelheiten enthalten. Schriftliche Erläuterungen oder Maßangaben auf oder unmittelbar neben der Wiedergabe des Gegenstandes sollen unterbleiben; die Einhaltung der in § 7 Abs. 3 Nr. 2 des Geschmacksmustergesetzes festgelegten Anforderungen ist in jedem Falle sicherzustellen.

(5) Auf den Text, der mit den typographischen Schriftzeichen hergestellt wird (Artikel 2 Abs. 1 Nr. 5 Satz 2 Schriftzeichengesetz), sind die vorstehenden Vorschriften entsprechend anzuwenden.

§ 6
Darstellung durch ein flächenmäßiges Muster

(1) Eine Darstellung durch ein flächenmäßiges Muster des Erzeugnisses selbst oder eines Teils hiervon (§ 7 Abs. 4 Geschmacksmustergesetz) muß die folgenden Voraussetzungen erfüllen:

1. Für jedes Muster darf nur eine Darstellung des Erzeugnisses durch ein flächenmäßiges Muster eingereicht werden.

2. Das Muster darf nicht größer als 50×100×2,5 cm oder 75×100×1,5 cm sein. Es muß auf das Format DIN A4 zusammenlegbar sein.

3. Das flächenmäßige Muster oder sämtliche in einer Sammelanmeldung zusammengefaßten flächenmäßigen Muster dürfen einschließlich Verpackung nicht schwerer als 10 kg sein.

(2) Auf die Kombination von Oberflächengestaltungen, die nur als Einheit unter Schutz gestellt werden sollen, ist Absatz 1 entsprechend anzuwenden.

§ 7
Darstellung durch das Modell

(1) Soweit das Modell selbst als Darstellung zugelassen werden soll (§ 7 Abs. 6 Geschmacksmustergesetz), ist es erforderlich, daß

1. das Modell in einem Exemplar mit der Anmeldung eingereicht wird;

2. zugleich die Darstellung des Modells nach § 5 eingereicht wird;
3. das Modell nicht größer als 50×40×40 cm ist;
4. das Modell einschließlich Verpackung nicht schwerer als 10 kg ist.

(2) Läßt das Patentamt die Darstellung durch das Modell zu, so ist in der von ihm gesetzten Frist die Gebühr (§ 7 Abs. 6 Satz 2 Geschmacksmustergesetz) zu entrichten.

§ 8
Beschreibung

Wird zur Erläuterung des Musters oder Modells eine Beschreibung eingereicht (§ 7 Abs. 7 Geschmacksmustergesetz), so soll sie aus nicht mehr als 100 Wörtern, bei einer Sammelanmeldung aus nicht mehr als 200 Wörtern bestehen.

§ 9
Teilung der Sammelanmeldung

(1) Die Teilungserklärung (§ 7 Abs. 10 Geschmacksmustergesetz) muß enthalten:

1. das Aktenzeichen der Anmeldung, die geteilt werden soll, soweit es dem Anmelder bereits mitgeteilt worden ist;
2. die fortlaufende oder die Fabrik- oder Geschäftsnummer der Muster oder Modelle, die Gegenstand der abgetrennten Anmeldung sind.

(2) Die Teilungserklärung soll ferner eine berichtigte Bezeichnung (§ 3 Abs. 2) der in den Teilanmeldungen enthaltenen Muster oder Modelle enthalten, soweit deren Bezeichnung durch die Teilung unrichtig geworden ist.

§ 10
Mängel der Anmeldung

Entspricht die Anmeldung nicht den Erfordernissen des § 5 Abs. 3, so fordert das Patentamt den Anmelder unter Fristsetzung zur Beseitigung des Mangels auf. Wird der Mangel nicht innerhalb der Frist behoben, so kann das Patentamt die Beseitigung des Mangels selbst veranlassen. Die dadurch entstandenen Kosten werden nach § 10 der Musterregisterverordnung vom Anmelder als Auslagen erhoben.

§ 11
Deutsche Sprache

Anträge, Erklärungen und Eingaben sind in deutscher Sprache einzureichen. Die Benutzung fremdsprachiger Fachausdrücke, die sich im Geltungsbereich dieser Verordnung durchgesetzt haben, ist zulässig.

III. Anhang 1

§ 13
Inkrafttreten; Übergangsvorschrift

Diese Verordnung tritt am 1. Juli 1988 in Kraft. Für die bis zum 30. Juni 1988 eingegangenen Anmeldungen verbleibt es bei den bisher geltenden Vorschriften.

München, den 8. Januar 1988

Der Präsident des Deutschen Patentamts

Dr. Häußer

Anhang 2

Merkblatt für Geschmacksmusteranmelder

(Ausgabe 1995)

Die rechtlichen Erfordernisse einer Geschmacksmusteranmeldung ergeben sich aus

- dem Geschmacksmustergesetz (**GeschmMG**) in der durch das Gesetz vom 18. Dezember 1986 (Bundesgesetzblatt (BGBl. I S. 2501); Blatt für Patent-, Muster- und Zeichenwesen (Bl.f.PMZ) 1987, 46) und zuletzt durch das Gesetz vom 23. März 1993 (BGBl. I S. 366, Bl.f.PMZ 1993, 171) geänderten Fassung

- bei typographischen Schriftzeichen zusätzlich aus dem Gesetz zum Wiener Abkommen vom 12. Juni 1973 über den Schutz typographischer Schriftzeichen und ihre internationale Hinterlegung (**Schriftzeichengesetz**) vom 6. Juli 1981 (BGBl. II S. 382; Bl. f. PMZ 1981, 280)

- der Verordnung über die Anmeldung von Geschmacksmustern und typographischen Schriftzeichen (Musteranmeldeverordnung – **MusterAnmV**) vom 8. Januar 1988 (BGBl. I S. 76; Bl.f.PMZ 1988, 26, geändert durch Verordnung vom 13. August 1993, BGBl. I S. 1506, Bl.f.PMZ 1993 S. 357).

Die Eintragung in das Musterregister richtet sich nach

- der Verordnung über die Führung des Registers für Geschmacksmuster und typographische Schriftzeichen (Musterregisterverordnung – **MusterRegV**) vom 8. Januar 1988 (BGBl. I S. 78; Bl. f. PMZ 1988, 37).

Dieses Merkblatt gibt dem Anmelder ergänzende Hinweise zum Einreichen von Geschmacksmusteranmeldungen. Es kann kostenlos allein oder mit der MusterAnmV, dem Antragsvordruck und dem **Kostenmerkblatt** beim Deutschen Patentamt bestellt werden.

I. Was kann geschützt werden?

Geschmacksmusterschutz kann begründet werden, wenn folgende Voraussetzungen erfüllt sind:

1. Schutzfähige Gegenstände

Gegenstände des Geschmacksmusterschutzes sind Farb- und Formgestaltungen konkreter zwei- oder dreidimensionaler gewerblicher Gegenstände, die be-

III. Anhang 2

stimmt und geeignet sind, den durch das Auge vermittelten ästhetischen Formensinn des Menschen anzuregen. Sie müssen zu einer Nachbildung geeignet sein. Für die Gestaltung typographischer Schriftzeichen wird Geschmacksmusterschutz nach Maßgabe des Schriftzeichengesetzes gewährt.

2. Neuheit

Die Schutzfähigkeit des Musters (flächenhafte Gestaltung) oder Modells (dreidimensionaler Gegenstand) setzt voraus, daß es im Zeitpunkt der Anmeldung neu ist. Das bedeutet, daß die Gestaltung, für die der Schutz beansprucht wird, zu diesem Zeitpunkt den Fachkreisen weder bekannt ist noch bei einer zumutbaren Beachtung der vorhandenen Gestaltungen bekannt sein konnte.

Dem Anmelder wird empfohlen, sich über den vorhandenen Bestand an Formgestaltungen zu informieren, bevor er die Eintragung eines Geschmacksmusters beantragt. Zu den Geschmacksmustern, die **vor dem 1. Juli 1988** von deutschen Anmeldern angemeldet worden sind, sind Einsichtnahmen bei dem für die Anmeldung örtlich zuständigen Registergericht/Amtsgericht (Geschmacksmusterregister, zugehöriges Namensverzeichnis, niedergelegte Muster oder Modelle) möglich. **Recherchemöglichkeiten** für die nach dem genannten Zeitpunkt eingetragenen Geschmacksmuster bieten

— die Online-Auskunft zum Musterregister im Patentamt in München und Berlin, die über einen Datex-P-Anschluß online abgefragt werden können,

— das Namens- (Anmelder-) Verzeichnis im Patentamt in München und Berlin,

— das Geschmacksmusterblatt mit den Bekanntmachungen der Registereintragungen. Es liegt beim Patentamt in München, bei der Dienststelle Berlin des Patentamts und bei den Patentinformationszentren (Anschriften beim Patentamt zu erfragen) zur Einsicht aus und kann abonniert werden.

3. Eigentümlichkeit

Als weitere Schutzvoraussetzung ist mit diesem Wort die für den Schutz erforderliche selbständige, schöpferische Leistung gemeint. Das Muster oder Modell muß in der schöpferischen Qualität über dem bekannten Bestand an Form- und Farbgestaltungen, insbesondere den rein handwerklich-durchschnittlichen Gestaltungen stehen.

4. Gewerbliche Verwertbarkeit

Schutzfähig sind nur Muster oder Modelle, die gewerblich verwertbar sind, d. h. die im Rahmen eines Gewerbes hergestellt oder verbreitet werden können.

5. Umfang der Prüfung

Die mit der Führung des Musterregisters beauftragte Stelle des Patentamts prüft, ob die **Formalvorschriften** (vgl. besonders unten Nr. III) für die Anmeldung als Voraussetzung der Eintragung erfüllt sind. Sie prüft nicht, ob das angemeldete Muster oder Modell tatsächlich die **materiellen Schutzvoraussetzungen** (oben Nr. 1–4) erfüllt. Diese Voraussetzungen werden im Streitfalle durch die ordentlichen Gerichte geprüft. Ein Geschmacksmuster wird daher auch dann eingetragen, wenn eine oder mehrere der genannten Schutzvoraussetzungen fehlen. In diesem Fall entsteht jedoch kein Schutzrecht, sondern nur ein Scheinrecht, aus dem keine Rechte hergeleitet werden können.

II. Muß man einen Anwalt nehmen?

Wer ein Geschmacksmuster anmelden will, kann dies beim Patentamt grundsätzlich selbst machen. Des näheren ist aber zu berücksichtigen:

1. Beratung und Vertretung

Der Anmelder kann sich der Hilfe eines auf dem Gebiet des gewerblichen Rechtsschutzes tätigen und zur Rechtsbesorgung zugelassenen Beraters bedienen und sich von ihm auch im Eintragungsverfahren vertreten lassen. Verzeichnisse der deutschen Patentanwälte und der auf diesem Gebiet tätigen Rechtsanwälte sowie der Erlaubnisscheininhaber können beim Patentamt kostenlos angefordert werden.

2. Ausländer

Wer nicht im Inland wohnt und hier auch keinen Sitz hat, **muß** sich bei der Anmeldung durch einen im Inland bestellten Patentanwalt oder Rechtsanwalt vertreten lassen (§ 16 GeschmMG).

3. Vertreter

Hat der Anmelder einen Vertreter für die Anmeldung bestellt, so muß er ihm eine schriftliche Vollmacht zur Vorlage beim Patentamt ausstellen. Eine Vollmacht muß dem Patentamt nicht vorgelegt werden, wenn als Bevollmächtigter ein Rechts- oder Patentanwalt auftritt. Ein Unternehmen kann dem Angestellten, der zur Vertretung aller Geschmacksmusterangelegenheiten vor dem Patentamt bevollmächtigt werden soll, eine allgemeine „**Angestelltenvollmacht**" ausstellen. Diese Allgemeinen Vollmachten werden beim Patentamt unter Vergabe einer Nummer registriert. Ist der Vollmachtgeber keine natürliche Person, so muß die Zeichnungsberechtigung des Unterzeichnenden durch Angabe seiner Stellung oder die Beifügung geeigneter Nachweise schlüssig dargetan werden.

III. Was ist einzureichen?

Um Geschmacksmusterschutz zu erlangen, ist das Geschmacksmuster beim Patentamt zur Eintragung in das Musterregister anzumelden. Die Anmeldung ist an die Dienststelle Berlin (Anschrift: siehe Blatt 1 des Merkblatts), die das Mu-

III. Anhang 2

sterregister führt, zu richten; eine Einreichung beim Deutschen Patentamt in München ist aber in gleicher Weise zulässig. Die Anmeldung besteht aus dem Eintragungsantrag und der Darstellung des Musters oder Modells:

1. Der Eintragungsantrag (§ 7 Abs. 3 Nr. 1 GeschmMG, §§ 3, 4 MusterAnmV).

Der vom Patentamt vorgesehene **Antragsvordruck** (Dreifach-Satz), der im Fachhandel erhältlich ist, soll verwendet werden. Er hat die **Vordruck-Nr. R 5703**.

Im Falle einer Sammelanmeldung soll zusätzlich das Anlageblatt, das dem Antragsformblatt beiliegt, verwendet werden. Das Anlageblatt ist in diesem Falle Bestandteil des Antrags. Diese Vordrucke sollen in Maschinenschrift ausgefüllt werden. Für die **Ausfüllung der Felder 1** bis **13** des Antragsformblatts und der Spalten **A** bis **K** des Anlageblatts werden folgende Hinweise gegeben:

1 Zustellanschrift

Hier ist einzutragen, an wen alle Sendungen des Patentamts in diesem Verfahren gerichtet werden sollen, und zwar

— Name,
— Vorname,
— ggf. akademischer Grad,
— Straße
— Hausnummer,
— ggf. Postfach,
— Ort mit Postleitzahl/bei ausländischen Orten auch das Land

Dies kann die Anschrift des Anmelders, eines Zustellungsbevollmächtigten oder eines bestellten Vertreters sein. Wird das Muster oder Modell von mehreren Anmeldern gemeinschaftlich zur Eintragung angemeldet und ist ein gemeinsamer Vertreter nicht bestellt, so muß hier die Anschrift eines Zustellungsbevollmächtigten angegeben werden. Anschriftenänderungen sind dem Patentamt umgehend mitzuteilen.

2 Zeichen/Telefon/Datum

Hier sind das Zeichen und die Telefonnummer des in Feld **1** genannten Empfängers anzugeben. Ferner ist das Datum der Antragstellung einzutragen.

3 Funktion des Empfängers

Hier ist durch Ankreuzen des in Betracht kommenden Auswahlfeldes zu erklären, welche der dort aufgeführten Funktionen der in Feld **1** angegebene Empfänger hat. Sofern das Feld „Vertreter" angekreuzt wird, ist gegebenenfalls die Nummer der „**Allgemeinen Vollmacht**" (vgl. oben Nr. II 3) zu nennen, falls sie das Patentamt nach der Registrierung einer solchen Vollmacht bereits mitgeteilt hat.

4 Anmelder-/Vertreterbezeichnung

Hier ist nur dann eine Eintragung erforderlich, wenn und soweit die Anmelder- und Vertreterangaben nicht mit der Zustellanschrift in Feld **1** übereinstimmen. In diesem Falle sind hier den Angaben in Feld **1** entsprechende Angaben bezüglich des Anmelders und des Vertreters zu machen.

Ein Geschmacksmuster wird für eine Firma nur eingetragen, wenn sie im Handelsregister eingetragen ist. Die Firma ist so zu bezeichnen, wie sie im Handelsregister eingetragen ist.

5 Codenummern

Das Patentamt vergibt für den Anmelder, den Vertreter und die in Feld **1** angegebene Zustelladresse jeweils eine Nummer. Sofern solche bereits in einer früheren Geschmacksmuster-, Patent- oder Gebrauchsmusteranmeldung vergeben und mitgeteilt worden sind, sind diese Nummern hier einzutragen.

6 Bezeichnung des Gegenstandes

Hier ist eine kurze und genaue Bezeichnung des Gegenstandes, für den Schutz begehrt wird, anzugeben. Marken, Phantasiebezeichnungen oder nicht verkehrsübliche Begriffe sind unzulässig. Im Falle einer Sammelanmeldung soll die Bezeichnung sämtliche in dieser Anmeldung enthaltenen Muster oder Modelle kurz und prägnant zusammenfassen (z. B. „Küchengeräte").

7 Fabrik- oder Geschäftsnummer/Warenklasse

Es wird empfohlen, eine **Fabrik- oder Geschäftsnummer** anzugeben.

Das gilt auch für die **Warenklassen,** in die das Muster oder Modell einzuordnen ist. Bei einer Sammelanmeldung müssen alle in der Anmeldung zusammengefaßten Muster derselben Warenklasse angehören. Die Bezeichnung der Warenklassen ist der Einteilung der Warenklassen für Geschmacksmuster und dem Verzeichnis der Unterklassen zu entnehmen (vgl. § 4 MusterRegV).

Soweit der Anmelder beabsichtigt, das Muster oder Modell auf Erzeugnisse anderer Warenklassen zu übertragen, sind auch diese Klassen anzugeben (**Übertragungsklassen**). Die Angabe von Unterklassen entfällt hierbei.

8 Sonstige Anträge

Das erste Auswahlfeld ist anzukreuzen, wenn der Schutz nicht nur für **ein** Muster, **ein** Modell oder **einen** Satz typographischer Schriftzeichen, sondern für eine Mehrheit dieser Gegenstände gewünscht wird. Bei einer solchen **Sammelanmeldung** (Höchstzahl: bis zu 50 Muster oder Modelle derselben Warenklasse oder bis zu 50 Sätze typographischer Schriftzeichen) ist anzugeben, wieviele Gegenstände die Anmeldung insgesamt enthält.

Wird durch Ankreuzen des zweiten Feldes (gebührenpflichtig) beantragt, die Bekanntmachung der Abbildung zu verschieben, dann wird die Veröffentli-

III. Anhang 2

chung der Abbildung im Geschmacksmusterblatt um 18 Monate, gerechnet vom Tag der Anmeldung an, aufgeschoben, und der Schutz dauert zunächst nur 18 Monate (statt, wie sonst, fünf Jahre). Dadurch fallen zunächst geringere Verfahrensgebühren an (vgl. im einzelnen § 8b GeschmMG sowie Kostenhinweise auf der Rückseite des letzten Blattes des Antragsvordrucks).

Der Antrag auf Bekanntmachung der Abbildung **in Farbe** ist für in Sammelanmeldungen enthaltene Muster oder Modelle oder typographische Schriftzeichen nicht in Feld **8**, sondern auf dem Anlageblatt (Spalte **J**) zu stellen. Für die Bekanntmachung der Abbildung in Farbe werden in der Regel erheblich höhere Auslagen in Rechnung gestellt als für Schwarz-weiß-Veröffentlichungen (vgl. unten IV Nr. 3 sowie Kostenhinweise auf der Rückseite d. Antragsvordrucks).

Soll die Beschreibung, die zur Erläuterung der Darstellung nach § 7 Abs. 7 GeschmMG, § 8 MusterAnmV mit der Anmeldung eingereicht werden kann, im Geschmacksmusterblatt bekanntgemacht werden, so ist das hierfür vorgesehene Feld anzukreuzen.

9 Erklärungen

Verwendung einer bestimmten Abbildung für die Bekanntmachung:
Hat der Anmelder mehrere, voneinander abweichende Abbildungen eingereicht, so kann er unter Ankreuzen des entsprechenden Feldes hier angeben, welche der Abbildungen **für die Bekanntmachung** im Geschmacksmusterblatt aus seiner Sicht verwendet werden soll. Das Patentamt ist jedoch daran nicht gebunden.

Lizenzinteresse:
Die Erklärung, **an einer Lizenzvergabe interessiert** zu sein, dient der Information möglicher Lizenznehmer. Sie wird bei Eintragung des Musters im Musterregister vermerkt und im Geschmacksmusterblatt veröffentlicht. Sie verpflichtet den Anmelder nicht, Lizenzen zu vergeben, sondern ist unverbindlich.

10 Priorität

Der Zeitrang der Anmeldung richtet sich nach dem Eingang der Anmeldung beim Patentamt. Bestimmte Mängel der Anmeldung führen allerdings dazu, daß der Tag als Anmeldetag anerkannt wird, an dem der Mangel beseitigt wurde (vgl. IV Nr. 1). Der Zeitrang einer eigenen früheren Anmeldung im Ausland, die nicht mehr als sechs Monate zurückliegt, kann für eine spätere Anmeldung in Anspruch genommen werden. Ähnliches gilt für die Ausstellungspriorität.

Will der Anmelder eine dieser Prioritäten beanspruchen, so sind folgende Angaben erforderlich:

- **Ausländische Priorität** (§ 7b GeschmMG)
  Angabe von Zeit, Land und Aktenzeichen der früheren Anmeldung sowie Vorlage einer Abschrift der früheren Anmeldung sind erforderlich. Es emp-

fiehlt sich, diese Erklärungen und Angaben, die fristgebunden sind, bereits zusammen mit der Anmeldung einzureichen.

— **Ausstellungspriorität**

Aus der Schaustellung des Anmeldungsgegenstandes kann der Anmelder nach dem Ausstellungsgesetz für eine binnen sechs Monaten nach Eröffnung der Ausstellung eingereichte Anmeldung den Zeitrang der ersten Schaustellung beanspruchen. Angabe der Ausstellung und des Eröffnungstages ist erforderlich. Diese Priorität kann nur für Ausstellungen beansprucht werden, die im Bundesgesetzblatt und im Blatt für Patent-, Muster- und Zeichenwesen bekanntgemacht worden sind.

Soweit bei Sammelanmeldungen Prioritäten nicht für alle Muster beansprucht werden, ist hinter den Prioritätsangaben eine Musterzuordnung vorzunehmen.

11 Gebühren

Die einzelnen Gebührenpositionen und Zahlungsarten sind in dem **Kostenmerkblatt** wiedergegeben. Die Kosten der Bekanntmachung im Geschmacksmusterblatt richten sich nach dem Umfang, den die Veröffentlichung des Textes und ggf. der zugehörigen Abbildung im Geschmacksmusterblatt einnimmt. Diese Kosten werden durch gesonderte Rechnung als Auslagen des Patentamts erhoben (vgl. IV Nr. 3).

Zur Zahlung der Gebühren und Kosten siehe auch die Zahlungshinweise (Abschnitt VI.). Die Anmeldegebühr sollte zugleich mit der Anmeldung entrichtet werden.

13 Anlagen

Hier ist jeweils die Zahl der beigefügten Anlagen anzugeben,

14 Unterschrift

Die Unterschrift ist vom Anmelder oder seinem Vertreter mit dem bürgerlichen Namen, bei Firmen von dem Zeichnungsberechtigten (vgl. Nr. II, 3) zu leisten. Bei mehreren Anmeldern ohne gemeinsamen Vertreter ist der Antrag **von sämtlichen Anmeldern** zu unterschreiben.

Anlageblatt zum Antrag auf Eintragung in das Musterregister

Das Anlageblatt ist bei einer Sammelanmeldung von Geschmacksmustern zu verwenden, um sämtliche Gestaltungsmöglichkeiten, die das Geschmacksmustergesetz zuläßt, zu erfassen. Soweit das Anlageblatt Eintragungen in den dafür vorgesehenen Spalten zuläßt, entfallen entsprechende Angaben im Antragsformblatt selbst. Soweit ein Anlageblatt für die Eintragungen nicht ausreicht, sind weitere Stücke zu verwenden; die Blätter sind dann fortlaufend zu numerieren.

III. Anhang 2

A B C Anmelder usw.

Um eine Zuordnung des Anlageblatts zum Eintragungsantrag jederzeit zu gewährleisten, sind in diesen Spalten eines jeden Anlageblatts die entsprechenden Angaben aus den Feldern **4, 2** und **6** des Eintragungsantrags einzusetzen.

D Laufende Nummer

Für jedes Muster oder Modell oder jeden Satz typographischer Schriftzeichen ist eine fortlfd. Nummer einzutragen, sofern nicht eine Fabrik- oder Geschäftsnummer (Spalte **E**) angegeben wird.

E Fabrik- oder Geschäftsnummer bzw. Kennzeichnung

Angabe einer Fabrik- oder Geschäftsnummer, ggf. einer sonstigen Kennzeichnung des Musters oder Modells (z.B. „roter Schuh"), die zweifelsfrei erkennen läßt, welche der eingereichten Darstellungen zu welchem in dem Anlageblatt genannten Muster oder Modell gehört (§ 4 Abs. 1 Nr. 3 MusterAnmV), soweit die Zuordnung der Muster nicht mit der lfd. Nr. möglich ist. **Soweit die Zuordnung durch Anbringung der lfd. Nummer nach Spalte D an der jeweiligen Darstellung (bei Abbildungen: möglichst auf der Rückseite) zweifelsfrei ist, sind Angaben in Spalte E nicht erforderlich.**

F Zahl der Abbildungen

Hier ist die Zahl der zu dem jeweiligen Muster eingereichten Sätze (je 3 Stück) von Abbildungen anzugeben.

G Bekanntzumachende Abbildung

Diese Angabe hat hier die gleiche Bedeutung wie die Erklärung in Feld **9** des Eintragungsantrags.

H I Grundmuster und Abwandlungen

Zur Einsparung überflüssiger Bekanntmachungskosten kann der Anmelder durch Ankreuzen des Auswahlfeldes in Spalte **H** erklären, daß ein bestimmtes Muster oder Modell (bzw. ein bestimmter Satz typographischer Schriftzeichen) ein Grundmuster ist, dem weitere Muster als Abwandlungen zugeordnet werden (§ 8a GeschmMG). Solche Abwandlungen können z. B. bloße farbliche Änderungen einer farbigen Ausführung sein. Mit dieser Erklärung macht der Anmelder zugleich deutlich, daß den Abwandlungen kein eigener Schutzbereich zukommt. Ein Grundmuster, von dem auch mehrere in einer Sammelanmeldung enthalten sein können, ist durch Ankreuzen des Auswahlfeldes in Spalte **H** zu kennzeichnen. Die in Spalte **I** anzugebende lfd. Nummer gewährleistet die Zuordnung der Abwandlung zu dem zugehörigen Grundmuster. Bekanntmachungskosten werden gespart, weil nur die Grundmuster bekanntgemacht werden.

J Antrag auf Farbbekanntmachung

Das Auswahlfeld ist anzukreuzen, wenn die Abbildung im Geschmacksmusterblatt in Farbe veröffentlicht werden soll. Auf die Erläuterung zu Feld **9 8** wird verwiesen.

K Angabe der Übertragungsklassen

Diese Angaben entsprechen inhaltlich der Angabe in Feld **7**. Auf die dortige Erläuterung wird verwiesen.

2. Die Darstellung des Musters
(§ 7 Abs. 3 Nr. 2 und Abs. 4 bis 6 GeschmMG, §§ 5–8 MusterAnmV)

Die Merkmale des Musters oder Modells, für die Schutz nach dem Geschmacksmustergesetz beansprucht wird, müssen deutlich und vollständig offenbart werden. Nur für das, was in der Darstellung des Musters oder Modells eindeutig erkennbar ist, kann Schutz erlangt werden.

Die Darstellung des Musters oder Modells, die diesen Anforderungen genügt, muß zusammen mit dem Eintragungsantrag eingereicht werden. Eine Nachreichung auch bloßer Ergänzungen ist nicht zulässig bzw. führt gegebenenfalls zur Verschiebung des Anmeldetages.

a) Im Regelfall wird das Muster oder Modell durch eine **Fotografie oder eine sonstige graphische Wiedergabe** (z. B. Strichzeichnung) dargestellt. Diese Darstellung muß einerseits das Muster oder Modell deutlich und vollständig wiedergeben und andererseits als Vorlage für die Bekanntmachung im Geschmacksmusterblatt geeignet sein.

Daraus ergeben sich folgende Anforderungen (§ 5 MusterAnmV):

− Die Darstellung soll den Gegenstand ohne Beiwerk vor einem einheitlichen neutralen Hintergrund zeigen.
− Die Darstellung ist auch mit mehreren Abbildungen möglich, die das Muster oder Modell aus verschiedenen Blickwinkeln wiedergeben (jeweils in drei übereinstimmenden Stücken).
− Ergänzende Abbildung von Einzelheiten des Musters oder Modells ist möglich.
− farbig oder schwarz-weiß
− **Lichtbilder** als Positivpapierabzüge oder graphische Strichzeichnungen müssen den gezeigten Gegenstand dauerhaft wiedergeben und für Offsetdruck, Mikroverfilmung einschließlich der Herstellung konturenscharfer Rückvergrößerungen und elektronische Bildspeicherung und -wiedergabe geeignet sein. Diapositive oder Filmnegative sind nicht zulässig.
− **Graphische Darstellungen** in gleichmäßig schwarzen, nicht verwischbaren und scharf begrenzten Linien; Schraffuren und Schattierungen zur Wiedergabe plastischer Einzelheiten sind zulässig.

III. Anhang 2

- Schriftliche Erläuterungen oder Maßangaben auf oder unmittelbar neben der Wiedergabe des Gegenstandes sollen unterbleiben.
- auf weißem Papier oder weißer Folie
- nicht dicker als 1 mm
- nicht kleiner als 4×4 cm
- nicht größer als DIN A4 (21×29,7 cm)
- quadratisch oder rechteckig
- nicht gefaltet
- bei Sammelanmeldung: jede Abbildung soll mit einer laufenden Nummer (Spalte **D**) oder wenigstens einer Geschäftsnummer (Spalte **E**) versehen sein.

b) Wird der Schutz nach dem Geschmacksmustergesetz nur für die Gestaltung der Oberfläche eines Erzeugnisses in Anspruch genommen, so kann das Muster oder Modell statt durch eine fotografische oder sonstige graphische **Darstellung durch ein flächenmäßiges Muster** des Erzeugnisses selbst oder eines Teils davon dargestellt werden (§ 7 Abs. 4 GeschmMG). Dies können z. B. Ausschnitte aus Stoffbahnen oder Tapeten, flache Keramik- oder Metallgegenstände sein. Dieses flächenmäßige Muster muß folgende Voraussetzungen erfüllen (§ 6 Abs. 1 MusterAnmV):

- für jedes Muster oder einen Teil hiervon nur **eine** Darstellung durch ein flächenmäßiges Muster
- nicht größer als 50×100×2,5 cm oder 75×100×1,5 cm
- Zusammenlegbarkeit auf DIN A4 (21×29,7 cm)
- nicht schwerer als 10 kg insgesamt incl. Verpackung
- Bei Sammelanmeldung: Zuordnungsangaben nach § 4 Abs. 1 Nr. 3 MusterAnmV (vgl. Erläuterung zu Spalte **E**).

Dies gilt auch für die Kombination von Oberflächengestaltungen, die nur als Einheit unter Schutz gestellt werden sollen. Kann das Muster leicht beschädigt werden, so soll es unter Hinweis hierauf in fester Verpackung eingereicht werden.

c) Will der Anmelder Schutz sowohl für die räumliche Gestaltung als auch für die Oberfläche eines Erzeugnisses in Anspruch nehmen (§ 7 Abs. 5 GeschmMG), dann kann er eine Darstellung einreichen, mit der das Erzeugnis hinsichtlich seiner räumlichen Gestaltung fotografisch oder sonst graphisch wiedergegeben (vgl. a) und hinsichtlich seiner Oberflächengestaltung durch ein flächenmäßiges Muster dargestellt wird (vgl. b).

d) Reicht in Einzelfällen der Anmelder eine fotografische oder sonstige graphische Darstellung und zugleich das Modell selbst ein, weil das Foto oder die graphische Darstellung nach seiner Auffassung die zu schützenden Merkmale nicht hinreichend deutlich und vollständig offenbart, so kann das Patentamt das Modell selbst als Darstellung zulassen (§ 7 Abs. 6 GeschmMG).

In diesen Fällen sind einzureichen

- die fotografische oder sonstige graphische Darstellung in 3 Stücken (vgl. a)

und
- das Modell, das als Darstellung zugelassen werden soll.

Das Modell muß folgende Anforderungen erfüllen (§ 7 Muster AnmV):
- nicht größer als 50 × 40 × 40 cm, nicht schwerer als 10 kg insgesamt einschließlich Verpackung
- bei Sammelanmeldung: Zuordnungsangaben nach § 4 Abs. 1 Nr. 3 MusterAnmV (vgl. Erläuterung zu Spalte E)
- beigefügt werden sollte eine schriftliche Begründung, weshalb die fotografische oder sonstige graphische Darstellung als Offenbarung nicht ausreicht.

Wird das Modell als Darstellung zugelassen, dann ist zusätzlich eine Gebühr zu zahlen, nach der ab Okt. 1994 gültigen Gebührenregelung in Höhe von 400,- DM.

e) Für die **Abbildung typographischer Schriftzeichen** und den mit ihnen hergestellten mindestens **dreizeiligen Text** gilt das oben zu der fotografischen oder sonstigen graphischen Darstellung Gesagte entsprechend.

f) Zur Erläuterung der Darstellung kann eine **Beschreibung** beigefügt werden. Sie soll aus nicht mehr als 100 Wörtern, bei einer Sammelanmeldung aus nicht mehr als 200 Wörtern bestehen (§ 7 Abs. 7 GeschmMG, § 8 MusterAnmV). Sie soll auf einem gesonderten Blatt eingereicht werden und bei einer Sammelanmeldung auch das zugehörige Muster bezeichnen.

IV. Was folgt nach der Anmeldung?

Ist die Anmeldung eingereicht, so erhält der Anmelder oder Vertreter eine **Empfangsbescheinigung.** Er hat im übrigen noch folgendes zu beachten:

1. Beseitigung von Mängeln

Fehlen bestimmte Erfordernisse bei den Anmeldungsunterlagen, so ergeben sich unterschiedliche Rechtsfolgen, die von der Art des Mangels abhängen.

a) Bestimmte grundlegende Voraussetzungen bei der Einreichung des Eintragungsantrags und der Darstellung müssen erfüllt sein; andernfalls ist es nicht möglich, für die mit solchen Mängeln behaftete Anmeldung einen wirksamen Anmeldetag anzuerkennen. Das Patentamt benachrichtigt den Anmelder davon. Wird der Mangel beseitigt, so wird der Tag der Mängelbeseitigung (Eingang im DPA) als Anmeldetag festgelegt.

b) Darüber hinaus ist die Erfüllung bestimmter weiterer Erfordernisse verbindlich gefordert. Sind insoweit Mängel zu verzeichnen, dann ist das Patentamt berechtigt, nach vorangegangener fruchtloser Aufforderung gegen Erstattung der Kosten durch den Anmelder diese Mängel selbst beseitigen zu lassen, soweit dies technisch möglich ist (vgl. § 10 MusterAnmV).

III. Anhang 2

c) Teilung
Bei bestimmten Mängeln der Anmeldungsunterlagen einer Sammelanmeldung können diese durch eine Teilung der Anmeldung geheilt werden. Dies ist angezeigt, wenn z. B. mehr als 50 Muster oder Modelle angemeldet worden sind oder die Teile einer Sammelanmeldung unterschiedlichen Warenklassen angehören.

2. Eintragung und Bekanntmachung

Die mängelfreie Anmeldung wird in das Musterregister eingetragen. Das Musterregister wird auf EDV-Basis geführt. Die Eintragung der Anmeldung wird im Geschmacksmusterblatt bekanntgemacht. Der Schutz dauert 5 Jahre, bei aufgeschobener Bildbekanntmachung 18 Monate, bei typographischen Schriftzeichen 10 Jahre. Er kann verlängert werden.

3. Die Kosten der Bekanntmachung

Die Kosten der Bekanntmachung werden dem Anmelder gesondert in „voller Höhe" in Rechnung gestellt (vgl. Nr. 102310 des Kostenmerkblatts). Es handelt sich um folgende Kosten:

a) Kosten für die gegebenenfalls notwendige Herstellung der für die Veröffentlichung erforderliche(n) Abbildung(en) (§ 8 Abs. 2 i.V. mit § 7 Absätze 4 bis 6 GeschmMG), z. B. die Kosten für die Herstellung von Fotos, wenn als Darstellung ein flächenmäßiges (z. B. textiles) Muster eingereicht wurde.

b) Kosten für die gegebenenfalls notwendige Beseitigung des Mangels, wenn die Darstellung nicht den Erfordernissen des § 5 Abs. 3 MusterAnmV entspricht (§ 10 MusterAnmV). Die Kosten nach a) und b) werden in der Höhe in Rechnung gestellt, in der sie dem Patentamt entstehen bzw. von den damit Beauftragten berechnet worden sind.

c) Stets anfallende Druckkosten für die Veröffentlichung im Geschmacksmusterblatt.

Die jeweils geltenden (vom Umfang der Veröffentlichung abhängigen) Kostensätze für Schwarz-, Weiß- und Farbveröffentlichungen werden im Blatt für PMZ bekanntgegeben.

4. Verfahrenskostenhilfe und Vertreter-Beiordnung

Im Eintragungsverfahren erhält ein Anmelder, der nachweist, daß er nach seinen persönlichen und **wirtschaftlichen Verhältnissen** die Gebühr nicht, nur zum Teil oder nur in Raten aufbringen kann, auf Antrag Zahlungserleichterungen durch Verfahrenskostenhilfe. Voraussetzung ist, daß **hinreichende Aussicht auf Eintragung** des Geschmacksmusters besteht. Für die Erklärung über die persönlichen und wirtschaftlichen Verhältnisse muß ein besonderer Vordruck ausgefüllt und unterschrieben werden, der mit einem **Merkblatt über Verfahrenskostenhilfe** auf Verlangen kostenlos übersandt wird. Einem Anmelder, dem Verfahrenskostenhilfe bewilligt worden ist, wird auf Antrag ein zur Übernahme der **Vertretung** bereiter Patentanwalt oder Rechtsanwalt seiner Wahl oder auf ausdrückliches Verlangen auch ein Erlaubnisscheininhaber beigeordnet, wenn die Vertretung zur sachdienlichen Erledigung des Eintragungsverfahrens erforderlich erscheint. Die Erforderlichkeit muß der Anmelder erläutern. Hierbei ist zu berücksichtigen, daß das Patentamt auch Auskunft und Hilfestellung gibt.

5. Erstreckung der Schutzdauer auf 5 Jahre

Ist beantragt worden, die Bekanntmachung des Musters aufzuschieben (vgl. oben III Punkt 1 **8** „sonstige Anträge"), dann entscheidet der Inhaber, ob der Schutz bereits nach 18 Monaten enden oder auf 5 Jahre „erstreckt" werden soll. Die Erstreckung muß nicht beantragt werden. Sie wird vielmehr durch die Zahlung der tarifmäßigen Gebühr — wenn die Zahlung nicht innerhalb von 12 Monaten, aber vor Ablauf der 18 Monate erfolgt, mit dem Zuschlag von 20% — bewirkt. Bei Sammelanmeldungen kann (auch zur Senkung der Bekanntmachungskosten) die Erstreckung auf ausgewählte (z. B. die inzwischen auf dem Markt erfolgreichen) Muster beschränkt werden. Sind Grundmuster und Abwandlungen benannt worden, können alle oder einzelne Abwandlungen nur zusammen mit ihrem jeweiligen Grundmuster erstreckt werden. Grundmuster können auch ohne Abwandlungen erstreckt werden.

Das (Die) Muster, auf das (die) sich die Erstreckungsgebühr bezieht, ist (sind) im Zahlungsbeleg genau zu bezeichnen (Aktenzeichen, ggf. lfd. Nr. der betr. Muster einer Sammelanmeldung o. ä.).

Wurde die Erstreckung bewirkt, dann wird die Bildbekanntmachung nachgeholt. Neben der Erstreckungsgebühr sind daher auch hier die Bekanntmachungskosten zu zahlen. Sie können je nach Anzahl der zu veröffentlichenden Muster bedeutend höher sein als die Erstreckungsgebühr, vor allem, wenn Kosten für die Herstellung von Fotos entstehen (vgl. Nr. 3).

6. Verlängerung der Schutzdauer

Die fünfjährige (bei typographischen Schriftzeichen zehnjährige) Schutzdauer kann um jeweils 5 Jahre oder ein Mehrfaches davon (d. h. um 10 oder 15 Jahre) bis auf höchstens 20 Jahre verlängert werden (§ 9 Abs. 2 GeschmMG), bei typographischen Schriftzeichen auf 25 Jahre (Art. 2 Abs. 1 Nr. 4 Schriftzeichengesetz). Die Verlängerung wird durch Zahlung der tarifmäßigen Gebühr bewirkt, so daß ein besonderer Antrag nicht gestellt werden muß. Die tarifmäßige Verlängerungsgebühr ist auch bei einer Sammelanmeldung für jedes einzelne Muster zu zahlen. Sie beträgt nach den gegenwärtig geltenden Gebührensätzen z. B. für die Verlängerung vom 6. bis 10. Schutzjahr 150 DM (Nr. 142110 des Kostenmerkblatts). Umfaßt eine Sammelanmeldung z. B. 20 Muster, und soll die Verlängerung bis zum 10. Schutzjahr für alle Muster bewirkt werden, dann beträgt die Verlängerungsgebühr insgesamt 3.000 DM. Bei Sammelanmeldungen kann die Verlängerung auf ausgewählte Muster beschränkt werden. Sind Grundmuster und Abwandlungen benannt worden, kann die Schutzdauer für alle oder für einzelne Abwandlungen nur zusammen mit der Schutzdauer ihres

III. Anhang 2

jeweiligen Grundmusters verlängert werden. Die Schutzdauer von Grundmustern kann auch ohne Abwandlungen verlängert werden.

Im Zahlungsbeleg ist das Muster (bei ausgewählten Mustern einer Sammelanmeldung sind auch die einzelnen Muster), auf das (die) sich die Zahlung bezieht, genau zu bezeichnen.

Ist eine Geschmacksmusteranmeldung **vor dem 1. Juli 1988** bei dem örtlich zuständigen Registergericht eingereicht worden, so ist ein schriftlicher Verlängerungsantrag und eine Gebührenzahlung ausschließlich dorthin zu richten. Das gleiche gilt für sonstige Mitteilungen, die sich auf Geschmacksmuster beziehen, die vor dem genannten Zeitpunkt bei diesen Gerichten eingereicht worden sind.

V. Und die Verwertung der Geschmacksmuster?

Die Begutachtung und Verwertung von Mustern oder Modellen sowie die Verfolgung von Geschmacksmusterverletzungen gehören nicht zum Aufgabengebiet des Patentamts. Hierbei können Personen oder Firmen behilflich sein, die sich mit der Verwertung von Erfindungen befassen. Auskünfte oder Referenzen hierüber kann das Patentamt nicht erteilen. Oft können aber die Patentschriften-Auslegestellen (Anschriften beim Patentamt zu erfragen) weiterführende Hinweise geben.

VI. Zahlungsweise

1. Die an das Deutsche Patentamt zu zahlenden Gebühren bzw. vom Amt in Rechnung gestellten Kosten können außer durch Barzahlung entrichtet werden:

a) durch Übergabe oder Übersendung
   - von Gebührenmarken des Deutschen Patentamtes,
   - von Schecks, die auf ein Kreditinstitut in der Bundesrepublik Deutschland gezogen sind,
   - eines Auftrags zur Abbuchung von dem hierfür zugelassenen Abbuchungskonto gemäß Bekanntmachung und Mitteilung Nr. 1 und 2/90 jeweils vom 15. Dezember 1989 (Bl.f.PMZ 1990, S. 1 und 2) sowie Nr. 6/92 vom 27. Februar 1992 (Bl.f.PMZ 1992, S. 177 und 178).
b) durch Überweisung auf eines der auf S. 1 (oben) angegebenen Konten der Zahlstelle
c) durch Bareinzahlung (mit Zahlschein bei der Postbank oder bei allen anderen Banken oder Sparkassen) auf eines der auf S. 1 (oben) angegebenen Konten der Zahlstelle.

2. Bei jeder Zahlung sind das vollständige **Aktenzeichen**, die genaue Bezeichnung des **Anmelders (Inhabers)** und die Bezeichnung der **Gebühr** in deutlicher Schrift anzugeben.

3. **Als Einzahlungstag gilt** gemäß § 3 der Verordnung über die Zahlung der Gebühren des Deutschen Patentamts und des Bundespatentgerichts vom 15. Oktober 1991 (BGBl. I S. 2012)

a) bei Übergabe oder Übersendung von Gebührenmarken der Tag des Eingangs;
b) bei Übergabe oder Übersendung von Schecks oder Abbuchungsaufträgen der Tag des Eingangs beim Deutschen Patentamt, sofern die Einlösung bei Vorlage erfolgt (da Abbuchungsaufträge auch per Telekopie wirksam übermittelt werden können, ist es mit dieser Zahlungsart möglich, entsprechende Zahlungen noch bis 24.00 Uhr des letzten Tages der Frist vorzunehmen);
c) bei Bareinzahlung mit Zahlschein bei der Postbank und allen anderen Banken und Sparkassen auf ein Konto des Deutschen Patentamtes der Tag der Einzahlung (in diesem Falle ist vom Einzahler jedoch darauf zu achten, daß ihm der Tag (Datum) der Einzahlung von dem Geldinstitut auf dem Einzahlungsbeleg, Durchschlag etc. hinreichend deutlich bestätigt wird);
d) im übrigen der Tag, an dem der Betrag bei der Zahlstelle des Deutschen Patentamtes in München oder Berlin eingeht oder auf dem Konto einer dieser Stellen gutgeschrieben wird.

Für Auskünfte stehen zur Verfügung:

— die Dienststelle Berlin des Deutschen Patentamts
  Tel.: (030) 25 94-6 77 (Auskunftsstelle)

— die Auskunftstelle des Deutschen Patentamts in München
  Tel.: (089) 21 95-34 02

Anhang 3: Antragsformular

III. Anhang 3

DEUTSCHES PATENTAMT

An das
Deutsche Patentamt
Dienststelle Berlin
10958 Berlin

Hausadresse (nur für Frachtsendungen)
Gitschiner Str. 97
10969 Berlin

Antrag auf Eintragung in das Musterregister
(§ 7 Geschmacksmustergesetz)

Aktenzeichen *(wird vom Deutschen Patentamt vergeben)*

① In der Anschrift Straße, Haus-Nr. und ggf. Postfach angeben

Sendungen des Deutschen Patentamts sind zu richten an:

Zeichen des Anmelders/Vertreters (max. 20 Stellen) | Telefon des Anm./Vertr. | ggf. Nr. der Allgemeinen Vollmacht | Datum

② Der Empfänger in Feld ① ist der
☐ Anmelder ☐ Zustellungsbevollmächtigte ☐ Vertreter

③ **Anmelder**

④ **Vertreter**

nur auszufüllen, wenn abweichend von Feld ①

Anmeldernummer | Vertreternummer | Zustelladreßnummer

⑤ soweit bekannt

⑥ **Bezeichnung** des Gegenstandes *(Kurz und genau - bei Sammelanmeldung als Gattungsbezeichnung.)*

⑦ Fabrik-/Geschäftsnummer *) | Warenklasse | Übertragungsklassen *)

Antrag auf Eintragung in das Musterregister

⑧ **Sonstige Anträge**

☐ Eintragung als Sammelanmeldung von _____ Mustern oder Modellen oder typographischen Schriftzeichen (§ 7 Abs. 9 GeschmMG)
- *Bitte ergänzend Anlageblatt R 5703.1 benutzen* -

☐ Aufschiebung der Bekanntmachung der Abbildung (§ 8 b GeschmMG)

☐ Bekanntmachung der Abbildung in Farbe *)
(§ 8 Abs. 2 MusterRegV)

☐ Bekanntmachung der Beschreibung
(§ 8 Abs. 1 Nr. 3 MusterRegV)

Erklärungen

⑨ ☐ Folgende Abbildung soll f. d. Bekanntmachung verwendet werden:*) _____   ☐ Anmelder ist an Lizenzvergabe interessiert (unverbindlich)

⑩ **Priorität** (ausländische, Ausstellungspriorität) - *bei Überlänge auf gesondertem Blatt* -

Erläut. und Kostenhinweise s. Rückseite

⑪ **Gebührenzahlung** in Höhe von _____ DM   **Gebührenmarken** sind beigefügt   ☐ **Abbuchung** von meinem/unserem Abbuchungskto b. d. Dresdner Bank AG, München
☐ Scheck ist beigefügt   ☐ Überweisung *(nach Erhalt der Empfangsbescheinigung)*   ☐ *(bitte nicht auf d. Rückseite kleben)*   Nr.:

⑫ **Übernahme der Auslagen** *(nur für berufsmäßige Vertreter)*
Unterzeichnender erklärt die Übernahme aller bis zur Niederlegung der Vertretung in vorstehender Anmeldung anfallenden Auslagen

*) bei Sammelanmeldung: bitte im Anlageblatt eintragen

⑬ **Anlagen**
1. _____ Abbildungen (je 3 Stücke)
2. _____ Flächenmuster (je 1 Stück)
3. _____ Modelle (je 1 Stück)
4. _____ Anlageblätter bei Sammelanmeldung
5. _____ Beschreibung
6. _____ Vollmacht
7. _____ Abschrift(en) der Voranmeldung(en)
8. _____ vorgeschrieb. Text (bei typogr. Schriftzeichen)
9. _____

⑭ Unterschrift(en)

R 5703 / 8.93

III. Anhang 3

Dieses Anlageblatt nur bei Sammelanmeldung verwenden!

Anlageblatt Nr. _____
zum Antrag auf Eintragung in das Musterregister

In diese Felder nichts eintragen, sondern nur **ankreuzen**, falls zutreffend; die anderen Felder bitte **ausfüllen**!

(A) Anmelder

(B) Zeichen des Anmelders/Vertreters — Datum des Eintragungsantrages

(C) Bezeichnung des Gegenstandes

(D) laufende Nummer
(E) Fabrik- oder Geschäftsnummer oder sonstige Zuordnungsangabe
(F) Abbildungen (Anzahl)
(G) Bekanntzumachende Abbildg.
(H) Bezeichnung als Grundmuster / Abwandlung zum Grundmuster (lfd. Nr.)
(I) Antrag auf Farbbekanntmachung
(J) Angabe der Überragungsklassen
(K) Vermerke des Deutschen Patentamts

Anhang 4

Kostenmerkblatt

Gebühren und Auslagen des Deutschen Patentamts
und des Bundespatentgerichts

(Ausgabe 1995)

— Auszug —

100 000	**A. Gebühren des Patentamts**	
140 000	**IV. Musterregistersachen**	
141 000	**1. Anmeldeverfahren**	
141 100	a) Anmeldegebühr (§ 8 c)	
141 110	(1) bei Anmeldung eines Musters oder Modells für die Schutzdauer nach § 9 Abs. 1 des Geschmacksmustergesetzes	100,–
141 120	(2) bei Sammelanmeldung (§ 7 Abs. 9) für die Schutzdauer nach § 9 Abs. 1 des Geschmacksmustergesetzes für jedes Muster oder Modell	10,–
141 121	mindestens jedoch	100,–
141 130	(3) bei Aufschiebung der Bekanntmachung einer Abbildung der Darstellung des Musters oder Modells	
141 131	(i) bei Anmeldung eines Musters oder Modells	40,–
141 132	(ii) bei Sammelanmeldung für jedes Muster oder Modell	4,–
141 133	mindestens jedoch	40,–
141 134	(iii) zusätzlich zu den Gebühren der Nummern 141 131 bis 141 133 für den Antrag auf Aufschiebung (§ 8c Abs. 1 Satz 2) ..	15,–
141 140	(4) bei Darstellung durch das Erzeugnis selbst oder eines Teils davon (§ 7 Abs. 6), zusätzlich zu den Gebühren der Nummern 141 110 bis 141 134	400,–
141 200	b) Für die Erstreckung des Schutzes bei Aufschiebung der Bildbekanntmachung (§ 8b Abs. 2)	
141 210	(1) bei Zahlung innerhalb der ersten zwölf Monate der Aufschiebungsfrist	
141 211	(i) für ein angemeldetes Einzelmuster	100,–

III. Anhang 4

141 212	(ii) für jedes Muster einer Sammelanmeldung, für das der Schutz nach § 8 b Abs. 2 des Geschmacksmustergesetzes erstreckt werden soll, ...	10,-
141 213	mindestens jedoch	100,-
141 220	(2) Zuschlag zu den Gebühren der Nummern 141 211 bis 141 213 bei Zahlung nach den ersten zwölf Monaten der Aufschiebungsfrist (§ 8 Abs. 2)	20% der Gebühren

142 000   **2. Verlängerung der Schutzdauer (§ 9 Abs. 2 und 3)**

142 100	a) Für die Verlängerung der Schutzdauer um fünf Jahre für jedes Muster oder Modell, auch in einer Sammelanmeldung (§ 7 Abs. 9)	
142 110	(i) vom 6. bis 10. Schutzjahr	150,-
142 120	(ii) vom 11. bis 15. Schutzjahr	200,-
142 130	(iii) vom 16. bis 20. Schutzjahr	300,-
142 140	(iv) vom 21. bis 25. Schutzjahr (Artikel 2 Abs. 1 Nr. 4 des Schriftzeichengesetzes)	500,-
142 150	b) Für die Verlängerung der Schutzdauer eines Modells, das durch das Erzeugnis selbst oder einen Teil davon dargestellt wird (§ 7 Abs. 6), zusätzlich zu den Gebühren der Nummern 142 100 bis 142 130 jeweils	400,-
142 200	c) Zuschlag zu den Gebühren der Nummern 142 110 bis 142 150 für die verspätete Zahlung der Verlängerungsgebühren (§ 9 Abs. 3 Satz 2) je Muster oder Modell	10% der Gebühren

143 000   **3. Sonstige Gebühren**

143 100	Für den Antrag auf Eintragung einer Änderung in der Person des Anmelders oder Inhabers des Musters oder Modells................................	60,-

B. Gebühren des Patentgerichts

IV. Musterregistersachen

Für die Einlegung der Beschwerde (§ 10 a des GeschmMG)

244 110	gegen die Entscheidung des Patentamts, die ein einzelnes Muster oder Modell betrifft...................	300,-	200,-
244 120	gegen die Entscheidung des Patentamts, die eine Sammelanmeldung (§ 7 Abs. 9 GeschmMG) betrifft	520,-	350,-

Gebühren und Auslagen für die Verlängerung der Schutzdauer der vor dem 1. Juli 1988 angemeldeten Muster (§ 8 GeschmMG a. F., Art. 2 Abs. 1 Nr. 4 Schriftzeichengesetz, §§ 82 und 137 Kostenordnung)

Kostenmerkblatt

102 710	1. Verlängerung eines Musters oder Modells pro Muster und Jahr	
	a) für das 4. bis 10. Schutzjahr	20,-
	b) für das 11. bis 15. Schutzjahr	30,-
	c) für das 16. bis 25. Schutzjahr *(nur für Schriftzeichenhinterlegungen)*	30,-
	2. für jeden Eintragungsschein sowie für jeden sonstigen Auszug aus dem Musterregister	20,-

Auszug aus der Verordnung über Verwaltungskosten beim Deutschen Patentamt vom 15. Oktober 1991

Auslagen für Registerauszüge unabhängig von der Art der Herstellung für jeden Auszug................................	15,-
Kosten für öffentliche Bekanntmachung in Geschmacksmustersachen	in voller Höhe
Kosten für zusätzliche Bekanntmachungen im Geschmacksmusterblatt, soweit sie durch den Anmelder veranlaßt sind.....	in voller Höhe

Bei der Zahlung sind der Verwendungszweck (z. B. Anmeldegebühr), die Nr. des Gebührenverzeichnisses und, soweit bereits bekannt, das Aktenzeichen (M ...) anzugeben.

Achtung! Bei Überweisung mit Bank- oder Sparkassen-Zahlungsaufträgen gilt als Einzahlungstag der Tag, an dem der Betrag auf einem der Konten der Zahlstellen des Deutschen Patentamts gutgeschrieben wird.

Konten der Zahlstelle:
Landeszentralbank München 70001054 (BLZ 70000000)
Postbank Niederlassung München 79191-803 (BLZ 70010080)

Konten der Zahlstelle:
Landeszentralbank Berlin 10001010 (BLZ 10000000)
Postbank Niederlassung Berlin 7500-100 (BLZ 10010010)

III. Anhang 5

Anhang 5

Mitteilung Nr. 9/94
des Präsidenten des Deutschen Patentamts
über die Hinterlegung Allgemeiner Vollmachten und
Angestelltenvollmachten beim Deutschen Patentamt

Vom 4. August 1994

Das Verfahren für die Hinterlegung Allgemeiner Vollmachten wird wie folgt geändert:

1. Mit Ablauf des 31. Dezember 1994 werden nur noch Allgemeine Vollmachten und Angestelltenvollmachten zur Hinterlegung angenommen, die der aus der Anlage 1 und 2 zu dieser Mitteilung ersichtlichen inhaltlichen Form entsprechen. Die Gattungsvollmachten „Allgemeine Vollmachten in Patent- und Gebrauchsmusterangelegenheiten", „ – in Warenzeichen- und IR-Markenangelegenheiten" und „ – in Geschmacksmusterangelegenheiten" entfallen und werden nicht mehr zur Hinterlegung angenommen.

2. Wie sich aus dem Vollmachtstext ergibt, erstreckt sich die Vollmacht auf alle Angelegenheiten, die zum Geschäftskreis des Deutschen Patentamts gehören. Einschränkungen bzw. Aufzählungen der damit verbundenen Rechtsgeschäfte sind auf der Vollmacht nicht zulässig. Diese Vollmachten gelten wie bisher auch für Verfahrenshandlungen nach dem Patentzusammenarbeitsvertrag (PCT) gegenüber dem Deutschen Patentamt als „Anmeldeamt, Bestimmungsamt und ausgewähltem Amt" und für Verfahrenshandlungen nach Art. II § 2 des Gesetzes über Internationale Patentübereinkommen (IntPatÜG) sowie in Angelegenheiten, die europäische Patente betreffen, soweit sie mit Wirkung für die Bundesrepublik Deutschland erteilt sind.

3. Sind mehrere Personen auf einer Allgemeinen Vollmacht als Bevollmächtigte/Vertreter benannt, werden diese jeweils im Rahmen dieser Vollmacht als einzeln vertretungsberechtigt angesehen. Die Vollmachten müssen auf prozeßfähige, mit ihrem bürgerlichen Namen bezeichnete Personen lauten (§ 18 Abs. 2 DPAV). Nicht angenommen werden Vollmachten, wenn mehr als eine Person – Anmeldergemeinschaften eingeschlossen – als Vollmachtgeber in der Allgemeinen Vollmacht/Angestelltenvollmacht auftreten; in diesem Fall kann jeder Vollmachtgeber gesondert eine Allgemeine Vollmacht einreichen.

4. Für die Hinterlegung und Registrierung ist die Vorlage des Vollmachtoriginals erforderlich. Die Vollmacht ist mit *gesondertem* Anschreiben (Registrierungsgesuch) dem Deutschen Patentamt – Referat für Patentanwalts- und Vertreterwesen – zum Zwecke der Hinterlegung zuzuleiten. Zur Akte eingereichte Vollmachten werden als Einzelvollmacht behandelt; es erfolgt keine Hinterle-

gung und Registrierung als Allgemeine Vollmacht. Nach Hinterlegung und Registrierung der Allgemeinen Vollmacht/Angestelltenvollmacht wird dem Antragsteller schriftlich die Registriernummer der Vollmacht mitgeteilt. Diese Registriernummer hat der Bevollmächtigte/Vertreter zum Nachweis seiner Vertretungsberechtigung bei den entsprechenden Eingaben zu Schutzrechtsakten unter seiner Unterschrift aufzuführen.

5. Falls der Vollmachtgeber nicht eine unter seinem bürgerlichen Namen handelnde Einzelperson ist, muß die Zeichnungsberechtigung des Unterzeichners durch die Angabe seiner Stellung/Funktion innerhalb der bevollmächtigenden Gesellschaft, Körperschaft, Verein schlüssig hervorgehen. Der Name des Unterzeichners ist in Maschinen- oder Druckschrift unter der Unterschrift hinzuzufügen. Der Nachweis der Zeichnungsberechtigung kann auch durch Vorlage beglaubigter Handelsregisterauszüge sowie durch entsprechende Erklärung im Registrierungsgesuch erbracht werden. Soweit ein Dritter aufgrund einer besonderen Vollmacht für eine juristische Person unterzeichnet, ist dies anzugeben und die besondere Vollmacht in Kopie beizufügen.

Bei Zweifeln an der Zeichnungsberechtigung wird das Deutsche Patentamt den Nachweis der Zeichnungsberechtigung in geeigneter, ggf. auch notariell beglaubigter Form fordern. Bei ausländischen Firmen ist die Vertretungsberechtigung des Vollmachtgebers in Zweifelsfällen durch eine dem ausländischen Recht am Sitz des Vertretenden entsprechende Beurkundung nachzuweisen, die wiederum der Legalisation bzw. der Apostille nach dem Übereinkommen zur Befreiung ausländischer öffentlicher Urkunden von der Legalisation bedarf, soweit nicht die Bundesrepublik Deutschland in völkerrechtlichen Verträgen auf die Beibringung der Legalisation oder der Apostille verzichtet hat.

6. Sofern die Befugnis des Bevollmächtigten zur geschäftsmäßigen Beratung und Vertretung in Rechtsangelegenheiten Dritter aus der Allgemeinen Vollmacht/Angestelltenvollmacht nicht zweifelsfrei erkennbar ist, ist in dem Registrierungsgesuch zu erklären, ob sich der Bevollmächtigte in einem ständigen Dienstverhältnis zu dem Vollmachtgeber befindet oder freiberuflich tätig wird. Patentassessoren und Angestellte, die von einem anderen als dem Dienstherrn als Bevollmächtigte benannt sind, haben eine Erklärung vorzulegen, aus welcher das Verhältnis des Vollmachtgebers zum Dienstherrn des Bevollmächtigten hervorgeht. Diese Erklärung kann im Registrierungsgesuch abgegeben werden. Bei Zweifeln wird das Deutsche Patentamt geeignete Nachweise verlangen.

7. Zur Entlastung des Patentamts von überalterten Allgemeinen Vollmachten und um die Gültigkeit der registrierten Vollmachten transparenter zu machen, werden Inhaber von Allgemeinen Vollmachten im Turnus alle *zehn Jahre* um Angabe gebeten, ob die Registrierung noch aufrechterhalten werden soll.

Wer die Registrierung — auch formlos — bestätigt, bleibt registriert. Bei Mitteilung, daß die Allgemeine Vollmacht aufgegeben wird, wird die Registrierung gelöscht. Erhält das Patentamt auf seine Anfrage weder eine Bestätigung noch eine sonstige Mitteilung, wird die Anfrage einmal wiederholt; bleibt das Patentamt wiederum ohne jegliche Mitteilung, wird die Registrierung der Allgemei-

III. Anhang 5

nen Vollmacht zum Ablauf des zehnten Kalenderjahres seit erfolgter Registrierung gelöscht. Die Registrierung kann auch in diesen Fällen wieder aufgenommen werden, falls der Inhaber sich zum Nachweis seiner Vertretungsberechtigung darauf berufen möchte und dies dem Patentamt mitteilt. Zu beachten ist hierbei, daß das Patentamt Unterlagen über gelöschte Allgemeine Vollmachten nur zehn Jahre lang aufbewahrt. Danach ist nur noch eine neue Registrierung unter Einreichung neuer Unterlagen möglich.

Soweit möglich, wird dieses Verfahren auch bei den zum 31. Dezember 1994 bereits registrierten Vollmachten durchgeführt.

8. Meine Mitteilungen
Nr. 13/86 vom 21. August 1986 (Bl.f.PMZ 1986, 277)
Nr. 16/86 vom 6. November 1986 (Bl.f.PMZ 1986, 349 ff.)
Nr. 2/88 vom 12. Januar 1988 (Bl.f.PMZ 1988, 25)
werden aufgehoben.

9. Diese Neuregelung tritt am 1. Januar 1995 in Kraft.

Der Präsident des Deutschen Patentamts

Dr. Häußer

Anlage 1

ALLGEMEINE VOLLMACHT

zur Hinterlegung beim Deutschen Patentamt

gemäß Mitteilung Nr. 9/94 (Bl.f.PMZ 1994, 301 f.)

Ich/Wir

(Name/Firma — Wohnort/Firmensitz)

bestelle(n) hiermit
zu meinem/unseren Vertreter(n) in allen Angelegenheiten, die zum Geschäftskreis des Deutschen Patentamts gehören.

Diese Vollmacht schließt die Bestellung zum Inlandsvertreter gemäß § 25 PatG, § 28 GbmG, § 96 MarkenG, § 16 GeschmMG, § 11 HalblSchG ein.*)

Der/die Vertreter kann/können Untervollmacht erteilen und Zahlungen für mich/uns in Empfang nehmen.

Ort: _____ Datum: _____

Name/Firma: _____

Unterschrift(en)**) _____

---

*) Gilt nur für ausländische Vollmachtgeber.
**) Für die Unterzeichnung ist zu beachten:
    Bei Personen: Vor- und Familiennamen voll ausschreiben.
    Bei Firmen: s. Fußnote Seite 275.

Anlage 2

ANGESTELLTENVOLLMACHT

zur Hinterlegung beim Deutschen Patentamt

gemäß Mitteilung Nr. 9/94 (Bl.f.PMZ 1994, 301 f.)

Herr/Frau

ist im Rahmen unseres Unternehmens, der

(Firma, Firmensitz)

zur Bearbeitung aller Angelegenheiten, die zum Geschäftskreis des Deutschen Patentamts gehören, ermächtigt.

Die Vollmacht berechtigt nicht dazu, Zustellungen und Zahlungen des Deutschen Patentamts für uns in Empfang zu nehmen.

Die Erteilung von Untervollmachten ist ausgeschlossen.

Ort: _____ Datum: _____

Firma: _____

Unterschrift(en)***) _____

Bei Firmen: Firma der Gesellschaft gemäß Eintragung im Handelsregister. Den Nachweis der Zeichnungsberechtigung durch Hinzufügen der Funktion (z. B. Prokurist, Geschäftsführer, Vorstandsmitglied, General, Director) unter dem Namen darlegen. Zusätzlich ist der Name des/der Unterzeichner(s) in Maschinen- oder Druckschrift unter der Unterschrift hinzuzufügen.

***) Für die Unterzeichnung ist zu beachten:
Firma der Gesellschaft gemäß Eintragung im Handelsregister. Der Nachweis der Zeichnungsberechtigung ist durch Hinzufügen der Funktion (z. B. Prokurist, Geschäftsführer, Vorstandsmitglied) unter dem Namen darzulegen. Zusätzlich ist der Name des/der Unterzeichner(s) in Maschinen- oder Druckschrift unter der Unterschrift hinzuzufügen.

Anhang 6

Mitteilung 3/88
des Präsidenten des Deutschen Patentamts
über die Einreichung der Abschrift der Voranmeldung im Verfahren zur Eintragung von Mustern und Modellen in das Musterregister nach § 7b des Geschmacksmustergesetzes

Vom 12. Januar 1988

Die Mitteilung des Präsidenten des Deutschen Patentamts über die Handhabung von § 27 Satz 2 PatG[1], § 2 Abs. 1 Satz 2 GbmG[2] und § 7 der Anmeldebestimmungen für Patente[3] und der Anmeldebestimmungen für Gebrauchsmuster[4] vom 19. Dezember 1968 (Bl. f. PMZ 1969, 2) wird hinsichtlich ihrer Abschnitte a) bis e) auf das Verfahren zur Eintragung von Mustern und Modellen in das Musterregister erstreckt.

Dies bedeutet, daß

- als Abschrift der Voranmeldung (§ 7b Abs. 1 Satz 2 GeschmMG) eine einfache Abschrift der Voranmeldung genügt;
- die Einreichung der Abschrift der Voranmeldung als Übermittlung einer „Angabe" gilt, die innerhalb der Zweimonatsfrist des § 7b Abs. 1 Satz 2 GeschmMG zu bewirken ist;
- die Aufforderung zur Einreichung der Abschrift nach § 7b Abs. 1 Satz 2 GeschmMG frühestens einen Monat, spätestens zwei Monate nach dem Anmeldetag abgesandt werden wird;
- die Übersetzung einer Abschrift der Voranmeldung oder des Prioritätsbelegs, die nach § 7b Abs. 1 Satz 2 GeschmMG eingereicht wird, nur auf Anforderung des Musterregisters eingereicht zu werden braucht.

Der Präsident des Deutschen Patentamts
Dr. Häußer

---

[1] Jetzt § 41 Satz 2 PatG 1981.
[2] Jetzt § 6 Abs. 2 GbmG in der ab 1. 1. 1987 geltenden Fassung.
[3] Jetzt § 10 der Patentanmeldeverordnung vom 29. Mai 1981.
[4] Jetzt Gebrauchsmusteranmeldeverordnung vom 12. November 1986.

Anhang 7

Verordnung
über die Führung des Registers
für Geschmacksmuster und typographische Schriftzeichen
(Musterregisterverordnung – MusterRegV)

Vom 8. Januar 1988

Auf Grund des durch Artikel 1 Nr. 5 des Gesetzes vom 18. Dezember 1986 (BGBl. I S. 2501) eingefügten § 12 Abs. 1 Satz 1 des Geschmacksmustergesetzes und des Artikels 2 Abs. 2 Satz 1 des Schriftzeichengesetzes vom 6. Juli 1981 (BGBl. II S. 382), jeweils in Verbindung mit § 20 der Verordnung über das Deutsche Patentamt vom 5. September 1968 (BGBl. I S. 997), der durch Artikel 1 Nr. 7 der Verordnung vom 2. November 1987 (BGBl. I S. 2349) neu gefaßt worden ist, wird verordnet:

§ 1
Musterregister

In das beim Patentamt geführte Musterregister für Geschmacksmuster einschließlich der typographischen Schriftzeichen werden die in den nachstehenden Vorschriften vorgeschriebenen Angaben eingetragen.

§ 2
Eintragungen ins Musterregister

(1) Zu der Anmeldung werden eingetragen:

1. der Name oder die Bezeichnung, der Wohnort oder Sitz des Anmelders, bei ausländischen Orten auch das Land (§ 3 Abs. 1 Nr. 2 MusterAnmV);

2. der Name und Sitz des Vertreters;

3. der Tag der Anmeldung des Musters oder Modells (§ 7 Abs. 1, § 10 Abs. 3 Satz 2 und 3 Geschmacksmustergesetz);

4. das Aktenzeichen der Anmeldung;

5. die Bezeichnung des Musters oder Modells (§ 3 Abs. 2, § 4 Abs. 2 Nr. 2 MusterAnmV). Ist die vom Anmelder mitgeteilte Bezeichnung offensichtlich unrichtig oder würde ihre Veröffentlichung gegen die öffentliche Ordnung oder die guten Sitten verstoßen, so kann das Patentamt statt dessen eine geeignete Bezeichnung ohne Gewähr für deren Richtigkeit eintragen;

6. die Numerierung des Musters oder Modells oder seine Fabrik- oder Geschäftsnummer (§ 4 Abs. 1 Nr. 2 MusterAnmV);

III. Anhang 7

7. die Warenklassen (§ 10 Abs. 2 Satz 1 Geschmacksmustergesetz). Diese Angabe besteht aus der Bezeichnung der Klassen und Unterklassen, bei einer Sammelanmeldung (§ 7 Abs. 9 Geschmacksmustergesetz) aus der Bezeichnung der Klassen;

8. die Bezeichnung der Warenklassen nach § 7 Abs. 8 Satz 2 des Geschmacksmustergesetzes;

9. Zeit, Land und Aktenzeichen der früheren Anmeldung desselben Musters oder Modells bei Inanspruchnahme der Priorität nach § 7b des Geschmacksmustergesetzes;

10. die Zahl der graphischen oder fotografischen Wiedergaben, aus denen die Darstellung des Musters oder Modells besteht;

11. ein Hinweis auf die Darstellung des Musters oder Modells durch ein flächenmäßiges Muster (§ 7 Abs. 4 Geschmacksmustergesetz), durch ein Modell (§ 7 Abs. 6 Geschmacksmustergesetz) oder in der in § 7 Abs. 5 des Geschmacksmustergesetzes angegebenen Weise;

12. ein Hinweis auf eine beigefügte Beschreibung (§ 7 Abs. 7 Geschmacksmustergesetz);

13. ein Hinweis, ob die Eintragung die Anmeldung eines einzelnen Musters oder Modells oder eine Sammelanmeldung (§ 7 Abs. 9 Geschmacksmustergesetz) betrifft. Bei Eintragung einer Sammelanmeldung wird ferner die Zahl der in der Anmeldung zusammengefaßten Muster oder Modelle angegeben (§ 4 Abs. 2 Nr. 1 MusterAnmV);

14. die Erklärung, daß ein Muster oder Modell als Grundmuster und weitere Muster oder Modelle als dessen Abwandlungen behandelt werden sollen (§ 8a Abs. 1 Geschmacksmustergesetz);

15. der Antrag auf Aufschiebung der Bekanntmachung einer Abbildung (§ 8b Abs. 1 Geschmacksmustergesetz);

16. die Schutzdauer (§ 8b Abs. 1 Satz 3, § 9 Abs. 1 Geschmacksmustergesetz);

17. die unverbindliche Erklärung über das Interesse an der Vergabe von Lizenzen.

(2) Ferner werden folgende Angaben eingetragen:

1. der Tag der Bekanntmachung der Eintragung im Geschmacksmusterblatt (§ 8 Abs. 2 Satz 1 Geschmacksmustergesetz) und die Bezeichnung des Teils des Geschmacksmusterblatts, in dem die Bekanntmachung enthalten ist;

2. die Beschreibung (§ 7 Abs. 7 Geschmacksmustergesetz), deren Veröffentlichung beantragt worden ist;

3. falls die Bekanntmachung der Abbildung nachgeholt worden ist, der Tag der Bekanntmachung (§ 8b Abs. 3 Satz 1 Geschmacksmustergesetz);

4. die Erstreckung des Schutzes auf die Schutzdauer nach § 9 Abs. 1 des Geschmacksmustergesetzes (§ 8b Abs. 2 Geschmacksmustergesetz);

5. die Verlängerung der Schutzdauer des Musters oder Modells (§ 9 Abs. 2 Geschmacksmustergesetz);

6. die Änderung in der Person, im Namen, im Wohnort oder im Sitz der eingetragenen Inhaber und ihrer Vertreter nach § 5;

7. der Tag der Löschung der Eintragung des Musters oder Modells (§ 10c Abs. 1 Geschmacksmustergesetz);

8. die Einleitung eines Verfahrens über die Wiedereinsetzung in den vorigen Stand (§ 10 Abs. 5 Geschmacksmustergesetz); diese Angabe wird nach Beendigung des Verfahrens über die Wiedereinsetzung gelöscht. Wird Wiedereinsetzung gewährt, so wird dies eingetragen.

(3) Ist die Aufschiebung der Bekanntmachung einer Abbildung (§ 8b Abs. 1 Geschmacksmustergesetz) beantragt worden, so beschränkt sich die Eintragung der Anmeldung auf die Angaben nach Absatz 1 Nr. 1 bis 9. Nr. 13 bis 16 sowie nach Absatz 2 Nr. 1, 6 und 7. Wird der Schutz auf die Schutzdauer nach § 9 Abs. 1 des Geschmacksmustergesetzes erstreckt (§ 8b Abs. 2 Geschmacksmustergesetz), so werden die übrigen Angaben eingetragen.

(4) Auf die Eintragung der Anmeldung von typographischen Schriftzeichen sind die Nummern 7, 8 und 11 des Absatzes 1 nicht anzuwenden.

§ 3
Namensverzeichnis

(1) Auf Grund der im Musterregister eingetragenen Tatsachen wird ein Namensverzeichnis geführt, das nach der alphabetischen Reihenfolge der in das Musterregister eingetragenen Inhaber geordnet ist.

(2) Das Namensverzeichnis enthält folgende Angaben:

1. den Namen oder die Bezeichnung des eingetragenen Inhabers, seinen Wohnort oder Sitz, bei ausländischen Orten auch das Land (§ 2 Abs. 1 Nr. 1);

2. den Tag der Anmeldung des Musters oder Modells (§ 2 Abs. 1 Nr. 3);

3. das Aktenzeichen der Anmeldung (§ 2 Abs. 1 Nr. 4);

4. die Bezeichnung des Musters oder Modells (§ 2 Abs. 1 Nr. 5);

5. die Warenklassen (§ 2 Abs. 1 Nr. 7);

6. den Tag der Bekanntmachung der Eintragung im Geschmacksmusterblatt und die Bezeichnung des Teils des Geschmacksmusterblatts, in dem die Bekanntmachung enthalten ist (§ 2 Abs. 2 Nr. 1).

III. Anhang 7

§ 4
Einteilung der Warenklassen

(1) Die Warenklassen, in die das Muster oder Modell einzuordnen ist, bestimmen sich nach der anliegenden Einteilung der Warenklassen.

(2) Der Präsident des Patentamts macht ein Verzeichnis der Unterklassen bekannt, das die Einteilung der Warenklassen für Geschmacksmuster ergänzt.

§ 5
Änderung der Eintragung

(1) Änderungen des Namens, der Bezeichnung oder der Anschrift des Anmelders, Inhabers oder Vertreters sollen dem Patentamt unverzüglich mitgeteilt werden. Das Patentamt vermerkt diese Änderungen im Musterregister.

(2) Dem Antrag auf Eintragung der Änderung in der Person des Anmelders oder Inhabers sind schriftliche Nachweise beizufügen. Mit dem Antrag ist eine Gebühr nach dem Tarif zu entrichten; wird sie nicht entrichtet, so gilt der Antrag als nicht gestellt.

(3) Eintragungen, die von Amts wegen vorzunehmen sind, kann das Patentamt jederzeit berichtigen, wenn sich ihre Unrichtigkeit herausstellt.

§ 6
Löschung der Eintragung

Die Eintragung wird durch einen Vermerk im Musterregister gelöscht (§ 10c Abs. 1 Geschmacksmustergesetz). Der Antrag auf Löschung der Eintragung nach § 10c Abs. 1 Nr. 2 und 3 des Geschmacksmustergesetzes ist schriftlich einzureichen.

§ 7
Auskunft

(1) Das Patentamt erteilt Auskunft aus dem Musterregister. Auf Antrag wird die Auskunft als Auszug erteilt.

(2) Auf schriftlichen Antrag erteilt das Patentamt Auskunft aus dem Namensverzeichnis (§ 3). Der Antrag, in dem der Name, der Wohnort oder Sitz des eingetragenen Inhabers anzugeben ist, kann auf einzelne Warenklassen und auf einen Zeitraum beschränkt werden, in dem die Anmeldungen eingereicht worden sind.

§ 8
Geschmacksmusterblatt

(1) Das Geschmacksmusterblatt (§ 8 Abs. 2 Satz 1 Geschmacksmustergesetz) enthält

1. regelmäßig erscheinende Übersichten über die in das Musterregister nach § 2 eingetragenen Tatsachen;
2. Abbildungen der Darstellungen der Muster oder Modelle oder der Erzeugnisse selbst, soweit deren Bekanntmachung nicht nach § 8a Abs. 1 und § 8b Abs. 1 Satz 2 des Geschmacksmustergesetzes unterbleibt, bei typographischen Schriftzeichen auch den vorgeschriebenen Text (Artikel 2 Abs. 1 Nr. 5 Satz 2 Schriftzeichengesetz);
3. Beschreibungen, deren Veröffentlichung beantragt ist.

(2) Die Abbildung wird in schwarz-weißer, auf Antrag des Anmelders in farbiger Wiedergabe bekanntgemacht. Liegen mehrere zur Bekanntmachung geeignete Abbildungen vor, bestimmt das Patentamt die bekanntzumachende Abbildung. Bei Sammelanmeldungen werden die Abbildungen mit den fortlaufenden Nummern, Fabrik- oder Geschäftsnummern bekanntgemacht.

(3) In regelmäßigen zeitlichen Abständen wird in einem Anhang zum Geschmacksmusterblatt eine Fortschreibung des Namensverzeichnisses veröffentlicht.

§ 9
Herstellung der Abbildungen

(1) In den Fällen des § 8 Abs. 2 Satz 2 des Geschmacksmustergesetzes veranlaßt das Patentamt die Herstellung von zwei übereinstimmenden fotografischen Wiedergaben. Es kann die Herstellung selbst vornehmen oder damit fachkundige Dritte beauftragen.

(2) Sind die Voraussetzungen des § 7 Abs. 6 Satz 1 des Geschmacksmustergesetzes erfüllt, kann das Patentamt die vorgelegte fotografische oder sonstige graphische Darstellung als eine für die Bekanntmachung geeignete Abbildung der Darstellung nach § 8 Abs. 2 Satz 1 und 2 des Geschmacksmustergesetzes anerkennen.

§ 10
Erstattung von Auslagen

(1) Die Kosten der Bekanntmachung bestehen aus den Druckkosten nach Absatz 2, den Kosten für die Herstellung der nach § 8 Abs. 2 Satz 2 des Geschmacksmustergesetzes erforderlichen Abbildung und den Kosten für die Beseitigung des Mangels nach § 10 Satz 2 der Musteranmeldeverordnung. Sie sind als Auslagen (§ 8 Abs. 2 Satz 4 Geschmacksmustergesetz) nach Zahlungsaufforderung zu entrichten.

(2) Die Druckkosten bestehen aus den Kosten für die Veröffentlichung der Eintragung der Anmeldung einschließlich des bei typographischen Schriftzeichen vorgeschriebenen Textes, der Beschreibung sowie der nach § 2 einzutragenden Tatsachen. Sie bemessen sich nach dem Raumbedarf und dem Aufwand für die Veröffentlichung in schwarz-weißer oder in farbiger Wiedergabe.

III. Anhang 7

§ 11
Einsichtnahme in Muster oder Modelle

Die Darstellung des Musters oder Modells durch ein flächenmäßiges Muster des Erzeugnisses nach § 7 Abs. 4 des Geschmacksmustergesetzes oder durch das Modell selbst nach § 7 Abs. 6 des Geschmacksmustergesetzes kann nach Maßgabe des § 11 des Geschmacksmustergesetzes nur bei der mit der Führung des Musterregisters beauftragten Stelle des Patentamts eingesehen werden.

§ 12
Aufbewahrung der eingereichten Unterlagen

Das Patentamt bewahrt die fotografische oder sonstige graphische Darstellung des eingetragenen Musters oder Modells (§ 7 Abs. 3 Nr. 2 Geschmacksmustergesetz), die Abbildung nach § 8 Abs. 2 Satz 2 des Geschmacksmustergesetzes und die Abbildung der eingetragenen typographischen Schriftzeichen nebst dem vorgeschriebenen Text (Artikel 2 Abs. 1 Nr. 5 Satz 2 Schriftzeichengesetz) auch nach der Löschung der Eintragung im Musterregister dauernd auf. Auf die anderen über die Anmeldung geführten Unterlagen findet § 17 der Verordnung über das Deutsche Patentamt Anwendung.

§ 13
Berlin-Klausel

Diese Verordnung gilt nach § 14 des Dritten Überleitungsgesetzes in Verbindung mit Artikel 6 des Gesetzes vom 18. Dezember 1986 zur Änderung des Geschmacksmustergesetzes (BGBl. I S. 2501) und mit Artikel 3 Abs. 1 des Schriftzeichengesetzes auch im Land Berlin.

§ 14
Inkrafttreten; Übergangsvorschrift

Diese Verordnung tritt am 1. Juli 1988 in Kraft. Für die bis zum 30. Juni 1988 eingegangenen Anmeldungen verbleibt es bei den bisher geltenden Vorschriften.

München, den 8. Januar 1988

Der Präsident des Deutschen Patentamts

Dr. Häußer

Anhang 8

Einteilung der Warenklassen für Geschmacksmuster
(§ 7 Abs. 8 GeschmMG:, § 4 MusterRegV)
mit Unterklassen nach § 4 Abs. 2 MusterRegV *

01 Nahrungsmittel

a) Umfaßt Nahrungs- und Futtermittel sowie diätetische Produkte.
b) Ausgenommen Verpackungen (Kl. 09).

01-01 Backwaren, Biskuits, Konditorwaren, Teigwaren und andere Getreideerzeugnisse, Schokolade, Zuckerwaren, Eis

01-02 Früchte und Gemüse

01-03 Käse, Butter und Butterersatz, andere Milchprodukte

01-04 Fleisch- und Wurstwaren, Fischprodukte

01-05 (offen)

01-06 Futtermittel

01-99 Verschiedenes

02 Bekleidung und Kurzwaren

Ausgenommen Puppenbekleidung (Kl. 21-01), Feuerschutz-, Unfallverhütungs- und Rettungsausrüstungen (Kl. 29) sowie Tierbekleidung (Kl. 30-1).

02-01 Unterbekleidung, Wäsche, Miederwaren, Büstenhalter, Nachtbekleidung

a) Einschl. orthopädischer Miederwaren und Leibwäsche.
b) Ausgenommen Haushaltswäsche (Kl. 06-13).

02-02 Kleidungsstücke

a) Umfaßt sämtliche Kleidungsstücke einschl. Pelze, Bade- und Sportbekleidung und orthopädischer Bekleidungsstücke mit Ausnahme der unter Buchst. b) erwähnten Erzeugnisse.
b) Ausgenommen Unterbekleidungsstücke (Kl.02-01) und die Kleidungsstücke, die in den Klassen 02-03, 02-04, 02-05 oder 02-06 eingeordnet sind.

---

* Nach dem Vorbild der Klasseneinteilung nach dem Abkommen von Locarno zur Errichtung einer Internationalen Klassifikation für gewerbliche Muster und Modelle.

III. Anhang 8

02-03 Kopfbedeckungen
Umfaßt alle Arten von Kopfbedeckungen für Männer, Frauen und Kinder.

02-04 Schuhwaren, Strümpfe und Socken
Einschl. Sportschuhe wie Fußball-, Ski- und Eishockeyschuhe, orthopädischer Schuhe und Socken sowie Strumpfhosen, Gamaschen und anderer Beinbekleidungsstücke.

02-05 Krawatten, Schärpen, Kopf- und Halstücher, Taschentücher
Umfaßt das ganze „flächenhafte" Bekleidungszubehör.

02-06 Handschuhwaren
Einschl. Handschuhe für Chirurgen und Schutzhandschuhe aus Gummi oder Kunststoff für den Haushalt, für verschiedene Berufe und für den Sport.

02-07 Kurzwaren und Bekleidungszubehör
a) Einschl. Knöpfe, Agraffen (Schließen) für Kleider, für Kopfbedeckungen und für Schuhe, Schnürsenkel, Schuhnestel, -bänder, Näh- und Stricknadeln, Stecknadeln, Bekleidungszubehör wie Gürtel, Strumpfhalter, Hosenträger.
b) Ausgenommen Fäden, Garne und Gespinste (Kl. 05-01), Posamentierwaren (Kl. 05-04), Näh-, Strick- und Stickmaschinen (Kl. 15-06) sowie Nähausrüstungs-Etuis (Kl. 03-01).

02-99 Verschiedenes

03 Reiseartikel, Etuis, Schirme und persönliche Gebrauchsgegenstände, soweit sie nicht in anderen Klassen enthalten sind

03-01 Koffer, Handkoffer, Mappen, Handtaschen, Schlüsseletuis, Etuis, die dem Inhalt angepaßt sind, Brieftaschen und gleichartige Waren
Ausgenommen Gegenstände für den Transport von Waren (Kl. 09) und Zigarren- und Zigarettenetuis (Kl. 27-06).

03-02 (offen)

03-03 Regenschirme, Sonnenschirme und (Spazier-)Stöcke

03-04 Fächer

03-99 Verschiedenes

04 Bürstenwaren

04-01 Bürsten, Pinsel und Besen zum Reinigen
Ausgenommen Kleiderbürsten (Kl. 04-02).

Einteilung der Warenklassen für Geschmacksmuster

04-02 Bürsten und Pinsel für die Körper- und Schönheitspflege, Kleiderbürsten und Schuhbürsten
Einschl. Haarbürsten, Zahnbürsten und Nagelbürsten.

04-03 Bürsten für Maschinen
Unter „Bürsten für Maschinen" sind Bürsten zu verstehen, die Teile von Maschinen oder Spezialfahrzeugen darstellen.

04-04 Malerbürsten und Malerpinsel, Bürsten und Pinsel für die Küche

04-99 Verschiedenes

05 Nichtkonfektionierte Textilwaren, Folien (Bahnen) aus Kunst- oder Naturstoffen

a) Umfaßt alle Textilwaren und gleichartige Waren, die meterweise und nicht konfektioniert verkauft werden.
b) Ausgenommen konfektionierte Waren (Kl. 02 oder 06).

05-01 Gespinste
Der englische Text enthält eine Anmerkung, welche den deutschen Text nicht betrifft.

05-02 Spitzen

05-03 Strickerein

05-04 Bänder, Borten (Litzen, Tressen) und andere Posamentierwaren

05-05 Gewebe und Stoffe
Einschl. Gewebe und gewebter, gestrickter oder in anderer Weise hergestellter Stoffe, Planen, Filz und Loden.

05-06 Folien (Bahnen) aus Kunst- oder Naturstoffen
a) Umfaßt diejenigen Folien (Bahnen), deren einziges unterscheidendes Merkmal in der Flächenverzierung oder der Struktur besteht, insbesondere Verkleidungsfolien wie Tapeten, Linoleum und Papier in Rollen, mit Ausnahme der unter Buchst. b) erwähnten Erzeugnisse.
b) Ausgenommen Schreibpapier, auch solches in Rollen (Kl. 19-01), und Folien für Bauzwecke, wie Mauerplatten und Wandverkleidungen (Kl. 25-01).

05-99 Verschiedenes

06 Wohnungsausstattungen

a) Die Kombinationsmöbel, die in mehrere Unterklassen eingereihte Bestandteile enthalten, sind in der Kl. 06-05 eingeordnet.
b) Zusammengesetzte Möbel, die im Ganzen als ein Modell angesehen werden können, sind in der Kl. 06-05 einzuordnen.
c) Ausgenommen nichtkonfektionierte Textilwaren (Kl. 05).

III. Anhang 8

06-01 Liege- und Sitzmöbel
Einschl. Sprungfedermatratzen (Untermatratzen) und Fahrzeugsitze.

06-02 (offen)

06-03 Tische und ähnliche Möbel

06-04 Kastenmöbel, Gestelle
Einschl. Schränke, Möbel mit Schubladen oder Fachkästen und Gestelle.

06-05 Kombinierte Möbel

06-06 Andere Möbelstücke und Möbelteile

06-07 Spiegel und Rahmen
Ausgenommen Spiegel, die in andere Klassen eingeordnet sind (siehe alphabetische Liste).

06-08 Kleiderbügel

06-09 Matratzen und Kissen

06-10 Vorhänge und Innenstores

06-11 Bodenteppiche und Fußmatten

06-12 Wandteppiche

06-13 Decken, Haushalts- und Tischwäsche
Einschl. Möbel-, Bett und Tischdecken.

06-99 Verschiedenes

07 Haushaltsartikel, soweit sie nicht in anderen Klassen enthalten sind

a) Einschl. Handapparate und -geräte für den Haushalt, selbst wenn diese motorbetrieben sind.
b) Ausgenommen Maschinen und Apparate zur Zubereitung von Speisen und Getränken.

07-01 Geschirr und Glaswaren
a) Umfaßt Geschirr aus jedem Material, insbesondere auch aus Papier oder Karton.
b) Ausgenommen Kochgeräte und -gefäße wie Kasserollen (Kochgeschirr) aus Glas oder Keramik (Kl. 07-02), Blumenvasen und -töpfe sowie Ziergeschirr und Zierglaswaren (Kl. 11-02).

07-02 Kochapparate, -geräte und -gefäße

07-03 Tischmesser, Gabeln, Löffel

07-04 Handbetätigte Apparate und Geräte für die Zubereitung von Speisen und Getränken
Ausgenommen die in Kl. 07-02 und Kl. 31 eingeordneten Apparate und Geräte.

07-05 Bügeleisen, Geräte zum Waschen, Reinigen und Trocknen
Ausgenommen elektrische Haushaltsapparate zum Waschen, Reinigen od. Trocknen (Kl. 15-05).

07-06 Andere Tischgeräte

07-07 Andere Haushaltsbehälter

07-08 Zubehör für offene Kamine

07-99 Verschiedenes

08 Werkzeuge und Kleineisenwaren

a) Umfaßt von Menschen gehandhabte Werkzeuge, selbst wenn Muskelkraft durch eine mechanische Kraft ersetzt wird, z. B. elektrische Bohrmaschinen und mechanische Sägen.
b) Ausgenommen Maschinen und Werkzeugmaschinen (Kl. 15 oder Kl. 31).

08-01 Werkzeuge und Geräte zum Bohren, Fräsen oder zum Aushöhlen

08-02 Hämmer, gleichartige Werkzeuge und Geräte

08-03 Schneidwerkzeuge und -geräte
a) Einschl. Sägewerkzeuge und -geräte.
b) Ausgenommen Tischmesser (Kl. 07-03), Schneidwerkzeuge und -geräte für die Küche (Kl. 31) und chirurgische Messer (Kl. 24-02).

08-04 Schraubenzieher, gleichartige Werkzeuge und Geräte

08-05 Andere Werkzeuge und Geräte
Umfaßt Werkzeuge und Geräte, die nicht in anderen Unterklassen oder Klassen eingeordnet oder einzuordnen sind.

08-06 Handgriffe, Türknöpfe, Fenster- und Türangeln

08-07 Verriegelungs- und Verschlußvorrichtungen

08-08 Befestigungs-, Halte- und Montagemittel, soweit sie nicht in anderen Klassen enthalten sind
a) Einschl. Nägel, Schrauben, Bolzen und Schraubenmuttern.
b) Ausgenommen Befestigungsvorrichtungen für Kleider (Kl. 02-07) od. Schmuck (Kl. 11-01) und im Büro verwendete Befestigungsmittel (Kl. 19-02).

08-09 Beschläge und gleichartige Vorrichtungen

08-10 Fahrradständer

08-99 Verschiedenes
Einschl. nichtelektrischer Kabel unabhängig vom verwendeten Material.

09 Verpackungen und Behälter für den Transport oder den Warenumschlag

III. Anhang 8

09-01 Flaschen, Fläschchen, Töpfe, Ballon- und Korbflaschen, Druckbehälter
a) Unter „Töpfe" sind solche für Verpackungszwecke zu verstehen.
b) Ausgenommen Geschirrtöpfe (Kl. 07-01) und Blumentöpfe (Kl. 11-02).

09-02 Kannen und Fässer

09-03 Schachteln, Kisten, Container, Konservendosen
Einschl. umladbarer Container.

09-04 Stapelkisten (CAGEOTS, Steigen) und Körbe

09-05 Säcke, Beutel, Tuben, Hülsen und Kapseln
a) Einschl. Kunststoffsäcke und -beutel mit oder ohne Griff oder Verschluß.
b) Unter „Kapseln" sind solche für Umhüllungszwecke zu verstehen.

09-06 Seile, Schnüre und Materialien zum Binden

09-07 Verschlußvorrichtungen und Zubehör
a) Umfaßt lediglich Verschlußvorrichtungen für Verpackungen.
b) Unter „Zubehör" sind insbesondere Ausgießkorken, Dosiervorrichtungen und abnehmbare Zerstäuber zu verstehen.

09-08 Paletten und Plattformen für den Warenumschlag

09-09 Kehrichteimer und Müllbehälter und deren Halterung

09-99 Verschiedenes

10 Uhren und andere Meßinstrumente, Kontroll- und Anzeigegeräte

Einschl. elektrischer Instrumente.

10-01 Großuhren, Penduluhren und Wecker

10-02 Taschen- und Armbanduhren

10-03 Andere Zeitmeßinstrumente
Einschl. Zeitmeßapparate wie Parkuhren, einstellbare Zeitüberwacher (Timer) für die Küche und ähnliche Apparate.

10-04 Andere Meßinstrumente, -apparate und -vorrichtungen
a) Einschl. Instrumente, Apparate und Vorrichtungen zur Messung von Temperatur, Druck, Gewicht, Länge, Volumen, elektrischen Größen.
b) Ausgenommen Belichtungsmesser (Kl. 16-05).

10-05 Kontroll-, Sicherheits- oder Versuchsinstrumente, -apparate und -vorrichtungen
Einschl. Feuer- und Einbruchmelder sowie Detektoren aller Art.

10-06 Signalapparate und -vorrichtungen
Ausgenommen Beleuchtungs- und Signalvorrichtungen für Fahrzeuge (Kl. 26-06).

Einteilung der Warenklassen für Geschmacksmuster

10-07 Gehäuse, Zifferblätter, Zeiger oder andere Teile und Zubehör von Meß-, Kontroll- und Signalinstrumenten
Unter „Gehäuse" sind Uhrenschalen, Gehäuse von Großuhren sowie alle anderen Gehäuse zu verstehen, die einen integrierenden Bestandteil der Instrumente darstellen, deren Mechanismus sie schützen, unter Ausschluß d. Etuis (Kl. 03-02 oder, wenn es sich um Verpackung handelt, Kl. 09-03).

10-99 Verschiedenes

11 Ziergegenstände

11-01 Schmuck- und Juwelierwaren
a) Einschl. Phantasie- und Imitationsschmuck.
b) Ausgenommen Uhren (Kl. 10-02).

11-02 Nippsachen, Tisch-, Kamin- oder Wandschmuck, Vasen und Blumentöpfe
Einschl. Skulpturen, Mobiles und Statuen.

11-03 Medaillen und Abzeichen

11-04 Künstliche Blumen, Pflanzen und Früchte

11-05 Fahnen, Festdekorationsartikel
a) Einschl. Girlanden, Wimpel und Christbaumschmuck.
b) Ausgenommen Kerzen (Kl. 26-04).

11-99 Verschiedenes

12 Transport- und Hebevorrichtungen

a) Umfaßt sämtliche Land-, Wasser-, Luft-, Raum- und andere Fahrzeuge.
b) Einschl. der Bestandteile, Ausrüstungen und des Zubehörs, die für den Betrieb eines Fahrzeuges notwendig sind und nicht in eine andere Klasse eingeordnet werden können; diese werden in die betreffende Fahrzeug-Unterklasse oder in Kl. 12-16 eingeordnet, wenn sie sich auf Fahrzeuge verschiedener Unterklassen beziehen.
c) Grundsätzlich ausgenommen sind solche Fahrzeugbestandteile und -ausrüstungen sowie solches Fahrzeugzubehör, die in eine andere Klasse eingeordnet werden können; diese werden zusammen mit den gleichartigen Erzeugnissen (d. h. solchen, die dieselbe Aufgabe besitzen) in dieselbe Klasse eingeordnet. So werden Automobil-Teppiche und -Matten zusammen mit den Teppichen eingeordnet (Kl. 06-11); die elektrischen Fahrzeugmotoren werden in Kl. 13-01 und die nichtelektrischen Fahrzeugmotoren in Kl. 15-01 eingeordnet (dasselbe gilt für die Bestandteile dieser Motoren); die Automobilscheinwerfer werden zusammen mit den Beleuchtungsartikeln (Kl. 26-06) eingeordnet.

III. Anhang 8

12-01 Fuhrwerke (von Tieren gezogen)

12-02 Handwagen, Schubkarren

12-03 Lokomotiven und rollendes Eisenbahnmaterial sowie alle anderen Schienenfahrzeuge

12-04 Luftseilbahnen, Sesselbahnen u. Schlepplifte

12-05 Aufzüge, Hebezeuge und Fördergeräte
Einschl. Personen- und Lastenaufzüge, Elevatoren, Kräne, Hebekarren und Förderbänder.

12-06 Schiffe und Boote

12-07 Flugzeuge und andere Luft- u. Raumfahrzeuge

12-08 Kraftwagen, Autobusse und Lastwagen
Einschl. Sanitäts- und Kühlfahrzeuge.

12-09 Traktoren

12-10 Anhänger und Wohnwagen

12-11 Fahrräder und Motorräder

12-12 Kinderwagen, Rollstühle für Körperbehinderte, Tragbahren
a) Unter „Kinderwagen" sind Wagen zu verstehen, in die Kinder gesetzt werden.
b) Ausgenommen Kinderwagen, die als Spielzeug dienen, z. B. Puppenwagen (Kl. 21-01).

12-13 Spezialfahrzeuge
a) Umfaßt nur diejenigen Fahrzeuge, die nicht unmittelbar für Transportzwecke bestimmt sind, wie Kehrmaschinen, Straßenspreng-, Feuerwehr-, Schneeräum- und Abschleppfahrzeuge.
b) Ausgenommen landwirtschaftliche Maschinen, die sowohl Maschinen als auch Fahrzeuge darstellen (Kl. 15-03), und Maschinen mit Selbstantrieb für den Hoch- und Tiefbau (Kl. 15-04).

12-14 Andere Fahrzeuge
Einschl. Schlitten und Luftkissenfahrzeuge.

12-15 Luftreifen, Fahrzeugbereifungen und Gleitschutzketten für Fahrzeuge

12-16 Andere Fahrzeugbestandteile, -ausrüstungen und -zubehör, soweit sie nicht in anderen Klassen enthalten sind

12-99 Verschiedenes

13 Apparate zur Erzeugung, Verteilung oder Umwandlung von elektrischer Energie

a) Umfaßt nur diejenigen Apparate, die elektrischen Strom erzeugen, verteilen und umwandeln.

Einteilung der Warenklassen für Geschmacksmuster

b) Einschl. elektrischer Motoren.
c) Ausgenommen elektrisch betriebene Apparate, wie elektrische Uhren (Kl. 10-02) und Apparate für die Messung des elektrischen Stromes (Kl. 10-04).

13-01 Generatoren und Motoren
Einschl. elektrischer Motoren für Fahrzeuge.

13-02 Transformatoren, Gleichrichter, Batterien und Akkumulatoren

13-03 Material zur Verteilung oder Steuerung der elektrischen Energie
Einschl. Leiter, Unterbrecher, Schalter und Schalttafeln.

13-99 Verschiedenes

14 Apparate zur Aufzeichnung, Übermittlung oder Verarbeitung von Informationen

14-01 Apparate zur Aufzeichnung und Wiedergabe von Ton oder Bild
Ausgenommen Photo- und Filmapparate (Kl. 16).

14-02 Datenverarbeitungsanlagen

14-03 Apparate für das Fernmeldewesen und für die drahtlose Fernbedienung, Radio-Verstärker
Einschl. Telegraphen-, Telephon-, Radio- und Fernsehapparate, Fernsehaufnahmeapparate und Fernschreiber.

14-99 Verschiedenes

15 Maschinen, soweit sie nicht in anderen Klassen enthalten sind

15-01 Motoren
a) Einschl. nichtelektrischer Motore für Fahrzeuge.
b) Ausgenommen elektrische Motoren (Kl. 13).

15-02 Pumpen und Kompressoren
Ausgenommen Hand- oder Fußpumpen (Kl. 08-05) und Feuerspritzen (Kl.29-01).

15-03 Landwirtschaftliche Maschinen
a) Einschl. Pflüge und Maschinen, die sowohl Maschinen als auch Fahrzeuge darstellen, z.B. Mähbinder.
b) Ausgenommen Handwerkzeuge (Kl. 08).

15-04 Baumaschinen
a) Einschl. Maschinen für den Hoch- und Tiefbau sowie Maschinen mit Selbstantrieb, wie Aushubmaschinen, Betonmaschinen und Bagger.
b) Ausgenommen Hebezeuge und Kräne (Kl. 12-05).

III. Anhang 8

15-05 Wasch-, Reinigungs- und Trockenmaschinen
a) Einschl. Apparate und Maschinen für die Behandlung der Wäsche und der Kleider, wie Bügel- und Mangelapparate.
b) Geschirrwasch- und Geschirrtrockenmaschinen sowie industrielle Trockenanlagen.

15-06 Textilmaschinen, Näh-, Strick- und Stickmaschinen

15-07 Kühlmaschinen und -apparate
a) Einschl. Kühlapparate für den Haushalt.
b) Ausgenommen Eisenbahnkühlwagen (Kl. 12-03) und Kühlfahrzeuge (Kl. 12-08).

15-08 (offen)

15-09 Werkzeugmaschinen, Schleifmaschinen, Gießereimaschinen
Ausgenommen Bergbaumaschinen, Bohrmaschinen, Materialabscheider (Kl. 15-99).

15-99 Verschiedenes

16 Photographische, kinematographische oder optische Artikel

Ausgenommen Beleuchtungsapparate für die Photographie und Kinematographie (Kl. 26-05).

16-01 Photo- oder Filmapparate
Ausgenommen Aufnahmeapparate für das Fernsehen (Kl. 14-03).

16-02 Projektionsapparate und Betrachtungsgeräte

16-03 Photokopier- und Vergrößerungsapparate
Einschl. Mikrofilmaufnahme- und Mikrofilmlesegeräte sowie Büro-Photokopiergeräte, die mit anderen als photographischen Verfahren arbeiten, insbesondere mit thermischen oder magnetischen Verfahren.

16-04 Apparate und Geräte zum Entwickeln

16-05 Zubehör
Einschl. Filter für Aufnahmen, Belichtungsmesser, Stative, Blitzlichtvorrichtungen.

16-06 Optische Artikel
a) Einschl. Brillen und Mikroskope.
b) Ausgenommen Meßinstrumente, die optische Vorrichtungen aufweisen (Kl. 10-04).

16-99 Verschiedenes

17 Musikinstrumente

Ausgenommen Futterale für Musikinstrumente (Kl. 03-01) und Tonaufzeichnungs- und -wiedergabegeräte (Kl. 14-01).

Einteilung der Warenklassen für Geschmacksmuster

17-01 Tasteninstrumente
Einschl. elektronischer und nichtelektronischer Orgeln, Akkordeons und Klaviere (auch mechanische).

17-02 Blasinstrumente
Ausgenommen Orgel, Harmonium und Akkordeon (Kl. 17-01).

17-03 Saiteninstrumente

17-04 Schlaginstrumente

17-05 Mechanische Musikinstrumente
a) Einschl. Spieldosen.
b) Ausgenommen mechanische Tasteninstrumente (Kl. 17-01).

17-99 Verschiedenes

18 Druckerei- und Büromaschinen

18-01 Schreib- und Rechenmaschinen
Ausgenommen Computer und andere Apparate, die in Kl. 14-02 eingeordnet sind.

18-02 Druckmaschinen
a) Einschl. Setzmaschinen, Stereotypiermaschinen und -apparate, Buchdruckereimaschinen, andere Reproduktionsmaschinen wie Vervielfältiger u. Offset-Druckmaschinen, sowie Adressier-, Frankier- od. Briefmarkenentwertungsmaschinen.
b) Ausgenommen Photokopiergeräte (Kl. 16-03).

18-03 Drucklettern und Drucktypen

18-04 Buchbindemaschinen, Druckerei-Heftmaschinen, Papierschneidemaschinen
Einschl. Maschinen und Vorrichtungen zum Schneiden von Papier, in der Art von Papierstapelschneidemaschinen.

18-99 Verschiedenes

19 Papier- und Büroartikel, Künstler- und Lehrmittelbedarf

19-01 Schreibpapier, Karten für Schriftwechsel und Anzeigen
Umfaßt im weitesten Sinne sämtliche Papierarten zum Schreiben, Zeichnen, Malen, Drucken, z. B. Pauspapier, Kohlepapier, Zeitungspapier und Briefumschläge, Glückwunschkarten, illustrierte Postkarten, auch solche mit Tonaufzeichnung.

19-02 Büroartikel
a) Einschl. Geräte für den Kassendienst wie Zählbrett für Kleingeld.
b) Gewisse Büroartikel werden in andere Unterklassen oder Klassen eingeordnet, z. B. Büromöbel in Kl. 06, Büromaschinen und -apparate in

III. Anhang 8

die Klassen 14-02, 16-03, 18-01, 18-02, 18-04, Schreibwaren in Kl. 19-01 oder 19-06.

19-03 Kalender
Ausgenommen Terminkalender und Agenden (Kl. 19-04).

19-04 Bücher, Hefte und äußerlich ähnlich aussehende Gegenstände
Einschl. Buchumschläge, Bucheinbände, Alben, Terminkalender, Agenden und ähnliche Gegenstände.

19-05 (offen)

19-06 Material und Geräte zum Schreiben mit der Hand, zum Zeichnen, zum Malen, zum Gravieren, für die Bildhauerei oder für andere künstlerische Techniken
Ausgenommen Pinsel (Kl. 04-04), Zeichentische und die an diesen Tischen befestigten Apparate (Kl. 06-03) sowie Schreibpapier (Kl. 19-01).

19-07 Lehrmittel
a) Einschl. geographischer Karten aller Art, Globen und Planetarien.
b) Ausgenommen Apparate für den audiovisuellen Unterricht (Kl. 14-01).

19-08 Andere Drucksachen
Einschl. Reklamedruckschriften.

19-99 Verschiedenes

20 Verkaufs- und Werbeausrüstungen, Schilder

20-01 Verkaufsautomaten

20-02 Ausstellungs- und Verkaufsmaterial
Ausgenommen Einrichtungsgegenstände (Kl. 06).

20-03 Schilder, Reklamevorrichtungen
a) Einschl. Aushängeschilder, Vorrichtungen für Leuchtreklamen und beweglicher Reklamevorrichtungen.
b) Ausgenommen Verpackungen (Kl. 09) und Signalvorrichtungen (Kl. 10-06).

20-99 Verschiedenes

21 Spiele, Spielzeug, Zelte und Sportartikel

21-01 Spiele und Spielzeug
a) Einschl. Kleinmodelle.
b) Ausgenommen Spielzeuge für Tiere (Kl. 30-99).

21-02 Turn- oder Sportgeräte und -artikel
a) Umfaßt die zur Ausübung von verschiedenen Sportarten notwendigen Geräte und Ausrüstungen, die normalerweise keinen anderen Verwendungszweck haben, wie Fußbälle, Skier und Tennisschläger, mit Aus-

nahme von Gegenständen, die unter anderem auch zur Ausübung irgendeiner Sportart verwendet werden können.
b) Einschließlich Trainingsapparate, Geräte und Ausrüstungen, die für die Ausübung von Spielen im Freien erforderlich sind, jedoch mit Ausnahme des unter Buchst. a) erwähnten Vorbehalts.
c) Ausgenommen Sportbekleidung (Kl. 20), Rodel- und andere Schlitten (Kl. 12-14).

21-03 Andere Vergnügungs- u. Unterhaltungsartikel
a) Einschl. Jahrmarktvergnügungseinrichtungen und Glücksspielautomaten.
b) Ausgenommen Spiele und Spielzeug (Kl. 21-01) und die anderen in die Klassen 21-01 oder 21-02 einzuordnenden Artikel.

21-04 Zelte und Zubehör
a) Einschl. Zeltpflöcke, Heringe und gleichartigen Zubehörs.
b) Ausgenommen andere Campingartikel, die je nach Beschaffenheit in verschiedene andere Klassen einzuordnen sind, insbesondere Sitzmöbel (Kl. 06-01), Tische (Kl. 06-03), Teller (Kl. 07-01) und Wohnwagen (Kl. 12-10).

21-99 Verschiedenes

22 Waffen, Feuerwerksartikel, Artikel für die Jagd, den Fischfang oder zur Schädlingsbekämpfung

22-01 Schußwaffen

22-02 Andere Waffen

22-03 Munition, Zünder und Feuerwerksartikel

22-04 Schießscheiben und Zubehör
Einschl. Spezialvorrichtungen zum Bewegen einer Schießscheibe.

22-05 Jagd- und Fischereiartikel
Ausgenommen Bekleidung (Kl. 2) und Waffen (Kl. 22-01 oder 22-02).

22-06 Fallen, Artikel zur Schädlingsbekämpfung

22-99 Verschiedenes

23 Einrichtungen zur Verteilung von Flüssigkeiten, sanitäre Anlagen, Heizungs-, Lüftungs- u. Klimaanlagen, feste Brennstoffe

23-01 Einrichtungen zur Verteilung von Flüssigkeiten
Einschl. Armaturen und Rohrleitungen.

23-02 Sanitäre Anlagen
a) Einschl. Badewannen, Duschen, Waschbecken, Saunas, Wasserklosetts und sanitärer Installationseinheiten.
b) Ausgenommen Armaturen und Rohrleitungen (Kl. 23-01).

III. Anhang 8

23-03 **Heizungsausrüstungen**

23-04 **Lüftungs- und Klimaanlagen**

23-05 **Feste Brennstoffe**

23-99 **Verschiedenes**

24 **Medizinische- und Labor-Ausrüstungen**
Unter „medizinische Ausrüstungen" sind auch chirurgische, zahnärztliche und tierärztliche Ausrüstungen zu verstehen.

24-01 **Ortsfeste Apparate und Einrichtungen für Ärzte, Krankenhäuser und Laboratorien**

24-02 **Medizinische Instrumente, Laborinstrumente und -geräte**
Betrifft nur Handinstrumente.

24-03 **Prothesen**

24-04 **Verband- und Bandagenartikel, Artikel für die ärztliche Behandlung**

24-99 **Verschiedenes**

25 **Bauten und Bauelemente**

25-01 **Baumaterialien**
Einschl. Backsteine, Balken, profilierte Bauelemente, Dachziegel, Schiefer, Bauplatten.

25-02 **Vorgefertigte oder zusammengesetzte Bauteile**
a) Einschl. Fenster, Türen, Rolläden, Wände und Gitter.
b) Ausgenommen Treppen (Kl. 25-04).

25-03 **Häuser, Garagen und andere Bauten**

25-04 **Treppen, Leitern und Gerüste**

25-99 **Verschiedenes**

26 **Beleuchtungsapparate**

26-01 **Kerzenleuchter, Kerzenständer**

26-02 **Fackeln, tragbare Lampen und Laternen**

26-03 **Apparate für die öffentliche Beleuchtung**
Einschl. Außenbeleuchtung, Theaterbeleuchtung und Scheinwerfer.

26-04 **Elektrische und andere Lichtquellen**
Einschl. elektrischer Glühbirnen, Leuchtplatten und -röhren und Kerzen.

Einteilung der Warenklassen für Geschmacksmuster

26-05 Lampen, Stehlampen, Kronleuchter, Wand- und Deckenlampen, Lampenschirme, Reflektoren, Lampen für Photo- und Kinoscheinwerfer

26-06 Beleuchtungseinrichtungen für Fahrzeuge

26-99 Verschiedenes

27 Tabakwaren und Raucherartikel

27-01 Tabakwaren, Zigarren und Zigaretten

27-02 Pfeifen, Zigarren- und Zigarettenspitzen

27-03 Aschenbecher

27-04 Streichhölzer (Zündhölzer)

27-05 Feuerzeuge

27-06 Zigarren- und Zigarettenetuis, Schnupftabakdosen und Tabakbehälter
Ausgenommen Verpackungen (Kl. 09).

27-99 Verschiedenes

28 Pharmazeutische oder kosmetische Erzeugnisse, Toilettenartikel und -ausrüstungen

28-01 Pharmazeutische Erzeugnisse
a) Einschl. solcher für Tiere.
b) Ausgenommen Verband- und Bandagenartikel (Kl. 24-04).

28-02 Kosmetische Erzeugnisse
Einschl. solcher für Tiere.

28-03 Toilettenartikel und Geräte für die Schönheitspflege
a) Einschl. Rasier-, Massage-, Haarentfernungs- und Frisierapparate.
b) Ausgenommen Bürsten und Pinsel für die Körper- und Schönheitspflege (Kl. 04-02) sowie Artikel und Ausrüstungen für das Halten und Pflegen von Tieren (Kl. 30-99).

28-04 Falsche Haare, Bärte und Schnurrbärte

28-99 Verschiedenes

29 Vorrichtungen und Ausrüstungen gegen Feuer, zur Unfallverhütung oder Rettung

29-01 Vorrichtungen und Ausrüstungen gegen Feuer
a) Einschl. Feuerlöscher.
b) Ausgenommen Feuerwehrfahrzeuge (Kl. 12-13) sowie Feuerwehrschläuche und Strahlrohre für Feuerlöschzwecke (Kl. 23-01).

III. Anhang 8

29-02 Vorrichtungen und Ausrüstungen zur Unfallverhütung oder Rettung, soweit sie nicht in anderen Klassen enthalten sind
a) Einschl. solcher Vorrichtungen und Ausrüstungen für Tiere.
b) Ausgenommen Helme (Kl. 02-03) sowie Unfallschutzbekleidung (Kl. 02-02, 02-04, 02-06).

29-99 Verschiedenes

30 Artikel für das Halten und Pflegen von Tieren

Ausgenommen Futtermittel (Kl. 01) sowie pharmazeutische und kosmetische Erzeugnisse für Tiere (Kl. 28-01 oder 28-02).

30-01 Bekleidung für Tiere

30-02 Gehege, Käfige, Hundehütten und gleichartige Unterkünfte
Ausgenommen Bauten (Kl. 25)

30-03 Vorrichtungen zum Füttern und Tränken

30-04 Sattlerwaren
Einschl. Halsbänder für Tiere.

30-05 Peitschen und Stöcke zum Antreiben

30-06 Lagerstätten und Nester

30-07 Sitzstangen und anderes Zubehör für Käfige

30-08 Geräte zum Kennzeichnen, Erkennungsmarken und Fesseln

30-09 Pfähle zum Anbinden

30-99 Verschiedenes

31 Maschinen und Apparate für die Zubereitung von Nahrung oder Getränken, soweit sie nicht in anderen Klassen enthalten sind

Ausgenommen Handgeräte, Handinstrumente und Handapparate (auch wenn sie motorbetrieben sind), die zur Zubereitung von Nahrung oder Getränken dienen.

31-00 Maschinen und Apparate für die Zubereitung von Nahrung oder Getränken, soweit sie nicht in anderen Klassen enthalten sind.

99 Verschiedenes

Umfaßt alle in den vorangehenden Klassen nicht enthaltenen Erzeugnisse.

99-00 Verschiedenes

Anhang 9

Begründung zum Entwurf eines Gesetzes zur Änderung des Geschmacksmustergesetzes (BT-Drucksache 10/5346)

Allgemeiner Teil

A. Ziel des Entwurfs

Ziel des Entwurfs ist es, das Geschmacksmustergesetz vom 11. Januar 1876 ohne wesentliche materiellrechtliche Änderung den heutigen wirtschaftlichen Erfordernissen so anzupassen, daß es zu einem brauchbaren Instrument für den Schutz der unter Mühe und Zeitaufwand geschaffenen neuen Formgestaltungen gegen die ständig wachsende Zahl unberechtigter – oft minderwertiger – Nachbildungen wird.

I. Der Entwurf sieht folgende zur Verbesserung des Geschmacksmusterschutzes vordringlich notwendige Änderung des Hinterlegungsverfahrens vor:

 1. Das Verfahren in Geschmacksmustersachen soll an den Standard moderner Geschmacksmustergesetze in anderen Ländern angeglichen werden.

 2. Die Hinterlegung der Geschmacksmuster soll beim Deutschen Patentamt zentralisiert werden. Damit sollen vor allem die Schwierigkeiten beseitigt werden, die sich aus der bisherigen dezentralen Führung des Musterregisters bei den Amtsgerichten ergeben.

 Durch die vorgesehene Schaffung einer zentralen Behörde für Geschmacksmustersachen soll eine Verbesserung der Aussagekraft des Musterregisters erreicht und im Zusammenhang mit weiteren Änderungen, insbesondere durch die Bekanntmachung einer Abbildung des Musters oder Modells, ein Beitrag zur Bekämpfung der immer stärker um sich greifenden Nachahmung geschützter Muster und Modelle, einer der wesentlichen Formen der Produktpiraterie, geleistet werden.

 3. Schließlich strebt der Entwurf eine Vereinfachung des Verwaltungsverfahrens an. Auch dafür bietet die Zentralisierung der Geschmacksmusteranmeldungen beim Deutschen Patentamt die notwendige Voraussetzung.

II. Einer völligen Neuregelung des seit 1876 im wesentlichen unverändert fortgeltenden Geschmacksmusterrechts stehen gegenwärtig Schwierigkeiten entgegen, die sich hauptsächlich aus Meinungsverschiedenheiten über die Ausgestaltung des materiellrechtlichen Musterschutzes ergeben.

1. Weder national noch international erscheint die grundsätzliche Frage hinreichend geklärt, ob das seiner Rechtsnatur nach in eine Mittelstellung zwischen die gewerblichen Schutzrechte und das Urheberrecht einzuordnende Geschmacksmusterrecht mehr in Anlehnung an das Urheberrecht ausgestaltet werden (urheberrechtliche Lösung) oder Züge des patentrechtlichen Erteilungsverfahrens (patentrechtliche Lösung) übernehmen soll. Eine rein urheberrechtliche Lösung ließe für subjektiv neue und eigentümliche Schöpfungen gewerblicher Erzeugnisse durch den rechtsgestaltenden Akt der Anmeldung und Niederlegung nur einen Nachbildungsschutz entstehen, während eine patentrechtliche Lösung für objektiv neue Gestaltungen Schutz gegen jede Herstellung und Verbreitung identischer Erzeugnisse gewähren würde und diesen Schutz durch hoheitlichen Erteilungsakt entstehen ließe. Zwischen diesen beiden Extremen können zahlreiche Zwischenlösungen in Erwägung gezogen werden.

   Die Suche nach der besten Lösung für die Ausgestaltung des materiellen Geschmacksmusterrechts hat zu mehreren Entwürfen aus dem Kreis der Wirtschaft geführt, von denen jedoch keine die uneingschränkte Zustimmung aller beteiligten Kreise gefunden hat. Zu erwähnen sind insbesondere die Entwürfe der Akademie für Deutsches Recht von 1940 (Gewerblicher Rechtsschutz und Urheberrecht – GRUR – 1940 S. 243ff.), des Bundesverbands der Deutschen Industrie von 1967 (nicht veröffentlicht) und der Deutschen Vereinigung für gewerblichen Rechtsschutz und Urheberrecht von 1978 (GRUR 1978 S. 30).*

2. Eine vom Max-Planck-Institut für ausländisches und internationales Patent-, Urheber- und Wettbewerbsrecht im Jahr 1972 durchgeführte Fragebogenaktion hat ergeben, daß innerhalb der Wirtschaft eine eindeutige Neigung zu der einen oder anderen Lösung der Frage der Ausgestaltung des materiellen Geschmacksmusterrechts nicht feststellbar ist. Die einfachere und damit auch billigere urheberrechtliche Lösung mit Nachbildungsschutz wird von der Textil- und Schmuckwarenindustrie und anderen Industriezweigen bevorzugt, bei denen ein häufigerer Wechsel der Formen die Regel ist. Industriezweige, bei denen eine neue Formgestaltung mit erheblichem Kostenaufwand für einen längeren Zeitraum geschaffen wird – z.B. in der Elektrotechnik, der Chemie und der Eisen- und Metallverarbeitung –, wünschen dagegen vielfach einen patentrechtlich ausgestalteten Schutz mit Sperrwirkung. Die unterschiedlichen Anforderungen der Wirtschaft an den Geschmacksmusterschutz haben zu Vorschlägen für eine Doppelregelung mit Wahlmöglichkeit für den Anmelder geführt (vgl. hierzu Brigitte Englert, Grundzüge des Rechtsschutzes der industriellen Formgebung, Schriftenreihe zum gewerblichen Rechtsschutz Bd. 45, Köln-Berlin-München 1978, S. 105).

---

* Vgl. Anhang Nr. 21.

3. Es läßt sich schließlich auch noch nicht absehen, ob und gegebenenfalls mit welchem Inhalt im Rahmen der EG-Rechtsvereinheitlichung ein Geschmacksmusterrecht der Gemeinschaft geschaffen wird. Einer solchen Regelung sollte keinesfalls vorgegriffen werden.[*]

4. Aus diesen Gründen erscheint es folgerichtig, die Neuregelung des materiellen Geschmacksmusterrechts zunächst zurückzustellen. Die durch die Rechtsprechung – insbesondere durch das Urteil des Bundesgerichtshofs vom 8. Mai 1968 – „Rüschenhaube" – (BGHZ Bd. 50, S. 340 = GRUR 1969, S. 90) – herbeigeführte Klarstellung verschiedener Zweifelsfragen bietet bis zu diesem Zeitpunkt eine ausreichende Grundlage für die Beibehaltung der materiellrechtlichen Regelung im geltenden Recht. Der Entwurf sieht deshalb nur solche Änderungen vor, die vordringlich sind und deren Vorabeinführung ohne weitere Erörterungen der Grundsatzfragen möglich erscheint.

B. Grundsätze des Entwurfs

I. Zentrale Hinterlegung

Hauptgegenstand des Entwurfs ist die Einführung einer zentralen Hinterlegung. Die Amtsgerichte, die bisher das Geschmacksmusterregister geführt haben, sollen diese Zuständigkeit an das Deutsche Patentamt, die für die sonstigen gewerblichen Schutzrechte zuständige obere Bundesbehörde, abgeben. Nur diese Zentralisierung der Hinterlegung und des Registers entspricht voll der bundesweiten Bedeutung des Geschmacksmusterschutzes.

Die Zentralisierung der Geschmacksmusterhinterlegung verfolgt – über eine erstrebte Verwaltungsvereinfachung hinaus – vor allem den Zweck, der Wirtschaft, insbesondere den mittleren und kleinen Unternehmen, durch eine Verbesserung der Aussagekraft des Musterregisters die Möglichkeit zu geschützten Formen zu verschaffen und Musterrecherchen vorzunehmen.

1. Ein Hauptmangel der gegenwärtigen dezentralen Führung des Musterregisters und der dezentralen Niederlegung der Muster und Modelle besteht darin, daß es für die formgestaltende Industrie praktisch unmöglich ist, sich über den aktuellen Stand des Bestands an geschützten Formen zu unterrichten. Sie wäre gezwungen, Ermittlungen bei einer Vielzahl von Amtsgerichten anzustellen; diese zahlreichen Ermittlungen würden überdies dadurch erschwert, daß für die geschützten Muster und Modelle weder eine die Recherche erleichternde systematische Ordnung nach Warenarten besteht noch ein optischer Eindruck durch Veröffentlichungen einer Abbildung vermittelt wird.

Die einzelnen Unternehmen sind daher gezwungen, sich aufgrund eigener Marktbeobachtung selbst eine Dokumentation des für ihren eigenen Interes-

---

[*] Vgl. Einführung, Nr. 22.

III. Anhang 9

senbereich einschlägigen Musterbestands zu schaffen. Die hierfür erforderlichen aufwendigen Einrichtungen sind im allgemeinen nur für größere Unternehmen wirtschaftlich tragbar. Die Zentralisierung hat daher insbesondere zum Ziel, den kleinen und mittleren Unternehmen, die sich eine eigene Dokumentation des Bestands an geschützten Formen nicht leisten können, die Unterrichtung über die im Musterregister eingetragenen Muster und Modelle zu ermöglichen, die aufgrund der − widerlegbaren − Vermutung in § 13 des Geschmacksmustergesetzes als geschützte Muster oder Modelle anzusehen sind.

Darüber hinaus soll die Zentralisierung auch die größeren Unternehmen von der Notwendigkeit befreien durch eine zusätzliche Dokumentation des Formenbestands diejenigen Funktionen zu ersetzen, zu deren Erfüllung das amtliche Musterregister eigentlich dienen sollte.

Schließlich soll die Zentralisierung auch dem Importhandel dienen. Es muß als wesentlicher Mangel angesehen werden, daß Warenimporteure wegen der dezentralen Registerführung das Vorhandensein eines dem Import entgegenstehenden geschützten Musters oder Modells praktisch nicht feststellen können.

2. Durch die Zentralisierung kann darüber hinaus eine wesentliche Verwaltungsvereinfachung erzielt werden, die der Wirtschaft insgesamt, vor allem dem Anmelder oder Inhaber eines Geschmacksmusters zugute kommt. Die größere Zahl der bei einer zentralen Registerbehörde zu bearbeitenden Geschmacksmusteranmeldungen ermöglicht überdies Rationalisierungsmaßnahmen durch den Einsatz moderner Hilfsmittel der Verwaltung. Hierdurch kann eine schnellere Bearbeitung und ein besserer Überblick über den Stand an neuen Formgebungen erreicht werden.

3. Der Gesetzgeber von 1876 ist bei seiner Entscheidung für die dezentrale Registerführung u. a. auch von dem Vorteil ausgegangen, den die räumliche Nähe der Hinterlegungsstelle zum Sitz des Anmelders bietet. Dies war insbesondere im Zusammenhang mit der körperlichen Niederlegung der Muster oder Modelle bei der Hinterlegungsstelle zu sehen. Dieser Gesichtspunkt kann nunmehr zurücktreten:

   a) Nach dem Entwurf soll das Muster oder Modell in der Regel nicht mehr in Form eines Erzeugnisses niedergelegt, sondern durch Fotos, Zeichnungen, Drucke und gegebenenfalls durch flächenmäßige, also raumsparende Erzeugnisse dargestellt werden. Diese Darstellung macht eine Übersendung der Geschmacksmusteranmeldung durch die Post möglich und eine persönliche Abgabe von gegebenenfalls schweren, großen oder sperrigen Erzeugnissen bei der Hinterlegungsstelle überflüssig. Die vorgesehene Bekanntmachung unter Veröffentlichung einer Abbildung der Darstellung des Musters oder Modells in einem Geschmacksmusterblatt wird überdies die bisher notwendige Einsichtnahme in das niedergelegte Muster oder Modell in weitem Umfang entbehrlich machen. Schließlich wird vielfach eine unmittelbare Besichtigung des Musters oder Modells durch

Begründung des Gesetzgebers

den Bezug einer Reproduktion der als Vorbild hinterlegten bildlichen Darstellung ersetzt werden können.

b) Auch die Einrichtung dezentraler Annahmestellen für Geschmacksmusteranmeldungen wird unter diesen Umständen nicht für erforderlich gehalten. Sie würde einen hohen Verwaltungsaufwand erfordern, der in keinem Verhältnis zu dem zunehmend geringeren Nutzen der räumlichen Nähe der Annahmestelle zum Sitz des Anmelders stehen würde.

4. Innerhalb des Deutschen Patentamts soll die Dienststelle Berlin des Deutschen Patentamts zuständig sein. Schon gegenwärtig führt diese Dienststelle das Musterregister, soweit das Deutsche Patentamt für Geschmacksmusteranmeldungen aus dem Ausland nach § 4 des Fünften Gesetzes zur Überleitung und Änderung von Vorschriften auf dem Gebiet des gewerblichen Rechtsschutzes zuständig ist. Es bietet sich daher an, dieser Dienststelle künftig auch die Bearbeitung der inländischen Geschmacksmusteranmeldungen zuzuordnen. Dabei soll die bereits bestehende Möglichkeit, die Geschmacksmusteranmeldung sowohl bei der Dienststelle Berlin als auch beim Deutschen Patentamt in München einzureichen, beibehalten werden.

II. Klassifizierung

Das durch die Zentralisierung angestrebte Ziel, die Aussagekraft des Musterregisters zu verbessern, wird in dem erwünschten Umfang nur erreichbar sein, wenn die hinterlegten Geschmacksmuster nach der Warenart geordnet werden.

In der Geschmacksmusteranmeldung, im Musterregister und in der Bekanntmachung der Registereintragung sollen zu diesem Zweck die Warenklassen und -unterklassen angegeben werden, in die das dargestellte Erzeugnis einzuordnen ist. Hierzu kann die Klasseneinteilung nach dem Abkommen von Locarno zur Errichtung einer Internationalen Klassifikation für gewerbliche Muster und Modelle als Vorbild dienen.

Die Klassifizierung des Geschmacksmusters soll nur eine Ordnungsfunktion haben, um das Auffinden eingetragener Geschmacksmuster zu erleichtern, nicht jedoch den Schutz auf die angegebene Warenklasse beschränken. Es wird nicht verkannt, daß die auf eine Ordnungsfunktion beschränkte Klassifizierung gewisse Schwächen hat, weil sie die mögliche Verwendung eines für eine bestimmte Warenklasse eingetragenen Musters oder Modells für Warenarten aus anderen Klassen nicht ohne weiteres erkennen läßt. Trotzdem sieht der Entwurf im Hinblick auf sein Ziel, das Formgestaltungswesen zu fördern, davon ab, den bisher auf alle Warenarten erstreckten Geschmacksmusterschutz auf die in das Musterregister eingetragenen Warenklassen zu beschränken. Um Fehler bei der Klassenangabe zu vermeiden, soll das Patentamt die Klassenangabe nachprüfen und gegebenenfalls berichtigen.

III. Löschung

Dem Ziel des Entwurfs, die Aussagekraft des Musterregisters und damit die Voraussetzungen für eine Bekämpfung — insbesondere systematisch betriebener —

III. Anhang 9

unberechtigter Nachbildungen zu verbessern, soll auch die Einführung einer Löschung im Musterregister und die Eintragung von Veränderungen dienen.

1. Das Geschmacksmustergesetz sieht bisher aus folgenden Gründen keine Löschung der Eintragungen im Musterregister vor:

    Der Musterschutz entsteht außerhalb jeder Mitwirkung einer staatlichen Erteilungsbehörde durch den rechtsgestaltenden Akt der Anmeldung durch den Urheber. Auch der Fortbestand des mit der Anmeldung entstandenen Musterschutzes hängt allein von dem rechtsgestaltenden Willen des Inhabers des Geschmacksmusters ab. Der Gesetzgeber hat deshalb folgerichtig dem Musterregister nur die Bedeutung einer Beurkundung der rechtsgestaltenden Willenserklärung des Anmelders beigemessen. Aus dieser Sicht war die beurkundete Willenserklärung des Anmelders nicht falsch und daher auch nicht zu löschen, wenn etwa mangels Schutzvoraussetzungen oder mangels Anmeldeberechtigung das Schutzrecht überhaupt nicht entstanden oder wenn es später erloschen ist.

    In der Praxis hat sich jedoch der Ausschluß jeder Möglichkeit, das Nichtentstehen des Musterschutzes oder seinen späteren Wegfall im Musterregister zu vermerken, als schwerwiegender Nachteil erwiesen. Die u. a. auch hierdurch bedingte mangelnde Aussagekraft des Musterregisters ist neben anderen Gründen eine Ursache dafür, daß hinterlegte Geschmacksmuster zunehmend systematisch nachgeahmt werden.

2. Durch die Einführung der Löschung der Eintragung soll der Charakter des Musterregisters als Beurkundung der Willenserklärung des Anmelders nicht geändert werden. Die Löschung soll deshalb — abgesehen von der Löschung von Amts wegen (§ 10c Abs. 1 Nr. 1) — nur auf Antrag des Musterinhabers vorgenommen werden und nur den Charakter einer Beurkundung des Verzichts auf den Musterschutz erhalten. Für den Fall, daß dieser Antrag nicht freiwillig gestellt wird, soll jedermann die Möglichkeit erhalten, den Antrag durch die Vorlage eines auf die Einwilligung in die Löschung erkennenden rechtskräftigen Urteils zu ersetzen. Der im Entwurf vorgesehene Anspruch auf Einwilligung in die Löschung soll an die Stelle des schon seit jeher zulässigen negativen Feststellungsanspruchs treten.

3. Vorschläge, gegen die Eintragung in das Musterregister ein Widerspruchsverfahren beim Patentamt mit anschließendem Beschwerdeverfahren vor dem Patentgericht nebst Rechtsbeschwerdeverfahren vor dem Bundesgerichtshof einzuführen, hat der Entwurf nicht aufgegriffen.

    a) Ein solches Verfahren würde das Vorhandensein eines geeigneten Prüfstoffs zur Prüfung der Neuheit und Eigentümlichkeit sowie sachkundige Prüfer beim Deutschen Patentamt voraussetzen. Hieran fehlt es gegenwärtig als Folge der dezentralen Musterregisterführung.

    Auch ein auf Entgegenhaltungen durch einen Widersprechenden beschränktes Widerspruchsverfahren vor dem Patentamt würde das Löschungsverfahren vor den ordentlichen Gerichten gegenwärtig nicht in zufriedenstellender Weise ersetzen können.

b) Das Widerspruchsverfahren könnte im übrigen nur mit einem Geschmacksmusterschutz mit amtlicher Neuheitsprüfung und Sperrwirkung gegen jede identische Herstellung und Verbreitung sinnvoll kombiniert werden. Der Widerspruch ist seinem Rechtscharakter nach ein gegen einen behördlichen Akt gerichtetes Rechtsmittel. An einem solchen behördlichen Akt fehlt es jedoch im geltenden Geschmacksmusterrecht. Die Einwendungen Dritter gegen den Rechtsbestand eines Geschmacksmusters wenden sich nicht gegen einen behördlichen Erteilungsakt und nicht einmal gegen die Niederschrift der Erklärung des Anmelders im Musterregister, sondern gegen den rechtsgestaltenden Akt selbst, der sich außerhalb eines behördlichen Erteilungsverfahrens vollzieht. Es ist deshalb folgerichtig, im Streitfall die Nachprüfung der Wirksamkeit dieses in den Bereich des bürgerlichen Rechts fallenden rechtsgestaltenden Aktes — wie schon bisher — den ordentlichen Gerichten zu überlassen und der Löschung lediglich die Bedeutung einer Protokollierung der im gerichtlichen Verfahren erstrittenen Willenserklärung beizumessen.

IV. Hinterlegung einer bildlichen Darstellung

Das geltende Geschmacksmustergesetz sieht in erster Linie die Hinterlegung des Erzeugnisses vor, für das der Schutz in Anspruch genommen wird, gestattet jedoch alternativ die Hinterlegung einer Abbildung des Musters oder Modells. Der Entwurf sieht — hiervon abweichend — in erster Linie vor, der Anmeldung eine fotografische oder sonstige graphische Darstellung des Musters oder Modells beizufügen.

1. Fotografie und andere graphische Techniken machen es heute möglich, das Muster oder Modell mit allen seinen die Neuheit und Eigentümlichkeit kennzeichnenden Merkmalen so darzustellen, daß in der Regel auf die körperliche Niederlegung des Erzeugnisses selbst verzichtet werden kann. Hierdurch kann erheblicher Verwaltungsaufwand vermieden werden, weil die Vorhaltung von Aufbewahrungsräumen sowie die Pflege und Ordnung der hinterlegten Erzeugnisse weitgehend entfallen können.

2. Das Haager Musterabkommen in seiner jetzt geltenden Fassung von 1960 (BGBl. II 1962 S. 774) sieht bereits die Fotohinterlegung vor, und die Ausführungsordnung zum Haager Musterabkommen vom 1. Juni 1979 (BGBl. II 1982 S. 214) regelt die hierfür erforderlichen Formvoraussetzungen. Der Entwurf bezweckt durch die Vorschriften über die fotografischen oder sonstigen graphischen Darstellungen des Musters oder Modells eine Angleichung an die auch für die Bundesrepublik Deutschland geltenden internationalen Vorschriften für die Hinterlegung gewerblicher Muster und Modelle.

3. Die Kritik weist darauf hin, daß die Bildhinterlegung gewisse Ungenauigkeiten — insbesondere bei Farbwiedergabe — nicht in dem für einen wirksamen Geschmacksmusterschutz erforderlichen Maße ausschließen könne. Zwar wird die nach geltendem Recht mögliche Bildhinterlegung bereits jetzt in er-

III. Anhang 9

heblichem Umfang praktiziert, ohne daß solche Mängel bekanntgeworden sind. Trotzdem erscheint es nicht völlig ausgeschlossen, daß die fotografische und auch die − ebenso zulässige − zeichnerische Darstellung der ästhetischen Gestaltung einer Fläche gewisse den Geschmacksmusterschutz beeinträchtigende Ungenauigkeiten enthalten können.

Mit Rücksicht hierauf und auf die Fälle, in denen der Aufwand für die Herstellung einer besonderen Darstellung im Zeitpunkt der Anmeldung zu hoch erscheint (z. B. im Textilbereich), gestattet der Entwurf − an Stelle der Bilddarstellung −, die Darstellung durch das Erzeugnis selbst oder einen Teil davon in die Anmeldung aufzunehmen, für dessen Oberflächengestaltung der Musterschutz in Anspruch genommen wird. Da aus Raumgründen aber keine schweren, sperrigen oder voluminösen Erzeugnisse hinterlegt werden sollen, soll vorgeschrieben werden, daß das Erzeugnis flächenmäßig sein und den Abmessungen für die Fotodarstellung in Länge und Breite entsprechen muß. Aufgrund dieser notwendigen Einschränkung wird der Anmelder gegebenenfalls für die Zwecke der Geschmacksmusteranmeldung gesondert ein ebenes Muster der Oberflächengestaltung herstellen müssen. Dabei etwa auftretende Verzerrungen einer für eine gewölbte Form vorgesehene Oberflächengestaltung können in der zulässigen Beschreibung erläutert und richtiggestellt werden.

4. Soll der Musterschutz sowohl für eine Formgestaltung als auch für die Oberflächengestaltung in Anspruch genommen werden, so soll auch eine aus Bilddarstellung für die Formgestaltung und Erzeugnisdarstellung für die Oberflächengestaltung kombinierte Darstellung möglich sein.

V. Bildbekanntmachung

Nach geltendem Recht enthält die Bekanntmachung der Eintragung eines Geschmacksmusters im Musterregister keine Abbildung des hinterlegten Musters oder Modells und auch keine Klassifizierung, sondern nur die Angabe des Hinterlegers und eine allgemeine Angabe der Warenart des hinterlegten Gegenstands. Diese Form der Bekanntmachung ist für den Schutz des hinterlegten Musters oder Modells gegen unberechtigte Nachbildungen ungeeignet, weil sie jedem Nachbilder die Möglichkeit bietet, sich darauf zu berufen, das Muster oder Modell selbst nicht gekannt zu haben. Diesem Mangel, der der Produktpiraterie in erheblichem Umfang Vorschub leistet, soll durch die Einführung der Bekanntmachung mit einer Abbildung abgeholfen werden. Eine solche Bildbekanntmachung ist im Haager Musterabkommen von 1960 vorgesehen, ohne daß sich bisher erkennbare Nachteile ergeben hätten. Sie wird außerdem in einer Reihe von Ländern mit modernen Geschmacksmustergesetzen (z. B. USA, Benelux) praktiziert.

1. Der Allgemeinheit soll durch die Bekanntmachung einer Abbildung ein unmittelbarer Eindruck von dem geschützten Muster oder Modell vermittelt werden. Jedoch soll nicht die bekanntgemachte Abbildung, sondern nur das Original der mit der Anmeldung eingereichten Darstellung für den Schutzumfang des Musters oder Modells maßgeblich sein. Diese Einschränkung gestattet es, an den Umfang und die Qualität der Veröffentlichung der Ab-

bildung geringere Anforderungen zu stellen als an die der Anmeldung als Vorbild beizufügende Darstellung des Musters oder Modells.

2. Die durch die Bildbekanntmachung eintretende größere Publizität der geschützten Muster und Modelle gibt keinen Anlaß zu der verschiedentlich geäußerten Befürchtung, sie werde den Produktpiraten als Bildkatalog für systematische Nachbildungen dienen können. Produktpiraten orientieren sich erfahrungsgemäß an der Marktlage und nicht an Abbildungen, die keinen Hinweis darauf geben, ob eine darauf beruhende Nachbildung überhaupt absetzbar ist.

   Im übrigen wird davon auszugehen sein, daß die bekanntgemachte Abbildung als allgemein bekannt gelten kann. Damit wird den Produktpiraten gerade die Möglichkeit genommen, sich auf das Nichtbekanntsein des geschützten Vorbilds zu berufen. Die im Entwurf vorgesehene Publikation einer Abbildung wird eher eine abschreckende Wirkung ausüben und damit die Wirksamkeit des Geschmacksmusterschutzes verbessern. Schließlich ist darauf hinzuweisen, daß Offenlegungen und Bekanntmachungen auch sonst im Bereich des gewerblichen Rechtsschutzes vorgesehen sind (§ 32 PatG, § 3 Abs. 3 GebrMG, § 5 WZG).

3. Die Bildbekanntmachung ist insbesondere für den redlichen Hersteller und Händler eine wichtige Informationsquelle. Sie versetzt ihn in die Lage, sich einen Überblick über den Bestand an geschützten Formen zu verschaffen und sich gegebenenfalls um eine Lizenz des Inhabers zur Herstellung oder Verbreitung von Erzeugnissen nach dem Vorbild des geschützten Musters oder Modells zu bemühen oder beim Einkauf von Waren auf andere Formen auszuweichen. Hierdurch wird erreicht, daß Produktpiraten bei redlichen Geschäftsleuten ihre Nachbildungen schwerer absetzen können.

4. Die Bildbekanntmachung bei gleichzeitiger Zentralisierung des Registers trägt insbesondere dazu bei, die prozessuale Stellung des Inhabers eines eingetragenen und bekanntgemachten Geschmacksmusters im Verletzungsprozeß zu verbessern. Die fehlende Bildbekanntmachung und die dezentrale Registerführung bei einer Vielzahl von Hinterlegungsstellen erschweren gegenwärtig den Nachweis, daß der Nachbilder Kenntnis von dem geschützten Muster oder Modell gehabt hat. Auch die Beweislastumkehr, die die Rechtsprechung durch die Vermutung der Nachbildung bei Identität angenommen hat, führt nicht in allen Fällen zu einer Beseitigung der für den Verletzten bestehenden Beweisschwierigkeiten. Die öffentliche Bekanntmachung einer Abbildung des Musters oder Modells durch eine zentrale Registerbehörde soll in Zukunft den Einwand, die geschützte Form nicht gekannt zu haben, weitestgehend ausschließen.

VI. Weitere Änderungen

Der Entwurf sieht darüber hinaus einige weitere Änderungen vor:

1. Er kommt der seit langem erhobenen Forderung nach einer Neuregelung der Schutzdauer und ihrer Verlängerung nach.

III. Anhang 9

Die in § 8 des geltenden Geschmacksmustergesetzes vorgesehenen Verlängerungsmöglichkeiten sind unübersichtlich und haben zu zahlreichen vermeidbaren Rechtsstreitigkeiten geführt. Im Zusammenhang mit der Neuregelung der Verlängerungsregelung soll die Gesamtschutzdauer von bisher 15 Jahren auf 20 Jahre erhöht werden, nachdem sich hierfür in der auf Musterschutz angewiesenen Industrie ein Bedürfnis ergeben hat.

2. Die Beschränkung des Geschmacksmusterschutzes entweder auf Flächen- oder auf körperliche Erzeugnisse soll beseitigt werden, weil sie sich in der Praxis nicht bewährt und ihre ursprüngliche Bedeutung einer Beschränkung des Schutzbereichs aufgrund der Rechtsprechung weitgehend verloren hat.

3. Zweifelsfragen hinsichtlich der Einsicht in die durch die Anmeldung entstandenen Akten sollen durch eine Neuregelung der Akteneinsicht beseitigt werden.

4. Der Entwurf sieht ferner, weil sich hierfür ein praktisches Bedürfnis herausgestellt hat, die Einführung einer Neuheitsschonfrist sowie außerdem die ausdrückliche Regelung der Inanspruchnahme einer früheren ausländischen Priorität vor.

5. Dem Wunsch der Landesjustizverwaltung entsprechend soll im Hinblick auf die in Geschmacksmusterstreitsachen verstärkt notwendige besondere Erfahrung der Richter eine streitwertunabhängige Zuständigkeit der Landgerichte und eine Ermächtigung der Landesregierung zur Konzentration der Geschmacksmusterstreitsachen bei bestimmten Landgerichten vorgesehen werden.

6. Schließlich soll § 16 des Geschmacksmustergesetzes, der durch die Pariser Verbandsübereinkunft zum Schutz des gewerblichen Eigentums weitgehend überholt ist, durch eine dem modernen Rechtsdenken besser entsprechende Vorschrift über die Inlandsvertretung für Anmelder aus dem Ausland ersetzt werden.

C. Finanzielle Auswirkungen

Da in Geschmacksmustersachen bisher nur statistische Aufzeichnungen verfügbar sind, die den Anforderungen an eine exakte Ermittlung der finanziellen Auswirkungen nicht genügen, und da außerdem die Reaktion der Geschmacksmusteranmelder auf die neuen Vorschriften nicht vorhersehbar ist, mußten den Ermittlungen der finanziellen Auswirkungen zum Teil Schätzungen zugrunde gelegt werden, die Fehlerquoten nicht ausschließen können.

I. Auswirkungen auf den Bundeshaushalt

1. Als Folge der Zusammenführung der Anmeldung und Registereintragung von Geschmacksmustern beim Deutschen Patentamt werden für den Bundeshaushalt einmalige Aufwendungen in Höhe von 1,66 Mio. DM entstehen.

Begründung des Gesetzgebers

Diese setzen sich aus 1,5 Mio. DM für die Erstausstattung der EDV-Anlage des Patentamts zum Einsatz in Geschmacksmustersachen und rund 160 000 DM für die Erweiterung des Telefonnetzes sowie für die Beschaffung und Einrichtung der erforderlichen Büroräume zusammen.

Die nach einer Anlaufphase entstehenden laufenden Aufwendungen werden auf jährlich rund 2,6 Mio. DM geschätzt. Sie setzen sich zusammen aus:

Personalkosten (Besoldungsniveau von 1985) in Höhe von rund	1 795 000 DM
und Sachkosten in Höhe von rund	790 000 DM
insgesamt	2 585 000 DM

a) Zu den Personalkosten ist folgendes zu bemerken:

Aufgrund der im Entwurf vorgesehenen Zentralisierung der Geschmacksmusteranmeldung beim Deutschen Patentamt und der daraus folgenden Verfahrensabläufe ist ein Arbeitsaufwand ermittelt worden, der der Arbeitskraft von 26 Bediensteten entspricht. Diese Stellen werden beim Inkrafttreten des Änderungsgesetzes zum Geschmacksmustergesetz, etwa eineinhalb Jahre nach der Verabschiedung durch die gesetzgebenden Körperschaften (vgl. die Begründung zu Artikel 7), also voraussichtlich ab Juli 1988, überwiegend vorhanden und besetzt sein müssen; denn bereits im ersten Jahr nach dem Inkrafttreten wird die Gesamtzahl von etwa 11 000 Geschmacksmusteranmeldungen mit insgesamt etwa 66 000 Mustern und Modellen – ohne eine Überleitungsphase – bearbeitet werden müssen.

b) Die laufenden Sachkosten von 790 000 DM ergeben sich im wesentlichen aus Mietkosten für EDV-Hard- und -Software (430 000 DM), aus Datenfernübertragungskosten (55 000 DM) und Verbrauchsmaterial (130 000 DM).

2. Die im Entwurf vorgesehenen Gebühren sind so bemessen, daß die Einnahmen die jährlichen Ausgaben in vollem Umfang decken werden. Darüber hinaus werden sie innerhalb eines Zeitraums von mehreren Jahren auch die einmaligen Sachaufwendungen von 1,66 Mio. DM, die durch die Bestimmung des Deutschen Patentamts als zentrale Stelle für Geschmacksmustersachen erforderlich sind, abdecken können.

Eine zusätzliche Belastung des Bundeshaushalts ist daher nicht zu erwarten.

II. Auswirkungen auf die Bundesländer

Die Bundesländer werden die Einnahmen an Gebühren nach der Vorschrift des § 82 der Kostenordnung verlieren. Es kann jedoch davon ausgegangen werden, daß der Einnahmeausfall durch Einsparung von Verwaltungsaufwand, der durch die Registerführung bei den Amtsgerichten entsteht, ausgeglichen und insbesondere das zur Führung des Musterregisters eingesetzte Personal anderweitig eingesetzt oder eingespart werden kann.

III. Anhang 9

III. Auswirkungen auf die Wirtschaft

1. Die Neuordnung der Registerführung macht es erforderlich, auch die Gebühren in Geschmacksmustersachen neu zu regeln. Dabei läßt sich eine Erhöhung der Gebühren nicht vermeiden. Bereits in Artikel 2 Nr. 9 des Regierungsentwurfs eines Gesetzes zur Änderung von Kostengesetzen (Drucksache des Bundesrates 597/85) ist eine Anhebung der bisher in § 82 der Kostenordnung geregelten Geschmacksmustergebühren vorgesehen. Sie stehen damit aber nach wie vor nicht in einem angemessenen Verhältnis zu dem Wert, den ein Ausschließungsrecht, wie es das Geschmacksmuster begründet, seinem Inhaber verschafft.

   Hinzu kommt, daß durch die Hauptziele des Entwurfs, nämlich die Zusammenfassung der Anmeldung und Registrierung beim Deutschen Patentamt und die Bekanntmachung einer Abbildung der Darstellung des Musters oder Modells, die Schutzwirkung des Geschmacksmusters verbessert und damit der Geschmacksmusterschutz attraktiver gemacht wird. Die mit dieser Verbesserung verbundenen Kosten müssen von den Anmeldern anteilmäßig getragen werden.

   Der Entwurf sieht deshalb eine durchschnittliche Erhöhung der Gebühren des § 82 der Kostenordnung i.d.F. des Regierungsentwurfs eines Gesetzes zur Änderung von Kostengesetzen um etwa ein Drittel vor. Diese Kostenerhöhung ist nahezu ausschließlich durch die vorgesehene Zentralisierung und die Bekanntmachung einer Abbildung des eingetragenen Musters oder Modells bedingt, ohne die die Verbesserung der Aussagekraft des Musterregisters — das zentrale Ziel des Entwurfs — nicht erreicht werden könnte.

2. Der Entwurf bietet folgende Möglichkeiten an, um die notwendige Erhöhung der Geschmacksmustergebühren für die Wirtschaft erträglich zu gestalten.

   a) Der Schutzbereich eines Geschmacksmusters soll durch die mit der Anmeldung eingereichte Darstellung und nicht durch die bekanntgemachte Abbildung bestimmt werden. Der Bekanntmachung einer Abbildung soll also nur die Aufgabe zukommen, der Öffentlichkeit einen allgemeinen Eindruck von den die Neuheit und Eigentümlichkeit bestimmenden Merkmalen des geschützten Musters oder Modells zu vermitteln, um sie in die Lage zu versetzen, sich im Zweifelsfall durch Einsichtnahme in die der Anmeldung beigefügte Darstellung oder durch Bezug einer Reproduktion der Darstellung über den Schutzbereich des Musters oder Modells zu vergewissern. Aus diesen Gründen können an Umfang und Qualität der bekanntgemachten Abbildung im Interesse einer Senkung der Bekanntmachungskosten geringere Anforderungen gestellt werden als an die mit der Anmeldung zu hinterlegende Darstellung selbst.

   b) Die Einführung einer Neuheitsschonfrist (Artikel 1 Nr. 2, § 7a) soll mittelbar eine Kostenentlastung des Anmelders bewirken: Sie wird den Musterschöpfer in die Lage versetzen, die ganze Kollektion seiner Neuschöpfungen bereits vor der Anmeldung als Geschmacksmuster der

Öffentlichkeit vorzustellen und die Geschmacksmusteranmeldung dann auf diejenigen Muster zu beschränken, die dem Geschmack der Abnehmer am meisten entsprechen und sich damit als wirtschaftlich erfolgreich erwiesen haben.

c) Darüber hinaus gilt die vorgesehene Möglichkeit, die Bekanntmachung der Abbildung um 18 Monate aufzuschieben (Artikel 1 Nr. 2, § 8a), insbesondere dem Anmelder von Sammelanmeldungen eine zusätzliche Frist zur Aussonderung von Mustern oder Modellen, deren Schutz er über diese Frist hinaus nicht aufrechterhalten will und deren Bildbekanntmachung deshalb unterbleiben kann. Hierdurch soll er einen Teil der für die erste Schutzperiode zu entrichtenden Gebühren und der Bekanntmachungskosten einsparen.

d) Die Ermäßigung der Anmeldegebühr für Sammelanmeldungen, die das geltende Recht für die ersten drei Jahre gewährt, soll auf die erste Schutzperiode von fünf Jahren ausgedehnt werden.

e) Bei der notwendigen Erhöhung der Verlängerungsgebühren für jede weitere Schutzperiode sind − besonders im Interesse des Musterinhabers − folgende Gesichtspunkte berücksichtigt worden:

Zwei Drittel aller nach dem geltenden Recht angemeldeten Geschmacksmuster haben eine Lebenszeit von nicht mehr als drei Jahren, und nur 10% aller angemeldeten Geschmacksmuster werden länger als zehn Jahre aufrechterhalten. Hieraus ergibt sich, daß die Inhaber von geschützten Mustern und Modellen wirtschaftlich denken und nur diejenigen Muster und Modelle aufrechterhalten, die sich als wirtschaftlich erfolgreich erwiesen haben. Dieses von der Wirtschaft selbst gezeigte Streben nach Aussonderung der nicht oder nicht mehr erfolgreichen Muster oder Modelle rechtfertigt es, von einer gleichmäßigen Erhöhung der Verlängerungsgebühren abzusehen und die langlebigen, also wirtschaftlich besonders wertvollen Geschmacksmuster stärker zu belasten. Durch dieses System soll erreicht werden, daß Geschmacksmuster nicht länger aufrechterhalten werden und damit die Allgemeinheit belasten, als es sich für den Geschmacksmusterinhaber wirtschaftlich lohnt.

IV. Auswirkungen auf das Preisniveau

Die unter III. dargelegte Erhöhung der Kosten für die Anmeldung und Aufrechterhaltung von Geschmacksmustern wird erfahrungsgemäß auf den Preis der nach dem Muster oder Modell hergestellten und vertriebenen Erzeugnisse umgelegt. Hierdurch kann sich allenfalls eine äußerst geringfügige Verteuerung dieser Erzeugnisse ergeben. Ihr Anteil am gesamten Güterangebot dürfte jedoch so gering sein, daß davon spürbare Auswirkungen auf das Preisniveau, insbesondere das Verbraucherpreisniveau, nicht zu erwarten sind.

III. Anhang 9

Begründung der einzelnen Vorschriften

Zu Artikel 1 (Änderung des Geschmacksmustergesetzes)

Zu Nummer 1 (Wegfall der „Dimensionsbeschränkung")

Durch die Streichung von § 6 Nr. 2 des geltenden Geschmacksmustergesetzes soll die Beschränkung des Geschmacksmusterschutzes entweder auf Flächen- oder auf körperliche (plastische) Erzeugnisse in Zukunft entfallen. Diese sogenannte Dimensionenbeschränkung hat sich nicht bewährt und ist von den betroffenen Kreisen seit jeher kritisiert worden, weil sie zu Unzuträglichkeiten führt, wenn ein hinterlegtes Vorbild für Flächenerzeugnisse durch Dritte auf körperliche Erzeugnisse übertragen wird. Nachdem die Rechtsprechung lange Zeit eine zur Vermeidung solcher Unzuträglichkeiten angestrebte Doppelhinterlegung, nämlich die getrennten Hinterlegungen eines Musters für Flächenerzeugnisse und eines Modells für körperliche Erzeugnisse, als unzulässig abgelehnt hatte, hat der Bundesgerichtshof sie in seiner Entscheidung vom 15. September 1972 (BGHZ 59, 255) für zulässig erklärt. Die damit zulässige Doppelanmeldung hat jedoch den Ausschluß der Nachbildung durch Dimensionenvertauschung nur auf Kosten eines höheren Verwaltungsaufwands und einer doppelten Kostenbelastung des Anmelders erreicht. Diese zusätzliche Belastung der Anmelder und der Registerbehörde soll im Hinblick auf die angestrebte Verwaltungsvereinfachung in Zukunft entfallen.

Hinzu kommt, daß das am 1. August 1984 in Kraft getretene Haager Musterabkommen von 1960 einen Wegfall der Dimensionenbeschränkung nahelegt. Nach diesem Abkommen braucht eine internationale Hinterlegung mit Erstreckung auf die Bundesrepublik Deutschland keine Dimensionenerklärung zu enthalten. Mit dem Wegfall der Dimensionenbeschränkung erreicht der Entwurf deshalb auch eine Angleichung an das internationale Recht und vermeidet auf diese Weise für das deutsche Recht Auslegungsschwierigkeiten bei der Frage, auf welche Dimension bei einer internationalen Hinterlegung ohne Dimensionenerklärung der Schutz erstreckt werden soll.

Zu Nummer 2 (Änderungen der §§ 7 bis 9)

Zu § 7 (Anmeldung)

1. Absatz 1 behält den Grundsatz des geltenden Rechts bei, daß der Geschmacksmusterschutz für neue und eigentümliche Muster oder Modelle nur durch den rechtsgestaltenden Akt der Anmeldung zur Eintragung in das Musterregister entsteht.

Von diesem Grundsatz sollen Muster und Modelle ausgeschlossen werden, deren Veröffentlichung oder Verbreitung gegen die öffentliche Ordnung oder die guten Sitten verstoßen würde (Absatz 2). Bisher kennt das Geschmacksmustergesetz einen solchen Ausschluß nicht. Hieran kann – im Hinblick insbesondere auf die Bildbekanntmachung und die damit bezweckte größere Publizität – nicht festgehalten werden. Aus diesem Grund sollen – anderen Gesetzen des gewerblichen Rechtsschutzes entsprechend – gewerbliche Mu-

Begründung des Gesetzgebers

ster und Modelle, wenn sie gesetz- oder sittenwidrig sind, vom Geschmacksmusterschutz ausgeschlossen sein.

2. Absatz 3 faßt die im geltenden Recht unterschiedenen Akte der „Anmeldung" und der „Niederlegung" unter dem einheitlichen Begriff „Anmeldung" zusammen und schreibt vor, daß sie den schriftlichen Eintragungsantrag und die Darstellung des Musters oder Modells zu enthalten hat. Damit soll dem Umstand Rechnung getragen werden, daß die Niederlegung von Erzeugnissen in Zukunft hinter die bildliche Darstellung zurücktreten soll.

a) Nach Absatz 3 Nr. 2 sollen nicht mehr in erster Linie Erzeugnisse mit der Anmeldung „niedergelegt" werden; vielmehr ist eine − bisher nur alternativ zulässige − bildliche Darstellung durch ein Foto oder mehrere Fotos oder durch andere graphische Techniken vorzulegen.

Ziel dieser Änderung ist es nicht nur, eine kostensparende Verwaltungsvereinfachung dadurch zu erreichen, daß die Vorhaltung von Aufbewahrungsräumen in der erforderlichen Größe und die Pflege und Ordnung der niedergelegten Erzeugnisse in Zukunft entfällt. Darüber hinaus bietet die bildliche Darstellung den Vorteil, daß von ihr ohne erheblichen Kostenaufwand Reproduktionen hergestellt und dem Rechercheur zugesandt werden können. Die mit Kosten und Zeitaufwand verbundenen Reisen zur Einsichtnahme am Ort der Hinterlegung werden hierdurch weitgehend entbehrlich und damit zugleich Nachteile der Zentralisierung gemindert. Die bildliche Darstellung bietet schließlich eine geeignete Grundlage zur Veröffentlichung im Geschmacksmusterblatt.

Der im Singular verwendete Begriff „Darstellung" soll klarstellen, daß das Muster oder Modell mit allen seinen wesentlichen Merkmalen in einer einzigen, einheitlichen und nicht aufteilbaren Urkunde für jedermann erkennbar gemacht werden muß. Damit folgt der Entwurf dem auch für das geltende Recht bestehenden Grundsatz der Einheitlichkeit und Einmaligkeit des bei der registerführenden Stelle als Vorbild niedergelegten Erzeugnisses. Die einheitliche Darstellung soll jedoch aus einer − in ihren Maßen und ihrer Höchstzahl durch Rechtsverordnung gemäß § 12 Abs. 1 des Entwurfs festzulegenden − Mehrzahl an Fotos oder graphischen Zeichnungen bestehen können.

Durch Absatz 3 Nr. 2 soll schließlich auch klargestellt werden, daß nur die vorstehend erläuterte Darstellung schutzbegründende Wirkung haben soll. Aus Gründen der Rechtssicherheit soll es nur auf die in der Darstellung erkennbaren Merkmale ankommen und nicht auf die Merkmale, die aus einem nach der Darstellung hergestellten Erzeugnis oder aus einer nach Absatz 6 beigefügten Beschreibung ersichtlich sind, ohne auch in der Darstellung erkennbar zu sein.

b) Die Absätze 4 und 5 sollen Schwierigkeiten bei der Anmeldung von Mustern mit Oberflächengestaltung beheben. Aus Kreisen der Wirtschaft ist überzeugend darauf hingewiesen worden, daß der Aufwand zur Herstellung von Darstellungen in manchen Bereichen im Zeitpunkt der Anmeldung unvertretbar groß würde und daß es oft schwierig ist, besondere Effekte, insbesondere Farbeffekte, einer Oberflächengestaltung durch ein Foto oder eine Zeichnung mit der für den Musterschutz erforderlichen Genauigkeit wiederzugeben. Absatz 4 soll deshalb dem Anmelder die Möglichkeit eröffnen, in solchen Fällen zur Darstellung einer Oberflächengestaltung das Erzeugnis selbst oder einen Teil davon einzureichen. Aus Raumgründen müssen dabei jedoch Gewicht und Größenabmessungen des Trägers der Oberflächengestaltung einschränkenden Bedingungen unterworfen werden, die in Absatz 4 durch den Begriff „flächenmäßig" allgemein umschrieben und nach Artikel 1 Nr. 5, § 12 Abs. 1 in einer Rechtsverordnung näher festgelegt werden sollen.

Durch Absatz 5 soll eine Kombination von Foto- und Erzeugnisdarstellung in Fällen gestattet werden, in denen sowohl die dreidimensionale Formgebung als auch die zweidimensionale Oberflächengestaltung eines Modells geschützt werden sollen.

c) Für die Erzeugnishinterlegung nach den Absätzen 4 und 5 soll die Beifügung oder — im Falle der Aufschiebung der Bekanntmachung nach Artikel 1 Nr. 1, § 8a — die Nachreichung eines Fotos nicht verlangt werden. Die für die Bekanntmachung ggf. erforderliche Herstellung einer Fotografie des in der Anmeldung enthaltenen Erzeugnisses soll vielmehr durch das Patentamt veranlaßt werden.

Diese Regelung geht von der Tatsache aus, daß das zusätzlich zum Erzeugnis oder später eingereichte Bild keine konstitutive Wirkung für den Geschmacksmusterschutz ausüben kann. Sie soll daher der Versuchung vorbeugen, ein Foto schlechter Qualität oder sogar eines nicht identischen Erzeugnisses einzureichen, um so für die Konkurrenz ein Bekanntwerden des Musters oder Modells zu erschweren oder auszuschließen.

3. Absatz 6 sieht die Beifügung einer Beschreibung vor. Sie soll lediglich der Erläuterung der Darstellung dienen, nicht aber selbst irgendeine schutzbegründende Wirkung haben. Die Vorschrift folgt damit dem bereits seit jeher geltenden Grundsatz des Geschmacksmusterrechts, daß sich die angemeldete Gestaltung in einem einzigen und einmaligen Muster oder Modell konkretisieren muß. Dieser Grundsatz dient der Rechtssicherheit, die nicht mehr bestehen würde, wenn bei mangelnder Übereinstimmung zweier Unterlagen — hier der Darstellung und der Beschreibung — nicht eindeutig festgelegt würde, welche Unterlage den Vorrang für die Konkretisierung der schutzbegründenden Merkmale hat.

4. Der mit dem Entwurf bezweckten Verbesserung der Recherchemöglichkeiten soll die Klassenangabe nach Absatz 7 dienen, die eine Ordnung der geschützten Muster und Modelle nach Warenklassen ermöglicht. Falls der Anmelder keine Warenklasse angibt, soll sie nach Artikel 1 Nr. 3, § 10 Abs. 2 Satz 1 durch das Patentamt bestimmt werden. Nach § 12 Abs. 1 soll der Bundesminister der Justiz die Warenklasseneinteilung durch Rechtsverordnung regeln.

5. Absatz 8 übernimmt unter der weniger mißverständlichen Bezeichnung „Sammelanmeldung" die bisher in § 9 Abs. 4 GeschmMG vorgesehene Pakethinterlegung. Abweichend vom geltenden Recht wird die Sammelanmeldung auf Muster derselben Warenklasse beschränkt. Dies ist im Interesse einer übersichtlichen Ordnung der Muster und Modelle erforderlich und dient zugleich auch der Angleichung an die Vorschriften für die internationale Hinterlegung gewerblicher Muster und Modelle in Artikel 5 Abs. 4 des Haager Musterabkommens von 1960.

6. Der Anmelder soll das Recht erhalten, seine Sammelanmeldung ohne Prioritätsverlust zu teilen (Absatz 9). Eine solche Teilung soll den Anmelder verpflichten, für jede Teilanmeldung die im Gebührenverzeichnis (Artikel 2) vorgesehene Mindestgebühr zu entrichten. Diese Vorschrift soll insbesondere vermeiden, daß dem Anmelder bei Fehlern durch Überschreitung der zulässigen Höchstzahl an Mustern oder Modellen oder bei Irrtümern über die Einheitlichkeit der Warenklasse der in einer Sammelanmeldung zusammengefaßten Muster oder Modelle nach Artikel 1 Nr. 3, § 10 Abs. 3 der Prioritätsverlust oder nach § 10 Abs. 4 die Feststellung der Nichteinreichung mit anschließender Versagung der Eintragung droht.

Zu § 7a (Neuheitsschonfrist)

Die Neuheitsschonfrist von sechs Monaten soll insbesondere den Urheber einer größeren Anzahl von Mustern oder Modellen in die Lage versetzen, durch eine die Neuheit und Eigentümlichkeit nicht beseitigende Veröffentlichung vor der Geschmacksmusteranmeldung diejenigen Muster oder Modelle zu ermitteln, die dem ästhetischen Empfinden der Abnehmerkreise besonders entsprechen. Durch diese Aussonderung soll der Musterschöpfer im Interesse einer Senkung der Anmeldungskosten die Anmeldung auf die ausgewählten Stücke beschränken können.

Zu § 7b (Unionspriorität)

Die Vorschrift regelt das Verfahren für die Inanspruchnahme des Zeitrangs einer früheren Anmeldung desselben Musters oder Modells durch denselben Anmelder für eine spätere deutsche Anmeldung (Unionspriorität nach Artikel 4 der Pariser Verbandsübereinkunft zum Schutz des gewerblichen Eigentums) in Anlehnung an § 41 des Patentgesetzes. Der Bundesgerichtshof hat zwar nach langjähriger gegenteiliger Rechtsprechung des Bundespatentgerichts in seinem Beschluß vom 4. Oktober 1984 (abgedruckt in GRUR 1985, S. 127 und NJW 1985, S. 558) § 41 des Patentgesetzes für entsprechend anwendbar erklärt und hierdurch erreicht, daß die dort gewährten Erklärungsfristen auch den Geschmacksmusteranmeldern zugute kommen. Die in Artikel 7 Abs. 2 vorgesehene notwendige Aufhebung von Vorschriften, auf die der Bundesgerichtshof seine Entscheidung gestützt hat, macht jedoch die Neuregelung nunmehr erforderlich.

III. Anhang 9

Zu § 8 (Registerführung; Bekanntmachung)

1. Absatz 1 enthält die wesentlichste Änderung des Entwurfs, nämlich die Zusammenfassung des Musterregisters beim Patentamt. Auf die Ausführungen im Allgemeinen Teil unter A. I. 2. und B. I. wird Bezug genommen.

2. Die in Absatz 2 vorgesehene Bekanntmachung einer Abbildung des angemeldeten Musters oder Modells, die über die herkömmliche Bekanntmachung nur des Wortlauts der Registereintragung hinaus auch einen bildlichen Eindruck des Musters oder Modells vermitteln soll, ist eines der Kernstücke des Entwurfs. Auf den Allgemeinen Teil der Begründung unter B. V. wird hingewiesen. Abs. 2 Satz 2 ist eine Folge des Grundsatzes aus § 7 Abs. 3 Nr. 2 (vgl. die Begründung zu § 7, Nr. 2a), daß allein die Darstellung schutzbegründende Wirkung haben soll.

Absatz 2 Satz 3 geht davon aus, daß die Kosten der Bekanntmachung im Einzelfall nach einem Schlüssel zu berechnen sind, der aufgrund der Ermächtigung nach Artikel 1 Nr. 5, § 12 Abs. 1 durch Rechtsverordnung zur Kostendeckung festgelegt werden soll.

Zu § 8a (Aufschiebung der Bekanntmachung)

1. Zur Angleichung an die Vorschriften des Haager Musterabkommens 1960 soll die versiegelte Hinterlegung entfallen und durch die Möglichkeit ersetzt werden, die Aufschiebung der Bekanntmachung der Abbildung des Musters oder Modells zu beantragen.

§ 8a verfolgt jedoch mit der von Artikel 6 Abs. 4 des Haager Musterabkommens von 1960 abweichenden Ausgestaltung des Aufschiebungsrechts außerdem das Ziel, dem Anmelder einer größeren Kollektion von Mustern und Modellen eine Frist zur Aussonderung von solchen Stücken der Kollektion einzuräumen, die sich als wirtschaftlich nicht erfolgreich erweisen und die Aufrechterhaltung und − damit im Zusammenhang − die Bildbekanntmachung auf die „Renner" zu beschränken. Hierdurch sollen die Kosten für die Bildbekanntmachung, insbesondere bei Massenanmeldungen, verringert werden können.

Da jedoch der Fortbestand des Schutzes nach Absatz 2 von der rechtzeitigen Zahlung einer Gebühr abhängig gemacht werden soll, ist die Bundesrepublik Deutschland nach Artikel 5bis der Pariser Verbandsübereinkunft verpflichtet, dem Anmelder gegen Zahlung eines Gebührenzuschlags über die Aufschiebungsfrist hinaus eine Nachfrist von einem weiteren halben Jahr zu gewähren. Diese Nachfrist hätte jedoch keine schutzverlängernde Wirkung. Der Entwurf geht über die nach der Pariser Verbandsübereinkunft bestehende Verpflichtung hinaus und sieht durch die Regelung in den Absätzen 1 und 2 vor, den Schutz des Gesetzes bis zum Ablauf der Nachfrist auszudehnen. Hierdurch soll zugunsten des Anmelders die Aussonderungsfrist auf volle 1 1/2 Jahre ausgedehnt werden. Unter Einbeziehung der Einheitsschonfrist nach § 7a werden dem Geschmacksmusteranmelder somit insgesamt zwei Jahre gewährt, innerhalb deren er die für eine längere Frist aufrechtzuerhaltenden Muster oder Modelle aus seiner Kollektion auswählen kann, ohne daß damit bereits ein unverhältnismäßiges Kostenrisiko verbunden wäre.

Zu § 8b (Anmeldegebühr)

§ 8b enthält eine Angleichung der bisher in § 82 der Kostenordnung enthaltenen Regelung der Gebührenzahlungspflicht an die entsprechenden Vorschriften in anderen Gesetzen des gewerblichen Rechtsschutzes. Dementsprechend wird die Gebührenzahlung abweichend vom geltenden Geschmacksmustergesetz als Voraussetzung für eine wirksame Anmeldung mit der Folge ausgestaltet, daß an die Nichtzahlung der Gebühr die Fiktion der Nichtanmeldung mit Versagung der Eintragung geknüpft wird (§ 8b Abs. 2 i.V. mit Artikel 1 Nr. 3, § 10 Abs. 4 des Entwurfs). Hierdurch soll der bisher erhebliche Verwaltungsaufwand für die Vorschußanforderung, Mahnung und ggf. Beitreibung der erst nach der Eintragung und Bekanntmachung fällig werdenden Gebühren und Kosten eingespart werden.

Absatz 1 Satz 2 enthält die gebührenrechtlichen Konsequenzen aus der Vorschrift in § 8a über die Aufschiebung der Bildbekanntmachung.

Zu § 9 (Schutzdauer)

Die Vorschrift soll an die Stelle des bisherigen § 8 des Geschmacksmustergesetzes treten. § 8 hat sich nicht bewährt, weil er eine Verlängerungsregelung enthält, die von der Praxis immer wieder mißverstanden wird; bei falscher Anwendung der komplizierten Vorschrift können Rechtsverluste eintreten.

1. Absatz 1 gewährt dem Anmelder eine erste Schutzperiode von fünf Jahren. Sie soll um Schutzfristen von jeweils fünf Jahren bis auf höchstens 20 Jahre verlängert werden können (Absatz 2).

2. Mit der Verlängerung der Höchstschutzdauer auf 20 Jahre soll insbesondere eine Verbesserung der Schutzrechtslage für die mittelständische Industrie erreicht werden. Vordringlich für sie wird die berechtigte Forderung erhoben, die äußere Formgestaltung ebensolange unter Schutz stellen zu können, wie Schutz für eine technische Neuerung nach den Vorschriften des Patentgesetzes möglich ist. Darüber hinaus ist zu berücksichtigen, daß für die moderne industrielle Formgestaltung ein anzuerkennendes Bedürfnis besteht, die Dauer des Schutzes für die äußere Form hochwertiger und langlebiger Industrieerzeugnisse besser an den oft längeren Zeitraum anpassen zu können, der für die den Investitionsaufwand und die Werbungskosten wirtschaftlich rechtfertigende Produktion und Verbreitung solcher Erzeugnisse erforderlich ist. Die wachsende Inanspruchnahme des Geschmacksmusterschutzes für die Formgestaltung von Industrieerzeugnissen hat für die Bemessung der Gesamtschutzdauer andere Verhältnisse geschaffen, als sie beim Erlaß des Geschmacksmustergesetzes im Jahr 1876 bestanden.

Der Entwurf sieht die Einbeziehung der noch nach dem geltenden Recht hinterlegten Geschmacksmuster in die Verlängerung der Gesamtschutzdauer

III. Anhang 9

nicht vor, um den infolge der dezentralen Hinterlegung ohne Bildbekanntmachung unzulänglichen Schutz möglichst bald durch den verbesserten Schutz nach dem Entwurf zu ersetzen.

3. Das geltende Recht verlangt einen schriftlichen Verlängerungsantrag. Der hierdurch entstehende Aufwand soll durch Absatz 3 eingespart werden. Wie bei anderen gewerblichen Schutzrechten soll die Verlängerung allein durch die Zahlung der Verlängerungsgebühr bewirkt werden.

4. In Anlehnung an § 17 Abs.4 bis 6 PatG, § 14 Abs. 3 bis 5 GebrMG und § 9 Abs. 3 bis 5 WZG sollen auch Geschmacksmusteranmelder, denen die Gebührenzahlung nach Lage ihrer Mittel zur Zeit nicht zuzumuten ist, besondere Stundungsmöglichkeiten erhalten (Absätze 4 bis 6). Diese Vorschrift soll insbesondere Massenanmeldern aus der mittelständischen Industrie zugute kommen, die infolge der saisonbedingten Muster und Modelle mit Gebühren belastet werden, die in ihrer Summe recht hoch sein können.

Zu Nummer 3 (Ersetzung des § 10 durch §§ 10 bis 10c)

Zu § 10 (Registrierungsverfahren beim Deutschen Patentamt)

Die Vorschrift regelt das Registrierungsverfahren beim Deutschen Patentamt in Anlehnung an die Vorschriften über das Patenterteilungsverfahren, soweit dies mit Rücksicht auf die Anlehnung des Geschmacksmusterrechts an das Urheberrecht möglich ist.

1. Die Entscheidungen in Geschmacksmustersachen soll — wie schon nach geltendem Recht — ein auf Lebenszeit berufenes Mitglied des Deutschen Patentamts treffen, das die Befähigung zum Richteramt nach dem Deutschen Richtergesetz besitzt. Aufgrund der in § 12a des Entwurfs vorgesehenen Verordnungsermächtigung werden jedoch bestimmte Entscheidungsbefugnisse auf den gehobenen und mittleren Dienst übertragen werden können.

2. Der Entwurf geht — wie das geltende Recht — davon aus, daß die Eintragung in das Musterregister ohne eine Prüfung der Anmeldeberechtigung und der Neuheit und Eigentümlichkeit des Musters oder Modells vorgenommen wird. Die Nachprüfung dieser Schutzvoraussetzungen soll unverändert den ordentlichen Gerichten obliegen. Das Patentamt soll lediglich eine Entscheidungsbefugnis darüber erhalten, welche Warenklasse einzutragen und bekanntzumachen ist, weil die für das Ordnungsgefüge der geschützten Muster und Modelle bedeutsame Klassifizierung ein Erfordernis ist, dessen Erfüllung wegen des Interesses der Allgemeinheit an einer die Recherche erleichternden Ordnung der Muster und Modelle nicht allein in die Hand des Anmelders gelegt werden soll.

Nach Absatz 2 Satz 3 wird das Patentamt auch die Feststellung, daß ein Muster oder Modell gesetz- oder sittenwidrig ist, zu treffen und die Eintragung in das Musterregister zu versagen haben.

3. Die Absätze 3 und 4 regeln das Verfahren bei formellen Mängeln der Anmeldung. Der Akt der Anmeldung eines Geschmacksmusters soll seine rechtsge-

staltende Wirkung nur erhalten, wenn er mängelfrei vorgenommen wird. Dem berechtigten Interesse des Anmelders an dem Erwerb des Schutzrechts soll jedoch dadurch Rechnung getragen werden, daß das Patentamt den Anmelder vor der Feststellung der Nichteinreichung der Anmeldung und vor der Versagung der Eintragung in das Musterregister (Absatz 4) unter Fristsetzung auffordert, die Mängel zu beheben. Die bei rechtzeitiger Beseitigung der Mängel vorgesehene Verlegung des Prioritätsdatums auf den Zeitpunkt des Eingangs des mängelbeseitigenden Schriftsatzes ist notwendig, um zu vermeiden, daß sich der Anmelder durch eine mangelhafte Anmeldung Rechtsvorteile verschafft, z. B. indem er die Darstellung des Musters oder Modells erst aufgrund der Beanstandung durch das Patentamt nachreicht. Da für die Nichtzahlung der Gebühren (Artikel 1 Nr. 1, § 8b Abs. 2 des Entwurfs) und bei Irrtümern bei Sammelanmeldungen (vgl. die Begründung zu § 7 Nr. 2a) eine solche Gefahr nicht besteht, wird eine Verschiebung des Prioritätsdatums in diesen Fällen nicht für erforderlich gehalten.

4. Durch die Verweisung auf § 123 des Patentgesetzes in Absatz 5 soll die nach Artikel 4, §§ 5 und 8 des Fünften Gesetzes zur Änderung und Überleitung von Vorschriften auf dem Gebiet des gewerblichen Rechtsschutzes – 5. Überleitungsgesetz – vom 18. Juli 1953 (BGBl. I S. 615) nur in beschränktem Umfang mögliche Wiedereinsetzung in den vorigen Stand durch die weitergehende Wiedereinsetzungsregelung des Patentgesetzes ersetzt werden. Damit wird einem berechtigten Wunsch der Wirtschaft Rechnung getragen.

Im übrigen verweist Absatz 5 auf die Vorschriften des Patentgesetzes über die Wahrheitspflicht (§ 134), die Amtssprache (§ 126), die Anwendung des Verwaltungszustellungsgesetzes (§ 127) und die Rechtshilfe durch die Gerichte (§ 128), weil diese allgemeinen Grundsätze auch im Eintragungsverfahren für Geschmacksmuster gelten müssen.

Zu § 10a (Rechtsmittel im Registrierungsverfahren)

Die Rechtsmittel gegen Entscheidungen des Patentamts sind bisher aufgrund der Vorschriften in Artikel 4, Abs. 1 Satz 2 und § 8a des 5. Überleitungsgesetzes i. d. F. des 6. Überleitungsgesetzes auf dem Gebiet des gewerblichen Rechtsschutzes (5. ÜG vom 18. Juli 1953 – BGBl. I S. 615 –, 6. ÜG vom 23. März 1961 – BGBl. I S. 274, 316) in Verbindung mit den §§ 25 ff. der Ersten Durchführungsverordnung zum Gesetz Nr. 8 der Alliierten Hohen Kommission vom 8. Mai 1950 (BGBl. I S. 357) nur unzulänglich geregelt. Die vielfachen Verweisungen, die schließlich zur Anwendung einiger Vorschriften des Patentgesetzes führen, sind unübersichtlich und haben Anlaß zu Zweifeln gegeben. Deshalb regelt § 10a das Rechtsmittelverfahren in Geschmacksmustersachen unmittelbar durch Verweisung auf das Patentgesetz.

Zu § 10b (Verfahrenskostenhilfe)

Da die Gewährung von Prozeßkostenhilfe für Geschmacksmusteranmeldungen beim Amtsgericht nach § 14 des Gesetzes über die freiwillige Gerichtsbarkeit

III. Anhang 9

schon gegenwärtig möglich ist, übernimmt § 10b geltendes Recht durch Verweisung auf die Vorschriften des Patengesetzes über die Verfahrenskostenhilfe in Patentsachen.

Zu § 10c (Löschung)

Wegen der Grundsatzfrage der Einführung einer Löschung der Eintragungen im Musterregister wird auf den Allgemeinen Teil unter B. III. Bezug genommen.

1. Absatz 1 sieht die Löschung bei Beendigung der Schutzdauer (Nr. 1) oder auf ausdrücklichen Antrag des Inhabers (Nr. 2) vor. Darüber hinaus soll auch ein Dritter den Löschungsantrag stellen können, wenn dieser dem Patentamt eine öffentliche oder öffentlich beglaubigte Urkunde über den Verzicht vorlegt (Nr. 3). Ein rechtskräftiges Urteil, das den Inhaber eines Geschmacksmusters zur Einwilligung in die Löschung verurteilt (vgl. § 894 Abs. 1 ZPO), ist eine öffentliche Urkunde im Sinne des Absatzes 1 Nr. 3.

2. Die in Absatz 2 geregelte Klage auf Einwilligung in die Löschung soll die schon nach geltendem Recht mögliche negative Feststellungsklage ersetzen. Sie soll bei fehlender Schutzfähigkeit oder Anmeldeberechtigung zulässig sein und entspricht damit in ihrer Wirkung einer Nichtigkeitsklage in Patentsachen.

3. Das geltende Recht kennt eine Übertragung des durch einen Nichtberechtigten angemeldeten Geschmacksmusters auf den Berechtigten nicht, weil der rechtsgestaltende Akt der Anmeldung nur vom Berechtigten vorgenommen werden kann und die Anmeldung durch den Nichtberechtigten kein übertragbares Recht entstehen läßt. Der Entwurf will hieran nichts ändern und es dabei belassen, daß der Berechtigte, der im gerichtlichen Verfahren die Löschung der Anmeldung durch den Nichtberechtigten erwirkt hat, den rechtsgestaltenden Akt der Anmeldung wirksam wiederholen muß. Um jedoch zu vermeiden, daß der Berechtigte durch die nachgeholte Anmeldung einen Prioritätsverlust erleidet, sieht Absatz 3 vor, daß das Gericht im Löschungsprozeß gegen den nichtberechtigten Inhaber dem Berechtigten auf Antrag die Befugnis zusprechen kann, die Priorität der Anmeldung durch den Nichtberechtigten bei einer erneuten Anmeldung für sich in Anspruch zu nehmen. Durch diese Regelung soll erreicht werden, daß dem Berechtigten, der von dieser Befugnis Gebrauch macht, eine zwischenzeitliche Veröffentlichung oder Verbreitung des unwirksam angemeldeten Musters oder Modells nicht als neuheitsschädlich entgegengehalten werden kann.

Zu Nummer 4 (Einsichtnahme)

§ 11 regelt die Einsicht in das Muster oder Modell, in das Musterregister und in die Akten in Anlehnung an die Vorschriften über die Akteneinsicht in Patentsachen neu. Der verstärkten Publizität der Geschmacksmuster entsprechend soll die Einsichtnahme vom Zeitpunkt der Bekanntmachung an jedermann freistehen. In der Zeit, für die die Bekanntmachung aufgeschoben ist (Artikel 1

Nr. 2, § 8a), soll jedoch — abgesehen von der auch dann jederzeit für jedermann möglichen Einsicht in das Musterregister — die Einsicht ohne Einwilligung des Musterinhabers im Hinblick auf das schutzwürdige Interesse des Musterinhabers an einer Geheimhaltung des Musters oder Modells nur bei Glaubhaftmachung eines berechtigten Interesses gewährt werden.

Zu Nummer 5 (Verordnungsermächtigungen)

Die in den §§ 12 und 12a vorgesehenen Ermächtigungen zum Erlaß von Rechtsverordnungen entsprechen im Grundsatz den Verordnungsermächtigungen in den übrigen Gesetzen des gewerblichen Rechtsschutzes.

Zu Nummer 6 (Änderung von § 13)

Die vorgesehene Streichung ist eine Folge der neuen Terminologie in Artikel 1 Nr. 2, § 7 Abs. 3 bis 5 des Entwurfs, die einen Übergang von der Niederlegung von Erzeugnissen zur Darstellung des Musters oder Modells als Bestandteil der Anmeldung vorsieht.

Zu Nummer 7 (Neufassung der §§ 15 und 16)

Zu § 15 (Ausschließliche Zuständigkeit der Landgerichte; Konzentrationsermächtigung)

1. Absatz 1 berücksichtigt, daß rechtliche und tatsächliche Schwierigkeiten, wie sie zur ausschließlichen Zuweisung von Patentstreitsachen (§ 143 Abs. 1 PatG) und Gebrauchsmusterstreitsachen (§ 19 Abs. 1 i.d.F. des Artikels 1 Nr. 21 des Entwurfs eines Gesetzes zur Änderung des Gebrauchsmustergesetzes, Drucksache des Deutschen Bundestages 10/3903) an die Zivilkammern des Landgerichts geführt haben, auch für Geschmacksmusterstreitsachen bestehen. Die Bearbeitung dieser Streitsachen ist deshalb besonders schwierig, weil die Entscheidung fast immer von den Vorfragen der Schutzfähigkeit des Musters oder Modells und der Berechtigung des Anmelders abhängt. Bei der Entscheidung über diese Fragen kann das Gericht nicht — wie in Patentstreitsachen — auf die Vorgänge eines Erteilungsverfahrens zurückgreifen, weil die Schutzfähigkeit und die Anmeldeberechtigung im Registerverfahren nicht geprüft werden sollen (vgl. Artikel 1 Nr. 3, § 10 Abs. 2 Satz 2 des Entwurfs). Die Beurteilung des Schutzumfangs und die Abgrenzung gegenüber dem Stand an vorbekannten Formgebungen entbehren bei den dem Gebiet der Ästhetik angehörenden Streitfragen der technischen Exaktheit und unterliegen in weitem Umfang einer Wertung durch das Gericht. Die im Rahmen dieser Wertung notwendige Abgrenzung des Individuell-Schöpferischen vom Nichtschöpferischen erfordert besondere richterliche Sachkunde und Erfahrung, die die Zusammenfassung beim Landgericht rechtfertigt.

Von einer ausschließlichen Zuweisung an die Zivilkammern wird jedoch im Hinblick auf die schon nach geltendem Recht bestehende Zuständigkeit der Kammer für Handelssachen (§ 95 Abs. 1 Nr. 4c des Gerichtsverfassungsgesetzes) abgesehen. Hinzu kommt, daß in Geschmacksmusterstreitsachen im allgemeinen keine Fragen der Technik zu entscheiden sind, die eine Zusammenfassung bei der für Patent- und Gebrauchsmusterstreitsachen zuständigen Zivilkammer erforderlich machen würde. Vielmehr legen die in Geschmacksmusterstreitsachen häufig geltend gemachten Neben- oder Hilfsansprüche aus dem Warenzeichengesetz oder dem Gesetz gegen den unlauteren Wettbewerb, die ebenfalls der Kammer für Handelssachen zugewiesen sind (§ 95 Abs. 1 Nr. 4c und 5 GVG), die im Entwurf vorgesehene Regelung nahe.

2. Mit derselben Begründung soll durch Absatz 2 eine Konzentrationsermächtigung vorgesehen werden, wie sie bereits in § 32 WZG und in § 27 Abs. 2 UWG vorgesehen ist. In seinem Wortlaut lehnt sich Absatz 2 jedoch an den Wortlaut der modernen Vorschrift in § 19 Abs. 2 GebrMG i. d. F. des Artikels 1 Nr. 2 des Regierungsentwurfs eines Gesetzes zur Änderung des Gebrauchsmustergesetzes an.

3. Die Absätze 3 und 4 sind notwendige Folgen der Regelungen in den Absätzen 1 und 2.

4. Absatz 5 trägt der Tatsache Rechnung, daß Patentanwälte in Gebrauchsmusterstreitsachen ein Anhörungsrecht vor den ordentlichen Gerichten haben (§ 4 der Patentanwaltsordnung). Die Zuständigkeitsregelung des Absatzes 1 und die Konzentrationsermächtigung in Absatz 2 machen auch hinsichtlich dieses Anhörungsrechts eine Angleichung an die entsprechenden Vorschriften in § 143 Abs. 5 PatG, § 19 Abs. 5 GebrMG und § 32 Abs. 5 WZG erforderlich.

Zu § 16 (Inlandsvertreter)

1. § 16 in seiner geltenden Fassung gewährt den Geschmacksmusterschutz nur inländischen Urhebern, die die Erzeugnisse nach dem Muster oder Modell im Inland herstellen. Die Zielsetzung dieser Vorschrift, die produktionsfördernde Wirkung des Geschmacksmusterschutzes ausschließlich der deutschen Wirtschaft nutzbar zu machen, entsprach der merkantilistischen Tendenz der Entstehungszeit des Gesetzes. Da diese Zielsetzung im Widerspruch zu der modernen Entwicklung auf dem Gebiet des Schutzes des gewerblichen Eigentums steht und überdies durch die Vorschriften der Pariser Verbandsübereinkunft zum Schutz des gewerblichen Eigentums weitgehend außer Kraft gesetzt worden ist, sieht der Entwurf die Beseitigung dieser Vorschrift vor. Hierdurch sollen auch Schwierigkeiten behoben werden, die für Deutsche bei der Anmeldung von Mustern oder Modellen in Ländern bestehen, die nicht Mitglied der Pariser Verbandsübereinkunft sind und deren Angehörige deshalb von den einschränkenden Bedingungen des geltenden § 16 nicht befreit sind, also keinen Geschmacksmusterschutz erhalten. Diese Folgen zwingen auch deshalb zur Aufhebung der veralteten Vorschrift, weil die Schutzverweigerung mangels Gegenseitigkeit Produktpiraten die Nachbildung von Mustern oder Modellen erleichtert.

2. Die Neufassung des § 16 verpflichtet Anmelder aus dem Ausland zur Bestellung eines Inlandsvertreters. Der Entwurf übernimmt damit die der Erleich-

terung des geschäftlichen Verkehrs mit dem Ausland dienende Vorschrift in anderen Gesetzen auf dem Gebiet des gewerblichen Rechtsschutzes (§ 25 PatG, § 20 GebrMG, § 35 Abs. 2 WZG).

Zu Artikel 2 (Ergänzung des Gesetzes über die Gebühren des Patentamts und des Patentgerichts)

Die Zentralisierung des Geschmacksmusterregisters beim Deutschen Patentamt hat zur Folge, daß die Kostenregelung in § 82 der Kostenordnung durch eine Neuregelung der Geschmacksmustergebühren in dem Gesetz über die Gebühren des Patentamts und Patentgerichts (Patentgebührengesetz) ersetzt werden muß. Die Aufnahme in das Patentgebührengesetz macht eine Anpassung an das für die üblichen gewerblichen Schutzrechte schon seit jeher geltende Gebührensystem erforderlich.

Wegen der Grundsätze der neuen Gebührenvorschriften wird auf den Allgemeinen Teil unter C. Bezug genommen.

1. Die Anmeldegebühren nach Artikel 1 Nr. 2, § 8b werden nicht — wie bei anderen gewerblichen Schutzrechten — nur für die Anmeldung und das daran anschließende Registrierungsverfahren erhoben. Sie sollen zugleich auch die erste Schutzperiode von fünf Jahren (Artikel 1 Nr. 2, § 4 Abs. 1) abdecken. Damit wird geltendes Recht übernommen.

Zu Nummer 141 100 (Anmeldung eines Einzelmusters)

Die Anmeldegebühr, die nach dem durch den Entwurf eines Gesetzes zur Änderung von Kostengesetzen (BR-Drucksache 597/85) vorgesehenen Gebührensatz von 15 DM pro Jahr für die erste Schutzperiode 75 DM betragen würde, soll unter Berücksichtigung des wirtschaftlichen Wertes auf 100 DM festgesetzt, also um ein Drittel erhöht werden.

Zu den Nummern 141 120 und 141 121 (Sammelanmeldung)

Bei Sammelanmeldungen soll das System des geltenden Rechts beibehalten und die für jedes einzelne Muster vorgesehene Gebühr auf ein Zehntel der Anmeldegebühr für ein Einzelmuster (Nr. 141 100) ermäßigt werden. Um eine Benachteiligung der Anmelder von Einzelmustern im Verhältnis zu Sammelanmeldungen mit weniger als zehn Mustern zu vermeiden, soll es auch in Zukunft bei dem Grundsatz des geltenden Rechts bleiben, daß für Sammelanmeldungen als Mindestbeitrag eine Gebühr zu zahlen ist, die der Gebühr für eine Einzelanmeldung entspricht.

Bisher wird nach § 82 der Kostenordnung diese Gebührenermäßigung nur für die ersten drei Schutzjahre gewährt. Zur Entlastung der Anmelder, insbesondere von saisonabhängigen Mustern oder Modellen aus dem Textil- und Modebereich, soll die Ermäßigung auf fünf Jahre erweitert werden.

III. Anhang 9

Zu den Nummern 141 130 und 141 200 (Aufschiebung der Bildbekanntmachung)

Für den Fall, daß eine Aufschiebung der Bekanntmachung einer Abbildung des Musters oder Modells um 18 Monate beantragt wird (vgl. Artikel 1 Nr. 2, § 8 des Entwurfs), sollen die nach den Nummern 141 110 bis 141 120 für volle fünf Schutzjahre berechneten Anmeldegebühren im Hinblick auf die kürzere vorläufige Schutzzeit von eineinhalb Jahren ermäßigt werden (Nummern 141 130 bis 141 133). Zur Abgeltung des mit der Aufschiebung der Bekanntmachung verbundenen erheblichen Verwaltungsaufwands soll eine Antragsgebühr (Nr. 141 134) erhoben werden. Außerdem erfordert der mit der Erstreckung des Schutzes auf die volle erste Schutzperiode verbundene Verwaltungsaufwand die Bemessung der Gebühren der Nummern 141 211 bis 141 213.

2. *Verlängerungsgebühren*

Zur Begründung der Verlängerungsgebühren (Nrn. 142 000 bis 142 200 des Gebührenverzeichnisses) wird auf den Allgemeinen Teil dieser Begründung unter C. III. 2d Bezug genommen.

3. *Sonstige Gebühren (Nrn. 143 100)*

Obwohl der Entwurf aus tatsächlichen und Rechtsgründen keine Verpflichtung vorsehen kann, Änderungen der Person des Anmelders oder Inhabers des Musters oder Modells mitzuteilen, soll gleichwohl im Interesse der Allgemeinheit und des Musterinhabers eine freiwillige Mitteilung solcher Änderungen in das Musterregister eingetragen und bekanntgemacht werden können. Der hierdurch entstehende Verwaltungsaufwand macht die vorgesehene Gebühr erforderlich.

4. *Beschwerdegebühr*

Die Gebühren für das Beschwerdeverfahren (Nr. 244 100 bis 241 120) des Gebührenverzeichnisses entsprechen den Beschwerdegebühren in Patent-, Gebrauchsmuster- und Warenzeichensachen.

Zu Artikel 3 (Änderung des Schriftzeichengesetzes)

Hinsichtlich der für eine Anmeldung von typographischen Schriftzeichen beim Deutschen Patentamt zu entrichtenden Anmeldegebühr verweist Artikel 2 Abs. 1 Nr. 4 Satz 3 des Schriftzeichengesetzes auf § 82 der Kostenordnung. Da diese Vorschrift durch ein in das Patentgebührengesetz einzufügendes Gebührenverzeichnis ersetzt werden soll, ist eine Neufassung der Verweisung erforderlich. Diese muß die Tatsache berücksichtigen, daß die erste Schutzperiode bei typographischen Schriftzeichen nach Artikel 2 Abs. 1 Nr. 4 Satz 1 des Schriftzeichengesetzes zehn Jahre beträgt.

Zu Artikel 4 (Änderung des Rechtspflegergesetzes)

Zu Nummer 1 (Rechtspfleger beim Amtsgericht)

Durch die Zentralisierung der Geschmacksmusterhinterlegung beim Deutschen Patentamt entfällt die Zuständigkeit des Rechtspflegers beim Amtsgericht in Geschmacksmustersachen. § 3 Nr. 1 Buchstabe c des Rechtspflegergesetzes kann daher gestrichen werden.

Zu Nummer 2 (Übertragung auf den Rechtspfleger)

§ 23 des Rechtspflegergesetzes regelt die Übertragung von Geschäften in Verfahren vor dem Bundespatentgericht auf den Rechtspfleger. Nach Artikel 1 Nr. 3, § 10a Abs. 1 ist in Geschmacksmustersachen die Beschwerde an das Bundespatentgericht vorgesehen. Daher ist es notwendig, die für Beschwerdeverfahren in Patent, Gebrauchsmuster- und Warenzeichensachen vorgesehene Übertragung von Geschäften auf den Rechtspfleger auch auf das Geschmacksmustergesetz auszudehnen. Wegen der Verweisung in § 77 des Patentgesetzes in Artikel 1 Nr. 3, § 10a Abs. 1 des Entwurfs muß auch die Möglichkeit eines zweiseitigen Verfahrens in Fällen eines Beitritts des Präsidenten des Patentamts berücksichtigt und § 23 Abs. 1 Nr. 8. bis 10 RpflG in die zu übertragenden Geschäfte einbezogen werden. Demnach ist die Übertragungsmöglichkeit für folgende Geschäfte vorgesehen:

a) § 23 Abs. 1 Nr. 4,
Ausspruch, daß die Beschwerde mangels Gebührenzahlung nicht als erhoben gilt;

b) Nummer 5,
Bestimmung einer Frist für die Nachreichung einer schriftlichen Vollmacht des Vertreters;

c) Nummer 8,
Erteilung der Erlaubnis, zur Nachtzeit oder an Sonn- und allgemeinen Feiertagen zuzustellen;

d) Nummern 9 und 10,
Erteilung einer vollstreckbaren Ausfertigung;

e) Nummer 11,
Entscheidung über Anträge auf Akteneinsicht (vgl. Artikel 1 Nr. 4 des Entwurfs);

f) Nummer 12,
Kostenfestsetzung.

Zu Artikel 5 (Überleitungsvorschriften)

Dem Ziel des Entwurfs würde es entsprechen, möglichst rasch auch die Verwaltung der nach bisherigem Recht bei den Registergerichten angemeldeten und registrierten Geschmacksmuster beim Deutschen Patentamt zusammenzufassen. Dem stehen jedoch erhebliche Schwierigkeiten entgegen:

III. Anhang 9

1. Es müßten für die zahlreichen bei den Registergerichten aufbewahrten Erzeugnisse Aufbewahrungsräume beim Deutschen Patentamt geschaffen werden, die im Hinblick auf zukünftige bildliche Darstellung des Musters oder Modells nur für einen vorübergehenden Zeitraum benötigt würden. Der hierfür erforderliche Aufwand stünde in keinem Verhältnis zu dem damit erzielten Vorteil.

   Darüber hinaus würde der Transport der Erzeugnisse von den einzelnen Registergerichten zur Zentralstelle erhebliche Kosten verursachen und überdies das Risiko eines unersetzbaren Verlustes auf dem Transportweg mit sich bringen.

   Schließlich wären erhebliche Kosten für die Klassifizierung und die EDV-mäßige Aufbereitung der übernommenen Geschmacksmuster erforderlich.

   Diese Erwägungen führen zu dem Ergebnis, daß die Verwaltung der bis zum Inkrafttreten bei den Registergerichten hinterlegten Muster und Modelle bei diesen verbleiben und nach dem bisherigen Recht fortgeführt werden soll.

2. Es ist erwogen worden, eine Abgabe der geschützten Geschmacksmuster an das Deutsche Patentamt nur für den Fall vorzusehen, daß ein Verlängerungsantrag gestellt wird. Der Entwurf sieht jedoch eine solche auf den ersten Blick zweckmäßig erscheinende Überleitung nicht vor, weil sie den unter 1. dargestellten, mit den Grundsätzen einer sparsamen Verwaltung unvereinbaren Verwaltungsaufwand nur unverhältnismäßig mindern würde, ohne dem Schutzrechtsinhaber oder der Allgemeinheit irgendeinen Vorteil zu bringen.

3. Schließlich ist vorgeschlagen worden, an Stelle einer Verlängerung die Neuanmeldung beim Patentamt für die Restschutzzeit vorzuschreiben. Auch dieser Vorschlag läßt sich aus folgenden Gründen nicht verwirklichen:

   Eine Neuanmeldung beim Patentamt würde zur Einreichung einer Darstellung nach den im Entwurf vorgesehenen Vorschriften führen. Da eine Überleitung durch Neuanmeldung voraussetzt, daß das neuangemeldete Muster oder Modell mit dem beim Amtsgericht früher angemeldeten Muster oder Modell übereinstimmt, müßte das Patentamt eine Identitätsprüfung vornehmen. Bei dieser müßten materiellrechtliche Fragen entschieden werden, die sowohl nach geltendem Recht als auch nach dem Entwurf der Registerbehörde nicht obliegen sollen. Das Patentamt würde schon deshalb nicht die Voraussetzung für eine Verwirklichung dieses Vorschlags erfüllen. Hinzu kommt, daß das Patentamt zur Identitätsprüfung das beim Amtsgericht niedergelegte Muster oder Modell sowie die Registerakten beiziehen und für eine spätere gerichtliche Nachprüfung für die Restschutzzeit aufbewahren müßte. Dem stünden die zu 1. und 2. dargelegten Gründe entgegen.

   Würde die Identitätsprüfung den ordentlichen Gerichten überlassen, so müßten die Amtsgerichte, um diese Prüfung zu ermöglichen, die niedergelegten Muster oder Modelle bis über den Ablauf der Schutzdauer hinaus aufbewahren und bereithalten.

Begründung des Gesetzgebers

Die Überleitung durch Neuanmeldung würde unter diesen Umständen wegen des Verwaltungsaufwands und der zusätzlichen Belastung der Gerichte durch Identitätsstreitigkeiten nicht zu rechtfertigen sein.

Zu Artikel 6 (Berlin-Klausel)

Artikel 6 enthält die übliche Berlin-Klausel. Satz 2 ist im Hinblick auf die in Artikel 1 Nr. 5 vorgesehenen Ermächtigungen erforderlich.

Zu Artikel 7 (Inkrafttreten)

Die vorgesehene Aufteilung des Inkrafttretens auf verschiedene Termine berücksichtigt die Tatsache, daß die Führung des Musterregisters und das Verwaltungsverfahren in Geschmacksmustersachen unter Einsatz einer beim Deutschen Patentamt vorhandenen automatischen Datenverarbeitungsanlage ablaufen sollen. Die für diesen Einsatz erforderlichen Vorarbeiten können aus Kostengründen erst nach Verkündung des Gesetzes im Bundesgesetzblatt in Angriff genommen werden. Die Schaffung der Voraussetzungen für den Einsatz der EDV-Anlage in Geschmacksmustersachen wird mindestens ein Jahr dauern. Erst dann kann die erforderliche Personaleinstellung in Angriff genommen werden.

Aus diesen Gründen sieht Absatz 2 das Inkrafttreten erst eineinhalb Jahre nach der Verkündung vor. Um die Vorbereitungen für das Tätigwerden des Patentamts als zentrale Geschmacksmusterbehörde rechtzeitig treffen zu können, sollen jedoch die Rechtsgrundlagen hierfür, nämlich die Vorschriften für den Erlaß der in Artikel 1 Nr. 5 vorgesehenen Verordnungen, bereits unmittelbar nach der Verkündung in Kraft gesetzt werden. Die Vorschriften in Artikel 1 Nr. 7 werden durch die eine Aufschiebung des Inkrafttretens erfordernden Vorarbeiten für die Zentralisierung des Musterregisters nicht berührt; sie können daher alsbald in Kraft treten.

Artikel 4 des Fünften Überleitungsgesetzes und § 82 der Kostenordnung sollen durch Vorschriften dieses Entwurfs ersetzt werden. Sie sind daher aufzuheben.

Stellungnahme des Bundesrates

1. Zum Gesetzentwurf insgesamt

Der Bundesrat weist darauf hin, daß der Gesetzentwurf für die betroffenen Unternehmen, deren Schutzinteressen er gerade dienen soll, erhebliche Kostenbelastungen mit sich bringt. Diese entstehen durch höhere Gebühren, vermehrten Verwaltungsaufwand und sonstige Belastungen, die durch die Zentralisierung des Musterregisters beim Deutschen Patentamt anstelle der bisher dezentralen Anmeldung beim Amtsgericht sowie durch die grundsätzliche Notwendigkeit der Bildhinterlegung und Bildbekanntmachung bedingt sind. Diese Belastungen würden vor allem mittelständische Unternehmen besonders treffen. Eine Überprüfung des Ausmaßes dieser zusätzlichen Belastungen ist aus den Angaben in der Gesetzesbegründung wegen der kumulierenden Wirkungen jedoch nicht möglich.

III. Anhang 9

Der Bundesrat hält es deshalb für erforderlich, im weiteren Gesetzgebungsverfahren die kostenmäßigen Auswirkungen aus dem Gesetz eingehend zu überprüfen und durch Modellrechnungen transparent zu machen. Erst auf dieser Grundlage ist eine abschließende Bewertung möglich, ob und inwieweit den durch den Gesetzentwurf hervorgerufenen Kostenerhöhungen eine adäquate Verbesserung des Geschmacksmusterschutzes gegenübersteht.

Im übrigen spricht sich der Bundesrat vor allem im Interesse mittelständischer Unternehmen dafür aus, die Einführung eines eigenen Auskunftanspruchs über das Vorliegen von Geschmacksmusteranmeldungen zu erwägen.

2. Zu Artikel 1 Nr. 2 (§ 7b Abs. 2 GeschmMG)

In Artikel 1 Nr. 2 ist § 7b Abs. 2 wie folgt zu fassen:

„(2) Werden die Angaben nach Absatz 1 nicht rechtzeitig gemacht oder wird die Abschrift nicht rechtzeitig eingereicht, so wird der Prioritätsanspruch für die Anmeldung verwirkt."

Begründung

Angleichung an § 41 Satz 4 PatG und § 2a Abs. 2 Satz 2 GebrMG i. d. F. des Entwurfs eines Gesetzes zur Änderung des Gebrauchsmustergesetzes (BT-Drucksache 10/3903).

3. Zu Artikel 1 Nr. 2 (§ 8a GeschmMG)

a) Die versiegelte Niederlegung ohne Einsichtsmöglichkeit nach dem bisherigen § 9 GeschmMG kann einem späteren Anmelder oder Verwender nicht als vorbekannt und neuheitsschädlich entgegengehalten werden. Die Bundesregierung wird gebeten, im weiteren Verlauf des Gesetzgebungsverfahrens zu klären, ob der an die Stelle dieser Regelung tretende Aufschub der Bildbekanntmachung ebenso zu beurteilen ist oder ob im Hinblick auf die Möglichkeit zur Einsicht in die beim Register vorliegende Darstellung (Artikel 1 Nr. 4 − § 11 Satz 2 Nr. 3) davon auszugehen ist, daß ein späterer Anmelder oder Verwender von dem Schutzrecht hätte Kenntnis erlangen können.

b) In Artikel 1 Nr. 2 ist in § 8a Abs. 3 Satz 2 nach der Angabe „§ 8 Abs. 2 Satz 2" die Angabe „und 3" einzufügen.

Begründung

Klarstellung des Gewollten.

4. Zu Artikel 1 Nr. 2 (§ 9 Abs. 3 Satz 3 GeschmMG)

In Artikel 1 Nr. 2 ist § 9 Abs. 3 Satz 3 wie folgt zu fassen:

„Nach Ablauf der Schutzdauer gibt das Patentamt dem Eingetragenen Nachricht, daß die Eintragung des Musters oder Modells wegen Beendigung der Schutzdauer gelöscht wird, wenn die Gebühr mit dem Zuschlag nicht bis zum Ablauf von sechs Monaten nach Beendigung der Schutzdauer oder bis zum Ablauf eines Monats nach Zustellung der Nachricht, sofern diese Frist später als sechs Monate nach Beendigung der Schutzdauer abläuft, entrichtet wird."

Begründung

Artikel 5bis der Pariser Verbandsübereinkunft erfordert die Gewährung einer Gebührennachfrist von sechs Monaten. Die vorgeschlagene Änderung entspricht der Regelung in § 9 Abs. 2 des Warenzeichengesetzes.

5. Zu Artikel 1 Nr. 3 (§ 10 Abs. 3 GeschmMG)

In Artikel 1 Nr. 3 ist § 10 Abs. 3 Satz 2 wie folgt zu fassen:

„Wird der Mangel innerhalb der Frist behoben, so gilt der Zeitpunkt des Eingangs des Schriftsatzes beim Patentamt als Zeitpunkt der Anmeldung des Musters oder Modells."

Begründung

Redaktionelle Verbesserung.

6. Zu Artikel 1 Nr. 3 (§ 10 Abs. 4 GeschmMG)

In Artikel 1 Nr. 3 ist § 10 Abs. 4 wie folgt zu fassen:

„(4) Werden die in Absatz 3 genannten Mängel innerhalb der Frist nicht behoben oder wird die Anmeldegebühr innerhalb der Frist nach § 8b Abs. 2 nicht gezahlt, so wird durch diese Anmeldung der Schutz gegen Nachbildung nicht erlangt; das Patentamt lehnt die Eintragung ab."

Begründung

Die im Entwurf vorgesehene Fiktion der Nichteinreichung der Anmeldung steht in Widerspruch zur Versagung der (infolge der Fiktion nicht mehr beantragten) Eintragung. Es ist auch nicht erforderlich, die zur Versagung der Eintragung führende Mangelhaftigkeit der Anmeldung und die sich daraus ergebenden materiell-rechtlichen Wirkungen im Tenor der Entscheidung des Patentamts gesondert festzustellen. In Anlehnung an die Regelungen in § 42 Abs. 3, § 48 PatG genügt vielmehr die Ablehnung der Eintragung. Daß nur eine mängelfreie Anmeldung die rechtsgestaltende Wirkung nach § 7 Abs. 1 GeschmMG besitzt, wird durch die an die Stelle der Fiktion tretende, an die Fassung des § 7 Abs. 2 angelehnte Formulierung klargestellt.

7. Zu Artikel 1 Nr. 4 (§ 11 GeschmMG)

Für viele kleinere Unternehmer wird der Bezug des Geschmacksmusterblattes aus wirtschaftlichen Gesichtspunkten nicht in Betracht kommen. Sie wären vielfach auch überfordert, wenn sie aus einer Vielzahl von Warenklassen selbst herausfinden müßten, ob ein Muster oder Modell bereits geschützt ist. Gleichwohl kommt eine umfassende Auskunftspflicht des Patentamts über die bei ihm angemeldeten Muster wegen des damit verbundenen Verwaltungsaufwandes nicht in Betracht. Für viele Unternehmen genügt es jedoch zu erfahren, ob ein Wettbewerber innerhalb eines konkreten Zeitraums eine oder mehrere Anmeldungen getätigt hat. Hierdurch würde die Entscheidung, ob eine zeit- und kostenaufwendige Einsicht in das Register beim Patentamt sinnvoll ist, wesentlich erleichtert.

Die Bundesregierung wird deshalb gebeten zu prüfen, ob auf Antrag und gegen Zahlung einer angemessenen Gebühr eine solche beschränkte Auskunft, die mit geringem Verwaltungsaufwand erteilt werden könnte, im Rahmen des § 11 eingeführt werden kann.

8. Zu Artikel 1 Nr. 5 (§ 12a Abs. 1 Satz 2 Nr. 1 GeschmMG)

In Artikel 1 Nr. 5 ist § 12a Abs. 1 Satz 2 Nr. 1 wie folgt zu fassen:

„1. die Entscheidung über die Eintragung in den Fällen des § 7b Abs. 2 sowie die Ablehnung der Eintragung nach § 10 Abs. 4;".
Begründung

Folgeänderung aufgrund der geänderten Fassung des § 7b Abs. 2 und des § 10 Abs. 4 (vgl. oben Ziffern 2 und 6).

9. Zu Artikel 4a – neu – (Änderung des Urheberrechtsgesetzes)

– für das GeschmMG ohne Belang –

10. Zu Artikel 4b – neu – (Änderung des Urheberrechtswahrnehmungsgesetzes)

– für das GeschmMG ohne Belang –

11. Zu Artikel 5 (Überleitungsvorschriften)

Es erscheint unbefriedigend, daß der Entwurf für bestehende Geschmacksmusterrechte keine Überleitung in das neue Recht ermöglicht. Das mit dem Entwurf vorrangig angestrebte Ziel, die Publizität des Musterregisters zu verbessern und gleichzeitig der Markenpiraterie wirksamer zu begegnen, kann deshalb erst auf längere Sicht voll erreicht werden. Eine Überleitungsregelung mit Übergabe der niedergelegten Muster und Modelle an das Patentamt ist allerdings wegen des damit verbundenen Verwaltungsaufwandes nicht durchführbar. Die Bundesregierung wird jedoch gebeten, im weiteren Verlauf des Gesetzgebungsverfahrens zu prüfen, ob nicht anstelle einer Verlängerung der nach altem Recht bestehenden Schutzrechte eine Neuanmeldung dieser Muster oder Modelle beim Patentamt unter den Voraussetzungen und mit den Wirkungen des neuen Rechts zugelassen werden kann. Eine solche Lösung hätte den Vorteil, daß länger laufende Schutzrechte schneller als nach dem Entwurf der Bundesregierung aus den dezentralen Registern ausscheiden würden, ohne das Patentamt mit der Übernahme der niedergelegten Erzeugnisse belasten zu müssen. Dabei wäre vorzusehen, daß sich der Schutzumfang vom Zeitpunkt der Neuanmeldung an nach der neu eingereichten Darstellung bestimmt und daß insgesamt keine höhere Schutzdauer als die künftig zugelassenen 20 Jahre erreicht werden. Eine Identitätsprüfung der übergeleiteten Muster und Modelle durch das Patentamt erscheint bei einer solchen Regelung entgegen der in der Entwurfsbegründung vertretenen Auffassung nicht erforderlich. Auch bei normalen Neuanmeldungen prüft das Patentamt nicht, ob ein identisches oder ähnliches Muster bereits angemeldet und registriert ist. Die Frage der Identität kann vielmehr im Verantwortungsbereich des Anmelders bleiben, weil im Falle der Nichtidentität das alte Schutzrecht erlischt und das aufgrund der Neuanmeldung entstehende neue Schutzrecht — das ja auch durch eine normale Neuanmeldung erworben werden könnte — eine um die Laufzeit des alten Rechts verminderte Schutzdauer hätte. Der Anmelder wird deshalb bei fehlender oder zweifelhafter Identität ohnehin eine normale Neuanmeldung vorziehen. Im übrigen kann die Identitätsprüfung einem eventuellen späteren Rechtsstreit überlassen bleiben.

12. Zu Artikel 7 Abs. 1a — neu — (Inkrafttreten)

In Artikel 7 ist nach Absatz 1 folgender neuer Absatz 1a einzufügen:

„(1a) Artikel 4a und 4b treten am ... (Beginn des nächsten Kalenderquartals nach Verkündung) in Kraft."

Begründung

Folgeänderung (vgl. oben Ziffern 9 und 10).

Gegenäußerung der Bundesregierung
zur Stellungnahme des Bundesrates

Zu 1. (zum Gesetzentwurf insgesamt)

Die Bundesregierung teilt die der Stellungnahme des Bundesrates zugrundeliegende Besorgnis nicht, der Entwurf bringe — gerade für mittelständische und kleinere Unternehmen — unvertretbare Belastungen mit sich, die den mit dem Entwurf beabsichtigten Verbesserungen des Geschmacksmusterschutzes nicht entsprächen. Sie wird im weiteren Gesetzgebungsverfahren ihren Beitrag dazu leisten, die kostenmäßigen Auswirkungen des Gesetzes durch Modellrechnungen transparent zu machen.

Was die Forderung nach einem Auskunftsanspruch anbelangt, wird auf die Ausführungen zu Nummer 7 Bezug genommen.

Zu 2. (Artikel 1 Nr. 2, § 7b Abs. 2 GeschmMG)

Die Bundesregierung stimmt dem Vorschlag des Bundesrates nicht zu.

Die mit dem Vorschlag angestrebte Angleichung an den Wortlaut des § 41 Satz 4 PatG und des § 2a Abs. 2 Satz 2 GebrMG i. d. F. des Entwurfs eines Ge-

III. Anhang 9

setzes zur Änderung des Gebrauchsmustergesetzes (BT-Drucksache 10/3903) berücksichtigt die Unterschiede zwischen Patentrecht und Gebrauchsmusterrecht einerseits und dem Geschmacksmusterrecht andererseits nicht hinreichend:

Im Patentrecht und Gebrauchsmusterrecht wird über die Verwirklichung des Prioritätsanspruchs in der Entscheidung über die Erteilung des Patents oder über die Eintragung des Gebrauchsmusters mitentschieden. Durch die Bindungswirkung dieser Entscheidung wird für den Patent- und Gebrauchsmusterschutz die erforderliche Rechtssicherheit für die schutzrechtlich bedeutsame Frage des Prioritätszeitpunktes erreicht.

Im Geschmacksmusterrecht gibt es keine konstitutiv wirkende „Erteilung" oder „Eintragung", der eine vergleichbare Bindungswirkung zukommen könnte. Der Geschmacksmusterschutz entsteht durch den rechtsgestaltenden Akt der Anmeldung; die Eintragung in das Musterregister hat nur die Bedeutung einer Beurkundung der Willenserklärung des Anmelders. Nach dem Änderungsvorschlag des Bundesrates würde daher die Frage der Wirksamkeit der in Anspruch genommenen Priorität und damit die Feststellung des Prioritätszeitpunktes bis zu einer abschließenden Entscheidung durch die ordentlichen Gerichte offen bleiben. Hierdurch würde erhebliche Rechtsunsicherheit sowohl für die Allgemeinheit als auch für den Anmelder selbst entstehen. Die in der Regierungsvorlage vorgesehene Fassung ist demgegenüber geeignet, Rechtssicherheit zu schaffen.

Zu 3. (Artikel 1 Nr. 2, § 8a GeschmMG)

Zu a)

Die Bundesregierung geht davon aus, daß die Anmeldung — anders als bei versiegelter Hinterlegung nach geltendem Recht — bei der Aufschiebung der Bildbekanntmachung um 18 Monate nach Artikel 1 Nr. 2 (§ 8a GeschmMG) einem späteren Anmelder als vorbekannt und neuheitsschädlich entgegengehalten werden kann:

Nach Artikel 1 Nr. 2 (§ 8a Abs. 1 Satz 2) wird auch bei Aufschiebung der Bildbekanntmachung der Wortlaut der Eintragung in das Musterregister bekanntgemacht. Der Umfang der Bekanntmachung des Wortlauts der Eintragung kann mit der Bekanntmachung der Eintragung einer offenen Geschmacksmusterhinterlegung nach geltendem Recht verglichen werden. Nach Artikel 1 Nr. 4 (§ 11 GeschmMG) soll bei Aufschiebung der Bildbekanntmachung die Einsicht in das Musterregister auch während der Aufschiebungsfrist uneingeschränkt die Einsicht in das Muster oder Modell selbst beim Fehlen einer Einverständniserklärung des eingetragenen Inhabers nach Glaubhaftmachung eines berechtigten Interesses gewährt werden. Damit ist die Möglichkeit, von dem Muster oder Modell Kenntnis zu erlangen, im Fall einer Aufschiebung der Bildbekanntmachung ebenso wie im Fall einer offenen Hinterlegung nach geltendem Recht gegeben und mit ihr daher grundsätzlich vergleichbar.

Zu b)

Die Bundesregierung stimmt dem Vorschlag des Bundesrates zu.

Zu 4. (Artikel 1 Nr. 2, § 9 Abs. 3 Satz 3 GeschmMG)

Die Bundesregierung stimmt einer ausdrücklichen Festlegung der Gebührennachfrist auf sechs Monate zu. Sie gibt jedoch der Fassung des Regierungsentwurfs, die sich an die modernere Fassung in § 17 Abs. 3 PatG und in § 14 Abs. 2 Satz 5 GebrMG i. d. F. des Artikels 1 Nr. 17 des Entwurfs eines Gesetzes zur Änderung des Gebrauchsmustergesetzes (BT-Drucksache 10/3903) anlehnt, gegenüber der vom Bundesrat in Anlehnung an die ältere Fassung des § 9 Abs. 2 des Warenzeichengesetzes vorgeschlagenen Fassung den Vorzug. Um dem Inhalt des Vorschlags des Bundesrates Rechnung zu tragen, schlägt die Bundesregierung eine Ergänzung von § 9 Abs. 3 Satz 3 GeschmMG i. d. F. von Artikel 1 Nr. 2 der Regierungsvorlage um die Eingangsworte „Frühestens zwei Monate" vor.

Zu 5. (Artikel 1 Nr. 3, § 10 Abs. 3 GeschmMG)

Die Bundesregierung stimmt dem Vorschlag des Bundesrates zu.

Zu 6. (Artikel 1 Nr. 3, § 10 Abs. 4 GeschmMG)

Die Bundesregierung stimmt dem Vorschlag des Bundesrates nicht zu.

Wie bereits in der Gegenäußerung zu Nummer 2 ausgeführt, entsteht das Geschmacksmuster-Schutzrecht durch den rechtsgestaltenden Akt der Anmeldung; die Eintragung in das Musterregister hat nur die Bedeutung einer Beurkundung der Willenserklärung des Anmelders. Der „Ablehnung der Eintragung" kommt auch hinsichtlich der Inzidententscheidung über die der Prüfung durch die Registerbehörde unterliegenden Formerfordernisse keinerlei Bedeutung zu, weil sie allein die Frage der Registereintragung zum Gegenstand hat (so h. M., vgl. v. Gamm, Geschmacksmustergesetz 1966, § 17 Rdn. 18; Furler, Geschmacksmustergesetz, 4. Aufl. 1985, § 10 Rdn. 5). Die Ablehnung der Eintragung enthält deshalb keine Entscheidung, die der Öffentlichkeit hinreichende Rechtssicherheit über die formelle Wirksamkeit der Anmeldung bietet. Aus diesem Grund sieht der Regierungsentwurf vor, daß Mängel, die den Schutz nicht entstehen lassen, durch das Patentamt ausdrücklich festgestellt werden müssen. Die Bundesregierung ist der Auffassung, daß die Formulierung des Entwurfs aus Gründen der Rechtssicherheit erforderlich ist.

Im übrigen sollen die durch § 10 Abs. 4 erfaßten Mängel — im Gegensatz zu der vom Bundesrat als Vorbild herangezogenen Fassung der Vorschrift über die Behandlung sittenwidriger Muster oder Modelle in § 7 Abs. 2 — nach § 10 Abs. 3 heilbar sein. Die Nichtheilung innerhalb der vorgeschriebenen Frist bedarf aus Gründen der Rechtssicherheit der Feststellung durch das Patentamt.

III. Anhang 9

Zu 7. (Artikel 1 Nr. 4, § 11 GeschmMG)

Die gegenwärtige Praxis des Patentamts, in seinem Zuständigkeitsbereich Auskünfte zu erteilen, soll beibehalten werden. Einer Regelung im Gesetz bedarf es hierzu nicht. Aufgrund der Ermächtigung in Artikel 1 Nr. 5 (§ 12 Abs. 1) wird die gegenwärtige Regelung des § 2 Satz 2 der Bestimmungen über die Führung des Musterregisters in die zu erlassende Musterregisterverordnung übernommen und die Führung eines Namensregisters vorgeschrieben werden können. Aus diesem Namensregister sollen − wie schon gegenwärtig, so auch in Zukunft − Auskünfte erteilt werden, die unter den Voraussetzungen der Nummer 101 410 des Kostenverzeichnisses zur Verordnung über Verwaltungskosten beim Deutschen Patentamt vom 26. Juni 1970 (BGBl. I S. 835), zuletzt geändert durch Verordnung vom 18. November 1985 (BGBl. I S. 2114), gebührenpflichtig sind.

Zu 8. (Artikel 1 Nr. 5, § 12a Abs. 1 Satz 2 Nr. 1 GeschmMG)

Die Bundesregierung stimmt dem Vorschlag des Bundesrates im Hinblick auf die Gegenäußerung zu den Nummern 2 und 6 nicht zu.

Zu 9. (Artikel 4a − neu −, Änderung des Urheberrechtsgesetzes)

− für das GeschmMG ohne Belang −

Zu 10. (Artikel 4b − neu −, Änderung des Urheberrechtswahrnehmungsgesetzes)

− für das GeschmMG ohne Belang −

Zu 11. (Artikel 5, Überleitungsvorschriften)

Die Bundesregierung stimmt dem Vorschlag des Bundesrates nicht zu.

Er würde zu einer erheblichen Steigerung des Verwaltungsaufwands und einem zusätzlichen Personalaufwand führen, für den ein Deckungsvorschlag nicht gemacht werden kann.

Im übrigen könnte bei Verwirklichung des Vorschlags ein verfassungsrechtliches Risiko im Hinblick auf Artikel 14 des Grundgesetzes nicht ausgeschlossen werden. Der Überleitungsschutz durch Neuanmeldung soll nur für Muster gewährt werden, die mit der Erstanmeldung identisch sind. Da nach neuem Recht in erster Linie Fotohinterlegung verlangt wird, erlegt der Vorschlag des Bundesrates dem Musterinhaber das Risiko auf, daß die Fotografie in einem späteren Verletzungsprozeß nicht als identische Darstellung des beim Amtsgericht niedergelegten Erzeugnisses anerkannt wird. Hierdurch würde die Niederlegung des ersten Musters beim Amtsgericht erlangte eigentumsähnliche Stellung beseitigt werden. Im Gegensatz zur Auffassung des Bundesrates würde in diesem Fall die nichtidentische Neuanmeldung nicht ohne weiteres zu einem Schutzrecht führen, sondern nur dann, wenn das in der Überleitungsanmeldung dargestellte Muster oder Modell nach der vom Bundesgerichtshof entwickelten objektiv-relativen Neuheitstheorie – auch im Verhältnis zur Erstanmeldung – neu und eigentümlich ist.

Zu 12. (Artikel 7 Abs. 1a – neu –, Inkrafttreten)

Die Bundesregierung stimmt dem Vorschlag des Bundesrates im Hinblick auf die Gegenäußerung zu den Nummern 9 und 10 nicht zu.

Anhang 10

Verzeichnis der Patentinformationszentren

(Stand: 1.1.1995)

Bei allen nachfolgend genannten Patentinformationszentren liegt das Geschmacksmusterblatt auf und kann eingesehen werden.

Berlin, Deutsches Patentamt, Dienststelle Berlin, Gitschiner Straße 97, 10969 Berlin

Bielefeld, Patent- und Innovations-Centrum (PIC) Bielefeld e.V.,
Nikolaus-Dürkopp-Str. 11-13, 33602 Bielefeld

Chemnitz, Technische Universität Chemnitz-Zwickau, Universitätsbibliothek, Patentinformationszentrum,
Annaberger Straße 119, 09120 Chemnitz

Darmstadt, Hessische Landes- und Hochschulbibliothek, Patentinformationszentrum,
Schöfferstraße 8, 64295 Darmstadt

Dortmund, Universitätsbibliothek Dortmund, Informationszentrum Technik und Patente,
Vogelpothsweg 76, 44227 Dortmund

Dresden, Technische Universität, Universitätsbibliothek, Patentinformationszentrum,
Nöthnitzer Straße, Flachbau 46, 01062 Dresden

Halle, MIPO-GmbH, Mitteldeutsche Informations-, Patent-, Online-Service GmbH,
Rudolf-Breitscheid-Straße 63, 06112 Halle/Saale

Hamburg, Handelskammer, IPC Innovations- und Patent-Centrum, Börse,
Adolphsplatz 1, 20457 Hamburg

Ilmenau, Technische Universität Ilmenau, Patentinformationszentrum und Online-Dienste (PATON), Campuscenter,
Langewiesener Straße, 98693 Ilmenau

Jena, Friedrich-Schiller-Universität, Patentinformationsstelle,
Leutragraben 1, Universitätshochhaus 18. OG, 07743 Jena

Kaiserslautern, Kontaktstelle für Information und Technologie (KIT) an der Universität Kaiserslautern, Patentinformationszentrum, Gebäude 32,
Paul-Ehrlich-Straße, 67663 Kaiserslautern

Verzeichnis der Patentinformationszentren

Kassel, Gesamthochschul-Bibliothek, Patentinformationszentrum,
Diagonale 10, 34127 Kassel

Kiel, Technologie-Transfer-Zentrale Schleswig-Holstein GmbH, Patentinformationsstelle,
Lorenzendamm 22, 24103 Kiel

Leipzig, Agentur für Innovationsförderung und Technologietransfer GmbH, Patentinformationsstelle,
Goerdelerring 5, 04109 Leipzig

Magdeburg, Otto-von-Guericke-Universität Magdeburg, Universitätsbibliothek, Patentinformationszentrum und Auslegestelle für DIN-Normen, Gebäude N, Zi. 220 und 224,
Universitätsplatz 2, 39106 Magdeburg

München, Deutsches Patentamt,
Zweibrückenstraße 12, 80331 München

Nürnberg, Landesgewerbeanstalt Bayern,
Marientorgraben 8/I, 90402 Nürnberg

Rostock, Universität Rostock, Außenstelle Warnemünde, Universitätsbibliothek, Patentinformationszentrum,
Richard-Wagner-Str. 31, Haus 1, 18119 Rostock-Warnemünde

Saarbrücken, Zentrale für Produktivität und Technologie Saar e.V., Patentinformationszentrum,
Franz-Josef-Röder-Str. 9, 66119 Saarbrücken

Schwerin, Technologie- und Gewerbezentrum e.V. Schwerin/Wismar, Patentinformationsstelle,
Hagenower Str. 73, 19061 Schwerin

Stuttgart, Landesgewerbeamt Baden-Württemberg, Haus der Wirtschaft,
Willi-Bleicher-Str. 19, 70174 Stuttgart

Anhang 11

Auszug aus dem Geschmacksmustergesetz (alte Fassung), soweit dies für Muster oder Modelle, die vor dem 1. Juli 1988 angemeldet worden sind, noch von Bedeutung ist

§ 7
Anmeldung und Niederlegung

(1) Der Urheber eines Musters oder Modells genießt den Schutz gegen Nachbildung nur dann, wenn er dasselbe zur Eintragung in das Musterregister angemeldet und ein Exemplar oder eine Abbildung des Musters usw. bei der mit Führung des Musterregisters beauftragten Behörde niedergelegt hat.

(2) Die Anmeldung und Niederlegung muß erfolgen, bevor ein nach dem Muster oder Modell gefertigtes Erzeugnis verbreitet wird.

§ 8
Dauer des Schutzes

(1) Der Schutz des gegenwärtigen Gesetzes gegen Nachbildung wird dem Urheber des Musters oder Modells nach seiner Wahl ein bis drei Jahre lang, vom Tage der Anmeldung (§ 7) ab, gewährt.

(2) Der Urheber ist berechtigt, gegen Zahlung der in *§ 12 Abs. 3* * bestimmten Gebühr, eine Ausdehnung der Schutzfrist bis auf höchstens fünfzehn Jahre zu verlangen.** Die Verlängerung der Schutzfrist wird in dem Musterregister eingetragen.

(3) Der Urheber kann das ihm nach Absatz 2 zustehende Recht außer bei der Anmeldung auch bei Ablauf der dreijährigen und der zehnjährigen Schutzfrist ausüben.

---

* § 12 aufgehoben durch Gesetz vom 26. 7. 1957 (BGBl. I S. 861). Vgl. jetzt § 82 KostO.

** Vgl. hierzu §§ 8 und 8a Fünftes Gesetz zur Änderung und Überleitung von Vorschriften auf dem Gebiet des gewerblichen Rechtsschutzes vom 18. 7. 1953 (BGBl. I S. 615) mit Änderung durch Sechstes Überleitungsgesetz vom 23. 3. 1961 (BGBl. I S. 274):

„§ 8. (1) Wer durch unabwendbaren Zufall verhindert worden ist, die Ausdehnung der Schutzfrist eines Geschmacksmusters nach § 8 Abs. 2 des Geschmacksmustergesetzes rechtzeitig zu verlangen, ist auf Antrag wieder in den vorigen Stand einzusetzen.

(2) Die Wiedereinsetzung muß bei der mit der Führung des Musterregisters beauftragten Behörde innerhalb von zwei Monaten nach Wegfall des Hindernisses schriftlich beantragt werden. Ein Jahr nach Ablauf der versäumten Frist kann die Wiedereinsetzung nicht mehr

Auszug aus dem Geschmacksmustergesetz (alte Fassung)

§ 9*
Musterregister

(1) Das Musterregister wird von den mit der Führung der Handelsregister beauftragten Gerichtsbehörden geführt.

(2) Der Urheber hat die Anmeldung und Niederlegung des Musters oder Modells bei der Gerichtsbehörde seiner Hauptniederlassung, und falls er eine eingetragene Firma nicht besitzt, bei der betreffenden Gerichtsbehörde seines Wohnortes zu bewirken.

(3) *Urheber, welche im Inlande weder eine Niederlassung noch einen Wohnsitz haben, müssen die Anmeldung und Niederlegung bei dem Handelsgericht in Leipzig bewirken.* **

---

beantragt werden; dies gilt jedoch nicht für Heimkehrer im Sinne des § 1 des Gesetzes über Hilfsmaßnahmen für Heimkehrer vom 19. Juni 1950 (Bundesgesetzbl. S. 221) in der Fassung des Gesetzes vom 30. Oktober 1951 (Bundesgesetzbl. I S. 875).

(3) Der Wiedereinsetzungsantrag muß die Tatsachen angeben, auf die er gestützt wird, und die Mittel, um diese Tatsachen glaubhaft zu machen. Innerhalb der Antragsfrist ist das Verlangen nach Ausdehnung der Schutzfrist nachzuholen.

(4) Über den Antrag beschließt die mit der Führung des Musterregisters beauftragte Behörde.

(5) Wer im Geltungsbereich dieses Gesetzes in gutem Glauben den Gegenstand eines Geschmacksmusters, das infolge der Wiedereinsetzung wieder in Kraft tritt, in der Zeit zwischen dem Erlöschen und dem Wiederinkrafttreten des Schutzrechts in Benutzung genommen oder in dieser Zeit die dazu erforderlichen Veranstaltungen getroffen hat, ist befugt, den Gegenstand des Geschmacksmusters für die Bedürfnisse seines eigenen Betriebes in eigenen oder fremden Werkstätten weiterzubenutzen. Diese Befugnis kann nur zusammen mit dem Betrieb vererbt oder veräußert werden.

§ 8a. (1) Gegen die Beschlüsse der Urheberrechtsabteilung des Patentamts findet die Beschwerde an das Patentgericht statt.

(2) Über die Beschwerde entscheidet der Beschwerdesenat des Patentgerichts in der Besetzung mit drei rechtskundigen Mitgliedern.

(3) Gegen den Beschluß des Beschwerdesenats findet die Rechtsbeschwerde an den Bundesgerichtshof statt, wenn der Beschwerdesenat in dem Beschluß die Rechtsbeschwerde zugelassen hat. § 41p Abs. 2 und 3 sowie die §§ 41q bis 41y des Patentgesetzes sind anzuwenden."

* § 9 Abs. 6 Satz 2 aufgehoben durch Gesetz vom 26. 7. 1957 (BGBl. I S. 861).

** Vgl. hierzu § 4 Fünftes Gesetz zur Änderung und Überleitung von Vorschriften auf dem Gebiet des gewerblichen Rechtsschutzes vom 18. 7. 1953 (BGBl. I S. 615) mir Änderung durch Sechstes Überleitungsgesetz vom 23. 3. 1961 (BGBl. I S. 274):

„§ 4. (1) Für Urheber, die im Geltungsbereich dieses Gesetzes weder eine Niederlassung noch einen Wohnsitz haben, ist bis auf weiteres das Patentamt die mit der Führung des

III. Anhang II

(4) Die Muster oder Modelle können offen oder versiegelt, einzeln oder in Paketen niedergelegt werden. Die Pakete dürfen jedoch nicht mehr als 50 Muster oder Modelle enthalten und nicht mehr als 10 Kilogramm wiegen. Die näheren Vorschriften über die Führung des Musterregisters erläßt das *Reichskanzleramt*.***

(5) Die Eröffnung der versiegelt niedergelegten Muster erfolgt drei Jahre nach der Anmeldung (§ 7) beziehentlich, wenn die Schutzfrist eine kürzere ist, nach dem Ablaufe derselben.

(6) Die Eintragung und die Verlängerung der Schutzfrist (§ 8 Abs. 2) wird monatlich im Bundesanzeiger bekanntgemacht.

§ 10
Registerverfahren

Die Eintragungen in das Musterregister werden bewirkt, ohne daß eine zuvorige Prüfung über die Berechtigung des Antragstellers oder über die Richtigkeit der zur Eintragung angemeldeten Tatsachen stattfindet.

§ 11
Einsicht

Es ist jedermann gestattet, von dem Musterregister und den nicht versiegelten Mustern und Modellen Einsicht zu nehmen und sich beglaubigte Auszüge aus dem Musterregister erteilen zu lassen. In Streitfällen darüber, ob ein Muster oder Modell gegen Nachbildung geschützt ist, können zur Herbeiführung der Entscheidung auch die versiegelten Pakete von der mit der Führung des Musterregisters beauftragten Behörde geöffnet werden.

Musterregisters beauftragte Behörde im Sinne des Gesetzes betreffend das Urheberrecht an Mustern und Modellen vom 11. Januar 1876 (Reichsgesetzbl. S. 11) – Geschmacksmustergesetz –. Innerhalb des Patentamts ist die Urheberrechtsabteilung zuständig.

(2) Der Bundesminister der Justiz wird ermächtigt, durch Rechtsverordnung mit der Wahrnehmung einzelner der Urheberrechtsabteilung obliegender Geschäfte auch Beamte des gehobenen und des mittleren Dienstes zu betrauen; ausgeschlossen davon sind jedoch Zurückweisungen von Anmeldungen aus Gründen, denen der Anmelder widersprochen hat. Der Bundesminister der Justiz kann diese Ermächtigung durch Rechtsverordnung auf den Präsidenten des Patentamts übertragen."

*** Später: „Reichsminister der Justiz"; § 5 Übergangsgesetz vom 4. 3. 1919 (RGBl. S. 285). Vgl. hierzu auch die Bestimmung über die Führung des Musterregisters vom 29. 2. 1876 (RZBl. S. 123) mit Änderung durch Bek. vom 23. 7. 1876 (RZBl. S. 404), vom 12. 11. 1883 (RZBl. S. 325) und vom 23. 12. 1886 (RZBl. S. 418) sowie VO vom 7. 2. 1923 (RMBl. S. 190); neu veröffentlicht in BGBl. III 442-1-1.

Anhang 12

Gesetz betreffend den Schutz von Erfindungen, Mustern und Warenzeichen auf Ausstellungen [1]

Vom 18. März 1904 − (RGBl. S. 141) − (RGBl. III 424-2-1)

Erfindungen, Gebrauchsmustern, Mustern und Modellen, die auf einer inländischen oder ausländischen Ausstellung zur Schau gestellt werden, sowie Warenzeichen, die auf einer daselbst zur Schau gestellten Ware angebracht sind, wird ein zeitweiliger Schutz in Gemäßheit der nachfolgenden Bestimmungen gewährt:

1. Durch eine Bekanntmachung des Bundesministers der Justiz im Bundesgesetzblatt wird im einzelnen Falle die Ausstellung bestimmt, auf die der zeitweilige Schutz Anwendung findet.

2. Der zeitweilige Schutz hat die Wirkung, daß die Schaustellung oder eine anderweitige spätere Benutzung oder eine spätere Veröffentlichung der Erfindung, des Musters oder des Warenzeichens der Erlangung des gesetzlichen Patent-, Muster- oder Zeichenschutzes nicht entgegenstehen, sofern die Anmeldung zur Erlangung dieses Schutzes von dem Aussteller oder dessen Rechtsnachfolger binnen einer Frist von sechs Monaten nach der Eröffnung der Ausstellung bewirkt wird. Die Anmeldung geht anderen Anmeldungen vor, die nach dem Tage des Beginns der Schaustellung eingereicht worden sind.

---

1 Gemäß Art. VI Ges. v. 21. 6. 1976 (BSGBl. II S. 649) wird das Gesetz betreffend den Schutz von Erfindungen, Mustern und Warenzeichen auf Ausstellungen vom 18. März 1904 in der im Bundesgesetzblatt Teil III, Gliederungsnummer 424-2-1, veröffentlichten bereinigten Fassung wie folgt geändert:

1, In der Überschrift werden das Wort „Erfindungen" und das nachfolgende Komma gestrichen.
2. In Satz 1 werden das Wort „Erfindungen" und das nachfolgende Komma gestrichen.
3. In Nr. 2 werden die Worte „der Erfindung" und das nachfolgende Komma sowie das Wort „Patent-" und das nachfolgende Komma gestrichen.

Gemäß Art. XI § 3 Abs. 6 tritt diese Änderung am ersten Tag des auf die Bekanntmachung des **Inkrafttretens des Straßburger Patentübereinkommens** im Bundesgesetzblatt folgenden vierten Kalendermonats in Kraft. Vgl. auch die Übergangsbestimmungen des Art. XI § 1 des oben genannten Gesetzes.

Anhang 13

Bekanntmachung über den Schutz von Mustern und Warenzeichen auf Ausstellungen

Vom 30. November 1994

Auf Grund des Gesetzes betreffend den Schutz von Mustern und Warenzeichen auf Ausstellungen in der im Bundesgesetzblatt Teil III, Gliederungsnummern 424-2-1, veröffentlichten bereinigten Fassung, zuletzt geändert durch Artikel 17 des Gesetzes vom 25. Oktober 1994 (BGBl. I S. 3082), wird bekanntgemacht:

Der zeitweilige Schutz von Mustern und Warenzeichen wird für die folgenden Ausstellungen gewährt:

1. „DOMOTEX HANNOVER '95 – Weltmesse für Teppiche und Bodenbeläge"
   vom 8. bis 11. Januar 1995 in Hannover

2. „boot '95 – 26. Internationale Boots-Ausstellung Düsseldorf"
   vom 21. bis 29. Januar 1995 in Düsseldorf

3. „CMT 95 – Internationale Ausstellung für Caravan, Motor, Touristik"
   vom 21. bis 29. Januar 1995 in Stuttgart

4. „INTERSCHUL HANNOVER '95 – Europäische Bildungsmesse"
   vom 30. Januar bis 3. Februar 1995 in Hannover

5. „MEDIZIN 95 – Süddeutsche Fachausstellung für Medizintechnik, Pharmazie, Praxis- und Klinikbedarf, Ärztekongreß Stuttgart"
   vom 3. bis 5. Februar 1995 in Stuttgart

6. „Igedo Dessous mit Body & Man"
   vom 5. bis 7. Februar 1995 in Düsseldorf

7. „CPD Collections Premieren Düsseldorf"
   vom 5. bis 8. Februar 1995 in Düsseldorf

8. „99. Internationale Lederwarenmesse"
   vom 18. bis 21. Februar 1995 in Offenbach

9. „Didacta '95 – Messe für Schule, Aus- und Weiterbildung"
   vom 20. bis 24. Februar 1995 in Düsseldorf

10. „BIO FACH 95 – Internationale Fachmesse für Naturkost und Naturwaren"
    vom 2. bis 5. März 1995 in Frankfurt

11. „RAUMTEX 95 – Fachmesse für Raumausstattung und Heimtextilien"
    vom 3. bis 5. März 1995 in Stuttgart

Privilegierte Ausstellungen

12. „Igedo Internationale Modemesse"
 vom 5. bis 7. März 1995 in Düsseldorf

13. „CeBIT '95 – Welt-Centrum Büro, Information, Telekommunikation"
 vom 8. bis 15. März 1995 in Hannover

14. „Pro-Wein '95 – Internationale Fachmesse für Weine und Spirituosen"
 am 15. und 16. März 1995 in Düsseldorf

15. „GARTEN UND INNENRAUMBEGRÜNUNG 95 – Fachausstellung für Innenraumbegrünung und Garten"
 vom 15. bis 19. März 1995 in Stuttgart

16. „SELBSTBAU 95 – Messe für Neubau, Ausbau, Renovierung mit Eigenleistung"
 vom 15. bis 19. März 1995 in Stuttgart

17. „iba '95 – Internationale Bäckerei-Fachmesse – Weltmarkt des Backens... alles für Bäcker und Konditoren"
 vom 31. März bis 6. April 1995 in Düsseldorf

18. „HANNOVER MESSE '95"
 vom 3. bis 8. April 1995 in Hannover

19. „ISA 95 – Internationale Sammler- und Antiquitätenausstellung mit Welt Antik 95"
 vom 7. bis 9. April 1995 in Stuttgart

20. „IWB 95 – Internationale Waffenbörse"
 vom 7. bis 9. April 1995 in Stuttgart

21. „INTERNATIONALE DEUTSCHE MÜNZEN-MESSE 95"
 vom 7. bis 9. April 1995 in Stuttgart

22. „Internationale Mineralien- und Fossilienbörse 95"
 vom 7. bis 9. April 1995 in Stuttgart

23. „INTERPHARM 95 – Pharmazeutische Messe mit DAZ-Kongreß für Wissenschaft und Praxis"
 vom 21. bis 23. April 1995 in Stuttgart

24. „26. Modeforum Offenbach"
 vom 22. bis 24. April 1995 in Offenbach

25. „Interhospital '95 – Internationale Leitmesse für Krankenhaus und ambulante Versorgung"
 vom 25. bis 28. April 1995 in Hannover

26. „PRO SANITA 95 – Internationale Ausstellung für Gesundheit und Natur"
 vom 27. April bis 1. Mai 1995 in Stuttgart

27. „DRUPA '95 – 11. Internationale Messe Druck und Papier"
 vom 5. bis 18. Mai 1995 in Düsseldorf

III. Anhang 13

28. „CAT 95 — 11. Internationale Fachmesse für Computer in Planung, Konstruktion und Fertigung mit Anwenderkongreß"
vom 9. bis 12. Mai 1995 in Stuttgart

29. „INTERVITIS INTERFRUCTA 95 — Internationale Ausstellung für Weinbau und Kellerwirtschaft, Obstbau und Verarbeitung, Abfüll- und Verpackungstechnik"
vom 20. bis 25. Mai 1995 in Stuttgart

30. „DACH + WAND '95 — Internationale Fachausstellung für Dach-, Wand- und Abdichtungstechnik"
vom 24. bis 27. Mai 1995 in Hamburg

31. „LIGNA HANNOVER '95 — Weltmesse für Maschinen und Ausrüstung der Holz- und Forstwirtschaft"
vom 24. bis 30. Mai 1995 in Hannover

32. „aktiv leben '95 — NRW-Verbraucher-Ausstellung"
vom 10. bis 18. Juni 1995 in Düsseldorf

33. „fensterbau 95 — Internationale Fachmesse der Fensterbaubranche mit Südwestdeutschem Glasertag Stuttgart"
vom 15. bis 17. Juni 1995 in Stuttgart

34. „ENVITEC '95 — 8. Internationale Fachmesse für Umweltschutz und Entsorgungstechnologien"
vom 19. bis 23. Juni 1995 in Düsseldorf

35. „MUTEC — 1. Internationale Fachmesse für Museumswesen und Ausstellungstechnik"
vom 22. bis 26. Juni 1995 in München

Anhang 14

Regeln für die Ausstellung von Messeprioritätsbescheinigungen durch Patentanwälte

1. Diese Regeln stellen auf allen Messen gleichmäßig anzuwendende Mindestanforderungen dar. Weitergehende örtliche Regeln können vorgesehen werden.

2. Unberührt bleiben hiervon die von den Messegesellschaften aufgestellten Anforderungen.

3. Die Prioritätsbescheinigung muß folgende Angaben enthalten:

    Bescheinigung

    Dem/Der .... wird bescheinigt, daß auf der vom ...... bis .... veranstalteten
    ....-Messe
    der in den angehefteten und abgestempelten Anlagen wiedergegebenen Gegenstand betreffend
    ....
    am .... ausgestellt war.

    Angeheftete Anlagen:
    ....   Patentanwalt
    ...., den ....

4. Der Schausteller ist auf die 6monatige Prioritätsfrist auf der Bescheinigung oder auf einem gesonderten Merkblatt hinzuweisen.

5. Als Anlagen der Bescheinigung können Drucksachen, Beschreibungen und Abbildungen nur insoweit verwendet werden, als sich ihr Inhalt an den zur Schau gestellten Erfindungen, Gebrauchsmustern, Mustern und Modellen oder Warenzeichen zweifelsfrei erkennen läßt. Darüber hinausgehende Angaben sind aus den Anlagen zu streichen. Drucksachen, Beschreibungen und Abbildungen weitergehenden Inhalts können jedoch dann als Anlagen verwendet werden, wenn sie selbst oder Kopien davon zur Schau gestellt worden sind.

6. Änderungen und Streichungen in den Anlagen ist das Namenszeichen des bescheinigenden Patentanwalts beizusetzen.

7. Die Anlagen sind nach Seiten durchzunumerieren, und jede Seite ist mit einem Stempelabdruck und dem Namenszeichen des bescheinigenden Patentanwalts zu versehen.

III. Anhang 14

8. Die Bescheinigung und ihre Anlagen sind in einer der folgenden Arten zu behandeln:

    a) Die Bescheinigung und die Anlagen sind so miteinander zu verbinden, daß sie nicht ohne Verletzung trennbar sind. Soweit Muster und Modelle als Anlagen einer Bescheinigung dienen, sind diese ebenfalls mit der Bescheinigung so zu verbinden, daß sie davon nicht ohne Verletzung trennbar sind.

    b) Ein Doppel der Bescheinigung mit ihren Anlagen wird vom bescheinigenden Patentanwalt oder der Messeleitung in Verwahrung genommen.

9. Die Übereinstimmung der Anlagen der Bescheinigung mit dem Ausstellungsgegenstand hat der bescheinigende Patentanwalt durch Besichtigung des Ausstellungsgegenstandes auf dem Messestand festzustellen.

10. Später als drei Arbeitstage nach dem letzten Tag der Messe ist die Ausfertigung einer Bescheinigung unzulässig.

Anhang 15

Auszug aus dem Urheberrechtsgesetz

§ 98. Anspruch auf Vernichtung oder Überlassung der Vervielfältigungsstücke.
(1) Der Verletzte kann verlangen, daß alle rechtswidrig hergestellten, rechtswidrig verbreiteten und zur rechtswidrigen Verbreitung bestimmten Vervielfältigungsstücke vernichtet werden.

(2) Statt der in Absatz 1 vorgesehenen Maßnahmen kann der Verletzte verlangen, daß ihm die Vervielfältigungsstücke, die im Eigentum des Verletzers stehen, gegen eine angemessene Vergütung überlassen werden, welche die Herstellungskosten nicht übersteigen darf.

(3) Sind die Maßnahmen nach den Absätzen 1 und 2 gegenüber dem Verletzer oder Eigentümer im Einzelfall unverhältnismäßig und kann der durch die Rechtsverletzung verursachte Zustand der Vervielfältigungsstücke auf andere Weise beseitigt werden, so hat der Verletzte nur Anspruch auf die hierfür erforderlichen Maßnahmen.

§ 99. Anspruch auf Vernichtung oder Überlassung der Vorrichtungen. Die Bestimmungen des § 98 sind entsprechend auf die im Eigentum des Verletzers stehenden, ausschließlich oder nahezu ausschließlich zur rechtswidrigen Herstellung von Vervielfältigungsstücken benutzten oder bestimmten Vorrichtungen anzuwenden.

§ 100. Haftung des Inhabers eines Unternehmens. Ist in einem Unternehmen von einem Arbeitnehmer oder Beauftragten ein nach diesem Gesetz geschütztes Recht widerrechtlich verletzt worden, so hat der Verletzte die Ansprüche aus den §§ 97 bis 99 mit Ausnahme des Anspruchs auf Schadenersatz auch gegen den Inhaber des Unternehmens. Weitergehende Ansprüche nach anderen gesetzlichen Vorschriften bleiben unberührt.

§ 101. Ausnahmen. (1) Richten sich im Falle der Verletzung eines nach diesem Gesetz geschützten Rechts die Ansprüche des Verletzten auf Beseitigung oder Unterlassung (§ 97), auf Vernichtung oder Überlasssung der Vervielfältigungsstücke (§ 98) oder der Vorrichtungen (§ 99) gegen eine Person, der weder Vorsatz noch Fahrlässigkeit zur Last fällt, so kann diese zur Abwendung der Ansprüche den Verletzten in Geld entschädigen, wenn ihr durch die Erfüllung der Ansprüche ein unverhältnismäßig großer Schaden entstehen würde und dem Verletzten die Abfindung in Geld zuzumuten ist. Als Entschädigung ist der Betrag zu zahlen, der im Falle einer vertraglichen Einräumung des Rechts als Vergütung angemessen gewesen wäre. Mit der Zahlung der Entschädigung gilt die Einwilligung des Verletzten zur Verwertung im üblichen Umfange als erteilt.
(2) Den in den §§ 98 und 99 vorgesehenen Maßnahmen unterliegen nicht:

III. Anhang 15

1. Bauwerke;
2. ausscheidbare Teile von Vervielfältigungsstücken und Vorrichtungen, deren Herstellung oder Verbreitung nicht rechtswidrig ist.

§ 101a. Anspruch auf Auskunft hinsichtlich Dritter. (1) Wer im geschäftlichen Verkehr durch die Herstellung oder Verbreitung von Vervielfältigungsstücken das Urheberrecht oder ein anderes nach diesem Gesetz geschütztes Recht verletzt, kann vom Verletzten auf unverzügliche Auskunft über die Herkunft und den Vertriebsweg dieser Vervielfältigungsstücke in Anspruch genommen werden, es sei denn, daß dies im Einzelfall unverhältnismäßig ist.

(2) Der nach Absatz 1 zur Auskunft Verpflichtete hat Angaben zu machen über Namen und Anschrift des Herstellers, des Lieferanten und anderer Vorbesitzer der Vervielfältigungsstücke, des gewerblichen Abnehmers oder Auftraggebers sowie über die Menge der hergestellten, ausgelieferten, erhaltenen oder bestellten Vervielfältigungsstücke.

(3) In Fällen offensichtlicher Rechtsverletzung kann die Verpflichtung zur Erteilung der Auskunft im Wege der einstweiligen Verfügung nach den Vorschriften der Zivilprozeßordnung angeordnet werden.

(4) Die Auskunft darf in einem Strafverfahren oder in einem Verfahren nach dem Gesetz über Ordnungswidrigkeiten wegen einer vor der Erteilung der Auskunft begangenen Tat gegen den zur Auskunft Verpflichteten oder gegen einen in § 52 Abs. 1 der Strafprozeßordnung bezeichneten Angehörigen nur mit Zustimmung des zur Auskunft Verpflichteten verwertet werden.

(5) Weitergehende Ansprüche bleiben unberührt.

§ 102. Verjährung. Die Ansprüche wegen Verletzung des Urheberrechts oder eines anderen nach diesem Gesetz geschützten Rechts verjähren in drei Jahren von dem Zeitpunkt an, in dem der Berechtigte von der Verletzung und der Person des Verpflichteten Kenntnis erlangt, ohne Rücksicht auf diese Kenntnis in dreißig Jahren von der Verletzung an. § 852 Abs. 2 des Bürgerlichen Gesetzbuchs ist entsprechend anzuwenden. Hat der Verpflichtete durch die Verletzung auf Kosten des Berechtigten etwas erlangt, so ist er auch nach Vollendung der Verjährung zur Herausgabe nach den Vorschriften über die Herausgabe einer ungerechtfertigten Bereicherung verpflichtet.

§ 103. Bekanntmachung des Urteils. (1) Ist eine Klage auf Grund dieses Gesetzes erhoben worden, so kann im Urteil der obsiegenden Partei die Befugnis zugesprochen werden, das Urteil auf Kosten der unterliegenden Partei öffentlich bekanntzumachen, wenn sie ein berechtigtes Interesse dartut. Das Urteil darf erst nach Rechtskraft bekanntgemacht werden, wenn nicht das Gericht etwas anderes bestimmt.

(2) Art und Umfang der Bekanntmachung werden im Urteil bestimmt. Die Befugnis zur Bekanntmachung erlischt, wenn das Urteil nicht innerhalb von sechs Monaten nach Eintritt der Rechtskraft bekanntgemacht wird.

Auszug aus dem Urheberrechtsgesetz

(3) Die Partei, der die Befugnis zur Bekanntmachung zusteht, kann beantragen, die unterliegende Partei zur Vorauszahlung der Bekanntmachungskosten zu verurteilen. Über den Antrag entscheidet das Prozeßgericht erster Instanz durch Beschluß ohne mündliche Verhandlung. Vor der Entscheidung ist die unterliegende Partei zu hören.

§ 110. Einziehung. Gegenstände, auf die sich eine Straftat nach den §§ 106, 107 Abs. 1 Nr. 2, §§ 108 und 108a bezieht, können eingezogen werden. § 74a des Strafgesetzbuches ist anzuwenden. Soweit den in den §§ 98 und 99 bezeichneten Ansprüchen im Verfahren nach den Vorschriften der Strafprozeßordnung über die Entschädigung des Verletzten (§§ 403 bis 406c) stattgegeben wird, sind die Vorschriften über die Einziehung nicht anzuwenden.

§ 111a. Beschlagnahme. (1) Verletzt die Herstellung oder Verbreitung von Vervielfältigungstücken das Urheberrecht oder ein anderes nach diesem Gesetz geschütztes Recht, so unterliegen die Vervielfältigungstücke auf Antrag und gegen Sicherheitsleistung des Rechtsinhabers bei ihrer Einfuhr oder Ausfuhr der Beschlagnahme durch die Zollbehörde, sofern die Rechtsverletzung offensichtlich ist. Dies gilt für den Verkehr mit anderen Mitgliedstaaten der Europäischen Wirtschaftsgemeinschaft sowie mit den anderen Vertragsstaaten des Abkommens über den Europäischen Wirtschaftsraum nur, soweit Kontrollen durch die Zollbehörden stattfinden.

(2) Ordnet die Zollbehörde die Beschlagnahme an, so unterrichtet sie unverzüglich den Verfügungsberechtigten sowie den Antragsteller. Dem Antragsteller sind Herkunft, Menge und Lagerort der Vervielfältigungstücke sowie Name und Anschrift des Verfügungsberechtigten mitzuteilen; das Brief- und Postgeheimnis (Artikel 10 des Grundgesetzes) wird insoweit eingeschränkt. Dem Antragsteller wird Gelegenheit gegeben, die Vervielfältigungstücke zu besichtigen, soweit hierdurch nicht in Geschäfts- oder Betriebsgeheimnisse eingegriffen wird.

(3) Wird der Beschlagnahme nicht spätestens nach Ablauf von zwei Wochen nach Zustellung der Mitteilung nach Absatz 2 Satz 1 widersprochen, so ordnet die Zollbehörde die Einziehung der beschlagnahmten Vervielfältigungstücke an.

(4) Widerspricht der Verfügungsberechtigte der Beschlagnahme, so unterrichtet die Zollbehörde hiervon unverzüglich den Antragsteller. Dieser hat gegenüber der Zollbehörde unverzüglich zu erklären, ob er den Antrag nach Absatz 1 in bezug auf die beschlagnahmten Vervielfältigungstücke aufrechterhält.

1. Nimmt der Antragsteller den Antrag zurück, hebt die Zollbehörde die Beschlagnahme unverzüglich auf.
2. Hält der Antragsteller den Antrag aufrecht und legt er eine vollziehbare gerichtliche Entscheidung vor, die die Verwahrung der beschlagnahmten Vervielfältigungstücke oder eine Verfügungsbeschränkung anordnet, trifft die Zollbehörde die erforderlichen Maßnahmen.

Liegen die Fälle der Nummern 1 oder 2 nicht vor, hebt die Zollbehörde die Beschlagnahme nach Ablauf von zwei Wochen nach Zustellung der Mitteilung an den Antragsteller nach Satz 1 auf; weist der Antragsteller nach, daß die gerichtliche Entscheidung nach Nummer 2 beantragt, ihm aber noch nicht zugegangen ist, wird die Beschlagnahme für längstens zwei weitere Wochen aufrechterhalten.

(5) Erweist sich die Beschlagnahme als von Anfang an ungerechtfertigt und hat der Antragsteller den Antrag nach Absatz 1 in bezug auf die beschlagnahmten Vervielfältigungsstücke aufrechterhalten oder sich nicht unverzüglich erklärt (Absatz 4 Satz 2), so ist er verpflichtet, den dem Verfügungsberechtigten durch die Beschlagnahme entstandenen Schaden zu ersetzen.

(6) Der Antrag nach Absatz 1 ist bei der Oberfinanzdirektion zu stellen und hat Wirkung für zwei Jahre, sofern keine kürzere Geltungsdauer beantragt wird; er kann wiederholt werden. Für die mit dem Antrag verbundenen Amtshandlungen werden vom Antragsteller Kosten nach Maßgabe des § 178 der Abgabenordnung erhoben.

(7) Die Beschlagnahme und die Einziehung können mit den Rechtsmitteln angefochten werden, die im Bußgeldverfahren nach dem Gesetz über Ordnungswidrigkeiten gegen die Beschlagnahme und Einziehung zulässig sind. Im Rechtsmittelverfahren ist der Antragsteller zu hören. Gegen die Entscheidung des Amtsgerichts ist die sofortige Beschwerde zulässig; über sie entscheidet das Oberlandesgericht.

Anhang 16

Auszug aus dem Patentgesetz

§ 26. [Besetzung] (1) [1]Das Patentamt besteht aus einem Präsidenten und weiteren Mitgliedern. [2]Sie müssen die Befähigung zum Richteramt nach dem Deutschen Richtergesetz besitzen (rechtskundige Mitglieder) oder in einem Zweig der Technik sachverständig sein (technische Mitglieder). [3]Die Mitglieder werden auf Lebenszeit berufen.

(2) [1]Als technisches Mitglied soll in der Regel nur angestellt werden, wer im Inland als ordentlicher Studierender einer Universität, einer technischen oder landwirtschaftlichen Hochschule oder einer Bergakademie sich dem Studium naturwissenschaftlicher und technischer Fächer gewidmet, dann eine staatliche oder akademische Abschlußprüfung bestanden, außerdem danach mindestens fünf Jahre hindurch praktisch gearbeitet hat und im Besitz der erforderlichen Rechtskenntnisse ist. [2]Der Besuch ausländischer Universitäten, Hochschulen oder Akademien kann bis zur Dauer von zwei Jahren auf die Studienzeit angerechnet werden; die Abschlußprüfung muß auch in diesem Fall im Inland abgelegt worden sein.

(3) [1]Wenn ein voraussichtlich zeitlich begrenztes Bedürfnis besteht, kann der Präsident des Patentamts Personen, welche die für die Mitglieder geforderte Vorbildung haben (Absatz 1 und 2), mit den Verrichtungen eines Mitglieds des Patentamts beauftragen (Hilfsmitglieder). [2]Der Auftrag kann auf eine bestimmte Zeit oder für die Dauer des Bedürfnisses erteilt werden und ist so lange nicht widerruflich. [3]Im übrigen gelten die Vorschriften über Mitglieder auch für die Hilfsmitglieder.

§ 69. [Öffentlichkeit der Verhandlungen; Sitzungspolizei] (1) [1]Die Verhandlung vor den Beschwerdesenaten ist öffentlich, sofern ein Hinweis auf die Möglichkeit der Akteneinsicht nach § 32 Abs. 5 oder die Patentschrift nach § 58 Abs. 1 veröffentlich worden ist. [2]Die §§ 172 bis 175 des Gerichtsverfassungsgesetzes sind entsprechend anzuwenden mit der Maßgabe, daß

1. die Öffentlichkeit für die Verhandlung auf Antrag eines Beteiligten auch dann ausgeschlossen werden kann, wenn sie eine Gefährdung schutzwürdiger Interessen des Antragstellers besorgen läßt,

2. die Öffentlichkeit für die Verkündung der Beschlüsse bis zur Veröffentlichung eines Hinweises auf die Möglichkeit der Akteneinsicht nach § 32, Abs. 5 oder bis zur Veröffentlichung der Patentschrift nach § 58 Abs. 1 ausgeschlossen ist.

(2) [1]Die Verhandlung vor den Nichtigkeitssenaten einschließlich der Verkündung der Entscheidungen ist öffentlich. [2]Absatz 1 Satz 2 Nr. 1 gilt entsprechend.

III. Anhang 16

(3) ¹Die Aufrechterhaltung der Ordnung in den Sitzungen der Senate obliegt dem Vorsitzenden. ²Die §§ 177 bis 180, 182 und 183 des Gerichtsverfassungsgesetzes über die Sitzungspolizei gelten entsprechend.

§ 73. [Zulässigkeit; Form; Frist; Gebühren] (1) Gegen die Beschlüsse der Prüfungsstellen und Patentabteilungen findet die Beschwerde statt.

(2) ¹Die Beschwerde ist innerhalb eines Monats nach Zustellung schriftlich beim Patentamt einzulegen. ²Der Beschwerde und allen Schriftsätzen sollen Abschriften für die übrigen Beteiligten beigefügt werden. ³Die Beschwerde und alle Schriftsätze, die Sachanträge oder die Erklärung der Zurücknahme der Beschwerde oder eines Antrags enthalten, sind den übrigen Beteiligten von Amts wegen zuzustellen; andere Schriftsätze sind ihnen formlos mitzuteilen, sofern nicht die Zustellung angeordnet wird.

(3) Richtet sich die Beschwerde gegen einen Beschluß, durch den die Anmeldung zurückgewiesen oder über die Aufrechterhaltung, den Widerruf oder die Beschränkung des Patents entschieden wird, so ist innerhalb der Beschwerdefrist eine Gebühr nach dem Tarif zu entrichten; wird sie nicht entrichtet, so gilt die Beschwerde als nicht erhoben.

(4) ¹Erachtet die Stelle, deren Beschluß angefochten wird, die Beschwerde für begründet, so hat sie ihr abzuhelfen. ²Sie kann anordnen, daß die Beschwerdegebühr zurückgezahlt wird. ³Wird der Beschwerde nicht abgeholfen, so ist sie vor Ablauf von drei Monaten ohne sachliche Stellungnahme dem Patentgericht vorzulegen.

(5) Steht dem Beschwerdeführer ein anderer an dem Verfahren Beteiligter gegenüber, so gilt die Vorschrift des Absatzes 4 Satz 1 nicht.

§ 74. [Beschwerdeberechtigte] (1) Die Beschwerde steht den am Verfahren vor dem Patentamt Beteiligten zu.

(2) In den Fällen des § 31 Abs. 5 und des § 50 Abs. 1 und 2 steht die Beschwerde auch der zuständigen obersten Bundesbehörde zu.

§ 75. [Aufschiebende Wirkung] (1) Die Beschwerde hat aufschiebende Wirkung.

(2) Die Beschwerde hat jedoch keine aufschiebende Wirkung, wenn sie sich gegen einen Beschluß der Prüfungsstelle richtet, durch den eine Anordnung nach § 50 Abs. 1 erlassen worden ist.

§ 76. [Befugnisse des Präsidenten des Patentamts] ¹Der Präsident des Patentamts kann, wenn er dies zur Wahrung des öffentlichen Interesses als angemessen erachtet, im Beschwerdeverfahren dem Patentgericht gegenüber schriftliche Erklärungen abgeben, den Terminen beiwohnen und in ihnen Ausführungen machen. ²Schriftliche Erklärungen des Präsidenten des Patentamts sind den Beteiligten von dem Patentgericht mitzuteilen.

Auszug aus dem Patentgesetz

§ 77. [Beitritt des Präsidenten des Patentamts] ¹Das Patentgericht kann, wenn es dies wegen einer Rechtsfrage von grundsätzlicher Bedeutung als angemessen erachtet, dem Präsidenten des Patentamts anheimgeben, dem Beschwerdeverfahren beizutreten. ²Mit dem Eingang der Beitrittserklärung erlangt der Präsident des Patentamts die Stellung eines Beteiligten.

§ 78. [Mündliche Verhandlung] Eine mündliche Verhandlung findet statt, wenn

1. einer der Beteiligten sie beantragt,
2. vor dem Patentgericht Beweis erhoben wird (§ 88 Abs. 1) oder
3. das Patentgericht sie für sachdienlich erachtet.

§ 79. [Beschwerdeentscheidung] (1) Über die Beschwerde wird durch Beschluß entschieden.

(2) ¹Ist die Beschwerde nicht statthaft oder nicht in der gesetzlichen Form und Frist eingelegt, so wird sie als unzulässig verworfen. ²Der Beschluß kann ohne mündliche Verhandlung ergehen.

(3) ¹Das Patentgericht kann die angefochtene Entscheidung aufheben, ohne in der Sache selbst zu entscheiden, wenn

1. das Patentamt noch nicht in der Sache selbst entschieden hat,
2. das Verfahren vor dem Patentamt an einem wesentlichen Mangel leidet,
3. neue Tatsachen oder Beweismittel bekannt werden, die für die Entscheidung wesentlich sind.

²Das Patentamt hat die rechtliche Beurteilung, die der Aufhebung zugrunde liegt, auch seiner Entscheidung zugrunde zu legen.

§ 80. [Kostenentscheidung] (1) ¹Sind an dem Verfahren mehrere Personen beteiligt, so kann das Patentgericht bestimmen, daß die Kosten des Verfahrens einem Beteiligten ganz oder teilweise zur Last fallen, wenn dies der Billigkeit entspricht. ²Es kann insbesondere auch bestimmen, daß die den Beteiligten erwachsenen Kosten, soweit sie nach billigem Ermessen zur zweckentsprechenden Wahrung der Ansprüche und Rechte notwendig waren, von einem Beteiligten ganz oder teilweise zu erstatten sind.

(2) Dem Präsidenten des Patentamts können Kosten nur auferlegt werden, wenn er nach seinem Beitritt in dem Verfahren Anträge gestellt hat.

(3) Das Patentgericht kann anordnen, daß die Beschwerdegebühr (§ 37 Abs. 3) zurückgezahlt wird.

(4) Die Absätze 1 bis 3 sind auch anzuwenden, wenn ganz oder teilweise die Beschwerde, die Anmeldung oder der Einspruch zurückgenommen oder auf das Patent verzichtet wird.

(5) Im übrigen gelten die Vorschriften der Zivilprozeßordnung über das Kostenfestsetzungsverfahren und die Zwangsvollstreckung aus Kostenfestsetzungsbeschlüssen entsprechend.

§ 86. [Ausschließung und Ablehnung von Gerichtspersonen] (1) Für die Ausschließung und Ablehnung der Gerichtspersonen gelten die §§ 41 bis 44, 47 bis 49 der Zivilprozeßordnung entsprechend.

(2) Von der Ausübung des Amtes als Richter ist auch ausgeschlossen

1. im Beschwerdeverfahren, wer bei dem vorausgegangenen Verfahren vor dem Patentamt mitgewirkt hat;
2. im Verfahren über die Erklärung der Nichtigkeit des Patents, wer bei dem Verfahren vor dem Patentamt oder dem Patentgericht über die Erteilung des Patents oder den Einspruch mitgewirkt hat.

(3) ^{1}Über die Ablehnung eines Richters entscheidet der Senat, dem der Abgelehnte angehört. ^{2}Wird der Senat durch das Ausscheiden des abgelehnten Mitglieds beschlußunfähig, so entscheidet ein Beschwerdesenat des Patentgerichts in der Besetzung mit drei rechtskundigen Mitgliedern.

(4) Über die Ablehnung eines Urkundsbeamten entscheidet der Senat, in dessen Geschäftsbereich die Sache fällt.

§ 87. [Untersuchungsgrundsatz; Vorbereitung der Verhandlung] (1) ^{1}Das Patentgericht erforscht den Sachverhalt von Amts wegen. ^{2}Es ist an das Vorbringen und die Beweisanträge der Beteiligten nicht gebunden.

(2) ^{1}Der Vorsitzende oder ein von ihm zu bestimmendes Mitglied hat schon vor der mündlichen Verhandlung oder, wenn eine solche nicht stattfindet, vor der Entscheidung des Patentgerichts alle Anordnungen zu treffen, die notwendig sind, um die Sache möglichst in einer mündlichen Verhandlung oder in einer Sitzung zu erledigen. ^{2}Im übrigen gilt § 273 Abs. 2, 3 Satz 1 und Abs. 4 Satz 1 der Zivilprozeßordnung entsprechend.

§ 88. [Beweiserhebung] (1) ^{1}Das Patentgericht erhebt Beweis in der mündlichen Verhandlung. ^{2}Es kann insbesondere Augenschein einnehmen, Zeugen, Sachverständige und Beteiligte vernehmen und Urkunden heranziehen.

(2) Das Patentgericht kann in geeigneten Fällen schon vor der mündlichen Verhandlung durch eines seiner Mitglieder als beauftragten Richter Beweis erheben lassen oder unter Bezeichnung der einzelnen Beweisfragen ein anderes Gericht um die Beweisaufnahme ersuchen.

(3) ^{1}Die Beteiligten werden von allen Beweisterminen benachrichtigt und können der Beweisaufnahme beiwohnen. ^{2}Sie können an Zeugen und Sachverständige sachdienliche Fragen richten. ^{3}Wird eine Frage beanstandet, so entscheidet das Patentgericht.

Auszug aus dem Patentgesetz

§ 89. [Ladungen] (1) ¹Sobald der Termin zur mündlichen Verhandlung bestimmt ist, sind die Beteiligten mit einer Ladungsfrist von mindestens zwei Wochen zu laden. ²In dringenden Fällen kann der Vorsitzende die Frist abkürzen.

(2) Bei der Ladung ist darauf hinzuweisen, daß beim Ausbleiben eines Beteiligten auch ohne ihn verhandelt und entschieden werden kann.

§ 90. [Gang der Verhandlung] (1) Der Vorsitzende eröffnet und leitet die mündliche Verhandlung.

(2) Nach Aufruf der Sache trägt der Vorsitzende oder der Berichterstatter den wesentlichen Inhalt der Akten vor.

(3) Hierauf erhalten die Beteiligten das Wort, um ihre Anträge zu stellen und zu begründen.

§ 91. [Richterliche Fragepflicht] (1) Der Vorsitzende hat die Sache mit den Beteiligten tatsächlich und rechtlich zu erörtern.

(2) ¹Der Vorsitzende hat jedem Mitglied des Senats auf Verlangen zu gestatten, Fragen zu stellen. ²Wird eine Frage beanstandet, so entscheidet der Senat.

(3) ¹Nach Erörterung der Sache erklärt der Vorsitzende die mündliche Verhandlung für geschlossen. ²Der Senat kann die Wiedereröffnung beschließen.

§ 92. [Verhandlungsniederschrift] (1) ¹Zur mündlichen Verhandlung und zu jeder Beweisaufnahme wird ein Urkundsbeamter der Geschäftsstelle als Schriftführer zugezogen. ²Wird auf Anordnung des Vorsitzenden von der Zuziehung des Schriftführers abgesehen, dann besorgt ein Richter die Niederschrift.

(2) ¹Über die mündliche Verhandlung und jede Beweisaufnahme ist eine Niederschrift aufzunehmen. ²Die §§ 160 bis 165 der Zivilprozeßordnung sind entsprechend anzuwenden.

§ 93. [Freie Beweiswürdigung; erkennende Richter] (1) ¹Das Patentgericht entscheidet nach seiner freien, aus dem Gesamtergebnis des Verfahrens gewonnenen Überzeugung. ²In der Entscheidung sind die Gründe anzugeben, die für die richterliche Überzeugung leitend gewesen sind.

(2) Die Entscheidung darf nur auf Tatsachen und Beweisergebnisse gestützt werden, zu denen die Beteiligten sich äußern konnten.

(3) Ist eine mündliche Verhandlung vorhergegangen, so kann ein Richter, der bei der letzten mündlichen Verhandlung nicht zugegen war, bei der Beschlußfassung nur mitwirken, wenn die Beteiligten zustimmen.

§ 94. [Verkündung; Zustellung; Begründung] (1) ¹Die Entscheidungen des Patentgerichts werden, wenn eine mündliche Verhandlung stattgefunden hat, in dem Termin, in dem die mündliche Verhandlung geschlossen wird, oder in einem sofort anzuberaumenden Termin verkündet. ²Dieser soll nur dann über

III. Anhang 16

drei Wochen hinaus angesetzt werden, wenn wichtige Gründe, insbesondere der Umfang oder die Schwierigkeit der Sache, dies erfordern. ³Die Endentscheidungen sind den Beteiligten von Amts wegen zuzustellen. ⁴Statt der Verkündung ist die Zustellung der Endentscheidung zulässig. ⁵Entscheidet das Patentgericht ohne mündliche Verhandlung, so wird die Verkündung durch Zustellung an die Beteiligten ersetzt.

(2) Die Entscheidungen des Patentgerichts, durch die ein Antrag zurückgewiesen oder über ein Rechtsmittel entschieden wird, sind zu begründen.

§ 95. [Berichtigung der Entscheidung] (1) Schreibfehler, Rechenfehler und ähnliche offenbare Unrichtigkeiten in der Entscheidung sind jederzeit vom Patentgericht zu berichtigen.

(2) ¹Über die Berichtigung kann ohne vorgängige mündliche Verhandlung entschieden werden. ²Der Berichtigungsbeschluß wird auf der Entscheidung und den Ausfertigungen vermerkt.

§ 96. [Antrag auf Berichtigung] (1) Enthält der Tatbestand der Entscheidung andere Unrichtigkeiten oder Unklarheiten, so kann die Berichtigung innerhalb von zwei Wochen nach Zustellung der Entscheidung beantragt werden.

(2) ¹Das Patentgericht entscheidet ohne Beweisaufnahme durch Beschluß. ²Hierbei wirken nur die Richter mit, die bei der Entscheidung, deren Berichtigung beantragt ist, mitgewirkt haben. ³Der Berichtigungsbeschluß wird auf der Entscheidung und den Ausfertigungen vermerkt.

§ 97. [Vertretung] (1) ¹Vor dem Patentgericht kann sich ein Beteiligter in jeder Lage des Verfahrens durch einen Bevollmächtigten vertreten lassen. ²Durch Beschluß kann angeordnet werden, daß ein Bevollmächtigter bestellt werden muß. ³§ 25 bleibt unberührt.

(2) ¹Die Vollmacht ist schriftlich zu den Gerichtsakten einzureichen. ²Sie kann nachgereicht werden; hierfür kann das Patentgericht eine Frist bestimmen.

(3) ¹Der Mangel der Vollmacht kann in jeder Lage des Verfahrens geltend gemacht werden. ²Das Patentgericht hat den Mangel der Vollmacht von Amts wegen zu berücksichtigen, wenn nicht als Bevollmächtigter ein Rechtsanwalt oder ein Patentanwalt auftritt.

§ 98. [Auslagen] Im Verfahren vor dem Patentgericht gilt für die Auslagen das Gerichtskostengesetz entsprechend.

§ 99. [Entsprechende Anwendung des GVG und der ZPO] (1) Soweit dieses Gesetz keine Bestimmungen über das Verfahren vor dem Patentgericht enthält, sind das Gerichtsverfassungsgesetz und die Zivilprozeßordnung entsprechend anzuwenden, wenn die Besonderheiten des Verfahrens vor dem Patentgericht dies nicht ausschließen.

Auszug aus dem Patentgesetz

(2) Eine Anfechtung der Entscheidungen des Patentgerichts findet nur statt, soweit dieses Gesetz sie zuläßt.

(3) ¹Für die Gewährung der Akteneinsicht an dritte Personen ist § 31 entsprechend anzuwenden. ²Über den Antrag entscheidet das Patentgericht. ³Die Einsicht in die Akten von Verfahren wegen Erklärung der Nichtigkeit des Patents wird nicht gewährt, wenn und soweit der Patentinhaber ein entgegenstehendes schutzwürdiges Interesse dartut.

(4) Die Vorschriften des Gerichtsverfassungsgesetzes über Gerichtsferien sind nicht anzuwenden.

Sechster Abschnitt. Verfahren vor dem Bundesgerichtshof

1. Rechtsbeschwerdeverfahren

§ 100. [Zulassung der Rechtsbeschwerde] (1) Gegen die Beschlüsse der Beschwerdesenate des Patentgerichts, durch die über eine Beschwerde nach § 73 entschieden wird, findet die Rechtsbeschwerde an den Bundesgerichtshof statt, wenn der Beschwerdesenat die Rechtsbeschwerde in dem Beschluß zugelassen hat.

(2) Die Rechtsbeschwerde ist zuzulassen, wenn

1. eine Rechtsfrage von grundsätzlicher Bedeutung zu entscheiden ist oder

2. die Fortbildung des Rechts oder die Sicherung einer einheitlichen Rechtsprechung eine Entscheidung des Bundesgerichtshofs erfordert.

(3) Einer Zulassung zur Einlegung der Rechtsbeschwerde gegen Beschlüsse der Beschwerdesenate des Patentgerichts bedarf es nicht, wenn einer der folgenden Mängel des Verfahrens vorliegt und gerügt wird:

1. wenn das beschließende Gericht nicht vorschriftsmäßig besetzt war,

2. wenn bei dem Beschluß ein Richter mitgewirkt hat, der von der Ausübung des Richteramtes kraft Gesetzes ausgeschlossen oder wegen Besorgnis der Befangenheit mit Erfolg abgelehnt war,

3. wenn ein Beteiligter im Verfahren nicht nach Vorschrift des Gesetzes vertreten war, sofern er nicht der Führung des Verfahrens ausdrücklich oder stillschweigend zugestimmt hat,

4. wenn der Beschluß auf Grund einer mündlichen Verhandlung ergangen ist, bei der die Vorschriften über die Öffentlichkeit des Verfahrens verletzt worden sind, oder

5. wenn der Beschluß nicht mit Gründen versehen ist.

§ 101. [Beschwerdeberechtigte; Beschwerdegründe] (1) Die Rechtsbeschwerde steht den am Beschwerdeverfahren Beteiligten zu.

III. Anhang 16

(2) ¹Die Rechtsbeschwerde kann nur darauf gestützt werden, daß der Beschluß auf einer Verletzung des Gesetzes beruht. ²Die §§ 550 und 551 Nr. 1 bis 3 und 5 bis 7 der Zivilprozeßordnung gelten entsprechend.

§ 102. [Frist; Form; Gebühren; Begründung] (1) Die Rechtsbeschwerde ist innerhalb eines Monats nach Zustellung des Beschlusses beim Bundesgerichtshof schriftlich einzulegen.

(2) ¹In dem Rechtsbeschwerdeverfahren vor dem Bundesgerichtshof richten sich die Gebühren und Auslagen nach den Vorschriften des Gerichtskostengesetzes. ²Für das Verfahren wird eine volle Gebühr erhoben, die nach den Sätzen berechnet wird, die für das Verfahren in der Revisionsinstanz gelten. ³Die Bestimmungen des § 144 über die Streitwertfestsetzung gelten entsprechend.

(3) ¹Die Rechtsbeschwerde ist zu begründen. ²Die Frist für die Begründung beträgt einen Monat; sie beginnt mit der Einlegung der Rechtsbeschwerde und kann auf Antrag von dem Vorsitzenden verlängert werden.

(4) Die Begründung der Rechtsbeschwerde muß enthalten

1. die Erklärung, inwieweit der Beschluß angefochten und seine Abänderung oder Aufhebung beantragt wird;

2. die Bezeichnung der verletzten Rechtsnorm;

3. insoweit die Rechtsbeschwerde darauf gestützt wird, daß das Gesetz in bezug auf das Verfahren verletzt sei, die Bezeichnung der Tatsachen, die den Mangel ergeben.

(5) ¹Vor dem Bundesgerichtshof müssen sich die Beteiligten durch einen beim Bundesgerichtshof zugelassenen Rechtsanwalt als Bevollmächtigten vertreten lassen. ²Auf Antrag eines Beteiligten ist seinem Patentanwalt das Wort zu gestatten. ³§ 157 Abs. 1 und 2 der Zivilprozeßordnung ist insoweit nicht anzuwenden. ⁴§ 143 Abs. 5 gilt entsprechend.

§ 103. [Aufschiebende Wirkung] ¹Die Rechtsbeschwerde hat aufschiebende Wirkung. ²§ 75 Abs. 2 gilt entsprechend.

§ 104. [Prüfung der Zulässigkeit] ¹Der Bundesgerichtshof hat von Amts wegen zu prüfen, ob die Rechtsbeschwerde an sich statthaft und ob sie in der gesetzlichen Form und Frist eingelegt und begründet ist. ²Mangelt es an einem dieser Erfordernisse, so ist die Rechtsbeschwerde als unzulässig zu verwerfen.

§ 105. [Mehrere Beteiligte] (1) ¹Sind an dem Verfahren über die Rechtsbeschwerde mehrere Personen beteiligt, so sind die Beschwerdeschrift und die Beschwerdebegründung den anderen Beteiligten mit der Aufforderung zuzustellen, etwaige Erklärungen innerhalb einer bestimmten Frist nach Zustellung beim Bundesgerichtshof schriftlich einzureichen. ²Mit der Zustellung der Beschwerdeschrift ist der Zeitpunkt mitzuteilen, in dem die Rechtsbeschwerde eingelegt ist. ³Die erforderliche Zahl von beglaubigten Abschriften soll der Beschwerdeführer mit der Beschwerdeschrift oder der Beschwerdebegründung einreichen.

(2) Ist der Präsident des Patentamts nicht am Verfahren über die Rechtsbeschwerde beteiligt, so ist § 76 entsprechend anzuwenden.

§ 106. [Anzuwendende Vorschriften] (1) [1]Im Verfahren über die Rechtsbeschwerde gelten die Vorschriften der Zivilprozeßordnung über Ausschließung und Ablehnung der Gerichtspersonen, über Prozeßbevollmächtigte und Beistände, über Zustellungen von Amts wegen, über Ladungen, Termine und Fristen und über Wiedereinsetzung in den vorigen Stand entsprechend. [2]Im Falle der Wiedereinsetzung in den vorigen Stand gilt § 123 Abs. 5 entsprechend.

(2) Für die Öffentlichkeit des Verfahrens gilt § 69 Abs. 1 entsprechend.

§ 107. [Entscheidung durch Beschluß] (1) Die Entscheidung über die Rechtsbeschwerde ergeht durch Beschluß; sie kann ohne mündliche Verhandlung getroffen werden.

(2) Der Bundesgerichtshof ist bei seiner Entscheidung an die in dem angefochtenen Beschluß getroffenen tatsächlichen Feststellungen gebunden, außer wenn in bezug auf diese Feststellungen zulässige und begründete Rechtsbeschwerdegründe vorgebracht sind.

(3) Die Entscheidung ist zu begründen und den Beteiligten von Amts wegen zuzustellen.

§ 108. [Zurückverweisung an das Patentgericht] (1) Im Falle der Aufhebung des angefochtenen Beschlusses ist die Sache zur anderweitigen Verhandlung und Entscheidung an das Patentgericht zurückzuverweisen.

(2) Das Patentgericht hat die rechtliche Beurteilung, die der Aufhebung zugrunde gelegt ist, auch seiner Entscheidung zugrunde zu legen.

§ 109. [Kostenentscheidung] (1) [1]Sind an dem Verfahren über die Rechtsbeschwerde mehrere Personen beteiligt, so kann der Bundesgerichtshof bestimmen, daß die Kosten, die zur zweckentsprechenden Erledigung der Angelegenheit notwendig waren, von einem Beteiligten ganz oder teilweise zu erstatten sind, wenn dies der Billigkeit entspricht. [2]Wird die Rechtsbeschwerde zurückgewiesen oder als unzulässig verworfen, so sind die durch die Rechtsbeschwerde veranlaßten Kosten dem Beschwerdeführer aufzuerlegen. [3]Hat ein Beteiligter durch grobes Verschulden Kosten veranlaßt, so sind ihm diese aufzuerlegen.

(2) Dem Präsidenten des Patentamts können Kosten nur auferlegt werden, wenn er die Rechtsbeschwerde eingelegt oder in dem Verfahren Anträge gestellt hat.

(3) Im übrigen gelten die Vorschriften der Zivilprozeßordnung über das Kostenfestsetzungsverfahren und die Zwangsvollstreckung aus Kostenfestsetzungsbeschlüssen entsprechend.

III. Anhang 16

§ 123. [Wiedereinsetzung in den vorigen Stand] (1) ¹Wer ohne Verschulden verhindert war, dem Patentamt oder dem Patentgericht gegenüber eine Frist einzuhalten, deren Versäumung nach gesetzlicher Vorschrift einen Rechtsnachteil zur Folge hat, ist auf Antrag wieder in den vorigen Stand einzusetzen. ²Dies gilt nicht für die Frist zur Erhebung des Einspruchs (§ 59 Abs. 1), für die Frist, die dem Entsprechenden zur Einlegung der Beschwerde gegen die Aufrechterhaltung des Patents zusteht (§ 73 Abs. 2), und für die Frist zur Einreichung von Anmeldungen, für die eine Priorität in Anspruch genommen werden kann.

(2) ¹Die Wiedereinsetzung muß innerhalb von zwei Monaten nach Wegfall des Hindernisses schriftlich beantragt werden. ²Der Antrag muß die Angabe der die Wiedereinsetzung begründenden Tatsachen enthalten; diese sind bei der Antragstellung oder im Verfahren über den Antrag glaubhaft zu machen. ³Innerhalb der Antragsfrist ist die versäumte Handlung nachzuholen; ist dies geschehen, so kann Wiedereinsetzung auch ohne Antrag gewährt werden. ⁴Ein Jahr nach Ablauf der versäumten Frist kann die Wiedereinsetzung nicht mehr beantragt und die versäumte Handlung nicht mehr nachgeholt werden.

(3) Über den Antrag beschließt die Stelle, die über die nachgeholte Handlung zu beschließen hat.

(4) Die Wiedereinsetzung ist unanfechtbar.

(5) ¹Wer im Inland in gutem Glauben den Gegenstand eines Patents, das infolge der Wiedereinsetzung wieder in Kraft tritt, in der Zeit zwischen dem Erlöschen und dem Wiederinkrafttreten des Patents in Benutzung genommen oder in dieser Zeit die dazu erforderlichen Veranstaltungen getroffen hat, ist befugt, den Gegenstand des Patents für die Bedürfnisse seines eigenen Betriebs in eigenen oder fremden Werkstätten weiterzubenutzen. ²Diese Befugnis kann nur zusammen mit dem Betrieb vererbt oder veräußert werden.

(6) Absatz 5 ist entsprechend anzuwenden, wenn die Wirkung nach § 33 Abs. 1 infolge der Wiedereinsetzung wieder in Kraft tritt.

§ 124. [Wahrheitspflicht] Im Verfahren vor dem Patentamt, dem Patentgericht und dem Bundesgerichtshof haben die Beteiligten ihre Erklärungen über tatsächliche Umstände vollständig und der Wahrheit gemäß abzugeben.

§ 126. [Amtssprache] ¹Die Sprache vor dem Patentamt und dem Patentgericht ist deutsch. ²Eingaben in anderer Sprache werden nicht berücksichtigt. ³Im übrigen finden die Vorschriften des Gerichtsverfassungsgesetzes über die Gerichtssprache* Anwendung.

§ 127. [Anwendung des Verwaltungszustellungsgesetzes] (1) Für Zustellungen im Verfahren vor dem Patentamt und dem Patentgericht gelten die Vorschriften des Verwaltungszustellungsgesetzes mit folgenden Maßgaben:

1. Wird die Annahme der Zustellung durch eingeschriebenen Brief ohne gesetzlichen Grund verweigert, so gilt die Zustellung gleichwohl als bewirkt.

2. Zustellungen an Empfänger, die sich im Ausland aufhalten, können auch durch Aufgabe zur Post nach §§ 175, 213 der Zivilprozeßordnung bewirkt werden.

3. Für Zustellungen an Erlaubnisscheininhaber (§ 177 der Patentanwaltsordnung) ist § 5 Abs. 2 des Verwaltungszustellungsgesetzes entsprechend anzuwenden.

4. [1]An Empfänger, denen beim Patentamt oder beim Patentgericht ein Abholfach eingerichtet worden ist, kann auch dadurch zugestellt werden, daß das Schriftstück im Abholfach des Empfängers niedergelegt wird. [2]Über die Niederlegung ist eine schriftliche Mitteilung zu den Akten zu geben. [3]Auf dem Schriftstück ist zu vermerken, wann es niedergelegt worden ist. [4]Die Zustellung gilt als am dritten Tag nach der Niederlegung im Abholfach bewirkt.

5. Ist ein Vertreter bestellt und die Vollmacht schriftlich zu den Akten eingereicht, so sind die Zustellungen an den Vertreter zu richten.

(2) § 9 Abs. 1 des Verwaltungsgesetzes ist nicht anzuwenden, wenn mit der Zustellung die Frist für die Einlegung der Beschwerde (§ 73 Abs. 2, § 122 Abs. 2) oder der Rechtsbeschwerde (§ 102 Abs. 1) oder für die Einlegung der Berufung (§ 110 Abs. 1) oder für den Antrag auf Entscheidung des Bundesgerichtshofs (§ 112 Abs. 2) beginnt.

§ 128. [Rechtshilfe] (1) Die Gerichte sind verpflichtet, dem Patentamt und dem Patentgericht Rechtshilfe zu leisten.

(2) [1]Im Verfahren vor dem Patentamt setzt das Patentgericht Ordnungs- oder Zwangsmittel gegen Zeugen oder Sachverständige, die nicht erscheinen oder ihre Aussage oder deren Beeidigung verweigern, auf Ersuchen des Patentamts fest. [2]Ebenso ist die Vorführung eines nicht erschienenen Zeugen anzuordnen.

(3) [1]Über das Ersuchen nach Absatz 2 entscheidet ein Beschwerdesenat des Patentgerichts in der Besetzung mit drei rechtskundigen Mitgliedern. [2]Die Entscheidung ergeht durch Beschluß.

Achter Abschnitt. Verfahrenskostenhilfe

§ 129. [Verfahrenskostenhilfe] [1]Im Verfahren vor dem Patentamt, dem Patentgericht und dem Bundesgerichtshof erhält ein Beteiligter Verfahrenskostenhilfe nach Maßgabe der Vorschriften der §§ 130 bis 138. [2]Angehörige ausländischer Staaten, mit Ausnahme der Mitgliedstaaten der Europäischen Gemeinschaften, erhalten die Verfahrenskostenhilfe nur, soweit die Gegenseitigkeit verbürgt ist.

§ 130. [Patenterteilungsverfahren] (1) [1]Im Verfahren zur Erteilung des Patents erhält der Anmelder auf Antrag unter entsprechender Anwendung der §§ 114 bis 116 der Zivilprozeßordnung Verfahrenskostenhilfe, wenn hinrei-

III. Anhang 16

chende Aussicht auf Erteilung des Patents besteht. ²Die Zahlungen sind an die Bundeskasse zu leisten.

(2) ¹Die Bewilligung der Verfahrenskostenhilfe bewirkt, daß bei den Gebühren, die Gegenstand der Verfahrenskostenhilfe sind, die für den Fall der Nichtzahlung vorgesehenen Rechtsfolgen nicht eintreten. ²Im übrigen ist § 122 Abs. 1 der Zivilprozeßordnung entsprechend anzuwenden.

(3) Beantragen mehrere gemeinsam das Patent, so erhalten sie die Verfahrenskostenhilfe nur, wenn alle Anmelder die Voraussetzungen des Absatzes 1 erfüllen.

(4) Ist der Anmelder nicht der Erfinder oder dessen Gesamtrechtsnachfolger, so erhält er die Verfahrenskostenhilfe nur, wenn auch der Erfinder die Voraussetzungen des Absatzes 1 erfüllt.

(5) ¹Auf Antrag können so viele Jahresgebühren an Stelle einer gewährten oder nach § 18 Abs. 1 zu gewährenden Stundung in die Verfahrenskostenhilfe einbezogen werden, wie erforderlich ist, um die einer Bewilligung der Verfahrenskostenhilfe nach § 115 Abs. 3 der Zivilprozeßordnung entgegenstehende Beschränkung auszuschließen. ²Die gezahlten Raten sind erst dann auf die Jahresgebühren zu verrechnen, wenn die Kosten des Patenterteilungsverfahrens einschließlich etwa entstandener Kosten für einen beigeordneten Vertreter durch die Ratenzahlungen gedeckt sind. ³Soweit die Jahresgebühren durch die gezahlten Raten als entrichtet angesehen werden können, ist § 19 entsprechend anzuwenden. ⁴Satz 1 ist auf die Einbeziehung der Gebühren nach § 23 Abs. 4 Satz 3 und Abs. 5 Satz 2 in die Verfahrenskostenhilfe entsprechend anzuwenden.

(6) Die Absätze 1 bis 3 sind in den Fällen der §§ 43 und 44 auf den antragstellenden Dritten entsprechend anzuwenden, wenn dieser ein eigenes schutzwürdiges Interesse glaubhaft macht.

§ 131. [Patentbeschränkungsverfahren] Im Verfahren zur Beschränkung des Patents (§ 64) sind die Bestimmungen des § 130 Abs. 1, 2 und 5 entsprechend anzuwenden.

§ 132. [Einspruchsverfahren] (1) ¹Im Einspruchsverfahren (§§ 59 bis 62) erhält der Patentinhaber auf Antrag unter entsprechender Anwendung der §§ 114 bis 116 der Zivilprozeßordnung und des § 130 Abs. 1 Satz 2 und Abs. 2, 4 und 5 Verfahrenskostenhilfe. ²Hierbei ist nicht zu prüfen, ob die Rechtsverteidigung hinreichende Aussicht auf Erfolg bietet.

(2) Absatz 1 Satz 1 ist auf den Einsprechenden und den gemäß § 59 Abs. 2 beitretenden Dritten sowie auf die Beteiligten im Verfahren wegen Erklärung der Nichtigkeit oder Zurücknahme des Patents oder wegen einer Zwangslizenz entsprechend anzuwenden, wenn der Antragsteller ein eigenes schutzwürdiges Interesse glaubhaft macht.

§ 133. [Beiordnung eines Patentanwalts oder Rechtsanwalts] ¹Einem Beteiligten, dem die Verfahrenskostenhilfe nach den Vorschriften der §§ 130 bis 132 bewilligt worden ist, wird auf Antrag ein zur Übernahme der Vertretung bereiter Patentanwalt oder Rechtsanwalt seiner Wahl oder auf ausdrückliches Verlangen ein Erlaubnisscheininhaber beigeordnet, wenn die Vertretung zur sachdienlichen Erledigung des Verfahrens erforderlich erscheint oder ein Beteiligter mit entgegengesetzten Interessen durch einen Patentanwalt, einen Rechtsanwalt oder einen Erlaubnisscheininhaber vertreten ist. [2]§ 121 Abs. 3 und 4 der Zivilprozeßordnung ist entsprechend anzuwenden.

§ 134. [Hemmung von Gebührenfristen] Wird das Gesuch um Bewilligung der Verfahrenskostenhilfe nach den §§ 130 bis 132 vor Ablauf einer für die Zahlung einer Gebühr vorgeschriebenen Frist eingereicht, so wird der Lauf dieser Frist bis zum Ablauf von einem Monat nach Zustellung des auf das Gesuch ergehenden Beschlusses gehemmt.

§ 135. [Gesuch um Bewilligung der Verfahrenskostenhilfe] (1) [1]Das Gesuch um Bewilligung der Verfahrenskostenhilfe ist schriftlich beim Patentamt oder beim Patentgericht einzureichen. [2]Im Verfahren nach den §§ 110 und 122 kann das Gesuch auch beim Bundesgerichtshof eingereicht werden, wenn das Patentgericht die Akten diesem vorgelegt hat.

(2) [1]Über das Gesuch beschließt die Stelle, die für das Verfahren zuständig ist, für welches die Verfahrenskostenhilfe nachgesucht wird. [2]Jedoch beschließt über das Gesuch im Verfahren nach § 110 das Patentgericht, wenn die Berufung nach § 112 als unzulässig zu verwerfen ist.

(3) [1]Die nach den §§ 130 bis 133 ergehenden Beschlüsse sind unanfechtbar, soweit es sich nicht um einen Beschluß der Patentabteilung handelt, durch den die Patentabteilung die Verfahrenskostenhilfe oder die Beiordnung eines Vertreters nach § 133 verweigert; die Rechtsbeschwerde ist ausgeschlossen. [2]§ 127 Abs. 3 der Zivilprozeßordnung ist auf das Verfahren vor dem Patentgericht entsprechend anzuwenden.

§ 136. [Anwendung von Vorschriften der ZPO] [1]Die Vorschriften des § 117 Abs. 2 bis 4, des § 118 Abs. 2 und 3, der §§ 119 und 120 Abs. 1, 3 und 4 sowie der §§ 124 und 127 Abs. 1 und 2 der Zivilprozeßordnung sind entsprechend anzuwenden. [2]Im Einspruchsverfahren sowie in den Verfahren wegen Erklärung der Nichtigkeit oder Zurücknahme des Patents oder wegen Erteilung einer Zwangslizenz gilt dies auch für § 117 Abs. 1 Satz 2, § 118 Abs. 1, § 122 Abs. 2 sowie die §§ 123, 125 und 126 der Zivilprozeßordnung.

§ 137. [Aufhebung der Verfahrenskostenhilfe] [1]Die Verfahrenskostenhilfe kann aufgehoben werden, wenn die angemeldete oder durch ein Patent geschützte Erfindung, hinsichtlich deren Verfahrenskostenhilfe gewährt worden ist, durch Veräußerung, Benutzung, Lizenzvergabe oder auf sonstige Weise wirtschaftlich verwertet wird und die hieraus fließenden Einkünfte die für die Bewilligung der Verfahrenskostenhilfe maßgeblichen Verhältnisse so verändern, daß dem betroffenen Beteiligten die Zahlung der Verfahrenskosten zugemutet werden kann; dies gilt auch nach Ablauf der Frist des § 124 Nr. 3 der Zivilpro-

III. Anhang 16

zeßordnung. ²Der Beteiligte, dem Verfahrenskostenhilfe gewährt worden ist, hat jede wirtschaftliche Verwertung dieser Erfindung derjenigen Stelle anzuzeigen, die über die Bewilligung entschieden hat.

§ 138. [Rechtsbeschwerdeverfahren] (1) Im Verfahren über die Rechtsbeschwerde (§ 100) ist einem Beteiligten auf Antrag unter entsprechender Anwendung der §§ 114 bis 116 der Zivilprozeßordnung Verfahrenskostenhilfe zu bewilligen.

(2) ¹Das Gesuch um die Bewilligung von Verfahrenskostenhilfe ist schriftlich beim Bundesgerichtshof einzureichen; es kann auch vor der Geschäftsstelle zu Protokoll erklärt werden. ²Über das Gesuch beschließt der Bundesgerichtshof.

(3) Im übrigen sind die Bestimmungen des § 130 Abs. 2, 3, 5 und 6 sowie der §§ 133, 134, 136 und 137 entsprechend anzuwenden mit der Maßgabe, daß einem Beteiligten, dem Verfahrenskostenhilfe bewilligt worden ist, nur ein beim Bundesgerichtshof zugelassener Rechtsanwalt beigeordnet werden kann.

Anhang 17

Auszug aus der Zivilprozeßordnung

§ 12. [Allgemeiner Gerichtsstand; Begriff] Das Gericht, bei dem eine Person ihren allgemeinen Gerichtsstand hat, ist für alle gegen sie zu erhebenden Klagen zuständig, sofern nicht für eine Klage ein ausschließlicher Gerichtsstand begründet ist.

§ 13. [Allgemeiner Gerichtsstand des Wohnsitzes] Der allgemeine Gerichtsstand einer Person wird durch den Wohnsitz bestimmt.

§ 15. [Allg. Gerichtsstand für exterritoriale Deutsche] (1) [1]Deutsche, die das Recht der Exterritorialität genießen, sowie die im Ausland beschäftigten deutschen Angehörigen des öffentlichen Dienstes behalten den Gerichtsstand ihres letzten inländischen Wohnsitzes. [2]Wenn sie einen solchen Wohnsitz nicht hatten, haben sie ihren allgemeinen Gerichtsstand am Sitz der Bundesregierung.

(2) Auf Honorarkonsuln ist diese Vorschrift nicht anzuwenden.

§ 16. [Allg. Gerichtsstand wohnsitzloser Personen] Der allgemeine Gerichtsstand einer Person, die keinen Wohnsitz hat, wird durch den Aufenthaltsort im Inland und, wenn ein solcher nicht bekannt ist, durch den letzten Wohnsitz bestimmt.

§ 17. [Allg. Gerichtsstand juristischer Personen usw.] (1) [1]Der allgemeine Gerichtsstand der Gemeinden, der Korporationen sowie derjenigen Gesellschaften, Genossenschaften oder anderen Vereine und derjenigen Stiftungen, Anstalten und Vermögensmassen, die als solche verklagt werden können, wird durch ihren Sitz bestimmt. [2]Als Sitz gilt, wenn sich nichts anderes ergibt, der Ort, wo die Verwaltung geführt wird.

(2) Gewerkschaften haben den allgemeinen Gerichtsstand bei dem Gericht, in dessen Bezirk das Bergwerk liegt, Behörden, wenn sie als solche verklagt werden können, bei dem Gericht ihres Amtssitzes.

(3) Neben dem durch die Vorschriften dieses Paragraphen bestimmten Gerichtsstand ist ein durch Statut oder in anderer Weise besonders geregelter Gerichtsstand zulässig.

§ 21. [Besonderer Gerichtsstand der Niederlassung] (1) Hat jemand zum Betriebe einer Fabrik, einer Handlung oder eines anderen Gewerbes eine Niederlassung, von der aus unmittelbar Geschäfte geschlossen werden, so können gegen ihn alle Klagen, die auf den Geschäftsbetrieb der Niederlassung Bezug haben, bei dem Gericht des Ortes erhoben werden, wo die Niederlassung sich befindet.

(2) Der Gerichtsstand der Niederlassung ist auch für Klagen gegen Personen begründet, die ein mit Wohn- und Wirtschaftsgebäuden versehenes Gut als Eigentümer, Nutznießer oder Pächter bewirtschaften, soweit diese Klagen die auf die Bewirtschaftung des Gutes sich beziehenden Rechtsverhältnisse betreffen.

§ 32. [Besonderer Gerichtsstand der unerlaubten Handlung] Für Klagen aus unerlaubten Handlungen ist das Gericht zuständig, in dessen Bezirk die Handlung begangen ist.

§ 33. [Besonderer Gerichtsstand der Widerklage] (1) Bei dem Gericht der Klage kann eine Widerklage erhoben werden, wenn der Gegenanspruch mit dem in der Klage geltend gemachten Anspruch oder mit den gegen ihn vorgebrachten Verteidigungsmitteln in Zusammenhang steht.

(2) Dies gilt nicht, wenn für eine Klage wegen des Gegenanspruchs die Vereinbarung der Zuständigkeit des Gerichts nach § 40 Abs. 2 unzulässig ist.

Auszug aus dem Erstreckungsgesetz

Anhang 18

Gesetz über die Erstreckung von gewerblichen Schutzrechten (Erstreckungsgesetz — ErstrG)

Vom 23. 4. 1992 (BGBl. I S. 938)

(Auszug)

§ 1. Erstreckung von gewerblichen Schutzrechten und Schutzrechtsanmeldungen

(1) Die am 1. Mai 1992 in der Bundesrepublik Deutschland mit Ausnahme des in Artikel 3 des Einigungsvertrages genannten Gebiets bestehenden gewerblichen Schutzrechte (Patente, Gebrauchsmuster, Halbleiterschutzrechte, Geschmacksmuster und typographische Schriftzeichen, Warenzeichen und Dienstleistungsmarken) und Anmeldungen von solchen Schutzrechten werden unter Beibehaltung ihres Zeitrangs auf das in Artikel 3 des Einigungsvertrages genannte Gebiet erstreckt.

(2) Das gleiche gilt für die auf Grund internationaler Abkommen mit Wirkung für die Bundesrepublik Deutschland mit Ausnahme des in Artikel 3 des Einigungsvertrages genannten Gebiets eingereichten Anmeldungen und eingetragenen oder erteilten Schutzrechte.

§ 4. Erstreckung von gewerblichen Schutzrechten und Schutzrechtsanmeldungen

(1) Die am 1. Mai 1992 in dem in Artikel 3 des Einigungsvertrages genannten Gebiet bestehenden gewerblichen Schutzrechte (Ausschließungspatente und Wirtschaftspatente, Urheberscheine und Patente für industrielle Muster, Marken) und Anmeldungen von solchen Schutzrechten werden unter Beibehaltung ihres Zeitrangs auf das übrige Bundesgebiet erstreckt.

(2) Das gleiche gilt für die auf Grund internationaler Abkommen mit Wirkung für das in Artikel 3 des Einigungsvertrages genannte Gebiet eingereichten Anmeldungen und eingetragenen oder erteilten Schutzrechte.

§ 5. Anzuwendendes Recht

Unbeschadet der nachfolgenden Bestimmungen sind auf die nach § 4 erstreckten gewerblichen Schutzrechte und Schutzrechtsanmeldungen die bisher für sie geltenden Rechtsvorschriften (Anlage I Kapitel III Sachgebiet E Abschnitt II Nr. 1 § 3 Abs. 1 des Einigungsvertrages vom 31. August 1990, BGBl. 1990 II S. 885, 961) nur noch anzuwenden, soweit es sich um die Voraussetzungen der Schutzfähigkeit und die Schutzdauer handelt. Im übrigen unterliegen sie den mit dem Einigungsvertrag übergeleiteten Vorschriften des Bundesrechts.

III. Anhang 18

§ 16. Urheberscheine und Patente für industrielle Muster

(1) Nach § 4 erstreckte Urheberscheine und Patente für industrielle Muster gelten als Geschmacksmuster im Sinne des Geschmacksmustergesetzes. § 5 Satz 1 bleibt unberührt.

(2) Bei nach § 4 erstreckten Urheberscheinen gilt der Ursprungsbetrieb im Sinne des § 4 der Verordnung über industrielle Muster vom 17. Januar 1974 (GBl. I Nr. 15 S. 140), die durch Verordnung vom 9. Dezember 1988 (GBl. I Nr. 28 S. 333) geändert worden ist, oder dessen Rechtsnachfolger als Inhaber des Schutzrechts.

§ 17. Anspruch auf Vergütung

Ist der Anspruch des Urhebers eines Musters oder Modells auf Vergütung nach den bisher anzuwendenden Rechtsvorschriften bereits entstanden, so ist die Vergütung noch nach diesen Vorschriften zu zahlen.

§ 18. Benutzung an Urheberscheinen

Wer ein Muster oder Modell, das durch einen nach § 4 erstreckten Urheberschein geschützt ist oder das zur Erteilung eines Urheberscheins angemeldet wurde, nach den bisher anzuwendenden Rechtsvorschriften rechtmäßig in Benutzung genommen hat, kann dieses im gesamten Bundesgebiet weiterbenutzen. Der Inhaber des Schutzrechts kann von dem Benutzungsberechtigten eine angemessene Vergütung für die Weiterbenutzung verlangen.

§ 19. Anmeldung von Patenten für industrielle Muster

(1) Ist eine nach § 4 erstreckte Anmeldung eines Patents für ein industrielles Muster nach § 10 Abs. 1 der Verordnung über industrielle Muster bekanntgemacht worden, so steht dies der Bekanntmachung der Eintragung der Anmeldung in das Musterregister nach § 8 Abs. 2 des Geschmacksmustergesetzes gleich. Ist die Anmeldung eingetragen, aber noch nicht bekanntgemacht worden, so erfolgt die Bekanntmachung nach § 8 Abs. 2 des Geschmacksmustergesetzes.

(2) Ist die Anmeldung noch nicht eingetragen worden, so erfolgt die Behandlung der Anmeldung und ihre Eintragung, auch soweit die Prüfung der Anmeldeerfordernisse nach § 9 der Verordnung über industrielle Muster bereits stattgefunden hat, nach den Vorschriften des Geschmacksmustergesetzes; § 10 Abs. 3 Satz 2 und 3 des Geschmacksmustergesetzes ist nicht anzuwenden.

(3) Ist die Bekanntmachung einer Anmeldung nach § 10 Abs. 2 der Verordnung über industrielle Muster ausgesetzt worden und ist die Aussetzungsfrist am 1. Mai 1992 noch nicht abgelaufen, so wird nach Ablauf der Aussetzungsfrist, spätestens jedoch nach Ablauf von achtzehn Monaten nach dem 3. Oktober 1990, die Bekanntmachung entsprechend § 8 Abs. 3 des Geschmacksmustergesetzes nachgeholt, sofern nicht der Inhaber des Musters oder Modells die Löschung der Eintragung des Musters oder Modells beantragt. Das Deutsche Pa-

tentamt gibt dem eingetragenen Inhaber Nachricht, daß die Bekanntmachung nachgeholt wird, wenn nicht innerhalb von einem Monat nach Zustellung der Nachricht ein Antrag auf Löschung der Eintragung des Musters oder Modells gestellt wird.

(4) Eine noch nicht abgeschlossene Prüfung der materiellen Schutzvoraussetzungen nach § 11 der Verordnung über industrielle Muster wird eingestellt. Die für einen Antrag auf Prüfung der materiellen Schutzvoraussetzungen entrichtete Gebühr wird erstattet.

(5) Einsprüche nach § 10 Abs. 3 der Verordnung über industrielle Muster, die noch nicht erledigt sind, werden vom Deutschen Patentamt nicht weiterbehandelt.

§ 26. Zusammentreffen von Rechten

(1) Soweit Patente, Patentanmeldungen oder Gebrauchsmuster, die nach diesem Gesetz auf das in Artikel 3 des Einigungsvertrages genannte Gebiet oder das übrige Bundesgebiet erstreckt werden, in ihrem Schutzbereich übereinstimmen und infolge der Erstreckung zusammentreffen, können die Inhaber dieser Schutzrechte oder Schutzrechtsanmeldungen ohne Rücksicht auf deren Zeitrang Rechte aus den Schutzrechten oder Schutzrechtsanmeldungen weder gegeneinander noch gegen die Personen, denen der Inhaber des anderen Schutzrechts oder der anderen Schutzrechtsanmeldung die Benutzung gestattet hat, geltend machen.

(2) Der Gegenstand des Schutzrechts oder der Schutzrechtsanmeldung darf jedoch in dem Gebiet, auf das das Schutzrecht oder die Schutzrechtsanmeldung erstreckt worden ist, nicht oder nur unter Einschränkungen benutzt werden, soweit die uneingeschränkte Benutzung zu einer wesentlichen Beeinträchtigung des Inhabers des anderen Schutzrechts oder der anderen Schutzrechtsanmeldung oder der Personen, denen er die Benutzung des Gegenstandes seines Schutzrechts oder seiner Schutzrechtsanmeldung gestattet hat, führen würde, die unter Berücksichtigung aller Umstände des Falles und bei Abwägung der berechtigten Interessen der Beteiligten unbillig wäre.

(3) Die Absätze 1 und 2 gelten entsprechend, wenn infolge der Erstreckung übereinstimmende Geschmacksmuster, Urheberscheine oder Patente für industrielle Muster oder Anmeldungen von solchen Schutzrechten zusammentreffen.

§ 28. Weiterbenutzungsrechte

(1) Die Wirkung eines nach § 1 oder § 4 erstreckten Patents oder Gebrauchsmusters tritt gegen denjenigen nicht ein, der die Erfindung in dem Gebiet, in dem das Schutzrecht bisher nicht galt, nach dem für den Zeitrang der Anmeldung maßgeblichen Tag und vor dem 1. Juli 1990 rechtmäßig in Benutzung genommen hat. Dieser ist befugt, die Erfindung im gesamten Bundesgebiet für die Bedürfnisse seines eigenen Betriebs in eigenen oder fremden Werkstätten mit den

III. Anhang 18

sich aus § 12 des Patentgesetzes ergebenden Schranken auszunutzen, soweit die Benutzung nicht zu einer wesentlichen Beeinträchtigung des Inhabers des Schutzrechts oder der Personen, denen er die Benutzung des Gegenstands seines Schutzrechts gestattet hat, führt, die unter Berücksichtigung aller Umstände des Falles und bei Abwägung der berechtigten Interessen der Beteiligten unbillig wäre.

(2) Bei einem im Ausland hergestellten Erzeugnis steht dem Benutzer ein Weiterbenutzungsrecht nach Absatz 1 nur zu, wenn durch die Benutzung im Inland ein schutzwürdiger Besitzstand begründet worden ist, dessen Nichtanerkennung unter Berücksichtigung aller Umstände des Falles für den Benutzer eine unbillige Härte darstellen würde.

(3) Die Absätze 1 und 2 sind auf nach § 1 oder § 4 erstreckte Geschmacksmuster, Urheberscheine und Patente für industrielle Muster und Halbleiterschutzrechte entsprechend anzuwenden.

Anhang 19

Rechtsprechungsverzeichnisse

Anhang 19a

Entscheidungen des Bundesgerichtshofes

Datum	Aktenzeichen	GRUR-Fundstelle	Stichwort
27.11.1956	I ZR 57/55	1957, 291	Europapost
2. 4.1957	I ZR 29/56	1957, 372	2 DRP
15.10.1957	I ZR 103/56	1958, 97	Gartensessel
14. 1.1958	I ZR 40/57	1958, 351	Deutschlanddecke
14. 3.1958	I ZR 8/57	1958, 510	Schlafzimmermodell
10. 6.1958	I ZR 111/57	1958, 613	Tonmöbel
18.12.1959	I ZR 27/58	1960, 256	Chérie
16. 2.1960	I ZR 85/58	1960, 395	Dekorationsgitter
27. 2.1961	I ZR 127/59	1961, 635	Stahlrohrstuhl
4. 7.1961	I ZR 102/59	1961, 640	Straßenleuchte
14. 7.1961	I ZR 44/59	1962, 144	Buntstreifensatin
17.11.1961	I ZR 44/60	1962, 258	Moped-Modell
30. 1.1963	I ZR 96/61	1963, 328	Fahrradschutzblech
27. 2.1963	Ib ZR 131/61	1963, 640	Plastikkorb
30. 9.1964	Ib ZR 65/63	1965, 198	Küchenmaschine
29. 4.1965	Ia ZR 260/63	1965, 591	Wellplatten
21. 5.1965	Ib ZR 121/63	1966, 97	Zündaufsatz
9. 2.1966	Ib ZR 13/64	1966, 681	Laternenflasche
26.10.1966	Ib ZR 140/64	1967, 533	Myoplastik
2.12.1966	Ib ZR 110/64	1967, 375	Kronleuchter
8. 5.1968	I ZR 67/65	1969, 90	Rüschenhaube
21. 5.1969	I ZR 42/67	1972, 38	Vasenleuchter
20. 2.1970	I ZR 28/68	1970, 369	Gardinenmuster
15. 9.1972	I ZR 9/71	1973, 214	Doppelanmeldung
13. 7.1973	I ZR 101/72	1974, 53	Nebelscheinwerfer
10.10.1973	I ZR 93/72	1974, 740	Sessel
28.11.1973	I ZR 86/72	1974, 406	Elektroschalter
1. 3.1974	I ZR 123/72	1974, 737	Stehlampe
20. 5.1974	I ZR 136/72	1975, 81	Dreifachkombinationsschalter
19. 6.1974	I ZR 20/73	WRP 1976, 370	Puderdose
3. 7.1974	I ZR 65/73	1975, 85	Clarissa

III. Anhang 19

Datum	Aktenzeichen	GRUR-Fundstelle	Stichwort
20. 9.1974	I ZR 35/73	1975, 383	Möbelprogramm
16. 4.1975	I ZR 16/74	1976, 261	Gemäldewand
30. 6.1976	I ZR 126/74	1976, 649	Hans-Thoma-Stühle
21. 1.1977	I ZR 68/75	1977, 547	Kettenkerze
21. 1.1977	I ZR 49/75	1977, 602	Trockenrasierer
3. 6.1977	I ZR 83/76	1978, 168	Haushaltsschneidemaschine I
15. 6.1977	I ZR 140/75	1977, 796	Pinguin
13. 7.1977	I ZR 102/75	1978, 308	Speisekartenwerbung
19. 1.1979	I ZR 166/76	1979, 332	Brombeerleuchte
11. 4.1979	I ZR 76/77	1979, 548	Blumenwanne
21. 5.1979	I ZR 117/77	1979, 705	Notizklötze
19.12.1979	I ZR 130/77	1980, 235	Play-family
1.10.1980	I ZR 111/78	1981, 269	Haushaltsschneidemaschine II
7.11.1980	I ZR 57/78	1981, 273	Leuchtenglas
27. 5.1981	I ZR 102/79	1981, 820	Stahlrohrstuhl II
13.12.1981	I ZR 111/78	DB 1981, 1458	Wirtschaftsprüfervorbehalt
21. 1.1982	I ZR 196/79	1982/371	Scandinavia
9. 6.1982	I ZR 85/80	1983, 31	Klarsichtbecher
27. 1.1983	I ZR 177/80	1983, 377	Brombeermuster
3. 6.1983	I ZR 84/82	1983, 748	HEWI-Beschlag-Programm
4. 4.1984	I ZR 25/82	1984, 597	vitra-programm
4.10.1984	I ZB 7/83	1985, 127	Prioritätserklärung
16.10.1986	I ZR 6/85	1987, 518	Kotflügel
10.12.1986	I ZR 15/85	1987, 903	Le Corbusier-Möbel
24. 9.1987	I ZR 142/85	1988, 369	Messergriff
1. 6.1988	I ZR 22/86	1988/907	Hufeisen-Uhren
23. 3.1991	I ZR 158/89	1992/523	Betonsteinelemente
14. 1.1993	I ZR 4/91	Bl.f.PMZ1993, 269	Schutzdauerverlängerung

Anhang 19b

Entscheidungen des Bayerischen Obersten Landesgerichtes

Datum	Aktenzeichen	Gericht	Fundstelle	Stichwort
26. 7.1960	2 Z 94/60	BayObLG	BayObLGZE 1960, 313	Korbtaschen
29. 4.1964	2 Z 31/64	BayObLG	GRUR 1965, 204	Gebühr für Verlängerung
15.12.1971	2 Z 68/71	BayObLG	GRUR1973, 34	Lichtkuppeln

Anhang 19c

Entscheidungen der Oberlandesgerichte

Datum	Aktenzeichen	Gericht	Fundstelle	Stichwort
23. 3.1953	6 W 636/52	OLG Frankfurt	GRUR 1955, 210	GM-Schutz für Gaststätten
3.12.1954	2 U 101/54	OLG Düsseldorf	GRUR 1956, 44	Heißluftherde
22.12.1954	2 W 153/54	OLG Düsseldorf	GRUR 1955, 449	Streitwert bei negativer Feststellungsklage
15. 6.1955	6 U 289/54	OLG Köln	GRUR 1956, 138	Heftpflasterspule
22. 6.1955	6 U 286/54	OLG Köln	GRUR 1956, 91	Gummistiefel „Komet"
30. 6.1955	6 W 1267/55	OLG München	GRUR 1956, 231	Bierflaschenetikett
10. 1.1956	2/5 W 67/55	OLG Stuttgart	GRUR 1956, 237	Damennachthemd
5. 7.1956	6 U 105/55	OLG Frankfurt	GRUR 1957, 619	Schuhschnalle
16. 8.1956	3 U 126/56	OLG Hamburg	GRUR 1957, 142	Tiermodelle aus Schaumgummi
25. 9.1957	3 U 122/57	OLG Celle	GRUR 1958, 406	Teppichmuster
12. 6.1959	2 U 10/56	OLG Düsseldorf	GRUR 1961, 549	Rückblickspiegel
7. 9.1961	3 W 235/61	OLG Düsseldorf	GRUR 1962, 380	Schutzfristverlängerung
13.10.1961	2 U 215/59	OLG Düsseldorf	GRUR 1963, 84	Armaturengriff
19.12.1963	5 W 135/63	OLG Karlsruhe	GRUR 1964, 273	Kein Versenden eines Musters
1. 9.1965	6 W 9/65	OLG Karlsruhe	GRUR 1966, 691	Streitwert bei GM-Verletzung
8.12.1965	20 U 196/65	OLG Düsseldorf	GRUR 1967, 156	Kunststoffschaufel
18.10.1966	3 U 49/66	OLG Nürnberg	GRUR 1967, 538	Laternenflasche
17. 1.1972	6 W 398/71	OLG Frankfurt	GRUR 1972, 670	Zwiebelflasche
15. 2.1973	3 U 114/72	OLG Hamburg	WRP 1973, 280	Zitrorosette
3.10.1974	6 W 63/74	OLG Frankfurt	WRP 1974, 683	Priorität in GM-Registersachen
18.12.1974	2 W 83/74	OLG Düsseldorf	GRUR 1976, 34	Becherhalter
2.11.1978	4 U 224/77	OLG Hamm	GRUR 1979/240	Küchenschütte
2.12.1978	4 U 224/77	OLG Hamm	GRUR 1979, 240	Küchenschütte
22. 2.1979	6 U 75/77	OLG Frankfurt	WRP 1979, 466	Euroscheck-Glückwunschkarte
1.10.1979	20 W 15/79	OLG Düsseldorf	GRUR 1980, 136	Geschmacksmustersache
15.11.1979	3 U 29/79	OLG Hamburg	WRP 1980, 159	Toilettensitz
19. 3.1981	6 U 160/79	OLG Frankfurt	GRUR 1981/739	Lounge Chair
19.11.1981	6 U 110/81	OLG Frankfurt	WRP 1982, 227	Uhrendesign
3. 6.1983	2 U 84/82	OLG Düsseldorf	GRUR 1983/748	HEWI-Beschlagprogramm
24. 5.1984	6 W 44/84	OLG Frankfurt	GRUR 1984, 758	Geschmacksmuster-Verwarnung
6.10.1984	20 U 119/83	OLG Düsseldorf	GRUR 1985, 545	Schlüsselanhänger
23.11.1984	6 U 226/83	OLG Köln	GRUR 1985, 438	Autokotflügel
28.11.1984	4 U 82/84	OLG Stuttgart	NJW 1985, 1650	Le Corbusier-Möbel
18.12.1985	6 U 64/85	OLG Karlsruhe	GRUR 1986, 313	Uhrengehäuse
12. 6.1986	6 U 82/85	OLG Frankfurt	GRUR 1988, 120	Mehrzweckschere
17.11.1986	15 W 344/86	OLG Hamm	DB 1987, 684	Keine nachträgliche Versiegelung
27.11.1986	6 U 39/86	OLG Frankfurt	GRUR 1987, 169	Badezimmerteppich
18.12.1986	29 U 3868/85	OLG München	WRP 1987/195	Betonpflasterstein
28. 7.1987	3 W 77/87	OLG Hamburg	WRP 1988/47	Clipuhren
20. 1.1994	6 U 124/91	OLG Frankfurt	GRUR 1995, 115	Mercedes-Felgen

III. Anhang 19

Anhang 19 d

Entscheidungen der Landgerichte

Datum	Aktenzeichen	Gericht	GRUR-Fundstelle	Stichwort
9. 9.1948	1 T 122/48	LG Hamburg	1949, 126	Wiedereinsetzung bei Fristversäumung
21. 9.1948	1 T 177/48	LG Hamburg	1949, 196	Wiedereinsetzung in den vorigen Stand
12.12.1950	1 T 39/50	LG Offenburg	1951, 73	Schutzvoraussetzung eines GM
10. 4.1957	16 O 41/56	LG Berlin	1957, 622	Glückwunschkarten
23. 4.1957	7 O 80/56	LG München	1958, 100	Pinselstopfen
8. 8.1960	5 T 274/60	LG Hildesheim	1961, 596	Radiogehäuse
4. 2.1964	4 Q 9/64	LG Düsseldorf	1966, 689	Hemdenstoffmuster
25. 2.1964	4 O 293/63	LG Düsseldorf	1966, 156	Bienenkorbspardose
22.12.1964	4 a O 211/63	LG Düsseldorf	1966, 690	Brotschneidemaschine
8. 2.1966	4 KfHT 5/65	LG Stuttgart	NJW 1966, 987	Antrag auf GM-Verlängerung
28. 2.1973	16 O 273/72	LG Berlin	1974, 164	Elektroöfen
23. 4.1974	8 T 2/74	LG Lübeck	1974, 739	Anstößig?
23. 1.1978	2 KfHT 4/77	LG Heilbronn	Mitt. 1978, 78	Umschreibung GM im Musterregister
20. 9.1984	1 HT 2/83	LG Konstanz	Mitt. 1985, 71	Prioritätsbeanspruchung
9. 4.1987	4 O 80/87	LG Düsseldorf	Mitt. 1988, 14	Polohemd
3. 5.1988	4 O 333/87	LG Düsseldorf	Mitt 1989/77	Spielzeugauto
10. 7.1990	4 O 323/89	LG Düsseldorf	GRUR 1992/439	Steckdoseneinsatz

Raum für Nachträge:

Anhang 19e

Entscheidungen des Bundespatentgerichts

Datum	Aktenzeichen	Gericht	Fundstelle	Stichwort
4.10.1961	4 W 8/61	BPatG	BPatGE 1, 223/224	Buntgefärbte Teigwaren
4. 3.1963	4 W 136/62	BPatG	BPatGE 4, 127	Antrag auf Akteneinsicht
1.12.1964	5 W(pat) 101/64	BPatG	BPatGE 6, 216	Einsicht in Anmeldeunterlagen
7. 8.1969	4 W(pat) 154/68	BPatG	Bl. f. PatWesen 1970, 154	Priorität ausländischer Geschmacksmusteranmeldungen
9. 2.1972	28 W(pat) 455/71	BPatG	GRUR 1972, 613	Membranpumpe
3.10.1973	28 W(pat) 418/73	BPatG	GRUR 1974, 350	Versiegelung
17. 7.1974	28 W(pat) 402/74	BPatG	Mitt. 1975, 98	Geschmacksmusterverlängerung
9. 9.1977	4 W(pat) 114/76	BPatG	GRUR 1978, 45	Paketniederlegung
2. 3.1978	4 W(pat) 2/78	BPatG	GRUR 1978, 534	Schriftform
21. 1.1983	4 W(pat) 41/82	BPatG	GRUR 1983, 369	Zahnbürste
22. 7.1983	4 W(pat) 8/82	BPatG	GRUR 1983, 645	Unrichtige Prioritätsangabe
29. 4.1985	4 W(pat) 68/84	BPatG	Bl. f. PMZ 1985, 358	Ausländer mit Inlandswohnsitz
28.11.1985	4 W(pat) 84/82	BPatG	GRUR 1986, 312	Geschmacksmuster-Voranmeldung
6. 2.1986	4 W(pat) 37/85	BPatG	GRUR 1986, 537	ARCO-Möbel
15.12.1988	4 W(pat) 61/88	BPatG	GRUR 1989, 245	Stoffdesign
26. 6.1989	4 W(pat) 90/88	BPatG	GRUR 1989, 750	Fahrerhaus
10. 7.1989	4 W(pat) 93/88	BPatG	GRUR 1989, 751	Kugelspiel
24. 7.1989	4 W(pat) 701/89	BPatG	Bl.f.PMZ 1989/357	Pflasterstein
25. 8.1989	4 W(pat) 73/88	BPatG	GRUR 1989, 915	Skihandschuhe
9. 4.1990	4 W(pat) 89/88	BPatG	Mitt 1990, 155	Prioritätsverschiebung
30. 4.1990	4 W(pat) 709/89	BPatG	Bl.f.PMZ 1990/370	Prioritätsbescheinigung
5.11.1990	4 W(pat) 715/89	BPatG	GRUR 1991, 757	Elchfigur
8. 7.1991	4 W(pat) 64/88	BPatG	Mitt 1992, 186	Identifizierbarkeit d. Anm.
13. 9.1991	4 W(pat) 798/89	BPatG	Mitt 1992, 297	Neues Recht f. altes GeschmM
11.12.1991	4 W(pat) 702/90	BPatG	Bl.f.PMZ 1992, 470	Matte
16. 3.1992	4 W(pat) 704/90	BPatG	Bl.f.PMZ 1993/27	Sammelanmeldung
1. 6.1992	4 W(pat) 722/91	BPatG	GRUR 1993, 117	Bild- u. Modelldarstellung
17.12.1992	4 W(pat) 723/91	BPatG	Bl.f.PMZ 1993, 345	Inhaberwechsel
20. 4.1993	4 W(pat) 720/89	BPatG	Bl.f.PMZ 1993, 483	Wiedereinsetzung

Raum für Nachträge:

Anhang 20

Gesetz
zum Wiener Abkommen vom 12. Juni 1973
über den Schutz typographischer Schriftzeichen
und ihre internationale Hinterlegung
(Schriftzeichengesetz)

Vom 6. Juli 1981

Der Bundestag hat das folgende Gesetz beschlossen:

Artikel 1
Zustimmung zum Wiener Abkommen

(1) Dem in Wien am 12. Juni 1973 von der Bundesrepublik Deutschland unterzeichneten Wiener Abkommen über den Schutz typographischer Schriftzeichen und ihre internationale Hinterlegung einschließlich der Ausführungsordnung sowie dem Beitritt zum Protokoll vom 12. Juni 1973 zu diesem Abkommen wird zugestimmt. Das Abkommen sowie die Ausführungsordnung und das Protokoll zu dem Abkommen werden nachstehend veröffentlicht.

(2) Änderungen der Ausführungsordnung nach Artikel 29 Abs. 3 des Abkommens sind im Bundesgesetzblatt bekanntzumachen.

Artikel 2
Anwendung des Geschmacksmustergesetzes

(1) Für neue und eigentümliche typographische Schriftzeichen wird Musterschutz nach den Vorschriften des Gesetzes betreffend das Urheberrecht an Mustern und Modellen (Geschmacksmustergesetz) mit folgenden Maßgaben gewährt:

1. Als typographische Schriftzeichen gelten Sätze der Muster von

    a) Buchstaben und Alphabeten im engeren Sinne mit Zubehör wie Akzenten und Satzzeichen,

    b) Ziffern und anderen figürlichen Zeichen, wie konventionellen Zeichen, Symbolen und wissenschaftlichen Zeichen,

    c) Ornamenten, wie Einfassungen, Fleurons und Vignetten,

    die dazu bestimmt sind, Texte durch graphische Techniken aller Art herzustellen.

2. Die Neuheit und Eigentümlichkeit der typographischen Schriftzeichen werden durch ihren Stil oder Gesamteindruck bestimmt.

3. Rechtswidrig nachgebildete oder rechtswidrig verbreitete typographische Schriftzeichen dürfen nicht zur Herstellung von Texten benutzt werden, die zur gewerbsmäßigen Verbreitung bestimmt sind.

4. Der Schutz der typographischen Schriftzeichen beginnt mit der Anmeldung und dauert zehn Jahre. Der Urheber kann die Verlängerung der Schutzdauer um jeweils fünf Jahre oder ein Mehrfaches davon bis auf höchstens fünfundzwanzig Jahre verlangen. § 82 der Kostenordnung ist mit der Maßgabe entsprechend anzuwenden, daß die für das elfte bis fünfzehnte Jahr vorgesehenen Gebühren in gleicher Höhe auch für das sechzehnte bis fünfundzwanzigste Jahr zu entrichten sind.

5. Das Musterregister für typographische Schriftzeichen wird vom Deutschen Patentamt geführt. Mit der Anmeldung zur Eintragung in das Musterregister sind eine Abbildung der typographischen Schriftzeichen und ein mit ihnen hergestellter Text von mindestens drei Zeilen beim Deutschen Patentamt niederzulegen. Die Bezeichnung der typographischen Schriftzeichen wird, wenn sie vom Urheber angegeben wird, neben der Geschäfts- oder Fabriknummer oder, falls eine solche Nummer nicht angegeben ist, an ihrer Stelle in das Musterregister eingetragen.

6. Eine internationale Hinterlegung und Eintragung auf Grund des Wiener Abkommens vom 12. Juni 1973 über den Schutz typographischer Schriftzeichen und ihre internationale Hinterlegung gilt im Geltungsbereich dieses Gesetzes als Anmeldung und Niederlegung nach den Vorschriften des Geschmacksmustergesetzes und dieses Gesetzes. Auf Grund der Notifikation durch das Internationale Büro werden im Musterregister die Angaben eingetragen, die nach deutschem Recht in das Musterregister einzutragen sind; außerdem ist auf die internationale Hinterlegung hinzuweisen.

(2) Der Bundesminister der Justiz wird ermächtigt, durch Rechtsverordnung Bestimmungen über die sonstigen Erfordernisse der Anmeldung und Niederlegung von typographischen Schriftzeichen und über die Führung des Musterregisters zu erlassen. Er kann diese Ermächtigung durch Rechtsverordnung auf den Präsidenten des Deutschen Patentamts übertragen.

Artikel 3
Schlußvorschriften

(1) Dieses Gesetz gilt auch im Land Berlin, sofern das Land Berlin die Anwendung dieses Gesetzes feststellt. Rechtsverordnungen, die auf Grund dieses Gesetzes erlassen werden, gelten im Land Berlin nach § 14 des Dritten Überleitungsgesetzes.

(2) Dieses Gesetz tritt am Tage nach seiner Verkündung in Kraft. Jedoch tritt Artikel 2 Abs. 1 Nr. 6 an dem Tage in Kraft, an dem das in Artikel 1 genannte

Abkommen nach seinem Artikel 35 für die Bundesrepublik Deutschland in Kraft tritt.

(3) Der Tag, an dem das in Artikel 1 genannte Abkommen nach seinem Artikel 35 für die Bundesrepublik Deutschland in Kraft tritt, ist im Bundesgesetzblatt bekanntzugeben.

Auf die weiteren Materialien zum Wiener Abkommen bzw. zum Schutz typographischer Schriftzeichen wird hier nur verwiesen:

Begründung zum Entwurf eines Gesetzes zum Wiener Abkommen vom 12. Juni 1973 über den Schutz typographischer Schriftzeichen und ihre internationale Hinterlegung
(Bundestagsdrucksache Nr. 8/3951 vom 24. April 1980, 6ff.)

Wiener Abkommen über den Schutz typographischer Schriftzeichen und ihre internationale Hinterlegung, unterzeichnet in Wien am 12. Juni 1973.

Ausführungsordnung zum Wiener Abkommen über den Schutz typographischer Schriftzeichen und ihre internationale Hinterlegung.

Protokoll zum Wiener Abkommen über den Schutz typographischer Schriftzeichen und ihre internationale Hinterlegung betreffend die Schutzdauer, unterzeichnet in Wien am 12. Juni 1973 (BGBl. II S. 384ff.).

Denkschrift zum Wiener Abkommen vom 12. Juni 1973 über den Schutz typographischer Schriftzeichen und ihre internationale Hinterlegung (Bundestagsdrucksache Nr. 8/3951 vom 24. April 1980, 58ff.).

Anhang 21

Entwurf
der Deutschen Vereinigung für Gewerblichen Rechtsschutz und Urheberrecht (1977) für ein neues Musterschutzgesetz
(Gesetz über den Schutz von Mustern)

§ 1

Für neue und eigenartige Muster kann nach Maßgabe dieses Gesetzes Musterschutz erlangt werden.

Ein Muster ist die flächenhafte oder räumliche Gestaltung eines gewerblichen Erzeugnisses, die geeignet ist, auf den Formen-, Farben- oder Tastsinn einzuwirken.

Soweit Gestaltungen ausschließlich technisch bedingt sind, werden sie nach diesem Gesetz nicht geschützt.

§ 2

Ein Muster ist nicht neu, wenn es den inländischen Fachkreisen auf dem betreffenden Gewerbegebiet zur Zeit der Hinterlegung in übereinstimmender Form oder in seinen wesentlichen Zügen bekannt war oder bei zumutbarer Beachtung der vorhandenen Gestaltungen bekannt sein konnte.

Ein Muster ist auch dann nicht neu, wenn es in übereinstimmender Form oder in seinen wesentlichen Zügen einer anderen Gestaltung nachgebildet wurde.

Der Hinterleger kann für die weitere Ausbildung oder Verbesserung eines von ihm hinterlegten Musters innerhalb eines Jahres Zusatzmuster hinterlegen, deren Schutz mit dem Schutz des zuerst hinterlegten Musters endet.

Eine offenkundige Benutzung der Veröffentlichung des Musters innerhalb von 6 Monaten vor seiner Hinterlegung ist nicht neuheitsschädlich, wenn sie auf der Schöpfung des Hinterlegers oder seines Rechtsvorgängers beruht.

§ 3

Ein Muster ist nicht eigenartig, wenn es keine gestalterische Leistung erkennen läßt.

§ 4

Der Musterschutz entsteht durch Hinterlegung beim Deutschen Patentamt.

Der Bundesminister der Justiz wird ermächtigt, andere Stellen zu bestimmen, bei denen Muster zur Weiterleitung an das Deutsche Patentamt mit der Wir-

III. Anhang 21

kung hinterlegt werden können, daß der Zeitpunkt der Hinterlegung bei einer dieser Stellen als Zeitpunkt der Hinterlegung bei dem Deutschen Patentamt gilt.

Zur Hinterlegung befugt ist der Gestalter eines Musters, sein Rechtsnachfolger oder ein Unternehmen gem. § 6 des Gesetzes.

§ 5

Haben mehrere ein Muster gemeinsam geschaffen, so steht ihnen das Recht daran gemeinschaftlich zu.

Haben mehrere ein Muster unabhängig voneinander geschaffen, so steht das Recht dem zu, der das Muster zuerst hinterlegt hat. § 9 bleibt unberührt.

Ist ein hinterlegtes Muster ganz oder in seinen wesentlichen Zügen widerrechtlich der Gestaltung des Berechtigten im Sinne der vorstehenden beiden Absätze oder des § 6 entnommen worden, so kann der Berechtigte von dem Hinterleger die Umschreibung der Eintragung auf sich verlangen.

§ 6

Hat jemand (im Auftrag oder) als Arbeitnehmer eines gewerblichen Unternehmens in Erfüllung einer ihm obliegenden Verpflichtung ein Muster geschaffen, so wird vermutet, daß er die Rechte aus diesem Gesetz — zum Zweck des Vertrages entsprechend — dem Unternehmer übertragen hat.

§ 7

Die Hinterlegung kann offen oder in versiegelter Form erfolgen.

Die Hinterlegung erfolgt einzeln oder in Paketen, die bis zu 100 Muster enthalten können, und zwar durch Übergabe von je 3 gleichen Lichtbildern, Zeichnungen oder anderen graphischen Darstellungen eines jeden Musters. Tastmuster müssen in 3 gleichen Exemplaren hinterlegt werden.

Die zusätzliche Hinterlegung von Exemplaren der Muster ist zulässig. Näheres bestimmt eine Rechtsverordnung.

Der Schutz kann jedoch nur für solche Merkmale beansprucht werden, die sich aus den hinterlegten Darstellungen oder Exemplaren der Muster ergeben.

§ 8

Die Hinterlegung begründet das ausschließliche Recht des Hinterlegers oder seines Rechtsnachfolgers, das Muster gewerblich zu verwerten, insbesondere nach dem Muster gestaltete Erzeugnisse herzustellen, feilzuhalten und/oder in Verkehr zu bringen (Musterrecht).

Die Wiedergabe öffentlich ausgestellter Muster in Katalogen oder entsprechenden Veröffentlichungen ist zulässig.

Gesetzentwurf

§ 9

Das Recht auf Hinterlegung und das Musterrecht sind übertragbar und vererblich.

§ 10

Die Wirkung der Hinterlegung tritt gegen den nicht ein, der das Muster zur Zeit der Bekanntmachung im „Musterblatt" bereits im Inland in Benutzung genommen oder die dazu erforderlichen Veranstaltungen getroffen hat. Dieser ist berechtigt, das Muster für seinen eigenen Betrieb in eigenen oder fremden Werkstätten zu benutzen. Diese Befugnis kann nur zusammen mit dem Betrieb vererbt oder veräußert werden.

Hat der Hinterleger oder sein Rechtsvorgänger das Muster anderen vor der Hinterlegung bekanntgegeben und sich dabei die Rechte für den Fall der Hinterlegung ausdrücklich oder nach den Umständen erkennbar vorbehalten oder ist das Muster ohne den Willen des Hinterlegers oder seines Rechtsvorgängers anderen bekanntgeworden, so kann sich der, welcher das Muster auf diese Weise kennengelernt hat, nicht auf Maßnahmen nach Abs. 1 Satz 1 berufen, die er innerhalb von 6 Monaten vor der Hinterlegung getroffen hat.

§ 11

Steht das Musterrecht mehreren Personen zu, so können sie es nur gemeinsam verwerten oder darüber verfügen. Ein Mitberechtigter darf die Zustimmung zu einer gemeinsam zu treffenden Maßnahme nicht verweigern, wenn das Unterbleiben der Maßnahme den anderen Mitberechtigten nach Treu und Glauben nicht zuzumuten ist. Jeder Mitberechtigte ist befugt, Ansprüche aus Verletzungen des gemeinsamen Rechts geltend zu machen; er kann jedoch nur Leistung an alle Mitberechtigten verlangen.

Im übrigen finden auf das Rechtsverhältnis mehrerer Berechtigter die Vorschriften des Bürgerlichen Gesetzbuches über die Gesamthands-Gemeinschaft Anwendung.

§ 12

Die Hinterlegungsstelle beim Deutschen Patentamt führt ein Register, in das die hinterlegten Muster einzutragen sind.

In das Musterregister werden auch Rechtsübergänge, Verlängerungen der Schutzfrist, Verzichte auf das Muster sowie Umschreibungen und Löschungen eingetragen.

Die näheren Vorschriften über die Führung des Registers trifft der Bundesminister der Justiz.

Für die Hinterlegung sind Gebühren gemäß einer vom Bundesminister der Justiz zu erlassenden Gebührenordnung zu entrichten.

§ 13

Jedes hinterlegte Muster ist entweder in ... oder in ... bekanntzugeben; die Bekanntmachung muß den Gegenstand der Hinterlegung kennzeichnen und eine Abbildung davon enthalten.

Die offen hinterlegten Muster sowie gegebenenfalls ihre Beschreibungen und sonstigen Unterlagen sind jedermann zur Einsichtnahme offenzulegen.

Auf Antrag des Hinterlegers können Muster versiegelt hinterlegt werden. Eine Bekanntmachung der versiegelten Hinterlegung erfolgt zunächst nur in der Form, daß auf die Hinterlegung des Musters für einen Gegenstand der betreffenden Gattung hingewiesen wird. Die Offenlegung und weitere Bekanntmachung des versiegelt hinterlegten Musters erfolgen

a) auf Antrag des Hinterlegers oder mit dessen Zustimmung,
b) auf gerichtliche Anordnung im Rahmen eines Rechtsstreits,
c) von Amts wegen spätestens 1 Jahr nach der Hinterlegung.

Nach der Offenlegung können Dritte auf Antrag Wiedergaben der hinterlegten Unterlagen gegen Zahlung der hierfür vorzusehenden Gebühren erhalten.

§ 14

Zugunsten des Hinterlegers wird bis zum Beweis des Gegenteils vermutet, daß er Berechtigter im Sinne der §§ 4 und 5 ist und daß das hinterlegte Muster neu und eigenartig ist.

§ 15

Die Eintragung eines Musters ist zu löschen:

1. auf Antrag eines anderen, wenn dieser
   a) einen Verzicht des eingetragenen Inhabers auf das Muster nachweist; der Nachweis ist durch öffentliche oder öffentlich beglaubigte Urkunden zu führen;
   b) ein rechtskräftiges Urteil vorlegt, wonach der eingetragene Inhaber zur Einwilligung in die Löschung des Musters verurteilt ist.

Die Klage auf Einwilligung in die Löschung kann ein Dritter gegen den eingetragenen Inhaber erheben, wenn die Voraussetzungen der §§ 1 und 2 dieses Gesetzes nicht vorliegen oder wenn bereits aufgrund einer früheren Anmeldung das gleiche Muster eingetragen war oder wenn dem Dritten ein Anspruch auf Einwilligung in die Löschung gegen den eingetragenen Inhaber oder gegen seinen Rechtsvorgänger zusteht.

§ 16

Der Schutz nach § 1 beginnt mit dem Tag der Hinterlegung und dauert höchstens 20 Jahre. Er erstreckt sich zunächst auf 5 Jahre, wenn nicht der Hinterleger schon bei der Anmeldung eine Schutzfrist von 10, 15 oder 20 Jahren beansprucht hat.

Die Schutzfrist kann beliebig oft bis zur Höchstdauer verlängert werden, jedoch jeweils nur um mindestens 5 Jahre.

§ 17

Wer Gegenstände oder ihre Verpackung oder Ankündigung mit einer Bezeichnung versieht, die geeignet ist, den Eindruck zu erwecken, daß die Gegenstände durch ein Muster nach diesem Gesetz geschützt seien, oder wer eine solche Bezeichnung verwendet, ist verpflichtet, jedem, der ein berechtigtes Interesse an der Kenntnis der Rechtslage hat, auf Verlangen Auskunft darüber zu geben, auf welches Muster sich die Verwendung der Bezeichnung stützt.

§ 18

Der Gestalter eines Musters kann beanspruchen, daß die nach seinem Entwurf hergestellten Erzeugnisse oder Werbemittel dafür oder Veröffentlichungen darüber mit einer auf ihn hinweisenden Bezeichnung nach seiner Wahl versehen werden, wenn dies technisch möglich ist, der Gesamteindruck des Erzeugnisses dadurch nicht beeinträchtigt wird und berechtigte Interessen des Herstellers nicht verletzt werden.

§ 19

Wer der Vorschrift des § 8 zuwiderhandelt, kann auf Beseitigung der Beeinträchtigung, bei Wiederholungsgefahr auf Unterlassung und, wenn ihm Vorsatz oder Fahrlässigkeit zur Last fällt, auch auf Schadensersatz in Anspruch genommen werden. An Stelle des Schadensersatzes kann der Verletzte die Herausgabe des Gewinns, den der Verletzer erzielt hat, und Rechnungslegung über diesen Gewinn verlangen. Fällt dem Verletzer nur leichte Fahrlässigkeit zur Last, so kann das Gericht statt des Schadensersatzes eine Entschädigung festsetzen, die in den Grenzen zwischen dem Schaden des Verletzten und dem Vorteil bleibt, der dem Verletzer erwachsen ist.

Ansprüche aus anderen gesetzlichen Vorschriften bleiben unberührt.

Die §§ 98 bis 105 des Urheberrechtsgesetzes sind entsprechend anzuwenden.

§ 20

Streitwertbegünstigung analog § 53 PatG; § 17a GebrMGes.; § 31a WZG; § 23a UWG.

§ 21

Strafrechtliche Bestimmungen?

§ 22

Bestimmungen über Verjährung.

III. Anhang 21

§ 23

Bestimmungen über die Führung des Musterregisters.

§ 24

Bestimmungen über den Schutz von Personen und Unternehmen, die weder Wohnsitz, noch gewerbliche Niederlassung im Inland haben.

§ 25

Bestimmungen über die Aufhebung des Geschmacksmustergesetzes vom 11. Januar 1876.

Bestimmungen über das Inkrafttreten des neuen Gesetzes. Übergangsbestimmungen.

Anhang 22

Pariser Verbandsübereinkunft zum Schutz des gewerblichen Eigentums vom 20. März 1883

revidiert in Brüssel am 14. Dezember 1900,
in Washington am 2. Juni 1911,
im Haag am 6. November 1925,
in London am 2. Juni 1934,
in Lissabon am 31. Oktober 1958
und in Stockholm am 14. Juli 1967

— *Amtlicher deutscher Text gemäß Artikel 29 Abs. 1 Buchstabe b* —

Artikel 1

(1) Die Länder, auf die diese Übereinkunft Anwendung findet, bilden einen Verband zum Schutz des gewerblichen Eigentums.

(2) Der Schutz des gewerblichen Eigentums hat zum Gegenstand die Erfindungspatente, die Gebrauchsmuster, die gewerblichen Muster oder Modelle, die Fabrik- oder Handelsmarken, die Dienstleistungsmarken, den Handelsnamen und die Herkunftsangaben oder Ursprungsbezeichnungen sowie die Unterdrückung des unlauteren Wettbewerbs.

(3) Das gewerbliche Eigentum wird in der weitesten Bedeutung verstanden und bezieht sich nicht allein auf Gewerbe und Handel im eigentlichen Sinn des Wortes, sondern ebenso auf das Gebiet der Landwirtschaft und der Gewinnung der Bodenschätze und auf alle Fabrikate oder Naturerzeugnisse, zum Beispiel Wein, Getreide, Tabakblätter, Früchte, Vieh, Mineralien, Mineralwässer, Bier, Blumen, Mehl.

(4) Zu den Erfindungspatenten zählen die nach den Rechtsvorschriften der Verbandsländer zugelassenen verschiedenen Arten gewerblicher Patente, wie Einführungspatente, Verbesserungspatente, Zusatzpatente, Zusatzbescheinigungen usw.

Artikel 2

(1) Die Angehörigen eines jeden der Verbandsländer genießen in allen übrigen Ländern des Verbandes in bezug auf den Schutz des gewerblichen Eigentums die Vorteile, welche die betreffenden Gesetze den eigenen Staatsangehörigen gegenwärtig gewähren oder in Zukunft gewähren werden, und zwar unbeschadet der durch diese Übereinkunft besonders vorgesehenen Rechte. Demgemäß haben sie den gleichen Schutz wie diese und die gleichen Rechtsbehelfe gegen

jeden Eingriff in ihre Rechte, vorbehaltlich der Erfüllung der Bedingungen und Förmlichkeiten, die den eigenen Staatsangehörigen auferlegt werden.

(2) Jedoch darf der Genuß irgendeines Rechts des gewerblichen Eigentums für die Verbandsangehörigen keinesfalls von der Bedingung abhängig gemacht werden, daß sie einen Wohnsitz oder eine Niederlassung in dem Land haben, in dem der Schutz beansprucht wird.

(3) Ausdrücklich bleiben vorbehalten die Rechtsvorschriften jedes der Verbandsländer über das gerichtliche und das Verwaltungsverfahren und die Zuständigkeit sowie über die Wahl des Wohnsitzes oder die Bestellung eines Vertreters, die etwa nach den Gesetzen über das gewerbliche Eigentum erforderlich sind.

Artikel 3

Den Angehörigen der Verbandsländer sind gleichgestellt die Angehörigen der dem Verband nicht angehörenden Länder, die im Hoheitsgebiet eines Verbandslandes ihren Wohnsitz oder tatsächliche und nicht nur zum Schein bestehende gewerbliche oder Handelsniederlassungen haben.

Artikel 4

A. − (1) Wer in einem der Verbandsländer die Anmeldung für ein Erfindungspatent, ein Gebrauchsmuster, ein gewerbliches Muster oder Modell, eine Fabrik- oder Handelsmarke vorschriftsmäßig hinterlegt hat, oder sein Rechtsnachfolger genießt für die Hinterlegung in den anderen Ländern während der unten bestimmten Fristen ein Prioritätsrecht.

(2) Als prioritätsbegründend wird jede Hinterlegung anerkannt, der nach den innerstaatlichen Rechtsvorschriften jedes Verbandslandes oder nach den zwischen Verbandsländern abgeschlossenen zwei- oder mehrseitigen Verträgen die Bedeutung einer vorschriftsmäßigen nationalen Hinterlegung zukommt.

(3) Unter vorschriftsmäßiger nationaler Hinterlegung ist jede Hinterlegung zu verstehen, die zur Festlegung des Zeitpunkts ausreicht, an dem die Anmeldung in dem betreffenden Land hinterlegt worden ist, wobei das spätere Schicksal der Anmeldung ohne Bedeutung ist.

B. − Demgemäß kann die spätere, jedoch vor Ablauf dieser Fristen in einem der anderen Verbandsländer bewirkte Hinterlegung nicht unwirksam gemacht werden durch inzwischen eingetretene Tatsachen, insbesondere durch eine andere Hinterlegung, durch die Veröffentlichung der Erfindung oder deren Ausübung, durch das Feilbieten von Stücken des Musters oder Modells, durch den Gebrauch der Marke; diese Tatsachen können kein Recht Dritter und kein persönliches Besitzrecht begründen. Die Rechte, die von Dritten vor dem Tag der ersten, prioritätsbegründenden Anmeldung erworben worden sind, bleiben nach Maßgabe der innerstaatlichen Rechtsvorschriften eines jeden Verbandslandes gewahrt.

C. — (1) Die oben erwähnten Prioritätsfristen betragen zwölf Monate für die Erfindungspatente und die Gebrauchsmuster und sechs Monate für die gewerblichen Muster oder Modelle und für die Fabrik- oder Handelsmarken.

(2) Diese Fristen laufen vom Zeitpunkt der Hinterlegung der ersten Anmeldung an; der Tag der Hinterlegung wird nicht in die Frist eingerechnet.

(3) Ist der letzte Tag der Frist in dem Land, in dem der Schutz beansprucht wird, ein gesetzlicher Feiertag oder ein Tag, an dem das Amt zur Entgegennahme von Anmeldungen nicht geöffnet ist, so erstreckt sich die Frist auf den nächstfolgenden Werktag.

(4) Als erste Anmeldung, von deren Hinterlegungszeitpunkt an die Prioritätsfrist läuft, wird auch eine jüngere Anmeldung angesehen, die denselben Gegenstand betrifft wie eine erste ältere im Sinn des Absatzes 2 in demselben Verbandsland eingereichte Anmeldung, sofern diese ältere Anmeldung bis zum Zeitpunkt der Hinterlegung der jüngeren Anmeldung zurückgezogen, fallengelassen oder zurückgewiesen worden ist, und zwar bevor sie öffentlich ausgelegt worden ist und ohne daß Rechte bestehen geblieben sind; ebensowenig darf diese ältere Anmeldung schon Grundlage für die Inanspruchnahme des Prioritätsrechts gewesen sein. Die ältere Anmeldung kann in diesem Fall nicht mehr als Grundlage für die Inanspruchnahme des Prioritätsrechts dienen.

D. — (1) Wer die Priorität einer früheren Hinterlegung in Anspruch nehmen will, muß eine Erklärung über den Zeitpunkt und das Land dieser Hinterlegung abgeben. Jedes Land bestimmt, bis wann die Erklärung spätestens abgegeben werden muß.

(2) Diese Angaben sind in die Veröffentlichungen der zuständigen Behörde, insbesondere in die Patenturkunden und die zugehörigen Beschreibungen aufzunehmen.

(3) Die Verbandsländer können von demjenigen, der eine Prioritätserklärung abgibt, verlangen, daß er die frühere Anmeldung (Beschreibung, Zeichnungen usw.) in Abschrift vorlegt. Die Abschrift, die von der Behörde, die diese Anmeldung empfangen hat, als übereinstimmend bescheinigt ist, ist von jeder Beglaubigung befreit und kann auf alle Fälle zu beliebiger Zeit innerhalb einer Frist von drei Monaten nach der Hinterlegung der späteren Anmeldung gebührenfrei eingereicht werden. Es kann verlangt werden, daß ihr eine von dieser Behörde ausgestellte Bescheinigung über den Zeitpunkt der Hinterlegung und eine Übersetzung beigefügt werden.

(4) Andere Förmlichkeiten für die Prioritätserklärung dürfen bei der Hinterlegung der Anmeldung nicht verlangt werden. Jedes Verbandsland bestimmt die Folgen der Nichtbeachtung der in diesem Artikel vorgesehenen Förmlichkeiten; jedoch dürfen diese Folgen über den Verlust des Prioritätsrechts nicht hinausgehen.

III. Anhang 22

(5) Später können weitere Nachweise verlangt werden.

Wer die Priorität einer früheren Anmeldung in Anspruch nimmt, ist verpflichtet, das Aktenzeichen dieser Anmeldung anzugeben; diese Angabe ist nach Maßgabe des Absatzes 2 zu veröffentlichen.

E. – (1) Wird in einem Land ein gewerbliches Muster oder Modell unter Inanspruchnahme eines auf die Anmeldung eines Gebrauchsmusters gegründeten Prioritätsrechts hinterlegt, so ist nur die für gewerbliche Muster oder Modelle bestimmte Prioritätsfrist maßgebend.

(2) Im übrigen ist es zulässig, in einem Land ein Gebrauchsmuster unter Inanspruchnahme eines auf die Hinterlegung einer Patentanmeldung gegründeten Prioritätsrechts zu hinterlegen und umgekehrt.

F. – Kein Verbandsland darf deswegen die Anerkennung einer Priorität verweigern oder eine Patentanmeldung zurückweisen, weil der Anmelder mehrere Prioritäten in Anspruch nimmt, selbst wenn sie aus verschiedenen Ländern stammen, oder deswegen, weil eine Anmeldung, für die eine oder mehrere Prioritäten beansprucht werden, ein oder mehrere Merkmale enthält, die in der oder den Anmeldungen, deren Priorität beansprucht worden ist, nicht enthalten waren, sofern in beiden Fällen Erfindungseinheit im Sinn des Landesgesetzes vorliegt.

Hinsichtlich der Merkmale, die in der oder den Anmeldungen, deren Priorität in Anspruch genommen worden ist, nicht enthalten sind, läßt die jüngere Anmeldung ein Prioritätsrecht unter den allgemeinen Bedingungen entstehen.

G. – (1) Ergibt die Prüfung, daß eine Patentanmeldung nicht einheitlich ist, so kann der Anmelder die Anmeldung in eine Anzahl von Teilanmeldungen teilen, wobei ihm für jede Teilanmeldung als Anmeldezeitpunkt der Zeitpunkt der ursprünglichen Anmeldung und gegebenenfalls das Prioritätsvorrecht erhalten bleiben.

(2) Der Anmelder kann auch von sich aus die Patentanmeldung teilen, wobei ihm für jede Teilanmeldung als Anmeldezeitpunkt der Zeitpunkt der ursprünglichen Anmeldung und gegebenenfalls das Prioritätsvorrecht erhalten bleiben. Jedem Verbandsland steht es frei, die Bedingungen festzulegen, unter denen diese Teilung zugelassen wird.

H. – Die Priorität kann nicht deshalb verweigert werden, weil bestimmte Merkmale der Erfindung, für welche die Priorität beansprucht wird, nicht in den in der Patentanmeldung des Ursprungslandes aufgestellten Patentansprüchen enthalten sind, sofern nur die Gesamtheit der Anmeldungsunterlagen diese Merkmale deutlich offenbart.

I. – (1) Anmeldungen für Erfinderscheine, die in einem Land eingereicht werden, in dem die Anmelder das Recht haben, nach ihrer Wahl entweder ein Patent oder einen Erfinderschein zu verlangen, begründen das in diesem Artikel vorgesehene Prioritätsrecht unter den gleichen Voraussetzungen und mit den gleichen Wirkungen wie Patentanmeldungen.

(2) In einem Land, in dem die Anmelder das Recht haben, nach ihrer Wahl entweder ein Patent oder einen Erfinderschein zu verlangen, genießt der Anmelder eines Erfinderscheins das auf eine Patent-, Gebrauchsmuster- oder Erfinderscheinanmeldung gegründete Prioritätsrecht nach den für Patentanmeldungen geltenden Bestimmungen dieses Artikels.

Artikel 4bis

(1) Die in den verschiedenen Verbandsländern von Verbandsangehörigen angemeldeten Patente sind unabhängig von den Patenten, die für dieselbe Erfindung in anderen Ländern erlangt worden sind, mögen diese Länder dem Verband angehören oder nicht.

(2) Diese Bestimmung ist ohne jede Einschränkung zu verstehen, insbesondere in dem Sinn, daß die während der Prioritätsfrist angemeldeten Patente sowohl hinsichtlich der Gründe der Nichtigkeit und des Verfalls als auch hinsichtlich der gesetzmäßigen Dauer unabhängig sind.

(3) Sie findet auf alle im Zeitpunkt ihres Inkrafttretens bestehenden Patente Anwendung.

(4) Für den Fall des Beitritts neuer Länder wird es mit den im Zeitpunkt des Beitritts auf beiden Seiten bestehenden Patenten ebenso gehalten.

(5) Die mit Prioritätsvorrecht erlangten Patente genießen in den einzelnen Verbandsländern die gleiche Schutzdauer, wie wenn sie ohne das Prioritätsvorrecht angemeldet oder erteilt worden wären.

Artikel 4ter

Der Erfinder hat das Recht, als solcher im Patent genannt zu werden.

Artikel 4^{quater}

Die Erteilung eines Patents kann nicht deshalb verweigert und ein Patent kann nicht deshalb für ungültig erklärt werden, weil der Vertrieb des patentierten Erzeugnisses oder des Erzeugnisses, das das Ergebnis eines patentierten Verfahrens ist, Beschränkungen oder Begrenzungen durch die innerstaatlichen Rechtsvorschriften unterworfen ist.

Artikel 5

A. – (1) Die durch den Patentinhaber bewirkte Einfuhr von Gegenständen, die in dem einen oder anderen Verbandsland hergestellt worden sind, in das Land, in dem das Patent erteilt worden ist, hat den Verfall des Patents nicht zur Folge.

(2) Jedem der Verbandsländer steht es frei, gesetzliche Maßnahmen zu treffen, welche die Gewährung von Zwangslizenzen vorsehen, um Mißbräuche zu ver-

III. Anhang 22

hüten, die sich aus der Ausübung des durch das Patent verliehenen ausschließlichen Rechts ergeben könnten, zum Beispiel infolge unterlassener Ausübung.

(3) Der Verfall des Patents kann nur dann vorgesehen werden, wenn die Gewährung von Zwangslizenzen zur Verhütung dieser Mißbräuche nicht ausreichen würde. Vor Ablauf von zwei Jahren seit Gewährung der ersten Zwangslizenz kann kein Verfahren auf Verfall oder Zurücknahme eines Patents eingeleitet werden.

(4) Wegen unterlassener oder ungenügender Ausübung darf eine Zwangslizenz nicht vor Ablauf einer Frist von vier Jahren nach der Hinterlegung der Patentanmeldung oder von drei Jahren nach der Patenterteilung verlangt werden, wobei die Frist, die zuletzt abläuft, maßgebend ist; sie wird versagt, wenn der Patentinhaber seine Untätigkeit mit berechtigten Gründen entschuldigt. Eine solche Zwangslizenz ist nicht ausschließlich und kann, auch in der Form der Gewährung einer Unterlizenz, nur mit dem Teil des Unternehmens oder des Geschäftsbetriebs übertragen werden, der mit ihrer Auswertung befaßt ist.

(5) Die vorstehenden Bestimmungen finden unter Vorbehalt der notwendigen Änderungen auch auf Gebrauchsmuster Anwendung.

B. – Der Schutz gewerblicher Muster und Modelle darf wegen unterlassener Ausübung oder wegen der Einfuhr von Gegenständen, die mit den geschützten übereinstimmen, in keiner Weise durch Verfall beeinträchtigt werden.

C. – (1) Ist in einem Land der Gebrauch der eingetragenen Marke vorgeschrieben, so darf die Eintragung erst nach Ablauf einer angemessenen Frist und nur dann für ungültig erklärt werden, wenn der Beteiligte seine Untätigkeit nicht rechtfertigt.

(2) Wird eine Fabrik- oder Handelsmarke vom Inhaber in einer Form gebraucht, die von der Eintragung in einem der Verbandsländer nur in Bestandteilen abweicht, ohne daß dadurch die Unterscheidungskraft der Marke beeinflußt wird, so soll dieser Gebrauch die Ungültigkeit der Eintragung nicht nach sich ziehen und den der Marke gewährten Schutz nicht schmälern.

(3) Der gleichzeitige Gebrauch derselben Marke auf gleichen oder gleichartigen Erzeugnissen durch gewerbliche oder Handelsniederlassungen, die nach den Bestimmungen des Gesetzes des Landes, in dem der Schutz beansprucht wird, als Mitinhaber der Marke angesehen werden, steht der Eintragung der Marke nicht entgegen und schmälert nicht den der genannten Marke in einem Verbandsland gewährten Schutz, sofern dieser Gebrauch nicht eine Irreführung des Publikums zur Folge hat und dem öffentlichen Interesse nicht zuwiderläuft.

D. – Für die Anerkennung des Rechts ist die Anbringung eines Zeichens oder Vermerks über das Patent, das Gebrauchsmuster, die Eintragung der Fabrik- oder Handelsmarke oder die Hinterlegung des gewerblichen Musters oder Modells auf dem Erzeugnis nicht erforderlich.

Pariser Verbandsübereinkunft (PVÜ)

Artikel 5bis

(1) Für die Zahlung der zur Aufrechterhaltung der gewerblichen Schutzrechte vorgesehenen Gebühren wird eine Nachfrist von mindestens sechs Monaten gewährt, und zwar gegen Entrichtung einer Zuschlagsgebühr, sofern die innerstaatlichen Rechtsvorschriften eine solche auferlegen.

(2) Den Verbandsländern steht es frei, die Wiederherstellung der mangels Zahlung von Gebühren verfallenen Patente vorzusehen.

Artikel 5ter

In keinem der Verbandsländer wird als Eingriff in die Rechte des Patentinhabers angesehen:

1. der an Bord von Schiffen der anderen Verbandsländer stattfindende Gebrauch patentierter Einrichtungen im Schiffskörper, in den Maschinen, im Takelwerk, in den Geräten und sonstigem Zubehör, wenn die Schiffe vorübergehend oder zufällig in die Gewässer des Landes gelangen, vorausgesetzt, daß diese Einrichtungen dort ausschließlich für die Bedürfnisse des Schiffes verwendet werden;

2. der Gebrauch patentierter Einrichtungen in der Bauausführung oder für den Betrieb der Luft- oder Landfahrzeuge der anderen Verbandsländer oder des Zubehörs solcher Fahrzeuge, wenn diese vorübergehend oder zufällig in dieses Land gelangen.

Artikel 5^{quater}

Wird ein Erzeugnis in ein Verbandsland eingeführt, in dem ein Patent zum Schutz eines Verfahrens zur Herstellung dieses Erzeugnisses besteht, so hat der Patentinhaber hinsichtlich des eingeführten Erzeugnisses alle Rechte, die ihm die Rechtsvorschriften des Einfuhrlandes auf Grund des Verfahrenspatents hinsichtlich der im Land selbst hergestellten Erzeugnisse gewähren.

Artikel 5^{quinquies}

Die gewerblichen Muster und Modelle werden in allen Verbandsländern geschützt.

Artikel 6

(1) Die Bedingungen für die Hinterlegung und Eintragung von Fabrik- oder Handelsmarken werden in jedem Land durch die innerstaatlichen Rechtsvorschriften bestimmt.

(2) Jedoch darf eine durch einen Angehörigen eines Verbandslandes in irgendeinem Verbandsland hinterlegte Marke nicht deshalb zurückgewiesen oder für

ungültig erklärt werden, weil sie im Ursprungsland nicht hinterlegt, eingetragen oder erneuert worden ist.

(3) Eine in einem Verbandsland vorschriftsmäßig eingetragene Marke wird als unabhängig angesehen von den in anderen Verbandsländern einschließlich des Ursprungslandes eingetragenen Marken.

Artikel 6bis

(1) Die Verbandsländer verpflichten sich, von Amts wegen, wenn dies die Rechtsvorschriften des Landes zulassen, oder auf Antrag des Beteiligten die Eintragung einer Fabrik- oder Handelsmarke zurückzuweisen oder für ungültig zu erklären und den Gebrauch der Marke zu untersagen, wenn sie eine verwechslungsfähige Abbildung, Nachahmung oder Übersetzung einer anderen Marke darstellt, von der es nach Ansicht der zuständigen Behörde des Landes der Eintragung oder des Gebrauchs dort notorisch feststeht, daß sie bereits einer zu den Vergünstigungen dieser Übereinkunft zugelassenen Person gehört und für gleiche oder gleichartige Erzeugnisse benutzt wird. Das gleiche gilt, wenn der wesentliche Bestandteil der Marke die Abbildung einer solchen notorisch bekannten Marke oder eine mit ihr verwechslungsfähige Nachahmung darstellt.

(2) Für den Antrag auf Löschung einer solchen Marke ist eine Frist von mindestens fünf Jahren vom Tag der Eintragung an zu gewähren. Den Verbandsländern steht es frei, eine Frist zu bestimmen, innerhalb welcher der Anspruch auf Untersagung des Gebrauchs geltend zu machen ist.

(3) Gegenüber bösgläubig erwirkten Eintragungen oder bösgläubig vorgenommenen Benutzungshandlungen ist der Antrag auf Löschung dieser Marken oder auf Untersagung ihres Gebrauchs an keine Frist gebunden.

Artikel 6ter

(1) a) Die Verbandsländer kommen überein, die Eintragung der Wappen, Flaggen und anderen staatlichen Hoheitszeichen der Verbandsländer, der von ihnen eingeführten amtlichen Prüf- und Gewährzeichen und -stempel sowie jeder Nachahmung im heraldischen Sinn als Fabrik- oder Handelsmarken oder als Bestandteile solcher zurückzuweisen oder für ungültig zu erklären sowie den Gebrauch dieser Zeichen durch geeignete Maßnahmen zu verbieten, sofern die zuständigen Stellen den Gebrauch nicht erlaubt haben.

b) Die Bestimmungen unter Buchstabe a sind ebenso auf die Wappen, Flaggen und anderen Kennzeichen, Sigel oder Bezeichnungen der internationalen zwischenstaatlichen Organisationen anzuwenden, denen ein oder mehrere Verbandsländer angehören; ausgenommen sind die Wappen, Flaggen und anderen Kennzeichen, Sigel oder Bezeichnungen, die bereits

Gegenstand von in Kraft befindlichen internationalen Abkommen sind, die ihren Schutz gewährleisten.

c) Kein Verbandsland ist gehalten, die Bestimmungen unter Buchstabe b zum Nachteil der Inhaber von Rechten anzuwenden, die gutgläubig vor dem Inkrafttreten dieser Übereinkunft in diesem Land erworben worden sind. Die Verbandsländer sind nicht gehalten, diese Bestimmungen anzuwenden, falls die Benutzung oder Eintragung gemäß Buchstabe a nicht geeignet ist, beim Publikum den Eindruck einer Verbindung zwischen der betreffenden Organisation und den Wappen, Flaggen, Kennzeichen, Sigeln oder Bezeichnungen hervorzurufen, oder falls die Benutzung oder Eintragung offenbar nicht geeignet ist, das Publikum über das Bestehen einer Verbindung zwischen dem Benutzer und der Organisation irrezuführen.

(2) Das Verbot der amtlichen Prüf- und Gewährzeichen und -stempel findet nur dann Anwendung, wenn die Marken mit diesen Zeichen für gleiche oder gleichartige Waren bestimmt sind.

(3) a) Für die Anwendung dieser Bestimmungen kommen die Verbrauchsländer überein, durch Vermittlung des Internationalen Büros ein Verzeichnis der staatlichen Hoheitszeichen und amtlichen Prüf- und Gewährzeichen und -stempel auszutauschen, die sie jetzt oder in Zukunft unumschränkt oder in gewissen Grenzen unter den Schutz dieses Artikels zu stellen wünschen; dies gilt auch für alle späteren Änderungen dieses Verzeichnisses. Jedes Verbandsland soll die notifizierten Verzeichnisse rechtzeitig öffentlich zugänglich machen.

Diese Notifikation ist jedoch für Staatsflaggen nicht erforderlich.

b) Die Bestimmungen des Absatzes 1 Buchstabe b sind nur auf die Wappen, Flaggen und anderen Kennzeichen, Sigel und Bezeichnungen der internationalen zwischenstaatlichen Organisationen anwendbar, die diese durch Vermittlung des Internationalen Büros den Verbandsländern mitgeteilt haben.

(4) Jedes Verbandsland kann innerhalb einer Frist von zwölf Monaten nach dem Eingang der Notifikation seine etwaigen Einwendungen durch das Internationale Büro dem betreffenden Land oder der betreffenden internationalen zwischenstaatlichen Organisation übermitteln.

(5) Hinsichtlich der Staatsflaggen finden die in Absatz 1 vorgesehenen Maßnahmen nur auf Marken Anwendung, die nach dem 6. November 1925 eingetragen worden sind.

(6) Hinsichtlich der staatlichen Hoheitszeichen − mit Ausnahme der Flaggen − und der amtlichen Zeichen und Stempel der Verbandsländer und hinsichtlich der Wappen, Flaggen und anderen Kennzeichen, Sigel oder Bezeichnungen der internationalen zwischenstaatlichen Organisationen sind diese Bestimmungen nur auf Marken anwendbar, die später als zwei Monate nach dem Eingang der in Absatz 3 vorgesehenen Notifikation eingetragen worden sind.

(7) Den Ländern steht es frei, bei Bösgläubigkeit auch solche Marken zu löschen, die vor dem 6. November 1925 eingetragen worden sind und staatliche Hoheitszeichen, Zeichen und Stempel enthalten.

(8) Die Angehörigen eines jeden Landes, die zum Gebrauch der staatlichen Hoheitszeichen, Zeichen und Stempel ihres Landes ermächtigt sind, dürfen sie auch dann benutzen, wenn sie denen eines anderen Landes ähnlich sind.

(9) Die Verbandsländer verpflichten sich, den unbefugten Gebrauch der Staatswappen der anderen Verbandsländer im Handel zu verbieten, wenn dieser Gebrauch zur Irreführung über den Ursprung der Erzeugnisse geeignet ist.

(10) Die vorhergehenden Bestimmungen hindern die Länder nicht an der Ausübung der Befugnis, gemäß Artikel $6^{quinquies}$ Buchstabe B Nummer 3 Marken zurückzuweisen oder für ungültig zu erklären, die ohne Ermächtigung Wappen, Flaggen und andere staatliche Hoheitszeichen oder in einem Verbandsland eingeführte amtliche Zeichen und Stempel enthalten; dies gilt auch für die in Absatz 1 genannten unterscheidungskräftigen Zeichen der internationalen zwischenstaatlichen Organisationen.

Artikel 6^{quater}

(1) Ist nach den Rechtsvorschriften eines Verbandslandes die Übertragung einer Marke nur rechtsgültig, wenn gleichzeitig das Unternehmen oder der Geschäftsbetrieb, zu dem die Marke gehört, mit übergeht, so genügt es zur Rechtsgültigkeit der Übertragung, daß der in diesem Land befindliche Teil des Unternehmens oder Geschäftsbetriebes mit dem ausschließlichen Recht, die mit der übertragenen Marke versehene Erzeugnisse dort herzustellen oder zu verkaufen, auf den Erwerber übergeht.

(2) Diese Bestimmung verpflichtet die Verbandsländer nicht, die Übertragung einer Marke als rechtsgültig anzusehen, deren Gebrauch durch den Erwerber tatsächlich geeignet wäre, das Publikum irrezuführen, insbesondere was die Herkunft, die Beschaffenheit oder die wesentlichen Eigenschaften der Erzeugnisse betrifft, für welche die Marke verwendet wird.

Artikel $6^{quinquies}$

A. − (1) Jede im Ursprungsland vorschriftsmäßig eingetragene Fabrik- oder Handelsmarke soll so, wie sie ist, unter den Vorbehalten dieses Artikels in den anderen Verbandsländern zur Hinterlegung zugelassen und geschützt werden. Diese Länder können vor der endgültigen Eintragung die Vorlage einer von der zuständigen Behörde ausgestellten Bescheinigung über die Eintragung im Ursprungsland verlangen. Eine Beglaubigung dieser Bescheinigung ist nicht erforderlich.

(2) Als Ursprungsland wird das Verbandsland angesehen, in dem der Hinterleger eine tatsächliche und nicht nur zum Schein bestehende gewerbliche oder Handelsniederlassung hat, und, wenn er eine solche Niederlassung innerhalb des Verbandes nicht hat, das Verbandsland, in dem er seinen Wohnsitz hat,

und, wenn er keinen Wohnsitz innerhalb des Verbandes hat, das Land seiner Staatsangehörigkeit, sofern er Angehöriger eines Verbandslandes ist.

B. – Die Eintragung von Fabrik- oder Handelsmarken, die unter diesen Artikel fallen, darf nur in folgenden Fällen verweigert oder für ungültig erklärt werden:

1. wenn die Marken geeignet sind, Rechte zu verletzen, die von Dritten in dem Land erworben sind, in dem der Schutz beansprucht wird;

2. wenn die Marken jeder Unterscheidungskraft entbehren oder ausschließlich aus Zeichen oder Angaben zusammengesetzt sind, die im Verkehr zur Bezeichnung der Art, der Beschaffenheit, der Menge, der Bestimmung, des Wertes, des Ursprungsortes der Erzeugnisse oder der Zeit der Erzeugung dienen können, oder die im allgemeinen Sprachgebrauch oder in den redlichen und ständigen Verkehrsgepflogenheiten des Landes, in dem der Schutz beansprucht wird, üblich sind;

3. wenn die Marken gegen die guten Sitten oder die öffentliche Ordnung verstoßen, insbesondere wenn sie geeignet sind, das Publikum zu täuschen. Es besteht Einverständnis darüber, daß eine Marke nicht schon deshalb als gegen die öffentliche Ordnung verstoßend angesehen werden kann, weil sie einer Vorschrift des Markenrechts nicht entspricht, es sei denn, daß diese Bestimmung selbst die öffentliche Ordnung betrifft.

Die Anwendung des Artikels 10bis bleibt jedoch vorbehalten.

C. – (1) Bei der Würdigung der Schutzfähigkeit der Marke sind alle Tatumstände zu berücksichtigen, insbesondere die Dauer des Gebrauchs der Marke.

(2) In den anderen Verbandsländern dürfen Fabrik- oder Handelsmarken nicht allein deshalb zurückgewiesen werden, weil sie von den im Ursprungsland geschützten Marken nur in Bestandteilen abweichen, die gegenüber der im Ursprungsland eingetragenen Form die Unterscheidungskraft der Marken nicht beeinflussen und ihre Identität nicht berühren.

D. – Niemand kann sich auf die Bestimmungen dieses Artikels berufen, wenn die Marke, für die er den Schutz beansprucht, im Ursprungsland nicht eingetragen ist.

E. – Jedoch bringt die Erneuerung der Eintragung einer Marke im Ursprungsland keinesfalls die Verpflichtung mit sich, die Eintragung auch in den anderen Verbandsländern zu erneuern, in denen die Marke eingetragen worden ist.

F. – Das Prioritätsvorrecht bleibt bei den innerhalb der Frist des Artikels 4 vorgenommenen Markenhinterlegungen gewahrt, selbst wenn die Marke im Ursprungsland erst nach Ablauf dieser Frist eingetragen wird.

Artikel 6^{sexies}

Die Verbandsländer verpflichten sich, die Dienstleistungsmarken zu schützen. Sie sind nicht gehalten, die Eintragung dieser Marken vorzusehen.

Artikel 6^{septies}

(1) Beantragt der Agent oder der Vertreter dessen, der in einem der Verbandsländer Inhaber einer Marke ist, ohne dessen Zustimmung die Eintragung dieser Marke auf seinen eigenen Namen in einem oder mehreren dieser Länder, so ist der Inhaber berechtigt, der beantragten Eintragung zu widersprechen oder die Löschung oder, wenn das Gesetz des Landes es zuläßt, die Übertragung dieser Eintragung zu seinen Gunsten zu verlangen, es sei denn, daß der Agent oder Vertreter seine Handlungsweise rechtfertigt.

(2) Der Inhaber der Marke ist unter den Voraussetzungen des Absatzes 1 berechtigt, sich dem Gebrauch seiner Marke durch seinen Agenten oder Vertreter zu widersetzen, wenn er diesen Gebrauch nicht gestattet hat.

(3) Den Landesgesetzgebungen steht es frei, eine angemessene Frist zu bestimmen, innerhalb welcher der Inhaber einer Marke seine in diesem Artikel vorgesehenen Rechte geltend machen muß.

Artikel 7

Die Beschaffenheit des Erzeugnisses, auf dem die Fabrik- oder Handelsmarke angebracht werden soll, darf keinesfalls die Eintragung der Marke hindern.

Artikel 7bis

(1) Die Verbandsländer verpflichten sich, Verbandsmarken, die Verbänden gehören, deren Bestehen dem Gesetz des Ursprungslandes nicht zuwiderläuft, auch dann zur Hinterlegung zuzulassen und zu schützen, wenn diese Verbände eine gewerbliche oder Handelsniederlassung nicht besitzen.

(2) Es steht jedem Land zu, frei darüber zu bestimmen, unter welchen besonderen Bedingungen eine Verbandsmarke geschützt wird; es kann den Schutz verweigern, wenn diese Marke gegen das öffentliche Interesse verstößt.

(3) Jedoch darf der Schutz dieser Marken einem Verband, dessen Bestehen dem Gesetz des Ursprungslandes nicht zuwiderläuft, nicht deshalb verweigert werden, weil er in dem Land, in dem der Schutz nachgesucht wird, keine Niederlassung hat oder seine Gründung den Rechtsvorschriften dieses Landes nicht entspricht.

Artikel 8

Der Handelsname wird in allen Verbandsländern, ohne Verpflichtung zur Hinterlegung oder Eintragung, geschützt, gleichgültig ob er einen Bestandteil einer Fabrik- oder Handelsmarke bildet oder nicht.

Artikel 9

(1) Jedes widerrechtlich mit einer Fabrik- oder Handelsmarke oder mit einem Handelsnamen versehene Erzeugnis ist bei der Einfuhr in diejenigen Verbandsländer, in denen diese Marke oder dieser Handelsname Anspruch auf gesetzlichen Schutz hat, zu beschlagnahmen.

(2) Die Beschlagnahme ist auch in dem Land vorzunehmen, in dem die widerrechtliche Anbringung stattgefunden hat, oder in dem Land, in das das Erzeugnis eingeführt worden ist.

(3) Die Beschlagnahme erfolgt gemäß den innerstaatlichen Rechtsvorschriften jedes Landes auf Antrag entweder der Staatsanwaltschaft oder jeder anderen zuständigen Behörde oder einer beteiligten Partei, sei diese eine natürliche oder eine juristische Person.

(4) Die Behörden sind nicht gehalten, die Beschlagnahme im Fall der Durchfuhr zu bewirken.

5) Lassen die Rechtsvorschriften eines Landes die Beschlagnahme bei der Einfuhr nicht zu, so tritt an die Stelle der Beschlagnahme das Einfuhrverbot oder die Beschlagnahme im Inland.

(6) Lassen die Rechtsvorschriften eines Landes weder die Beschlagnahme bei der Einfuhr noch das Einfuhrverbot noch die Beschlagnahme im Inland zu, so treten an die Stelle dieser Maßnahmen bis zu einer entsprechenden Änderung der Rechtsvorschriften diejenigen Klagen und Rechtsbehelfe, die das Gesetz dieses Landes im gleichen Fall den eigenen Staatsangehörigen gewährt.

Artikel 10

(1) Die Bestimmungen des Artikels 9 sind im Fall des unmittelbaren oder mittelbaren Gebrauchs einer falschen Angabe über die Herkunft des Erzeugnisses oder über die Identität des Erzeugers, Herstellers oder Händlers anwendbar.

(2) Als beteiligte Partei, mag sie eine natürliche oder juristische Person sein, ist jedenfalls jeder Erzeuger, Hersteller oder Händler anzuerkennen, der sich mit der Erzeugung oder Herstellung des Erzeugnisses befaßt oder mit ihm handelt und in dem fälschlich als Herkunftsort bezeichneten Ort oder in der Gegend, in der dieser Ort liegt, oder in dem fälschlich bezeichneten Land oder in dem Land, in dem die falsche Herkunftsangabe verwendet wird, seine Niederlassung hat.

Artikel 10bis

(1) Die Verbandsländer sind gehalten, den Verbandsangehörigen einen wirksamen Schutz gegen unlauteren Wettbewerb zu sichern.

(2) Unlauterer Wettbewerb ist jede Wettbewerbshandlung, die den anständigen Gepflogenheiten in Gewerbe oder Handel zuwiderläuft.

III. Anhang 22

(3) Insbesondere sind zu untersagen:

1. alle Handlungen, die geeignet sind, auf irgendeine Weise eine Verwechslung mit der Niederlassung, den Erzeugnissen oder der gewerblichen oder kaufmännischen Tätigkeit eines Wettbewerbers hervorzurufen;
2. die falschen Behauptungen im geschäftlichen Verkehr, die geeignet sind, den Ruf der Niederlassung, der Erzeugnisse oder der gewerblichen oder kaufmännischen Tätigkeit eines Wettbewerbers herabzusetzen;
3. Angaben oder Behauptungen, deren Verwendung im geschäftlichen Verkehr geeignet ist, das Publikum über die Beschaffenheit, die Art der Herstellung, die wesentlichen Eigenschaften, die Brauchbarkeit oder die Menge der Waren irrezuführen.

Artikel 10ter

(1) Um alle in den Artikeln 9, 10 und 10bis bezeichneten Handlungen wirksam zu unterdrücken, verpflichten sich die Verbandsländer, den Angehörigen der anderen Verbandsländer geeignete Rechtsbehelfe zu sichern.

(2) Sie verpflichten sich außerdem, Maßnahmen zu treffen, um den Verbänden und Vereinigungen, welche die beteiligten Gewerbetreibenden, Erzeuger oder Händler vertreten und deren Bestehen den Gesetzen ihres Landes nicht zuwiderläuft, das Auftreten vor Gericht oder vor den Verwaltungsbehörden zum Zweck der Unterdrückung der in den Artikeln 9, 10 und 10bis bezeichneten Handlungen in dem Maß zu ermöglichen, wie es das Gesetz des Landes, in dem der Schutz beansprucht wird, den Verbänden und Vereinigungen dieses Landes gestattet.

Artikel 11

(1) Die Verbandsländer werden nach Maßgabe ihrer innerstaatlichen Rechtsvorschriften den patentfähigen Erfindungen, den Gebrauchsmustern, den gewerblichen Mustern oder Modellen sowie den Fabrik- oder Handelsmarken für Erzeugnisse, die in einem Verbandsland auf den amtlichen oder amtlich anerkannten internationalen Ausstellungen zur Schau gestellt werden, einen zeitweiligen Schutz gewähren.

(2) Dieser zeitweilige Schutz verlängert die Fristen des Artikels 4 nicht. Wird später das Prioritätsrecht beansprucht, so kann die Behörde eines jeden Landes die Frist mit dem Zeitpunkt beginnen lassen, zu dem das Erzeugnis in die Ausstellung eingebracht worden ist.

(3) Jedes Land kann zum Nachweis der Übereinstimmung des ausgestellten Gegenstandes und des Zeitpunkts der Einbringung die ihm notwendig erscheinenden Belege verlangen.

Artikel 12

(1) Jedes der Verbandsländer verpflichtet sich, ein besonderes Amt für gewerbliches Eigentum und eine Zentralhinterlegungsstelle einzurichten, um die Erfin-

dungspatente, die Gebrauchsmuster, die gewerblichen Muster oder Modelle und die Fabrik- oder Handelsmarken der Öffentlichkeit zur Kenntnis zu bringen.

(2) Dieses Amt wird ein regelmäßig erscheinendes amtliches Blatt herausgeben. Es wird regelmäßig veröffentlichen:

a) die Namen der Inhaber der erteilten Patente mit einer kurzen Bezeichnung der patentierten Erfindungen;

b) die Abbildungen der eingetragenen Marken.

Artikel 13

(1) a) Der Verband hat eine Versammlung, die sich aus den durch die Artikel 13 bis 17 gebundenen Verbandsländern zusammensetzt.

b) Die Regierung jedes Landes wird durch einen Delegierten vertreten, der von Stellvertretern, Beratern und Sachverständigen unterstützt werden kann.

c) Die Kosten jeder Delegation werden von der Regierung getragen, die sie entsandt hat.

(2) a) Die Versammlung

i) behandelt alle Fragen betreffend die Erhaltung und die Entwicklung des Verbandes sowie die Anwendung dieser Übereinkunft;

ii) erteilt dem Internationalen Büro für geistiges Eigentum (im folgenden als „das Internationale Büro" bezeichnet), das in dem Übereinkommen zur Errichtung der Weltorganisation für geistiges Eigentum (im folgenden als „die Organisation" bezeichnet) vorgesehen ist, Weisungen für die Vorbereitung der Revisionskonferenzen unter gebührender Berücksichtigung der Stellungnahmen der Verbandsländer, die durch die Artikel 13 bis 17 nicht gebunden sind;

iii) prüft und billigt die Berichte und die Tätigkeit des Generaldirektors der Organisation betreffend den Verband und erteilt ihm alle zweckdienlichen Weisungen in Fragen, die in die Zuständigkeit des Verbandes fallen;

iv) wählt die Mitglieder des Exekutivausschusses der Versammlung;

v) prüft und billigt die Berichte und die Tätigkeit ihres Exekutivausschusses und erteilt ihm Weisungen;

vi) legt das Programm fest, beschließt den Dreijahres-Haushaltsplan des Verbandes und billigt seine Rechnungsabschlüsse;

vii) beschließt die Finanzvorschriften des Verbandes;

viii) bildet die Sachverständigenausschüsse und Arbeitsgruppen, die sie zur Verwirklichung der Ziele des Verbandes für zweckdienlich hält;

III. Anhang 22

ix) bestimmt, welche Nichtmitgliedländer des Verbandes, welche zwischenstaatlichen und welche internationalen nichtstaatlichen Organisationen zu ihren Sitzungen als Beobachter zugelassen werden;

x) beschließt Änderungen der Artikel 13 bis 17;

xi) nimmt jede andere Handlung vor, die zur Erreichung der Ziele des Verbandes geeignet ist;

xii) nimmt alle anderen Aufgaben wahr, die sich aus dieser Übereinkunft ergeben;

xiii) übt vorbehaltlich ihres Einverständnisses die ihr durch das Übereinkommen zur Errichtung der Organisation übertragenen Rechte aus.

b) Über Fragen, die auch für andere von der Organisation verwaltete Verbände von Interesse sind, entscheidet die Versammlung nach Anhörung des Koordinierungsausschusses der Organisation.

(3) a) Vorbehaltlich des Buchstaben b kann ein Delegierter nur ein Land vertreten.

b) Verbandsländer, die durch ein Sonderabkommen ein gemeinsames Amt errichtet haben, das für jedes von ihnen das besondere nationale Amt für gewerbliches Eigentum im Sinn des Artikels 12 darstellt, können bei den Beratungen in ihrer Gesamtheit durch eines von ihnen vertreten sein.

(4) a) Jedes Mitgliedland der Versammlung verfügt über eine Stimme.

b) Die Hälfte der Mitgliedländer der Versammlung bildet das Quorum (die für die Beschlußfähigkeit erforderliche Mindestzahl).

c) Ungeachtet des Buchstaben b kann die Versammlung Beschlüsse fassen, wenn während einer Tagung die Zahl der vertretenen Länder zwar weniger als die Hälfte, aber mindestens ein Drittel der Mitgliedländer der Versammlung beträgt; jedoch werden diese Beschlüsse mit Ausnahme der Beschlüsse über das Verfahren der Versammlung nur dann wirksam, wenn die folgenden Bedingungen erfüllt sind: Das Internationale Büro teilt diese Beschlüsse den Mitgliedländern der Versammlung mit, die nicht vertreten waren, und lädt sie ein, innerhalb einer Frist von drei Monaten vom Zeitpunkt der Mitteilung an schriftlich ihre Stimme oder Stimmenthaltung bekanntzugeben. Entspricht nach Ablauf der Frist die Zahl der Länder, die auf diese Weise ihre Stimme oder Stimmenthaltung bekanntgegeben haben, mindestens der Zahl der Länder, die für die Erreichung des Quorums während der Tagung gefehlt hatte, so werden die Beschlüsse wirksam, sofern gleichzeitig die erforderliche Mehrheit noch vorhanden ist.

d) Vorbehaltlich des Artikels 17 Absatz 2 faßt die Versammlung ihre Beschlüsse mit einer Mehrheit von zwei Dritteln der abgegebenen Stimmen.

e) Stimmenthaltung gilt nicht als Stimmabgabe.

(5) a) Vorbehaltlich des Buchstaben b kann ein Delegierter nur im Namen eines Landes abstimmen.

b) Die in Absatz 3 Buchstabe b bezeichneten Verbandsländer sind bestrebt, sich bei den Tagungen der Versammlung in der Regel durch ihre eigenen Delegationen vertreten zu lassen. Kann sich jedoch eines dieser Länder aus außergewöhnlichen Gründen nicht durch seine eigene Delegation vertreten lassen, so kann es die Delegation eines anderen dieser Länder ermächtigen, in seinem Namen abzustimmen; jedoch kann eine Delegation in Vertretung nur eines anderen Landes abstimmen. Jede zu diesem Zweck erteilte Vollmacht muß in einer vom Staatsoberhaupt oder zuständigen Minister unterzeichneten Urkunde enthalten sein.

(6) Die Verbandsländer, die nicht Mitglied der Versammlung sind, werden zu den Sitzungen der Versammlung als Beobachter zugelassen.

(7) a) Die Versammlung tritt nach Einberufung durch den Generaldirektor alle drei Jahre einmal zu einer ordentlichen Tagung zusammen, und zwar, abgesehen von außergewöhnlichen Fällen, zu derselben Zeit und an demselben Ort wie die Generalversammlung der Organisation.

b) Die Versammlung tritt nach Einberufung durch den Generaldirektor zu einer außerordentlichen Tagung zusammen, wenn der Exekutivausschuß oder ein Viertel der Mitgliedländer der Versammlung es verlangt.

(8) Die Versammlung gibt sich eine Geschäftsordnung.

Artikel 14

(1) Die Versammlung hat einen Exekutivausschuß.

(2) a) Der Exekutivausschuß setzt sich aus den von der Versammlung aus dem Kreis ihrer Mitgliedländer gewählten Ländern zusammen. Außerdem hat das Land, in dessen Hoheitsgebiet die Organisation ihren Sitz hat, vorbehaltlich des Artikels 16 Absatz 7 Buchstabe b ex officio einen Sitz im Ausschuß.

b) Die Regierung jedes Mitgliedlandes des Exekutivausschusses wird durch einen Delegierten vertreten, der von Stellvertretern, Beratern und Sachverständigen unterstützt werden kann.

c) Die Kosten jeder Delegation werden von der Regierung getragen, die sie entsandt hat.

(3) Die Zahl der Mitgliedländer des Exekutivausschusses entspricht einem Viertel der Zahl der Mitgliedländer der Versammlung. Bei der Berechnung der zu vergebenden Sitze wird der nach Teilung durch vier verbleibende Rest nicht berücksichtigt.

(4) Bei der Wahl der Mitglieder des Exekutivausschusses trägt die Versammlung einer angemessenen geographischen Verteilung und der Notwendigkeit

Rechnung, daß unter den Ländern des Exekutivausschusses Vertragsländer der im Rahmen des Verbandes errichteten Sonderabkommen sind.

(5) a) Die Mitglieder des Exekutivausschusses üben ihr Amt vom Schluß der Tagung der Versammlung, in deren Verlauf sie gewählt worden sind, bis zum Ende der darauffolgenden ordentlichen Tagung der Versammlung aus.

b) Höchstens zwei Drittel der Mitglieder des Exekutivausschusses können wiedergewählt werden.

c) Die Versammlung regelt die Einzelheiten der Wahl und der etwaigen Wiederwahl der Mitglieder des Exekutivausschusses.

(6) a) Der Exekutivausschuß

i) bereitet den Entwurf der Tagesordnung der Versammlung vor;

ii) unterbreitet der Versammlung Vorschläge zu den vom Generaldirektor vorbereiteten Entwürfen des Programms und des Dreijahres-Haushaltsplans des Verbandes;

iii) stellt im Rahmen des Programms und des Dreijahres-Haushaltsplans die vom Generaldirektor vorbereiteten Jahresprogramme und Jahreshaushaltspläne auf;

iv) unterbreitet der Versammlung mit entsprechenden Bemerkungen die periodischen Berichte des Generaldirektors und die jährlichen Berichte über die Rechnungsprüfung;

v) trifft alle zweckdienlichen Maßnahmen zur Durchführung des Programms des Verbandes durch den Generaldirektor in Übereinstimmung mit den Beschlüssen der Versammlung und unter Berücksichtigung der zwischen zwei ordentlichen Tagungen der Versammlung eintretenden Umstände;

vi) nimmt alle anderen Aufgaben wahr, die ihm im Rahmen dieser Übereinkunft übertragen werden.

b) Über Fragen, die auch für andere von der Organisation verwaltete Verbände von Interesse sind, entscheidet der Exekutivausschuß nach Anhörung des Koordinierungsausschusses der Organisation.

(7) a) Der Exekutivausschuß tritt nach Einberufung durch den Generaldirektor jedes Jahr einmal zu einer ordentlichen Tagung zusammen, und zwar möglichst zu derselben Zeit und an demselben Ort wie der Koordinierungsausschuß der Organisation.

b) Der Exekutivausschuß tritt nach Einberufung durch den Generaldirektor zu einer außerordentlichen Tagung zusammen, entweder auf Initiative des Generaldirektors oder wenn der Vorsitzende oder ein Viertel der Mitglieder des Exekutivausschusses es verlangt.

(8) a) Jedes Mitgliedland des Exekutivausschusses verfügt über eine Stimme.

b) Die Hälfte der Mitgliedländer des Exekutivausschusses bildet das Quorum.

c) Die Beschlüsse werden mit einfacher Mehrheit der abgegebenen Stimmen gefaßt.

d) Stimmenthaltung gilt nicht als Stimmabgabe.

e) Ein Delegierter kann nur ein Land vertreten und nur in dessen Namen abstimmen.

(9) Die Verbandsländer, die nicht Mitglied des Exekutivausschusses sind, werden zu dessen Sitzungen als Beobachter zugelassen.

(10) Der Exekutivausschuß gibt sich eine Geschäftsordnung.

Artikel 15

(1) a) Die Verwaltungsaufgaben des Verbandes werden vom Internationalen Büro wahrgenommen, das an die Stelle des mit dem Verbandsbüro der internationalen Übereinkunft zum Schutz von Werken der Literatur und Kunst vereinigten Büros des Verbandes tritt.

b) Das Internationale Büro besorgt insbesondere das Sekretariat der verschiedenen Organe des Verbandes.

c) Der Generaldirektor der Organisation ist der höchste Beamte des Verbandes und vertritt den Verband.

(2) Das Internationale Büro sammelt und veröffentlicht Informationen über den Schutz des gewerblichen Eigentums. Jedes Verbandsland teilt so bald wie möglich dem Internationalen Büro alle neuen Gesetze und anderen amtlichen Texte mit, die den Schutz des gewerblichen Eigentums betreffen. Es übermittelt außerdem dem Internationalen Büro alle jene Veröffentlichungen seiner für das gewerbliche Eigentum zuständigen Stellen, die unmittelbar den Schutz des gewerblichen Eigentums berühren und nach Meinung des Internationalen Büros für seine Tätigkeit von Interesse sind.

(3) Das Internationale Büro gibt eine monatlich erscheinende Zeitschrift heraus.

(4) Das Internationale Büro erteilt jedem Verbandsland auf Verlangen Auskünfte über Fragen betreffend den Schutz des gewerblichen Eigentums.

(5) Das Internationale Büro unternimmt Untersuchungen und leistet Dienste zur Erleichterung des Schutzes des gewerblichen Eigentums.

(6) Der Generaldirektor und die von ihm bestimmten Mitglieder des Personals nehmen ohne Stimmrecht an allen Sitzungen der Versammlung, des Exekutivausschusses und aller anderen Sachverständigenausschüsse oder Arbeitsgruppen teil. Der Generaldirektor oder ein von ihm bestimmtes Mitglied des Personals ist von Amts wegen Sekretär dieser Organe.

III. Anhang 22

(7) a) Das Internationale Büro bereitet nach den Weisungen der Versammlung und in Zusammenarbeit mit dem Exekutivausschuß die Konferenzen zur Revision der Bestimmungen der Übereinkunft mit Ausnahme der Artikel 13 bis 17 vor.

b) Das Internationale Büro kann bei der Vorbereitung der Revisionskonferenzen zwischenstaatliche sowie internationale nichtstaatliche Organisationen konsultieren.

c) Der Generaldirektor und die von ihm bestimmten Personen nehmen ohne Stimmrecht an den Beratungen dieser Konferenzen teil.

(8) Das Internationale Büro nimmt alle anderen Aufgaben wahr, die ihm übertragen werden.

Artikel 16

(1) a) Der Verband hat einen Haushaltsplan.

b) Der Haushaltsplan des Verbandes umfaßt die eigenen Einnahmen und Ausgaben des Verbandes, dessen Beitrag zum Haushaltsplan der gemeinsamen Ausgaben der Verbände sowie gegebenenfalls den dem Haushaltsplan der Konferenz der Organisation zur Verfügung gestellten Betrag.

c) Als gemeinsame Ausgaben der Verbände gelten die Ausgaben, die nicht ausschließlich dem Verband, sondern auch einem oder mehreren anderen von der Organisation verwalteten Verbänden zuzurechnen sind. Der Anteil des Verbandes an diesen gemeinsamen Ausgaben entspricht dem Interesse, das der Verband an ihnen hat.

(2) Der Haushaltsplan des Verbandes wird unter Berücksichtigung der Notwendigkeit seiner Abstimmung mit den Haushaltsplänen der anderen von der Organisation verwalteten Verbände aufgestellt.

(3) Der Haushaltsplan des Verbandes umfaßt folgende Einnahmen:

i) Beiträge der Verbandsländer;

ii) Gebühren und Beträge für Dienstleistungen des Internationalen Büros im Rahmen des Verbandes;

iii) Verkaufserlöse und andere Einkünfte aus Veröffentlichungen des Internationalen Büros, die den Verband betreffen;

iv) Schenkungen, Vermächtnisse und Zuwendungen;

v) Mieten, Zinsen und andere verschiedene Einkünfte.

(4) a) Jedes Verbandsland wird zur Bestimmung seines Beitrags zum Haushaltsplan in eine Klasse eingestuft und zahlt seine Jahresbeiträge auf der Grundlage einer Zahl von Einheiten, die wie folgt festgesetzt wird:

Klasse I 25
Klasse II 20
Klasse III 15
Klasse IV 10
Klasse V 5
Klasse VI 3
Klasse VII 1

b) Falls es dies nicht schon früher getan hat, gibt jedes Land gleichzeitig mit der Hinterlegung seiner Ratifikations- oder Beitrittsurkunde die Klasse an, in die es eingestuft zu werden wünscht. Es kann die Klasse wechseln. Wählt es eine niedrigere Klasse, so hat es dies der Versammlung auf einer ihrer ordentlichen Tagungen mitzuteilen. Ein solcher Wechsel wird zu Beginn des auf diese Tagung folgenden Kalenderjahres wirksam.

c) Der Jahresbeitrag jedes Landes besteht aus einem Betrag, der in demselben Verhältnis zu der Summe der Jahresbeiträge aller Länder zum Haushaltsplan des Verbandes steht wie die Zahl der Einheiten der Klasse, in die das Land eingestuft ist, zur Summe der Einheiten aller Länder.

d) Die Beiträge werden am 1. Januar jedes Jahres fällig.

e) Ein Land, das mit der Zahlung seiner Beiträge im Rückstand ist, kann sein Stimmrecht in keinem der Organe des Verbandes, denen es als Mitglied angehört, ausüben, wenn der rückständige Betrag die Summe der von ihm für die zwei vorhergehenden vollen Jahre geschuldeten Beiträge erreicht oder übersteigt. Jedoch kann jedes dieser Organe einem solchen Land gestatten, das Stimmrecht in diesem Organ weiter auszuüben, wenn und solange es überzeugt ist, daß der Zahlungsrückstand eine Folge außergewöhnlicher und unabwendbarer Umstände ist.

f) Wird der Haushaltsplan nicht vor Beginn eines neuen Rechnungsjahres beschlossen, so wird der Haushaltsplan des Vorjahres nach Maßgabe der Finanzvorschriften übernommen.

(5) Die Höhe der Gebühren und Beträge für Dienstleistungen des Internationalen Büros im Rahmen des Verbandes wird vom Generaldirektor festgesetzt, der der Versammlung und dem Exekutivausschuß darüber berichtet.

(6) a) Der Verband hat einen Betriebsmittelfonds, der durch eine einmalige Zahlung jedes Verbandslandes gebildet wird. Reicht der Fonds nicht mehr aus, so beschließt die Versammlung seine Erhöhung.

b) Die Höhe der erstmaligen Zahlung jedes Landes zu diesem Fonds oder sein Anteil an dessen Erhöhung ist proportional zu dem Beitrag dieses Landes für das Jahr, in dem der Fonds gebildet oder die Erhöhung beschlossen wird.

c) Dieses Verhältnis und die Zahlungsbedingungen werden von der Versammlung auf Vorschlag des Generaldirektors und nach Äußerung des Koordinierungsausschusses der Organisation festgesetzt.

III. Anhang 22

(7) a) Das Abkommen über den Sitz, das mit dem Land geschlossen wird, in dessen Hoheitsgebiet die Organisation ihren Sitz hat, sieht vor, daß dieses Land Vorschüsse gewährt, wenn der Betriebsmittelfonds nicht ausreicht. Die Höhe dieser Vorschüsse und die Bedingungen, unter denen sie gewährt werden, sind in jedem Fall Gegenstand besonderer Vereinbarungen zwischen diesem Land und der Organisation. Solange dieses Land verpflichtet ist, Vorschüsse zu gewähren, hat es ex officio einen Sitz im Exekutivausschuß.

b) Das unter Buchstabe a bezeichnete Land und die Organisation sind berechtigt, die Verpflichtung zur Gewährung von Vorschüssen durch schriftliche Notifikation zu kündigen. Die Kündigung wird drei Jahre nach Ablauf des Jahres wirksam, in dem sie notifiziert worden ist.

(8) Die Rechnungsprüfung wird nach Maßgabe der Finanzvorschriften von einem oder mehreren Verbandsländern oder von außenstehenden Rechnungsprüfern vorgenommen, die mit ihrer Zustimmung von der Versammlung bestimmt werden.

Artikel 17

(1) Vorschläge zur Änderung der Artikel 13, 14, 15, 16 und dieses Artikels können von jedem Mitgliedland der Versammlung, vom Exekutivausschuß oder vom Generaldirektor vorgelegt werden. Diese Vorschläge werden vom Generaldirektor mindestens sechs Monate, bevor sie in der Versammlung beraten werden, den Mitgliedländern der Versammlung mitgeteilt.

(2) Jede Änderung der in Absatz 1 bezeichneten Artikel wird von der Versammlung beschlossen. Der Beschluß erfordert drei Viertel der abgegebenen Stimmen; jede Änderung des Artikels 13 und dieses Absatzes erfordert jedoch vier Fünftel der abgegebenen Stimmen.

(3) Jede Änderung der in Absatz 1 bezeichneten Artikel tritt einen Monat nach dem Zeitpunkt in Kraft, zu dem die schriftlichen Notifikationen der verfassungsmäßig zustande gekommenen Annahme des Änderungsvorschlags von drei Vierteln der Länder, die im Zeitpunkt der Beschlußfassung über die Änderung Mitglied der Versammlung waren, beim Generaldirektor eingegangen sind. Jede auf diese Weise angenommene Änderung der genannten Artikel bindet alle Länder, die im Zeitpunkt des Inkrafttretens der Änderung Mitglied der Versammlung sind oder später Mitglied werden; jedoch bindet eine Änderung, die die finanziellen Verpflichtungen der Verbandsländer erweitert, nur die Länder, die die Annahme dieser Änderung notifiziert haben.

Artikel 18

(1) Diese Übereinkunft soll Revisionen unterzogen werden, um Verbesserungen herbeizuführen, die geeignet sind, das System des Verbandes zu vervollkommnen.

(2) Zu diesem Zweck werden der Reihe nach in einem der Verbandsländer Konferenzen zwischen den Delegierten dieser Länder stattfinden.

(3) Für Änderungen der Artikel 13 bis 17 sind die Bestimmungen des Artikels 17 maßgebend.

Artikel 19

Es besteht Einverständnis darüber, daß die Verbandsländer sich das Recht vorbehalten, einzeln untereinander Sonderabkommen zum Schutz des gewerblichen Eigentums zu treffen, sofern diese Abkommen den Bestimmungen dieser Übereinkunft nicht zuwiderlaufen.

Artikel 20

(1) a) Jedes Verbandsland kann diese Fassung der Übereinkunft ratifizieren, wenn es sie unterzeichnet hat, oder ihr beitreten, wenn es sie nicht unterzeichnet hat. Die Ratifikations- und Beitrittsurkunden werden beim Generaldirektor hinterlegt.

b) Jedes Verbandsland kann in seiner Ratifikations- oder Beitrittsurkunde erklären, daß sich seine Ratifikation oder sein Beitritt nicht erstreckt

i) auf die Artikel 1 bis 12 oder

ii) auf die Artikel 13 bis 17.

c) Jedes Verbandsland, das gemäß Buchstabe b eine der beiden dort bezeichneten Gruppen von Artikeln von der Wirkung seiner Ratifikation oder seines Beitritts ausgeschlossen hat, kann zu jedem späteren Zeitpunkt erklären, daß es die Wirkung seiner Ratifikation oder seines Beitritts auf diese Gruppe von Artikeln erstreckt. Eine solche Erklärung wird beim Generaldirektor hinterlegt.

(2) a) Die Artikel 1 bis 12 treten für die ersten zehn Verbandsländer, die Ratifikations- oder Beitrittsurkunden ohne Abgabe einer nach Absatz 1 Buchstabe b Ziffer i zulässigen Erklärung hinterlegt haben, drei Monate nach Hinterlegung der zehnten solchen Ratifikations- oder Beitrittsurkunde in Kraft.

b) Die Artikel 13 bis 17 treten für die ersten zehn Verbandsländer, die Ratifikations- oder Beitrittsurkunden ohne Abgabe einer nach Absatz 1 Buchstabe b Ziffer ii zulässigen Erklärung hinterlegt haben, drei Monate nach Hinterlegung der zehnten solchen Ratifikations- oder Beitrittsurkunde in Kraft.

c) Vorbehaltlich des erstmaligen Inkrafttretens jeder der beiden in Absatz 1 Buchstabe b Ziffern i und ii bezeichneten Gruppen von Artikeln nach den Buchstaben a und b und vorbehaltlich des Absatzes 1 Buchstabe b treten die Artikel 1 bis 17 für jedes nicht unter Buchstabe a oder b fallende Verbandsland, das eine Ratifikations- oder Beitrittsurkunde hinterlegt, sowie für jedes Verbandsland, das eine Erklärung gemäß Absatz 1 Buchstabe c hinterlegt, drei Monate nach dem Zeitpunkt der Notifizierung einer solchen Hinterlegung durch den Generaldirektor in Kraft, sofern in der hinterlegten Urkunde oder Erklärung nicht ein späterer Zeitpunkt angegeben ist. In diesem Fall tritt diese Fassung der Übereinkunft für dieses Land zu dem angegebenen Zeitpunkt in Kraft.

(3) Für jedes Verbandsland, das eine Ratifikations- oder Beitrittsurkunde hinterlegt, treten die Artikel 18 bis 30 in Kraft, sobald eine der beiden in Absatz 1 Buchstabe b bezeichneten Gruppen von Artikeln für dieses Land gemäß Absatz 2 Buchstabe a, b oder c in Kraft tritt.

Artikel 21

(1) Jedes verbandsfremde Land kann dieser Fassung der Übereinkunft beitreten und dadurch Mitglied des Verbandes werden. Die Beitrittsurkunden werden beim Generaldirektor hinterlegt.

(2) a) Für jedes verbandsfremde Land, das seine Beitrittsurkunde einen Monat vor dem Zeitpunkt des Inkrafttretens von Bestimmungen dieser Fassung der Übereinkunft oder früher hinterlegt hat, tritt diese, sofern nicht ein späterer Zeitpunkt in der Beitrittsurkunde angegeben ist, zu dem Zeitpunkt in Kraft, zu dem die Bestimmungen gemäß Artikel 20 Absatz 2 Buchstabe a oder b erstmals in Kraft treten; jedoch ist ein solches Land,

i) wenn die Artikel 1 bis 12 zu diesem Zeitpunkt noch nicht in Kraft getreten sind, während der Übergangszeit bis zu ihrem Inkrafttreten an ihrer Stelle durch die Artikel 1 bis 12 der Lissaboner Fassung der Übereinkunft gebunden;

ii) wenn die Artikel 13 bis 17 zu diesem Zeitpunkt noch nicht in Kraft getreten sind, während der Übergangszeit bis zu ihrem Inkrafttreten an ihrer Stelle durch die Artikel 13 und 14 Absätze 3, 4 und 5 der Lissaboner Fassung der Übereinkunft gebunden.

Gibt ein Land in seiner Beitrittsurkunde einen späteren Zeitpunkt an, so tritt diese Fassung der Übereinkunft für dieses Land zu dem angegebenen Zeitpunkt in Kraft.

b) Für jedes verbandsfremde Land, das seine Beitrittsurkunde nach dem Inkrafttreten einer Gruppe von Artikeln dieser Fassung der Übereinkunft oder weniger als einen Monat vor diesem Zeitpunkt hinterlegt hat, tritt diese Fassung der Übereinkunft vorbehaltlich des Buchstaben a drei Monate nach dem Zeitpunkt der Notifizierung seines Beitritts durch den Generaldirektor in Kraft, sofern nicht ein späterer Zeitpunkt in der Beitrittsurkunde angegeben ist. In diesem Fall tritt diese Fassung der Übereinkunft für dieses Land zu dem angegebenen Zeitpunkt in Kraft.

(3) Für jedes verbandsfremde Land, das seine Beitrittsurkunde nach dem Inkrafttreten dieser Fassung der Übereinkunft in ihrer Gesamtheit oder weniger

als einen Monat vor diesem Zeitpunkt hinterlegt hat, tritt diese Fassung der Übereinkunft drei Monate nach dem Zeitpunkt der Notifizierung seines Beitritts durch den Generaldirektor in Kraft, sofern nicht ein späterer Zeitpunkt in der Beitrittsurkunde angegeben ist. In diesem Fall tritt diese Fassung der Übereinkunft für dieses Land zu dem angegebenen Zeitpunkt in Kraft.

Artikel 22

Vorbehaltlich der gemäß Artikel 20 Absatz 1 Buchstabe b und Artikel 28 Absatz 2 zulässigen Ausnahmen bewirkt die Ratifikation oder der Beitritt von Rechts wegen die Annahme aller Bestimmungen und die Zulassung zu allen Vorteilen dieser Fassung der Übereinkunft.

Artikel 23

Nach dem Inkrafttreten dieser Fassung der Übereinkunft in ihrer Gesamtheit kann ein Land früheren Fassungen der Übereinkunft nicht mehr beitreten.

Artikel 24

(1) Jedes Land kann in seiner Ratifikations- oder Beitrittsurkunde erklären oder zu jedem späteren Zeitpunkt dem Generaldirektor schriftlich notifizieren, daß diese Übereinkunft auf alle oder einzelne in der Erklärung oder Notifikation bezeichnete Hoheitsgebiete anwendbar ist, für deren auswärtige Beziehungen es verantwortlich ist.

(2) Jedes Land, das eine solche Erklärung oder eine solche Notifikation abgegeben hat, kann dem Generaldirektor jederzeit notifizieren, daß diese Übereinkunft auf alle oder einzelne dieser Hoheitsgebiete nicht mehr anwendbar ist.

(3) a) Jede in der Ratifikations- oder Beitrittsurkunde abgegebene Erklärung gemäß Absatz 1 wird gleichzeitig mit der Ratifikation oder dem Beitritt und jede Notifikation gemäß Absatz 1 wird drei Monate nach ihrer Notifizierung durch den Generaldirektor wirksam.

b) Jede Notifikation gemäß Absatz 2 wird zwölf Monate nach ihrem Eingang beim Generaldirektor wirksam.

Artikel 25

(1) Jedes Vertragsland dieser Übereinkunft verpflichtet sich, entsprechend seiner Verfassung die notwendigen Maßnahmen zu ergreifen, um die Anwendung dieser Übereinkunft zu gewährleisten.

(2) Es besteht Einverständnis darüber, daß jedes Land im Zeitpunkt der Hinterlegung seiner Ratifikations- oder Beitrittsurkunde gemäß seinen innerstaatlichen Rechtsvorschriften in der Lage sein muß, den Bestimmungen dieser Übereinkunft Wirkung zu verleihen.

III. Anhang 22

Artikel 26

(1) Diese Übereinkunft bleibt ohne zeitliche Begrenzung in Kraft.

(2) Jedes Land kann diese Fassung der Übereinkunft durch eine an den Generaldirektor gerichtete Notifikation kündigen. Diese Kündigung bewirkt zugleich die Kündigung aller früheren Fassungen und hat nur Wirkung für das Land, das sie erklärt hat; für die übrigen Verbandsländer bleibt die Übereinkunft in Kraft und wirksam.

(3) Die Kündigung wird ein Jahr nach dem Tag wirksam, an dem die Notifikation beim Generaldirektor eingegangen ist.

(4) Das in diesem Artikel vorgesehene Kündigungsrecht kann von einem Land nicht vor Ablauf von fünf Jahren nach dem Zeitpunkt ausgeübt werden, zu dem es Mitglied des Verbandes geworden ist.

Artikel 27

(1) Diese Fassung der Übereinkunft ersetzt in den Beziehungen zwischen den Ländern, auf die sie anwendbar ist, und in dem Umfang, in dem sie anwendbar ist, die Pariser Verbandsübereinkunft vom 20. März 1883 und die folgenden revidierten Fassungen dieser Übereinkunft.

(2) a) Für die Länder, auf die diese Fassung der Übereinkunft nicht oder nicht in ihrer Gesamtheit, jedoch die Lissaboner Fassung vom 31. Oktober 1958 anwendbar ist, bleibt diese letztere in ihrer Gesamtheit oder in dem Umfang in Kraft, in dem sie nicht gemäß Absatz 1 durch diese Fassung der Übereinkunft ersetzt wird.

b) Ebenso bleibt für die Länder, auf die weder diese Fassung der Übereinkunft noch Teile von ihr, noch die Lissaboner Fassung anwendbar sind, die Londoner Fassung vom 2. Juni 1934 in ihrer Gesamtheit oder in dem Umfang in Kraft, in dem sie nicht gemäß Absatz 1 durch diese Fassung der Übereinkunft ersetzt wird.

c) Ebenso bleibt für die Länder, auf die weder diese Fassung der Übereinkunft noch Teile von ihr, noch die Lissaboner Fassung, noch die Londoner Fassung anwendbar sind, die Haager Fassung vom 6. November 1925 in ihrer Gesamtheit oder in dem Umfang in Kraft, in dem sie nicht gemäß Absatz 1 durch diese Fassung der Übereinkunft ersetzt wird.

(3) Die verbandsfremden Länder, die Vertragspartei dieser Fassung der Übereinkunft werden, wenden sie im Verhältnis zu jedem Verbandsland an, das nicht Vertragspartei dieser Fassung oder das zwar Vertragspartei dieser Fassung ist, aber die in Artikel 20 Absatz 1 Buchstabe b Ziffer i vorgesehene Erklärung abgegeben hat. Diese Länder lassen es zu, daß ein solches Verbandsland in seinen Beziehungen zu ihnen die Bestimmungen der jüngsten Fassung der Übereinkunft, deren Vertragspartei es ist, anwendet.

Artikel 28

(1) Jede Streitigkeit zwischen zwei oder mehreren Verbandsländern über die Auslegung oder die Anwendung dieser Übereinkunft, die nicht auf dem Verhandlungsweg beigelegt wird, kann von jedem beteiligten Land durch eine Klage, die gemäß dem Statut des Internationalen Gerichtshofs zu erheben ist, vor den Internationalen Gerichtshof gebracht werden, sofern die beteiligten Länder nicht eine andere Regelung vereinbaren. Das Land, das die Streitigkeit vor den Internationalen Gerichtshof bringt, hat dies dem Internationalen Büro mitzuteilen; dieses setzt die anderen Verbandsländer davon in Kenntnis.

(2) Jedes Land kann gleichzeitig mit der Unterzeichnung dieser Fassung der Übereinkunft oder mit der Hinterlegung seiner Ratifikations- oder Beitrittsurkunde erklären, daß es sich durch Absatz 1 nicht als gebunden betrachtet. Auf Streitigkeiten zwischen einem solchen Land und jedem anderen Verbandsland ist Absatz 1 nicht anwendbar.

(3) Jedes Land, das eine Erklärung gemäß Absatz 2 abgegeben hat, kann sie jederzeit durch eine an den Generaldirektor gerichtete Notifikation zurückziehen.

Artikel 29

(1) a) Diese Fassung der Übereinkunft wird in einer Urschrift in französischer Sprache unterzeichnet und bei der schwedischen Regierung hinterlegt.

b) Amtliche Texte werden vom Generaldirektor nach Konsultierung der beteiligten Regierungen in deutscher, englischer, italienischer, portugiesischer, russischer und spanischer Sprache sowie in anderen Sprachen hergestellt, die die Versammlung bestimmen kann.

c) Bei Streitigkeiten über die Auslegung der verschiedenen Texte ist der französische Text maßgebend.

(2) Diese Fassung der Übereinkunft liegt bis zum 13. Januar 1968 in Stockholm zur Unterzeichnung auf.

(3) Der Generaldirektor übermittelt zwei von der schwedischen Regierung beglaubigte Abschriften des unterzeichneten Textes dieser Fassung der Übereinkunft den Regierungen aller Verbandsländer und der Regierung jedes anderen Landes, die es verlangt.

(4) Der Generaldirektor läßt diese Fassung der Übereinkunft beim Sekretariat der Vereinten Nationen registrieren.

(5) Der Generaldirektor notifiziert den Regierungen aller Verbandsländer die Unterzeichnungen, die Hinterlegungen von Ratifikations- oder Beitrittsurkunden sowie die in diesen Urkunden enthaltenen oder gemäß Artikel 20 Absatz 1 Buchstabe c abgegebenen Erklärungen, das Inkrafttreten aller Bestimmungen dieser Fassung der Übereinkunft, die Notifikationen von Kündigungen und die Notifikationen gemäß Artikel 24.

III. Anhang 22

Artikel 30

(1) Bis zur Amtsübernahme durch den ersten Generaldirektor gelten Bezugnahmen in dieser Fassung der Übereinkunft auf das Internationale Büro der Organisation oder den Generaldirektor als Bezugnahmen auf das Büro des Verbandes oder seinen Direktor.

(2) Verbandsländer, die nicht durch die Artikel 13 bis 17 gebunden sind, können, wenn sie dies wünschen, während eines Zeitraums von fünf Jahren, gerechnet vom Zeitpunkt des Inkrafttretens des Übereinkommens zur Errichtung der Organisation an, die in den Artikeln 13 bis 17 dieser Fassung der Übereinkunft vorgesehenen Rechte so ausüben, als wären sie durch diese Artikel gebunden. Jedes Land, das diese Rechte auszuüben wünscht, hinterlegt zu diesem Zweck beim Generaldirektor eine schriftliche Notifikation, die im Zeitpunkt ihres Eingangs wirksam wird. Solche Länder gelten bis zum Ablauf der genannten Frist als Mitglied der Versammlung.

(3) Solange nicht alle Verbandsländer Mitglied der Organisation geworden sind, handelt das Internationale Büro der Organisation zugleich als Büro des Verbandes und der Generaldirektor als Direktor dieses Büros.

(4) Sobald alle Verbandsländer Mitglied der Organisation geworden sind, gehen die Rechte und Verpflichtungen sowie das Vermögen des Büros des Verbandes auf das Internationale Büro der Organisation über.

ZU URKUND DESSEN haben die hierzu gehörig bevollmächtigten Unterzeichneten diese Fassung der Übereinkunft unterschrieben.

GESCHEHEN zu Stockholm am 14. Juli 1967.

Anhang 23

Haager Musterabkommen
über die internationale Hinterlegung gewerblicher Muster oder Modelle vom 6. November 1925

Revidiert in London am 2. Juni 1934
und im Haag am 28. November 1960*)

DIE VERTRAGSSCHLIESSENDEN STAATEN,

IN DEM BESTREBEN, den Schöpfern von gewerblichen Mustern oder Modellen die Möglichkeit zu bieten, durch eine internationale Hinterlegung einen wirksamen Schutz in einer größeren Anzahl von Staaten zu erlangen;

IN DER ERWÄGUNG, daß es zu diesem Zweck angebracht sei, das am 6. November 1925 im Haag unterzeichnete und am 2. Juni 1934 in London revidierte Abkommen über die internationale Hinterlegung gewerblicher Muster oder Modelle zu revidieren;

HABEN FOLGENDES VEREINBART:

Artikel 1

(1) Die vertragschließenden Staaten bilden einen besonderen Verband für die internationale Hinterlegung gewerblicher Muster oder Modelle.

(2) Diesem Abkommen können nur Mitgliedstaaten des Internationalen Verbandes zum Schutz des gewerblichen Eigentums angehören.

Artikel 2

Im Sinne dieses Abkommens bedeutet:

Abkommen von 1925
   Das Haager Abkommen und die internationale Hinterlegung gewerblicher Muster oder Modelle vom 6. November 1925.

Akommen von 1934
   Das Haager Abkommen über die internationale Hinterlegung gewerblicher Muster oder Modelle vom 6. November 1925, revidiert in London am 2. Juni 1934.

---

*) Von der Bundesrepublik Deutschland, Österreich und der Schweiz gemeinsam ausgearbeitete deutsche Übersetzung.

Dieses Abkommen
: Das Haager Abkommen über die internationale Hinterlegung gewerblicher Muster oder Modelle in der vorliegenden Fassung.

Die Ausführungsordnung
: Die Ausführungsordnung zu diesem Abkommen.

Internationales Büro
: Das Büro des Internationalen Verbandes zum Schutz des gewerblichen Eigentums.

Internationale Hinterlegung
: Eine beim Internationalen Büro vorgenommene Hinterlegung.

Nationale Hinterlegung
: Eine bei der nationalen Behörde eines vertragschließenden Staates vorgenommene Hinterlegung.

Sammelhinterlegung
: Eine Hinterlegung, die mehrere Muster oder Modelle umfaßt.

Ursprungsstaaten einer internationalen Hinterlegung
: Der vertragschließende Staat, in dem der Hinterleger eine tatsächliche und nicht nur zum Schein bestehende gewerbliche oder Handelsniederlassung hat, oder, wenn der Hinterleger solche Niederlassungen in mehreren vertragschließenden Staaten hat, derjenige dieser vertragschließenden Staaten, den er in seinem Gesuch bezeichnet hat; wenn er eine solche Niederlassung in einem vertragschließenden Staat nicht hat, der vertragschließende Staat, in dem er seinen Wohnsitz hat; wenn er seinen Wohnsitz nicht in einem vertragschließenden Staat hat, der vertragschließende Staat, dem er angehört.

Staat mit Neuheitsprüfung
: Ein Staat, dessen nationale Gesetzgebung ein System vorsieht, das eine amtliche Nachforschung und Vorprüfung umfaßt, die von einer nationalen Behörde durchgeführt werden und sich auf die Neuheit aller hinterlegten Muster oder Modelle beziehen.

Artikel 3

Die Angehörigen der vertragschließenden Staaten oder die Personen, die zwar nicht Angehörige eines dieser Staaten sind, jedoch ihren Wohnsitz oder eine tatsächliche und nicht nur zum Schein bestehende gewerbliche oder Handelsniederlassung im Gebiet eines dieser Staaten haben, können beim Internationalen Büro Muster oder Modelle hinterlegen.

Artikel 4

(1) Die internationale Hinterlegung kann beim Internationalen Büro vorgenommen werden:
   1. unmittelbar oder

2. durch Vermittlung der nationalen Behörde eines vertragschließenden Staates, wenn die Gesetzgebung dieses Staates es gestattet.

(2) Die nationale Gesetzgebung jedes vertragschließenden Staates kann verlangen, daß jede internationale Hinterlegung, für die dieser Staat Ursprungsstaat ist, durch Vermittlung seiner nationalen Behörde eingereicht wird. Die Nichtbeachtung einer solchen Vorschrift berührt die Wirkungen der internationalen Hinterlegung in den übrigen vertragschließenden Staaten nicht.

Artikel 5

(1) Die internationale Hinterlegung umfaßt ein Gesuch, ein Lichtbild oder mehrere Lichtbilder oder andere graphische Darstellungen des Musters oder Modells sowie die in der Ausführungsordnung vorgesehene Zahlung der Gebühren.

(2) Das Gesuch muß enthalten:

1. die Liste der vertragschließenden Staaten, in denen auf Verlangen des Hinterlegers die internationale Hinterlegung wirksam sein soll;
2. die Bezeichnung des Gegenstandes oder der Gegenstände, in denen das Muster oder Modell verkörpert werden soll;
3. die Angabe des Zeitpunkts, des Staates und der Nummer der das Prioritätsrecht begründenden Hinterlegung, wenn der Hinterleger die in Artikel 9 vorgesehene Priorität beanspruchen will;
4. alle sonstigen in der Ausführungsordnung vorgesehenen Angaben.

(3) a) Das Gesuch kann außerdem enthalten:

1. eine kurze Beschreibung charakteristischer Merkmale des Musters oder Modells;
2. die Angabe des Namens des wirklichen Schöpfers des Musters oder Modells;
3. einen Antrag auf Aufschiebung der Veröffentlichung gemäß Artikel 6 Absatz 4.

b) Dem Gesuch können auch Exemplare des das Muster oder Modell verkörpernden Gegenstandes in natürlicher Größe oder in anderem Maßstab beigelegt werden.

(4) Eine Sammelhinterlegung kann mehrere Muster oder Modelle umfassen, wenn diese dazu bestimmt sind, in Gegenständen verkörpert zu werden, die zu derselben Klasse der in Artikel 21 Absatz 2 Ziffer 4 vorgesehenen internationalen Klassifikation der Muster oder Modelle gehören.

Artikel 6

(1) Das Internationale Büro führt das internationale Register der Muster oder Modelle und nimmt die Registrierung der internationalen Hinterlegungen vor.
(2) Die internationale Hinterlegung wird als zu dem Zeitpunkt vorgenommen

angesehen, an dem das Gesuch in der vorgeschriebenen Form, die mit dem Gesuch zu zahlenden Gebühren und das Lichtbild oder die Lichtbilder oder andere graphische Darstellungen des Musters oder Modells beim Internationalen Büro eingegangen sind, oder, wenn sie nicht gleichzeitig eingegangen sind, zu dem Zeitpunkt, an dem die letzte dieser Formalitäten erfüllt worden ist. Die Registrierung trägt das gleiche Datum.

(3) (a) Für jede internationale Hinterlegung veröffentlicht das Internationale Büro in einem regelmäßig erscheinenden Mitteilungsblatt:

1. Wiedergaben in Schwarz-Weiß oder, auf Antrag des Hinterlegers, farbige Wiedergaben der hinterlegten Lichtbilder oder anderen graphischen Darstellungen;
2. den Zeitpunkt der internationalen Hinterlegung;
3. die in der Ausführungsordnung vorgesehenen Angaben.

(b) Das Internationale Büro hat dieses Mitteilungsblatt den nationalen Behörden in kürzester Frist zu übersenden.

(4) (a) Die in Absatz 3 Buchstabe (a) vorgesehene Veröffentlichung wird auf Antrag des Hinterlegers um eine von ihm verlangte Dauer aufgeschoben. Diese Dauer darf zwölf Monate, gerechnet vom Zeitpunkt der internationalen Hinterlegung an, nicht überschreiten. Ist jedoch eine Priorität beansprucht, so beginnt diese Dauer mit dem Prioritätsdatum.

(b) Während der unter Buchstabe (a) vorgesehenen Dauer kann der Hinterleger jederzeit die sofortige Veröffentlichung verlangen oder seine Hinterlegung zurücknehmen. Die Zurücknahme der Hinterlegung kann auf einen oder mehrere der vertragschließenden Staaten und im Fall der Sammelhinterlegung auf einen Teil der in dieser Hinterlegung zusammengefaßten Muster oder Modelle beschränkt werden.

c) Wenn der Hinterleger die vor Ablauf der unter Buchstabe a) vorgesehenen Dauer fälligen Gebühren nicht rechtzeitig zahlt, löscht das Internationale Büro die Hinterlegung und unterläßt die in Absatz 3 Buchstabe a) vorgesehene Veröffentlichung.

d) Bis zum Ablauf der unter Buchstabe a) vorgesehenen Dauer hält das Internationale Büro die Registrierung einer von einem Antrag auf Aufschiebung der Veröffentlichung begleiteten Hinterlegung geheim, und die Öffentlichkeit darf von keinem diese Hinterlegung betreffenden Schriftstück oder Gegenstand Kenntnis erhalten. Diese Bestimmungen gelten ohne zeitliche Begrenzung, wenn der Hinterleger seine Hinterlegung vor Ablauf der genannten Dauer zurückgenommen hat.

(5) Mit Ausnahme der in Absatz 4 vorgesehenen Fälle kann die Öffentlichkeit sowohl vom Inhalt des Registers als auch von allen beim Internationalen Büro hinterlegten Schriftstücken und Gegenständen Kenntnis erhalten.

Artikel 7

(1) a) Jede Hinterlegung beim Internationalen Büro hat in jedem vom Hinterleger in seinem Gesuch bezeichneten vertragschließenden Staat die gleichen Wirkungen, wie wenn alle durch das nationale Gesetz für die Erlangung des Schutzes vorgeschriebenen Formalitäten vom Hinterleger erfüllt und alle zu diesem Zweck vorgesehenen Verwaltungshandlungen von der Behörde dieses Staates vorgenommen worden wären.

b) Der Schutz der beim Internationalen Büro registrierten Hinterlegungen richtet sich vorbehaltlich der Bestimmungen des Artikels 11 in jedem vertragschließenden Staat nach den Bestimmungen des nationalen Gesetzes, die in dem betreffenden Staat für Muster oder Modelle gelten, deren Schutz im Wege einer nationalen Hinterlegung beansprucht wird und für die alle Formalitäten erfüllt und alle Verwaltungshandlungen vorgenommen worden sind.

(2) Die internationale Hinterlegung hat keine Wirkungen im Ursprungsstaat, wenn die Gesetzgebung dieses Staates es vorsieht.

Artikel 8

(1) Ungeachtet der Bestimmungen des Artikels 7 muß die nationale Behörde eines vertragschließenden Staates, dessen nationale Gesetzgebung die Schutzverweigerung auf Grund einer von Amts wegen vorgenommenen behördlichen Prüfung oder auf Grund des Einspruchs eines Dritten vorsieht, im Fall der Schutzverweigerung innerhalb einer Frist von sechs Monaten dem Internationalen Büro mitteilen, daß das Muster oder Modell den Erfordernissen nicht entspreche, die diese Gesetzgebung über die in Artikel 7 Absatz 1 vorgesehenen Formalitäten und Verwaltungshandlungen hinaus vorsieht. Wird die Schutzverweigerung nicht innerhalb der sechsmonatigen Frist mitgeteilt, so erzeugt die internationale Hinterlegung ihre Wirkungen in diesem Staat vom Zeitpunkt dieser Hinterlegung an. Ist jedoch von einem vertragschließenden Staat mit Neuheitsprüfung die Schutzverweigerung nicht innerhalb der sechsmonatigen Frist mitgeteilt worden, so erzeugt die internationale Hinterlegung in diesem Staat ihre Wirkungen unter Wahrung ihrer Priorität erst vom Ablauf dieser Frist an, sofern die nationale Gesetzgebung nicht einen früheren Zeitpunkt für die bei seiner nationalen Behörde vorgenommenen Hinterlegungen vorsieht.

(2) Die in Absatz 1 vorgesehene Frist von sechs Monaten ist von dem Zeitpunkt an zu berechnen, an dem die nationale Behörde die Nummer des regelmäßig erscheinenden Mitteilungsblattes erhalten hat, in dem die Registrierung der internationalen Hinterlegung veröffentlicht ist. Die nationale Behörde hat jedem Dritten auf Antrag diesen Zeitpunkt mitzuteilen.

(3) Der Hinterleger hat gegen die in Absatz 1 bezeichnete, den Schutz verweigernde Entscheidung der nationalen Behörde die gleichen Rechtsmittel, wie wenn er sein Muster oder Modell bei dieser Behörde hinterlegt hätte; gegen die

den Schutz verweigernde Entscheidung muß in jedem Fall ein Antrag auf erneute Prüfung oder ein Rechtsmittel zulässig sein. Die Mitteilung der Entscheidung muß angeben:

1. die Gründe, aus denen festgestellt worden ist, daß das Muster oder Modell den Erfordernissen des nationalen Gesetzes nicht entspricht;
2. den in Absatz 2 bezeichneten Zeitpunkt;
3. die Frist, innerhalb der eine erneute Prüfung zu beantragen oder ein Rechtsmittel einzureichen ist;
4. die Behörde, bei der dieser Antrag oder dieses Rechtsmittel einzureichen ist.

(4) a) Die nationale Behörde eines vertragschließenden Staates, dessen nationale Gesetzgebung Bestimmungen gemäß Absatz 1 enthält, welche die Angabe des Namens des wirklichen Schöpfers des Musters oder Modells oder eine Beschreibung des Musters oder Modells vorschreiben, kann verlangen, daß der Hinterleger innerhalb einer Frist von mindestens sechzig Tagen von der Absendung einer entsprechenden Aufforderung durch diese Behörde an gerechnet in der Sprache, in der das beim Internationalen Büro hinterlegte Gesuch abgefaßt war, einreicht:

1. eine Erklärung, die den wirklichen Schöpfer des Musters oder Modells bezeichnet;
2. eine kurze Beschreibung der wesentlichen charakteristischen Merkmale des Musters oder Modells, wie sie aus den Lichtbildern oder den anderen graphischen Darstellungen hervorgehen.

b) Für die Einreichung einer solchen Erklärung oder Beschreibung oder für deren etwaige Veröffentlichung durch die nationale Behörde darf diese keine Gebühr erheben.

(5) a) Jeder vertragschließende Staat, dessen nationale Gesetzgebung Bestimmungen gemäß Absatz 1 enthält, hat das Internationale Büro davon in Kenntnis zu setzen.

b) Sieht die Gesetzgebung eines vertragschließenden Staates verschiedene Schutzsysteme für Muster oder Modelle vor und umfaßt eines dieser Schutzsysteme eine Neuheitsprüfung, so finden die Bestimmungen dieses Abkommens, die sich auf Staaten mit Neuheitsprüfung beziehen nur in bezug auf dieses Schutzsystem Anwendung.

Artikel 9

Wird die internationale Hinterlegung des Musters oder Modells innerhalb von sechs Monaten nach der ersten Hinterlegung desselben Musters oder Modells in einem der Mitgliedstaaten des Internationalen Verbandes zum Schutz des gewerblichen Eigentums vorgenommen und wird die Priorität für die internationale Hinterlegung beansprucht, so ist das Datum dieser ersten Hinterlegung das Prioritätsdatum.

Artikel 10

(1) Die internationale Hinterlegung kann alle fünf Jahre durch einfache Zahlung der in der Ausführungsordnung festgesetzten Erneuerungsgebühren innerhalb des letzten Jahres jedes fünfjährigen Zeitraumes erneuert werden.

(2) Gegen Zahlung einer in der Ausführungsordnung festgesetzten Zuschlagsgebühr wird eine Nachfrist von sechs Monaten für die Erneuerungen der internationalen Hinterlegung gewährt.

(3) Bei der Zahlung der Erneuerungsgebühren sind die Nummer der internationalen Hinterlegung und, wenn die Erneuerung nicht für alle vertragschließenden Staaten vorgenommen werden soll, in denen das Erlöschen der Hinterlegung bevorsteht, die Staaten, für welche die Erneuerung vorgenommen werden soll, anzugeben.

(4) Die Erneuerung kann auf einen Teil der in einer Sammelhinterlegung zusammengefaßten Muster oder Modelle beschränkt werden.

(5) Das Internationale Büro registriert und veröffentlicht die Erneuerungen.

Artikel 11

(1) a) Die Dauer des von einem vertragschließenden Staat den international hinterlegten Mustern oder Modellen gewährten Schutzes darf nicht kürzer sein als:
   1. zehn Jahre vom Zeitpunkt der internationalen Hinterlegung an gerechnet, wenn diese Hinterlegung erneuert worden ist;
   2. fünf Jahre vom Zeitpunkt der internationalen Hinterlegung an gerechnet, wenn keine Erneuerung vorgenommen worden ist.

   b) Beginnt jedoch auf Grund der Bestimmungen der nationalen Gesetzgebung eines vertragschließenden Staates mit Neuheitsprüfung der Schutz zu einem späteren Zeitpunkt als dem der internationalen Hinterlegung, so wird die unter Buchstabe a) vorgesehene Mindestdauer vom Zeitpunkt des Schutzbeginns in diesem Staat an berechnet. Die Tatsache, daß die internationale Hinterlegung nicht oder nur einmal erneuert worden ist, beeinträchtigt in keiner Weise die so bestimmte Mindestdauer des Schutzes.

(2) Sieht die Gesetzgebung eines vertragschließenden Staates für die national hinterlegten Muster oder Modelle einen Schutz vor, dessen Dauer mit oder ohne Erneuerung zehn Jahre übersteigt, so ist den international hinterlegten Mustern oder Modellen in diesem Staat auf Grund der internationalen Hinterlegung und ihrer Erneuerungen ein Schutz von gleicher Dauer zu gewähren.

(3) Jeder vertragschließende Staat kann in seiner nationalen Gesetzgebung die Schutzdauer der international hinterlegten Muster oder Modelle auf die in Absatz 1 vorgesehene Dauer beschränken.

(4) Vorbehaltlich der Bestimmungen des Absatzes 1 Buchstabe b) endet der Schutz in den vertragschließenden Staaten am Tag des Erlöschens der internationalen Hinterlegung, sofern die nationale Gesetzgebung dieser Staaten nicht vorsieht, daß der Schutz nach dem Tag des Erlöschens der internationalen Hinterlegung fortdauert.

Artikel 12

(1) Das Internationale Büro registriert und veröffentlicht jede Änderung, die das Recht an einem Muster oder Modell berührt, das Gegenstand einer in Kraft stehenden internationalen Hinterlegung ist. Die Übertragung dieses Rechts kann auf die aus der internationalen Hinterlegung in einem oder mehreren der vertragschließenden Staaten sich ergebenden Teilrechte und, im Falle einer Sammelhinterlegung, auf einen Teil der in dieser Hinterlegung zusammengefaßten Muster oder Modelle beschränkt werden.

(2) Die in Absatz 1 vorgesehene Registrierung hat die gleichen Wirkungen, wie wenn sie durch die nationalen Behörden der vertragschließenden Staaten vorgenommen worden wäre.

Artikel 13

(1) Der Inhaber einer internationalen Hinterlegung kann mit einer an das Internationale Büro gerichteten Erklärung auf seine Rechte für alle oder nur für einen Teil der vertragschließenden Staaten und, im Fall der Sammelhinterlegung, für einen Teil der in dieser Hinterlegung zusammengefaßten Muster oder Modelle verzichten.

(2) Das Internationale Büro registriert und veröffentlicht die Erklärung.

Artikel 14

(1) Ein vertragschließender Staat kann für die Anerkennung des Schutzrechts nicht verlangen, daß auf dem das Muster oder Modell verkörpernden Gegenstand ein Zeichen oder Vermerk der Hinterlegung des Musters oder Modells angebracht wird.

(2) Sieht die nationale Gesetzgebung eines vertragschließenden Staates die Anbringung eines Schutzvermerks zu irgendeinem anderen Zweck vor, so hat dieser Staat dieses Erfordernis als erfüllt anzusehen, wenn alle der Öffentlichkeit mit Zustimmung des Inhabers des Rechts an dem Muster oder Modell angebotenen Gegenstände oder die an diesen Gegenständen angebrachten Etiketten den internationalen Schutzvermerk tragen.

(3) Als internationaler Schutzvermerk gilt das Symbol Ⓓ (großer Buchstabe D in einem Kreis) in Verbindung mit

 1. der Angabe des Jahres der internationalen Hinterlegung sowie des Namens oder der üblichen Abkürzung des Namens des Hinterlegers oder
 2. der Nummer der internationalen Hinterlegung.

(4) Die einfache Anbringung des internationalen Schutzvermerks auf den Gegenständen oder Etiketten kann in keiner Weise als Verzicht auf den Schutz aus dem Urheberrecht oder aus irgendeinem anderen Rechtstitel ausgelegt werden, wenn bei Fehlen eines solchen Schutzvermerks dieser Schutz erlangt werden könnte.

Artikel 15

(1) Die in der Ausführungsordnung vorgesehenen Gebühren umfassen:
1. die Gebühren für das Internationale Büro;
2. die Gebühren für die vom Hinterleger bezeichneten vertragschließenden Staaten nämlich;

    a) eine Gebühr für jeden vertragschließenden Staat;
    b) eine Gebühr für jeden vertragschließenden Staat mit Neuheitsprüfung, der eine Gebühr für die Durchführung dieser Prüfung verlangt.

(2) Die nach Absatz 1 Ziffer 2 Buchstabe a) für einen vertragschließenden Staat gezahlte Gebühr wird von der nach Absatz 1 Ziffer 2 Buchstabe b) für dieselbe Hinterlegung zu zahlenden Gebühr abgezogen, sobald diese Gebühr für diesen Staat fällig wird.

Artikel 16

(1) Die in Artikel 15 Absatz 1 Ziffer 2 bezeichneten Gebühren für die vertragschließenden Staaten werden vom Internationalen Büro erhoben, das sie den vom Hinterleger bezeichneten vertragschließenden Staaten jährlich überweist.

(2) a) Jeder vertragschließende Staat kann dem Internationalen Büro erklären, daß er darauf verzichtet, die in Artikel 15 Absatz 1 Ziffer 2 Buchstabe a) vorgesehenen zusätzlichen Gebühren für internationale Hinterlegungen zu verlangen, für die andere vertragschließende Staaten, die einen gleichen Verzicht ausgesprochen haben, Ursprungsstaaten sind.

b) Er kann den gleichen Verzicht für die internationalen Hinterlegungen aussprechen, für die er selbst Ursprungsstaat ist.

Artikel 17

Die Ausführungsordnung regelt die Einzelheiten der Ausführung dieses Abkommens, insbesondere:

1. die Sprachen, in denen das Hinterlegungsgesuch abzufassen ist, und die Zahl der Exemplare, in denen es einzureichen ist, sowie die Angaben, die das Gesuch zu enthalten hat;
2. die Höhe, die Fälligkeitsdaten und die Art der Zahlung der für das Internationale Büro und die Staaten bestimmten Gebühren, einschließlich der Be-

grenzung der für die vertragschließenden Staaten mit Neuheitsprüfung vorgesehenen Gebühr;
3. die Zahl, das Format und die anderen Eigenschaften der Lichtbilder oder anderen graphischen Darstellungen jedes hinterlegten Musters oder Modells;
4. die Länge der Beschreibung charakteristischer Merkmale des Musters oder Modells;
5. die Beschränkungen und die Bedingungen, unter denen die das Muster oder Modell verkörpernden Gegenstände dem Gesuch in natürlicher Größe oder in anderem Maßstab beigelegt werden dürfen;
6. die Zahl der Muster oder Modelle, die in einer Sammelhinterlegung zusammengefaßt werden dürfen, und andere Bestimmungen für Sammelhinterlegungen;
7. alle Einzelheiten über die Veröffentlichung und die Verteilung des in Artikel 6 Absatz 3 Buchstabe a) vorgesehenen, regelmäßig erscheinenden Mitteilungsblattes einschließlich der Zahl der Exemplare des Mitteilungsblattes, die den nationalen Behörden unentgeltlich überlassen werden, sowie der Zahl der Exemplare, die diesen Behörden zu einem herabgesetzten Preis verkauft werden dürfen;
8. das Verfahren für die in Artikel 8 Absatz 1 vorgesehene Mitteilung der den Schutz verweigernden Entscheidungen durch die vertragschließenden Staaten sowie das Verfahren für die Mitteilung und Veröffentlichung dieser Entscheidungen durch das Internationale Büro;
9. die Voraussetzungen, unter denen das Internationale Büro die Registrierung und Veröffentlichung der in Artikel 12 Absatz 1 bezeichneten, das Recht an einem Muster oder Modell berührenden Änderungen sowie der in Artikel 13 bezeichneten Verzichte vorzunehmen hat;
10. die Verfügung über Schriftstücke und Gegenstände, die zu Hinterlegungen gehören, die nicht mehr erneuert werden können.

Artikel 18

Die Bestimmungen dieses Abkommens hindern nicht, die Anwendung von weitergehenden Vorschriften in Anspruch zu nehmen, die durch die nationale Gesetzgebung eines vertragschließenden Staates erlassen worden sind. Sie berühren in keiner Weise den Schutz, der den Werken der Kunst und den Werken der angewandten Kunst durch internationale Verträge und Abkommen über das Urheberrecht gewährt wird.

Artikel 19

Die Gebühren des Internationalen Büros, die für die in diesem Abkommen vorgesehenen Leistungen zu zahlen sind, sind so festzusetzen:

a) daß ihr Ertrag alle Ausgaben des internationalen Dienstes der Muster oder Modelle sowie die Ausgaben deckt, die für die Vorbereitung und Durchführung von Zusammenkünften des Internationalen Ausschusses für Muster oder Modelle oder von Konferenzen für die Revision dieses Abkommens erforderlich sind;

b) daß sie die Aufrechterhaltung des in Artikel 20 vorgesehenen Reservefonds ermöglichen.

Artikel 20

(1) Es wird ein Reservefonds gebildet, dessen Höhe 250000 Schweizer Franken beträgt. Diese Höhe kann durch den im nachfolgenden Artikel 21 vorgesehenen Internationalen Ausschuß für Muster oder Modelle geändert werden.

(2) Der Reservefonds wird aus den Einnahmenüberschüssen des internationalen Dienstes der Muster oder Modelle gespeist.

(3) a) Gebildet wird der Reservefonds jedoch nach Inkrafttreten dieses Abkommens durch die Zahlung eines einmaligen Beitrages jeden Staates: die Höhe des Beitrages berechnet sich nach der Zahl der Einheiten, die der Klasse entspricht, welcher der Staat nach Artikel 13 Absatz 8 der Pariser Verbandsübereinkunft zum Schutz des gewerblichen Eigentums angehört.

b) Die Staaten, die diesem Abkommen nach seinem Inkrafttreten beitreten, müssen ebenfalls einen einmaligen Beitrag zahlen. Dieser wird nach den im vorausgehenden Unterabsatz aufgestellten Grundsätzen berechnet, so daß alle Staaten, gleichgültig zu welchem Zeitpunkt sie dem Abkommen beitreten, den gleichen Beitrag je Einheit zahlen.

(4) Wenn der Betrag des Reservefonds die vorgesehene Summe übersteigt, ist der Überschuß in bestimmten Zeitabständen unter die vertragschließenden Staaten im Verhältnis zu dem von ihnen gezahlten einmaligen Beitrag zu verteilen, bis die Höhe dieses Beitrages erreicht ist.

(5) Sind die einmaligen Beiträge vollständig zurückgezahlt, so kann der Internationale Ausschuß für Muster oder Modelle beschließen, daß von den Staaten, die später dem Abkommen beitreten, keine einmaligen Beiträge mehr zu verlangen sind.

Artikel 21

(1) Es wird ein Internationaler Ausschuß für Muster oder Modelle, bestehend aus Vertretern aller vertragschließenden Staaten, gebildet.

(2) Dieser Ausschuß hat folgende Befugnisse:

1. Er gibt sich seine Geschäftsordnung;

2. er ändert die Ausführungsordnung;

3. er ändert den Höchstbetrag des in Artikel 20 vorgesehenen Reservefonds;

4. er stellt die internationale Klassifikation der Muster oder Modelle auf;
5. er prüft die Fragen, die sich auf die Anwendung und die etwaige Revision dieses Abkommens beziehen;
6. er prüft alle anderen Fragen, die den internationalen Schutz der Muster oder Modelle betreffen;
7. er äußert sich zu den jährlichen Geschäftsberichten des Internationalen Büros und gibt diesem Büro allgemeine Anweisungen betreffend die Ausführung der ihm auf Grund dieses Abkommens zustehenden Aufgaben;
8. er stellt einen Bericht auf über die jeweils für die nächsten drei Jahre voraussehbaren Ausgaben des Internationalen Büros.

(3) Die Beschlüsse des Ausschusses werden in den in Absatz 2 Ziffer 1, 2, 3 und 4 bezeichneten Fällen mit einer Mehrheit von vier Fünfteln der anwesenden oder vertretenen und mitstimmenden Mitglieder gefaßt und in allen anderen Fällen mit einfacher Mehrheit. Stimmenthaltungen werden nicht als Stimmabgabe gerechnet.

(4) Der Ausschuß wird vom Direktor des Internationalen Büros einberufen:
1. alle drei Jahre mindestens einmal;
2. jederzeit auf Verlangen eines Drittels der vertragschließenden Staaten oder, wenn notwendig, auf Veranlassung des Direktors des Internationalen Büros oder der Regierung der Schweizerischen Eidgenossenschaft.

(5) Die Reise- und Aufenthaltskosten der Mitglieder des Ausschusses gehen zu Lasten ihrer Regierungen.

Artikel 22

(1) Die Ausführungsordnung kann durch den Ausschuß nach Artikel 21 Absatz 2 Ziffer 2 oder im schriftlichen Verfahren gemäß nachfolgenden Absatz 2 geändert werden:

(2) Beim schriftlichen Verfahren werden die Änderungen vom Direktor des Internationalen Büros mit einem an alle vertragschließenden Staaten gerichteten Rundschreiben vorgeschlagen. Die Änderungen gelten als angenommen, wenn innerhalb eines Jahres von der Mitteilung an gerechnet kein vertragschließender Staat der Regierung der Schweizerischen Eidgenossenschaft seinen Einspruch zur Kenntnis gebracht hat.

Artikel 23

(1) Dieses Abkommen steht bis zum 31. Dezember 1961 zur Unterzeichnung offen.

(2) Es bedarf der Ratifizierung; die Ratifikationsurkunden sollen bei der Regierung der Niederlande hinterlegt werden.

Artikel 24

(1) Die Mitgliedstaaten des Internationalen Verbandes zum Schutz des gewerblichen Eigentums, die dieses Abkommen nicht unterzeichnet haben, werden zum Beitritt zugelassen.

(2) Dieser Beitritt ist der Regierung der Schweizerischen Eidgenossenschaft und von dieser den Regierungen aller vertragschließenden Staaten auf diplomatischem Wege anzuzeigen.

Artikel 25

(1) Jeder vertragschließende Staat verpflichtet sich, die gewerblichen Muster oder Modelle zu schützen und entsprechend seiner Verfassung die notwendigen Maßnahmen zu ergreifen, um die Anwendung dieses Abkommens zu gewährleisten.

(2) Jeder vertragschließende Staat muß im Zeitpunkt der Hinterlegung seiner Ratifikations- oder Beitrittsurkunde gemäß seiner Gesetzgebung in der Lage sein, den Bestimmungen dieser Übereinkunft Wirkung zu verleihen.

Artikel 26

(1) Dieses Abkommen tritt einen Monat nach dem Tag in Kraft, an dem die Regierung der Schweizerischen Eidgenossenschaft die Anzeige der Hinterlegung von zehn Ratifikations- oder Beitrittsurkunden an die vertragschließenden Staaten abgesendet hat; unter diesen Urkunden müssen sich solche von mindestens vier Staaten befinden, die zum Zeitpunkt dieses Abkommens weder dem Abkommen von 1925 noch dem Abkommen von 1934 angehört haben.

(2) In der Folge ist die Hinterlegung der Ratifikations- und Beitrittsurkunden den vertragschließenden Staaten durch die Regierung der Schweizerischen Eidgenossenschaft anzuzeigen; diese Ratifizierungen und Beitritte treten einen Monat nach der Absendung dieser Anzeige in Kraft, sofern im Fall des Beitritts kein späterer Zeitpunkt in der Beitrittsurkunde angegeben ist.

Artikel 27

Jeder vertragschließende Staat kann der Regierung der Schweizerischen Eidgenossenschaft jederzeit anzeigen, daß dieses Abkommen auf alle oder einen Teil der Gebiete Anwendung findet, deren internationale Beziehungen er wahrnimmt. Die Regierung der Schweizerischen Eidgenossenschaft teilt dies allen vertragschließenden Staaten mit. Das Abkommen findet dann auch auf die in der Anzeige bezeichneten Gebiete Anwendung, und zwar nach Ablauf eines Monats seit der Absendung der Mitteilung der Regierung der Schweizerischen Eidgenossenschaft an die vertragschließenden Staaten, sofern in der Anzeige kein späterer Zeitpunkt angegeben ist.

III. Anhang 23

Artikel 28

(1) Jeder vertragschließende Staat kann dieses Abkommen in seinem eigenen Namen oder im Namen aller oder eines Teils der Gebiete, für welche die in Artikel 27 vorgesehene Anzeige gemacht worden ist, durch eine an die Regierung der Schweizerischen Eidgenossenschaft gerichtete Mitteilung kündigen. Diese Kündigung wird nach Ablauf einer Frist von einem Jahr, gerechnet von ihrem Empfang durch die Regierung der Schweizerischen Eidgenossenschaft an, wirksam.

(2) Die Kündigung dieses Abkommens durch einen vertragschließenden Staat entbindet diesen nicht von den Verpflichtungen, die er hinsichtlich der Muster oder Modelle übernommen hat, die vor dem Wirksamwerden der Kündigung international registriert worden sind.

Artikel 29

(1) Dieses Abkommen soll periodischen Revisionen unterzogen werden, um Verbesserungen herbeizuführen, die geeignet sind, den auf der internationalen Hinterlegung der Muster oder Modelle beruhenden Schutz zu vervollkommnen.

(2) Die Revisionskonferenzen werden auf Verlangen des Internationalen Ausschusses für Muster oder Modelle einberufen oder auf Verlangen von mindestens der Hälfte der vertragschließenden Staaten.

Artikel 30

(1) Mehrere vertragschließende Staaten können der Regierung der Schweizerischen Eidgenossenschaft jederzeit anzeigen, daß unter den in der Anzeige näher umschriebenen Bedingungen:

1. eine gemeinsame Behörde an die Stelle der nationalen Behörde jedes dieser Staaten tritt;
2. sie für die Anwendung der Artikel 2 bis 17 dieses Abkommens als ein einziger Staat anzusehen sind.

(2) Diese Anzeige wird erst sechs Monate nach dem Zeitpunkt der Absendung der Mitteilung wirksam, welche die Regierung der Schweizerischen Eidgenossenschaft den anderen vertragschließenden Staaten darüber zugehen läßt.

Artikel 31

(1) Die Staaten, die gleichzeitig diesem Abkommen und dem Abkommen von 1925 oder dem Abkommen von 1934 angehören, sind in ihren gegenseitigen Beziehungen allein durch dieses Abkommen gebunden. Diese Staaten sind jedoch in ihren gegenseitigen Beziehungen verpflichtet, die Bestimmungen des Abkommens von 1925 oder die des Abkommens von 1934 anzuwenden, wenn die

Muster oder Modelle beim Internationalen Büro vor dem Zeitpunkt hinterlegt worden sind, an dem dieses Abkommen für ihre gegenseitigen Beziehungen verbindlich geworden ist.

(2) a) Jeder Staat, der gleichzeitig diesem Abkommen und dem Abkommen von 1925 angehört, ist in seinen Beziehungen zu Staaten, die nur dem Abkommen von 1925 angehören, an die Bestimmungen des Abkommens von 1925 gebunden, sofern dieser Staat das Abkommen von 1925 nicht gekündigt hat.

b) Jeder Staat, der gleichzeitig diesem Abkommen und dem Abkommen von 1934 angehört, ist in seinen Beziehungen zu Staaten, die nur dem Abkommen von 1934 angehören, an die Bestimmungen des Abkommens von 1934 gebunden, sofern dieser Staat das Abkommen von 1934 nicht gekündigt hat.

(3) Die Staaten, die nur diesem Abkommen angehören, haben keinerlei Verpflichtungen gegenüber Staaten, die dem Abkommen von 1925 oder dem Abkommen von 1934 angehören, ohne gleichzeitig auch diesem Abkommen anzugehören.

Artikel 32

(1) Die Unterzeichnung und Ratifizierung dieses Abkommens sowie der Beitritt zu diesem Abkommen durch einen Staat, der zum Zeitpunkt dieses Abkommens dem Abkommen von 1925 oder dem Abkommen von 1934 angehört, gilt zugleich als Unterzeichnung und Ratifizierung des diesem Abkommen beigefügten Protokolls oder als Beitritt zu diesem Protokoll, sofern dieser Staat bei der Unterzeichnung oder bei der Hinterlegung seiner Beitrittsurkunde keine ausdrückliche gegenteilige Erklärung abgibt.

(2) Jeder vertragschließende Staat, der eine Erklärung gemäß Absatz 1 abgegeben hat, oder jeder andere vertragschließende Staat, der dem Abkommen von 1925 oder dem Abkommen von 1934 nicht angehört, kann das diesem Abkommen beigefügte Protokoll unterzeichnen oder ihm beitreten. Bei der Unterzeichnung oder Hinterlegung der Beitrittsurkunde kann er erklären, daß er sich durch die Bestimmungen des Absatzes 2 a) oder 2 b) des Protokolls nicht als gebunden betrachtet; in diesem Fall sind die anderen, dem Protokoll angehörenden Staaten nicht verpflichtet, in ihren Beziehungen zu dem Staat, der von dieser Möglichkeit Gebrauch gemacht hat, die Bestimmung, auf die sich diese Erklärung bezieht, anzuwenden. Die Bestimmungen der Artikel 23 bis 28 sind entsprechend anzuwenden.

Artikel 33

Diese Übereinkunft wird in einem einzigen Stück unterzeichnet, das im Archiv der Regierung der Niederlande hinterlegt wird. Eine beglaubigte Abschrift wird von dieser der Regierung jedes Staates übermittelt, der dieses Abkommen unterzeichnet oder ihm beitritt.

III. Anhang 23

ZU URKUND DESSEN haben die Bevollmächtigten nach Vorlage ihrer in guter und gehöriger Form befundenen Vollmachten unterzeichnet.

GESCHEHEN im Haag am 28. November 1960

PROTOKOLL

DIE DIESEM PROTOKOLL ANGEHÖRENDEN STAATEN haben folgendes vereinbart:

(1) Die Bestimmungen dieses Protokolls sind auf die international hinterlegten Muster oder Modelle anzuwenden, für die einer der diesem Protokoll angehörenden Staaten Ursprungsstaat ist.

(2) Für die in Absatz 1 bezeichneten Muster oder Modelle:
   a) darf die Schutzdauer, die von den diesem Protokoll angehörenden Staaten gewährt wird, nicht weniger als fünfzehn Jahre betragen, gerechnet je nach Fall von dem in Artikel 11 Absatz 1 Buchstabe a) oder b) vorgesehenen Zeitpunkt an;

   b) darf die Anbringung eines Schutzvermerks auf den die Muster oder Modelle verkörpernden Gegenständen oder auf den Etiketten, die an diesen Gegenständen angebracht sind, von den diesem Protokoll angehörenden Staaten keinesfalls verlangt werden, sei es für die Ausübung der aus der internationalen Hinterlegung sich ergebenden Rechte in ihrem Gebiet, sei es für irgendeinen anderen Zweck.

ZU URKUND DESSEN haben die zu diesem Zweck in gehöriger Form ermächtigten Bevollmächtigten dieses Protokoll unterzeichnet.

GESCHEHEN im Haag am 28. November 1960.

Anhang 24

Ausführungsordnung zum Haager Abkommen über die internationale Hinterlegung gewerblicher Muster oder Modelle vom 6. November 1925

Revidiert in London am 2. Juni 1934
und im Haag am 28. November 1960

Artikel 1

(1) Das in Artikel 5 des Abkommens bezeichnete Gesuch ist in französischer oder englischer Sprache abzufassen und in drei Exemplaren auf Vordrucken einzureichen, die vom Internationalen Büro abgegeben werden.

(2) Das Gesuch muß enthalten:

a) den Namen und Vornamen oder den Handelsnamen sowie die Anschrift des Hinterlegers; gegebenenfalls den Namen und die Anschrift des Vertreters; wenn mehrere Anschriften genannt werden, die Anschrift, an die das Internationale Büro alle Mitteilungen übersenden soll;

b) die Angabe des vertragschließenden Staates, in dem der Hinterleger eine tatsächliche und nicht nur zum Schein bestehende gewerbliche oder Handelsniederlassung hat, oder, wenn er solche Niederlassungen in mehreren vertragschließenden Staaten hat, die Angabe des vertragschließenden Staates, den der Hinterleger als Ursprungsstaat der internationalen Hinterlegung bezeichnet; wenn er eine solche Niederlassung in einem vertragschließenden Staat nicht hat, die Angabe des vertragschließenden Staates, in dem er seinen Wohnsitz hat; wenn er seinen Wohnsitz nicht in einem vertragschließenden Staat hat, die Angabe des vertragschließenden Staates, dem er angehört;

c) die Bezeichnung des Gegenstandes oder der Gegenstände, in denen das Muster oder Modell verkörpert werden soll;

d) die Aufzählung der Schriftstücke und gegebenenfalls der Gegenstände, die dem Gesuch in natürlicher Größe oder anderem Maßstab beigefügt sind, sowie die Angabe des Betrages der dem Internationalen Büro gezahlten Gebühren;

e) die Liste der vertragschließenden Staaten, in denen auf Verlangen des Hinterlegers die internationale Hinterlegung wirksam sein soll;

f) die Angabe des Zeitpunkts, des Staates und der Nummer der das Prioritätsrecht begründenden Hinterlegung, wenn der Hinterleger die in Artikel 9 des Abkommens vorgesehene Priorität beanspruchen will;

g) die Unterschrift des Hinterlegers oder seines Vertreters.

III. Anhang 24

Ausführungsordnung zum Haager Abkommen über die internationale Hinterlegung gewerblicher Muster und Modelle

(vom 1. Juni 1979)

Inhaltsverzeichnis

Regel 1:
Abkürzungen 434
1.1 Abkürzungen 434

Regel 2:
Vertretung vor dem Internationalen Büro 436
2.1 Vertreterbestellung 436
2.2 Wirkungen der Bestellung................................... 437
2.3 Widerruf oder Niederlegung der Bestellung.................... 437
2.4 Generalvollmachten 438
2.5 Untervertreter 438
2.6 Eintragung, Mitteilung und Veröffentlichung 438

Regel 3:
Internationales Register.. 438
3.1 Inhalt und Führung des internationalen Registers 438

Regel 4:
Hinterleger; Inhaber 439
4.1 Derselbe Hinterleger für alle Staaten 439
4.2 Mehrere Inhaber 439

Regel 5:
Zwingender Inhalt des Gesuchs.................................. 439
5.1 Zwingender Inhalt des Gesuchs 439

Regel 6:
Wahlweiser Inhalt des Gesuchs 441
6.1 Benennung eines Vertreters 441
6.2 Beanspruchung einer Priorität und Ausstellungen 441
6.3 Sonstige wahlweise Angaben 442

Regel 7:
Sprache des Gesuchs, der Eintragungen, Mitteilungen und des Schriftverkehrs 442
7.1 Sprache des Gesuchs 442
7.2 Sprache der Eintragungen, Mitteilungen und des Schriftverkehrs . 442

Regel 8:
Form des Gesuchs 443

8.1 Formblatt	443
8.2 Ausfertigungen; Unterschrift	443
8.3 Keine weiteren Angaben	443

Regel 9:
| Versiegelte Umschläge oder Pakete | 444 |
| 9.1 Versiegelte Umschläge oder Pakete | 444 |

Regel 10:
Sammelhinterlegung	444
10.1 Höchstzahl der in einer Sammelhinterlegung enthaltenen Muster und Modelle	444
10.2 Andere Regeln für Sammelhinterlegungen	444

Regel 11:
Aufschiebung der Veröffentlichung	444
11.1 Antrag auf Aufschiebung der Veröffentlichung	444
11.2 Antrag auf sofortige Veröffentlichung	445
11.3 Zurücknahme der internationalen Hinterlegung während der Dauer der Aufschiebung	445
11.4 Ablauf der Dauer der Aufschiebung	445

Regel 12:
| Wiedergabe, Exemplare des Gegenstandes oder der Gegenstände, in denen das Muster oder Modell verkörpert werden soll, in natürlicher Größe oder in anderem Maßstab | 445 |
| 12.1 Wiedergabe, Exemplare in natürlicher Größe oder in anderem Maßstab | 445 |

Regel 13:
Vorgeschriebene Gebühren	447
13.1 Vorgeschriebene Gebühr für internationale Hinterlegungen, die ausschließlich dem Abkommen in der Fassung von 1934 unterliegen	447
13.2 Vorgeschriebene Gebühren für internationale Hinterlegungen, die nicht ausschließlich dem Abkommen in der Fassung von 1934 unterliegen	447

Regel 14:
Eintragung oder Zurückweisung der internationalen Hinterlegung	448
14.1 Ordnungsgemäße internationale Hinterlegung	448
14.2 Nicht ordnungsgemäße internationale Hinterlegung	448

Regel 15:
| Bescheinigung über die internationale Hinterlegung | 449 |
| 15.1 Bescheinigung über die internationale Hinterlegung | 449 |

Regel 16:
| Veröffentlichung der internationalen Hinterlegung | 450 |
| 16.1 Inhalt der Veröffentlichung der internationalen Hinterlegung | 450 |

III. Anhang 24

Regel 17:
Schutzverweigerung 451
17.1 Form und Inhalt der Mitteilungen über die Schutzverweigerung und der Zurücknahme der Schutzverweigerung 451
17.2 Eintragung, Übermittlung und Veröffentlichung der Schutzverweigerung und der Zurücknahme der Schutzverweigerung 452

Regel 18:
Erlöschen des Schutzes in einem Vertragsstaat 453
18.1 Erlöschen des Schutzes in einem Vertragsstaat 453

Regel 19:
Wechsel des Inhabers 453
19.1 Antrag auf Eintragung eines Inhaberwechsels 453
19.2 Eintragung, Mitteilung und Veröffentlichung, Zurückweisung des Antrags auf Eintragung 454

Regel 20:
Zurücknahme der internationalen Hinterlegung und Verzicht auf die internationale Hinterlegung 455
20.1 Zulässigkeit der Zurücknahme; verspätete Zurücknahme 455
20.2 Verfahren 455

Regel 21:
Andere Änderungen der internationalen Hinterlegung 455
21.1 Zulässige Änderungen 455
21.2 Verfahren 456

Regel 22:
Berichtigungen 456
22.1 Berichtigungen 456

Regel 23:
Verlängerung der ausschließlich dem Abkommen in der Fassung von 1934 unterliegenden internationalen Hinterlegungen 456
23.1 Offiziöse Mitteilung über den bevorstehenden Verfall 456
23.2 Antrag auf Verlängerung 456
23.3 Fälligkeit; Gebühren 457
23.4 Eintragung, Mitteilung und Veröffentlichung der Verlängerung; Öffnung der versiegelten Hinterlegung 457
23.5 Zurückweisung des Antrags auf Verlängerung 458

Regel 24:
Erneuerung der internationalen Hinterlegungen, die nicht ausschließlich dem Abkommen von 1934 unterliegen 458
24.1 Erinnerung 458
24.2 Fristen; Gebühren 458
24.3 Eintragung, Mitteilung und Veröffentlichung der Erneuerung 459
24.4 Regeln für bestimmte internationale Hinterlegungen 459

Ausführungsordnung zum Haager Abkommen

Regel 25:
Verfallene internationale Hinterlegungen 460
25.1 Verfallene internationale Hinterlegungen 460

Regel 26:
Übermittlung von Unterlagen an das Internationale Büro 460
26.1 Ort und Art der Übermittlung 460
26.2 Eingangsdatum der übersandten Unterlagen 460
26.3 Juristische Personen; Sozietäten und Firmen 460
26.4 Befreiung von Beglaubigung 461

Regel 27:
Zeitrechnung; Fristenberechnung 461
27.1 Zeitrechnung 461
27.2 Nach Jahren, Monaten oder Tagen bestimmte Fristen 461
27.3 Örtliche Daten 461
27.4 Ablauf an einem anderen Tag als einem Werktag 461

Regel 28:
Höhe und Zahlung der Gebühren 462
28.1 Höhe der Gebühren 462
28.2 Zahlung an das Internationale Büro 462
28.3 Währung 462
28.4 Guthabenkonten 462
28.5 Zahlungsweise 462
28.6 Tatsächlicher Zahlungstag 463
28.7 Staatengebühren 464
28.8 Vermerk der Gebühren in der Akte 464

Regel 29:
Bulletin 464
29.1 Inhalt 464
29.2 Erscheinungsfolge 464
29.3 Sprachen 464
29.4 Verkauf 464
29.5 Exemplare des Bulletin für die nationalen und regionalen Behörden 465

Regel 30:
Auszüge, Kopien, Lichtbilder und Auskünfte; Beglaubigung von vom
Internationalen Büro ausgestellten Schriftstücken 465
30.1 Auszüge, Kopien, Lichtbilder und Auskünfte betreffend die internationalen Hinterlegungen 465
30.2 Beglaubigung von vom Internationalen Büro ausgestellten Schriftstücken 466

Regel 31:
Verwaltungsrichtlinien 466
31.1 Erlaß von Verwaltungsrichtlinien und in den Verwaltungsrichtlinien geregelte Angelegenheiten 466

433

III. Anhang 24

31.2 Kontrolle durch die Versammlung des Haager Verbandes 466
31.3 Bekanntmachung und Inkrafttreten 466
31.4 Mangelnde Übereinstimmung der Verwaltungsrichtlinien mit dem Abkommen oder der Ausführungsordnung 467

Regel 32:
Sprachen der Ausführungsordnung 467
32.1 Sprachen der Ausführungsordnung 467

Regel 33:
Inkrafttreten 467
33.1 Inkrafttreten 467

Anlage zur Ausführungsordnung:
Gebührentabelle

**Regel 1
Abkürzungen**

1.1 Abkürzungen

Im Sinne dieser Ausführungsordnung bedeutet

i) „Abkommen in der Fassung von 1934" das am 2. Juni 1934 in London unterzeichnete Haager Abkommen über die internationale Hinterlegung gewerblicher Muster oder Modelle;

ii) „Abkommen in der Fassung von 1960" das am 28. November 1960 im Haag unterzeichnete Haager Abkommen über die internationale Hinterlegung gewerblicher Muster oder Modelle;

iii) „Protokoll von 1975" das am 29. August 1975 in Genf unterzeichnete Protokoll betreffend das Haager Abkommen über die internationale Hinterlegung gewerblicher Muster oder Modelle;

iv) „Abkommen" das Abkommen in der Fassung von 1934, das Abkommen in der Fassung von 1960 und/oder das Protokoll von 1975;

v) „Haager Verband" den durch das Haager Abkommen über die internationale Hinterlegung gewerblicher Muster oder Modelle errichteten Verband;

vi) „Vertragsstaat" jeden durch das Abkommen in der Fassung von 1934, nicht aber durch das Protokoll von 1975, jeden durch das Abkommen in der Fassung von 1934 und durch das Protokoll von 1975 sowie jeden durch das Protokoll von 1975, nicht aber durch das Abkommen in der Fassung von 1934 gebundenen Staat;

vii) „Angehöriger" eines Staates auch jede Person, die, ohne Angehöriger dieses Staates zu sein, ihren Sitz oder Wohnsitz oder eine tatsächliche und nicht nur zum Schein bestehende gewerbliche oder Handelsniederlassung auf dem Gebiet dieses Staates hat;

Ausführungsordnung zum Haager Abkommen

viii) „Internationales Büro" das Internationale Büro der Weltorganisation für geistiges Eigentum und — für die Dauer ihres Bestehens — die Vereinigten Internationalen Büros für den Schutz des geistigen Eigentums (BIRPI);

ix) „nationale Behörde" die auf dem Gebiet der gewerblichen Muster und Modelle zuständige nationale Behörde eines vertragschließenden Staates;

x) „regionale Behörde" die in Artikel 8.1. i) des Protokolls von 1975 bezeichnete gemeinsame Behörde mehrerer vertragschließender Staaten;

xi) „internationales Register" das internationale Register der gewerblichen Muster und Modelle;

xii) „internationale Hinterlegung" die Hinterlegung eines oder mehrerer gewerblicher Muster und Modelle, deren Eintragung im internationalen Register beantragt wird oder vorgenommen wurde;

xiii) „ausschließlich dem Abkommen in der Fassung von 1934 unterliegende internationale Hinterlegung" eine internationale Hinterlegung, auf die ausschließlich das Abkommen in der Fassung von 1934 anzuwenden ist, entweder weil der Hinterleger Angehöriger eines Staates ist, der durch das Abkommen in der Fassung von 1934, nicht aber durch das Protokoll von 1975 gebunden ist, oder weil der Hinterleger, der Angehöriger eines durch das Abkommen in der Fassung von 1934 und das Protokoll von 1975 gebundenen Staates ist, gemäß Regel 5.1. c) keinen durch das Protokoll von 1975, nicht aber durch das Abkommen in der Fassung von 1934 gebundenen Staat bestimmt und von der Möglichkeit des Artikels 2 Absatz 2 des Protokolls von 1975 keinen Gebrauch gemacht hat;

xiv) „Gesuch" das Gesuch, mit dem die Eintragung einer internationalen Hinterlegung im internationalen Register beantragt wird;

xv) „Hinterleger" die natürliche oder juristische Person, auf deren Namen das Gesuch eingereicht wird;

xvi) „Inhaber" die natürliche oder juristische Person, deren Namen im internationalen Register als Inhaber der internationalen Hinterlegung eingetragen ist;

xvii) „juristische Person" auch jede Vereinigung natürlicher oder juristischer Personen, die gemäß dem nationalen Recht, nach dem sie gegründet wurde, Rechte erwerben und Verpflichtungen eingehen kann, obwohl sie keine juristische Person ist;

xviii) „Sammelhinterlegung" eine internationale Hinterlegung, die mehrere gewerbliche Muster oder Modelle umfaßt;

xix) „internationale Klassifikation" die durch das Abkommen von Locarno zur Errichtung einer internationalen Klassifikation für gewerbliche Muster und Modelle geschaffene Klassifikation;

xx) „Bulletin" das Bulletin des dessins et modèles internationaux/International Designs Bulletin.

III. Anhang 24

Regel 2
Vertretung vor dem Internationalen Büro

2.1 Vertreterbestellung

a) Ein Vertreter gilt als ordnungsmäßig bevollmächtigt, wenn er nach Absatz b) bis i) bestellt worden ist.

b) Die Bestellung des Vertreters hat zur Voraussetzung, daß

　i) sein Name als derjenige des Vertreters im Gesuch erscheint und dieses mit der Unterschrift des Hinterlegers versehen ist, oder daß

　ii) eine vom Hinterleger oder vom Inhaber unterzeichnete gesonderte Vollmacht (d. h. ein den Vertreter bestellendes Schriftstück) beim Internationalen Büro eingereicht wird.

c) Der Hinterleger und der Inhaber können nur einen Vertreter bestellen.

d) Werden mehrere natürliche oder juristische Personen als Vertreter angegeben, so gilt die in dem Schriftstück, welches sie bezeichnet, zuerst angegebene natürliche oder juristische Person als der einzige ordnungsmäßig bevollmächtigte Vertreter.

e) Wird eine Sozietät oder Firma von Rechtsanwälten, Patentanwälten oder sonstigen Vertretern in Patent- oder Warenzeichensachen als Vertreter angegeben, so gilt diese als ein einziger Vertreter.

f) 　i) Mehrere Hinterleger haben einen gemeinsamen Vertreter zu bestellen. Liegt eine solche Bestellung nicht vor, so gilt der in dem Gesuch zuerst genannte Hinterleger als der von allen Hinterlegern ordnungsmäßig bevollmächtigte gemeinsame Vertreter.

　ii) Mehrere Inhaber einer internationalen Hinterlegung haben einen gemeinsamen Vertreter zu bestellen. Liegt eine solche Bestellung nicht vor, so gilt die natürliche oder juristische Person, die im internationalen Register unter den Inhabern zuerst genannt ist, als der von allen Inhabern ordnungsmäßig bevollmächtigte gemeinsame Vertreter.

　iii) Absatz ii) ist nicht anwendbar, wenn für verschiedene vertragschließende Staaten oder verschiedene Muster und Modelle verschiedene Personen Inhaber sind.

　iv) Bei mehreren Hinterlegern oder Inhabern muß das Schriftstück, das die Bestellung eines gemeinsamen Vertreters enthält oder durch das sie vorgenommen wird, von allen Hinterlegern oder Inhabern unterzeichnet sein.

g) Jedes Schriftstück über die Bestellung eines Vertreters muß dessen Namen und Anschrift angeben. Ist der Vertreter eine natürliche Person, so ist sein Name mit Familienname und Vorname(n) anzugeben, wobei der Familienname vor dem (den) Vornamen anzugeben ist. Ist der Vertreter eine juristische Person oder eine Sozietät oder Firma von Rechtsanwälten, Patentanwälten oder sonstigen Vertretern in Patent- oder Warenzeichensachen, so ist deren vollständige Bezeichnung anzugeben. Die Anschrift des Vertreters ist in der gleichen Weise wie die des Hinterlegers nach Regel 5.1. a) iv) anzugeben.

h) Das Schriftstück über die Bestellung eines Vertreters darf keine Angaben enthalten, die entgegen Regel 2.2 die Vertretervollmacht auf bestimmte Fragen beschränken, bestimmte Fragen von der Vertretervollmacht ausschließen oder die Vollmacht zeitlich begrenzen würden.

i) Für die Vertreterbestellung ist eine Eintragungsgebühr zu entrichten, wenn sie dem Internationalen Büro nach der Eintragung der internationalen Hinterlegung im internationalen Register übermittelt wird.

j) Entspricht die Vertreterbestellung nicht den in Absatz b) bis e) genannten Voraussetzungen, so behandelt das Internationale Büro sie als nicht erfolgt und unterrichtet hiervon den Hinterleger oder den Inhaber sowie die als Vertreter bestimmte natürliche oder juristische Person, die Sozietät oder die Firma.

k) Die Verwaltungsrichtlinien enthalten eine Empfehlung für den Wortlaut der Vertreterbestellung.

2.2 Wirkungen der Bestellung

Jede Aufforderung, Benachrichtigung oder sonstige, seitens des Internationalen Büros an den ordnungsmäßig bevollmächtigten Vertreter gerichtete Mitteilung hat dieselben Wirkungen, als ob sie an den Hinterleger oder den Inhaber gerichtet worden wäre. Mit Ausnahme des Schriftstücks, das den Vertreter bestellt oder abberuft, können alle Schriftstücke, die die Unterschrift des Hinterlegers oder des Inhabers im Verfahren vor dem Internationalen Büro erfordern, von dem vom Hinterleger oder Inhaber ordnungsmäßig bevollmächtigten Vertreter unterzeichnet werden; jede Mitteilung des ordnungsmäßig bevollmächtigten Vertreters an das Internationale Büro hat dieselben Wirkungen, als ob sie durch den Hinterleger oder den Inhaber erfolgt wäre.

2.3 Widerruf oder Niederlegung der Bestellung

a) Die Bestellung eines Vertreters kann jederzeit von der natürlichen oder juristischen Person, die den Vertreter bestellt hat, widerrufen werden. Für das Internationale Büro wird der Widerruf vom Zeitpunkt des Eingangs des in Absatz b) genannten Schriftstücks bei diesem Büro wirksam, auch wenn nur eine der natürlichen oder juristischen Personen, die den Vertreter bestellt haben, den Widerruf vornimmt.

b) Der Widerruf erfolgt durch ein Schriftstück, das von der in Absatz a) genannten natürlichen oder juristischen Person unterzeichnet ist.

c) Die Bestellung eines Vertreters gemäß Regel 2.1 gilt als Widerruf der früheren Bestellung eines anderen Vertreters. Der Name des früher bestellten Vertreters ist, soweit möglich, anzugeben.

III. Anhang 24

d) Jeder Vertreter kann seine Bestellung durch eine von ihm unterzeichnete Mitteilung an das Internationale Büro niederlegen.

2.4 Generalvollmachten

Die Bestellung eines Vertreters in einer gesonderten Vollmacht kann eine Generalvollmacht in dem Sinne sein, daß sie sich auf mehrere Gesuche oder mehrere internationale Hinterlegungen für dieselbe natürliche oder juristische Person bezieht. Die Verwaltungsrichtlinien regeln die inhaltlichen Merkmale und Erfordernisse dieser Gesuche und internationalen Hinterlegungen sowie andere Einzelheiten über die Generalvollmacht und deren Widerruf oder Niederlegung. Die Verwaltungsrichtlinien können eine bei der Einreichung von Generalvollmachten zu entrichtende Gebühr vorsehen.

2.5 Untervertreter

a) In der Bestellung eines Vertreters nach Regel 2.1. b) können auch eine oder mehrere natürliche Personen als stellvertretende Vertreter (Untervertreter) angegeben werden.

b) Für die Anwendung von Regel 2.2 Satz 2 gelten die stellvertretenden Vertreter als Vertreter.

c) Die Bestellung eines stellvertretenden Vertreters kann jederzeit von der natürlichen oder juristischen Person, die den Vertreter bestellt hat, oder von dem Vertreter widerrufen werden. Der Widerruf erfolgt durch ein Schriftstück, das von der natürlichen oder juristischen Person oder dem Vertreter zu unterzeichnen ist. Er wird für das Internationale Büro in dem Zeitpunkt wirksam, in dem dieses Schriftstück bei diesem Büro eingeht.

2.6 Eintragung, Mitteilung und Veröffentlichung

Die Bestellung eines Vertreters oder eines stellvertretenden Vertreters, deren Widerruf oder Niederlegung wird im internationalen Register eingetragen, dem Hinterleger oder Inhaber mitgeteilt und veröffentlicht.

Regel 3
Das Internationale Register

3.1 Inhalt und Führung des internationalen Registers

a) Das internationale Register enthält für jede internationale Hinterlegung

i) alle Angaben, die dem Internationalen Büro nach dem Abkommen oder dieser Ausführungsordnung gemacht werden müssen oder können und die ihm gegenüber tatsächlich gemacht worden sind, mit Ausnahme der in Regel 5.1. a) iv) Satz 2, vii) und viii) bezeichneten Angaben;

ii) die Nummer und den Zeitpunkt der internationalen Hinterlegung sowie gegebenenfalls die Nummern und die Zeitpunkte sämtlicher diese Hinterlegung betreffenden Eintragungen.

b) Für jede ausschließlich dem Abkommen in der Fassung von 1934 unterliegende internationale Hinterlegung wird im internationalen Register gegebenenfalls neben den in Absatz a) bezeichneten Angaben der Zeitpunkt der Öffnung des versiegelten Umschlags oder Pakets angegeben.

c) Für jede internationale Hinterlegung, die nicht ausschließlich dem Abkommen in der Fassung von 1934 unterliegt, enthält das internationale Register neben den in Absatz a) bezeichneten Angaben die Wiedergabe der hinterlegten Lichtbilder, der anderen graphischen Darstellungen oder Diapositive.

d) Die Verwaltungsrichtlinien regeln die Errichtung des internationalen Registers und bestimmen im Rahmen des Abkommens und dieser Ausführungsordnung die Form, in der es geführt wird, sowie das Verfahren, das das Internationale Büro bei diesen Eintragungen und zur Sicherung des Registers gegen Verlust und sonstige Beschädigung zu beachten hat.

Regel 4
Hinterleger; Inhaber

4.1 Derselbe Hinterleger für alle Staaten

a) Der Hinterleger muß für alle Staaten derselbe sein.

b) Gibt das eingereichte Gesuch nicht für alle nach Regel 5.1. c) bestimmten Staaten denselben Hinterleger an, so wird es so behandelt, als ob nur der darin zuerst genannte Staat und jeder sonstige Staat, für den derselbe Hinterleger wie für den zuerst genannten Staat angegeben ist, bestimmt worden wären.

4.2 Mehrere Inhaber

Mehrere natürliche oder juristische Personen können nur dann Inhaber derselben internationalen Hinterlegung sein, wenn sie alle Angehörige von vertragsschließenden Staaten sind.

Regel 5
Zwingender Inhalt des Gesuchs

5.1 Zwingender Inhalt des Gesuchs

a) Jedes Gesuch muß enthalten

    i) eine Angabe, daß es aufgrund des Abkommens eingereicht wird;

    ii) die Angabe des Namens des Hinterlegers; ist der Hinterleger eine natürliche Person, so ist sein Name mit Familienname und Vorname(n) anzugeben, wobei der Familienname vor dem (den) Vornamen anzugeben ist; ist er eine juristische Person, so ist deren vollständige Bezeichnung anzugeben;

iii) die Angabe des Staates, dessen Staatsangehörigkeit der Hinterleger besitzt, des Staates, in dem er seinen Sitz oder Wohnsitz hat, und des Staates, in dem er eine tatsächliche und nicht nur zum Schein bestehende gewerbliche oder Handelsniederlassung hat;

iv) die Anschrift des Hinterlegers, die in der Weise anzugeben ist, daß die üblichen Anforderungen für eine schnelle Postzustellung aufgrund der angegebenen Anschrift erfüllt und jedenfalls alle maßgeblichen Verwaltungseinheiten gegebenenfalls einschließlich Hausnummer enthalten sind. Die Telegrammadresse und die Fernschreibadresse sowie die Telefonnummer des Hinterlegers sind, falls vorhanden, vorzugsweise ebenfalls anzugeben; für jeden Hinterleger ist nur eine Anschrift anzugeben; sind mehrere Anschriften angegeben, so wird nur die im Gesuch zuerst genannte Anschrift berücksichtigt;

v) die genaue Bezeichnung des Gegenstandes oder der Gegenstände, in denen die Muster und Modelle verkörpert werden sollen;

vi) die Angabe der in der internationalen Hinterlegung enthaltenen Anzahl von Mustern und Modellen;

vii) die Angabe der Schriftstücke und gegebenenfalls der Wiedergaben und Gegenstände, die dem Gesuch in natürlicher Größe oder anderem Maßstab beigefügt sind;

viii) die Angabe des gezahlten Gebührenbetrags, des Einzahlers und der Zahlungsart nach den Bestimmungen von Regel 28.5.

b) Für jede internationale Hinterlegung, die ausschließlich dem Abkommen in der Fassung von 1934 unterliegt, muß das Gesuch neben den in Absatz a) bezeichneten Angaben enthalten:

i) die Angabe der Art der Hinterlegung (offen oder versiegelt);

ii) die Angabe, daß die Verlängerung der Hinterlegung beantragt wird, wenn die Verlängerungsgebühr zusammen mit der internationalen Hinterlegungsgebühr bezahlt wird.

c) Für jede internationale Hinterlegung, die nicht ausschließlich dem Abkommen in der Fassung von 1934 unterliegt, muß das Gesuch neben den in Absatz a) bezeichneten Angaben die durch das Protokoll von 1975 gebundenen Staaten angeben, in denen auf Antrag des Hinterlegers die internationale Hinterlegung wirksam werden soll; kann der Hinterleger nach den Vorschriften eines regionalen Vertrages sein Gesuch nicht auf bestimmte der die regionale Gruppe bildenden Staaten beschränken, so gilt die Bestimmung eines oder mehrerer dieser Staaten als Bestimmung aller die regionale Gruppe bildenden Staaten.

d) Hat der Hinterleger im Falle einer internationalen Hinterlegung, die nicht ausschließlich dem Abkommen in der Fassung von 1934 unterliegt, eine tatsächliche und nicht nur zum Schein bestehende gewerbliche oder Handelsniederlassung in mehreren durch das Protokoll von 1975 gebundenen Staaten, so kann in dem Gesuch nur ein einziger dieser Staaten angegeben werden.

Regel 6
Wahlweiser Inhalt des Gesuchs

6.1 Benennung eines Vertreters

In jedem Gesuch kann ein Vertreter benannt werden.

6.2 Beanspruchung einer Priorität und Ausstellungen

a) Jedes Gesuch kann eine Erklärung enthalten, mit der die Priorität einer oder mehrerer früherer Hinterlegungen in oder für einen oder mehrere Vertragsstaaten der Pariser Verbandsübereinkunft zum Schutze des gewerblichen Eigentums beansprucht wird.

b) Die Erklärung, mit der die Priorität einer früheren Hinterlegung beansprucht wird, gibt an:

  i) den Zeitpunkt der früheren Hinterlegung;

  ii) die Nummer der früheren Hinterlegung;

  iii) den Staat, in dem die frühere Hinterlegung vorgenommen wurde; bei einer Hinterlegung nach den Vorschriften eines regionalen Vertrages die Behörde, bei der, und wenigstens einen Staat, für den sie vorgenommen wurde; bei einer früheren Hinterlegung nach den Vorschriften eines Sonderabkommens im Sinne von Artikel 19 der Pariser Verbandsübereinkunft die Bezeichnung dieses Abkommens.

c) Enthält die Erklärung die in Absatz b) i) und iii) bezeichneten Angaben nicht, so behandelt das Internationale Büro die Erklärung als nicht abgegeben.

d) Wird die in Absatz b) ii) erwähnte Nummer der früheren Hinterlegung in der Erklärung nicht angegeben, wird sie jedoch vom Hinterleger oder vom Inhaber innerhalb von 10 Monaten nach dem Zeitpunkt der früheren Hinterlegung dem Internationalen Büro nachgereicht, so gilt sie als in der Erklärung enthalten und wird vom Internationalen Büro veröffentlicht.

e) Liegt der in der Erklärung angegebene Zeitpunkt der früheren Hinterlegung um mehr als sechs Monate vor dem Zeitpunkt der internationalen Hinterlegung, so behandelt das Internationale Büro die Erklärung als nicht abgegeben.

f) Wird in der Erklärung die Priorität mehrerer früherer Hinterlegungen beansprucht, so sind die Absätze b) bis e) auf jede davon anzuwenden.

g) Jedes Gesuch kann die Angabe enthalten, daß der Gegenstand oder die Gegenstände, in dem oder in denen das Muster oder Modell verkörpert ist, auf einer offiziellen internationalen Ausstellung oder einer offiziell anerkannten

III. Anhang 24

internationalen Ausstellung ausgestellt worden ist, und den Ort der Ausstellung sowie den Zeitpunkt, an dem der Gegenstand oder die Gegenstände in die Ausstellung aufgenommen worden sind, angeben.

6.3 Sonstige wahlweise Angaben

a) Für jede internationale Hinterlegung, die nicht ausschließlich dem Abkommen in der Fassung von 1934 unterliegt, kann das Gesuch darüber hinaus enthalten:

   i) wenn der Hinterleger Angehöriger eines durch das Abkommen in der Fassung von 1934 und das Protokoll von 1975 gebundenen Staates ist, die Bestimmung der durch das Abkommen in der Fassung von 1934 und das Protokoll von 1975 gebundenen Staaten, für die er gemäß Artikel 2.2 des Protokolls von 1975 die Anwendung der Bestimmungen des Abkommens von 1960 beantragt;

   ii) eine kurze Beschreibung charakteristischer Merkmale der Muster und Modelle einschließlich der Farben; die Beschreibung darf nicht mehr als 100 Worte umfassen;

   iii) die Angabe des Namens des Schöpfers der Muster und Modelle;

   iv) einen Antrag auf Veröffentlichung in Farben;

   v) einen Antrag auf Verschiebung der Veröffentlichung nach Regel 11.1.

b) Ist die in Absatz a) iii) bezeichnete Angabe nicht in dem Gesuch enthalten, wird sie jedoch vom Hinterleger oder Inhaber dem Internationalen Büro vor Abschluß der Vorbereitungen für die Veröffentlichung übermittelt, so gilt sie als in dem Gesuch enthalten.

Regel 7
Sprache des Gesuchs, der Eintragungen, der Mitteilungen und des Schriftverkehrs

7.1 Sprache des Gesuchs

a) Für jede internationale Hinterlegung, die ausschließlich dem Abkommen in der Fassung von 1934 unterliegt, ist das Gesuch in französischer Sprache abzufassen.

b) Für jede internationale Hinterlegung, die nicht ausschließlich dem Abkommen in der Fassung von 1934 unterliegt, ist das Gesuch in französischer oder englischer Sprache abzufassen.

7.2 Sprache der Eintragungen, Mitteilungen und des Schriftverkehrs

a) Die Eintragung der internationalen Hinterlegung im internationalen Register und jede diese Hinterlegung betreffende spätere Eintragung sowie die vom Internationalen Büro vorgenommenen Mitteilungen werden in der Sprache des Gesuchs abgefaßt. Jedoch werden die Angaben über die Anschrift des Hinterlegers mit Ausnahme des Namens des Staates, in dem diese Anschrift besteht, in der Sprache, in der diese Angaben vom Hinterleger gemacht wurden, eingetragen und mitgeteilt.

b) Der Schriftverkehr zwischen dem Internationalen Büro und dem Hinterleger oder dem Inhaber erfolgt in der Sprache des Gesuchs.

c) Schreiben oder andere schriftliche Mitteilungen der nationalen oder regionalen Behörden, die an das Internationale Büro gerichtet oder für dieses Büro bestimmt sind, sind in französischer oder englischer Sprache abzufassen.

d) Schreiben des Internationalen Büros an eine nationale oder regionale Behörde sind je nach Wunsch dieser Behörde in französischer oder englischer Sprache abzufassen.

e) Auszüge aus dem internationalen Register erscheinen in der Sprache des zitierten Textes im Register.

f) Ist das Internationale Büro verpflichtet, eine der in Absatz c) bezeichneten Mitteilungen an den Hinterleger oder den Inhaber weiterzuleiten, so erfolgt die Weiterleitung in der Sprache, in der diese Mitteilung bei ihm eingegangen ist.

Regel 8
Form des Gesuchs

8.1 Formblatt

a) Das Gesuch ist nach dem Formblatt des Internationalen Büros abzufassen. Das Internationale Büro stellt auf Antrag kostenlos gedruckte Exemplare dieses Formblatts zur Verfügung.

b) Das Formblatt ist gut leserlich und vorzugsweise mit Schreibmaschine auszufüllen.

8.2 Ausfertigungen; Unterschrift

a) Das Gesuch ist in zwei Ausfertigungen einzureichen.

b) Das Gesuch ist vom Hinterleger zu unterzeichnen.

8.3 Keine weiteren Angaben

a) Das Gesuch darf keine anderen als die durch das Abkommen und diese Ausführungsordnung vorgeschriebenen oder zugelassenen Angaben und Unterlagen enthalten.

b) Enthält das Gesuch andere als die vorgeschriebenen oder zugelassenen Angaben, so werden sie vom Internationalen Büro von Amts wegen gestrichen; sind ihm andere als die vorgeschriebenen oder zugelassenen Unterlagen beigefügt, so behandelt das Internationale Büro diese als nicht eingereicht und sendet sie auf Kosten des Hinterlegers an diesen zurück.

Regel 9
Versiegelte Umschläge oder Pakete

9.1 Versiegelte Umschläge oder Pakete

Versiegelte Umschläge oder Pakete müssen den Vermerk „dépôt cacheté" (= versiegelte Hinterlegung) tragen.

Regel 10
Sammelhinterlegung

10.1 Höchstzahl der in einer Sammelhinterlegung enthaltenen Muster und Modelle

Jede internationale Hinterlegung darf höchstens 100 Muster und Modelle enthalten.

10.2 Andere Regeln für Sammelhinterlegungen

a) Bei jeder internationalen Hinterlegung, die nicht ausschließlich dem Abkommen in der Fassung von 1934 unterliegt, müssen alle in einer Sammelhinterlegung enthaltenen Muster und Modelle dazu bestimmt sein, in Gegenständen verkörpert zu werden, die zu derselben Klasse der internationalen Klassifikation gehören.

b) Jedes zu einer Sammelhinterlegung gehörende Muster oder Modell ist durch eine besondere Ordnungsnummer zu kennzeichnen, die auf den dem Gesuch beigefügten Lichtbildern, anderen graphischen Darstellungen, Diapositiven oder Abzügen und auf den Gegenständen in natürlicher Größe oder in anderem Maßstab vermerkt sein muß. Die Numerierung ist in arabischen Zahlen fortlaufend, beginnend mit 1, vorzunehmen.

c) Die nach Regel 5.1 c) und gegebenenfalls nach Regel 6.3 a) i) bestimmten Staaten müssen für alle in einer Sammelhinterlegung zusammengefaßten Muster und Modelle dieselben sein.

d) Wird gemäß Regel 11.1 die Aufschiebung der Veröffentlichung beantragt, so muß die Dauer der Aufschiebung für alle in einer Sammelhinterlegung enthaltenen Muster und Modelle dieselbe sein.

Regel 11
Aufschiebung der Veröffentlichung

11.1 Antrag auf Aufschiebung der Veröffentlichung

a) Unterliegt die internationale Hinterlegung nicht ausschließlich dem Abkommen in der Fassung von 1934, so kann der Hinterleger die Aufschiebung der

Veröffentlichung der Hinterlegung beantragen, indem er in dem Gesuch die Dauer der von ihm beantragten Aufschiebung angibt und die vorgeschriebene Gebühr entrichtet.

b) Die Dauer der Aufschiebung darf zwölf Monate, gerechnet vom Zeitpunkt der internationalen Hinterlegung oder, wenn eine Priorität beansprucht wird, vom Prioritätsdatum an, nicht übersteigen; wird die Priorität mehrerer früherer Hinterlegungen beansprucht, so darf die Dauer der Aufschiebung zwölf Monate nach dem frühesten Prioritätsdatum nicht übersteigen.

c) Gibt der Hinterleger keine Dauer für diese Aufschiebung an, so behandelt das Internationale Büro den Aufschiebungsantrag, als ob er für die zulässige Höchstdauer gestellt worden wäre.

11.2 Antrag auf sofortige Veröffentlichung

Der Hinterleger kann während der Dauer der Aufschiebung der Veröffentlichung beim Internationalen Büro jederzeit schriftlich die sofortige Veröffentlichung beantragen.

11.3 Zurücknahme der internationalen Hinterlegung während der Dauer der Aufschiebung

Der Hinterleger kann vorbehaltlich Regel 20.1 während der Dauer der Aufschiebung der Veröffentlichung seine Hinterlegung jederzeit durch ein an das Internationale Büro gerichtete Schreiben zurücknehmen. Die Zurücknahme kann auf einen oder mehrere der nach Regel 5.1 c) bestimmten Staaten und, im Fall der Sammelhinterlegung, auf einen Teil der in dieser Hinterlegung zusammengefaßten Muster oder Modelle beschränkt werden.

11.4 Ablauf der Dauer der Aufschiebung

a) Hat der Hinterleger bei Ablauf der in Regel 13.2 h) bezeichneten Frist die in Regel 13.2 a) ii) und iv) bezeichneten Gebühren entrichtet, so nimmt das Internationale Büro nach Ablauf der Dauer der Aufschiebung die Veröffentlichung vor.

b) Hat der Hinterleger bei Ablauf der in Regel 13.2 h) bezeichneten Frist die in Regel 13.2 a) ii) und iv) bezeichneten Gebühren nicht entrichtet, so löscht das Internationale Büro die internationale Hinterlegung bei Ablauf der Dauer der Aufschiebung.

Regel 12
**Wiedergabe der Gegenstände,
in denen das Muster oder Modell in natürlicher Größe
oder in anderem Maßstab verkörpert werden soll**

12.1 Wiedergabe in natürlicher Größe oder in anderem Maßstab

a) Für jede internationale Hinterlegung, die ausschließlich dem Abkommen in der Fassung von 1934 unterliegt, sind dem Gesuch zwei Lichtbilder oder an-

III. Anhang 24

dere graphische Darstellungen oder zwei Stücke des nach Regel 5.1 a) v) bezeichneten Gegenstandes in natürlicher Größe oder in anderem Maßstab beizufügen.

b) Für jede internationale Hinterlegung, die nicht ausschließlich dem Abkommen in der Fassung von 1934 unterliegt, sind dem Gesuch für jeden gemäß Regel 5.1 a) v) bezeichneten Gegenstand beizufügen:

　i) wenn der Hinterleger nicht die Veröffentlichung der Muster und Modelle in Farbe beantragt: zwei Lichtbilder oder andere graphische Darstellungen in Schwarz-Weiß;

　ii) wenn der Hinterleger die Veröffentlichung der Muster und Modelle in Farbe beantragt: entweder ein Farbdiapositiv und zwei davon hergestellte Farbabzüge oder zwei Farblichtbilder oder andere graphische Darstellungen in Farbe.

Darüber hinaus können die Gegenstände des Musters oder Modells in natürlicher Größe oder in anderem Maßstab dem Gesuch beigefügt werden. Die Wiedergabe des Gegenstands, der auf den dem Gesuch beigefügten Lichtbildern oder anderen graphischen Darstellungen oder Abzügen dargestellt wird, muß diejenigen Dimensionen aufweisen, in denen der Hinterleger die Veröffentlichung des Musters oder Modells wünscht, wobei eine dieser Dimensionen mindestens 3 cm betragen muß. Die Lichtbilder, graphischen Darstellungen und Abzüge dürfen Dimensionen von 16 × 16 cm nicht überschreiten.

c) Die Qualität des Lichtbilds, der graphischen Darstellung oder des Diapositivs muß so sein, daß der abgebildete Gegenstand klar in allen seinen Einzelheiten erscheint und eine Vervielfältigung nach den Bestimmungen der Verwaltungsrichtlinien möglich ist.

d) Derselbe Gegenstand darf aus verschiedenen Blickwinkeln wiedergegeben werden, wobei sich die Wiedergabe des Gegenstandes unter verschiedenen Blickwinkeln auf demselben Lichtbild, derselben graphischen Darstellung oder demselben Abzug oder auf verschiedenen Lichtbildern, graphischen Darstellungen oder Abzügen befinden kann.

e) Lichtbilder, graphische Darstellungen, Diapositive und die davon hergestellten Abzüge oder die Gegenstände in natürlicher Größe oder in anderem Maßstab, die sich auf ein und dieselbe Hinterlegung beziehen, müssen in demselben Umschlag oder Paket enthalten sein. Kein Umschlag oder Paket darf mit Verpackung in einer seiner Dimensionen 30 cm übersteigen oder mehr als 4 kg wiegen. Gegenstände aus verderblichem oder gefährlichem Material sind von der Hinterlegung ausgeschlossen.

Ausführungsordnung zum Haager Abkommen

Regel 13
Vorgeschriebene Gebühren

13.1 Vorgeschriebene Gebühr für internationale Hinterlegungen, die ausschließlich dem Abkommen in der Fassung von 1934 unterliegen

a) Für jede internationale Hinterlegung, die ausschließlich dem Abkommen in der Fassung von 1934 unterliegt, ist eine internationale Hinterlegungsgebühr zu entrichten.

b) Die in Absatz a) bezeichnete Gebühr ist spätestens bei Einreichung des Gesuchs beim Internationalen Büro zu entrichten.

13.2 Vorgeschriebene Gebühren für internationale Hinterlegungen, die nicht ausschließlich dem Abkommen in der Fassung von 1934 unterliegen

a) Für jede internationale Hinterlegung, die nicht ausschließlich dem Abkommen in der Fassung von 1934 unterliegt, sind die folgenden Gebühren zu entrichten:

   i) internationale Hinterlegungsgebühr;
   ii) internationale Veröffentlichungsgebühr;
   iii) normale Staatengebühren;
   iv) Staatengebühren für die Neuheitsprüfung.

b) Die Staatengebühren sind nur für die nach Regel 5.1 c) bestimmten Staaten zu entrichten, auf die die Vorschriften des Abkommens in der Fassung von 1960 anwendbar sind. Die Staatengebühren für die Neuheitsprüfung sind nur für diejenigen Staaten zu entrichten, die eine derartige Prüfung vornehmen.

c) Die Staaten, die einer regionalen Gruppe im Sinne von Artikel 8 des Protokolls von 1975 angehören, gelten für die Zahlung der Staatengebühren als ein einziger Staat.

d) Die für einen Staat gezahlte normale Staatengebühr wird von der von demselben Staat verlangten Staatengebühr für die Neuheitsprüfung abgezogen.

e) Die Höhe der Staatengebühr für die Neuheitsprüfung wird von der nationalen oder regionalen Behörde des Staates, der die Neuheitsprüfung im Sinne von Artikel 2 des Abkommens in der Fassung von 1960 vornimmt, festgelegt. Diese Gebühr darf drei Viertel der Gebühr für die bei der nationalen oder regionalen Behörde hinterlegten Muster und Modelle nicht überschreiten und nicht höher als 75 Schweizer Franken für jedes Muster oder Modell sein.

f) Jede Änderung der Höhe der Staatengebühr für die Neuheitsprüfung muß von der betreffenden nationalen oder regionalen Behörde dem Internationalen Büro schriftlich mitgeteilt werden. Der so mitgeteilte Betrag gilt vom

III. Anhang 24

1. Januar des Jahres an, das nach Ablauf von sechs Monaten nach dem Zeitpunkt des Eingangs der Mitteilung beim Internationalen Büro beginnt.

g) Vorbehaltlich des Absatzes h) sind die in Absatz a) bezeichneten Gebühren spätestens bei Einreichung des Gesuches beim Internationalen Büro zu entrichten.

h) Ist die internationale Hinterlegung nicht von einem Antrag auf Aufschiebung der Veröffentlichung begleitet, so sind die in Absatz a) ii) und iv) bezeichneten Gebühren spätestens einen Monat vor dem Tag des Ablaufs der Dauer der Aufschiebung oder, im Falle eines Antrags auf sofortige Veröffentlichung, im Zeitpunkt des Eingangs dieses Antrags beim Internationalen Büro zu entrichten.

**Regel 14
Eintragung oder Zurückweisung
der internationalen Hinterlegung**

14.1 Ordnungsgemäße internationale Hinterlegung

Vorbehaltlich Regel 14.2 trägt das Internationale Büro die internationale Hinterlegung in das internationale Register in dem Zeitpunkt ein, in dem es im Besitz des Gesuchs mit den nach Regel 12 erforderlichen Unterlagen und der vorgeschriebenen Gebühren ist.

14.2 Nicht ordnungsgemäße internationale Hinterlegung

a) Stellt das Internationale Büro fest, daß das Gesuch oder die beizufügenden Unterlagen nicht gemäß den Vorschriften des Abkommens oder dieser Ausführungsordnung eingereicht oder daß die vorgeschriebenen Gebühren nicht oder nicht vollständig gezahlt wurden, so fordert es den Hinterleger, wenn es nicht offensichtlich unmöglich ist, ihn zu erreichen, auf, den Mangel innerhalb einer Frist von drei Monaten nach dem Zeitpunkt dieser Aufforderung zu beseitigen.

b) Wird der Mangel innerhalb der in Absatz a) genannten Frist beseitigt, so trägt das Internationale Büro die internationale Hinterlegung im internationalen Register vorbehaltlich Absatz c) an dem in Regel 14.1 angegebenen Zeitpunkt ein.

c) Die internationale Hinterlegung trägt das Datum des Eingangs der Berichtigung des Mangels beim Internationalen Büro, wenn es sich um einen der folgenden Mängel handelt:

   i) Das Gesuch enthält die in Regel 5.1 a) i) bezeichnete Angabe nicht;

   ii) das Gesuch enthält die Angaben nicht, die notwendig sind, um den Hinterleger zu bezeichnen und ihn auf dem Postweg zu erreichen;

   iii) das Gesuch enthält die in Regel 5.1 a) iii) bezeichneten Angaben nicht;

- iv) aus den im Gesuch enthaltenen Angaben ergibt sich nicht, daß der Hinterleger berechtigt ist, Inhaber zu sein;
- v) das Gesuch enthält die in Regel 5.1 a) v) bis viii) bezeichneten Angaben nicht;
- vi) das Gesuch ist nicht unterzeichnet;
- vii) das Gesuch ist nicht in der oder einer der vorgeschriebenen Sprachen abgefaßt;
- viii) die Vorschriften der Regel 12 sind nicht eingehalten, mit Ausnahme des Falles, daß der Mangel darin besteht, daß die Lichtbilder, die anderen graphischen Darstellungen, die Abzüge oder die Gegenstände der Muster oder Modelle in natürlicher Größe oder in anderem Maßstab nur in einem einzigen Stück eingereicht worden sind;
- ix) die vorgeschriebenen Gebühren sind nicht oder nicht vollständig gezahlt;
- x) das Gesuch enthält bei internationalen Hinterlegungen, die ausschließlich dem Abkommen in der Fassung von 1934 unterliegen, die in Regel 5.1 b) i) bezeichnete Angabe nicht oder diese Angabe steht im Widerspruch zu dem in Regel 9.1 bezeichneten Vermerk;
- xi) das Gesuch enthält bei internationalen Hinterlegungen, die nicht ausschließlich dem Abkommen in der Fassung von 1934 unterliegen, die in Regel 5.1 c) bezeichneten Angaben nicht.

d) Wird der Mangel nicht innerhalb der in Absatz a) angegebenen Frist beseitigt, so weist das Internationale Büro die internationale Hinterlegung zurück und unterrichtet den Hinterleger unter Angabe der Gründe der Zurückweisung hiervon; mit Ausnahme der Veröffentlichungsgebühr wird keine Gebühr zurückerstattet.

e) Ist die internationale Hinterlegung durch Vermittlung einer nationalen oder regionalen Behörde vorgenommen worden, so übersendet das Internationale Büro dieser Behörde eine Kopie des an den Hinterleger gerichteten Schriftverkehrs.

f) Entsprechen die dem Gesuch beiliegenden Gegenstände der Muster oder Modelle in natürlicher Größe oder in anderem Maßstab nicht den Vorschriften der Regel 12, so sendet das Internationale Büro sie auf Kosten des Hinterlegers an diesen zurück.

Regel 15
Bescheinigung über die internationale Hinterlegung

15.1 Bescheinigung über die internationale Hinterlegung

Nach Vornahme der Eintragung der internationalen Hinterlegung in das internationale Register stellt das Internationale Büro dem Inhaber eine Bescheinigung über die internationale Hinterlegung aus, deren Inhalt in den Verwaltungsrichtlinien geregelt ist.

Regel 16
Veröffentlichung der internationalen Hinterlegung

16.1 Inhalt der Veröffentlichung der internationalen Hinterlegung

Die Veröffentlichung der internationalen Hinterlegung enthält:

i) den Namen und die Anschrift des Inhabers mit Ausnahme der in Regel 5.1 a) iv) Satz 2 bezeichneten Angaben;

ii) die Angabe der in Regel 5.1 a) iii) bezeichneten Staaten;

iii) den Zeitpunkt der internationalen Hinterlegung;

iv) die Nummer der internationalen Hinterlegung;

v) die genaue Bezeichnung des Gegenstandes oder der Gegenstände, in denen die Muster und Modelle verkörpert werden sollen;

vi) die Angabe der Klasse oder der Klassen der internationalen Klassifikation, in die der unter Absatz v) bezeichnete Gegenstand oder die dort bezeichneten Gegenstände eingeordnet sind;

vii) die Angabe der Anzahl der in der internationalen Hinterlegung enthaltenen Muster und Modelle und, im Falle von Sammelhinterlegungen, wenn die internationale Hinterlegung nicht ausschließlich dem Abkommen in der Fassung von 1934 unterliegt, die Nummer jedes Musters oder Modells;

viii) wenn die internationale Hinterlegung nicht ausschließlich dem Abkommen in der Fassung von 1934 unterliegt, die Angabe der gemäß Regel 5.1 c) bestimmten Staaten;

ix) wenn die internationale Hinterlegung nicht ausschließlich dem Abkommen in der Fassung von 1934 unterliegt, eine Wiedergabe der eingereichten Lichtbilder, anderen graphischen Darstellungen oder Diapositive;

x) den Namen und die Anschrift des Vertreters, wenn ein Vertreter bestellt ist;

xi) die in Regel 6.2 b) bezeichneten Angaben, wenn eine Priorität beansprucht wurde;

xii) die in Regel 6.2 g) bezeichneten Angaben, wenn sie im Gesuch enthalten sind;

xiii) wenn die internationale Hinterlegung nicht ausschließlich dem Abkommen in der Fassung von 1934 unterliegt, die Angabe der gemäß Regel 6.3 a) i) bestimmten Staaten, wenn diese Angabe im Gesuch enthalten ist;

xiv) wenn die internationale Hinterlegung nicht ausschließlich dem Abkommen in der Fassung von 1934 unterliegt, die Beschreibung charakteristischer Merkmale der Muster und Modelle, wenn sie im Gesuch enthalten ist;

xv) wenn die internationale Hinterlegung nicht ausschließlich dem Abkommen in der Fassung von 1934 unterliegt, den Namen des Schöpfers der Muster und Modelle, wenn er im Gesuch enthalten ist;

xvi) wenn die internationale Hinterlegung nicht ausschließlich dem Abkommen in der Fassung von 1934 unterliegt und ihre Veröffentlichung aufgeschoben wurde, die Angabe des Zeitpunkts, an dem die Dauer der Aufschiebung abgelaufen ist;

xvii) wenn die internationale Hinterlegung ausschließlich dem Abkommen in der Fassung von 1934 unterliegt, die Angabe der Art der Hinterlegung (offen oder versiegelt).

Regel 17
Schutzverweigerung

17.1 Form und Inhalt der Mitteilungen über die Schutzverweigerung und der Zurücknahme der Schutzverweigerung

a) Die Schutzverweigerung gemäß Artikel 8 Absatz 1 des Abkommens in der Fassung von 1960 und die vollständige oder teilweise Zurücknahme dieser Schutzverweigerung ist dem Internationalen Büro eingeschrieben und gesondert für jede internationale Hinterlegung in drei übereinstimmenden und von der nationalen oder regionalen Behörde, die sie ausgesprochen hat, unterzeichneten Exemplaren zu übermitteln.

b) Die Mitteilung der Schutzverweigerung muß angeben

  i) die nationale oder regionale Behörde, die die Schutzverweigerung ausgesprochen hat;

  ii) die Nummer der internationalen Hinterlegung;

  iii) den Namen und die Anschrift des Inhabers der internationalen Hinterlegung;

  iv) die Gründe der Schutzverweigerung;

  v) betrifft die Schutzverweigerung nicht alle in der internationalen Hinterlegung zusammengefaßten Muster und Modelle, diejenigen, für die der Schutz verweigert wird, unter Angabe ihrer Nummern;

  vi) wird oder werden der internationalen Hinterlegung eine oder mehrere frühere nationale, regionale oder internationale Hinterlegungen entgegengehalten, die Zeitpunkte und die Nummern dieser Hinterlegungen sowie Namen und Anschrift ihrer Inhaber;

III. Anhang 24

vii) die wichtigsten einschlägigen Bestimmungen des nationalen Rechts oder des regionalen Vertrags;

viii) die Frist für die Einlegung eines Rechtsmittels und die Behörde, bei der das Rechtsmittel eingelegt werden muß, sowie gegebenenfalls die Angabe, daß das Rechtsmittel durch Vermittlung eines Vertreters am Orte selbst einzulegen ist;

ix) den Zeitpunkt, an dem die nationale oder regionale Behörde, die die Schutzverweigerung ausgesprochen hat, die Nummer des Bulletins erhalten hat, in dem die internationale Hinterlegung veröffentlicht ist;

x) den Zeitpunkt, an dem die Schutzverweigerung ausgesprochen wurde.

c) Die Mitteilung über die vollständige oder teilweise Zurücknahme einer Schutzverweigerung muß die Nummer und den Zeitpunkt der internationalen Hinterlegung, den Namen und die Anschrift des Inhabers und, bei teilweiser Zurücknahme, die Nummern der Muster und Modelle, für die die Schutzverweigerung zurückgenommen wird, angeben.

17.2 **Eintragung, Übermittlung und Veröffentlichung der Schutzverweigerung und der Zurücknahme der Schutzverweigerung**

a) Die Schutzverweigerung wird in das internationale Register nicht eingetragen

i) wenn die Mitteilung über die Schutzverweigerung beim Internationalen Büro nicht innerhalb einer Frist von sechs Monaten nach dem in Regel 17.1. b) ix) bezeichneten Zeitpunkt eingegangen ist;

ii) wenn der in Regel 17.1. b) ix) bezeichnete Zeitpunkt nicht angegeben wird, sofern die Mitteilung über die Schutzverweigerung beim Internationalen Büro nicht innerhalb einer Frist von sechs Monaten, nach dem Zeitpunkt der Veröffentlichung der Nummer des Bulletins, in dem die internationale Hinterlegung veröffentlicht wurde, eingegangen ist;

iii) wenn die Mitteilung über die Schutzverweigerung nicht die nationale oder regionale Behörde angibt, die sie ausgesprochen hat, oder nicht die Unterschrift dieser Behörde trägt;

iv) wenn die Mitteilung über die Schutzverweigerung die Nummer der internationalen Hinterlegung nicht angibt;

v) wenn die Mitteilung über die Schutzverweigerung keinen Grund für die Schutzverweigerung angibt.

b) In den in Absatz a) bezeichneten Fällen

i) übermittelt das Internationale Büro ein Exemplar der Mitteilung über die Schutzverweigerung an den Inhaber;

ii) unterrichtet das Internationale Büro die Behörde, die die Schutzverweigerung ausgesprochen hat, sowie den Inhaber davon, daß die Schutzverweigerung in das internationale Register nicht eingetragen wurde und gibt die Gründe hierfür an.

c) In den in Absatz a) nicht bezeichneten Fällen trägt das Internationale Büro die Schutzverweigerung in das internationale Register ein, übermittelt ein Exemplar der Mitteilung an den Inhaber und veröffentlicht die Schutzverweigerung. Entspricht die Mitteilung jedoch in bestimmten in Absatz a) dieser Regel nicht bezeichneten Punkten nicht der Regel 17.1. a) und b), so ist die Behörde, die die Schutzverweigerung ausgesprochen hat, gehalten, die Mitteilung auf Verlangen des Internationalen Büros oder des Inhabers unverzüglich zu berichtigen.

d) Das Internationale Büro trägt die Zurücknahme der Schutzverweigerung in das internationale Register ein, übermittelt ein Exemplar der Mitteilung an den Inhaber und veröffentlicht die Zurücknahme der Schutzverweigerung.

Regel 18
Erlöschen des Schutzes in einem Vertragsstaat

18.1 Erlöschen des Schutzes in einem Vertragsstaat

Wird dem Internationalen Büro von einer nationalen oder regionalen Behörde eine endgültige Verwaltungs- oder Gerichtsentscheidung übermittelt, derzufolge der Schutz in einem der Vertragsstaaten nicht mehr besteht, so trägt das Internationale Büro diese Entscheidung in das internationale Register ein und veröffentlicht sie.

Regel 19
Wechsel des Inhabers

19.1 Antrag auf Eintragung eines Inhaberwechsels

a) Jeder Inhaberwechsel wird auf Antrag vom Internationalen Büro in das internationale Register eingetragen.

b) Der in Absatz a) genannte Eintragungsantrag muß als solcher bezeichnet und von der Eintragungsgebühr begleitet sein und enthalten

   i) den Namen des Inhabers (nachstehend als „früherer Inhaber" bezeichnet), der als solcher im internationalen Register eingetragen ist;

   ii) den Namen und die Anschrift des neuen Inhabers in der Art und Weise, in der diese Angaben für den Hinterleger gemäß Regel 5.1. a) ii) und iv) zu machen sind, sowie die Angabe des Staates, dessen Staatsangehörigkeit er besitzt, des Staates, in dem er seinen Sitz oder Wohnsitz hat, und des Staates, in dem er eine tatsächliche und nicht nur zum Schein bestehende gewerbliche oder Handelsniederlassung hat;

   iii) die Nummer der internationalen Hinterlegung;

   iv) wird der Inhaberwechsel nicht für alle in Regel 16.1. viii) bezeichneten Staaten oder, bei internationalen Hinterlegungen, die ausschließlich dem

III. Anhang 24

Abkommen in der Fassung von 1934 unterliegen, nicht für alle durch das Abkommen in der Fassung von 1934 gebundenen Staaten beantragt, die Angabe der Staaten, für die er beantragt wird;

v) wird der Inhaberwechsel nicht für alle in der Hinterlegung zusammengefaßten Muster und Modelle beantragt, die Nummer der Muster und Modelle, für die er beantragt wird.

c) Der Antrag muß von dem früheren Inhaber oder, sofern dies nicht möglich ist, von dem neuen Inhaber unterzeichnet sein. In diesem Fall muß dem Antrag eine von der zuständigen Behörde des Staates, dessen Staatsangehörigkeit der frühere Inhaber im Zeitpunkt des Inhaberwechsels hatte, oder des Staates, in dem der frühere Inhaber in diesem Zeitpunkt seinen Sitz oder Wohnsitz oder eine tatsächliche und nicht nur zum Schein bestehende gewerbliche oder Handelsniederlassung hatte, ausgestellte Bescheinigung beigefügt sein. Die Behörde muß bescheinigen, daß nach den ihr vorliegenden Beweismitteln der neue Inhaber in dem im Antrag angegebenen Umfang der Rechtsnachfolger des früheren Inhabers zu sein scheint, und daß eine der im vorhergehenden Satz aufgeführten Voraussetzungen erfüllt ist. Die Bescheinigung muß mit dem Ausstellungsdatum versehen sein und das Siegel, den Stempel oder die Unterschrift der zuständigen Behörde tragen. Alleiniger Zweck der Bescheinigung ist die Eintragung des Inhaberwechsels in das internationale Register.

19.2 Eintragung, Mitteilung und Veröffentlichung;
Zurückweisung des Antrags auf Eintragung

a) Ist der neue Inhaber nach den Angaben im Antrag auf Eintragung des Inhaberwechsels berechtigt, Inhaber zu sein, und entspricht der Antrag den anderen vorgeschriebenen Voraussetzungen, so trägt das Internationale Büro den Inhaberwechsel vorbehaltlich Absatz e) in das internationale Register ein. Diese Eintragung enthält die in Regel 19.1. b) ii), iv) und v) bezeichneten Angaben.

b) Das Internationale Büro teilt die Eintragung des Inhaberwechsels dem früheren Inhaber und dem neuen Inhaber mit.

c) Das Internationale Büro veröffentlicht den Inhaberwechsel. Die Veröffentlichung enthält die in Regel 19.1. b) bezeichneten Angaben sowie den Zeitpunkt der Eintragung.

d) Ist die oder eine der im Antrag auf Eintragung des Inhaberwechsels als neuer Inhaber angegebene natürliche oder juristische Person nicht berechtigt, Inhaber zu sein, oder entspricht der Antrag nicht den anderen vorgeschriebenen Voraussetzungen, so weist das Internationale Büro den Antrag zurück und teilt diese Tatsache dem Unterzeichner des Antrags unter Angabe der Gründe für die Zurückweisung mit.

Ausführungsordnung zum Haager Abkommen

e) Wird die Eintragung des Inhaberwechsels für einen oder mehrere Staaten beantragt, für die der neue Inhaber nicht berechtigt ist, Inhaber zu sein, so weist das Internationale Büro den Antrag für diese Staaten zurück und teilt diese Tatsache dem Unterzeichner des Antrags unter Angabe der Gründe für die Zurückweisung mit.

**Regel 20
Zurücknahme der internationalen Hinterlegung
und Verzicht auf die internationale Hinterlegung**

20.1 Zulässigkeit der Zurücknahme; verspätete Zurücknahme

Das Internationale Büro behandelt die Erklärung der Zurücknahme der internationalen Hinterlegung als solche, wenn diese ihr vor Abschluß der Vorbereitungsarbeiten für die Veröffentlichung bei ihm eingeht. Geht diese zu einem späteren Zeitpunkt ein, so behandelt sie es als Verzicht auf die internationale Hinterlegung.

20.2 Verfahren

a) Zurücknahmen und Verzichte sind in Form einer schriftlichen Erklärung an das Internationale Büro vorzunehmen, die vom Hinterleger oder vom Inhaber zu unterzeichnen ist. Das Internationale Büro bestätigt den Eingang der Erklärung der Zurücknahme und nimmt, sofern die internationale Hinterlegung bereits in das internationale Register eingetragen wurde, die Löschung vor.

b) Bei einer teilweisen Zurücknahme oder einem teilweisen Verzicht sind die Staaten oder die Nummern der Muster und Modelle, auf die sie sich beziehen, genau anzugeben; andernfalls wird die Zurücknahme oder der Verzicht nicht berücksichtigt.

c) Bei der vollständigen oder teilweisen Zurücknahme wird, mit Ausnahme der Veröffentlichungsgebühr im Falle der vollständigen Zurücknahme, keine Gebühr zurückerstattet.

d) Das Internationale Büro trägt den Verzicht im internationalen Register ein, teilt ihn dem Inhaber mit und veröffentlicht ihn. Gebühren werden nicht zurückerstattet.

**Regel 21
Andere Änderungen der internationalen Hinterlegung**

21.1 Zulässige Änderungen

Der Inhaber kann im Rahmen der für das Gesuch nach Regel 5.1. a) ii) bis iv), 5.1. b) i), 6.1 und 6.3. a) iii) zwingenden oder wahlweisen Angaben Änderungen der Eintragungen im internationalen Register beantragen; in Ermangelung einer Erklärung gemäß Regel 6.3. a) iii) oder b) kann er auch die Eintragung

III. Anhang 24

des Namens des wirklichen Schöpfers der Muster und Modelle in das internationale Register beantragen.

21.2 Verfahren

a) Jede in Regel 21.1 bezeichnete Änderung oder Eintragung muß in Form einer von dem Inhaber unterzeichneten schriftlichen Mitteilung unter Beifügung der entsprechenden Gebühr beantragt werden.

b) Das Internationale Büro trägt die Änderung oder den Namen des wirklichen Schöpfers der Muster und Modelle in das internationale Register ein, benachrichtigt den Inhaber davon und veröffentlicht sie.

**Regel 22
Berichtigungen**

22.1 Berichtigungen

a) Dem Internationalen Büro oder einer nationalen oder regionalen Behörde unterlaufene Fehler, die eine Eintragung im internationalen Register, deren Mitteilung oder Veröffentlichung betreffen, müssen jederzeit vom Internationalen Büro berichtigt werden.

b) Bezieht sich eine von einer nationalen oder regionalen Behörde ausgesprochene Schutzverweigerung auf eine Berichtigung, so ist Regel 17 entsprechend anzuwenden. Der in Regel 17.1. b) ix) bezeichnete Zeitpunkt ist vom Internationalen Büro als Eingangsdatum der Nummer des Bulletins, in dem die Berichtigung veröffentlicht wurde, bei der nationalen oder regionalen Behörde anzusehen.

**Regel 23
Verlängerung der ausschließlich dem Abkommen
in der Fassung von 1934 unterliegenden internationalen Hinterlegungen**

23.1 Offiziöse Mitteilung über den bevorstehenden Verfall

Wurde die Verlängerungsgebühr nicht vorher bezahlt, so macht das Internationale Büro in den ersten sechs Monaten des fünften Jahres des ersten Zeitabschnitts den Inhaber auf den bevorstehenden Verfall aufmerksam und erinnert ihn an den Zeitpunkt des Ablaufs dieses ersten Zeitabschnitts. Wird die Mitteilung nicht abgesandt oder geht sie nicht zu, wird sie verspätet abgesandt oder geht sie verspätet zu oder enthält sie Fehler, so beeinträchtigt dies den Zeitpunkt des Ablaufs nicht.

23.2 Antrag auf Verlängerung

Es wird empfohlen, für den Antrag auf Verlängerung das Formblatt zu verwenden, das das Internationale Büro der offiziösen Mitteilung über den bevorstehenden Verfall beifügt und auf Antrag kostenlos zur Verfügung stellt. Der Antrag auf Verlängerung muß stets den Gegenstand angeben und folgende Angaben enthalten:

i) den Namen und die Anschrift des Inhabers;

ii) die Nummer der internationalen Hinterlegung;

iii) wird die Verlängerung nicht für alle in der internationalen Hinterlegung zusammengefaßten Muster und Modelle beantragt, die Nummern der Muster und Modelle, für die die Verlängerung beantragt wird.

23.3 Fälligkeit; Gebühren

a) Der Antrag auf Verlängerung muß vor Ablauf des ersten Zeitabschnitts beim Internationalen Büro eingehen.

b) Vorbehaltlich Absatz c) ist die Zahlung der Verlängerungsgebühr spätestens innerhalb von sechs Monaten nach Ablauf des ersten Zeitabschnitts an das Internationale Büro zu zahlen.

c) Geht die Gebühr innerhalb von sechs Monaten nach Ablauf des ersten Zeitabschnitts ein, so ist für die Verlängerung eine Zuschlagsgebühr zu zahlen, die innerhalb von sechs Monaten nach Ablauf dieses Zeitabschnitts zu entrichten ist.

d) Erhält das Internationale Büro innerhalb der in Absatz a) bezeichneten Frist

i) einen Antrag auf Verlängerung, der den Erfordernissen der Regel 23.2 nicht entspricht,

ii) einen Antrag auf Verlängerung, jedoch keine oder eine zur Begleichung der zu entrichtenden Gebühr ungenügende Zahlung, oder

iii) einen Betrag, der zur Begleichung der Verlängerungsgebühr bestimmt zu sein scheint, jedoch keinen Antrag auf Verlängerung.

so fordert dieses, wenn die in Absatz a) und b) festgelegten Fristen es gestatten, den Inhaber umgehend auf, einen ordnungsgemäßen Antrag auf Verlängerung einzureichen, die erforderliche Gebühr zu zahlen oder zu vervollständigen oder einen Antrag auf Verlängerung einzureichen. Die Aufforderung hat auf die in diesem Fall gültigen Fristen zu verweisen.

e) Die Tatsache, daß die in Absatz d) bezeichnete Aufforderung nicht an den Inhaber abgesandt wird oder bei diesem nicht eingeht, eine verspätete Absendung oder Zustellung einer solchen Aufforderung oder die Tatsache, daß die Aufforderung einen Fehler enthält, verlängert die in Absatz a) und b) festgelegten Fristen nicht.

23.4 Eintragung, Mitteilung und Veröffentlichung der Verlängerung; Öffnung der versiegelten Hinterlegung

Wird der Antrag auf Verlängerung eingereicht und die Verlängerungsgebühr entrichtet, so trägt das Internationale Büro die Verlängerung in das internatio-

III. Anhang 24

nale Register ein, teilt dem Inhaber diese Eintragung mit und veröffentlicht die in Regel 23.2 bezeichneten Angaben sowie das Datum des Ablaufs des zweiten Zeitabschnitts; im Falle einer versiegelten Hinterlegung nimmt das Internationale Büro bei Ablauf des ersten Zeitabschnitts die Öffnung der Hinterlegung vor.

23.5 Zurückweisung des Antrags auf Verlängerung

a) Wird die in Regel 23.3 a) oder b) festgelegte Frist nicht eingehalten, entspricht der Antrag auf Verlängerung nicht den Erfordernissen der Regel 23.2 oder wird die fällige Gebühr nicht entrichtet, so weist das Internationale Büro den Antrag auf Verlängerung zurück, teilt dies dem Inhaber unter Angabe der Zurückweisungsgründe mit und erstattet die entrichtete Gebühr abzüglich eines Betrags von 50 Schweizer Franken zurück.

b) Ist der Zurückweisungsgrund die fehlende Zahlung der Verlängerungsgebühr, so kann das Internationale Büro den Antrag auf Verlängerung erst nach dem Ablauf einer Frist von sechs Monaten von dem Zeitpunkt des Beginns des zweiten Zeitabschnitts an zurückweisen.

Regel 24
Erneuerungen der internationalen Hinterlegungen, die nicht ausschließlich dem Abkommen von 1934 unterliegen

24.1 Erinnerung

Vor Ablauf des anfänglichen Zeitabschnitts der Hinterlegung oder des erneuerten Zeitabschnitts übersendet das Internationale Büro dem Inhaber ein Schreiben, in dem es diesen an den Zeitpunkt des Ablaufs dieses Zeitabschnitts erinnert. Das Erinnerungsschreiben ist mindestens sechs Monate vor dem Ablauf des Zeitabschnitts abzusenden. Wird die Erinnerung nicht abgesandt oder geht sie nicht zu, wird sie nicht innerhalb dieser Frist abgesandt oder geht sie nicht innerhalb dieser Frist zu oder enthält sie Fehler, so hat dies auf den Zeitpunkt des Ablaufs keinen Einfluß.

24.2 Fristen; Gebühren

a) Die Erneuerung erfolgt durch die Zahlung der internationalen Erneuerungsgebühr und der von den Staaten erhobenen Erneuerungsgebühren jeweils während des letzten Jahres des jeweiligen Zeitabschnitts von fünf Jahren.

b) Erfolgt die Erneuerung nicht bei Ablauf des in Absatz a) bezeichneten Zeitabschnitts, so kann der Inhaber diese Erneuerung innerhalb von sechs Monaten nach Ablauf dieses Zeitabschnitts vornehmen, wenn er zusätzlich zu der internationalen Erneuerungsgebühr und den von den Staaten erhobenen Erneuerungsgebühren die hierfür vorgesehene Zuschlagsgebühr entrichtet.

c) Bei der Zahlung der internationalen Erneuerungsgebühr und der von den Staaten erhobenen Erneuerungsgebühren sind – vorzugsweise auf einem

Formblatt, das das Internationale Büro dem in Regel 24.1 genannten Erinnerungsschreiben beifügt und auf Antrag kostenlos zur Verfügung stellt — anzugeben:

　i) der Name und die Anschrift des Inhabers;

　ii) die Nummer der internationalen Hinterlegung;

　iii) die Staaten, für die die Erneuerung erfolgt, wenn diese nicht für alle Staaten gelten soll, für die die internationale Hinterlegung im internationalen Register eingetragen ist;

　iv) die Nummern der Muster und Modelle, für die die Erneuerung erfolgt, wenn diese nicht für alle in der internationalen Hinterlegung zusammengefaßten Muster und Modelle gelten soll.

d) Reicht der beim Internationalen Büro eingegangene Betrag zur Begleichung der in Absatz a) bezeichneten Gebühren nicht aus oder wurden die in Absatz c) vorgeschriebenen Angaben nicht gemacht, so fordert das Internationale Büro den Inhaber umgehend auf, falls es die in Absatz a) und b) festgelegten Fristen gestattet, die Zahlung zu vervollständigen oder die fehlenden Angaben nachzuliefern.

e) Regel 24.4 bleibt vorbehalten.

24.3 Eintragung, Mitteilung und Veröffentlichung der Erneuerung

a) Werden die internationale Erneuerungsgebühr und die von den Staaten erhobenen Erneuerungsgebühren entrichtet und sind die Erfordernisse von Regel 24.2 c) erfüllt, so trägt das Internationale Büro die Erneuerung in das internationale Register ein, teilt die Eintragung dem Inhaber mit und veröffentlicht die in Regel 24.2 c) bezeichneten Angaben sowie den Zeitpunkt des Ablaufs der Erneuerung.

b) Wurde eine zur Begleichung der in Regel 24.2 a) bezeichneten Gebühren ungenügende Zahlung nicht innerhalb der in Regel 24.2 a) und b) festgelegten Frist vervollständigt, oder wurden bei Zahlung des Gebührenbetrags die in Regel 24.2 c) bezeichneten notwendigen Angaben nicht innerhalb dieser Frist geliefert, so teilt das Internationale Büro dem Inhaber unter Angabe der Gründe mit, daß die Erneuerung nicht in das internationale Register eingetragen werden kann, und erstattet den entrichteten Betrag abzüglich einer Summe von 50 Schweizer Franken zurück.

c) Regel 24.4 bleibt vorbehalten.

24.4 Regeln für bestimmte internationale Hinterlegungen

Für jede internationale Hinterlegung, für die gemäß Artikel 2 des Protokolls von 1975 die Artikel 1 bis 14 und 17 bis 21 des Abkommens in der Fassung von 1934 und die Artikel 2 bis 15 und 18 des Abkommens in der Fassung von 1960 gleichzeitig gelten, ist Regel 23.1 bis 23.5 für die Staaten anwendbar, die die erstgenannten Artikel anwenden, und Regel 24.1 bis 24.3 für die Staaten, die die letztgenannten Artikel anwenden.

Regel 25
Verfallene internationale Hinterlegungen

25.1 Verfallene internationale Hinterlegungen

a) Innerhalb einer Frist von zwei Jahren nach dem Zeitpunkt, in dem eine internationale Hinterlegung zurückgenommen, auf sie verzichtet oder sie gelöscht wurde, oder die Möglichkeit einer Verlängerung oder Erneuerung nicht mehr besteht, kann der Hinterleger oder Inhaber beim Internationalen Büro die Rückgabe der gemäß Regel 12 hinterlegten Gegenstände auf seine Kosten beantragen.

b) Wird keine Rückgabe beantragt, so vernichtet das Internationale Büro die Gegenstände nach Ablauf der in Absatz a) bezeichneten Frist.

Regel 26
Übermittlung von Unterlagen an das Internationale Büro

26.1 Ort und Art der Übermittlung

Die Gesuche und ihre Anlagen, Anträge auf Verlängerung, Mitteilungen und sonstige Unterlagen zur Einreichung, Mitteilung oder sonstigen Information an das Internationale Büro sind bei der zuständigen Dienststelle dieses Büros während der in den Verwaltungsrichtlinien festgelegten Dienststunden zu hinterlegen oder durch die Post an dieses Büro zu senden.

26.2 Eingangsdatum der übersandten Unterlagen

Jedes Schriftstück, das durch Hinterlegung oder durch die Post beim Internationalen Büro eingegangen ist, wird als an dem Tage des tatsächlichen Eingangs bei diesem Büro eingegangen angesehen; geht es nach den Dienststunden oder an einem Tag ein, an dem das Büro geschlossen ist, so gilt dieses Schriftstück als an dem nächsten Tag eingegangen, an dem das Büro geöffnet ist.

26.3 Juristische Personen; Sozietäten und Firmen

a) Ist ein beim Internationalen Büro eingereichtes Schriftstück von einer juristischen Person zu unterzeichnen, so ist an der für die Unterschrift vorgesehenen Stelle die Bezeichnung der juristischen Person anzugeben und mit der Unterschrift der natürlichen Person(en) zu versehen, die nach dem nationalen Recht des Staates, nach dem die juristische Person gegründet wurde, für die juristische Person zeichnungsberechtigt ist (sind).

b) Absatz a) findet auf Sozietäten oder Firmen von Rechtsanwälten, Patentanwälten oder sonstigen Vertretern in Patent- oder Warenzeichensachen, die keine juristischen Personen sind, entsprechende Anwendung.

26.4 Befreiung von Beglaubigung

Keine in dem Abkommen oder in dieser Ausführungsordnung vorgesehene Unterschrift bedarf der Beglaubigung, Legalisierung oder einer anderen Beurkundung.

Regel 27
Zeitrechnung; Fristenberechnung

27.1 Zeitrechnung

Das Internationale Büro, die nationalen und regionalen Behörden, die Hinterleger und die Inhaber haben im Zusammenhang mit dem Abkommen und der Ausführungsordnung jedes Datum nach der christlichen Zeitrechnung und nach dem Gregorianischen Kalender anzugeben.

27.2 Nach Jahren, Monaten oder Tagen bestimmte Fristen

a) Ist als Frist ein Jahr oder eine Anzahl von Jahren bestimmt, so wird bei der Berechnung der Frist mit dem Tage begonnen, der dem Tag folgt, an dem das maßgebliche Ereignis eingetreten ist; die Frist endet in dem maßgeblichen folgenden Jahr in dem Monat und an dem Tag, die durch ihre Benennung oder Zahl dem Monat und Tag entsprechen, in dem das maßgebliche Ereignis eingetreten ist; hat der betreffende Monat keinen Tag mit derselben Zahl, so endet die Frist mit dem Ablauf des letzten Tages dieses Monats.

b) Ist als Frist ein Monat oder eine Anzahl von Monaten bestimmt, so wird bei der Berechnung der Frist mit dem Tage begonnen, der dem Tag folgt, an dem das maßgebliche Ereignis eingetreten ist; die Frist endet in dem maßgeblichen folgenden Monat an dem Tag, der durch seine Zahl dem Tag entspricht, an dem das maßgebliche Ereignis eingetreten ist; hat der betreffende Monat keinen Tag mit derselben Zahl, so endet die Frist mit dem Ablauf des letzten Tages dieses Monats.

c) Ist als Frist eine Anzahl von Tagen bestimmt, wird bei der Berechnung der Frist mit dem Tag begonnen, der dem Tag folgt, an welchem das maßgebliche Ereignis eingetreten ist; die Frist endet am letzten Tag der in Betracht kommenden Anzahl von Tagen.

27.3 Örtliche Daten

a) Das Datum, das als das Anfangsdatum für die Berechnung einer Frist in Betracht kommt, ist das Datum, welches zur Zeit des Eintritts des maßgeblichen Ereignisses an diesem Ort gilt.

b) Das Datum, an dem eine Frist abläuft, ist das Datum, das an dem Ort gilt, an dem das angeforderte Schriftstück eingereicht oder die verlangte Gebühr eingezahlt werden muß.

27.4 Ablauf an einem anderen Tag als einem Werktag

Endet eine Frist, innerhalb welcher beim Internationalen Büro ein Schriftstück eingehen oder eine Gebühr eingezahlt werden muß, an einem Tag, an dem die-

III. Anhang 24

ses Büro geschlossen ist, oder an dem gewöhnliche Postsendungen in Genf nicht zugestellt werden, so läuft die Frist an dem nächsten Tag ab, an dem die genannten Umstände nicht mehr bestehen.

**Regel 28
Höhe und Zahlung der Gebühren**

28.1 Höhe der Gebühren

a) Die Höhe der nach dem Abkommen und dieser Ausführungsordnung zu entrichtenden Gebühren ergibt sich aus der Gebührentabelle, die als Anlage zu dieser Ausführungsordnung erscheint und Bestandteil hiervon ist, sowie aus den Verwaltungsrichtlinien.

b) Die zu entrichtenden Gebühren sind:

  i) falls sie eine internationale Hinterlegung betreffen, die Gebühren, die an dem Tag in Kraft sind, an dem eine dem Abkommen und dieser Ausführungsordnung entsprechende Hinterlegung beim Internationalen Büro eingeht;

  ii) falls sie eine Verlängerung oder eine Erneuerung betreffen, die Gebühren, die am Tag der Zahlung in Kraft sind, oder wenn die Zahlung innerhalb von sechs Monaten vor dem Zeitpunkt des Ablaufs des laufenden Zeitabschnitts eingeht, die Gebühren, die sechs Monate vor dem genannten Zeitpunkt in Kraft sind.

28.2 Zahlung an das Internationale Büro

Alle in Regel 28.1 a) bezeichneten Gebühren sind beim Internationalen Büro zu bezahlen.

28.3 Währung

Alle in Regel 28.1 a) bezeichneten Gebühren sind in Schweizer Währung zu entrichten.

28.4 Guthabenkonten

a) Jede natürliche oder juristische Person kann beim Internationalen Büro ein Guthabenkonto eröffnen.

b) Die Einzelheiten bezüglich dieser Guthabenkonten werden in den Verwaltungsrichtlinien geregelt.

28.5 Zahlungsweise

a) Soweit die Zahlung nicht in bar bei der Amtskasse des Internationalen Büros erfolgt, müssen das Gesuch, der Antrag auf Verlängerung, alle anderen Anträge und sonstige beim Internationalen Büro im Zusammenhang mit einer

Ausführungsordnung zum Haager Abkommen

internationalen Hinterlegung eingereichte gebührenpflichtige Schriftstücke angeben:

i) den Namen und die Anschrift der die Zahlung vornehmenden natürlichen oder juristischen Person nach Regel 5.1 a) ii) und iv), sofern die Zahlung nicht durch einen dem Schriftstück beiliegenden Scheck erfolgt;

ii) die Zahlungsweise, die aus einem Abbuchungsauftrag für das Guthabenkonto der betreffenden Person, der Überweisung auf ein Bankkonto oder auf das Postscheckkonto des Internationalen Büros oder einem auf eine Schweizer Bank ausgestellten Scheck bestehen kann. Die Einzelheiten, insbesondere bezüglich der Art der in Zahlung genommenen Schecks, werden in den Verwaltungsrichtlinien geregelt.

b) Erfolgt die Zahlung aufgrund eines Abbuchungsauftrags über den Betrag der Gebühr vom Guthabenkonto, so ist im Auftrag der betreffende Vorgang anzugeben, soweit nicht aufgrund eines allgemeinen Abbuchungsauftrags von einem bestimmten Guthabenkonto jede für einen bestimmten Hinterleger, Inhaber oder ordnungsmäßig bevollmächtigten Vertreter anfallende Gebühr abgebucht werden kann.

c) Erfolgt die Zahlung durch Überweisung auf ein Bankkonto oder auf das Postscheckkonto des Internationalen Büros oder durch einen Scheck, der dem Gesuch, dem Antrag auf Verlängerung, dem sonstigen Antrag oder Schriftstück nicht beigefügt ist, so hat die Überweisungsbenachrichtigung oder der Scheck (oder das Begleitpapier) in der in den Verwaltungsrichtlinien vorgesehenen Weise den Vorgang anzugeben, auf den sich die Zahlung bezieht.

28.6 Tatsächlicher Zahlungstag

Eine Gebühr gilt als an dem Tag entrichtet, an dem beim Internationalen Büro der vorgeschriebene Betrag eingegangen ist, d. h.

i) wenn die Zahlung in bar bei der Amtskasse des Internationalen Büros am Tag der Zahlung erfolgt;

ii) wenn die Zahlung durch Abbuchung von einem Guthabenkonto beim Internationalen Büro aufgrund eines allgemeinen Abbuchungsauftrags an dem Tag erfolgt, an dem das Gesuch, der Antrag auf Verlängerung, der sonstige Antrag oder das Schriftstück, das die Verpflichtung zur Zahlung von Gebühren nach sich zieht, beim Internationalen Büro eingegangen ist, oder, im Falle eines besonderen Abbuchungsauftrags, an dem Tag, an dem der besondere Abbuchungsauftrag beim Internationalen Büro eingeht; die Gebühr gilt als nicht bezahlt, wenn das Guthabenkonto nicht ausreichend gedeckt ist;

iii) wenn die Zahlung durch Überweisung auf ein Bankkonto oder auf das Postscheckkonto des Internationalen Büros an dem Tag erfolgt, an dem der Betrag diesem Konto gutgeschrieben wird;

iv) wenn die Zahlung durch einen Scheck an dem Tag erfolgt, an dem der Scheck beim Internationalen Büro eingeht, vorausgesetzt, daß der Scheck bei Vorlage bei der Bank, auf die er ausgestellt ist, eingelöst wird.

28.7 Staatengebühren

Das Internationale Büro übermittelt in jedem Kalenderjahr den in Frage kommenden Staaten die in Regel 13.2 bezeichneten Staatengebühren und die an die in Regel 24.2 bezeichneten Staaten zu entrichtenden Erneuerungsgebühren, die für die im vorausgegangenen Kalenderjahr für internationale Hinterlegungen und Eintragungen von Erneuerungen eingenommen wurden.

28.8 Vermerk der Gebühren in der Akte

Die Akte jeder internationalen Hinterlegung enthält Angaben über den Betrag und das Datum des Eingangs beim Internationalen Büro über jede Gebühr, die für eine diese Hinterlegung betreffende Eintragung im internationalen Register gezahlt wird.

Regel 29
Bulletin

29.1 Inhalt

a) Sämtliche Angaben, zu deren Veröffentlichung das Internationale Büro nach diesem Vertrag oder der vorliegenden Ausführungsordnung verpflichtet ist, werden im Bulletin veröffentlicht.

b) Die Verwaltungsrichtlinien können die Aufnahme von anderen Angaben in das Bulletin vorsehen.

29.2 Erscheinungsfolge

Das Bulletin erscheint einmal monatlich.

29.3 Sprachen

a) Das Bulletin wird in zweisprachiger Ausgabe (englisch und französisch) veröffentlicht.

b) Die Veröffentlichung der internationalen Anmeldung und jede Veröffentlichung, die sich auf diese Anmeldung bezieht, erfolgen in der Sprache der Anmeldung.

29.4 Verkauf

Der Abonnementpreis und die sonstigen Verkaufspreise des Bulletin werden in den Verwaltungsrichtlinien festgelegt.

29.5 Exemplare des Bulletin für die nationalen und regionalen Behörden

a) Die nationalen und regionalen Behörden teilen dem Internationalen Büro vor dem 1. Juli jeden Jahres die Anzahl von Exemplaren des Bulletin mit, die sie im Laufe des folgenden Jahres zu erhalten wünschen.

b) Das Internationale Büro stellt der nationalen oder regionalen Behörde die angeforderten Exemplare zur Verfügung,

und zwar

   i) kostenlos die Anzahl von Exemplaren, die der Zahl von Einheiten der Klasse entspricht, die derjenige vertragsschließende Staat, in dem die nationale Behörde besteht, gemäß der Pariser Verbandsübereinkunft zum Schutz des gewerblichen Eigentums gewählt hat oder die derjenige vertragsschließende Staat gewählt hat, für den die empfangende Behörde eine regionale Behörde ist und dessen gewählter Klasse die höchste Zahl von Einheiten entspricht,

   ii) zur Hälfte des Abonnements- oder Verkaufspreises jedes über diese Anzahl hinausgehende Exemplar.

c) Die nach Buchstabe b) kostenlos abgegebenen oder verkauften Exemplare sind für den internen Gebrauch der nationalen oder regionalen Behörde bestimmt, die sie angefordert haben.

Regel 30
Auszüge, Kopien, Lichtbilder und Auskünfte; Beglaubigung von vom Internationalen Büro ausgestellten Schriftstücken

30.1 Auszüge, Kopien, Lichtbilder und Auskünfte betreffend die internationalen Hinterlegungen

a) Jedermann kann vom Internationalen Büro gegen Zahlung einer Gebühr, deren Höhe in den Verwaltungsrichtlinien festgelegt wird, beglaubigte oder nicht beglaubigte Auszüge oder Kopien des internationalen Registers oder der Schriftstücke aus den Akten einer internationalen Hinterlegung sowie Lichtbilder der gemäß Regel 12 eingereichten Gegenstände erhalten.

b) Auf Antrag und gegen Zahlung einer Gebühr, deren Höhe in den Verwaltungsrichtlinien festgelegt wird, kann jedermann vom Internationalen Büro mündliche oder schriftliche Auskunft oder Auskunft mittels Telekopiergeräten über eine Tatsache erhalten, die aus dem internationalen Register oder aus einer Unterlage aus den Akten einer internationalen Hinterlegung hervorgeht.

c) Die Absätze a) und b) finden keine Anwendung auf versiegelte internationale Hinterlegungen sowie auf internationale Hinterlegungen, für die die Dauer der Aufschiebung der Veröffentlichung noch läuft; jedermann kann jedoch bei einer versiegelten Hinterlegung beim Internationalen Büro Auszüge oder Kopien des internationalen Registers sowie mündliche oder schriftliche Auskünfte über den Inhalt dieses Registers anfordern.

d) Ungeachtet der Absätze a) und b) kann in den Verwaltungsrichtlinien von der Forderung nach Zahlung einer Gebühr Abstand genommen werden, wenn der mit der Ausstellung einer Kopie oder eines Lichtbildes oder mit der Erteilung einer Auskunft verbundene Arbeits- und Kostenaufwand gering ist.

e) Die in Artikel 14 des Abkommens in der Fassung von 1934 vorgesehene Vorlage erfolgt gegen Zahlung einer Gebühr, deren Höhe in den Verwaltungsrichtlinien festgelegt ist, durch Lieferung einer Wiedergabe des Musters oder Modells.

30.2 Beglaubigung vom Internationalen Büro ausgestellter Schriftstücke

Trägt ein vom Internationalen Büro ausgestelltes Schriftstück das Siegel dieses Büros oder ist sie vom Generaldirektor oder einer für ihn handelnden Person unterzeichnet, so kann keine Behörde eines vertragschließenden Staates verlangen, daß dieses Siegel oder diese Unterschrift von einer anderen Person oder Behörde in anderer Weise beglaubigt, legalisiert oder beurkundet wird.

Regel 31
Verwaltungsrichtlinien

31.1 Erlaß von Verwaltungsrichtlinien und in den Verwaltungsrichtlinien geregelte Angelegenheiten

a) Die Verwaltungsrichtlinien werden vom Generaldirektor erlassen. Sie können von ihm geändert werden. Er konsultiert die von den Verwaltungsrichtlinien oder den vorgeschlagenen Änderungen unmittelbar betroffenen nationalen und regionalen Behörden.

b) Die Verwaltungsrichtlinien regeln die Angelegenheiten, hinsichtlich derer diese Ausführungsordnung ausdrücklich auf diese Richtlinien verweist, sowie die Einzelheiten für die Anwendung dieser Ausführungsordnung.

c) Alle Formblätter, die für den Hinterleger und Inhaber von Interesse sind, erscheinen als Anlage zu den Verwaltungsrichtlinien.

31.2 Kontrolle durch die Versammlung des Haager Verbandes

Die Versammlung des Haager Verbandes kann den Generaldirektor auffordern, Bestimmungen der Verwaltungsrichtlinien zu ändern; der Generaldirektor muß der Aufforderung Folge leisten.

31.3 Bekanntmachung und Inkrafttreten

a) Die Verwaltungsrichtlinien und ihre Änderungen werden im Bulletin bekanntgemacht.

b) In jeder Bekanntmachung wird der Zeitpunkt angegeben, in dem die bekanntgemachten Bestimmungen in Kraft treten. Der Zeitpunkt muß nicht für alle Bestimmungen derselbe sein, jedoch kann keine Bestimmung vor ihrer Bekanntmachung im Bulletin in Kraft treten.

31.4 Mangelnde Übereinstimmung der Verwaltungsrichtlinien mit dem Abkommen oder der Ausführungsordnung

Im Falle mangelnder Übereinstimmung zwischen einer Bestimmung der Verwaltungsrichtlinien einerseits und einer Bestimmung des Abkommens oder dieser Ausführungsordnung andererseits ist die letztere maßgebend.

Regel 32
Sprachen der Ausführungsordnung

32.1 Sprachen der Ausführungsordnung

a) Die vorliegende Ausführungsordnung wird in französischer und englischer Sprache angenommen, wobei jeder Wortlaut gleichermaßen verbindlich ist. Jedoch ist für diejenigen Staaten, die durch das Abkommen von 1934, nicht jedoch durch das Protokoll von 1975, gebunden sind, allein der französische Wortlaut verbindlich.

b) Amtliche Texte werden vom Generaldirektor nach Beratung mit den beteiligten Regierungen in den anderen Sprachen hergestellt, die die Versammlung des Haager Verbandes bestimmen kann.

Regel 33
Inkrafttreten

33.1 Inkrafttreten

a) Diese Ausführungsordnung tritt am 1. Juli 1979 in Kraft und löst von diesem Zeitpunkt an die Ausführungsordnung zum Haager Abkommen vom 6. November 1925 über die internationale Hinterlegung gewerblicher Muster oder Modelle, revidiert in London am 2. Juni 1934, sowie Ausführungsordnung zum Haager Abkommen über die internationale Hinterlegung gewerblicher Muster oder Modelle vom 6. November 1925, revidiert in London am 2. Juni 1934 und im Haag am 28. November 1960, ab.

b) Diese Ausführungsordnung bleibt auch nach Inkrafttreten des Abkommens von 1960 bis zur Annahme und zum Inkrafttreten einer neuen Ausführungsordnung in Kraft.

III. Anhang 24

Gebührentabelle [1]

I. Gebühren, wenn die Hinterlegung ausschließlich oder teilweise dem Abkommen in der Fassung von 1960 unterliegt (Hinterlegungen nach dem Abkommen von 1960).

		Betrag in Schweizer Franken
1.	**Internationale Hinterlegungsgebühr** (Regel 13.2 a) ii))	
1.1	Für 1 Muster oder Modell	385
1.2	Für jedes weitere Muster oder Modell, das in derselben Hinterlegung enthalten ist	18
2.	**Internationale Verlängerungsgebühr** (Regel 13.2 a) ii))	
2.1	Für die Veröffentlichung in Schwarz-Weiß, je Gruppe von 4 Standardflächen*)	40
2.2	Für die Veröffentlichung in Farbe, je Gruppe von 4 Standardflächen*)	320
3.	**Gebühr für die Aufschiebung der Veröffentlichung** (Regel 10.1 a))	90
4.	**Normale Staatengebühr** (für jeden Bestimmungsstaat gemäß Regel 13.2 b)) (Regel 13.2) iii))	
4.1	Für 1 Muster oder Modell	41
4.2	Für jedes weitere Muster oder Modell, das in derselben Hinterlegung enthalten ist	2
5.	**Staatengebühr für die Neuheitsprüfung** (Regel 13.2 a) iv)), wenn Ungarn ein Bestimmungsstaat ist, für jedes Muster oder Modell, abzüglich der Höhe der für Ungarn entrichteten normalen Staatengebühr (siehe Nummer 4)	70
6.	**Internationale Erneuerungsgebühr** (Regel 24)	
6.1	Für eine Hinterlegung, die ein Muster oder Modell enthält	194

---

1) Geändert gemäß Beschluß der Versammlung der Haager Union vom 29. September 1993.

*) Eine Standardfläche beträgt 4 cm × 4 cm; die Gebühr wird nach der Anzahl oder den Serien von Standardflächen berechnet, die bei der Wiedergabe des oder der Artikel, in denen die in der Hinterlegung enthaltenen Muster oder Modelle verwirklicht werden sollen, vollständig oder teilweise ausgefüllt werden. Auf einer einzigen Standardfläche dürfen verschiedene Artikel oder ein einziger Artikel aus verschiedenen Blickwinkeln weder vollständig noch teilweise wiedergegeben werden.

Ausführungsordnung zum Haager Abkommen

6.2	Für jedes weitere Muster oder Modell, das in derselben Hinterlegung enthalten ist	16
6.3	Zuschlagsgebühr	**)

7. Staatengebühr für die Erneuerung
(für jeden Bestimmungsstaat, auf den das Abkommen von 1960 anwendbar ist)
(Regel 24.2)

7.1	Für eine Hinterlegung, die ein Muster oder Modell enthält	20
7.2	Für jedes weitere Muster oder Modell, das in derselben Hinterlegung enthalten ist	1

II. Gebühren, wenn die Hinterlegung ausschließlich dem Abkommen von 1934 unterliegt (Hinterlegungen nach dem Abkommen von 1934)

8. Internationale Hinterlegungsgebühr für den ersten Zeitabschnitt von fünf Jahren
(Regel 13.1 a))

8.1	Für 1 Muster oder Modell	210
8.2	Für 2 bis 50 Muster und Modelle, die in derselben Hinterlegung zusammengefaßt sind	420
8.3	Für 51 bis 100 Muster und Modelle, die in derselben Hinterlegung zusammengefaßt sind	620

9. Verlängerungsgebühr für den zweiten Zeitabschnitt von 10 Jahren
(Regel 23)

9.1	Für 1 Muster oder Modell	410
9.2	Für 2 bis 50 Muster und Modelle, die in derselben Hinterlegung zusammengefaßt sind	820
9.3	Für 51 bis 100 Muster und Modelle, die in derselben Hinterlegung zusammengefaßt sind	1200
9.4	Zuschlagsgebühr	***)
III.	Allgemeine Gebühren	

10. Gebühr für die Eintragung eines Inhaberwechsels
(Regel 19)   140

**) 50% der internationalen Erneuerungsgebühr.
***) 50% der Verlängerungsgebühr.

III. Anhang 24

11. **Gebühr für die Eintragung einer Änderung der in Regel 5.1 a) ii) bis iv) bezeichneten Angaben**
    (Regel 21)

    – für eine einzige internationale Hinterlegung   140
    – für jede folgende internationale Hinterlegung desselben Inhabers, wenn die Eintragung derselben Änderung zu gleicher Zeit beantragt wird   70

12. **Lieferung eines Auszugs aus dem internationalen Register betreffend eine internationale Hinterlegung**   140

13. **Lieferung nicht beglaubigter Kopien aus dem internationalen Register oder von Teilen der Akte einer internationalen Hinterlegung**

    – für die ersten fünf Seiten   25
    – für jede weitere Seite nach den ersten fünf Seiten, wenn die Kopien zur gleichen Zeit beantragt worden sind und sich auf dassselbe Gesuch oder dieselbe internationale Hinterlegung beziehen   2

14. **Lieferung von beglaubigten Kopien aus dem internationalen Register oder von Teilen der Akte einer Hinterlegung**

    – für die ersten fünf Seiten   45
    – für jede weitere Seite nach den ersten fünf Seiten, wenn die Kopien zur gleichen Zeit beantragt worden sind und sich auf dasselbe Gesuch oder dieselbe internationale Hinterlegung beziehen   2

15. **Lieferung einer Fotografie eines hinterlegten Gegenstandes**   55

16. **Erteilung einer Auskunft über den Inhalt des internationalen Registers oder der Akte einer internationalen Hinterlegung**

    i) wenn diese mündlich erfolgt und
    – ein Gesuch oder eine internationale Hinterlegung betrifft   30
    – für jedes weitere Gesuch oder jede weitere Hinterlegung desselben Anmelders oder Inhabers, wenn zur gleichen Zeit um Erteilung einer gleichen Auskunft nachgesucht worden ist   5

    ii) wenn diese schriftlich erfolgt
    – im Hinblick auf ein Gesuch oder eine internationale Hinterlegung   80
    – für jedes weitere Gesuch oder jede weitere internationale Hinterlegung desselben Anmelders oder Inhabers,

      wenn zur gleichen Zeit um Erteilung einer gleichen
Auskunft nachgesucht worden ist 10
iii) im Falle einer über Telekopierer erteilten Auskunft
Grundgebühr 35
    – für Mitteilungen im Format DIN A5 2
    – für Mitteilungen im Format DIN A4 4
    – zuzüglich der tatsächlichen Kosten für die Benutzung
des Fernsprechnetzes

Literaturverzeichnis

1. Kommentare, Lehrbücher, Monographien (Auszug):

Eichmann/ v. Falckenstein	Geschmacksmustergesetz, Kommentar, 1988
Englert	Grundzüge des Rechtsschutzes der industriellen Formgebung 1976
Erdmann	Neue höchstrichterliche Rechtsprechung zum Urheberrecht und Geschmacksmusterrecht RWS-Manuscript Nr. 152 – 1985
Furler	Geschmacksmustergesetz, Kommentar 4. Aufl. 1985, bearbeitet von Bauer und Loschelder
von Gamm	Geschmacksmustergesetz, Kommentar, 2. Auflage 1989
Gerstenberg	Die Urheberrechte an Werken der Kunst, der Architektur und der Photographie, 1968
Kohler	Musterrecht 1909
Nirk/Kurtze	Geschmacksmustergesetz, Kommentar, 1989
Schickedanz	Nationale und internationale Geschmacksmusteranmeldung – ein Überblick über das nationale Recht in 51 Staaten, 1985
Schmid	Die Entwicklung des Geschmacksmusterschutzes in Deutschland
Schramm	Grundlagenforschung auf dem Gebiet des gewerblichen Rechtsschutzes und des Urheberrechts, 1954
Schricker (Herausg.)	Urheberrecht, Kommentar, 1987
Ulmer	Urheber- und Verlagsrecht, 2. Auflage, 10. Kapitel I „Der Schutz der Geschmacksmuster" 1960 3. Auflage 1980

2. Wissenschaftliche Abhandlungen (Auszug):

Beil	Das Urheberrecht als letzte Hilfe bei nicht rechtsbeständigen Geschmacksmusterregistrierungen, UFITA Bd 79 (1977), 1

Eichmann	Der Schutzumfang von Geschmacksmustern, in GRUR 1982, 651
ders.	Geschmacksmusterrecht und EWG-Vertrag, in GRUR Int. 1990, 121
ders.	Materiellrechtliche Zweifelsfragen des neuen Geschmacksmusterrechts, in GRUR 1989, 17
ders.	Aktuelle Fragen der Geschmacksmusteranmeldung, in Mitt. 1989, 191
v. Falckenstein	Das Geschmacksmustereintragungsverfahren, gegenwärtiger Stand in GRUR 1991, 98
von Gamm	Entwicklungen und Reformvorschläge zum Geschmacksmusterrecht, in GRUR 1985, 889
Gerstenberg	Der Begriff des Kunstwerks in der bildenden Kunst — Ein Beitrag zur Abgrenzung zwischen Kunstschutz und Musterschutz, in GRUR 1963, 245–251, abgedr. in „werk und zeit"
ders.	Industrielle Formgebung und Urheberrecht mit Abb., in BB 1964, S. 439–445
ders.	Schriftbild und Urheberrecht, in Festschrift für W. Bappert zum 70. Geburtstag, nachgedr. in „Der Druckspiegel" 1964, S. 670–679
ders.	Neue Industrieform und ihr Recht, in „form", Zeitschrift für Gestaltung, 33, 1966, S. 22–26 mit 9 Abbildungen Stilbildung oder Plagiat, a) in „form" 34/1966, S. 18–24 mit 18 Abbildungen; b) in Mitt. 1966, S. 204–212
ders.	Moderne Industrieform und ihr Recht, in GRUR 1966, S. 471–474
ders.	„Angewandte Kunst" in der Rechtsprechung über Möbel, in GRUR 1974, S. 707–710
ders.	Zum Entwurf für ein neues Musterschutzgesetz, in GRUR 1978, S. 26–31
ders.	Zum Schutzumfang eines Geschmacksmusters, in GRUR 1981, S. 15–19
ders.	Neue Rechtsprechung zum Geschmacksmusterrecht, in GRUR 1981, S. 567–574

Hagen	Designer-Verträge, BB 1977, 167
Henssler	Geschmacksmuster- und Urheberschutz für die industrielle Formgebung, in GRUR 1957, 8 ff.
ders.	Der Schutz der angewandten Kunst nach geltendem Recht und nach dem Ministerialentwurf 1959 zum Urheberrechtsgesetz, in GRUR 1961, 397
Heydt	Geschmacksmuster und Werke der angewandten Kunst, in GRUR 1968, 530
ders.	Zum Begriff des Geschmacksmusters, in GRUR Int. 1973, 396
Hubmann	Geschmacksmusterschutz geometrischer Formen, in GRUR 1977, 461 ff.
Kelbel	Das neue Geschmacksmusterrecht, in GRUR Int. 1989, 631
ders.	Der Schutz typographischer Schriftzeichen, in GRUR 1982, 79 ff.
ders.	Zur Verbesserung des Geschmacksmustergesetzes in GRUR 1985, 669
ders.	Die Novelle im Geschmacksmustergesetz in Mitt. 1987, 81
Krieger	Neuheit und schöpferische Leistung bei angewandter Kunst unter Berücksichtigung der Rechtsprechung zum Geschmacksmustergesetz in GRUR Int. 1983, 433
Kur	Neue Entwicklungen im Musterrecht, in GRUR 1992, 528
Lidle	Das Geschmacksmuster zwischen den technischen Schutzrechten und dem Urheberrecht aus der Sicht der Praxis, in GRUR 1965, 223 ff.
Loewenheim	Der Schutz der kleinen Münze im Urheberrecht, in GRUR 1987, 761
Loschelder	Das neue Geschmacksmustergesetz in Mitt. 1987, 81
Müller	Die neue Rechtsprechung des Bundesgerichtshofes zum Geschmacksmusterschutz, in NJW 1971, 2055

Literaturverzeichnis

Nicolini	Die Neuheit im Geschmacksmusterrecht, in GRUR 1963, 407
Nirk	Urheberrecht und angewandte Kunst, UFITA Bd 80 (1977), 1
Pataky	Schutz modischer Muster und Modelle, in GRUR 1990, 968
Raible	Prioritätsprobleme bei formfehlerhaften Geschmacksmusteranmeldungen, in GRUR 1989, 167
Reimer	Ist der heutige Rechtsschutz für die moderne Formgebung in der industriellen Gesellschaft noch zeitgemäß?, in GRUR 1970, 342
Schliebs	Merkmalanalyse und Schutz der Unterkombination eines Geschmacksmusters, in GRUR 1979, 685
Schulze	Der Schutz der kleinen Münze im Urheberrecht in GRUR 1987, 769
Strunkmann-Meister	Leistungsschutz und Industrieform, UFITA Bd 66 (1973), 63
Tetzner	Grundfragen des Musterrechts, in NJW 1972, 2026

Fälleverzeichnis

Akteneinsicht I bis XIII 184, 188
Akteneinsichtsinteresse 184, 188
Ausstattung einer Gaststätte 169

Badezimmerteppich 70, 74
Becherhalter 50
Betonsteinelemente 58
Bienenkorbspardose 70, 111
Blumenwanne 48, 49, 156
Brombeerleuchte 215, 216
Brombeermuster 54, 55, 56, 70
Buntgefärbte Teigwaren 168, 169
Buntstreifensatin 31, 69, 80, 114, 115, 193
Büromöbelprogramm 57

Candida-Schrift 33
Chérie 36, 78, 80, 93, 97, 98
Clarissa 210
Customer prints 135, 141

Dekorationsgitter 79, 80
Deutschlanddecke 75, 133
Dimple 58
Doppelanmeldung 104
Dreifachkombinationsschalter 36, 73, 78, 80, 91, 99

Elektroschalter 33, 74, 75, 92, 100
Elektrostatisches Ladungsbild 142, 143
Ernst Abbe 141
Europapost 53, 69, 80

Fahrerhaus 39, 124
Fahrradschutzbleche 32, 41, 69, 114, 115
Flächentransistor 141

Gardinenmuster 78, 80
Gartensessel 100, 193
Gemäldewand 32, 72, 73, 97
Geschmacksmuster-Voranmeldung 217
Geschmacksmusterstreitsache 228

Haushaltsschneidemaschine I 47, 77, 78, 99, 100, 220
Haushaltsschneidemaschine II 52, 201, 220
Hemdblusenkleid 57, 58, 149
Hemdenstoffmuster 214
HEWI-Beschlagprogramm 57
Hummel I 75
Hummel III 57

Inlandsvertreter 231, 232, 234

Kaugummikugeln 215
Kettenkerze 35, 74, 77, 92
Kirchenphoto 87
Klarsichtbecher 139
Kostenfestsetzung 228
Kotflügel 32, 72, 96
Kronleuchter 41, 97, 114
Küchenmaschine 32, 69, 71, 75, 79, 91, 92, 94, 96, 98, 100, 101, 199, 201, 215, 220
Küchenschütte 100, 203, 207
Kugelspiel 124, 168
Künstliche Blumen 70

Fälleverzeichnis

Laternenflasche 103, 193
Leuchtenglas 71, 93, 96, 100, 220

Maschenfester Strumpf 215
Matte 142
Mecki-Igel I 94
Mehrzweckschere 72, 96
Membranpumpe 156
Messergriff 99
Möbelprogramm 73, 78
Modeneuheit 58, 149
Mopedmodell 32, 71, 91, 92, 96
Myoplastic 134

Nebelscheinwerfer 203
Notizklötze 32, 74, 92

Ovalpuderdose 56, 57

Pflasterstein 118, 124
Pinguin 138
Play-family 75, 94, 97
Plastikkorb 96, 201, 204
Polohemd 214
Pressedienst 199
Prioritätsverlust 143
Prioritätsverschiebung 124, 140, 141

Rahmen für Mützenabzeichen 73
Rolls-Royce 58
Rückblickspiegel 77
Rüschenhaube 34, 35, 36, 77, 79, 80, 193, 219

Sammelanmeldung 130, 132
Scandinavia 134, 138

Schlafzimmermodell 31, 69, 72, 80, 98, 109, 193, 200, 220
Schlüsselanhänger 219
Schuhschnalle 68, 73
Schutzfristverlängerung 49, 163
Schwanenbilder 87
Sessel 54
Skihandschuhe 39, 168
Speisekartenwerbung 88, 90
Spritzgußmaschine 215
Stahlrohrstuhl 54
Stehlampe 41, 115
Straßenleuchte 97, 98, 100
Streitwertberechnung 208

Teppichmuster 193
Tiermodell aus Schwammgummi 102
Tonmöbel 72, 200
Trockenrasierer 40, 41, 71, 96
Tchibo/Rolex 57

Uhrengehäuse 220
Underberg 199

Vasenleuchter 54
Vitra-Programm 57

Wellplatten 210
Wirtschaftsprüfervorbehalt 203

Zahnbürste 231
Zugseilführung 137
Zündaufsatz 51, 52, 69, 71, 76, 79, 201
Zwiebelflasche 216
Zwischenmeister 53

Sachregister

Abänderungen 47
Abbildung als Vorlage 103
Abbildung von Mustern 104, 114, 247
Abfindung 206
Abhilfe bei Beschwerde 166
Abkommen von Locarno 64
Ablehnung 166
Abmahnung 211
Abmessungen, Übernahme von 93, 98
Abnehmerverwarnung 216
Absatz 28
Abschrift der früheren Anmeldung 142
Abwandlungen 44, 128 ff., 136, 146 ff., 247, 258
Abweichungen 97
Akteneinsicht 188
Aktivlegitimation 210
Alleinvertrieb 28
Allgemeine Gedanken 32, 74 ff.
Allgemeine Vollmacht 120 ff., 272 ff.
Allgemeinheit 138
Alphabete 59
Altanmeldung 181
Altrechte u. ErstrG 61
Amtsgericht 29, 44, 61
Amtssprache 170
Anbieten, öffentliches 42
Änderungen 84, 177
Anerkenntnis 210
Angestellten, Muster von 81 ff.
Angewandte Kunst 52 ff., 110
Anmeldeberechtigung 111, 178
Anmeldefehler 170 ff.
Anmeldegebühr 153, 167
Anmeldeprinzip 108

Anmelder 38, 111
- ausländische 181, 228 ff.
Anmeldung 37 ff., 106 ff., 192, 246
- gemeinschaftliche 254
- Zurückweisung der 169
Anscheinsbeweis 100, 220
Ansprüche des Verletzten 221
Anstalt, gewerbliche 83
Antrag auf Eintragung 112
Anwartschaftsrecht 30, 76, 82, 88, 108
Apostille 121, 234
Arbeitnehmer, Muster von 81 ff.
Arbeitsgeräte 70
Arbeitsverhältnis 82
Ästhetische Lehre 70, 74
- Wirkung 68
Aufbrauchsfrist 205
Aufforderung zur Beseitigung von Mängeln 169 ff.
Aufschiebung der Bekanntmachung 38, 44, 129, 148 ff., 247, 256
Aufschiebungsfrist 151
Aufwand des Herstellers 56
Auskunft 50
- aus Namensverzeichnis 184
Auskunftsanspruch 213
Ausländer 186, 253
Auslandspriorität 42, 116
Auslegungsregeln 82, 98, 101, 135, 163, 217 ff.
Ausschließlich technisch bedingte Form 50 ff., 75
Ausschließlichkeitsrecht 30, 37, 45, 67 ff.
Ausschließung 166
Ausstattungsschutz 29, 341 ff.

Sachregister

Ausstellungen, privilegierte 42, 137
Ausstellungspriorität 42, 116, 137 ff., 257
Auswahl der Darstellung oder Abbildung 38, 256
Auszeichnungen 102
Auszüge aus Musterregister 188, 214

Bauwerke, Schutzfähigkeit von 75
Bayerisches Oberstes Landesgericht, Rechtsprechungsverzeichnis 372
Beamte, rechtskundige 166
Beendigung der Schutzdauer 176
Begleitumstände, unlautere 55
Begriff des Geschmacksmusters 30 ff., 68 ff.
Begründung des Gesetzgebers 299 ff.
Behinderung 57
Beiordnung eines Vertreters 262
Beispiel für Eintragungsantrag 119 ff., 130 ff.
Beiwerk, schmückendes 53, 122
Beiziehung der Musterregisterakten 214
Bekanntheit im Verkehr 56
Bekanntmachung 44 ff., 144 ff., 186
– Aufschieben der 129, 148 ff.
– farbige 38, 116, 256, 259
– des Urteils 210
– der Verlängerung 144
Bekanntmachungskosten 43
Benachrichtigung 158
– Hinausschieben der 159
Benutzung, freie 91 ff., 219 ff.
– unfreie 93
Benutzungsrecht 45, 95
– negatives 45
– positives 45

Berechtigter 193, 194
Berechtigtes Interesse für Einsicht in Musterakten 183, 187
Bereicherungsanspruch 204
Beschädigungsgefahr 126
Beschlagnahme 208
Beschlüsse des DPA 171
Beschränkte Übertragung 87
Beschränkung durch Beschreibung 114, 115
– des Nutzungsrechts 87 ff.
Beschreibung 38, 40, 41, 113 ff., 182, 214, 249, 256, 261
– von Farben 117
– und Schutzbereich 114 ff.
– und Vergleich der Formelemente 214
Beschwerde 166
Beschwerdefrist 171
Beschwerdegebühr 171
Beschwerdeverfahren 170 ff.
Beseitigung der Beeinträchtigung 198, 209
– von Mängeln 261 ff.
Besonderheiten des Erzeugnisses 56
Bestätigung auf Ausstellung/ Messe 137
Besteckindustrie 186
Betriebsspionage 178
Beurkundung 175
Bevollmächtigte 111
Beweis des ersten Anscheins 100, 220
Beweislastumkehr 192 ff., 194
Bezeichnung 113
– des Musters 38, 247
Bildbekanntmachung 37, 44, 108, 110, 126, 144, 151, 182, 262
Bilddarstellung 40
Bildhinterlegung 29
Bildspeicherung, elektronische 123

Sachregister

Bildzitat 104
Buchprüfer 202
Buchstaben 58 ff.
Bündel nationaler Rechte 64
Bundesgerichtshof, Rechtsprechungsverzeichnis 371
Bundespatentgericht, Rechtsprechungsverzeichnis 375

Darstellung 38, 39, 167, 246, 259
- von flächenmäßigem Muster 124 ff.
- fotografische 122
- graphische 122
- des Musters oder Modells 122 ff.
Dauer des Schutzes 155 ff.
DDR und Musterschutz 61
Designer 36
Deutlichkeit der Merkmale 39
Diapositive 123
Dienstverhältnis 82
Dimensionsbeschränkung 104
Dimensionserklärung 39
Diskreditierungsschaden 210
Doppelanmeldung 39
Dreidimensionale Erzeugnisse 39
Duftwasser 169
Durchschnittsform, handwerkliche 35, 79
Durchschnittskönnen 35 ff., 79

Eigenart, wettbewerbliche 56
Eigenschaften des Erzeugnisses 56
Eigenschöpferische Leistung 78
Eigentümlichkeit 33 ff., 78 ff., 219 f., 252
Eigentümlichkeitsgrad 101
Eigentümlichkeitsvermutung 193 ff.

Eignung für Geschmacksmusterschutz 109 ff.
Eignung zur Serienfertigung 74, 218
Einfaches Nutzungsrecht 87
Einfassungen 59
Einheit Deutschlands 61 ff.
Einigungsstelle 63
Einigungsvertrag 61
Einsicht in Musterregister 182 ff., 185 ff.
- in Akten 188
Einsparung von Kosten 57, 147, 149
Einstweilige Verfügung 213
Eintragung 44 ff., 262
Eintragungsantrag 31, 112, 119 ff., 246, 254
- bei Sammelanmeldung 129
Eintragungsschein 192, 214
Eintragungssystem 164 ff.
Eintragungsvoraussetzungen, formelle 166 ff.
Einwendungen im Prozeß 217
Einwilligung 86
- in Löschung 176
Einzelne Motive 92
Einzelvergleich 78
Einziehung 195, 208
Elektrogeräte 50, 70
Elementenschutz 71
Empfangsbescheinigung 261
Empfinden, ästhetisches 52
Entnahme, widerrechtliche 137
Entschädigung bei leichter Fahrlässigkeit 204
Entstehung des Schutzrechts 76 ff.
Entwicklungskosten 57
Entwurf eines Gesetzes 379 ff.
Entwurfskosten 57
Erben 85
Erklärung zur Abbildung 117
- zur Darstellung 117

Sachregister

- zur Lizenzbereitschaft 118
- zur Schutzdauer 118
Erlöschen des Schutzes von Abwandlungen 148
Eröffnung der Ausstellung 42
Erstreckung der Schutzdauer 150
Erstreckungsgesetz 61
Erweiterung durch Beschreibung 114
Europäische Gemeinschaft 65

Fabriknummer 255, 258
Fachkreise, inländische 77
Fachmessen 42
Fahrlässigkeit 200
Fahrzeuge 50
Farb- und Formgestaltung 31, 67ff.
Farbige Bekanntmachung 38, 116, 256, 259
Farbvarianten 146
Fehler der Anmeldung 170ff.
Fertigerzeugnis 28, 32
Fertighäuser 169
Feststellungsanspruch, negativer 176
Feststellungsklage, negative 178, 215
Flächenerzeugnisse 39, 40, 104
Flächenmuster 117, 151, 248, 260
Fleurons 59
Form, technisch bedingte 50ff., 76
Formelemente 40, 92
- vorbekannte 34
Formelle Schutzvoraussetzungen 111ff., 218
- Eintragungsvoraussetzungen 166ff.
Formengedächtnis 100
Formenschatz 29, 36, 77ff., 91ff., 223
Formgebung, industrielle 29
Formmerkmale 214

Fotografische Darstellung 122, 259
Freie Benutzung 91ff.
Freier Formenschatz 91

Gartenanlagen, Schutzfähigkeit von 75
Gebrauchsgegenstand 53, 54
Gebrauchsmuster 67
Gebühren 43, 152ff., 164, 257, 269ff.
Gedanken, allgemeine 32, 74ff.
Gehalt, ästhetischer 53
Geheimhaltung 133
Gerichtsstand 237
- der unerlaubten Handlung 225
Gesamteindruck 50, 93, 98, 215, 219
Gesamthandsgemeinschaft 86
Gesamtvergleich 36, 101
Gesamtwirkung 71ff.
Geschäftsnummer 255, 258
Geschichte des Musterrechts 27ff.
Geschirr 70
Geschmack 69, 91
Geschmacksmuster, Begriff 30ff., 68ff.
- internationales 63ff.
Geschmacksmusterblatt 29, 44, 144, 185
Geschmacksmusterrecherche 29, 116, 145
Geschmacksmusterstreitsache 208, 222ff.
Gesetzwidrigkeit 110
Gestaltungselemente, technische 57
Gestaltungshöhe 53, 193
- künstlerische 53
Gestaltungsmerkmale 122
Gestaltungsspielraum 57
Gewerbliche Anstalt 83

481

Sachregister

Gewerbliches Muster oder Modell 67
- Schutzrecht 31
Gläser 70
Grad der Eigentümlichkeit 101
Graphische Darstellung 123, 259
- Techniken 59
Grenzbeschlagnahme 207
Grundmuster 44, 128 ff., 145 ff., 258
Gute Sitten 37
Güte des Erzeugnisses 56
Gütefunktion 56

Haager Musterabkommen 63, 230, 413 ff.
Handeln, gewerbsmäßiges 195
Handelsregisterauszug 121
Handelssachen 225
Harmonie 51
Hausgeräte 70
Herausgabe des Verletzergewinns 201, 203
Herausgabeanspruch 90
Herkunft des Erzeugnisses 56
Herkunftsfunktion 56
Herstellungsverfahren 102
Hinausschieben der Bekanntmachung 159
- der Benachrichtigung über Gebührenzahlung 159
Hintergrund, neutraler 123
Hinterlegung, internationale 64
- versiegelte 77
- von Vollmachten 272 ff.
Hinweiswirkung 56

Ideen, allgemeine 92
Ideenschutz 32, 70, 74 ff.
Identifizierung des Anmelders 38, 113
Identische Übernahme 29

Identität des angemeldeten Musters 142
Illustration 104
Imagetransfer 57
Immaterialgüterrecht 30
Indizien 56
Industrialisierung 28
Industrielle Formgebung 29
Inhaltliche Beschränkung des Nutzungsrechts 87
Inkrafttreten des Gesetzes 238
Inländische Fachkreise 77
Inlandsvertreter 229 ff.
Interesse, berechtigtes 183, 187
Inverkehrbringen 42, 95, 133

Kacheln 125
Kammer für Handelssachen 225
Klageantrag 212
Klageberechtigung 210
Klassifizierung 116
Kleine Münze 53
Kochrezepte 169
Koexistenzlösung 63
Kombination von Raum- und Oberflächengestaltung 126
Kombinationsmuster 71, 72, 78, 126
Konkrete Verletzungsform 200
Konkurs 90
Kosten 216, 228, 262, 269 ff.
Kostenerstattung 208
Küchenmaschinen 50
Kunst, angewandte 52 ff., 110
- bildende 54
Kunstgewerbe 52 ff.
Künstlerische Gestaltungshöhe 53
Kunstschutz 52

Landgerichte 223
- Rechtsprechungsverzeichnis 374

Lederwaren 70
Leereintragung 175
Leerübertragung 89
Legalisation 234
Lehre, ästhetische 70, 74
– technische 74
Lehren, allgemeine 32, 70, 74 ff.
Leistungsschutz, ergänzender
– wettbewerbsrechtlicher 29, 55 ff.
Leistungsübernahme 58
Lettern 59
Leuchten 70
Lieferant 203
Linienführung, sachliche 51
Lizenz als Schadensersatz 210
Lizenzerklärung 38
Lizenzgebühr 201
Lizenzinteresse 256
Lizenznehmer auf Ausstellung 138
Locarno, Abkommen von 64
Löschung 166
– von Amts wegen 176
Löschungsantrag 176
Löschungsklage 178
Löschungsurteil 177
Löschungsverfahren 174 ff.

Mängel der Anmeldung 166, 167, 249
Marken 113
Markterfolg 102
Massenanmeldungen 43, 149
Massenproduktion 28
Materielle Schutzvoraussetzungen 33, 45, 76 ff.
Matern 59
Merkblatt für Musteranmelder 38, 251 ff.
Merkmalsanalyse 98 ff., 215
Messebestätigung 43, 137
Messen, privilegierte 42, 137
Mißbrauch, offensichtlicher 168 ff.

Mittelbare Nachbildung 103
Miturheber 85
Möbel 70
Modeerzeugnisse 58, 146, 149
Modell als Darstellung 40, 117, 248, 261
Modellfähigkeit 69, 70
Monopol 28
Monopolstellung 89
Motive, einzelne 92
Motiv, freie Benutzung von 91 ff.
Mühen des Herstellers 56
Münze, kleine 53
Muster, industrielles (DDR) 62
– von Eintragungsantrag 119 ff., 130 ff.
Musterblatt, internationales 64
Mustergestalter 36
Musterregister 45, 144 ff.
– Zentralisierung des 29, 126, 144
Musterregisterbehörde 189
Musterregisterverordnung 277 ff.

Nachahmung, identische,
– sklavische 55
Nachahmungsfreiheit 55, 56
Nachanmeldung, Rangsicherung der 140
Nachbildung der Bildbekanntmachung 263
Nachbildung 47, 92, 94, 95, 99, 219
– mit Abänderung 102
– in anderer Branche 102
– getreue 93
– keine verbotene 103 ff.
– mittelbare 103
– mittels anderer Verfahren 102
– der Natur 71, 74 ff.
– objektive 96
– in Schriftwerken 104

Sachregister

- subjektive 99 ff.
- verbotene 94 ff., 103 ff.

Nachfrist 151, 153
Nachschaffende Übernahme 58
Namensnennung 46, 84, 104
Namensverzeichnis 184
Naturprodukte 70, 71, 74 ff.
Negative 123
Negatives Benutzungsrecht 45
Neuheit 33 ff., 76 ff., 193, 218, 252
Neuheitsbegriff 76
- im Urheberrecht 34
Neuheitsschonfrist 29, 42, 65, 132 ff.
Neuheitsvermutung 78, 192, 193 ff.
Nichtberechtigter, Anmeldung von 122
Nichtigkeitsverfahren 66
Niederlegung 39, 122
Normteile 51
Nutzungsrecht 86
- einfaches 87

Oberflächengestaltung 117, 126
Oberlandesgerichte, Rechtsprechungsverzeichnis 373
Objektive Nachbildung 96
Objektiver Neuheitsbegriff 76
Offenbarung 39, 123
Offensichtlicher Mißbrauch 168 ff.
Öffentliche Ordnung 37, 166, 167
Öffentlichkeit 135
- des Musterregisters 186, 187
OMPI 64
Ordnung, öffentliche 37, 166, 167
Originalmuster 40, 114, 117
Ornamente 59
Örtliche Zuständigkeit 212, 225

Pakethinterlegung 41
Pariser Verbandsübereinkunft 140, 230, 385 ff.
Patent 67
Patentamt 112
Patentanwalt, Kostenerstattung des 208, 228
Patentanwälte als Bevollmächtigte 111, 120 ff., 235
Patentinformationszentren 252, 336 ff.
Patentstreitkammer 225, 227
Personenidentität 136
Persönlichkeitsrecht 46, 83
Pfändung 90
Phantasiebezeichnung 113
Plagiate 47
Plastische Erzeugnisse 104
Polaroid-Bilder 124
Positives Benutzungsrecht 45
Preise 102
Prestigewert 57
Produktprogramm 57
Priorität 33, 38, 42 ff., 116, 166, 167, 256
Prioritätsbelege 144, 345
Prioritätserklärung 139 ff., 276
Prioritätsprüfung 142
Prioritätsrecht, Verwirkung des 143
Prioritätsverlust 179
Privatbereich 103
Produktpiraterie 28, 30
Produktprogramm 57
Proportionen 97
Prozeßvertreter in Geschmacksmusterstreitsachen 228
Prüfung des Schutzumfangs 39
Prüfungsbefugnis des Patentamts 39, 45
Prüfungsumfang 252
PVÜ 140, 230, 385 ff.

Rangsicherung der Nachanmeldung 140

Sachregister

Raumform 126
Räumliche Beschränkung des Nutzungsrechts 88
Recherchen 29, 116, 145
Rechnungslegung 202 ff., 213
Rechtsanwalt 111
- als Bevollmächtigter 120 ff., 235
Rechtsbeschwerde 172
Rechtsbeständigkeit 49
Rechtsentwicklung des Musterrechts 27 ff.
Rechtshilfe 170, 187
Rechtsmittel 170 ff.
Rechtsnachfolge(r) 85, 111, 175
Rechtsprechungsverzeichnisse 371 ff.
Rechtsübergang 86
Rechtsvorgänger 136
Registerauszug 184 ff., 192
Registergericht 165
Registerverfahren 164 ff.
Rufausbeutung 57

Sachidentität 136
Sachliche Zuständigkeit 224 ff.
Sammelanmeldung 41 ff., 64, 113, 126 ff., 149, 151, 154, 247, 255, 263
- Bezeichnung der 113
- Teilung der 132, 147, 249, 262
Schadensberechnung 201
Schadensersatz 200 ff., 209
Schadenswahrscheinlichkeit 203
Schaustellung 139
Scheinrecht 89
Schmuck 70
Schonfrist 42
Schriftwerk 104
Schriftzeichen, typographische 37, 58 ff., 246, 261
Schriftzeichengesetz 58, 376 ff.
Schutzbereich und Beschreibung 114 ff.

Schutzdauer 38, 52, 60, 64, 155 ff.
- Erstreckung der 150
- vorläufige 150
- Wahl der 162
Schutzfähigkeit 41, 46 ff., 217 ff., 252
Schutzfristverlängerung 156 ff., 160, 263
Schutzgegenstand 67 ff., 109 ff.
Schutzinteresse 28
Schutzmöglichkeit 68
Schutzperiode 157
Schutzrecht, ungeprüftes 89
Schutzrechtsverwarnung 211
Schutzumfang 41, 47, 93, 101 ff., 220, 223
Schutzumfangsprüfung 39
Schutzvoraussetzungen, formelle 111 ff., 218
- materielle 33, 45, 76 ff.
Schutzwirkung 45
Serienfertigung 70, 169
- Eignung zur 74, 218
Sitten, gute 37
Sittenwidrigkeit 110, 166, 167
Sparmöglichkeiten 43 ff., 147, 149
Speicher, digitale 59
Sperrwirkung 62, 65, 95
Spezialkammern für Geschmacksmusterstreitsachen 224 ff.
Staatsvertrag 141
Stilschutz 70, 75
Stoffbahnen 125
Stoffmuster 43, 146
Stoffvertauschung 102
Strafantrag 229, 236
Strafvorschrift 194
Streitwert 208
Strukturvarianten 146
Stundung 159, 161
Subjektive Nachbildung 99 ff.
Symbole 59

Sachregister

Tapeten 125, 146
Taschen 70
Tastsinn 69
Techniken, graphische 59
Technisch bedingte Form 50 ff., 75
Technische Lehre 74
- Zeichnungen 40
Teilschutz 71
Teilung der Sammelanmeldung 132, 147, 249, 262
Teilweise Nachbildung 96
Teilzahlung 159
Telefax 112
Textilindustrie 27
Textilmuster 28, 54
Typographische Schriftzeichen 37, 58 ff., 246, 261

Übereinstimmung 96 ff., 100
Übergang auf Erben 85
Überlassung, Anspruch auf 205
Übernahme, nachschaffende 58
Übertragbarkeit 84 ff.
Übertragung 178
- vor Anmeldung 88
- beschränkte 87
- durch Miturheber 86
- unbeschränkte 86
- und Urheberrecht 90
- durch Vertrag 85
Übertragungsklasse 255, 259
Umsatz 102
Umschreibung 176
Unberechtigte Verwarnung 215
Unbeschränkte Übertragung 86
Unfreie Benutzung 93
Ungeprüftes Schutzrecht 89
Unlauterer Wettbewerb 55 ff.
Unterkombination 71
Unterlassung 198 ff., 209
Unterlassungsklage 96
- vorbeugende 96, 199
Unterschrift 38, 113, 247, 257

Urheberpersönlichkeitsrecht 45, 46, 83 ff., 87, 104
Urheberrecht 52 ff.
Urheberrechtsbewußtsein 83
Urheberrechtskammer 225, 227
Urheberschaft, Vermutung der 192 ff.
Urheberschein (DDR) 62
Urteil auf Löschung 177
Urteilsbekanntmachung 210

Varianten 42, 128
Verbietungsrecht 45, 95
Verbindung von Formelementen 72
Verbotene Nachbildung 94 ff., 103 ff.
Verbreiten 42, 95, 133
Vererbbarkeit 85
Verfahrenskostenhilfe 173 ff., 262
Verfügung, einstweilige 213
Vergleich der Formelemente 214
Verjährung 209 ff.
Verkehrskreise 56
Verlängerung 48 ff.
- Bekanntmachung der 144
- der Schutzfrist 156 ff., 160, 263
Verlängerungsgebühr 154, 161, 164
Verletzer 210
Verletzergewinn, Herausgabe des 203
Verletzungsform, konkrete 200
Verletzungsprozeß 33, 35, 45, 210 ff.
Vermutung der Eigentümlichkeit 193 ff.
- der Neuheit 78, 192, 193 ff.
- der Übertragung 81, 82 ff.
- der Urheberschaft 192 ff.
Vernichtung 205, 209

Sachregister

Veröffentlichung 64
Verpackung von Mustern 126
Vertragstrafe 199, 210
Vertriebsweg 203
Vervielfältigung 95
Vervielfältigungsstück 133
Verwaltungskosten 279
Verwarnung 210
- unberechtigte 215
Verwechslungsgefahr 98
Verweisungsantrag 227
Verwendungszweck 72, 73
Verwertung des Geschmacksmusters 264
Verwirkung 209
- des Prioritätsrechts 143
Verzeichnis der Warenklassen 38, 115 ff.
Verzicht 175
- auf Schutzerstreckung 129
Verzierungen 93
Vollmacht 120 ff., 167, 233 ff., 272 ff.
- allgemeine 120 ff., 272 ff.
Vollrecht 45, 272 ff.
Vollständigkeit der Merkmale 39
Vorbekannte Formelemente 34
Vorbeugende Unterlassungsklage 96, 199
Vorbild 95
Vorläufige Schutzdauer 150
Vorverbreitung 133

Wahl der Schutzdauer 162
Wahrheitspflicht 170
Wahrscheinlichkeit eines Schadens 203
Warenklassen 32, 38, 41, 115 ff., 166, 167, 255, 283 ff.
- Verzeichnis der 115 ff.
Weiterbenutzungsrecht 63
Werbung mit Geschmacksmuster 49 ff.
Werkschöpfung 45

Werkstoffe 75
Wesen des Geschmacksmusters 30 ff.
Wettbewerb, unlauterer 55 ff.
Widerrechtliche Entnahme 137
Wiedereinsetzung 143, 164, 170, 171
Wiederholungsgefahr 199
Wiener Abkommen 58
Wirkung, ästhetische 68
Wirtschaftsprüfervorbehalt 202
Wissenschaftliche Zeichen 59

Zahlung 157, 264
Zahlungsfrist 159
Zeichen, wissenschaftliche 59
Zeichnungen, technische 40
Zeichnungsberechtigung 121
Zeitgeschmack 54
Zeitliche Beschränkung des Nutzungsrechts 88
Zentralisierung des Musterregisters 29, 126, 144
Ziffern 58
Zivilkammern 227
Zollbehörden 207, 208
Zufallsprodukte 70, 72 ff.
Zugängigkeit für Öffentlichkeit 135
Zulassungsbeschwerde 172
Zurückweisung der Anmeldung 169
Zuschlag 158
Zuständigkeit, örtliche 212, 225
- sachliche 224 ff.
Zustellanschrift 254
Zustellungen 176
Zustellungsbevollmächtigte 234
Zweck des Gesetzes 68
Zweckbestimmung von Mustern 169
Zweckübertragungstheorie 87, 90
Zwischenfabrikate 32, 72